体育人文译丛

丛书主编　曹卫东
执行主编　田　慧

05

Sports in Society

Issues and Controversies
Twelfth Edition

社会中的体育

问题与思辨（第 12 版）（上）

[美] 杰伊·科克利　著
田　慧　李　娟　王　敏　主译

北京体育大学出版社

策划编辑：王英峰
责任编辑：孙　静
责任校对：邓琳娜
版式设计：久书鑫

北京市版权局著作权合同登记号：01-2022-5790
Sports in Society: Issues and Controversies（Twelfth Edition），ISBN: 9780073523545；Jay Coakley.

图书在版编目（CIP）数据

社会中的体育 ：问题与思辨 ：第 12 版 / （美）杰伊・科克利著 ；田慧，李娟，王敏主译. -- 北京 ：北京体育大学出版社，2022.12
（体育人文译丛 / 曹卫东，田慧主编）
书名原文：Sports in Society:Issues and Controversies(Twelfth Edition)
ISBN 978-7-5644-3755-8

Ⅰ. ①社… Ⅱ. ①杰… ②田… ③李… ④王… Ⅲ. ①体育运动社会学 Ⅳ. ①G80-051

中国版本图书馆 CIP 数据核字(2022)第 218373 号

[美]杰伊・科克利　著
社会中的体育：问题与思辨（第 12 版）　田　慧　李　娟　王　敏　主译
SHEHUI ZHONG DE TIYU:WENTI YU SIBIAN (DI SHI-ER BAN)

出版发行：北京体育大学出版社
地　　址：北京市海淀区农大南路 1 号院 2 号楼 2 层办公 B-212
邮　　编：100084
网　　址：http://cbs.bsu.edu.cn
发 行 部：010-62989320
邮 购 部：北京体育大学出版社读者服务部 010-62989432
印　　刷：北京雅图新世纪印刷科技有限公司
开　　本：710mm×1000mm　1/16
成品尺寸：170mm×240mm
印　　张：48.75
字　　数：753 千字
版　　次：2022 年 12 月第 1 版
印　　次：2022 年 12 月第 1 次印刷
定　　价：368.00 元

（本书如有印装质量问题，请与出版社联系调换）

译 者 名 单

主译：田　慧　李　娟　王　敏

译者：（按姓氏笔画为序）

王　敏　亓顺红　田　慧

李　娟　徐凯琳

译丛前言

为了推进体育社会学学科的建设与发展，做好体育人文译丛的出版工作，我们组织北京体育大学国际体育组织学院的师资力量，集中精力，翻译了国外7本体育社会学方面的前沿性学术著作，分别是:《体育社会学启蒙：现代社会体育运动研究》《足球、权力与政治：有关足球和社会的跨学科研究》《足球运动主体研究》《体育社会学》《社会中的体育：问题与思辨》《足球的美学、诗学与修辞》《社会理论、体育与休闲》。这些学术译著，是国际上体育社会学研究领域较为经典的文本，作者均为国际上从事体育社会学研究的知名专家、学者，译著内容包括现代体育社会学和足球运动两大研究主题，既有对现代体育发展、体育对现代社会的影响等体育社会现象的分析研判，又有对足球运动的社会学、美学、史学、政治学方面的研究和探讨。

在这套翻译丛书出版之际，我们要特别感谢北京体育大学党委书记曹卫东先生以及国际体育组织学院院长田慧女士的大力支持!

序　言

写作目的

《社会中的体育：问题与思辨》（第 12 版）致力于为体育社会学研究提供详细的介绍。本书运用社会学的概念、理论和研究，提出关于体育的思辨性问题，探索体育、文化和社会之间的动态关系。章节内容围绕社会学及相关领域研究中富有争议性和引人入胜的问题展开，对已有研究进行总结，便于读者批判性地审视。

本书以社会学研究和理论为指导，并以如下假设为前提：想要充分理解体育，就必须考虑体育所处的社会文化环境。正是在这样的环境中，体育才得以产生、发展、被赋予意义并融入人类生活。在当今时代，人们常常认为，通过“网络搜索”就能获得一切他们想要知道的信息。然而，笔者拟以本书为契机，开展深入的学术研究，整合关于体育这一社会现象的研究成果，厘清体育社会学日益丰富的相关著述内容，激发读者的思辨能力。

为谁而作?

《社会中的体育：问题与思辨》的读者是对体育、文化和社会之间的关系有初步批判性思考的人。读者不需要任何社会学背景也能理解各章的内容，从中获益；读者亦无须详细了解运动术语和统计数据。笔者的目标是帮助读者认识和探索在个人经历、家庭、学校、社区和社会中遇到的与体育相关的问题。

本书着重围绕问题与思辨进行阐述，因此，每一章的内容对于关注体育政策和项目的读者都大有用处。笔者一直试图借助知识的力量使体育更加民主、方便更多人参与、包容性更强、更人性化，也希望能为读者提供参与这一愿景所需的信息。

编写此版

在大幅修改的《社会中的体育：问题与思辨》(第11版）付梓出版之后，笔者便立即着手这一版的研究工作。笔者每天阅读多份报纸，包括《今日美国》《纽约时报》《华尔街日报》和《金融时报》等，还阅读了《体育画报》和《娱乐与体育节目电视网杂志》这两种体育杂志，以及其他经常发表体育社会学文章的杂志。不过笔者还是以阅读体育社会学主要期刊发表的文章为主。笔者也定期浏览社会学及相关领域的几十种杂志的目录，查找研究体育相关主题的文章。虽然笔者并不会细读每一篇文章或每一本书，但也读了不少，并做了笔记。

此外，笔者还收集了一些用作新版插图的付费图片，自己也拍摄了数千张照片。笔者还经常请求朋友帮忙拍摄一些他们在特定体育场景中的照片，从这些照片中反复挑选，最终才确定放在书中的每一张图片。

总而言之，为了新版书的创作笔者花费了大量精力进行研究、写作，并与世界各地各行各业的人们讨论问题。

第12版的变化

这一版在第11版的基础上进行更新。新更换的内容、图片和示例均体现了时效性。

每一章融入了新的研究成果和理论进展，所涉及的论文和研究来自2000余篇参考文献。大多数新增的参考文献均为2009年之后发表的著述和文章。

近年来体育社会学的内容不断扩展，《社会中的体育：问题与思辨》如今已不再是学科领域的全面回顾，更多的是对这一领域新发展的介绍。

修订主题和新增内容

此版更新了所有时效性内容，并为读者保留了“本章纲要”和“学习目标”模块。每章结尾都附有补充阅读材料清单，还附有与本章内容相关的体育管理方面的讨论议题。

第一章介绍了“体育的重大迷思”，即人们普遍认为所有的运动本质上都是纯真和美好的，因此参加或者观看体育运动的人也会受到体育纯真和美好的影响。这一概念有助于读者理解体育运动如何能够在世界范围内获得如此积极的评价，以及为何难以推动大众对体育问题进行批判性思考。大多数内容都涉及体育的重大迷思。第一章还对体育观念提出了新解释，便于读者更清楚地了解体育如何作为文化实践与他们理解日常生活的视角相互关联。

第二章的内容阐明了体育社会学研究中使用的知识生成过程和主要数据收集方法，并对社会世界中性别的意义、表现和结构进行了解释，论述了定量研究和定性研究之间的差异。

第三章的侧重点是社会化。在家庭文化和儿童的体育参与中，家庭被视作启发和培育体育社会化的直接环境。本章还讨论了体育参与和社会化经历、竞技体育职业生涯的退出衔接，以及将体育和社会化看作社会文化过程的现代视角。

第四章与青少年体育相关，讨论了在后工业化国家，大部分时期的童年游戏文化为何几近消失，还进一步讨论了美国一些中上层阶级的父母可能利用体育为他们的孩子创造社会流动的机会，以获取更多的特权。本章还讨论了美国青少年体育项目如何及为何与培养适龄的身体技能及提倡终身体育参与的理论方法脱节。

第五章的主题是偏离行为，讨论了过度遵从这种偏离行为与运动损伤之间的关系。本章还对如下内容做出解释：人们普遍认同体育的重大迷思，以至于否认或者忽视某些形式的体育偏离行为，以及仅采取针对个人的惩罚性社会控制方法，而不去解决存在于各种形式的运动中的系统性问题。本章还介绍了用于监督和控制运动员的新型监控技术，其中重点介绍了对兴奋剂使用的监控手段。

第六章涉及体育中的暴力行为。本章论述了暴力性体育在某些文化中获得商业成功的原因，还讨论了强对抗性运动中人们普遍接受的暴力文化，以及由此引发的脑震荡、重复性颅脑创伤等问题。此外，本章论述了大众如何看待恐怖主义威胁，以及该认知如何影响体育赛事中社会控制的变化。

第七章的主题是性别和体育。本章介绍了“正统的性别观念”这一概念，有助于读者理解性别不平等的文化起源，以及为何体育是社会生活中为数不多的仍然接受性别二元对立和性别隔离的领域。本章还包含迈向性别平等的进程，阐明在过去的两代人中，女性参与度的提高是体育运动中最显著的变化。本章更新了“体育反思”专栏，研究《教育法修正案》第九条的合规性及什么是体育公平。本章的图表提供了参加近几届奥运会和残奥会的男女运动员的有关数据。此外，“全球女权运动的发展”论述了以下观点：女性在智力水平和体能水平提高的同时，在人权平等方面也取得了长足的进步。本章还讨论了媒体对女性参与体育运动的报道及预算削减和体育私有化的影响，表明女性体育节目由于市场影响力较弱、无法盈利，很容易被删减。

第八章关于社会阶层，增加了如下内容：建造新体育场馆是否会为周围社区带来新工作，以及经济衰退如何影响美国的体育参与。本章还介绍了相关研究：本地拳击馆是否有助于参与者相互建立联系，能否帮助他们赢得改变其社会结构性地位的各种社会资本；并讨论了收入和财富如何影响体育参与模式。

第九章由笔者与来自英国奇切斯特大学的同事伊丽莎白·派克共同编写。本章的侧重点是体育运动中关于年龄和能力的思辨性问题。本章的框架结构基于相关学术研究，揭示了年龄和能力的社会定义如何影响体育参与机会的提供，如何影响人们对参与体育运动的决定。关于大师赛、残奥会、特奥会和相关形式体育活动的内容阐明，在一般的社会和文化背景下，年龄和能力会影响人们被看待的方式，也会影响人们参与体育活动的方式，这也体现了体育问题的复杂性。

第十章讨论了体育的商业化问题。本章解释了如何利用体育的重大迷思来吸引公共资金，并将这些资金用于体育场馆建造、为运动队提供赞助，也更加深入地讨论了体育中的劳动关系，解释了集体谈判协议、停工和球员协会的作用。

第十一章的主题是体育和媒体。本章补充了许多有关传媒格局的变迁及其与体育之间关系的材料；讨论了梦幻体育这一新兴平台，梦幻体育的参与受性别影响，由白人男性主导并且其一直努力维持这一特权；介绍了知名体育组织和参与全球新兴体育活动的运动员如何利用社交媒体；讨论了媒体报道的变化，重点关注体育媒体呈现男子气概和性征的方式。此外，本章新增了对娱乐性体育新闻取代调查性新闻的探讨。

第十二章涉及政治、政府和全球政治发展进程，更新了全球关系中体育和国家认同的相关内容，论述了奥运会和男足世界杯如何为国际奥委会和国际足联带来经济效益，但同时导致举办赛事的国家债务增加，所带来的收益也颇受争议。本章通过研究近年来举办的大型体育赛事，探讨举办此类赛事的挑战和利弊，新增了对体育新型政治现实的探讨：球队所有权和赛事赞助已发展至全球规模，运动员可在全世界范围内寻求发展机会，而全球媒体的存在，使人们关注世界各地球队的比赛变得轻而易举，球迷也不再只支持本土或本国的球队。研究表明，以上这些政治现实与企业扩张、全球资本流动、全球媒体公司的经营策略，以及将全球体育运动融入当地人民日常生活的全球本土化进程息息相关。

第十三章主要讨论高中和大学体育，补充了一些关于如下问题的新发现：体育项目成本上升问题，某些体育项目产生收益的受益人的界定问题，高中及大学体育项目中存在的不平等现象显著增加问题，体育特色学校的学生对体育成绩和学业成绩的看法问题。另外，更新的内容涉及预算问题、当今学校体育面临的不确定性问题，以及美国大学体育协会面临的问题——大学体育系统与高等教育的目标有悖，大学体育系统的管理问题愈发棘手、难以控制。

第十四章有所删减，主要侧重体育变革的过程，而不再是对体育运动未来的描绘。侧重点有所变化的原因在于，人们应该认识到，企业有能力塑造体育运动，使其符合自身的利益需求，能够制定合适的战略来满足个人和社区的需求。

补充阅读材料

每章最后都附有补充阅读材料清单，提供与本章主题相关的有用信息。

新增视觉材料

此版包含了大量图片与数据。这些图片与数据作为对重要观点的支撑，提高了文本的可读性和趣味性。

目　录

上

中

下

第一章　体育社会学：什么是体育社会学？为什么要进行体育社会学研究？

体育属于我们，体育来自人民。它的产生与金钱或自我无关。现在的体育运营者往往都是富有的体育娱乐大亨，但体育最初并非由他们创造。

——肯·里德，体育政策总监，粉丝联盟（2011）

我们为什么要开展体育比赛？为什么不只是让每个人锻炼身体呢？（因为体育比赛会）把你逼到悬崖边缘，只有在这样的绝境中，你才能了解自己灵魂中富有创造力的一面。

——布莱恩·海莱，首席医疗官，美国大学体育协会（NCAA）（2014）

美国的34个州及华盛顿哥伦比亚特区都将竞技啦啦队运动视为一项体育运动。国家会对传统业余啦啦队和竞技啦啦队做出区分。学校会决定自己想要的队伍的类型。

——芭芭拉·奥布莱恩，布法罗新闻报记者（2014）

体育很真实……体育在公众中的影响力堪比奥普拉。体育深入美国人生活的方方面面，影响比你所知的还要深远。你可能会改变宗教信仰或政治立场，但不会改变支持的运动队伍。

——瑞克·赖利（2009）

本章纲要

关于本书
关于本章
运用社会学研究体育
定义体育
什么是体育社会学？
为什么要研究社会中的体育？
小结：为什么要进行体育社会学研究？

学习目标

- 阐明社会学家研究体育的内容，以及体育社会学知识与体育媒体和日常对话中的信息存在差异的原因。
- 理解与定义体育相关的问题，阐明体育的社会学定义与高中、大学及其他组织使用的官方定义不同的原因。
- 阐释所谓“体育是社会建构”的含义。
- 解释体育社会学知识在体育相关人员之间可能存在争议的原因。
- 理解“文化观念”的含义，以及与性别、社会阶级、个人能力相关的文化观念如何与体育产生关联。

一、关于本书

如果你正在阅读本书，说明你可能对体育感兴趣，或者认识从事体育运动或观看体育比赛的人。和大多数体育相关书籍不同的是，本书能让你了解比分、统计数据和体育明星背后的世界，旨在关注与体育有关的“更深层次的游戏”，正是这种游戏使体育成为当今社会和文化世界的一部分。

幸运的是，在思考这一“更深层次的游戏”时，我们可以借鉴自己的亲身经历。美国的高中体育就是一个例子。我们都知道，对于在高中篮球队打球的学生，篮球会影响他们在学校的地位及老师和同龄人对待他们的态度，还有可能会影响他们在社区中的声望、自我形象、自尊心、未来的人际关系、教育及其在就业市场中的机会，以及整体的生活满意度。

以这样的认知为基础，我们可以进一步了解与高中体育相关的“更深层次的游戏”。例如，为什么这么多美国人如此重视体育，还给顶尖运动员赋予如此高的地位呢？高中体育与男子气概和女性气质、成就和竞争、快乐和痛苦等重要的美国文化价值观之间是否存在联系？

这些问题背后存在一个潜在假设：体育不仅仅是游戏、运动和比赛。它是社会生活的重要方面，其意义远超比分和成绩数据。体育是我们赖以生存的社会文化背景中不可或缺的组成部分，它为我们提供可用于评估自身经历和周遭世界的故事和图像素材。

我们这些体育研究者关注的是体育中更深层次的意义和故事，并通过研究来加深对如下领域的了解：①体育所处的文化和社会环境；②围绕体育创造出的社会世界；③与体育有关的个人和团体经历。

二、关于本章

本章着重回答以下 4 个问题：

（1）什么是社会学？如何运用社会学知识研究社会中的体育？

（2）什么是体育？怎样定义体育才能更好地理解其社会地位和价值？

（3）什么是体育社会学？

（4）谁在研究社会中的体育？研究目的是什么？

对以上问题的回答会引导我们更好地理解本书内容。

三、运用社会学研究体育

社会学为将体育作为社会现象进行研究提供了实用的工具。这是因为**社会学**研究的是人们通过相互的人际关系而创造、维持和改变的社会世界。**社会世界**指的是日常行为和关系的可识别范畴（Unruh，1980）。社会世界由人创造，但其涉及的不仅仅是个人出于各自的原因独立行事。我们的行为、关系和集体活动都会形成一定的模式，而对这些模式的推断并不只基于个人提供的信息。这些模式构成生活和社会可见的组织环境，而环境的变化又受到人们互动关系的影响。

社会世界可以是庞大的、客观存在的，例如美国或巴西等国家，也可以是私人的，例如你自己的家庭。无论大小，社会世界囊括了社会生活的方方面面：① 我们用以理解生活的价值和观念；② 我们的日常行为和关系；③ 我们在做出选择、缔结关系、参与社会生活时形成的群体、组织、社区和社团。

社会学家常常提到**社会**，它指的是人们在特定领域内保持一种生活方式，由此形成相对自给自足的一个集体。在大多数情况下，社会等同于国家，比如巴西就是巴西社会。但是也存在社会不等于国家的例外。

社会学的目标是描述并阐释社会世界（包括社会）是如何产生、再造和演变的，社会如何组织，它又如何影响我们的生活和人际交往。在研究社会学的过程中，我们学会“在社会背景下”（即在我们生活的社会世界中）审视自己和他人的生活。如此，我们就可以辨别促进或限制人生发展的社会条件。从个人角度而言，了解这些会带来影响的社会条件，我们就能对面临的限制做出合理预期并加以规避，发掘人生的各种可能性。在理想情况下，社会学知识能帮助我们更好地掌控自己的生活，加深对他人及其生活的影响条件的理解。

（一）社会学的核心概念

社会学家会运用文化、社会互动、社会结构等概念来帮助自身理解体育这种社会行为。

文化包括人们在共同生活时形成的共识和共有的生活方式。文化一旦形成，就会影响人际关系和社会互动。

社会互动是指人们考虑他人的想法，并在此过程中相互影响对方的感受、思想和行为。通过社会互动，我们可以对他人的想法和行为做出预期，也可以预测他人会对我们的思想和行为如何回应。

社会结构指的是形成于人们生活、工作和娱乐互动过程中的、已确立的社会关系和社会组织模式。社会结构是所有社会世界一切秩序和组织的基础。

文化、社会互动和社会结构，这三个概念代表着所有社会世界中互相联结的核心要素。举例来说，一支高中足球队就是一个社会世界，由球员、教练员、球员家长和球迷构成。每支球队都会逐渐形成并保持自己独特的文化或者生活方式，包含价值观、信念及日常社会惯例。球员在场上场下的日常活动中参与社会互动。此外，他们在互动过程中出现的重复行为、形成的人际关系和社会组织构成了这支球队的社会结构。文化、社会互动和社会结构共同将球队打造成一个社会世界，并与其所处的更广阔的社会世界产生关联。

在同龄群体、小派系和运动队这样的社会世界中，成员之间彼此熟悉，而在社区、社团、音乐会观众、网络聊天群等社会世界中，参与者基本上都是陌生人。这意味着社会世界的界限可能是清晰的，也可能模糊不清或者相互重叠，但当我们进入或者退出一个社会世界时，我们通常都能有所感知，因为每个社会世界都有特定的文化、社会互动和社会结构特点等。

我们不假思索地穿梭于熟悉的社会世界之间。随着我们在不同的社会世界中适应不断变化的文化、社会互动和社会结构特征，我们的谈话和行为方式也会自然而然地发生改变。一旦涉足或参与一个全新的、陌生的社会世界，我们会格外关注其中的动态。我们会观察别人的行为，注意他们彼此之间怎样互动，并试图从他们的行为和关系中找到重复的规律。如果你有过上述经验，就具备了接下来运用社会学知识来研究社会中的体育的基础。

（二）社会学以研究和理论为基础

笔者撰写本书是为了准确地阐述体育社会学的研究，讨论读者感兴趣的问题。如今，我们可以通过网络搜索获得无数与体育相关的事实和观点，但是笔者最感兴趣的还是通过系统的科学研究得出的知识。笔者会用报纸文章和其他媒体作为例证的来源，但提出的实质性观点、得出的结论都是基于研究的结果。换言之，本书中关于体育和体育经历的讨论都最大限度地基于科学研究，研究方法包括调查、访谈、观察、文本分析，以及其他公认的社会学研究方法。

本书使用的材料不同于博客、谈话类广播节目、电视新闻节目、游戏或比赛评论的内容，也与大多数与体育相关的日常对话有所不同。本书旨在帮助读者思辨地审视生活中的体育。笔者会基于以往研究结果，尽可能准确地描述和阐释体育、社会和文化之间的重要联系。在利用研究阐释体育和体育经历的社会意义时，笔者也力求公正客观。因此，本书援引了上千条文献，作为书中信息和分析的参考。

当然，笔者希望能够吸引读者的注意力，但也不会为了给读者留下深刻印象或提高本书“评分”而夸大、故意隐瞒或提供断章取义的信息。笔者希望读者在阅读过程中能保持思辨能力，理智评估人们对社会中的体育的看法和评价。这能够帮助读者在所处的社会世界中面对体育问题时做出明智决定。

四、定义体育

大多数人都或多或少了解一些体育的知识，并能将其作为谈资。然而，在体育研究中，我们首先需要对体育进行准确的界定。举例来说，年轻人自由组队在街头打棒球，30 名不同年龄段的人用一下午的时间在滑板公园练习滑板技巧，这两种活动属于体育吗？在社会学意义上，上述活动与美国职业棒球大联盟比赛和极限滑板比赛存在差异。当家长询问参与体育运动是否能塑造孩子的性格时，当社区领导者评估是否应该使用税款来资助体育运动时，当学校校长考量体育是否属于有效的教育活动时，这些差异就变得尤为明显。

每当笔者说自己研究体育时，人们就常会问体育是否包括慢跑、跳绳、举重、狩猎、潜水、飞镖、赛车、国际象棋、终极格斗、彩弹射击、室内交谊舞、滑板、“魁地奇”等。回答这类问题并不容易，因为尚没有一种定义可以始终准确地识别所有文化中的体育运动（Lagaert，Roose，2014）。

基于在北美和欧洲大部分地区广泛使用的定义，体育是涉及挑战或竞争性比赛的身体活动。体育通常是有组织的，所以参与者可以评估自己的成绩表现，并与他人的成绩或者自己在不同情境下的成绩进行对比。然而，体育的组织、意义和目的往往因文化背景而异。

（图源：©杰伊·科克利）

竞技啦啦队运动和业余啦啦队运动是体育运动吗？这个问题的答案非常重要，因为它会影响美国高中和大学体育项目的预算、参与率和性别平等决策。社会学家会研究为什么某些活动被视为体育运动，谁有权做出这样的决定，以及这些决定如何影响人们的生活（Lamb，Priyadharshini，2015）。

一些体育运动强调个性和趣味性，为参与者带来乐趣，例如五公里趣味跑，在开阔地带自发进行极限飞盘运动，在街区或当地滑板公园玩滑板等。相比之下，另外一些体育运动的组织则包括预定和规范的动作，参与者展示运动技能，观众从观赏比赛中获得乐趣。这类体育运动包括专业和高水平体育运动，人们通过媒体跟进比赛信息或付费到现场观看。美国职业橄榄球大联盟比赛、职业足球联赛及高尔夫大满贯赛事就属于此类体育运动。

然而，大多数体育运动的组织方式介于上述两种情况之间。它们有正式组织，虽然也有观众，但主要是为参与者而组织，参与者能从中享受快乐，珍视这些运动所需的技能，还可以获得外部“奖励”，如同辈或者家人的认同、社会地位或者正式奖项。垒球联赛、排球锦标赛及大多数有组织的青年体育运动都属于这种情况。

将体育作为社会现象来研究的研究者通常对体育采用灵活而包容的定

义。虽然过去的体育社会学研究主要关注所谓的“有组织的体育运动”，但现今的研究往往侧重**体育文化**，即特定社会世界中的人们在集体生活中共同创造、维持和定期开展的所有形式的运动和身体活动。例如北京某个公园的太极拳、圣保罗广场上的巴西战舞、巴黎街头的跑酷、纽约中央公园的霹雳舞等。

诚然，在当今许多社会中，有组织的体育运动仍是体育文化的核心，但也存在例外，因为在某些社会中，传统民间游戏和有表现力的运动形式比正式组织的竞技体育更为重要。针对体育文化的研究十分重要，因为这有助于了解人们对自己身体的思考和感受，影响人们对体育的定义及将体育融入生活的方式。这也为我们思辨性地审视社会中的体育背后更深层次的问题提供了基础。

（一）体育的官方定义

以官方术语定义体育及选取符合体育定义的具体活动，是组织、社区和社会的一个重要任务。如果一项活动被官方定义为体育运动，它将被赋予特殊的地位，很可能会提高其参与度和关注度，获得更多的资金资助和社区支持。例如，在瑞士和斯堪的纳维亚国家，步行、骑自行车和某些形式的日常锻炼也被视为“体育运动”。因此，定期参与这些活动的人通常视自己为“运动员”，其他人也以这种身份看待他们。此外，公共政策也会为这些活动提供公共空间，并对相关的赛事给予财政支持。

相比而言，美国的组织和官员倾向于使用更狭义的体育官方定义，他们优先考虑具有正式组织的竞争性活动。因此，虽然步行整体有利于健康，受到推崇，但大多数美国人不会把它当作一项体育运动，也从不会将步行者称作运动员。这一点尤为重要，因为这也可能意味着步道建设和步行活动所获得的资金和政治支持远远少于体育馆和运动场建设所获得的资金和政治支持，后者是人们参与和观看高水平和职业体育项目比赛的场地，这些运动才被视为“真正的”或官方体育运动。

美国、加拿大的大部分人及越来越多的其他社会的人都认为，体育涉及规则、比赛、得分、获胜方和失败方、赛程和赛季、纪录、教练员、裁判员，以及制定规则和赞助比赛的组织机构。此外，诸如当地公园和休闲部门、州立高中体育联合会、美国大学体育协会和美国奥林匹克委员会等组织会采用自己的标准来定义体育并选取符合官方定义的活动作为体育项目，以便获得资金和支持。

体育的官方定义具有重要的意义。当定义强调规则、竞赛和高水平表现时，许多人将被排除在参与范围之外，认为自己不适合参加比赛，或者会放弃参与其他被定义为“二流”的体育活动。举例来说，如果一名 12 岁的孩子被一个精英足球俱乐部拒之门外，她可能就不想参加由公园和休闲部门赞助的本地联赛了，因为她认为这是“休闲活动”，不是真正的体育运动。由此，可能出现这样一种情况：大多数人体育活动参与不足，只有少数人拥有相对较高的运动水平，观众也集中在少数体育项目中。这种情况会对人们的健康产生负面影响，增加社会或社区的医疗保健成本。如果体育的定义覆盖面更加广泛，能够涵盖各种融入当地生活的休闲娱乐活动，那么体育活动的参与率会提高，对人们的整体健康状况也大有裨益。

（二）体育是社会建构

如果人们能将体育视为一种**社会建构**，即体育是人们在特定的社会、政治和经济条件下互动时共同创造的社会世界的一部分，那么理解体育社会学就会更加容易。这意味着当今流行的体育运动往往可以反映参与者、观众和赞助商的价值取向，还可以反映出谁是社会世界中的掌权者。

对体育的官方定义是政治过程的一部分，某些人比其他人更能从结果中获益。同样，创造和维持社会世界中的体育也会受到政治的影响。在决定以下与体育相关的问题时，人们时常争论应该采取哪方观点，而我们审视这些争议时，能明显看出政治的作用。

（1）体育的意义和主要目的是什么？如何组织体育才能体现这种意义和目的？

（2）谁会参加体育运动？对手是谁？他们在什么条件下进行比赛？

（3）哪些机构或组织会赞助和管控体育运动？

当人们对上述问题的答案产生分歧时，就会出现激烈的争论。历史表明，其中一些争论曾引发冲突，导致诉讼和政府干预，并促使相关法律的颁布。例如，对于美国高中啦啦队的意义、目的和组织方式，人们通常持不同观点。学校官员始终认为啦啦队运动不是一项体育运动，因为它的主要存在目的是支持学校运动队。但是由于许多学校已经组织了竞技啦啦队，进行训练并开展竞赛，现在已有至少 34 个州立高中活动协会将啦啦队运动定义为正式体育项目。这一转变会带来深远的影响：某些运动一旦被认定为正式体育项目，将吸引资金和其他支持，因而改变其在学校、社区和社会中的地位和意义。

当涉及政府机构的资金分配优先权时，最容易发生有关体育的目的、意义和组织的分歧和争议。举例来说，如果运动的首要目的是让所有人强身健体，那么资金应该被用于参与度最高的运动，才能对身体健康产生最大的积极影响。但是，如果人们将体育视为“没有武器的战争”，其目的是突破人类能力的极限，那么资金应该被用于能够培养出精英运动员的体育运动，以帮助运动员在竞争中获得胜利。在国家和地方各级政府、大学和公立学区甚至家庭中，当人们决定如何使用资源来支持体育活动时，这个问题往往备受争议。

上述例子表明，体育是一种**争议性的活动**，人们就该活动的含义、存在的目的和应有的组织方式难以达成一致意见。同样可以佐证这一点的还有一些历史分歧，这些分歧关乎谁可以参加体育运动，在何种条件下某些人群才可以参与体育。关于一些长期有争议的案例，请参见后文“体育反思”专栏“谁能够参与体育运动，而谁被排除在外——在体育运动中争得一席之地”中的内容。

谁应该提供参与所需资源，谁应该享有控制权也让体育饱受争议。如果人们认为体育有利于社会共同利益，那么体育设施和项目很可能会得到政府机构和税收的支持。如果人们认为体育主要在于促进个人发展，体育设施和项目则很可能由个人、家庭和私人企业赞助商来支持。然而，无论是以上何种情况，大家都会围绕以下问题争论不休：赞助商对体育有多大程度的控制权，以及体育的组织形式应与社区价值观保持多大程度的一致性。

这些问题的争议表明，使用单一的体育定义可能会导致我们忽略特定社会世界中的某些重要因素，例如谁拥有权力和资源，在社区或社会的不同时期如何赋予某些活动不同的意义。意识到这些因素后，我们就能够将体育置于社会背景中，并能以体育的创造者、参与者和支持者的视角来理解体育。我们还会意识到，在任何社会背景下，体育的定义往往代表的只是某一部分人的观念和兴趣。因此，体育社会学家经常会讨论和研究“谁的观念和兴趣最重要”的问题，特别是当涉及以下3个问题时：①体育的意义、目的和组织方式；②谁在什么条件下参与体育；③如何赞助和控制体育运动。

体育反思

谁能够参与体育运动，而谁被排除在外——在体育运动中争得一席之地

被踢出青少年运动队是令人沮丧的个人经历。如果一个群体被所有体育运动或者部分体育运动完全排除在外，那就不仅仅是沮丧了，这是不公平的现象，有时甚至违法。在大多数情况下，这种绝对排外与性别和性取向、健全和残疾、年龄和体重、国籍和公民身份，以及其他“资格”标准有关。人们就以下问题会发生纷争：

（1）是否应该允许女性参与体育运动？如果允许，她们是否可以和男性参与同一种体育运动？比赛时间是否一样？队伍的组成是否相同？男性和女性获得的比赛奖励是否相同？

（2）体育是否应该面向所有人，不受社会阶层和经济能力的影响？在参与和观看体育运动时，富人和穷人应该在一起还是分开？

（3）年龄是否会影响参与体育运动的资格？不同年龄的人是否要一起还是应该分开参与体育运动？不同年龄的人是否拥有同样的参与机会？

（4）残疾人和身体健全的人是否有同样的机会参加体育运动？是一起参加还是分开参加？与身体健全的运动员相比，残疾运动员的成就应该被赋予什么样的意义？

（5）同性恋者、双性恋者和变性者是否应该和异性恋者同台竞技？如果是，他们能得到公平的对待吗？

（6）运动员是否能够控制他们参与体育运动的条件，并有权利改变这些条件以满足他们的需要和兴趣？

（7）运动员会因参与体育运动而获得奖励吗？奖励的形式是什么？

对于上述问题，联邦和地方法律可能会给出具体的回答，但是传统、当地习俗和个人信仰却常常支持各种形式的排外性，从而导致纷争。这表明，体育运动是一项争议激烈的活动。

回想一下你所在的学校、社区和社会举办的体育活动，这些问题是如何被回答的？

五、什么是体育社会学？

体育社会学主要是社会学和体育学的一个分支学科，将体育作为社会现象进行研究。这一领域的大多数研究者关注的是“有组织的竞技体育”，但也有越来越多的人研究以强身健体为主要目的、非正式组织的其他体育活动，例如休闲体育、极限运动、探险运动、虚拟运动和健身锻炼活动。

通常，体育社会学研究者力图回答如下问题：

（1）为什么将某些特定的活动，而不是其他的活动认定为某个群体或社会中的体育运动？

（2）为什么在不同的时间、不同的地点以不同的方式创造和组织体育运动？

（3）人们如何将体育运动和体育参与融入生活？参与体育运动是否影响个人发展和社会关系？

（4）体育运动和体育参与如何影响我们对身体、工作、娱乐、社会阶层、男子气概和女性气质、健全与残疾、成就和竞争、快乐和痛苦、偏离和顺从及侵犯和暴力的看法？

（5）各项运动和其他体育活动相比，对健康和体质会产生何种不同的积极影响？

（6）体育对整个社区和社会发展有何贡献？为什么有那么多人认为体育对社区和社会发展有贡献？

（7）体育的意义、目的和组织方式与社会的文化、社会结构和资源有什么关系？

（8）体育与家庭、教育、政治、经济、媒体等社会生活的重要领域有何关系？

（9）当人们与他人互动、解释自己生活和周围世界发生的事情时，如何利用他们的体育经验和体育知识？

（10）人们如何利用体育社会学知识，更积极、更有效地理解和参与社会，特别是作为进步变革的推动者？

对于试图通过研究回答这些问题和其他问题的人来说，透过体育这扇窗户，他们看到的是自己赖以生存的社会和文化。这意味着体育社会学告诉人们的不仅仅是社会中的体育，实际上，它解释了社会关系是如何组织和变化的，也阐明了人们如何看待自身和他人与整个世界的关系。

（一）体育的重大迷思

随着有组织的体育运动在世界范围内广泛传播，一个关于体育的迷思和误解也被广泛传播：体育运动本质上是纯洁和美好的，而且它的纯洁和美好会传递给所有参加、观看或赞助体育运动的人。基于这一迷思人们往往笃信以下观念，比如运动塑造品格，任何参加体育运动的人都会因此成为更好的人。图 1.1 概述了这一体育的重大迷思。

体育运动本质上是纯洁和美好的，而且它的纯洁和美好会传递给所有参加、观看或赞助体育运动的人。

⇩ **因此**

人们无须为了改变或改进体育而研究和评价体育，因为体育已经非常美好。

图 1.1　体育的重大迷思

已有证据清楚地表明，体育运动本质上的纯洁和美好是人们的一种误解，仅仅参加体育运动并不能保证人们的品格得以塑造或变得更加纯洁美好。事实上，人们每天都会听到与体育的重大迷思相矛盾的案例，但这似乎并没有削弱它的影响力，许多人仍旧不加批判地接受这一迷思。实际上，当运动员、教练员、观众和其他与体育相关的人的行为不符合所谓的纯洁和美好的体育本质时，那些相信这一迷思的人会把这些人视为异类——认为这些人的行为是道德上的缺陷，以至于体育的内在美好特质都无法感化他们。

体育的重大迷思表明我们没有必要研究体育或寻求改进体育的方法。

相信这一迷思的人认为，没有必要进行体育社会学研究，因为体育天生是积极向上的。他们认为，问题的根源在于道德上有缺陷的个人，这些人必须被排除在体育运动之外，这样才能保证体育的美好和纯洁。按照这些人的说法，体育已经非常美好——它是灵感和纯粹兴奋的源泉，这在其他任何活动或生活领域中都无法获得。

贯穿本书始终，我们将看到体育的重大迷思如何影响诸多重要的决定——从为“问题”青少年创建和资助有组织的体育项目，到花费数十亿美元申请举办奥运会、FIFA 世界杯（男子足球）和其他大型体育赛事。这一迷思的支持者对体育力量有一种强烈的信念，即体育会给个人带来纯洁和美好，塑造积极的性格品质；会给城市和国家带来纯洁和美好，重振公民精神，促进良性发展。

（二）应用体育社会学

体育社会学研究生成的知识可以让运动员、教练员以及家长受益，也可以惠及在体育管理、休闲娱乐、体育教育、公共卫生及社区规划和发展等领域工作的人群。例如，家长和教练员可以通过这些知识了解在何种条件下青少年参与体育活动最有可能获得积极的发展（NASPE，2013）。它还解释了为什么某些体育运动的暴力发生率高于其他运动，以及应该如何有效地控制体育暴力（Young，2012）。

与其他领域产生的知识一样，如果没有人们对社会公平和正义的关注，体育社会学的知识也可以被用于负面和自私的目的。例如，在美国文化中，橄榄球教练员可以通过威胁年轻男性球员，让其不得不依赖教练员来认可自己作为男性的价值，从而有效地控制球员。一些教练员还利用这种策略鼓动年轻球员“为了球队的利益”而牺牲自己的身体。

上述例子表明，体育社会学与其他学科一样可以被用于多种目的。如同其他创造和传播知识的人一样，我们这些研究社会中的体育的人必须思考为什么我们会研究某些问题，我们的研究发现可能会在多大程度上影响人们的生活。我们无法逃避的一个事实是，社会生活是复杂的，而且不同人群之间存在不平等（如权力差异）和利益冲突。因此，应用体育社会学的知识并非一个简单的过程，它不会自动地为每个人带来平等和利益。事实上，它要求人们必须对社会中的体育知识的潜在后果进行批判性思考。

希望在阅读本书之后，读者有能力并且愿意做到以下几点：

（1）批判性地思考体育运动，以便能够识别和理解与体育相关的问题和争议。

（2）不再只关注成绩、统计数据和比赛结果，而是将体育视为对人们的生活既有积极影响也有消极影响的社会建构。

（3）了解体育活动，能够对体育参与做出明智选择，并且了解体育在家庭、社区和社会中所处的地位。

（4）将体育视为社会建构，当体育系统性地使某些人处于不利地位而使另一些人享有特权时，要努力改变这一不公平的现象。

（三）体育社会学研究带来的争议

当体育社会学研究的证据表明当今体育和社会世界的组织方式需要得到改变时，这可能会引起争议。因为在一些国家，这会威胁到部分人的利益，特别是那些体育组织的控制者，当前体育组织的既得利益者，或者认为当前体育组织是“正确且理所应当”的人。

身居高位的人清楚，社会和文化的变化可能会危及其对他人的掌控和自己的特权。因此，他们倾向的体育研究方法是将问题归咎于个人弱点和不足。因为只要确定个人是问题的源头，相应的解决方法就是强调更有效地控制个人，教导他们如何去适应仍以当前方式组织的社会世界。

回顾世界各地女性参与体育运动的研究结果，我们可以看出通过体育社会学的分析可能引起争议的问题。研究表明，在一些国家，女性——尤其是贫困家庭和工薪阶层家庭的女性——参与体育运动的比例低于其他类别的人群（Donnelly and Harvey，2007；Elling and Janssens，2009；Tomlinson，2007；Van Tuyckom，et al.，2010）。研究还显示，这一现象有多种成因，包括以下几点（Taniguchi，Shupe，2012）。

（1）与男性相比，女性不太具备定期参加体育运动所需要的时间、自由、“文化许可”和资金条件。

（2）女性几乎或根本无法掌控开展体育运动的场地设施或体育项目。

（3）女性获得出行的机会较少，而且整体上难以自由且大胆地走动。

（4）女性经常被要求顾及家庭成员的社会和情感需求，这使她们很少有时间参加体育运动。

（5）世界上大多数体育项目都围绕男性的价值观、利益和经历而组织。

上述原因共同导致了这样一个事实，即世界上许多女性认为体育并不是适合她们认真对待的活动。

显而易见，这些发现很可能引发争议。研究者建议，应增加女性参与体育运动的机会和资源，男女应共享对体育的控制权，并应围绕女性的价值观、利益和社会资源特点开发新的体育项目。研究者还建议，应该改变有关男子气概和女性气质、性别关系、家庭结构、育儿责任分配、工作安排及社会资源分配的观念。

从当前的体育和社会生活组织形式中获益的人很可能会反对并排斥这些改变。他们甚至可能会争辩说，体育社会学过于具有批判性和理想主义，如果用社会学知识来组织社会世界，那么原本“自然的”秩序就会完全颠倒过来。然而，科学的研究总能激励人们对影响自身生活的社会条件进行批判性思考。这就是为什么研究者只有在充分认识到体育和社会可能的前景之后，才能够用批判性的眼光研究体育。没有这些理想主义的愿景，又如何能够激励和引导人们参加社区、社会和世界性的体育活动？

尽管存在争议，但近年来，体育社会学的学术研究和关注度显著增加。只要该领域的研究者继续开展研究，生成有用的知识，帮助人们理解社会生活，促进人们更有效地参与社区和社会的活动，这种关注度的增加就会持续下去（Burawoy，2005；Donnelly et al.，2011）。

六、为什么要研究社会中的体育？

我们研究体育，是因为它对许多人来说是具有社会意义的活动。它在许多社会中强化了重要的思想和观念，并且已经融入社会生活的主要领域，如家庭、教育、经济、政治和媒体。

（一）体育是具有社会意义的活动

我们知道，奥运会、足球世界杯、美国橄榄球超级杯大赛、橄榄球世界杯、环法自行车赛、温布尔登网球锦标赛等大型体育盛事吸引着全球的目光和媒体焦点。其中规模最大的赛事拥有来自 200 多个国家和地区的数十亿观众。体育媒体报道提供了生动的图像和叙事，给人们带来了娱乐和激励，还为他们提供了用以理解个人经历和周围世界的语言和观念。即使是对体育不怎么感兴趣或完全不感兴趣的人，当家人和朋友坚持带他们去看比赛或跟他们谈论体育时，他们也难以忽视体育的存在。

世界各地的人都会谈论体育，他们不仅在单位、家庭、酒吧、校园、餐厅与亲友交谈体育，而且在公共汽车站、机场等公共场所和陌生人也会聊体育。体育是促进人际交往的纽带。人们会非常喜爱和支持某些运动队和运动员，以至于比赛结果会牵动他们的情绪、身份认同和幸福感。总的来说，体育可以提供谈资，当人们在描述和评价运动员、比赛、队伍、教练员决策和媒体评论的时候，他们能够缔结并培养关系，甚至提升个人地位。这样，人们往往能通过体育拓宽与工作、政治、教育等领域相关的社交网络圈子，增加**社会资本**（将他们与社会世界正向连接的社会资源）（Harvey et al.，2007）。

当人们参与体育运动的时候，这些经历常常会成为他们生活中特殊且弥足珍贵的记忆。体育所带来的强烈情感、团队情谊及成就感会让这些经历比其他活动更加难忘。

基于以上原因，对当今的社会学家及其他关注社会生活的人来说，体育理应得到研究和关注。

（二）体育强调重要的思想和观念

我们研究体育的另一个原因是，体育可以强化那些影响人们看待和评价周围世界的思想和观念。事实上，体育社会学的一个核心研究议题就是体育与文化观念的关系。

文化观念并非与生俱来。我们在和他人交往的时候会形成一定的文化观念，或者潜移默化地接受所在文化默认的思想和观念。文化观念指的是一种共有的阐释框架，人们用它来理解和评价自己、他人和社会世界中的事件。我们周围的人总是不断地以某种方式去理解社会现象并赋予其意义，我们也在这个过程中形成自己的文化观念。即使我们不认同某种文化观念，它也代表了我们文化中普遍共存的原则、视角和观点。

大多数文化观念服务于特定人群的利益。因此，文化观念具有社会功能，可以用来证明某些决策和行动的合理性。

研究社会中的体育时，了解以下 3 类文化观念非常重要，它们会影响体育的组织方式，影响体育的控制者和参与者。这 3 类文化观念包括与性别、社会阶层和残障歧视相关的思想和观念。在下文，我们会逐一解释每一种文化观念是如何与生活中的体育互相关联的。

过去几十年间，世界比以往任何时候都更重视体育运动。

——西蒙·库珀，《金融时报》记者（2012）

1. 性别文化观念

性别文化观念由诸多相互关联的思想和观念组成，这些思想观念被广泛应用于定义男子气概和女性气质，辨识男性或女性，评价性征表达形式，以及确定男性和女性在社会中的适当角色。在许多社会中，影响最广泛或主导性别文化观念的有以下 3 种观念。

（1）人只有两种性别类型：男性或者女性。

（2）异性恋是人类繁衍的自然基础，其他性情感、想法和行为都是不正常的、变态的或不道德的。

（3）男性比女性体格更强壮，头脑更理性。因此，他们天生更适合在社会公共领域掌权、占据领导地位。

有关上述思想观念的争论在世界范围内都非常普遍，它们被涵盖在一些更宏大的命题中，诸如：①身为男人或女人意味着什么？②当涉及性别和性征表达时，什么被定义为正常、自然、道德、合法和社会可接受的？③在经济、政治、家庭、教育、医疗保健和体育等主要领域中，谁应该掌握权力？如今，许多人已经意识到主流性别文化观念偏向于异性恋男性的文化观念并非一成不变。但是在世界上一些国家，那些主流文化观念的既得利益者通常拥有权力和资源来抵制变化，甚至妖魔化那些倡导改变思想和信念的人。例如，那些首次进入男性体育世界、最先挑战性别文化观念的女性曾普遍被视为是不正常、不道德、违背自然的（见第七章）。特别是当女性参与力量型的体育运动时，当女性不符合异性恋的女性气质规范时，反对这些“性别反转者”的声音尤为强烈。手握权力和资源的男性禁止女性参加某些体育运动，拒绝为她们提供资助，不让她们使用体育设施，将她们贴上离经叛道的标签，并公开宣扬和传播歧视女性的思想观念（Sartore et al.，2010；Travers，2011；Vannini，Fornssler，2011）。

围绕性别文化观念的纷争也影响着男性的生活，尤其直接影响那些不遵从主流异性恋男子气概的思想观念的人（Anderson，2011b；Harrison et al.，2009）。例如，某些运动，如美式橄榄球、冰球、拳击和综合格斗的组织形式、参与形式和报道形式都强调了某些男性优于其他人的文化观念。但随着女性和不遵从男子气概刻板印象的男性越来越多地展现自己的身体技能，他们开始质疑和挑战主流性别文化观念（McGrath and Chananie-Hill，2009）。这意味着体育是一种场所，或社会场合，人们在此重申有关性别的思想观念，同时也有人表达相反的思想观念。这样看来，体育对于人们理解性别在社会日常生活中的内涵和争议非常重要。

2. 社会阶层文化观念

社会阶层文化观念由诸多相互关联的思想和观念组成，这些思想观念广为流传，被用来评估人们的物质地位，解释为什么会存在经济上的成功、失败和不平等，以及告诉人们应该如何应对群体或社会中的经济差异。美国的主流社会阶层文化观念包括以下 3 种：

（1）所有人都有机会取得经济上的成功。

（2）美国是一个精英社会，付出努力的人会获得成功，而失败是由于无能、选择不当和缺乏动力所致。

（3）收入和财富不平等是正常且不可避免的，因为有些人工作努力、能力突出，能做出明智的选择，而其他人没有做到。

虽然有些人质疑这些思想观念的真实性，但这种社会阶层文化观念依然得到了大力宣扬，得以持续存在，因为它符合掌权者和富人的利益。

美国的竞技体育一直围绕这一文化观念开展，也产生了很多励志故事和宣传口号，使其仍受到广泛认可。教练员、媒体评论员和体育迷一直宣称，人们可以通过努力工作和自律来实现一切目标，而失败是懒惰和不当选择的后果。

这种思维产生的结论是，财富和权力属于具有良好品格的勤劳人民，而粗心大意、不愿意工作、性格软弱的人会变得贫穷。因此，在美国，人们对穷人没有什么同情心，与此同时，获胜的运动员和教练员——以及大部分富人——通常被视为做出明智选择、具备坚韧不拔品格的典范。这种社会阶层文化观念根深蒂固，以至于人们相信社会经济不平等是合理的，精英阶级的财富和特权理应受到保护。因此，精英富人阶层及其控制的大型公司成为关注度高的竞技体育赛事的主要赞助商，这些体育赛事的组织方式和呈现方式反过来也促进了人们对这种社会阶层文化观念的广泛接受。

3. 残障歧视的文化观念

残障歧视的文化观念由诸多相互关联的思想和观念组成，在当今的许多文化中，这些思想观念被广泛应用于鉴别身心障碍人士，将对其的歧视合理化，且在组织社会环境和搭建实体空间时忽视他们的需求。残障歧视的文化观念主要表现为3种思想观念：

（1）人被划分为正常人或残疾人两类。

（2）身体障碍或精神障碍影响个人日常正常生活能力即为残疾。

（3）残疾人逊于正常人。

人们的这些思想观念基于**残障歧视**，即缺乏某种能力的残障人士是低人一等的，因而不能充分参与主流活动。因此，持此观点的人往往会对能力无法“够得上”其标准的人以高人一等的态度自居，或者将残障视为病态，或施以同情。在基于这种文化观念形成的社会组织中，人们则被划分为健全人或残疾人两类。

残障歧视的文化观念否认人的身体和智力具有先天差异，不认为在不同的情境和任务中，适用的能力有所不同，且不承认所有人的能力都会随时间的推移发生变化。

日常经验表明，不同的能力有不同的用途，我们每个人在不同的情境或任务中表现出的能力也有高下之分。此外，人们通常还会忘记一点，由于意外、疾病和正常的衰老过程，人的能力会发生变化，因此身心健全并不是一种永久性的状态。这意味着我们不能简单地将人划分为健全人或残疾人两类。我们可以对某一特定情境下或某一特定任务中个人的某项特定能力从低到高进行排名，但是我们不可能建立一个适用于日常生活或仅适用于体育领域的所有情境和任务的总能力排名体系。

体能和智力的差异化是人类生活的正常现象。但是残障歧视的文化观念掩盖了这一事实，使我们不能明智地对待社会上的能力差异。

总而言之，文化观念是文化的重要组成部分。由于文化观念总是“理所当然”地存在于人们的生活中，人们往往意识不到它的存在。文化观念广泛存在，被视为建立、组织和评估社会关系及形成各种社会组织形态的基础，并且随着时间推移融入社会的方方面面。正因如此，文化观念不同于个人的思想观念或个人与家人、朋友共有的思想观念。

文化观念也不易发生改变，因为那些借此认识世界的群体和其特权依附于此的群体会牢牢捍卫现有的文化观念。而且文化观念有时与宗教信仰相关，并被赋予内在的道德价值，因此根深蒂固，很难改变。虽然我们很少意识到我们自己的文化观念，但我们经常注意到其他文化群体的文化观念，因为他们的文化观念挑战了我们习以为常的假设。当出现这种情况时，我们往往会批判“外来的”文化观念，却不对自身的文化观念加以审视。鉴于此，我们将在本书的第七章至第九章对性别、社会阶层及残障歧视的主流文化观念进行批判性研究。

（三）体育融入社会生活的主要领域

运用社会学研究体育运动的另一个原因是，体育与社会生活的主要领域息息相关。在之后的各章中，这一点会更加明确地得到体现。例如，第四章和第五章会谈到家庭关系，它们如何影响体育参与，以及体育如何影响当今的家庭生活。本书会广泛涉及经济相关问题，第十章专门研究体育的商业化及其带来的变化。媒体也与当代体育密切相关，特别是新的社交媒体正在改变体育迷接触运动员和进行体育消费的方式，在第十一章我们会对此进行解读。

在体育领域，政府和政治并不是陌生话题，尽管随着体育日渐全球化，其对民族国家的依赖程度日渐降低，政治的影响力已经发生变化。这是第十二章的主题。第十三章关注如何平衡校际体育、学生生活、学校的学术目标以及高中和大学的组织之间的关系。总体而言，体育不仅本身就是重要的日常活动，还与当今社会的主要生活领域息息相关。

七、小结：为什么要进行体育社会学研究？

社会学研究的是人们通过彼此之间的关系创造、组织、维持和改变的社会世界。社会学家运用概念、研究和理论来描述和解释社会世界。在这一过程中，他们能够把个人和群体的生活纳入社会背景，从中可以了解给生活设限以及创造生活中可能性的不同情境。对于大多数社会学家来说，他们的终极目标是创造和传播知识，使人们能够理解、控制和改善自己的生活条件以及所处的社会世界。

社会学家在研究社会世界时会用到文化、社会互动和社会结构的概念。体育和其他社会世界的社会学相关知识来源于科学研究中系统收集的数据，因此它不同于仅凭借个人经验和观点所做出的有关体育的一般陈述。

定义体育极具挑战性。如果我们采取强调组织和竞争的单一定义，就可能会忽视那些既没有资源也没有意愿组织正式的竞争性体育活动的人员。因此，包括笔者在内的许多体育社会学研究者更偏好另一种定义方法，其假设基础是：体育是一种社会建构，体育观念会随着时间的推移和社会世界的改变而发生变化。

（图源：©经威廉·怀特黑德许可）

家庭和家庭日程往往受到体育参与的影响，体育参与有时会干扰家庭关系（左图），有时会创造愉悦的共处时光（右图）。

因此，我们试图解释为什么某些特定的活动会被某一群体或社会视为体育运动，为什么某些体育运动会比其他运动得到更多支持和资助，以及常用的体育定义和相关的资助优先级如何影响不同类别的人群。

这种非传统的定义体育的方法同时也强调，体育是具有争议性的活动，因为人们对其意义、目的和组织可以持有不同的观点。此外，人们对谁应该参与体育、参与体育的条件也往往有不同的看法。有关谁可以参与体育，谁会被排除在外的辩论会引发热议，也会让部分人感到不适，因为这牵涉到公平的概念和社会世界中的资源分配。哪些体育运动应该获得赞助，谁来赞助，以及赞助商在该项体育项目上拥有多少控制权，这些问题也可能存在争议。

能够对社会中的体育提出批判性问题是体育社会学研究的起点。这会促进我们思考，为什么体育会采取特定的形式，社会世界中当前的体育组织形式对谁有利而对谁不利。体育社会学往往很难得到社会的认可，因为社会中很多人都相信体育的重大迷思，即体育本质上是纯洁和美好的，所有参与或观看体育运动的人都会被这种纯洁和美好感染。这一迷思导致的结论是，因为体育运动本质上是好的，所以没有对其进行研究和批判性评价的必要。

当社会学家研究社会中的体育时，他们经常会发现与体育结构、组织或体育赖以生存的社会世界相关的问题。虽然他们可能对社会问题了如指掌，但他们往往缺乏进行变革的政治权力或影响力。此外，他们提出变革的建议可能会对希望维持现状的既得利益者造成威胁。因此，一些人认为体育社会学存在争议，但体育社会学研究仍将继续下去，力求生成有助于社会公平和正义的知识。

人们之所以研究社会中的体育，是因为体育对很多人来说是一种具有社会意义的活动；体育会使人兴奋，带来难忘的经历，发展和拓宽社会关系。体育会强调或挑战一些重要的思想观念，特别是那些与性别、社会阶层和能力有关的观念。

人们研究体育是因为它与社会生活的主要领域密切相关，包括家庭、经济、媒体、政治和教育等。

总而言之，体育是日常生活中不可或缺的一部分，凡是关注当今社会生活的组织和动态的人，都不应该忽视体育。

体育反思

身体不仅仅具有物理意义：体育影响身体被赋予的意义

如今，大多数人仍然认为身体是一种固定的自然产物，只具备生物学特性。但是许多研究者都已认识到，要充分了解人们的身体，就要从社会和文化角度来看待它（Adelman and Ruggi，2015；Dworkin and Wachs，2009；Eichberg，2011；Hargreaves，Vertinsky，2006；Wellard，2012）。例如，医学史学家曾解释说，在不同历史时期和不同的文化背景中，身体和身体部位被赋予了不同的身份和定义。这会影响医疗实践、政府政策、社会理论、体育参与和人们的日常经历，因而至关重要。

在任何文化中，人们赋予身体和身体部位的意义，是以下思想和观念的基础：性、性别、性和性别差异、性取向、自我形象、身体形象、时尚、卫生、健康、营养、健身、健全与残疾、年龄、疾病、药物和药物检测、暴力和权力等影响生活的因素。

身体的文化定义会影响人们的快乐、痛苦和其他深层个人感受，而这些个人感受可以被用来衡量个人的幸福、人际关系和生活质量。

身体的文化定义已经发生了改变。如今，我们会将一个人忽视疼痛的能力视为坚强品质的象征，在体育运动中尤其如此。当我们看到一个人拥有强健的体魄，我们将其视为自控和自律的佐证。但无论是何种情况，我们的身份和经历都得到了内在体现，我们对于身体的感知与年龄、性别、性取向和能力等因素的社会与文化定义密切相关。

在许多社会中，身体的定义与体育息息相关。例如，我们对“理想的身体”——特别是理想的男性的身体——的概念，受到运动员身体形象的强烈影响（van Amsterdam, et al.，2012）。事实上，运动员的身体被视为健康、健美、强壮、力量、自律以及整体能力的典范。

今天的竞技体育对身体在各种条件下的表现进行测量、监控、分类、调节、训练、规范和评估。身体往往被视为实现重要目标的机器，而不是体验愉悦和快乐的渠道。作为一台机器，其零件必须经过开发、协调、维护、监控和维修。当运动员由于身体受伤或年龄增长而失利时，他的身体会被重新进行评估分类，其身份、关系和地位也会随之改变。

在这种情形下，身体的社会建构强调控制和理性。它引导人们接受各种身体调节的形式，如称重、测量体脂百分比、测试有氧能力和无氧能力、观察对压力源的生理反应、进行血液分析、节食、使用药物和其他物质以及药物测试等。举例来说，美国国家女子足球队的成员必须在训练期间佩戴心率监测器和专门设计的配备 GPS 设备的运动内衣，以便教练员和训练员据此确定她们的训练强度、健康水平和现场战略意识（Reilly，2012）。如今，其他教练员也使用类似的技术来监控运动员在比赛场上消耗的能量和付出的努力（Newcomb，2012a，2012b）。所有这些措施都能帮助教练员了解如何"规训"运动员的身体并实现成绩目标。

将身体作为机器和将体育作为成绩的文化概念，可能会促使运动员利用大脑操控、激素调节、身体器官更换和基因工程等方法来训练、控制和管理他们的身体。可衡量的成绩比身体愉悦的主观体验更为重要；忍受痛苦并坚持留在场上的能力成了体现"规训的身体"的标志；通过节食将身体脂肪减少到不健康的水平被讽刺地视为"健康"和"有型"。

当人们意识到人的生命在文化环境中得以体现，身体在文化环境中被社会建构时，具有思辨能力的人会提出以下问题：

（1）在体育和社会中，有关自然的、理想的与异常的身体的主流观念起源于何处？

（2）在体育运动中对身体进行保护、探索、监测、训练、规范、评估、操控和康复的道德影响和社会影响分别是什么？

（3）在体育运动中，如何根据性别、健全（或残疾）和年龄等对身体进行标记和分类？这种身体标记和分类的社会影响有哪些？

（4）运动的身体在大众媒体和流行文化中代表着什么？这些表征如何影响社会身份、社会关系和社会组织形式？

（5）谁对运动员的身体有所有权？在什么条件下可以使用其身体来宣传产品、服务、观念或想法？

（6）如果身体运动主要被视为快乐的来源，而不是作为获得成就或控制体重的工具，那么是否会有更多的人参与体育活动？

这些问题挑战了人们对自然、美丽、健康和竞技体育习以为常的观念。问问你自己：你对身体的看法，包括对你自己身体的看法，是如何被你所处的体育和文化环境所影响的？

补充阅读

阅读材料1 为什么要选择体育社会学这门大学课程？
阅读材料2 体育的社会学和心理学的区别何在？
阅读材料3 比赛、游戏和体育：它们全都相互关联
阅读材料4 体育社会学领域的专业协会
阅读材料5 在哪里可以找到体育社会学的研究？
阅读材料6 篮球：从一个想法到一项运动

体育管理问题

- 假设你在一家体育管理咨询公司工作。一位客户想要创造一项新的运动，既能吸引参与者，又能吸引媒体报道，你需要提交一份提案，内容包括任务安排及实现时间。请描述你的“创造一项运动”提案的计划大纲。
- 假设你在攻读体育管理博士学位时获得了助教职位。你的导师要求你给体育管理专业的大一学生教授体育社会学课程。请描述你第一天上课要说的话，你要如何让你的学生认识到认真对待这门课的重要性。
- 体育管理面临的主要挑战之一是应对当代文化中体育的重大迷思的影响。请解释这一挑战，阐明体育管理人员在工作中如何应对这一挑战。

第二章　关于社会中的体育知识的生成：体育社会学领域的知识如何生成？

（图源：©杰伊·科克利）

“现代社会学的第一要义在于：如果个人不能将自身置于所处的时代潮流之中，置于所处社会阶层众人的人生际遇之中，便不能理解自己的经历、评估自己的命运。”

——赖特·米尔斯，社会理论家、社会活动家（1951）

……开明的头脑和空虚的大脑是有区别的。如果要分析数据，我们需要使用自己储备的知识，而不应该将其束之高阁。

——伊恩·戴伊，社会政策专家，苏格兰爱丁堡大学（1993）

我们都在研究概念……我们别无他法……没有概念，你就不知道去哪里寻找、寻找什么，也不知道当你找到它时如何识别它。

——霍华德·贝克尔，社会学家（1998）

本章纲要

体育社会学领域的知识生成

在体育社会学领域开展研究并运用理论：案例研究

体育社会学知识的影响

运用批判性方法生成知识

小结：体育社会学领域的知识如何生成？

学习目标

- 了解我们关于社会生活的个人理论与体育社会学中使用的理论有何不同，为什么不同。
- 明确体育社会学知识生成的五个步骤。
- 阐释文化理论、互动主义理论和结构理论之间的差异。
- 理解性别作为意义、表现和组织存在的内涵。
- 了解定量方法和定性方法之间的区别，以及如何在开展社会研究时依具体情况优先选用其中一种方法。
- 明确和描述体育社会学研究中使用的三种主要研究方法。
- 理解体育不仅仅是社会的缩影这一说法的内涵。
- 了解生成体育社会学知识的批判性方法的主要特征。

体育社会学关注与社会中的体育相关的深层内容。我们通过应用研究和理论来了解这一深层内容，以便理解以下内容。

（1）体育存在的社会和文化环境。

（2）社会和文化环境与体育之间的联系。

（3）人们参与体育活动时所创造的社会世界。

（4）与这些社会世界相关的个人和群体的经验。

我们的研究动力在于好奇心、对体育的兴趣以及扩大我们对社会世界的认知的愿望。我们中的大多数人也希望利用关于社会中的体育的知识来促进社会公正、揭露和挑战权力剥削，并帮助人们有效地参与政治进程，改变对他们的生活和体育参与带来负面影响的社会条件。

研究体育时，我们会利用研究和理论生成知识。**社会研究**指开展调查，通过系统地收集和分析数据来寻求关于社会世界问题的答案。研究是我们用来扩展已知的知识，修改、完善和发展关于社会中的体育理论的主要工具。

社会理论是关于人的行为和关系以及社会世界的组织方式和动态机制的一系列逻辑的解释。理论为提出研究问题、解释信息和应用我们所生成的体育知识提供框架。

研究与理论相辅相成，我们使用研究来创建理论、检验理论的有效性，同时又使用理论来帮助我们提出合适的研究问题，理解我们在研究中收集的数据。

社会学研究的目标在于有逻辑地描述和解释社会世界，使其与系统性收集和分析的证据相吻合。社会学家实现这一目标之后，他们的研究和理论将丰富我们对社会世界的认知。与在媒体上阅读或者听到的信息相比，我们获取的体育社会学专业知识更为有效和可靠，因为媒体上的许多内容只为博取观众眼球和取悦大众。

实际上，体育社会学所生成的知识有助于我们更全面地理解个人的行为、社会关系的动态和社会世界的组织形式。而这又能使我们在参与学校、社区和社会的过程中，成为更加理性、明智、知识全面的公民。

本章主要回答以下问题：

（1）体育社会学领域的知识如何生成？

（2）研究者在研究社会中的体育时采用的主要研究方法有哪些？

（3）为什么研究者在进行体育社会学研究和理论构建时往往采用批判性方法？

一、体育社会学领域的知识生成

大多数人基于个人实践经验管理自己的生活、应对社会世界。人们通过积极观察和倾听以及对日常经历和事件进行解释来生成知识。举例来说，试想你在生活中是怎么对待家庭、学校、工作和朋友的？你会采用什么策略去理解周围所发生的事情，你又是如何应对生活中的人和事的？

大多数人都会通过观察他人的行为方式和在各种情境中发生的事情，来学习如何应对社会世界和管理自己的生活，然后利用这些信息形成基于经验的解释或“个人理论”来理解自己的行为、他人的行为以及所面对的社会世界。这些**个人理论**是他们关于社会生活及其环境的观念和解释的总结。在日常生活中，所有人都会依据个人理论来做决定和与他人互动。

以你的家庭生活为例，你会收集信息、形成相关的解释来理解你的家庭以及你在其中的角色。你也许还会思考你的家庭与你所生活的社区及更大的社会之间的关系。在这个过程当中，你能建立一套“有理有据的直觉”理论来解释为何与其他的家庭相比，你的家庭更具关怀性、更加严格、更有条理、更加富有、更具支持性，或者在这些方面有所欠缺。你也许还会尝试解释外部因素对你的家庭的影响，例如：①你所在的高中倒闭，迫使你乘公共汽车去 20 英里（1 英里=1.609344 公里）外的另一所学校就读；②全国经济衰退期间，你的父亲失业；③当地政府决定修建一条高速公路干道，你所在的社区因而被隔离在你之前进行体育活动的休闲中心之外。

我们个人化的、基于经验的数据收集和理论分析的目标是理解和掌控自己的生活以及我们所处的社会世界。个人理论是各种形式的实践知识，我们可将其用于预测不同情境下的事件、他人行为以及我们自身行为可能带来的后果。没有这些理论，我们就只能被动地应对社会世界——成为文化和社会的受害者。而有了这些理论，我们就成为潜在的主动行为者，能够有意识、有策略地参与社会世界，在我们单独行动和与他人合作时再造或改变社会世界。

著名的法国社会学家皮埃尔·布迪厄在探讨人们通过个人经验形成的

实践知识时，将之称为“文化资本”（Bourdieu，1986）。他解释说，我们每个人在丰富社会和文化经验时都能获取和积累文化资本，并在对自己、人与人之间的关系以及社会世界运作方式逐渐加深理解的过程中认识文化资本。虽然我们每个人拥有的机会和经历有所不同，但是我们都可以将个人理论转化为文化资本。文化资本和金钱一样拥有价值，因为我们用它来应对、管理和控制我们的生活。但与金钱不一样的是，文化资本能够反复被使用，我们无须背负债务。

当你思考这些观点时，你可能想将个人观察和理论与体育社会学的研究和理论进行比较。它们的区别是什么？体育社会学中的研究和理论能否与个人研究和理论结合使用？体育社会学中的研究和理论能否代替个人研究和理论？前者会更准确可靠吗？这些问题将在本章的剩余部分和整本书中得到回答。

在日常生活中我们的个人观察和理论很有用，但它们还是有别于体育社会学中的研究和理论。个人观察侧重于我们邻近的社会世界。我们会收集和分析信息，但并没有使用精心设计的方法，也并未遵循系统和严格的指导方针。同样，我们形成个人理论供自己使用，不会对它们进行系统的测试，不会将它们与相关理论进行比较，也不会公开发表个人理论，其他人无法对其进行检验，也不能确定它们在不同社会世界中的整体有效性。

体育社会学研究不同于个人观察，它旨在回答个人经历和所处社会情境之外的共性问题。在社会学研究中，我们会从选定的人群或情境中收集数据，因为这些人群和情境可以提供回答某些研究问题的信息。随后，我们会使用其他社会学家建立和完善的研究方法来分析数据。如果通过分析我们得出了明确的结论，我们会试图将其与其他社会学家的结论和理论联系起来，以期扩充关于社会生活的动态和组织方式方面的知识。之后，我们会发表研究成果，以便其他人能够对其进行批判性检验，判定研究是否因存在缺陷而出现研究结果无效。

从事体育社会学研究的人会出于个人兴趣研究特定话题，但是在研究过程中所使用的方法应尽量降低我们的个人价值观和经历对研究结果的影响。体育社会学领域的基本研究方法会在本章后面的部分得到介绍。但在此之前，我们先看一个案例研究，该案例说明了如何开展社会学研究，以及如何将理论应用于体育社会学知识生成的过程。

……理论就好似地图：检查一幅地图是否有用，不在于检查随机地点的准确性，而在于这幅地图是否能准确指引人们到达某一个地方。

——凯文·克拉克，大卫·普里默，政治科学教授，罗彻斯特大学（2012）

二、在体育社会学领域开展研究并运用理论：案例研究

迈克尔·梅斯纳是美国南加利福尼亚大学知名的社会学家。他的《走向赛场：女性、男性和体育》（2002）一书被体育社会学领域的同事评为年度最佳图书。在书的第一章，他描述了一个场景，正是这一场景在一定程度上激励了他对美国体育与性别之间的联系开展深入的社会学研究。该场景发生在他陪同儿子参加青少年足球新赛季的开幕式上。他的描述如下。

“海怪队”是一支由四五岁的男孩组成的球队。今天晚些时候，他们将参加人生中第一场足球比赛……与其他队伍一样，他们被分配了队伍颜色——这次是绿色和蓝色，并被要求在第一次球队会议上选定他们的队名……其中一个男孩的奶奶设计了一个漂亮的队伍横幅，今天早上还获奖了。男孩们在等待仪式开始时，仔细地看了他们刚获奖的队伍横幅，并骄傲地在横幅前摆姿势拍照。父母们站在数米之外，有些在拍照，有些只是在观看……

隔着一支球队，后面还有一队四五岁的女孩，身着绿白相间的队服……她们选择的队名是“芭比女孩”，她们也有队伍横幅。但是女孩们并不怎么在意她们的横幅，因为她们设计了一个更有凝聚力的象征符号。实际上，她们是今天156支游行队伍中唯一一支有花车的队伍——红色的玩具马车上放着一台播放着音乐的索尼音箱，旋转底座上还有一个约3英尺（1英尺=0.3048米）高的芭比娃娃。芭比娃娃衣服的颜色是队伍的颜色。准确来说，她穿着定制的绿白相间的啦啦队服装，裙子上写着“芭比女孩”的队名。她的一头金色头发上挑染了“芭比女孩”队伍的绿色，还别着绿色波点蝴蝶结。队里的几个女孩也在头发上

别上了绿色波点蝴蝶结，跟队服呼应。

音箱音量逐渐增大，四五个女孩开始唱起了“芭比女孩”的歌。芭比娃娃也慢慢地在底座上旋转，女孩们唱得越来越开心，声音越来越大，一些女孩开始手牵手围着花车走，和芭比娃娃同步旋转。其他队的同龄女孩也被这番热闹场景吸引过来和她们一起唱歌，最后大概有十几个女孩在一起唱“芭比女孩”的歌……

“海怪队”的队员们聚集在他们的横幅周围时，其中有些男孩开始注意到“芭比女孩”的花车游行，然后开始看向她们，听她们唱歌。起先，男孩们也只是自己在看，似乎没有注意到其他人也对此颇有兴趣……几个男孩脸上略带微笑，他们似乎被“芭比女孩”的欢乐气氛吸引了。然后，有些男孩瞥见彼此都在关注“芭比女孩”，他们的脸上开始显现厌恶之色。其中一个大喊道：“不要芭比！”突然，他们全都开始走动起来、跳上跳下、相互推搡着，然后一起唱着“不要芭比！不要芭比！不要芭比！”现在他们喊着、唱着，反对“芭比女孩”。

父母们全神贯注地注视着整个场面……“他们实在太不一样了！”一位母亲微笑着赞许道。一位男教练员进行了更深入的分析：“我上大学的时候，教授在课上向我们展示的研究结果表明男孩和女孩是一样的。我对此深信不疑，直到我自己有了小孩才知道男孩和女孩有多么不一样。”“是的，”另一位父亲附和道，“看看他们！太与众不同了！”

与此同时，女孩们似乎并没有察觉到男孩们的存在，这帮男孩正在大声宣布自己反对“芭比女孩”的歌曲和象征符号。而女孩们则继续围着芭比娃娃唱歌、跳舞、欢笑，几分钟后，她们集合起来，准备开始游行。

游行结束后，队伍重新集结在跑道的内场，只不过随意、松散了一些。“海怪队”的队员再次发现“芭比女孩”就在他们附近，于是又唱起了“不要芭比！”。也许是由于女孩们对他们的歌声无动于衷，有些泄气的他们开始三三两两地冲向女孩们的“领地”，并发出威胁性的叫喊。“芭比女孩”不得不注意到男孩们的存在；有些女孩看起来很困惑，畏缩着退后，有些则与男孩们正面交锋，把他们赶走。然而，追赶反而引得男孩们更加兴奋。最后，家长们出面干预，平息了这一状况，把孩子们带到他们的车上，最终带到足球赛场上（Messner，2002）。

这些现象引发了梅斯纳对青少年体育的批判性思考。作为一名父亲，他很关心在21世纪的美国，他5岁的儿子会如何看待这些经历。他甚至在考虑他应该说些什么来帮助他的儿子明白这些经历的含义，希望为他的成长带来正面影响。但作为一名社会学家，梅斯纳的想法超越了他的直接经验和父亲的角色。他思考为什么在足球新赛季开幕式上，家长们不假思索地接受且没有质疑男孩和女孩生来不同的观念——尽管许多男孩最初对女孩的嬉戏活动和芭比形象表现出一定的兴趣。此外，他想知道那些用"天性差异"来解释自己孩子行为的人，是否倾向于忽视男孩和女孩之间的相似性，以及这些人是否认为没有必要讨论如何帮助孩子理解男孩并不是"天生"就想要欺负女孩。

虽然开幕式上男孩们的"嬉戏行为"并没有真正伤害任何人，但梅斯纳在思考，某些体育运动的组织方式是否加强了"男子气概和女性气质"的观点，使男性的攻击性和对他人的威胁变得理所应当。这也让他联想到美国青年足球组织（AYSO）的官员依据性别划分足球队的决定。这样一来，男孩和女孩不再有机会一起参加比赛，从而无法发现双方也有很多共同的爱好和其他特点。缺少了这样的机会，男孩和女孩长大后，是否更有可能认为男性和女性天生相互"对立"，即使他们拥有很多共同特点？如果是这样的话，这对我们如何认识自己、建立关系和组织我们的社会世界有什么影响？当梅斯纳提出这些关于体育和性别的批判性问题时，他决定做一项研究来扩展关于这个话题的社会学知识。

至此，梅斯纳才刚处于体育社会学和科学大领域知识生成的五大步骤的初始阶段。这些步骤如图2.1所示，我们可以依据这些步骤来讨论本案例。

（图源：©杰伊·科克利）

体育社会世界如此错综复杂，我们需要借助系统性研究方法和逻辑理论来对其进行研究和理解。笔者出于个人原因参加青少年体育赛事，但是也会采用梅斯纳和体育社会学领域其他研究者创造的知识来帮助理解赛场上发生的事情。

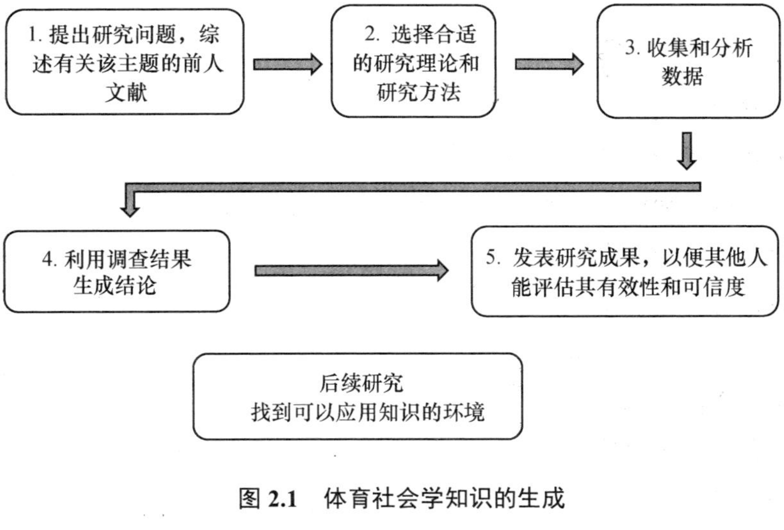

图 2.1　体育社会学知识的生成

第一步：提出研究问题，综述有关该主题的前人文献

人们生成知识总是始于观察世界，随后提出已观察到的和未观察到的

事物的相关问题。在这个案例中，梅斯纳观察到了一个特定事件，并将他所看到的与他之前的观察和体育知识相结合。

当他更深入地思考自己的观察结果时，他提出了一系列关于文化、社会互动和社会结构的批判性问题，许多社会学知识都围绕这三个概念展开。

关于文化，他提出以下问题：

（1）美国儿童在认识自己和他人时，会学习使用哪些与性别有关的词汇、意义和符号？

（2）尽管男性和女性之间有许多共同的社会、心理和生理特征，并非生物意义上的“对立物”，但儿童是如何学习并运用文化思想和观念，将人类分为两类完全不同的、互不重叠的、“相反的”性别的？

关于社会互动，他提出以下问题：

（1）儿童如何在日常生活中表现自己的性别，他们如何学会成功地向他人展现自己的男孩或女孩身份？

（2）当他们没有像别人期望的那样表现自己的性别时，这会对他们的人际关系造成什么影响？

关于社会结构，他提出下列问题：

（1）性别如何成为 AYSO 和其他体育组织的整体结构的一部分？

（2）各级体育组织如何创建各种限制和可能性，以不同的方式影响男性与女性的生活？

为了解是否有其他研究者已经研究过上述问题，或者是否已有现成理论可以指导他的研究，梅斯纳综述了他在书中列出的 326 篇参考文献，这篇文献综述表明仍需进一步了解体育运动之间的关系，并调查人们如何习得性别观念，如何将其融入他们的身份、关系和社会世界的组织。

第二步：选择合适的研究理论和研究方法

这是知识生成过程中的关键步骤。当你选择了一个理论或者多个理论的组合后，这些理论可以指导你思考你的研究问题，并帮助你将这些问题与当前社会世界已知的组织形式和动态机制相联系。另外，有多种研究方法可供你收集和分析信息，帮助你回答研究问题。因为梅斯纳在研究项目中提出了很多问题，所以他决定结合多种理论和方法进行分析。

选择研究理论：在设计研究项目时，梅斯纳深知社会世界是错综复杂的，必须从不同的角度和视点来准确地对其进行描述和阐释。因此，他将文化理论、互动主义理论和结构理论结合起来，作为其研究项目的理论指导。这些理论分别关注社会生活的不同侧面。表 2.1 总结了上述理论的核心特征，每个理论分别解释社会世界的不同方面，具有不同的分析重点，使用不同的概念，并解决不同的问题。

表 2.1 体育社会学主要理论类型的核心特征

理论类型	解释内容	分析重点	主要概念	案例研究*
文化理论	人们在参与和观看体育赛事时构建、维持和改变价值观、规范的过程	人们作为体育参与者和消费者定义和理解他们的身体、经历和关系的方式	与体育相关的价值观、规范、符号和叙事	媒体在男女子体育运动报道中呈现的不同图像和叙事
互动主义理论	与体育相关的社会世界中的社会互动和关系	社会发展；人们通过何种关系赋予运动体验意义，并将运动融入他们的生活	社会互动、社会化、行为模范、重要他人、自我概念、身份、标签、偏离行为和刻板印象	运动员在运动时将疼痛和损伤视为常态过程；竞技运动员建立和保持身份的过程
结构理论	影响体育运动中机会、决定和行为的社会组织和关系模式	社会组织对在体育和社会中获得权力、权威、地位、资源和经济机会的影响	地位、角色、群体、权威、权力关系、社会控制、社会不平等、社会机构	学校体育项目中的性别平等问题；公共资金被用于为职业运动队建造体育场时谁会受益

注：*表示以上及其他案例研究，参见梅斯纳的《走向赛场：女性、男性和体育》（2002）第 2 章、第 3 章、第 4 章。第 2 章“游戏中心：男性运动中的暴力三角”总结了互动主义理论指导下的研究。第 3 章“钻石中心：体育运动的制度核心”总结了以结构理论为指导的研究。第 4 章“关注焦点：体育媒体的性别”总结了文化理论指导下的研究。

梅斯纳使用**文化理论**是因为文化理论解释了人们在一起生活和创造社会世界时思考和表达价值观的已知方式。文化理论的研究侧重于描述人们创造、维持、改变关于他们的生活和其所处的社会世界的思想观念的过程。

文化理论强调人们创造符号，为其所处世界的重要方面赋予意义；反过来，这些符号和意义会影响人们的情感、思想和行为。

文化理论会用到价值观、规范、符号和叙事等概念，因为人们利用这些作为工具和参考点来理解自身的经历以及周围的世界，并赋予它们意义。多数使用文化理论的人认为文化是混乱的——它的边界模糊不清、难以识别。文化包含矛盾和冲突而且具有动态性，这意味着文化总是随着人们形成新的价值观和规范而不断变化（McCarthy，et al.，2015）。

文化理论提醒梅斯纳注意符号的重要性，例如名称、颜色、制服、横幅、歌曲和口号，这些符号用于代表 AYSO 的队伍。此外，文化理论还指导梅斯纳关注具体的**叙事**，也就是人们在解释、理解他们的选择和行为时使用的解释或讲述的故事。因此，梅斯纳重点关注青少年体育中关于男子气概和女性气质的思想观念。

梅斯纳还采用了**互动主义理论**，因为它解释了特定社会世界中人们的社会互动的起源、动态和影响等内容。这些理论关注社会学习和发展的过程，解释人们如何认识和诠释自我、他人以及他们生活中的事件。

互动主义理论通过社会互动、社会化、行为模范、重要他人、自我概念、身份、标签、偏离行为和刻板印象等概念研究儿童、青少年和成人时期的社会发展。由此，梅斯纳不仅意识到青少年体育是**场所**，即可识别的社会场所或环境，人们在此学习身为男性或女性的意义，学习在与他人互动时如何展现男子气概或女性气质，还意识到与性别有关的思想观念如何融入社会世界的组织结构。

梅斯纳也采用了**结构理论**，因为结构理论阐明了社会组织结构的不同形式以及它们如何影响人的行为和关系。这些理论侧重于关系的组织方式，以及它们如何影响人们获得权力、权威、物质资源、经济机会及其他资源。

结构理论帮助我们理解和明确在日常生活不同领域，如家庭、教育、经济、政治和媒体等，反复出现的社会关系和社会组织模式带来的社会影响。结构理论强调地位、角色、群体、权威、权力关系、社会控制、社会不平等等概念，用以解释社会世界中的各种因素会对人们造成不同影响，影响程度因个人社会地位和与他人关系而异。这些理论提醒梅斯纳，体育组织的“性别化”特征体现在男女不同的分工上，以及在 AYSO 队伍、管理机构乃至整个体育领域中，谁拥有权威和权力。

选择研究方法：选择指导其研究的理论之后，梅斯纳采用了收集和分析数据的综合研究方法。根据研究主题不同，大多数研究者会选择定量或定性方法中的一种，但梅斯纳提出的问题较为多元，所以他决定两种方法兼用。

定量方法指收集有关人和社会世界的信息（数据），将信息转换成数字，并使用统计程序和测试来分析数字的方法。收集数据时可以使用书面的调查问卷，发放随机抽取的可代表更广泛人群的样本，或对样本或一系列官方记录、报告、文件或媒体内容中的特定事实进行量化分析。事实或数据通常以图表的形式呈现，用以表现人物、关系、事件与社会世界的统计概况和可量化方面（Aubel and Lefevre，2013；Borgers，et al.，2013）。

定量方法一般通过建立一个概览的方式对社会世界进行阐释，即形成一个关于人口、媒体内容、事件或社会世界的“整体统计图”。定量方法可用于研究一般模式和关系，比如，加入校队的美国高中生与没有加入校队的美国高中生的平均绩点差异，或报纸文章在报道不同体育运动时使用关键词的规律。

定性方法指收集特定人群、媒体内容、事件或社会世界的相关信息，识别其模式和独有特点，并使用解释程序和测试来分析信息的方法。收集数据时，研究者通常会对精心挑选的受访者进行深入访谈、观察特定事件和社会世界，或收集文件资料或媒体文本样本进行分析。数据的分析结果可以被用于详细描述人们的言行以及社会事件和社会世界中发生的事情。

定性方法可被用于挖掘人们言行背后的意义和文化观念，或被用于理解人们关系、群体和社会世界中的确切细节。例如，研究者借助定性方法可以发现和理解年轻人不再进行体育运动的原因、人们赋予自身体育经历的意义，也能解释运动员带伤坚持比赛的决定。

研究社会中的体育时，社会学家通常会采用调查、观察和文本分析的方法来收集数据（表 2.2）。本章接下来的内容将给出以上这些方法的示例，并解释如何在实际研究中应用这些方法。

表 2.2 用于研究社会中的体育的数据收集方法

调查	观察	文本分析
• 书面调查问卷，参与者通过勾选回答框或提供简短的书面答案完成 • 采访，参与者以电话或面对面的形式被问及简短或深入的问题	• 非参与观察，研究者作为外部观察者记录所见所闻 • 参与观察，研究者完全参与社会世界并记录所见所闻	• 浏览大量文本、音频或视频内容以提取关键词、识别规律和优先级或压缩文本 • 解构*文本，发现文本的内在逻辑、价值观、文化观念假设和矛盾

注：*表示解构是一种分析文本资料、文学作品、网页、广告、指示牌、涂鸦、绘画、照片等的特殊方法。它通过特定策略揭示组成文本的叙事和/或图像背后的逻辑、价值观及假设。这一方法还能识别影响该文本的文化观念及其蕴含的内在矛盾。

调查：询问人们问题

社会学家经常通过调查收集数据，调查包括书面调查问卷及面对面访谈。所提问题必须措辞清晰，便于受访者理解，且提问的方式不能干扰受访者回答问题或误导答案，不能具有偏向性。

我们每个人都做过调查问卷，问题涉及我们的态度、观点、偏好、背景或当前情况。此外，我们通常还会被要求提供个人相关信息，例如我们的年龄、性别、教育背景、职业、收入、种族（民族）和居住地等。许多调查的目的是构建关于受访者的性格、态度、观念和行为的统计概况，而这些受访者能够代表或在统计学意义上符合更广大人群的情况。研究者之后会对比、分析这些统计概况，描述甚至预测人们在特定情境下的思考和行为模式。

调查问卷还被用于识别社会生活中反复出现的模式和关系，确认它们是否符合基于特定理论的预测。随着越来越多的人使用计算机和网络，人们现在更多地在网上发放和填写书面调查问卷。

在梅斯纳关于性别与体育的研究项目中，他使用的数据来自一项全国性调查。该调查的对象为800名男孩和400名女孩，他们的年龄在10～17岁，来自以下4个种族：白人、非裔美国人、拉丁美洲人和亚裔美国人。该调查问卷的数据表明，男孩在电视上定期收看体育节目的可能性是女孩的5倍。在4个种族群体中，有30%的男孩每天都收看体育节目，而女孩中只有 6%。

研究者有时不便于使用书面调查问卷，或者为了深入了解人们的感受、想法和行为，通过访谈收集数据。如果问题简单明了，他们通常采用 5 分钟之内的一对一座机电话访谈形式。但如今这种方式的使用频率有所降低，因为手机已经被广泛使用，而只看区号已经无法识别被呼叫人的大致位置。

当研究者希望获得开放式回答、了解人们言行的细节和暗含的意义时，可以用深度访谈代替书面调查问卷。深度访谈是一种耗时的数据收集方式。通常，受访者具有特定的经历，在组织或社区中拥有特定职位，或者对一个或几个社会世界持有独特的观点。采访者会试图与受访者建立信任和融洽关系，以便最大限度地提高回答的真实性。访谈问题必须清晰易懂，采访者会认真倾听受访者所说的话和揣测没有说的内容。访谈通常会被录音，以便日后转录和分析，但是实地访谈可能不用录音，而是通过手写被记录下来。

梅斯纳使用了他针对 30 名退役精英运动员开展的深入访谈的数据（Messner，1992）。他了解到，这些男运动员在参加体育运动时已经具备性别身份认同，也就是说，他们对于在美国文化中如何做一名男性有所了解。随着他们职业运动生涯的发展，这些男性对于男子气概的理解形成了与主流观念一致的态度。他们认为性别根植于天性，是生物学上的自然属性，这种观念影响了他们在公共场合表现男子气概、定义女性、与女性互动，以及评价自身在社会世界整体运行中的地位和享有的相对特权。

总而言之，研究者通过调查问卷或访谈收集数据，是在探索社会世界中的一般规律和关系，或者力图了解日常经验的细节以及人们赋予它们的意义。

观察：注意和倾听人们的言行

体育社会学的研究者经常通过观察人们在日常生活情境中的表现来收集数据。他们进行观察时，可能具有以下身份：①“非参与者”或外部观察者，与被研究者和情境分离；②“参与观察者”，亲自参与被研究的社会世界。例如，诺埃尔·戴克作为外部观察者通过观看球队训练和比赛、采访青少年运动员和成年人来收集数据，研究青少年体育（Dyke，2012）；已故的珍妮特·查菲茨以儿子棒球队的参与观察者/“团队助手”的身份研究青少年体育（Chafetz and Kotarba，1999）。

通过观察的方式收集数据非常耗时。研究者需要花时间与被研究者建立信任和融洽关系，还需要从不同的角度对被研究者的行为、关系、社会模式和动态进行长期研究，以便能准确描述被研究者和其所在的社会世界。对于部分从事观察研究的社会学家来说，他们的目标是扩展或挑战人们对熟悉的群体和社会世界的认知，或是介绍人们知之甚少甚至一无所知的边缘化群体和独特的社会世界（Anderson，2005b，2011d；Atencio and Beal，2011；Atencio and Wright，2008；Brittain，2004b；Huang and Brittain，2006；Ravel and Rail，2006，2007；Shipway，et al.，2013）。

观察性研究方法通常涉及**田野调查**，即“现场”数据采集。**民族志**是涉及观察和访谈两种方式的田野调查；实际上，从字面意思上来看，民族志是描述人们以及人们如何在一起生活的记录（Adler and Adler，2003；Hammersley，2007）。一项民族志研究可能需要许多年才能完成，因为它要对特定的人群和社会世界，比如运动队、组织和社区等进行详细的描述和分析。

社会学家鲁本·梅（2008）曾开展了一项民族志研究，研究对象为美国南部一个中型城市贫困社区的高中篮球队的队员。他当时担任球队的助理教练，并借助这一身份来开展参与式观察。梅的观察持续了 7 年，因为他想准确地呈现他所训练的所有青年队员（均为非裔美国人）的经历和生活。他的研究给予了青年队员们为自己发声的机会，让他们描述对自己所处的世界的看法。梅在讲述他们的故事时，将其置于社会和文化的宏观背景之中，便于自己和读者理解这些故事。梅的研究扩展了我们对于这些在资源匮乏的城市或地区长大的非裔美国青年的认知，了解了体育在其生活中扮演的角色。与此同时，他描述了上述社会世界中体育运动的复杂性和矛盾性，并指出教练员在努力帮助这些青年队员从高中向之后的生活过渡时，自身所面临的艰难困境。

民族志研究具有局限性，因为其侧重于某个特定的社会世界，我们很难判断其所生成的知识是否可以被用于理解其他社会世界。然而，民族志研究能够提供所研究的社会世界的组织方式和动态机制的详细信息。由此，我们可以理解人们的行为和关系如何创造、维持和改变这些社会世界，它们如何获得独特性以及在这些社会世界中所创造的意义又如何反过来影响居住其中的人们的决定和行为。例如，通过近年来对轮滑德比运动的民族志研究，我们可以了解这种运动形式如何由某些女性依据自己的兴趣和生活环境而创造出来（Beaver，2012；Donnelly，2013；Gieseler，2014；Pavlidis and Fullagar，2013，2015）。

文本分析：研究文件资料和媒体内容

体育社会学研究经常涉及某种形式的文本分析，其中的数据来自体现与体育相关的观念、人物和事件的叙事和图像。**叙事**即人们讲述的关于自身和其所处的社会世界的故事。它是谈话、社会互动和媒体中不可或缺的一部分，不仅代表事实或虚构现实，通常还与**图像**相结合，以可视化的形式呈现观念、人物和事件。

上述这些叙事和图像在当今社会的体育中广泛存在。举例来说，体育社会学研究者分析了在奥运会和其他体育赛事期间从运动队媒体手册、报纸文章、媒体评论中收集的数据，以及从体育杂志广告、体育赛事电视广告、体育书籍和体育电影中采集的信息。针对电子版文档和媒体内容，我们可以借助特殊的软件程序来识别大篇幅文本中的规律和主题。在其他案例中，研究者关注的是小部分文档或精选的媒体内容，并认真对其分析解构，识别文本叙事和图像所包含的潜在意义和假设。

在梅斯纳和同事开展的一系列研究中，他们分析了1989—2009年的网络体育新闻内容（表2.3），并定期分析2009年娱乐与体育节目电视网（ESPN）《体育中心》晚间一小时节目和两个新闻网站体育报道的内容（表2.4）。数据表明，1989—2009年，尽管女性体育项目的参与人数大幅增加，但有关男性体育运动的报道仍占据电视报道的主导地位。例如，在娱乐与体育节目电视网黄金时间的《体育中心》节目中，仅总节目时长的1.3%被用于报道女子体育运动（Cooky，et al.，2013）。梅斯纳和同事由此得出如下结论：这类主流电视新闻报道加深了美国文化中的一种观念，即精英体育仅是一种男性活动。

表 2.3　1989—2009 年网络体育新闻报道的性别侧重

单位：%

报道内容	1989 年	1993 年	1999 年	2009 年
男子体育	92.0	93.8	88.2	96.3
女子体育	5.0	5.1	8.7	1.6
中立/两者兼有	3.0	1.1	3.1	2.1

资料来源：Cooky，Messner，and Hextrum，2013

表 2.4　2009 年 ESPN《体育中心》、南加利福尼亚新闻站点（KCBS 和 KNBC）的体育报道比例（按性别划分）

单位：%

	ESPN	KCBS 和 KNBC
男子体育	96.4	95.9
女子体育	2.7	3.2
中立/两者兼有	0.9	0..9

资料来源：Cooky，Messner，and Hextrum，2013

梅斯纳和同事还进一步开展了深入分析，他们将叙事和图像解构，试图挖掘人们生成体育媒体内容所运用的逻辑、价值观、假设（Messner et al.，2000）。通过采用这种数据分析方法，他们识别出媒体从业人员用来描述男子气概的主导叙事，该叙事强调以下内容：体育是男人的世界，运动员是战士，男孩就是男孩（男孩调皮天经地义），男孩天性好斗，攻击性强的男人会赢，温和的男人会输，女人是性感的道具，男人会为了队伍牺牲自己的身体，衡量男人的标准是他的"胆量"。梅斯纳和同事由此得出以下结论：上述假设共同构成了一个"电视体育节目中的男子气概公式"，该公式在体育节目中不断呈现。

上述研究文件资料和媒体内容的定量和定性方法均有助于我们了解体育与生活其他领域之间的复杂联系。通过浏览、分析和解构与体育相关的叙事和图像，研究者得以识别有关竞争、权力结构、团队合作、奉献成就和成功的普遍看法和观念。

第三步：收集和分析数据

以文化理论为指导，梅斯纳收集了所属赛季 156 支 AYSO 各支球队球员和教练员所取的队名信息。其名称以及代表色、队服、横幅、队歌或口号，都是美国文化中代表运动队的常用符号。**符号**对社会学家非常重要，因为它们是人们用以组织生活方式的价值观和道德原则的具体体现。

在分析 156 支球队的名称时，梅斯纳发现：15% 的女孩球队和 1% 的男孩球队（蓝精灵）选择了可爱甜美风格的名字，比如粉红火烈鸟、蓝色蝴蝶、向日葵和芭比女孩。[①] 32% 的女孩球队和 13% 的男孩球队选择了“中性”的名字，例如飞天法宝、银河系、蓝绿蜥蜴、蓝冰。52% 的女孩球队和 82%的男孩球队选择了流星、猛禽攻击、海怪、鲨鱼和虎鲸等力量型名字。

总体而言，男孩们更倾向于避免使用可爱、甜美风格的名字，而喜欢使用力量型名字，这与过去的研究结果一致。过往研究表明，人们通过选用一些符号和名称加强自己对所喜欢的身份的认同，以此来代表自己及其所在的团体。在该案例中，男孩和女孩选择的队名符合他们关于自己是谁的性别意识，也表明他们希望在青少年足球社会世界中如何为他人所知。

梅斯纳又以互动主义理论作为指导，观察了 AYSO 赛事中儿童的行为，目的是了解他们在与他人互动时如何表现自身性别。通过对儿童的观察，他发现儿童的表现既明确又模糊了传统的性别差异。其中最突出的性别意识表现，就是男孩们口头反对女孩们将芭比娃娃作为象征，并试图亲自动手破坏女孩们的庆祝活动。与此同时，女孩们对男孩们的行为感到意外，有些因为害怕而退缩，有些则坚守阵地与男孩对峙。家长们认为这些表现是正常的，并将它们归因于男孩和女孩之间的天生差异；他们没有想到孩子们的行为有可能是受到文化规范、AYSO 开幕式的互动机制，或者美国足球联盟及大多数体育项目的整体社会组织方式的影响。

以结构理论为指导，梅斯纳还收集了有关 AYSO 及其中 156 支球队成年人劳动分工与领导人的相关数据。他发现，某些儿童和成年人的行为和关系由于性别受到限制，而另一些人则享受性别优待。例如，球队总监和副总监都是男性，而 30 名董事会成员中有 21 名是男性。超过 80%的主教练和助理教练是男性，而 86%的球队经理，或“球队老妈”（大多数人都这

---

① 蓝精灵是男孩球队选择的唯一一个可爱、甜美的名字。

样称呼）是女性。教练员在整个联盟和队内享有官方权威，而“球队老妈”则扮演着耗时费力的幕后支持性角色。

即使女性的足球运动经验比男性更丰富，她们也不太可能主动要求担任教练。男性则会主动要求担任教练，因为他们认为自己适合扮演这样的角色，而女性则不这么认为。同样，男性也不认为自己可以担任 “球队老爸”（负责球队后勤）。

在收集和分析 AYSO 的数据时，梅斯纳发现，成年人的权威模式具有非正式的性别区分特征，但人们却正式且官方地基于性别将男孩和女孩划分为不同的联盟。据 AYSO 的管理人员称，各个年龄层的球队都以性别划分，“以促进队伍团结”，对于管理人员而言，组织和联盟决策过程中的性别问题“似乎消失”了。虽然整个 AYSO 都以将联盟和球队依据性别划分为男女两组为主要组织原则，而且近 2000 名年轻人都已经习惯于这种做法，但在教练员、官员、运动员及其父母和行政管理人员的日常意识中，性别区分却被人为抹去了。

（图源：©杰伊·科克利）

五岁的女孩们选择芭比娃娃的形象来代表她们的球队，这意味着什么？在美国文化中，芭比娃娃代表传统的女性价值观和理想，但梅斯纳研究中的女孩们却将芭比娃娃与她们的体育参与联系起来。这是否标志着传统女性价值观正在发生变化？是否说明女孩们正在创造女性气质的全新形式，或者比起参加体育活动，女孩们更重视传统女性气质？以文化理论为指导的社会学家最有可能提出上述问题。

梅斯纳指出，这种社会结构会导致性别高度分化，也会让每个人感觉性别无关紧要。例如，当不同性别的儿童分别加入男队和女队时，他们就没有机会观察男孩和女孩在技能、个性、兴趣和情感方面的相似性，也没有机会与不同性别的同龄人成为队友和朋友。教练员以他们认为男孩应该被对待的方式来对待男孩，对待女孩也是如此，却没有意识到有关性别的思想和观念影响了他们执教的整个社会环境。一方面，性别这一概念从他们的意识中被刻意抹去了，另一方面，性别也构建了所有参与 AYSO 的人的经历。

收集和分析 AYSO 的数据，仅仅是梅斯纳整个研究项目中的一小部分。他已经针对不同背景下的体育和性别开展了多项研究，他和同事也对体育媒体报道、体育赛事评论、体育赛事和体育出版物广告中的性别问题以及体育的企业赞助模式进行研究。他对数据的系统收集和分析远远超出了开幕式、“海怪队”和“芭比女孩”以及 AYSO。

第四步：利用调查结果生成结论

梅斯纳对收集的所有数据进行了分析，从而能够详细解释美国文化中性别与体育之间的联系。他采用文化理论、互动主义理论和结构理论来阐释这些联系，并就社会世界中的性别问题进行知识性的描述。梅斯纳得出的整体结论是：**性别**远不止是识别一个人的社会范畴或特征；它更多的是由社会世界中相互关联的意义、表现和组织构成。

图 2.2 体现了梅斯纳对性别这一多维度概念的描述。“性别作为意义”是指在一个特定的文化背景中，人们常常会将某些颜色、名称、物体和特质视为具有男性或女性特征。手势、行为和外貌元素也可能被认为具有性别特征。这些社会普遍认同的文化意义是构建性别范畴的更大文化过程的一部分，人们以此来认识自己的身份和理解自身关系及经历。例如，美国的男性不会选择粉色作为队伍的颜色，因为他们从小就知道粉色与女性气质有关。梅斯纳观察的那些五岁的男孩已经知道了性别的意义，所以他们不会给自己的队伍取“芭比男孩”或“粉红怪兽”这样的名字。这个例子可能看起来微不足道，但性别的意义影响着人们的抉择和对周围世界的解读。这里重要的一点是，体育是体现性别意义的一个重要场所，人们在此可以学习并重新确认性别的意义，有时候甚至可以质疑和改变这一意义。

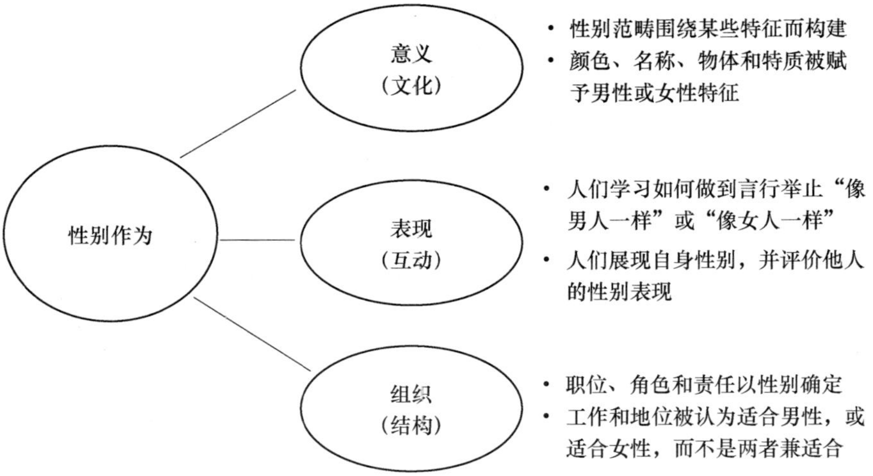

图 2.2 性别在社会世界中作为意义、表现和组织

“性别作为表现”是指人们在与他人互动时会“做出”展现自身性别的行为。在这一过程中，他们再现了性别现有的意义和组织方式，或者提供其他表现形式。显而易见，梅斯纳观察的五岁儿童已经学会以特定的方式展现自身的性别，并在社会世界中依据自己理解的“像个男孩”或“像个女孩”的含义来评价彼此。从这个意义上而言，性别即表现。例如，当球队里的男孩表现不好时，教练员可能会说他们“像女孩一样”。同样，如果女孩球队里有人经常在球场上吐痰，教练员可能会告诫她“行为举止要有淑女的样子”，也就是说她没有表现出美国文化认同的性别特征。

“性别作为组织”是指围绕性别构建职位、角色和责任的方式。例如，在大多数体育项目中，教练员更有可能是男性，因为人们普遍认为男子气概比女性气质更符合对教练员的要求。这也说明了为什么男队和大多数女队的教练员都是男性，而仅有少数女队且几乎没有男队的教练员是女性。

在 AYSO 中，显而易见的结构模式是男性处于掌控地位而女性承担支持角色，其中总监和副总监均为男性，董事会 30 名成员中有 21 名为男性，而 156 名主教练中超过 80%为男性。从这个意义上而言，其组织结构明显存在性别分化。

梅斯纳的研究增进了我们对于性别和体育的认知，其贡献之一在于向我们展示了性别是如何在社会世界中——尤其是围绕体育而构建的社会世界中——构成意义、表现和组织的集合体。这一点非常重要，因为它解释了为什么体育的“去性别化”困难重重。只要我们不加批判地接受当前的意义、表现和组织形式，体育将继续保持性别分化，难以实现男女平等。不过，只要我们在上述方面理性地看待性别，实现男女平等的策略有朝一日就可能会被制定出来。

第五步：发表研究成果，以便其他人能评估其有效性和可信度

完成研究项目后，梅斯纳撰写了一系列研究论文，阐释了他所做的研究以及他对美国性别与体育问题的发现，并将其中三篇论文投稿到学术期刊。还有一部书稿被提交给明尼苏达大学出版社。学术期刊编辑和图书编辑分别邀请了性别与体育领域的专家来对梅斯纳的稿件进行审阅，并就其是否能发表和出版给出建议。这些审稿人评估了梅斯纳论文与书稿的整体质量和准确性，包括他是否提出了有价值的研究问题、数据收集是否充分、数据分析是否准确详尽、结论是否合理，以及是否就体育与性别做出深刻的阐释。

梅斯纳的论文与书稿得到了好评，只需略微修改就可以发表与出版。他的一篇论文发表在学术期刊《性别与社会》（Messner，2000）上，书稿则由明尼苏达大学出版社出版（Messner，2002）。[①]在这两个案例中，编辑和审稿人均得出一致结论：梅斯纳的研究生成了有价值的知识，扩展了人们对于体育以及性别成为社会世界的关键要素的认知。

尽管梅斯纳是一名著名的研究者，但与大多数其他研究者一样，他也期待发表自己的研究成果，希望自己的研究能够得到研究性别、体育及相关主题的研究者群体的肯定。这是因为，科学领域的知识生成从来都不是单枪匹马就能完成的工作，它总要依赖研究者群体的批判性评审。梅斯纳深知这一点，所以他将自己的论文发表，以便其他人可以做出评价。

梅斯纳的观点——“性别不仅仅是一个社会范畴，而应该被视为意义、表现和组织的集合体”——是社会学知识的重要补充，对研究性别的研究者来说意义重大。在他的研究中，梅斯纳充分利用这一论点将以下观点理论化：体育是人们建立、维持、有时挑战和改变与性别有关的思想观念的场所。

这一观点十分重要，因为许多人将体育简单地描述为社会的缩影，认为在

---

① 其他基于此项研究的出版物包括 Cooky，Messner，and Hextrum，2013；Messner，2007，2009，2011；Messner，Dunbar，and Hunt，2000；Messner，Duncan，and Cooky，2003；Messner，Hunt，and Dunbar，1999；Messner and Stevens，2002。

体育这个场所，文化和社会的方方面面都会展露无遗。但是梅斯纳的研究成果挑战了这一观点，并且提供证据表明体育不仅仅是社会的缩影；事实上，体育是创造、再现和改变有关性别及生活中其他重要方面的思想观念的场所。因此，体育构成一个值得研究的重要社会世界。对与体育相关的人最准确的描述是：他们是积极参与塑造社会世界的推动者，而不是由文化和社会决定的被动对象。这一问题将在“体育不仅仅是社会的缩影”这一专栏得到进一步讨论。

梅斯纳的研究对知识生成做出了巨大贡献。他发表在《性别与社会》期刊上的《芭比女孩 vs.海怪：儿童建构性别》一文引用率很高，其他研究者据此在性别、体育、儿童和其他主题领域发展自己的观点，开展新的研究。他的《走向赛场：女性、男性和体育》一书颇受好评，2004 年被北美体育社会学学会评为年度优秀图书。2007 年和 2009 年，梅斯纳又出版了两本著作：《出界：性别与体育的批判性论文集》和《一切都是为了孩子：性别、家庭和青少年体育》，这两本书以他多年前开始的研究为基础，并对其进行了拓展。2012 年，他因对有关性别的社会学知识的扩展所做的贡献受到表彰，成为第一个获得美国社会学协会特别奖的人。

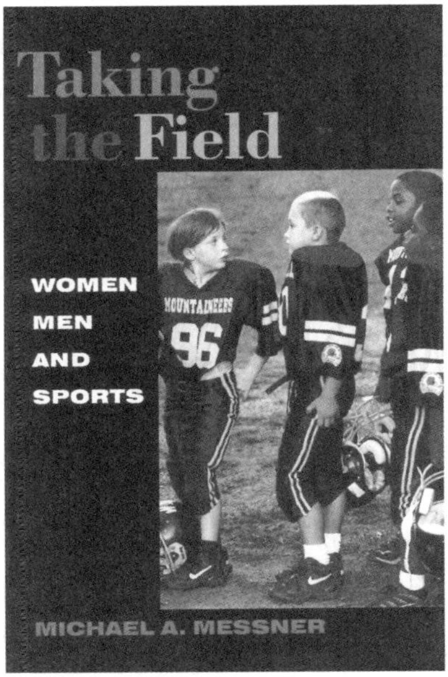

（图源：©经明尼苏达大学出版社许可使用）

审稿人认为梅斯纳的研究具备良好的效度，即研究检测的内容符合梅斯纳的预期，而且他的结论也得到了数据的支持。如果审稿人认为其研究缺乏有效性，则不会同意出版该书。梅斯纳的书（封面如图所示）也被北美体育社会学学会评为年度优秀图书。

三、体育社会学知识的影响

了解了如何开展体育社会学研究之后，下一个问题自然就是为什么要进行这项研究。换句话说，我们生成社会中的体育知识有何目的？

对于我们从事体育社会学研究的人来说，我们希望自己生成的知识不仅仅停留在期刊和书籍中。在思考如何应用这些知识时，关键要注意以下内容。

（1）社会学研究不会生成“终极真理”这种知识，无法消除日常生活中的所有疑惑和不确定性。

（2）体育社会学的研究、理论和知识永远不能创造出一项单一策略，不能预防所有的社会问题，也不能确保所有体育活动和体育组织的公平正义。

（3）关于社会世界的知识从来都不是完整的，用知识来解决当下的问题并不意味着这些解决方案不会遇到挑战。

当然，这并不是说社会学研究和理论不重要，我们在做出关于体育的个人决定，或者筹划、制定和资助与体育相关的政策和项目时都不能忽视社会学研究。上述问题只是提醒我们身为社会学家的局限性。

体育社会学知识可以帮助我们发现个人理论中的偏见和有效性问题，让我们对生活中的体育问题能够做出更加明智的选择。例如，梅斯纳等人做的研究（见第四章和第五章）在以下情形中显然都大有帮助：当我们为孩子选择体育项目时；当相关组织制定政策来提高所在社区的体育运动参与度时；当政府为工作场所的员工开发体育项目，以及投票决定公共资金是用于建设当地休闲中心还是为男子职业队新建体育场时，都可以参考梅斯纳等人的研究成果。总体而言，体育社会学知识能帮助我们超越社会世界中个人经验和观点看法的局限，从多个角度来看待体育。

然而，我们很难获悉体育社会学知识是否已被应用及其使用方式。尽管我们当中有许多人从事与体育相关的工作，为体育运动的组织决策者提供相关信息，但是我们无法控制这些知识在各种情况下的使用方式。尽管研究者可以生成科学知识，但由于他们很少会在体育组织中掌权，因此要在现实情境中应用体育社会学知识，通常只能依赖他人。

当知识的应用挑战了现状，必然会遇到阻力。这些知识通常由提出批判性问题的研究者生成，而现有体育组织模式的既得利益者往往将其视作威胁甚至是反动因素。这就是普及知识的重要意义所在，普及知识可以使应用知识的决定成为民主政治进程的一部分，而不是当权者借以巩固自身权力的策略。在这个意义上，对我们许多人而言，知识生成是体育社会学研究的起点，而不是终点。我们希望看到知识为人类共同利益服务，让体育更加人道、民主和包容。

梅斯纳开展其研究的动机源于他对儿子想要加入的青少年足球队的初步观察。通过观察，梅斯纳提出了许多问题，比如他的儿子在踢足球时可能会学到些什么，为什么联盟和球队要区分性别，为什么家长和教练员支持这种区分，儿童和成年人如何表现性别，性别如何融入联盟和球队的组织，以及性别与更广泛的社会组织形式之间有什么联系。

梅斯纳知道社会普遍存在一些关于女性气质、男子气概和两性关系的根深蒂固的观念，刻板印象限制了男性和女性的发展，也形成了一个男强女弱的社会组织体系，男性能够在包括体育在内的社会生活的大多数领域中获取权力地位，而女性则处于弱势地位。因此，在设计研究项目时，梅斯纳更倾向于使用批判性方法。他想要理解和解释为什么人们赋予体育的意义、男性和女性在体育活动中的行为及体育的组织形式都存在性别化现象，以及这会对社会其他领域产生何种影响。通过使用批判性方法，梅斯纳的目标是生成可用于解决社会问题的知识，识别和消除不公正，缩小社会世界中“现实和愿景”之间的差距（Burawoy，2004）。因此，他希望人们在参与建立可持续的、公正和公平的生活方式的过程中，体育社会学知识能够赋予他们力量。

体育反思

体育不仅仅是社会的缩影

人们从社会角度研究体育时，经常会说体育是社会的缩影。这的确是事实，但体育远不仅如此。实际上，它是一种社会实践，影响着人类的行为和社会世界的组织方式。

体育还是一种场所，是可识别的社会环境，人们在其中可以挑战甚至改变某些思想观念，比如杰基·鲁宾逊在1947年成为第一个参加现代美国职业棒球大联盟比赛的非裔美国人，托尼·邓吉在2007年成为第一位赢得超级碗的黑人主教练。

上述有关社会中的体育的观点，既承认人们以多种方式组织体育活动、参与体育项目并赋予其意义，也认为体育是建立、维持、改变思想观念及社会关系的场所。因此，体育不仅仅是社会的缩影，它还构成了不断创造和再现社会与文化的“社会原料”，在社会学上具有重要意义。

当我们理解了社会生活的能动性，就会明白我们每个人都是参与创造、维持和改变所处社会和文化世界的推动者。因此，我们没有必要完全依照媒体公司及可口可乐、耐克、红牛、百威或其他体育赞助商在其广告词和图像中所呈现的那样去思考或参与体育运动。我们要开阔思路，批判性地看待体育，与他人合作将体育改变成我们希望看到的样子。

问问你自己：如果你可以改变学校或社区体育的一个方面，你会改变什么？

四、运用批判性方法生成知识

运用批判性方法研究社会中的体育时，我们的研究一般以以下一个或多个问题为指导。

（1）哪些价值观通过体育得到宣扬？哪些人因此处于优势或劣势？

（2）当下体育和体育参与被赋予的意义是什么？哪些人因这些意义而处于优势或劣势？

（3）体育运动是如何被组织的？现有的体育组织形式对谁有利或不利？

（4）谁在体育运动中拥有权力，其使用权力的目的是什么？不同类别的人如何受到与体育相关的权力关系的影响？

（5）哪些人接受或抵制主流体育组织形式，抵制者结果如何？

（6）哪些策略促进了体育和周围社会世界的有利变化？

上述问题表明，批判性方法的关键在于研究者意识到人们在社会世界中的地位不同，而且不同人群受主流体育运动的意义、目的和组织的影响也不尽相同。换句话说，每个人从体育运动中获益的方式均有差别，有些人可能会因为某个社会世界中体育的组织和参与方式而处于不利地位。例如，如果一个社会过于强调精英体育，这可能会妨碍大众参与以休闲为目的的体育活动。

批判性方法也能帮助人们意识到社会世界的知识可以以多种不同的方式被加以应用。例如，梅斯纳明白，了解男子气概与某些体育活动的文化之间的关系可以促进这些文化的变革，从而减少男性之间的暴力，并减少男性已经习以为常的伤病问题。因此，他在著作的最后一章回答了如下问题："要做什么？"为了使体育更加人道、公平和民主，该章给出了 30 页详尽且富有思辨性的行动建议。

提到耐克的经典口号"*Just do it*"（只管去做）时，梅斯纳强调，如果没有批判性地评估做的是"什么"，我们则只是保留体育的原样，而没有积极地改革和发展体育让其更加公平、公正，给人们带来兴奋、身体挑战和快乐。例如，他呼吁开展更多的活动，让男性有机会与他人建立健康、互相尊重的关系（2002：166）。同样，他还敦促人们重新组织某些体育活动，让男性"拥有对亲近、私密和尊重的合理需求，不会受到狭隘的群体导向关系的影响，不会表现出竞争性的巧占上风、自我抹黑、对群体规范的沉默服从，以及性攻击性强的堕落行为"（2002：166）。

笔者与许多体育社会学领域的研究者一样，也用批判性方法来指导自身对社会中的体育的思考和研究。我们认为，如果只反映和确认体育的原本样貌，那么我们的专业就失去了存在的意义。我们只有基于批判性方法提出有关体育的问题，并且促使人们思考体育在生活中的地位，才能对周围的世界做出贡献。这也是为什么读者会发现后续内容经常关注与公平、体育参与机会有关的问题和争议。通过这些批判性讨论，笔者希望更多的人能够感受到体育参与带来的兴奋、身体挑战和快乐。

五、小结：体育社会学领域的知识如何生成？

体育社会学通过研究和理论生成知识。研究为回答问题提供数据和系统分析，并验证或修改关于社会中的体育的现有理论。理论为人们的行为和关系、社会世界的组织和动态提供逻辑性解释。理论指导研究并对研究成果进行解释。因此，相比我们在媒体上看到或听到的以及在日常对话中讨论的关于体育的内容，体育社会学的知识更为有效和可靠。

从个人经验出发可以帮助我们理解研究和理论在知识生成中的作用。这是因为我们每个人都会收集关于我们周围的人和事物的信息，并利用这些信息来形成关于人、关系、事件和社会世界的经验性解释或“个人理论”。

我们运用个人理论来预测各种情境中的事件、他人的行为和我们自身行为的后果。但是这些理论具有局限性，因为它们仅关注我们个人的生活环境和所处的社会世界。体育社会学的研究和理论可以帮助我们超越自身经验和所处社会世界的局限。

社会研究遵循系统、严谨的数据收集和数据分析指导原则，对社会理论进行系统验证，并与相关理论进行比较，供他人检验。体育社会学研究的目标是为与体育相关的社会世界以及人们的行为和关系提供逻辑性和可验证的解释。

梅斯纳的案例研究表明，体育社会学的研究者在研究和解释体育的过程中，会使用严谨系统、设计周密的研究方法。知识生成的五个阶段包括：① 提出研究问题，综述有关该主题的前人文献；② 选择合适的研究理论和研究方法；③ 收集和分析数据；④ 利用调查结果生成结论；⑤ 发表研究成果，以便其他人能评估其有效性和可信度。

大多数体育社会学研究主要由三种理论指导。文化理论帮助我们研究和理解人们赋予体育、体育经历及在体育运动中和通过体育形成的关系的意义。互动主义理论帮助我们研究和理解与体育相关的社会关系的起源、动态和结果。结构理论帮助我们研究和理解各种社会组织形式如何影响体育中的行为和关系，以及与体育相关的社会世界。

根据研究主题和研究目的的不同，研究者在收集和分析数据时可以使用定量或定性方法中的一种，或两者兼用。体育社会学研究中的数据通常通过调查、观察或文本分析的方式被采集。

许多体育社会学研究者在研究和生成理论时都会采用批判性方法。他们致力于生成可用于促进体育发展和社会公平公正的知识，揭露和挑战剥削行为，并赋予那些在当前社会体育组织形式中处于劣势的人权力。总体而言，批判性研究者坚信这一观点，即社会学知识应该被用于建立和维持社会世界，保障人类基本需求公平、公正地得到满足。

体育社会学的研究和理论帮助我们认识到，体育不仅仅是社会的缩影。体育还是建立、维护和改变意义、关系和社会组织形式的场所。学习体育社会学中知识的生成过程是对后续要讨论的批判性问题思考的一部分。当我们批判性地运用研究和理论时，我们会意识到社会中与体育相关的更深层次的问题，这样我们在我们所处的社会世界中就能成为更明智的体育运动参与者。我们如何应用这些知识，取决于我们作为社会成员的参与方式。

体育反思

当今的女性主义批评理论——从边缘到主流

20 世纪 70 年代之前，科学与体育非常相似——它是一个由男性主导的世界，由男性创造，为男性创造，而且以男性的兴趣和经验为基础。男性主导了几乎所有的研究领域，知识生成也是基于他们对世界提出的问题、做出的观察、分析和总结的理论。这一现实虽然可能没有削弱科学的准确性，但的确破坏了科学的完整性，有时造成的偏见非常之深，甚至歪曲了身体和社会现实。

当女性进入科学界并指出这一问题时，大多数男性都加以抵制，他们利用自己的权威质疑女性科学家的能力和工作水平。这引发了男性和女性在从生物学到社会学的很多学科领域发生冲突。不过这类冲突在今天已不多见，因为许多男性科学家逐渐意识到，女性研究者运用女性主义方法提出了有效的观点，而且她们开展的研究对其所研究的领域做出了重要贡献。事实上，如今已有许多男性研究者也使用女性主义理论来丰富自己的研究。在体育社会学领域，女性主义理论已经成为主流，人们在试图理解社会中的体育时，几乎已经不再质疑其合法性或实用性。

20 世纪 70 年代到 80 年代，社会学领域的女性主义研究和理论集中于揭示几乎所有社会都存在的父权组织形式，并力图解释男性——特别是有权力的男性——的价值观、经验和利益如何塑造社会关系和整个社会生活。它们揭露男性享受的特权与女性遭受的系统性劣势待遇直接相关。这些理论不仅关注有关性别歧视的态度和感受，还强调整个关系和社会都是围绕性别的特定意义而建构的。

女性主义理论有多种形式，但是大部分体育社会学研究者都青睐女性主义批评理论，因为它关注的是文化观念问题、权力问题，以及批判性地思考社会中的体育的意义、目的和组织形式。

与一般的女性主义理论相似，女性主义批评理论基于一项假设：若要生成关于社会生活的知识，需要事先了解我们生活中的性别和性别关系的运作方式。女性的见解和所做的研究得到认真对待，成为知识生成过程的一部分。

在体育社会学中，女性主义批评理论认为体育运动是性别化的活动，其意义、目的和组织形式导致人们对男子气概的推崇，因此，身体支配和征服受到高度重视。相应地，它解释了在体育运动中，女性的身体、能力、取向和关系为何遭遇系统性贬低。它还解释了为什么性别平等以及体育文化和结构的转变对男女双方都有利。

基于女性主义批评理论的研究一般关注以下一个或多个问题：

（1）女性是如何被排除在体育运动之外或不被鼓励参与体育运动的？为什么有些男性始终抵制体育运动中的性别平等？

（2）在社会中身为一个男人意味着什么？体育运动对这一观念的形成和维持起到了何种作用？为什么强壮和好斗的男人比具有其他特征的男人更受重视？

（3）体育和体育参与在关于性和身体的性别观念的产生中扮演何种角色？

（4）为什么许多人会认为从事体育运动的男性是异性恋？为什么男运动员更衣室长期以来充斥着对同性恋者的恐惧、嘲笑和对女性的贬低？

（5）为什么男同性恋者总是对参加关注度高的体育运动犹豫不决？为什么有些女性成为强壮有力的运动员后，还会害怕被称为女同性恋者？

（6）体育媒体如何对男子体育和女子体育给予不同报道？男女运动员的媒体形象如何影响社会的性别文化观念？

（7）为什么在某些运动的受伤率如此之高的情况下，体育还被宣传为健康促进活动？

（8）哪些策略可以有效地改变以男性为中心的性别文化观念，尽管这种观念在大多数竞技体育中仍然普遍存在？

上述问题的提出受到女性主义批评理论的启发，它们着重解决的是影响我们日常生活的问题。事实上，我们很难给出经过深思熟虑的答案，我们对体育或社会的了解其实并不多。

和其他所有理论一样，女性主义批评理论也存在不足，因而也在不断地被修正。例如，它如今更加注重阐释性别与其他社会属性（包括年龄、社会阶层、能力和国籍）之间的联系，以便我们充分理解性别在日常生活中的重要性。而且，今天的女性主义批评理论不再仅仅与女性相关（Adams，2011；Allain，2008；Anderson，2008a，2008b，2011a，2011b；Baker and Hotek，2011；Chimot and Louveau，2010；Crocket，2012；Fogel，2011；Martin，2012；Messner，2011；Thorpe，2009a；Yochim，2010）。现在它主要关注社会公正、机会平等，着重分析哪些文化观念会阻碍实现性别和其他身份属性的公平性和社会包容度（Bose，2012；Flintoff，2008；Hardin and Whiteside，2009；Dorothy Smith，2009；Travers，2008，2011，2013a，2013b；Travers and Deri，2011）。因此，女性主义批评研究如今着眼于性别如何与其他重要社会因素一起影响人们的生活。

年轻研究者经常采用女性主义批评理论，但同前辈们相比，他们不太会将自己称为女性主义者。他们接受女性主义原则，但也希望超越过去女性主义研究方法的局限，因为那些方法往往过于关注中上层阶级、健全人、白种人、女性异性恋者的生活，缺乏本应有的包容性。他们了解性别的意义及现实内涵是因人而异的，取决于人在不同的社会情境中获得资源、工作、医疗和社区支持的不同程度。因此，虽然女性主义如今可能不再像 20 世纪 80 年代和 90 年代那样引人注目（现在多数人已经对它习以为常），但女性主义和女性主义批评理论仍然切实可行。

目前我们尚未进入一些人所说的后女性主义时代。性别和性别关系在许多领域仍然是有争议的话题，而且仍然是我们体育社会学研究者的核心关注点。21世纪以来，女性主义理论日益融入社会学和体育社会学，并与其他理论紧密结合，不再是合法地位得不到承认，只是挑战主流研究方法的边缘学科。从这个意义上说，女性主义的遗产一直影响着我们的生活，使我们在理解社会中的体育时，能够敏锐地捕捉到与长期受到排挤和歧视的弱势群体相关的问题。

从实际应用角度来看，女性主义批评理论可以有效地帮助组织和社区发展体育运动，提高体育参与度。如果体育工作者不能致力于提高体育的包容性和参与度，他们往往会发现，仅有少数人能够受益，同时希望在体育领域工作的年轻人就不太容易找到工作。

请思考，了解女性主义批评理论和研究将会如何促进整体社会体育参与度的提高？

补充阅读

阅读材料1　社会学家使用不止一种理论方法

阅读材料2　疼痛的意义：互动主义理论作为研究指南

阅读材料3　体育社会学中的特定理论

阅读材料4　体育社会学中的女性主义理论

阅读材料5　当今的体育社会学研究以批判性方法为基础

阅读材料6　欧洲研究方法：形态学理论

体育管理问题

- 假设你受雇研究为什么运动员在疼痛或受伤时仍然愿意参加比赛，请阐释你会使用哪一种理论（文化理论、互动主义理论、结构理论）来指导研究。你会提出哪些研究问题？你分析的重点是什么？你在研究中会用到哪些概念？
- 假设你受雇研究你所在校园的学校体育的利弊。今天你要汇报你的研究项目涉及的步骤。明确你要实施的步骤并一一做出简短的解释。

- 假设你受雇于一所重点大学的女子中心，担任体育管理顾问一职，研究该校园中的性别和体育问题。你使用梅斯纳的研究作为你的研究参考。请解释你要使用的数据收集方法。
- 批判性研究获得的成果也许会挑战身居体育管理要职的某些人，因此有些研究结果可能会被专业运动队管理人员拒绝或忽视，请给出几个例子。

第三章　体育与社会化：谁参与体育运动？体育给他们带来什么影响？

（图源：©杰伊·科克利）

我知道如何应对橄榄球比赛，但我的问题在于，有时候我不知道该怎么管理我的生活。

——劳伦斯·泰勒，美国职业橄榄球大联盟名人堂球员（2012）

为什么我们要称运动员是合适的社会楷模？或者更确切地说，为什么我们需要他们成为楷模？……我们一直存在一种非理性的欲望，希望身体强健的人在精神上也足够强大。

——朱莉亚·贝尔德，记者（2004）

……许多孩子甚至不知道自己擅长什么，因为他们从 8 岁起就只参加一种体育活动。所以，回顾过去，我很感激我有机会参与其他体育活动。

——珍妮·芬奇，垒球投手（Jacobson，2010）

我刚刚经历了一场车祸，头部受伤了……如果我有机会获得冠军，就算还要参加两场比赛，我也会毫不犹豫就去做。

——杰夫·戈登，纳斯卡车赛车手（Moore，2012）

本章纲要

什么是社会化？
开始并保持体育参与
改变或结束体育参与
参与体育运动：体育产生了什么影响？
体育如何影响我们的生活？
小结：谁参与体育运动？体育给他们带来什么影响？

学习目标

- 描述社会化过程中发生的事情，并解释将社会化作为互动学习过程来研究的重要意义。
- 明确开始参与并保持参与体育活动这一过程涉及的关键因素。
- 描述改变或结束体育参与过程中涉及的关键因素，解释退役过程的哪一阶段对运动员来说最为艰难。
- 了解体育运动并非对每个参与者产生相同的社会化影响的原因。
- 区分大众休闲体育与竞技体育，并解释在讨论体育中的社会化时了解这些差异的重要性。
- 明确体育参与最有可能或最不可能对体育运动者产生积极社会化

影响的条件。
- 解释体育参与为什么不会自动带来身体健康和幸福，以及它为什么不一定会降低社会肥胖率。
- 举例说明体育如何作为向社会成员传达思想观念信息的场所。
- 解释为何社会学家称社会化是一种社区和文化过程。

在讨论人们为什么开始或停止运动，以及人们进行运动时会发生什么时，我们所讨论的实际上是社会学家称之为社会化的社会学习和发展过程。

半个多世纪以来，体育社会学领域的研究者一直都致力于研究对讨论体育和社会化至关重要的 3 大主题：

（1）开始并保持体育参与的过程。

（2）改变或结束体育参与的过程。

（3）参与体育的正面及负面影响。

本章将围绕以上内容展开，虽然我们已经掌握了很多有关社会化和体育的知识，但是我们对其的理解仍不透彻。由于部分内容十分复杂，我们将会在后续部分继续讨论。

本章的最后，我们将讨论作为一种社区和文化过程的社会化对很多人产生即刻影响的方式。

一、什么是社会化？

社会化是一个学习和社会发展的过程，在其中我们与他人互动，对社会世界进行了解。在社会化过程中我们逐渐形成关于我们是谁的认知以及明确在我们生命中最重要的是什么。在这个过程中，我们不仅是被动的学习者，还会在建立关系的同时积极参与自己的社会化，并在影响他人的同时受到他人的影响。我们主动去理解所看到和所听到的信息，并且接受、拒绝或改变他人反馈给我们的、关于我们是谁以及我们如何与社会世界相联结的信息。因此，社会化不是只靠社会环境塑造的单向过程。它是一个互动的过程，我们通过社会化来决定我们的关系，解读通过人际互动接收到的信息，诠释我们下一步的言行。正是通过这些行为，我们才能够成为我们自己，并对我们参与的社会世界产生影响。

我们每个人都会在了解社会世界时经历社会化，并利用知识储备来构建自己的生活。从这个意义上说，社会化、社会发展和身份形成是相互关联的过程。我们在这个过程中做出选择，但我们的选择会受到许多方面的影响，包括现有可用的选择、自身具备的可以用来评估各个选择的资源，以及我们做出选择的背景（Van de Walle，2011）。

这些选择对我们的生活产生何种影响，也取决于我们做出选择的环境。例如，有人可能有机会参加许多不同的运动，然后选择一项自己最有可能取得成功的运动，而其他人可能只有尝试一项运动的机会。有人在参加体育活动时，可能有优秀的教练员指导，有来自他人的友好支持，还有亲朋好友相伴，然而其他人可能没有这种运动环境，他们只能孤军奋战。因此，在利用社会化经历为我们提供优势、知识、经验和发展机会方面，我们中的一些人比其他人拥有更为得天独厚的条件。

上述对社会化的解释基于社会互动模型，该模型围绕文化理论、互动主义理论和结构理论构建。因此，依据该模型研究者断定人在与他人互动和参与社会世界时学习价值观和规范，并发展成独立的个体。例如，儿童与父母、其他家庭成员、老师、同龄人互动时，他们会学到有关安全和冒险的准则，并学会为童年时期常见的跌打损伤所带来的痛苦赋予意义。然而，如果他们参与有组织的体育运动，与教练员和队友之间的互动可能会让他们将疼痛视为运动中的常态，并将运动损伤视为他们全心为集体荣誉而战和自己运动员身份的象征。从这个意义上说，社会化是一个强大且有影响力的过程。

社会互动模式在当今的体育社会学中得到了广泛的应用，但一些研究者在研究体育时仍在沿用社会化的个人内化模型。这一模型强调，当人们在家庭环境中成长、上学、与同龄人互动以及通过媒体接收信息时，人们会内化社会规则，社会学习就发生在这一过程中。这种方法启发了许多针对社会化的研究者，但它错误地假定社会化是一个单向过程，误认为学习是自动发生的。

关于人们为什么参与或结束运动，以及运动给他们带来了什么，大多数基于社会化的个人内化模型的研究都得出了前后矛盾的结论。但是也有少数研究者采用这一社会化模型，进行研究设计，为分析体育参与和人们生活的其他方面之间的复杂联系提供了详细的数据分析（Berger，et al.，

2008；Guest and Schneider，2003；Hershow，et al.，2015；Hwang，et al.，2013；Kraaykamp，et al.，2012；Lee，2013；Sabo，et al.，2005；Shakib and Veliz，2013）。研究结果明确了以下 3 方面：①生命历程中体育参与的普遍规律；②妨碍或阻止某些人参加体育运动的因素；③体育参与和教育成就、职业成功、性行为与妊娠率、身体健康及整体自尊之间的关系。针对这些研究发现的讨论将贯穿本章内容。

当今大多数体育和社会化研究都基于社会互动模型，采用定性而非定量研究方法。研究并未采用书面调查问卷或其他定量方法来捕捉人们生活的剪影，而是利用深度访谈和实地观察来对小群体开展长期研究。这种研究方法提供的资料是连续的视频片段，而不是刹那的照片剪影，其目标是详细描述人们生活中的体育经历，然后分析人们针对体育参与做出决策并赋予体育体验意义的过程。此外，此类研究还试图将这些决策和意义与体育和体育参与的文化和结构背景联系起来。这种研究方法不仅能够展现人们开始并保持体育参与、改变或结束体育参与过程的复杂性，也能将体育置于人们的生活中去诠释。

“我知道现在开始还早，但如果他要在未来取得成功，我就不能让他落后于其他孩子太多。”以结构理论为指导的研究重点是谁影响儿童的体育参与模式。父亲和其他家庭成员通常被认为是影响孩子何时、如何以及在何处参与体育活动的重要他人。

二、开始并保持体育参与

谁长时间坚持参与体育运动？谁参与了又退出？谁从未参与？这 3 个问题在当今非常重要，因为许多社会都在应对与缺乏定期体育锻炼有关的健康问题（Nike，Inc.，2012）。

基于结构理论和社会化的个人内化模型设计的研究表明，体育参与和以下 3 类因素有关：①个人能力、特征和资源；②重要他人的影响，包括父母、兄弟姐妹、教师、同龄人和榜样人物；③能够获得参与体育的机会并且能从中获得个人满足感。这些静态的研究结果有助于我们理解人们如何和为何开始并保持体育参与。然而，更完整的解释来自人们对自身体育参与的叙事。研究者在基于社会互动模型的研究中收集的这些叙事，提供的是社会化的动态视频片段，而不是单个静态照片剪影。

采用深度访谈和参与者观察的研究表明，体育参与和构成人们生活的多种不同过程均有关联，它发生在人们与他人互动，并根据现有的机会和他们赋予体育的意义做出决定的过程中，这些机会和意义与他们对生活的预期有关。决定和意义并非永久性的，往往随着社会条件和关系的变化而改变。此外，在保持体育参与的过程中，人们参与的理由会随着时间变化。一旦丧失理由，他们就会改变或结束体育参与，直到事情再次发生变化，他们获得新的理由重新参与体育活动。

通过对不同情况下不同人群的多项研究，我们得以了解人们怎样开始并保持体育参与。要说明我们对社会化的认知，最有效的方法就是回顾一些强调上述过程的主要方面的研究。下文总结了 3 个社会学动态片段，说明了开始和保持体育参与的过程。

（一）例 1：家庭文化和儿童的体育参与

社会学家莎伦 • 惠勒的研究领域是英国的体育教育和发展。在她的一项研究中，她对一些被认定为“运动型”的小学生开展了半结构式访谈，对于这些孩子而言，进行体育运动在他们的生活及其父母的生活中非常重要。她发现这些孩子的父母都认为体育参与对孩子很重要，并愿意投入大量的家庭时间、金钱和精力来支持孩子在不同的项目中尝试各种体育活动。送孩子去参加体育训练和比赛及观看比赛已成为这些家庭整体生活方式的一部分。然而，父母的支持也有其局限性，他们很少指导或批评自己的孩子，也没有在孩子参与体育活动时提供除口头鼓励以外的东西（Wheeler，2012，2014）。

这些来自英国的家长们并没有像美国许多家长那样特别看重让孩子在体育领域出类拔萃，以便将来能拿体育奖学金上大学。这些英国家庭在经济方面也相对宽裕，这意味着他们有足够的资源来维持包括体育参与在内的生活方式。与这种生活方式相关联的是一种共有的家庭文化，由具有相似信仰和生活方式的一组家庭网络创建和维系。同时，家庭体育文化为体育参与能够自然地融入孩子们的生活提供了环境。对这些孩子来说，体育运动只是家庭生活中习以为常的组成部分。

（图源：©杰伊·科克利）

当体育活动和体育参与融入日常家庭生活时，孩子们将更有可能在一生中都保持活跃。照片中的家庭的四个孩子正在体会跑步是一项有趣的活动。从诸如此类的“趣味跑”中获得的积极记忆将会成为这些孩子在未来积极参与体育活动的影响因素。

当然，资源匮乏和较难接触体育项目的家庭难以拥有类似的生活方式，此时，上述家庭文化将更加难以创造和维系，在单亲家庭和体育支出排序靠后的家庭中也是如此。

惠勒发现，将家庭作为发起和培养体育参与的直接背景来研究十分重要，特别是在政府资助的体育项目被私人赞助的体育项目部分替代的情况下，因为后者在交通、运动服装和装备的购买和雇用教练员等方面都需要父母的支持和家庭资源的投入。

惠勒的研究发现与其他研究成果一致，即家庭文化为孩子参与体育提供了基本条件，促使孩子能够将体育运动视为日常生活的必要组成部分，并在青少年时期和成年初期继续保持体育参与（Birchwood，et al.，2008；Hennessy，et al.，2010；Kraaykamp，et al.，2012；Quarmby and Dagkas，2010）。她还发现，对于缺少上述家庭文化的孩子而言，如果家庭决策者忽视家庭在决定和支持体育参与中所起的重要作用，仅采取只关注他们体育参与度的短期干预措施，孩子的体育参与就很有可能会失败。例如，如果青少年的家庭资源不足，父母无法在经济上支持他们尝试不同运动项目或最终选择一种或多种自己喜欢的项目，他们就无法全心投入或保持体育参与。而且，如果他们没能在童年时期或青少年早期开始参与体育，他们就不太可能在成年之后自如地参与体育。

惠勒的研究表明，开始和保持体育参与的过程与家庭动态和决策密切相关，而这些都受到结构和文化因素的影响。

结构因素包括体育设施、装备、经济支持、教练员与竞赛机会的可获得性。（Wheeler and Green，2014）。文化因素包括体育被赋予的意义，以及个人的年龄、性别、种族、民族、性取向及健全或残疾等因素对体育参与者自我认同的影响。例如，一项有关美国青年的调查数据表明，非裔美国青年比白人、拉丁裔和亚裔青年更有可能受到家人、教师、教练员或同龄人的鼓励而参与体育运动（Shakib and Veliz，2013）。部分原因在于，在美国，许多人认为运动和种族之间存在着关联，非裔美国人比其他人更擅长运动或者对体育更感兴趣，而且体育为他们提供了在其他生活领域不易获得的社会流动机会。

（二）例 2：参加还是不参加

在英国奇切斯特大学工作时，笔者和同事安妮塔·怀特获得了一笔科研基金，研究为什么大多数年轻人并不参加广为宣传的国家赞助的体育项目。我们设计了一项研究，通过深度访谈调查英国伦敦东部工人阶级聚居区的年轻人如何决定自己在闲暇时间做什么（Coakley and White，1999）。

通过访谈收集的数据表明，年轻人在决定参加体育活动时考虑了诸多因素，这些因素如下。

（1）他们对体育参与和自己生活中其他兴趣和目标之间的联系的看法。

（2）他们通过发展和展示自己的能力来获得他人认可和尊重的愿望。

（3）能够获得体育参与的社会支持，以及体育参与所需的资源（时间、交通、设备和资金）。

（4）对过往体育活动和体育经历的记忆。

（5）社会世界中与体育相关的图像和意义。

总体而言，当体育参与有助于年轻人更好地掌控生活，实现个人发展和职业目标，并向他人展示自己的能力时，他们就会决定参加体育运动。我们还发现，相比年轻男性，年轻女性对于自己能通过体育参与实现上述目标的信心较低。因此，年轻女性对体育的重视程度较低，参与度也较低。

我们所研究的这些年轻人主要通过衡量体育参与是否能给他们的生活带来积极影响来决定是否参与体育运动。他们不是被动地对周围的世界做出反应，而是基于参与机会、可用资源和身份的转变，随着时间推移做出不同的决策、决定体育参与模式。因此，体育社会化是基于其生活的社会和文化环境的持续互动过程。

我们还发现，人们在人生的不同阶段会出于不同的原因决定参加体育活动。这一结果与认为个人在不同成长阶段（儿童、青少年和成年人）需要完成不同发展任务的理论一致。因此，7 岁儿童在决定参加体育活动时所考虑的问题不同于 14 岁、40 岁和 60 岁的人所考虑的问题。此外，现在的 7 岁儿童在决定参加体育活动时所处的社会和文化背景，又与生活在 1980 年或 20～30 年的 7 岁儿童所处的背景不同。

基于对访谈数据的分析，我们很清楚地认识到，年轻人的体育参与决策与他们对体育的文化重要性的看法，以及开展体育运动、获得社会认可和实现个人目标之间的联系密切相关。因此，在研究人们开始并保持体育参与的原因时，我们应该考虑体育参与和人们自身的成长及发展的联系，体育如何融入他们的社会世界，以及普遍文化观念对体育参与的影响。

当了解到埃塞俄比亚的一些父母如今已经接受将赛跑作为女儿取得经

济成功的一种手段时，笔者又想到了上述几个因素。父母观念的转变使女孩们能够通过跑步保持学业，避免包办婚姻（还未成年就被安排嫁人），从而可以追求一种更为自由的生活，不再只是在家洗衣做饭，不再被当成丈夫的私人财产而对其言听计从。对于幸运地拥有运动天赋的女孩来说，跑步为她们带来了个人发展机会，让她们能够更好地掌控自己的生活，自由地支配自己的身体。这就是与加利福尼亚州比弗利山庄空调房的同龄女孩相比，13 岁的埃塞俄比亚女孩更倾向于把跑步定义为一种理想活动的原因，她们做决定的背景和结果都大不相同。

（三）例 3：运动员身份被认可的过程

社会学家彼得·唐纳利和凯文·扬（1999）将体育作为社会世界来研究，人们在其中围绕共同的兴趣形成各种社会关系和独特的生活方式。他们研究的重点之一是人们如何成为特定体育文化认可的一员。

唐纳利和扬分别收集了专业攀岩运动员和精英橄榄球运动员的相关数据，并据此得出结论：体育参与和身份形成过程有关。他们认为，成为特定体育文化的运动员要经历 4 个阶段：

（1）了解该体育项目。

（2）与参与该体育项目的人互动。

（3）了解体育参与如何进行，以及参与该体育项目的运动员对彼此的期望。

（4）在体育文化中运动员身份得到全面认可和接受。

上述发现表明，一个人能否成为某个体育项目的运动员，取决于他能否言行一致，只有言行一致他才会被其他运动员认可和接受。而且得到认可和接受的过程是长期的、持续的，并非发生一次就一劳永逸。如果运动员做不到言行一致，与其他运动员的互动就会减弱，后者对他们身份的支持也会逐渐消失。一种体育文化中的成员资格总是暂时的，取决于人当下的所作所为，而不是过去的行为。

为了更好地理解唐纳利和扬的研究发现，我们可以观察滑板运动员、直排轮滑运动员、单板滑雪运动员、沙滩排球运动员、篮球运动员或任何其他体育文化的成员。每一种体育文化都有其独特的术语、特有的称呼成员和描述其行为的方式，处于特定体育文化的人有独特的思考方式和运动方式及他们对彼此期望的特殊理解。新成员在被接纳为真正的滑板运动员、直排轮滑运动员、单板滑雪运动员、沙滩排球运动员或其他运动员之前，会经受老队员的考验和“施压”。运动员使用的专业词汇可能会随着时间的推移而变化，但无论何种体育文化都存在运动员身份被接纳的过程。

唐纳利和扬帮助我们了解到，开始和保持体育参与往往取决于建立社会联系、为体育文化所接纳，以及在运动员身份的形成过程中接受社会支持（另外参见 Light，et al.，2013）。这也有助于解释在小众体育文化中女性参与度极低的原因。男性会将踩着滑板冲下山坡、冲浪者冲到马路边上定义为一种表达男子气概的重要活动。他们在这一过程中创造了一种体育文化，这种文化使女性很难被接纳为真正的“滑板运动员”。开始并保持体育参与是一个复杂的、互动的社会化和身份形成的过程。

总而言之，上述 3 个案例为我们理解人们开始并保持体育参与的过程提供了动态补充资料。它们揭示了人们对体育参与的决定不是一劳永逸的；人们日复一日地做出决定，因为他们在不断思考体育运动与生活有着怎样的联系。这些决定是在特定的社会和文化背景下做出的，它们受资源获取和性别、阶层、肤色、种族、年龄和身体能力相关意义的影响。

三、改变或结束体育参与

当人们提出有关开始并保持体育参与的问题时，通常也会关心改变或结束体育参与的问题。20 世纪后半叶开展的研究帮助我们了解了以下关于改变和结束体育参与的基本事实：

（1）当人们退出某项运动时，他们不是永远退出所有运动，也不会切断与运动的所有联系。

（2）随着年龄增长，许多人会选择参与不同的、竞争不那么激烈的体育活动，或者转而从事其他体育相关工作，例如成为教练员、体育管理人员或者体育商业人员。

（3）结束体育参与通常与一个人的发展变化和后续人生的转折事件有关，例如转学、毕业、找工作、结婚、生子等。

（4）结束体育参与并不总是负面经历的结果，尽管受伤、剥削、糟糕的训练体验和教练员的施压会影响一些改变或结束体育参与的决定。

（5）那些结束了长期体育职业生涯的人，特别是那些除了运动员身份以外没有其他职业身份的人，或者缺乏向其他职业和关系过渡的社会和物质资源的人，可能会出现问题。

越来越多的研究——特别是那些采用定性研究方法和社会互动模型的研究——都建立在上述发现的基础上，扩展了我们对改变或结束体育参与过程的理解。以下 3 项研究案例是此类研究的代表。

（图源：©杰伊·科克利）

虽然人们可能会在人生的某个阶段退出体育运动，但他们可能会在以后的某个阶段重返体育运动。照片中这支成员全部超过 70 岁的女子篮球队正在和另一队年轻球员进行表演赛，为参加老年人运动会的全国总决赛筹集资金。这些老年女性中的大多数人已经有 30～50 年没有打过篮球比赛了。

（一）例 1：年轻运动员的职业倦怠

曾与教练员合作的经验，以及对身份问题的兴趣都促使笔者去研究那些在职业巅峰时期选择退役的年轻人，他们通常是某个体育项目的年龄组冠军（Coakley，1992，2011a）。人们形容这些年轻人出现了“职业倦怠”，所以笔者决定采访那些被认定为属于职业倦怠实例的前青少年精英运动员。

通过深度访谈收集到的数据表明，青少年时期的职业倦怠源于许多青少年体育的组织模式和权威结构。当青少年运动员感到生活失控，无法再探索、发展和培养除体育以外的身份时，就会产生职业倦怠。他们在运动中感受到的压力越来越大，乐趣越来越少。而当压力值到达顶峰，乐趣减少到他们觉得已经不值得付出努力继续参与的时候，职业倦怠就会出现。

数据还表明，当体育项目的组织使成功的青少年运动员感到无法完成青少年时期的重要发展任务时，他们的压力会不断增加，乐趣随之减少。笔者的结论是，只有重新组织体育项目，让青少年运动员能够更好地掌控自己的生活，才能预防职业倦怠。压力管理策略也许能延缓职业倦怠，但不能从根本上改变导致职业倦怠的深层的组织和发展制约因素。总而言之，笔者从研究中得出以下结论：年轻人有时候会在青春期后期结束体育参与，因为他们觉得这不利于彰显自主性和多重身份认同，而这在美国文化中被视为成年的标志。

（二）例 2：退出体育，继续生活

康斯坦丁诺斯·库库里斯（1994，2005）是希腊的一名体育教育工作者，他研究了曾经全心投入体育事业的运动员停止或减少体育参与的原因。在分析了 157 名退役的国家运动员的问卷数据后，库库里斯选定了 34 名在 18～24 岁停止或减少体育参与的退役运动员进行深度访谈，发现了年轻运动员退出体育的规律。

他的研究数据表明，停止或减少体育参与是这些退役运动员的自愿决定，但在做这个决定的过程中他们往往多次退出而后又重新参与体育。换句话说，他们退出体育时并没有“完全脱离”体育。其最终决定通常与两个实际因素有关：① 就业和自立的需要；② 对自己目前的运动技能和竞技水平是否还有上升空间做出的合理判断。高中或大学毕业时，运动员常常面临着这样的社会期望：他们应该找份工作并对自己的生计负责。但如果要工作，就会占用运动员进行高水平运动训练和比赛所需的时间。此外，由于维系成年人的生活方式需要大量花费，他们几乎没有多少资金用于支持正式训练。同时，职业运动员的培训计划通常要求很严格，这与他们成年后生活中的各种新职责相冲突。

虽然结束了正式的运动员生涯，许多年轻人仍会寻求其他方式来进行体育活动或参与体育。尽管有些人遇到了问题，但大多数人像从未参加过精英体育的同龄人一样，都能积极地成长和发展。他们中的大多数认为结束职业生涯，正式退役，是他们生活中不可避免的但往往有益的发展变化。

库库里斯（2005）还对19名优秀的退役体操运动员进行了深入访谈，发现他们过早脱离体育运动，往往是由于精神和身体双重疲惫、缺乏教练员和管理人员的支持以及裁判员政策和体操协会治理问题。不同于库库里斯之前的研究对象，这些退役体操运动员在很小的时候就开始了精英运动生涯，他们需要更多的指导和支持来防止其过早地对体育失望而逐渐退出职业体育。

（图源：©拉腊·基利克）

许多因素影响着人们放弃运动或转而参与另一项运动的决定，这往往涉及身份转变、对资源的获取及生命发展历程等问题，且伤病也是迫使人们做出改变的一大原因。在所有这些情况下，随着人们所处的环境发生改变，人们对自己、对体育和体育参与的看法也会相应变化。

（三）例3：改变个人对体育事业的投资

阿尔伯塔大学的加里·惠勒一直关注残疾运动员的职业生涯，以及他们职业生涯结束后的生活境况。基于先前对残奥会运动员的研究，惠勒和他的研究员同事们采访了 40 名来自英国、加拿大、以色列和美国的运动员（Wheeler et al.，1999）。研究数据表明，每个国家的运动员都深度参与到体育运动中，且往往在相对较短的时间内取得了较大的成功。通过体育运动，他们获得了个人成就感，确立了精英运动员的身份。

结束积极的体育参与并向生活的其他领域过渡往往会给这些运动员带来挑战。退役通常是突然发生的，迫使他们将时间和精力投入其他活动和关系。在与家人和朋友重聚、重返校园、开始新的职业生涯时，一些运动员遭遇了情绪上的问题。不过，大多数人仍然以教练员、管理人员或业余运动员的身份与体育运动或体育组织保持联系。少数希望重新获得精英运动员身份的人通常在退役过渡期遇到困难，而那些平和接受竞技职业生涯终结的人则很少遇到适应性问题。

总之，研究表明，一个人结束或改变体育参与往往与其在开始和保持体育参与时有着相同的决策过程。做出改变体育参与的决定通常与其他生活事件、社会关系及对个人发展的文化期待相关。这意味着，要通过理论解释人们为什么要参与体育运动并随着时间的推移结束或改变体育参与，必须考虑到身份问题和发展过程，因为这是人们在生活中做出体育相关决策的社会和文化背景的一部分（van Houten et al.，2015）。

此外，研究者还必须考虑到运动员过渡到其他关系、活动和职业时，他们所拥有的个人、社会和物质资源。通常，过渡期间出现问题主要是因为他们不愿意向与体育无关的身份转变，缺乏战胜过渡期挑战所需要的个人和物质资源（Tinley，2015）。

研究表明，如果体育参与丰富了一个人的身份、经历、关系和资源，那么退役的过渡期就不易出现问题。如果退役运动员从未想过或尝试过精英体育文化之外的生活，从未学会去适应非体育社会世界中的生活，则很有可能在退役的过渡期遇到困难。这一点在斯科特·廷利针对退役职业运动员为期 15 年的研究中得到印证。廷利进行了很多访谈，在其中一个访谈中，一名美国职业橄榄球大联盟退役球员在谈到身份问题时说道："没有橄榄球，不能通过橄榄球来表达自我，我就什么都不是。我会没有存在感。橄榄球是我的生命，除此之外我几乎一无所有"（Tinley，2015：133）。

四、参与体育运动：体育产生了什么影响？

体育参与会带来什么影响？人们对此的观念因文化而异，但北美和欧洲的许多人都接受第一章所描述的“体育的重大迷思”。他们笃定地认为只要参加体育运动就能塑造良好品格，增进身体健康和福祉。这类观念鼓励人们参加体育运动，并为学校体育项目的资助、体育场地的建设、球队和联盟的推广以及奥运会、残奥会和世界锦标赛等国际赛事的赞助提供支持。

（一）体育能塑造良好品格吗？

半个多世纪以来，研究者一直试图证明“体育能塑造良好品格”。他们研究对比了参与有组织的体育运动的人与不参与有组织的体育运动的人的性格特点、态度和行为。然而，这些静态剪影照片式的研究产生了自相矛盾和令人困惑的结果。这是因为研究者对品格的定义不一致，并且其研究设计基于以下两种错误的假设（McCormack and Chalip，1988）。首先，他们错误地假设所有运动员在一切有组织的竞技体育中都有相同或相似的经历。其次，他们错误地认为有组织的体育运动提供从其他活动中不可能获得的独特体验。这些错误假设导致研究者在研究体育和社会化时往往会忽略以下重要方面：

（1）体育运动的体验多种多样，因为各个体育项目和运动队的组织方式千差万别。因此，我们不能对体育参与的影响一概而论，这一点将在后面的“体育反思”专栏中得到进一步解释。

（2）自主选择或被教练员选中参加体育运动的人往往与那些不参加体育运动的人具有不同的性格特征。因此，可能并不是体育塑造了良好品格，而是那些被选中参加有组织的体育运动的人本身就具备教练员所看中的、能够适应高强度竞技体育的某些品格特征。

（3）即使人们参与同一种体育项目、身处同一支队伍，他们赋予体育经历的意义也因人而异。因此，运动员在参与体育运动时所获得的知识经验大为不同，将所学知识应用到生活中的方式也存在很大差异。

（4）人们在逐渐成长与变化中，会产生新的想法和价值观，他们对体育经历的理解往往也会发生改变，并以新的方式将体育经历融入自己的生活。

（5）社会化发生在伴随着体育参与的社会互动中。因此，体育运动的意义和重要性取决于一个人的社会关系和体育参与的社会文化背景。

（6）体育运动中产生的社会化也可能发生在其他活动中。因此，不参加体育运动的人可能也会有与运动员类似的发展经历。

由于研究者对以上方面的忽略，这些对比体育对“运动员”与“非运动员”生活影响的研究结果前后不一致、具有误导性。在评估这些研究之后，笔者得出结论：当体育参与为运动员带来以下益处时，它最有可能产生积极的社会化影响：

（1）探索和发展除体育运动以外的身份的机会。

（2）在更衣室和运动场以外积累知识的经历。

（3）能够建立新的关系，特别是与那些与体育无关的人的关系，与这些人的互动不以运动员的身份地位为基础。

（4）能够将在体育运动中所获得的经验应用于体育之外的具体情境（技能迁移）。

（5）有机会在非体育活动中培养和展示自己的能力，并能被体育领域之外的导师和支持者注意到。

积极的社会化影响不是自然发生的。笔者对过去的研究进行了总结，发现当体育参与限制了机会、经历、人际关系以及除运动外的一般能力时，它很可能会对一个人的整体发展产生负面影响。因此，我们不能笼统地说体育会塑造或破坏品格。品格并非都通过参与体育活动自动形成。体育经历多种多样，它们被赋予不同的意义，并以不同的方式融入人们的生活，这取决于人们各自生活的社会和文化背景（Denise Anderson，2009；Hartmann，2008；Light，2010；Robbins，2012；Swanson，2009；Taylor and Turek，2010；Taylor et al.，2010a，2010b；Van Ingen，2011）。

这一结论并不意味着体育和体育参与与人们的生活无关。我们知道，与体育有关的话语、图像和经验在许多社会世界中都是生动而有力的。体育确实影响着人们的生活和人们周围的世界。然而，人们无法将这些影响与其赋予体育的意义以及如何将它们融入生活割裂看待。因此，如果人们想充分了解体育运动产生的影响，就必须将体育经历置于其发生的背景中进行研究。这类研究才能揭示体育与社会化之间的复杂关系，帮助人们了解在何种条件下体育运动会对参与者产生积极或消极的影响（Holt，2016）。

体育反思

力量成绩型 vs.休闲参与型——不同的运动，多样的体验，迥异的结果

体育经历是多种多样的。我们不能错误地认为所有运动都有相同的目标和方向、相同的运动精神或以相同的方式被定义。体育运动形式既包括高度组织化的竞技体育、也包括非正式体育，如休闲运动等。不过，现在后工业化国家的主流体育形式还是基于力量成绩模式。

力量成绩型体育运动具有高度组织化、高度竞争性的特点。它们强调以下因素：

- 运用强度、速度和力量挑战人类极限，取得比赛胜利。
- 通过赢得比赛来证明自身价值，并将胜利归功于敬业、努力和奉献。
- 愿意承担损害身体健康的风险，愿意忍受伤病痛苦。
- 当参与者达不到精英成绩标准时，就要面临被淘汰出队的孤立处境。
- 俱乐部所有者和管理者管理教练员，教练员管理运动员。
- 与对手竞争并将他们视为要征服的敌人。

这些因素夸大了力量成绩型体育运动的特点，表明此类运动的体验与其他运动形式的体验的迥异。虽然许多人以力量成绩模式作为标准来定义“真正的”运动，但它不是组织体育运动的唯一模式。例如，在许多社会中，人们经常参与其他形式的运动，包括主流体育模式的各种变体，替代形式和反主流形式。

当今，与力量成绩型体育运动截然不同的是围绕休闲参与模式组织的运动，它们强调以下因素：

- 积极参与体育运动，以人与人之间的联系、身心的融合及与环境的和谐为中心。
- 注重个人表达、享受、成长、健康和参与者之间相互关心的精神。
- 通过了解自己的身体、享受身体运动的快乐而获得的个人赋权。

- 通过接纳个体之间的能力差异来鼓励包容性体育参与。
- 以合作和共享权力为关系特征的民主决策结构。
- 强调体育参与以及合作与竞争，共同应对身体上的挑战。

（图源：©杰伊·科克利）

休闲参与型体育运动可能会涉及竞争，但主要强调的是人与人之间的联系以及通过体育参与实现自我表达。图中这一幕在滑板公园非常常见：参与者互相支持和鼓励。

虽然这些因素夸大了休闲参与型体育运动的特点，但也表明参与这些运动的体验与参与力量成绩型体育运动的体验有很大差异。

这两种运动形式并不代表所有体育运动的组织、参与和定义方式。有些运动同时包含这两种运动的元素，对体育活动的核心要义呈现多样化的解读。然而，今天力量成绩型体育运动依然占据主导地位，它们得到的关注、支持和赞助最多。当人们参与或观看力量成绩型体育运动时，他们的社会化经历不同于他们在参与或观看休闲参与型体育运动中产生的社会化经历。

为何力量成绩型体育运动在今天占据主导地位？

力量成绩型体育运动在今天占据主导地位的原因在于，它们利用赞助和举办大型体育赛事的资源，培养了个人和组织对于体育的兴趣。历史表明，世界上一些社会中富裕和有影响力的人都会采用不同的策略来维护自己的特权地位。有些人使用强制性策略，例如雇用警察和军队，来维持对资源和人民的控制，但大多数人使用文化或“软”策略来让公众支持他们理应拥有财富和权力，并且相信社会能从他们拥有的资源中获益。

在那些财富和权力由君主掌控的国家，皇室的特权地位基于这样一种观念：统治他人是他们与生俱来的权利。因此，国王和王后只要让“臣民”相信君主天生对财富和权力拥有合法所有权，王室的特权地位就能得到巩固。

在民主国家，大多数人以功绩或“个人成就”作为标准，判断财富和权力的拥有是否合理。因此，只有当大多数人相信财富和权力是正当获得时，拥有财富和权力的人才能得到正面评价。当民主中存在普遍的不平等时，就像今天的美国一样，拥有财富和权力的人宣扬以下观念：他们通过努力工作和聪明才智获得了特权地位，整个社会都从他们的控制和影响中受益。在现代社会，这一观念更加深入人心，竞争被看作社会生活的自然组成部分，是决定谁在社会中得到什么的公平基础。当人们普遍接受这一观点时，他们通常会粉饰和崇拜有权势的富人，盲目相信他们所拥有的一切都是应得的。

力量成绩型体育运动得到权贵的广泛推广和赞助，因为它们所包含的内在文化观念是：胜者为王，竞争是分配奖励的唯一公平和自然的方式。大型公司的高管深谙其道，每年拨款数十亿美元赞助世界各地的力量成绩型体育运动。他们认为冠军理应受到奖励，获得财富和权力。通过赞助力量成绩型体育运动，让体育成为人们生活快乐和兴奋的源泉，企业高管既推广了上述观念，又从体育赛事中的各种汽车、快餐、软饮料和啤酒广告中获利。

与这一文化观念相抗衡的体育形式可能在少部分人中很受欢迎，但它们从有权势的富人那里得不到多少赞助资金。例如，滑板和飞盘等另类运动过去经常被禁止，还被视为与偏离行为相关，直到后来它们也采取力量成绩模式。有些自由放松、表现自我的另类运动没有明确的赢家和输家，因此很少受到大赞助商的关注。然而，当娱乐与体育节目电视网（ESPN）在世界极限运动会上采用力量成绩模式重新组织和呈现这些运动时，企业赞助商开始支持它们。今天，许多另类运动已经失去了自身原有的另类特点。如今的明星运动员也会参与销售公司产品，宣扬消费主义生活方式。体育参与受到品牌效应的影响，人们争相购买运动员代言的最新装备、服装或能量饮料。少数精英运动员成为大众追随和崇拜的偶像。这就引发了一个问题：在世界范围内体育运动现有的组织和赞助方式究竟给谁带来最大的益处？

在这种情况下，人们有没有办法保护和推广休闲参与型体育运动？在当今社会，这样做是否有必要？从政策和管理的角度来看，这些都是我们需要回答的重要问题。

（二）体育能增进身体健康和福祉吗？

体育促进发展与和平国际组织曾邀请多伦多大学的研究团队研究上述问题（SDP/IWG，2007）。在对全球范围内相关的英语论文进行了批判性研究综述之后，研究者们得出了以下结论：

> 参与体育运动产生的生理效果是众所周知的，也是研究文献中最成熟的发现之一。值得注意的是，这些生理效果并不是体育运动的结果……而更多的是一般性身体活动的结果……有了洁净的空气、充足的营养和各种适度的锻炼，身体健康和身体活动之间就建立了稳定的、直接的积极关系，包括改善身体健康状况带来的幸福感。而且，越来越多的研究发现了身体活动对某些疾病的预防和康复作用（SDP/IWG Secretariat：4）。

这段言论措辞十分严谨，因为作者知道，在谈论身体健康和福祉时，区分锻炼、身体活动和体育运动是非常重要的。同样，美国卫生和公共服务部（2008）的一份报告指出："对于长期参与对关节产生强烈冲击的运动项目（如橄榄球、田径、足球）的运动员和进行高水平（如职业运动、国家队、奥运会运动员级别）训练的运动员，其膝关节或髋关节等骨关节炎的发病率高于普通人"（p.G5–20）。这些运动员的关节损伤率会异常偏高，很有可能后续需要接受外科手术。

运动与健康的联系　体育、锻炼和健康之间的关系已被广泛研究（Ng

and Popkin，2012；Nike，Inc.，2012；USDHHS，2008）。社会学家伊万·沃丁顿（2000a，2000b，2007）综述了这一话题的研究，并得出结论：在所有的身体活动中，最健康的形式是个人可以控制和调节自己身体动作的、有节奏的、非竞争性的活动。研究还表明，从自我控制的身体锻炼转向竞技体育时，其健康效益会下降。这是因为竞技体育中的受伤率过高，已经使健康成本高于大多数人的平均水平。而当参与者从非对抗性运动转向身体对抗性运动，从休闲运动转向精英运动（参与者每周训练超过15小时，即使有伤病仍坚持训练，并将身体视为取得竞技胜利的工具）时，其效益成本比就变得更为不利。

随着主流媒体进行了大量关于运动员脑损伤、心脏骤停、中暑、过度使用性损伤、前交叉韧带损伤及其他常见损伤的报道，人们逐渐开始批判性地审视运动与健康之间的联系（Abrams，2013；Cook，2012；Gregory，2012；Le Batard，2013；Longman，2011b；Pennington，2013；USDHHS，2008；Wiedeman，2013）。

密歇根大学运动医学专家爱德华·沃缇斯博士指出，前交叉韧带损伤非常常见，在女运动员中尤为高发，已经成为公共卫生问题（Longman，2011b）。在运动员群体中，每年有超过25万个膝盖韧带撕裂或断裂病例，脑震荡次数达200万～400万次。在美国，膝关节手术和康复花费是医疗支出的主要方面。过度使用性损伤在儿童运动员中愈发普遍，每年约有30万人受伤，治疗这些损伤的费用约为18亿美元（Zernicke et al.，2009）。此外，2013年，约5000名美国职业橄榄球大联盟（NFL）退役球员及其家人起诉NFL，因为联盟向他们隐瞒了头部外伤和其他损伤的严重后果，这些损伤给运动员造成慢性疾病，给家庭带来高额医疗费用。大学运动员也以类似的理由向美国大学体育协会提起诉讼。橄榄球、冰球、长曲棍球和其他体育项目的负责人如今正在推广更为安全的体育参与方式。关于这些问题的研究我们将在第六章中详细讨论，但在此我们必须明确在谈到“体育增进身体健康和福祉”时我们指的是什么。

从实际角度来说，如果你没有买健康保险，那么你最好通过做有氧运动，如散步、游泳和跳绳来保持身体健康；如果你参与橄榄球、冰球或其他竞技性的身体对抗性运动，你就应该购买健康保险，因为你的医疗费用很可能会高于平均水平。如果你在参加运动时出现脑震荡，或头部经受反复撞击，或与其他运动员发生剧烈碰撞，你可能也需要购买健康保险，为将来可能发展成慢性创伤性脑病、生活不能自理时提供保障。即使你参与高尔夫、垒球、足球等运动，因为你可能需要突然用力转身或者急停冲刺，健康保险也非常重要。

运动与肥胖的联系　肥胖这一健康问题在当今受到高度关注。几乎每个关于这一话题的讨论都会得出以下结论：合理饮食和规律锻炼是避免不健康的体重增长的最好方法。

有人认为，随着体育运动在社会中越来越流行，肥胖率也会相应下降，但美国的数据却恰恰相反：1985—2012 年，青少年和成年人的肥胖率增加了一倍多，而这一时期正是竞技体育普及率显著上升的时期。并不是说参加体育运动会造成肥胖，但这确实意味着体育运动在社会中的普及并不会自动地激励人们锻炼身体、改变饮食习惯，肥胖率并不会相应降低。

同运动和健康之间的联系一样，运动和体重之间的联系也同样复杂。一些竞技体育项目，如摔跤和体操，对控制体重的要求极为严苛；而另一些项目则要求部分或所有参与者增加体重。许多高中、大学和职业水平的橄榄球运动员被鼓励增重，直到按照体重指数（BMI）的标准达到超重或肥胖水平。虽然体重指数并不总是衡量体重和健康之间关系的有效指标（Etchison，2011），但我们有充分的理由相信，参与橄榄球运动并不总是对健康的体重控制有利。

在今天的橄榄球界，教练员、家长对球员的期望往往会促使其通过过度饮食、服用未经测试的营养补剂或药物来增加体重。这些期望造成的后果如表 3.1 所示。1920—1985 年，仅有不超过 8 名美国职业橄榄球大联盟球员体重超过 300 磅，而 2010 年则有 394 名球员体重超过 300 磅，且他们声称自己是通过过度饮食来增重的。这种情况对整体健康造成了损害（Briggs，2002；Longman，2007b，2011a）。

研究还表明，大学和高中的橄榄球运动也存在类似情况，而且到目前为止，在所有学校赞助的体育项目中，大学和高中橄榄球运动的参与总人数最多（Keller，2007；Laurson and Eisenmann，2007；Longman，2007b）。事实上，高中橄榄球队前锋球员的肥胖率是同龄人的两倍。一名体重 332 磅（1

磅≈0.45 千克）的 15 岁高中橄榄球队前锋说：“因为我的体型他们才注意到我……大多数美国职业橄榄球大联盟的前锋体重达 290 磅以上”（Longman，2007b）。

就像其他运动一样，在橄榄球运动所在的社会世界中，人们对该体育运动的期望主要集中在运动员竞技上的成功，而不是健康行为和综合身体素质的提升。体育运动要对各个年龄段人们的身体健康产生长期积极影响，就需要人们具备有关营养和健康知识，并结合体育参与应用这些知识。如今的情况是，一些运动员参加某些精英运动，随之而来的大量训练和比赛引发了许多急性和慢性健康问题。

表 3.1　1970—2012 年美国职业橄榄球大联盟体重达 300 磅的球员人数

年份	人数
1970	1
1980	3
1990	94
2000	301
2010	394
2012	361

资料来源：Stats LLC & NFL（2012）。

注：2010 年训练营开始时，有 532 名美国职业橄榄球大联盟球员体重超过 300 磅（Longman，2011a）。

五、体育如何影响我们的生活？

体育和体育参与影响全世界许多人的生活。下面我们将通过三种分别基于文化理论、互动主义理论和结构理论的研究，进一步了解其影响：

（1）对体育参与者所表达的体育经历的研究。

（2）对某种体育项目创造和维系的社会世界的研究。

（3）对体育作为场所或“社会场域”的研究，在该场所中，主流思想和文化观念得以表达，有时也受到挑战和发生改变。

上述研究大多以批判性方法为基础，这些研究让我们重新思考社会化问题，帮助我们理解社会世界中社会化过程的发生机制。

今天，大多数从事体育社会学研究的人会将体育看作社会化经历的场所，而不是造成特定社会化结果的原因。这一区分十分重要，它强调了以下两点：第一，体育是社会场域，能够充分提供令人难忘和有意义的个人、社会和文化体验。第二，体育本身不会促使运动员和观众的性格特征、态度和行为发生特定的变化。因此，当发生与体育相关的积极或消极的社会化结果时，我们不能简单地说它们是由体育造成的。相反，我们首先将体育视为人们获得潜在重要体验的场所，然后再去试图理解某种社会化发生的关系和社会过程。

下面几项研究案例阐释了上述社会化方法如何帮助我们更全面地理解体育的社会维度，厘清体育与更广阔的社会和文化背景之间的联系，思考体育如何在其中产生、再现和改变。

（一）运动员的声音：赋予体育经历意义

下面的例子提供了两个社会化"动态片段"。它们展示了参与者自己的视角，帮助我们理解人们如何赋予体育经历意义，并将体育融入自己的生活。

例 1：赋予冰球运动意义　社会学家南希·西伯奇（1999，2000b）曾花费两年时间研究一支加拿大精英女子冰球队。在观察和采访球员时，她注意到，冰球队、冰球联盟甚至整个冰球运动都由男性主导，这个现实极大地影响了这些女球员的运动体验和发展方向。她们因而形成了一种非常职业的态度——她们专注于冰球，认真打球，期望赢得比赛。在这个过程中，她们彼此之间建立了亲密的关系。球队由此形成了一个有自我动能和内在组织结构的社群。在这个社群中，运动员们形成对冰球的认识，也逐渐了解队友和自己。当运动员在冰场内外互动时，她们便赋予冰球运动意义，并将这些意义融入自己的生活。

更衣室是队友互动和为体育经历赋予意义的重要场所。它是表达情绪的理想之地——尤其是在训练或比赛之后，球员们愿意在此谈论自己冰球之外的生活。这种闲聊为她们在冰场上的行为赋予生动的意义，也是女球员表达对男人、性和家庭的感受和想法的一种方式。

女球员会谈论男性、开男性的玩笑，但不会在言论中贬低男性，或将其视为性工具。她们在谈话中提到会性和性行为，但所提到的内容并没有敌意，也没有基于刻板印象。这与据说在一些男性更衣室发生的情况大不相同，在那里，女性经常被贬损和物化，同性恋者更是不会被提及，一旦球员进行相关讨论，便会遭到蔑视（Clayton and Humberstone，2006；Gregory，2015；Holden，2013）。

西伯奇的研究表明，参与体育运动不仅是一种身体体验，而且是一种社会体验。冰球运动是一个能够产生难忘体验的场域，但只有通过社会关系这些体验才被赋予意义，才能融入女球员的生活。西伯奇还收集了运动员与教练员、经理、培训师、朋友、家人、体育记者，甚至球迷等其他人之间的关系数据。她意识到，如果她想了解运动中发生了什么，她就必须理解运动员进行社会化时的各种关系和互动。

（图源：©拉腊·基利克）

我们在理解体育经历的影响时，需要了解这些经历被赋予的意义，以及该意义如何融入运动员的生活。

例 2：同性恋者公开身份的历史和现在 对体育经历赋予的意义因个人

而异，因为社会关系受年龄、性别、社会经济地位、健全或残疾和性取向等因素承担的社会定义的影响。这一点由社会学家埃里克·安德森提出，他曾对体育和同性恋相关内容开展了20年的研究（Anderson，2008a，2008b，2009b，2011a，2011b，2011c，2011d；2014；Anderson and Bullingham，2015；Anderson and McGuire，2010；Magrath et al.，2013）。[①]安德森的研究涵盖与同性恋运动员的经历相关的多个主题，其最新的调查研究是关于这些经历在2000—2010年的变化。2010年，他采访了26名美国高中和大学的公开身份的同性恋运动员，并将他们自述的经历与2000年接受采访的26名公开身份的同性恋运动员的陈述进行了比较（Anderson，2002，2011b）。两个样本中的运动员均主要来自白人和中产阶级。

2000年接受采访的运动员普遍担心公开同性恋身份会导致他们被边缘化、被排挤或身体受到威胁，而2010年接受采访的运动员并没有表现出同样的担心。担心公开同性恋身份的一个典型例子是贾森，他是一名越野跑运动员。关于公开同性恋身份他是这么说的："其中一个阻碍我的因素是……我自己对更衣室的恐惧……我不想让其他人在更衣室里因为我而感到不自在，也不想让他们大惊小怪……我从朋友那里听到了一些恐怖的故事……一个朋友的朋友曾被打得血肉模糊，就是因为大家认为他是同性恋者"（2002：868）。

在2000年，大多数运动员都秉持着"不问不说"这一心照不宣的态度。大学跑步冠军肯指出了这一点，他说："即使到了今天，人们都已经心知肚明，但就是不愿意说……就好像这是他们不能触碰的禁忌。有些人明明已经知道我是同性恋者，但他们还是问我关于女孩的事，这让我觉得很难受……真让人沮丧……队里一次也没有人问过我'肯，你是同性恋者吗？'"（p.870）。

安德森在分析2000年收集的数据时曾解释道，当时广泛存在同性恋恐惧症（恐同症）、反同性恋的言论。大家认为同性恋是一种低级的男子气概，这造成同性恋运动员被边缘化，导致他们不能将自己的性别认同和运动员身份相融合，因而无法完全自在地与队员相处。虽然有少数同性恋运动员通过

---

① 安德森的大多数研究主要关注男同性恋者。然而，如果我们将帕特·格里芬（1998）的研究与安德森及其同事（Anderson and Bullingham，2013）的最新研究结合来看，本章所讨论的趋势也同样适用于女同性恋运动员。也就是说，今天的女同性恋运动员面临的恐同情绪相对较少。

公开身份来对抗恐同症也取得了令人欣喜的结果，这也让安德森感到振奋，但他仍然认为，异性恋运动员需要多年的时间才能真正接受男同性恋运动员。

现在我们来看看 2010 年的情况。安德森采访了尼尔，他在美国中西部农村的一所天主教大学上学，是一名已公开身份的同性恋足球运动员。尼尔说他的队友们非常支持他。他还说："我们在一起踢球已经有很长时间了，所以在我公开同性恋身份之前，他们就已经很了解我了，这一点很棒。而且他们特别好，我的生活没有任何改变……我应该早点儿坦白的"（2011d：257）。

同样，高中跑步运动员汤姆说道："我有信心，公开同性恋身份不是什么问题，因为在我的学校里至少有十几个公开身份的同性恋学生，他们都没有遇到什么问题，所以我也不会有问题。"他还说："在今天仍然恐同是没有道理的，每个人都有同性恋朋友"（2011d：258）。

在 2010 年的研究中，许多同性恋运动员还解释说，他们开诚布公地与认可自己身份的队友聊天，并以让他们感到舒适的方式讨论同性恋话题。例如，马克说："我认为，可以说在高中时人们就知道我是'同性恋冰球运动员'。我是唯一公开身份的同性恋运动员，虽然我觉得身边不止我一个……有意思的是，我去参加聚会，认识新朋友的时候，他们会说'嗨，我听说过你。你是那个同性恋冰球运动员，对吧？'"（2011d：260）。

这些回答并不出乎安德森的意料，因为他在 2000—2010 年的许多研究中发现，恐同症呈减少趋势。他在分析中解释道，随着恐同症的减少，男性对男子气概的定义会更加多元和灵活。而这将减少对性别界限的强制划分，为身为男人的多种可能性和男子气概的不同表达开辟了新的文化空间。在其结论中，安德森预言式地指出，截至 2011 年，我们的社会已经达到了"接受男同性恋运动员"的程度（2011b）。虽然又过了两年才有又一名美国主要体育项目的运动员宣布自己是男同性恋者，但当 NBA 球员贾森·柯林斯公开宣布自己是同性恋者时，他得到了社会的广泛认可（Beck and Branch，2013）。

这些发现并不意味着体育场域或社会中的恐同症已销声匿迹（Gregory，2015）。恐同症依然存在，但是在许多体育文化中，它的社会意义正在悄然发生变化，而这又改变了许多运动员的人际关系和社会化经历。

（二）社会世界：生活在体育中

社会学家研究社会文化进程与社会世界的关系。在第一章中**社会世界**被定义为日常行为和关系的可识别范畴。这些行为和关系的聚焦点和“世界观”在于将拥有共同思维模式的人们团结在一起。例如，“网球世界”“橄榄球世界”和“汽车越野世界”都可以被看作独特的社会世界来得到研究。

研究者研究社会世界时通常使用定性研究法。研究者通过观察参与者及对其进行访谈，从体育参与发生的整体背景来看待体育参与。研究基于以下假设：我们只有了解运动员所处的社会世界，理解运动员如何在体育世界中赋予体育经历意义，明白他们如何将体育融入生活，才能真正理解运动员的身份和行为，以及体育如何影响他们的生活，特别是当运动员的生活完全围绕某个体育项目时，即当他们从事体育运动的社会世界构成了他们的整个世界时。

围绕某个体育项目的社会世界的研究，有助于我们理解社会化过程和经历。以下两项民族志研究是此类研究的代表。

例 1：学习成为英雄 社会学家帕蒂·阿德勒和彼得·阿德勒花了近十年时间，研究一支知名大学篮球队的社会世界。1991 年出版的《篮板和黑板》一书中记录了他们的大部分研究数据，主要关注年轻球员在一流大学的篮球社会世界中自我观念的变化。

他们发现，年轻球员——其中非裔美国人占 70%——通常深深地沉浸在运动员的角色中，这影响了他们如何看待自己，以及如何在篮球运动、社会生活和学术之间分配时间。年轻球员在与队友、教练员及其他相关人员的关系互动中形成自我身份认同，而且随着他们越来越认同自己的球员身份，这种“角色吞噬”现象愈加明显。他们遇见的每一个人都进一步巩固和加深了他们的运动员身份。因此，大学篮球运动成为年轻球员形成自我认同、设定目标和看待周围世界的社会环境。

他们还发现，年轻球员还从篮球运动中学会了设定目标，专注于当前任务，以及为比赛胜利做出牺牲。然而，尚缺乏证据表明运动员已将这些经验应用到他们生活的其他方面。篮球的社会世界将他们与生活的其他领域完全隔离开来，以至于他们从体育世界中获得的经验无法跨界应用。

两位阿德勒的研究提出了一个关于社会化的重要观点：当运动员参与的体育社会世界与生活的其他领域隔阂太深时，“角色吞噬”就会将运动员局限在那个世界中，他们很难把从体育参与中获得的知识迁移到非体育的社会世界中。

例 2：在贫民区生存 社会学家卢瓦克·华康德（1992，2004）花了 3 年时间在芝加哥一个黑人社区的拳击馆研究拳击手的社会世界。他通过观察、采访及亲身体验拳击手的生活，发现了拳击手生活和技艺的相关观念和意义。他解释道，拳击馆的社会世界非常复杂，它的建立既与种族隔离的贫民区社会因素及崇尚男子气概的街头文化有关，也是保护黑人免受伤害的避难所。

为了学习拳击这一“社会技艺”，拳击手在拳击馆遵循极为严苛的身体管理方式，以达到拳击的身体、视觉和心理要求。他们“饮食起居各个方面都围绕拳击安排”。在这个过程中，他们形成了华康德所说的“社会化生活的身体”，而这是他们身份认同和行为表现的核心。

拳击馆的社会世界是工作场所，是避难所，也是致力于训练身体和灵魂的男人追逐梦想的地方（Wacquant，2004）。当他们沉浸在这个世界中时，他们就得以远离那些在街上混日子的同龄人，就能够在看不到任何希望或机会的危险社区中安全生活。对这些人来说，拳击是一种强大的社会化经历，但这只能被放在构成他们日常生活社会世界的社会和物质背景下被解读。实际上，华康德研究的拳击馆从来不存在于中上层阶级的白人社区；它在那里没有意义。

总而言之，上述两项针对体育创造的社会世界的研究，有助于我们更全面地理解运动员和其他体育相关人员如何形成身份认同、做出决定并赋予他们的经历意义。这些研究将我们带入那些世界，帮助我们理解其中人们的行为，尽管从局外人的角度来看，这些行为有时会显得奇怪甚至不合常理。这并不意味着我们赞同那些世界中发生的一切，但富有洞察力的研究可以促使体育活动朝着更加人性化和更为健康的方向发展。

（三）文化观念：体育是表达思想观念的场所

大多数的社会化研究主要关注个体在有边界的社会世界中经历的事情。然而，也有研究者将文化理论和文本分析结合起来，将社会化作为社区和文化过程来开展研究。这些研究超越了对运动员的经历和性格特点及社会世界组织方式的探讨。它们把体育作为人们共同创造和聆听“故事”的场所，利用这些故事来理解体育以外的现实，并赋予其意义。这些故事具有社会学意义，因为这是人们理解从道德、工作到生活方式等万事万物思想观念的媒介。故事往往有本土化的词汇和图像，而且故事的含义会随着讲述者和听众的不同而变化。体育社会学研究者通过开展研究来挖掘有意义的故事，解释故事与文化的关系，便于人们以此作为思考和行动的指南。

采用文化理论和后结构主义方法的研究者主要关注谁的体育故事在文化中占主导地位，以及谁的故事被忽视。主流故事或最广为流传的故事之所以重要，是因为它们基于的文化观念来自社会世界中自然、正常和合法的事物。因此，主流故事推崇的思想观念往往使某些人比其他人享有更大的特权。例如，体育故事往往以英雄人物——勇士——为中心，这些人物体形高大、强壮、好斗、在赛场上能够创造纪录。当研究者解构这些故事，分析它们内在的逻辑、价值观和文化观念时，他们发现，许多故事都颂扬符合自由资本主义扩张利益的思想观念，推崇传统的男子气概观念，宣扬通过使用体力、力量和速度来支配他人的能力（Burstyn，1999）。

采用后结构主义方法的研究者还会关注主流故事之外的故事，它们代表了被广为流传的主流故事压制或“抹去”的声音。此外，这些研究者还会分析体育媒体的报道，研究在体育赛事期间，观众关注的解说、图像和其他媒介形式中报道和不报道的内容。这些研究非常重要，有助于我们更全面地了解体育运动对人们思考方式和行为的影响。

这类研究并不容易，因为研究者需要具备深厚的历史功底，还要了解体育和体育故事融入人们生活的各种因素。但是这类研究对于知识建构十分重要，因为这关系到体育如何影响文化、社会和人们的生活，即使有些人不参与或不关心体育。

社会化作为社区和文化过程　将社会化作为社区和文化过程的批判性研究在一定程度上受到意大利政治理论家安东尼奥·葛兰西思想的启发。葛兰西曾因公开反对法西斯压迫政策被意大利政府囚禁。在监狱期间（1928—1935 年），他一直在思考意大利和其他地区的人们没有反抗西方社会剥削式资本主义的原因。葛兰西的结论是：没有爆发反抗革命的原因在于，大众普遍接受社会中的主流常识和观念，剥削和压迫普通民众的权势阶级恰好利用了这一点。

葛兰西通过仔细研究相关历史证据得出，在世界上一些地区，统治者一般会向臣民灌输以下 3 个观念：① 当前的生活是目前条件下能达到的最好状态；② 人们所有的美好经历都是出于当权者的善意和权力；③ 改变当前社会结构将会威胁人们所珍视的一切。

尽管葛兰西并未谈及体育，但他利用历史数据得出相关结论：当前统治者通过为民众提供愉悦经验，从中宣传对他们政治立场有利的特定思想观念，达到维护自身权力的目的。换句话说，统治者通过支持大众娱乐形式，加深主流文化观念，巩固当前的经济和政治结构，在避免胁迫和恐吓的同时稳固自身权力。如果他们成功地做到这一点，民众就不会拥护根本性或结构性的改革，因为人们不想破坏他们生活中兴奋和快乐的主要来源（Chappell，2007）。

葛兰西的分析解释了为什么大型公司每年花费数十亿美元赞助力量成绩型体育运动，拍摄与体育相关的广告。例如，在2000—2016年间举办的奥运会中，可口可乐和麦当劳各自花了近25亿美元用于赞助和广告。这些支出不仅仅是为了促进销售，更重要的是，它们利用奥运会作为传递文化信息的场所，鼓励人们将这些跨国公司视为兴奋和快乐的有益来源。如果这些信息得到广泛接受，人们就不太可能批判跨国公司，或要求立法限制其权力和影响力。因此，做出赞助奥运会决策的公司高管希望赛事观众能够认同一点：竞争是分配奖励最为公平和自然的方式。

可口可乐和麦当劳的经营者当然希望推销其可乐和快餐，但他们不会仅仅为了提高销售额就斥资数十亿美元提供赞助，其更重要的目标在于有效地推广消费型生活方式，促使人们将企业品牌和标识看作地位和身份的象征。这些经营者希望人们相信，赞助商为广受欢迎的运动员、球队和体育项目提供资金支持，给人们带来快乐。可口可乐和麦当劳的经营者希望人们将美好而难忘的时光与其公司及产品联系起来，使人们将消费作为衡量社会进步和繁荣的主要指标。鉴于社会中的大多数人都接受了这一文化观念，大型公司的权力因而得到巩固。这就是大型公司的营销部门往往利用力量成绩型体育运动为公司利益服务的原因。

美国橄榄球超级碗的电视观众可能没有意识到，与该赛事相关的最大利益其实与得分无关，而是与观众吸收文化信息有关，这些文化信息内嵌于赛前表演、比赛、商业广告和赛后表演的叙事语言及图像中，深深地融入人们的生活。

许多社会学家将特定意识形态形成共识的过程称为建立霸权的过程。

在政治学和社会学中，**霸权**是指通过获得其他群体，包括被领导或被控制的群体的赞同和认可来维持领导和控制的过程。

只要大多数人接受的世界观使他们拥护企业政策、利润和管理人员薪酬方案，公司霸权就能够存续。公司经营者清楚，维护公司权力取决于在人们的头脑中设立“意识形态前哨”。因为对许多人来说，体育运动是令人兴奋和愉悦的活动，是建立这些精神前哨的重要场所。前哨一旦得以建立，就会充当中继终端，将公司信息直接传递到大众的心灵。为凸显关于霸权的结论，我们可以说：“与一个在你头脑中设有前哨的敌人作战是困难的”。[①]

对社会化作为社区和文化过程的研究　除非我们亲眼所见社会化在起作用，否则我们很难将社会化作为社区和文化过程来理解。下面的研究案例可以体现这一体育和社会化研究方法。

人类学家道格·福利（1999a）曾对得克萨斯州南部的一个小镇进行民族志研究，他的一个研究关注点是体育和社区社会化过程之间的联系。高中橄榄球比赛是小镇最受瞩目、最受欢迎的赛事，当地球队在许多小镇居民的生活中扮演十分重要的角色。

福利观察了小镇上的社会动态，并就当地事件采访了一些居民。他发现，高中橄榄球故事强化了小镇居民的既定思维和行为方式。他们认为体育是维持各种社会不平等形式的场所，这种不平等使少数人的生活变得美好，却给许多居民的生活带来困难。例如，尽管少数来自贫困家庭的墨西哥裔年轻人可以成为啦啦队队长或橄榄球队的明星，但这并没有改善墨西哥裔公民和镇上低收入人群的政治和经济地位。

与橄榄球相关的经历和意义再现了反映性别、种族和社会阶层不平等的文化观念。尽管某些人能从体育参与中获益，但体育语言和图像却固化了当前社会的组织形式，使现有的权力和特权格局得到延续。福利这样总结民族志研究的发现：

> 当地的体育运动，特别是橄榄球，使新一代的年轻人融入当地学校内外的社会地位等级秩序。新一代的男性都学会在群体结构中表现出个人主义、进取心和竞争性……（1999a：138）。

---

① 这句话因女权主义者、心灵导师萨莉·肯普顿而流行。

（图源：©杰伊·科克利）

当公司赞助资金，将品牌名称、标识和产品与体育运动建立联系时，其所追求的不仅仅是销售额。长远来看，公司经营者希望人们相信他们对体育的享受取决于赞助公司。这样一来，人们就更有可能支持该公司，不太可能干涉公司的利益。

其他研究也采用了类似的研究方法，关注与体育相关的流行图像如何在媒体和日常对话中成为有影响力的文化符号。例如，体育文化研究者戴维·安德鲁斯和他的同事们将迈克尔·乔丹作为一个标志性人物进行了研究。乔丹影响了全世界很多人的态度和经历，尤其是美国的一代年轻人（Andrews，1996a，1996b，2001；Andrews and Jackson，2001；and McDonald and Andrews，2001）。研究者主要对发生在1982—1995年有关乔丹的文化故事进行了细致解构，包括分析商业广告、解说评论以及各种形式的媒体报道。他们的发现之一是“乔丹形象”不同于普通非裔美国人，他得到了美国白人社会的认同。为了表明自己对所有肤色人种一视同仁，一些白人允许孩子把乔丹的海报张贴在其卧室的墙上。种族和肤色被策略性地从乔丹的公众形象中抹去，从而使其成为可以附属于任何企业品牌的符号，包括耐克、威尔胜、恒适内衣、乔丹品牌服装、毕扬（迈克尔·乔丹香水）、可口可乐、佳得乐、麦当劳、威蒂麦片、棒球公园热狗、桂格燕麦、莎莉集团、哥伦比亚广播公司体育网、MCI长途电话业务、通用汽车公司、雷特威等（Andrews，2001；McDonald and Andrews，2001）。这一策略在今天仍然行之有效，因为乔丹每年在代言合同上赚的钱比任何现役或退役运动员都要多（Badenhausen，2015）。

在美国，乔丹的形象打造与资本主义和传统家庭价值观联系在一起，他的形象既被塑造成一个品牌标志，也被视为一个重视家庭的男人（Andrews，2001；Andrews and Jackson，2001）。随着媒体将乔丹形象传播到世界各地，它常常与美国资本主义扩张和耐克等跨国公司的权力联系在一起。不过，作为试图摆脱英国白人殖民阴影的黑人之一，乔丹的形象代表着黑人赋权和对白人至上主义的抵制。在新西兰白人中，它代表了NBA、美国流行文化和非裔美国人在体育方面的实力。在波兰，乔丹形象代表了美国梦、自由、独立、白手起家、机遇、财富等美国价值观。

安德鲁斯和他的同事开展的研究表明，不同文化背景的人赋予体育和体育明星的意义多种多样，有时甚至相互矛盾。因此，只有结合当地历史、文化观念和权力关系，我们才能真正理解在社区和文化层面上的社会化过程中体育的重要意义。换句话说，体育运动对人们生活的影响，不管是塑造品格，还是促进团结、培养负责任的公民、加强统一，或者是引发战争，都不能简单地一言以蔽之。体育与社会化之间的联系要复杂得多，只有将体育放在社会生活的大背景下去研究，我们才能做出合理解释。

（图源：©弗雷德里克·A. 艾尔）

"我认为这些人赋予他们的拳击经历不同的意义。"体育运动被赋予的意义因人而异。然而，许多力量成绩型体育运动强调征服他人的价值观。那些不支持这种观点的人则可能不能很好地融入这些运动。

六、小结：谁参与体育运动？体育给他们带来什么影响？

社会化是一个复杂的、互动的过程，在这个过程中，人们了解自己及他人所参与的社会世界。社会化过程发生在体育和人们生活中的其他活动中。研究表明，参与体育运动既是一种身体体验，也是一种社会体验。

开始并保持体育参与和人们生活中的一般社会化过程有关。决定参加某项体育运动受到以下因素的影响：能否获得参与机会、是否存在社会支持、身份认同形成的过程和所做决定的文化背景。

研究还表明，人们做出参加体育活动的决定并非一劳永逸。随着人们在生活中不断设定和修改事物优先级，人们不断会做出新的决定。针对体育相关决定的研究显示，重要他人会影响这些决定，而且随着人们的生活发生变化，参加体育运动的理由也会改变。因此，人们理解体育参与就必须要研究人们做出决定的不断变化的背景。

改变或结束体育参与也与一般社会化过程相关。这些过程互相作用，受到个人、社会和文化因素的共同影响。体育参与的变化通常同时与身份、发展阶段和生命历程问题相关。结束体育参与涉及一个过渡过程，在这一过程中个人逐渐脱离体育运动，重新定义自己的身份，与家人朋友重聚，利用已有资源开始从事其他活动和职业。正如人们不是在开始参与体育活动时发生社会化，我们也不能简单地认为人们在结束体育参与后即发生社会化。研究表明，一名运动员职业生涯的改变或结束是随着时间的推移而发生的，而且通常与体育以外的事件和人生历程有关。对于这种关联我们最好通过适合分析长期过渡过程的研究方法来进行研究。

研究者——特别是试图探寻体育是否及如何塑造品格和促进积极发展的研究者——已经对人们参与体育活动的社会化过程开展了广泛的研究。然而，许多研究结果并不一致，主要原因是它们对于体育、体育经历和社会化等概念的理解过于简单。

研究综述表明，只有充分认识到体育的组织方式、参与形式和融入人们生活的方式存在差异的研究，才是有价值的研究。这一点十分重要，因为不同的体育运动会带来不同的经历，产生不同的社会化结果。例如，参与力量成绩型体育运动的经历和意义不同于参与休闲参与型体育运动。前者曝光率高，影响持久，而且与社会财富和权力有关。

我们都知道体育会对人们的生活产生影响。在关于体育产生的影响的研究中，最有价值的研究涉及以下 3 方面：① 体育运动参与者的日常经历；② 围绕体育创造的社会世界；③ 创造、再现和改变文化观念的社区和文化过程。我们越是倾听体育参与者的声音，研究他们在体育运动中的生活，挖掘体育背后的文化观念，我们越会意识到体育运动与社会化之间关系的复杂性。

今天，大多数体育社会学研究者将体育看作社会化经历的场所，而不是造成特定社会化结果的原因。这种区分基于以下认知：体育运动可以产生难忘的经历，但这些经历的影响程度取决于赋予它们意义的社会关系，以及潜在的社会和文化因素。因此，体育社会学领域最有价值的研究往往关注社会关系和体育经历背景的意义。

补充阅读

阅读材料 1　社会化与体育：简要概述
阅读材料 2　在青少年时期做出参与体育运动的决定
阅读材料 3　青少年运动员的职业倦怠：一种社会学方法
阅读材料 4　体育与青少年的性格发展
阅读材料 5　人们为什么相信“体育塑造良好品格”？
阅读材料 6　运用米德的自我理论组织青少年体育运动
阅读材料 7　用青少年体育运动拯救世界：谁在努力，他们成功了吗？

体育管理问题

- 假设你在一座城市的公园与休闲部门工作，该市各年龄段人口都有较高的肥胖率。你的职责是发起提高大众体育活动参与率的项目。以研究为支撑，请概述你的项目计划，并具体说明它将如何与城市的体育项目相互作用。
- 假设你是一所新私立学校的体育主任，学校学生人数不足 600。家长和老师想和你讨论新的体育课程计划是重视力量成绩型体育运动还是休闲参与型体育运动。你计划从学生整体教育背景的角度来确定两种选择各自的优缺点。请据此制作一份纸质讲义。

- 假设你现在就职于美国职业橄榄球大联盟的一支球队，你希望深刻分析球队对其球迷和周围社区的文化观念的影响。请在有关联盟的媒体报道中选取至少 3 条文化观念信息，并讨论每一条信息最有可能对谁有利或不利。

第四章　青少年体育：有组织的体育活动项目是否值得如此多的投入？

（图源：©杰伊·科克利）

正如放大镜的焦点一样，游戏以浓缩的形式凝聚着所有发展趋势，其本身也是发展的主要源泉……儿童的最大成就有望在游戏中实现，这些成就会成为她未来现实行动和道德规范的准则。

——列夫·维果斯基，心理学家（1980）

人们的观点是，你很早开始训练，只专心参与一项运动，并全力以赴，直到你比其他人都优秀。我认为从受伤和成绩的数据来看，很明显，这是一种糟糕的发展模式。

——尼鲁·贾延提，洛约拉大学卫生系统初级保健运动医学主任（in Reddy，2014）

尽管全美国都有精英球队和高水平的青年联盟……但统计数据显示，许多儿童由于负担不起费用而早早地退出体育运动。

——帕蒂·内蒙德，全国公共广播电台记者（2015）

在美国，今天的青少年体育在孩子的身体、思想和兴趣成熟之前，更重视成绩而不是体育参与。我们倾向于重视那些能赢得比赛的孩子，或者那些家里能负担得起不断上涨的费月的孩子。然而，这些孩子面临的风险包括过度使用性损伤、脑震荡和倦怠。

——项目参与报告（2015）

本章纲要

有组织的青少年体育运动的起源和发展
当今青少年体育的主要趋势
非正式的、由参与者主导的体育运动：有关代沟的案例
今天的青少年体育：评估我们的投入
发展青少年体育面临的挑战
发展青少年体育的建议
小结：有组织的体育活动项目是否值得如此多的投入?

学习目标

- 解释1950年以来，与家庭和儿童时期有关的社会变化如何影响美国有组织的青少年体育运动的发展。
- 了解当今有组织的青少年体育运动的赞助商，阐释儿童的体育经历会因体育项目赞助商的不同而有所差异的原因。

- 解释青少年体育的私有化趋势如何影响青少年体育运动的体验。
- 定义绩效准则，并解释为什么它在私人和精英青少年体育运动训练项目中变得尤为重要。
- 解释如今家长如此重视青少年体育运动的原因。
- 解释为何如今另类运动在一些年轻人中越来越受欢迎。
- 阐释有组织的运动和非正式运动的区别，并解释如今非正式运动的参与者比过去少的原因。
- 根据专家给美国有组织的青少年体育项目的评分，找出这些体育项目的主要问题。
- 了解能增加儿童在青少年体育运动中的积极体验的建议。

据人口调查局估计，2016 年，生活在美国的 6～18 岁的青少年大约有 5000 万人。基于统计者和体育运动的不同定义，我们一般认为参与体育运动的 6～18 岁青少年人口在 1500 万～4600 万。但据笔者所知，在某一年里，大约有 2300 万美国青少年参加了包括高中运动队在内的有组织的体育运动。①

青少年何时、如何、为什么及出于什么目的参与这些体育运动，这是全世界家长、社区管理人员和青少年利益倡导者关心的问题。

社会学家研究青少年体育时，他们关注的是参与者的经历，以及这些经历如何因社会和文化背景不同而有所差异。社会学家的研究已经影响了一些人对青少年体育的看法和组织方式，并不断为家长、教练员和体育项目管理人员组织和评估青少年体育项目提供有价值的信息。

本章总结了部分这方面的研究，并将讨论以下 5 个主题，它们对理解当下的青少年体育至关重要：

（1）有组织的青少年体育运动的起源和发展。

① 有关青少年体育参与的数据比较混乱，因为有些统计会将参加两项或两项以上运动的儿童数量重复计算；也有些数据包括了非正式运动，如一年中玩过一次滑板或在海滩上奔跑，这些也都被算作参与体育运动；其他数据则只基于美国青少年体育组织的官方统计，例如世界少年棒球联盟、美国青少年足球组织等。举例来说，体育和健身行业协会将在当地游泳池的水中待上几分钟视为“参与游泳运动”，因为它涉及购买和穿泳衣，而且与该协会的成员有关。

（2）当今青少年体育的主要趋势。

（3）青少年体育组织方式的差异和年轻人体育经历的差异。

（4）与接触参与、心理社会发展和家庭动态相关的青少年体育议题。

（5）发展青少年体育的建议。

在与上述话题相关的讨论中，一个根本性的引导问题是：有组织的青少年体育运动是否值得人们投入大量的时间、金钱和精力？当笔者与家长们交谈，与致力于为年轻人组织体育活动的教练员和其他人员一起工作时，经常和他们探讨这个问题。

一、有组织的青少年体育运动的起源和发展

19 世纪后半叶，欧洲和北美的人们开始意识到儿童发展受到社会环境的影响。由此诞生了一场关注儿童社会世界组织形式的运动，其目的是在迅速扩张的资本主义经济中塑造儿童的品格，使他们成长为勤劳、高效和爱国的成年人（Chudacoff，2007）。

不久之后，学校、社区和教会团体组织和赞助了为年轻男孩举办的有组织的青少年体育运动。组织者希望体育运动——尤其是团队项目——可以教会工人阶级家庭的男孩遵守规则，并且富有成效地开展合作。此外，中上层阶级家庭的男孩从全职妈妈那里学到了“女性化”的价值观，但组织者还希望体育运动能让他们变得更加坚强，成为更有竞争力的男人。与此同时，组织者也为女孩提供活动，教她们成为贤妻良母和优秀的家庭主妇。当时的主流观点是女孩上学和去操场时应该学习家庭技能，而不是运动技能。当然也有例外，但是第二次世界大战后，西欧和北美的青少年体育运动基本都是按照这种方式组织的。

一个世纪以来，青少年体育与其说是运动场，不如说是试验场，它是一项充满目标和情感的事业，甚至是一个国家的希望。

——汤姆.• 法里，娱乐与体育节目电视网（ESPN）

（《比赛开始》，2008）

（一）战后婴儿潮和青少年体育的发展

婴儿潮一代出生于 1946—1964 年。那时，年轻的已婚夫妇对未来持乐

观态度，十分渴望成为父母。20 世纪 50 年代和 60 年代，随着婴儿潮时期出生的第一代人进入童年时期，有组织的青少年体育运动迅速发展，在美国的发展势头尤为猛烈。体育项目得到了政府、私人和商业组织的赞助。家长们也加入了支持者行列，他们相信有组织的竞技体育能塑造儿子的品格。父亲们成了教练员、经理和球队联盟管理人员。母亲们则充当保姆、司机，为儿子们的训练和比赛做好后勤工作。

大多数体育项目针对的是 8～14 岁的男孩，它们的组织理念是：参加体育运动可以帮助他们将来应对竞争激烈的经济环境。20 世纪 70 年代以前，女孩基本上是被体育组织者忽略的。当她们的兄弟参加比赛时，女孩们就坐在露天看台上观看。在美国，女孩只能寄希望于成为高中啦啦队队员。后来，妇女运动、健身运动进入了人们的视野，政府也立法明令禁止教育领域的性别歧视，特别是学校赞助的体育运动。这些变化促使女子体育项目从 20 世纪 70 年代开始蓬勃发展。直至 20 世纪 90 年代，女孩拥有的体育参与机会几乎和男孩一样多。

如今，参加有组织的青少年体育运动是许多国家儿童成长过程中的必修课。家长和社区会利用自己的资源赞助、组织和管理各种各样的青少年体育运动。然而，对于那些将获胜看得高于一切，不顾儿童的全面发展的体育项目，已经有家长开始质疑它们的成效，但也有家长仍然看重以获胜为宗旨的体育项目，希望自己的孩子能成为佼佼者。还有另外一些家长会鼓励孩子参与无组织的、非竞争性的体育活动，相对于有组织的、由成年人主导的体育活动而言，许多孩子更偏好这种选择。

（二）社会变化和有组织的青少年体育运动的发展

20 世纪 50 年代以来，越来越多的儿童在课余时间参与有组织的，由成年人主导的体育项目。有组织的青少年体育运动的发展和现状主要与以下 6 项变化有关。

第一，双职工家庭数量急剧增加，这就产生了对有组织的、由成年人主导的课后和暑期项目的需求。有组织的体育运动之所以发展壮大，是因为许多家长认为它们为孩子们提供了娱乐、学习成年人的价值观、保持身体健康和在同龄人中获得积极地位的机会。

第二，20 世纪 80 年代初以来，“好父母”的含义发生了重大的文化转变。今天的好父母是指那些能够为孩子全天候（24×7）的行踪和行为负责的父母，这促使许多父母寻求有组织的、由成年人主导的体育项目，以便对孩子进行监管。有组织的体育运动受到家长青睐，另一个原因是它们提供可预测的日程安排、成年人对儿童的管理以及衡量儿童成就的量化指标。当孩子获得成功时，父母可以宣称自己达到了作为父母的文化期待。事实上，许多父母认为他们作为父母的道德价值与孩子的显著成就有关，这一因素进一步增强了父母对有组织的青少年体育运动的热衷。

第三，如今许多人都相信，非正式的、由儿童主导的活动不可避免地会带来麻烦，所以有组织的体育运动被视为让他们有事可做、不惹麻烦和受成年人监管的理想活动。

第四，现在有许多家长认为家庭之外的世界对他们的孩子来说充满危险。他们认为，有组织的体育运动安全替代了在家庭之外无成年人监督的非正式活动。即使有组织的体育运动受伤率很高，有的教练员也没有从业执照，但家长仍然认为，为了保护自己的孩子，有组织的体育运动是十分必要的。

第五，高水平体育和职业体育的知名度让人们愈加认识到，有组织的竞技体育是文化的重要组成部分。当孩子们在电视上观看体育节目，听父母和朋友谈论体育运动，以及了解知名运动员获得的财富和名声时，他们常常会将有组织的青少年体育运动——特别是那些模仿职业体育的运动——视为有吸引力的活动。当孩子们说想成为体操运动员或篮球运动员时，父母们通常就会帮助孩子们实现梦想。因此，有组织的青少年体育运动之所以受到欢迎，部分原因是孩子们将其视为令人愉悦的、有文化价值的活动，是提高他们在同龄人和成年人中地位的重要途径。

第六，在大多数后工业化国家，特别是在美国，童年游戏文化已经几近消失。今天的孩子很少有机会参与自发的游戏活动，而这些活动往往富有创造力、表现力和乐趣，能培养参与者的“自主权”（Christakis and Christakis，2010）。现在，儿童很早就开始参与有组织的、以成就为导向的活动（Hyman，2012）。这些活动（包括学龄前儿童参与的活动）都是由成年人主导的，为儿童提供的玩耍机会其实很少，因为玩耍通常被视为“浪费时间”。相反，这些活动关注的重点在于能为孩子带来回报的进步和可衡量的发展指标。父母们热衷于这类活动，希望借此帮助孩子实现学业和未来职业上的成功。

（图源：©杰伊·科克利）

为了达到“好父母”的文化期待，家长们往往会喜欢选择那些用符号来表明成绩和技能发展的青少年体育项目。空手道的成就水平以腰带的颜色来表示，这对一些父母很有吸引力，因为孩子可见的和可量化的成就可以用来证明他们作为父母的道德价值。

在美国大多数家庭，孩子自由玩耍的时间不受重视（Glenn et al.，2013；Singh and Gupta，2012）。家长还会限制孩子玩耍的空间，让孩子只在自家院子里玩耍，除非他们居住在车辆不多的安全街道，或者有邻居帮忙照看（Hochschild，2013）。游戏的语言也几乎消失了，孩子们现在只会用工具性术语来描述和评估自己的体验，已经不会使用表达情绪和感受的词汇。于是他们谈论活动参与时只会说自己学到和完成了什么，而不是参与活动时的感受。

孩子们的体育运动以课程和联赛为主，以至于他们没有机会练习自我管理。如果他们真有这样的机会……那结果很明显：自我管理能力可以提高。

——阿利克斯·施皮格尔，美国公共电视网早间新闻（2008）

近几十年来，上述 6 项变化共同推动了有组织的青少年体育运动的普及。这有助于解释家长为什么在孩子参加有组织的体育活动方面投入如此多的家庭资源。近年来，家长在参与费用、装备、交通、私人教练、高水平训练课以及其他必需品上花费的资金逐年上升（Farrey，2008；Hyman，2012）。例如，对于参加国家和地区比赛的优秀青少年冰球运动员，他们的父母每年花费 1 万多美元来支持自己的儿子参与这项运动。父母们声称成为一名冰球运动员对他们的儿子大有裨益，以此来证明他们经济支出的合理性。有些父母甚至做得更多，他们将房屋抵押出去，花费数十万美元培养孩子的体育梦想（Hyman，2012；Weir，2006）。

这些变化引发了许多令人不安的问题，其中之一就是工薪阶层和低收入家庭的父母愈发被定义为不负责任的“坏”父母，因为他们缺乏资源，无法像富裕的父母那样资助子女参加体育活动。没有资源的父母也可能被认为不在乎培养孩子的梦想，尽管事实远非如此。因此，有组织的青少年体育运动就引发了一系列的政治议题和辩论，人们就低收入家庭的家庭价值观和父母的道德价值问题开展了广泛讨论。

二、当今青少年体育的主要趋势

除了普及度日益提高之外，青少年体育还在经历以下 5 个具有社会意义的改变。

第一，有组织的体育项目的私有化比例越来越高。这意味着如今更多的青少年体育项目是由私人和商业组织赞助，而由公园与休闲等政府部门、依赖税收的公共组织赞助的项目日益减少。

第二，有组织的体育项目越来越重视“绩效准则”。这意味着青少年体育项目的参与者，即使参与的是休闲项目，都倾向于根据自身技术技能的进步和竞技水平的进阶来评价他们的参与体验。

第三，私立的精英体育培训机构越来越多，它们致力于培养能够参加最高水平青少年体育赛事的优秀专业运动员。家长经常一掷千金为孩子支付体育培训费用，将此视为对孩子未来的投资。

第四，家长越来越多地介入和关心孩子在有组织的青少年体育运动中的参与。这说明家长和孩子现在都将青少年体育运动视为严肃活动认真对待，家长会极力倡导在他们眼中对孩子有利的活动，有时难免会操之过急。

第五，参加另类运动和极限运动的人数有所增加。这意味着许多青少年更喜欢无组织的、由参与者掌控的活动，如滑板、直排轮滑、单板滑雪、小轮车、飞盘高尔夫、极限飞盘、走扁带、花式沙包、攀岩、跳绳和其他本地特有的运动。

上述 5 大改变影响谁参加有组织的青少年体育运动，以及参与所带来的结果，我们将在后文对此进行讨论。

如果一个家庭认为在昂贵的体育项目上的巨额投资不能让孩子成为奥运会选手或职业运动员，他们很可能一点儿都不会涉足体育运动。

——巴里•谢普利，铁人三项名人堂教练员，2010 年（in Richard，2010）

（一）有组织的体育项目的私有化

私有化是当今青少年体育的主流趋势。有组织的青少年体育运动在美国大行其道，而免费、面向所有人的政府资助项目却有所减少。由于政府面临预算危机，包括青少年体育在内的各种社会服务都被削减或取消。尽管部分政府资助的项目通过收取参与费得以幸存，但大多数都被取消了。为此，中上层阶级的父母为他们的孩子成立了私人的、非营利性的体育俱乐部和联盟。这些组织的经费依赖于筹资、会费和企业赞助。它们为富裕家庭及社区的孩子提供了体育参与机会，但对于低收入家庭及社区的孩子而言价格太高，而且往往位置也不方便。

随着公共体育项目的取消，私人和商业项目成为青少年体育运动的主要形式。但这些项目非常封闭排外，低收入家庭的孩子几乎没有机会参加。这些项目通常拥有优秀的技术指导，富裕家庭的青少年可以获得严格规范的技能培训。此外，一些家长还会为孩子雇用私人教练员，每小时付费 50～200 美元。

青少年体育项目的私有化存在两大弊端。其一，私有化体育项目反映了整个社会中存在的经济等方面的不平等现象。不同于公共项目，它们依赖于参与者个人的资源，而不是整个社区的资源。低收入家庭和单亲家庭往往负担不起会费、交通费、装备费和其他费用。少数族裔群体通常缺乏参与私有化体育项目的资金来源和社会支持体系。因此，青少年体育项目的私有化往往会造成并加剧社区中的社会阶层鸿沟。

其二，由于公园与休闲部门不再提供体育项目，其工作人员往往会将公园空间转租给私人体育项目。租赁费用通常不高，这意味着这些私人项目可以享受税收支持的体育设施，却不必考虑项目是否有益于整个社区。例如，私人体育项目可能不会注重性别平等或其他包容性政策，而这些都是公共项目的重要组成部分。

当私有化出现后，市场力量决定了谁在什么条件下参与青少年体育运动。拥有资源的人并不认为这是一个问题，因为他们有足够的钱来为孩子的体育参与买单，在体育项目的选择上也能随心所欲。但是资源匮乏的人面临着两难境地：他们负担不起孩子的体育参与费用，还经常被指责不关心孩子。这样一来，私有化的青少年体育项目对“手无寸铁”的穷人影响极大，这造成了两极分化；而这些问题很少受到媒体的关注。

体育反思

赞助的重要影响：有组织的青少年体育运动的不同目的

有组织的青少年体育运动的目的往往因赞助商而异。赞助的来源和形式因项目类型而异，但通常分为以下4类：

1. 政府、税收支持的社区娱乐组织。当地的公园与休闲部门及社区中心，通常为青少年提供免费或价格低廉的体育项目。提供的项目一般面向所有青少年，重视整体参与、健康、通用技能发展和享受运动的乐趣。

2. 为大众服务的非营利社区组织。基督教青年会、男孩女孩俱乐部、警察体育联盟和其他社区组织通常为青少年提供一定数量的免费或价格低廉的体育项目。这些项目的目标十分多样，包括为体育运动提供“健康的氛围”，为“处境危险的青少年”提供参与体育运动的机会，使他们免于流浪街头等。

3. 为私人服务的非营利体育组织，包括少年棒球联合会、拉什足球、波普·华纳橄榄球等组织，以及独立运作或通过与大型体育组织合作而运作的当地组织，如美国游泳协会等国家联合会。这些组织通常会对参与青少年进行选拔，而且收取相对较高的费用，因而主要面向有一定体育特长，且家境较好的青少年，为他们提供更多专属的训练机会。

4. 私有商业性俱乐部，包括体操、网球、滑冰、足球以及其他项目的体育俱乐部和培训项目。这些俱乐部的会员费和参与费都很高，有些俱乐部还格外重视高强度的训练、进阶式的专业技能提升以及高水平比赛的开展。

由于这些赞助商各自的使命不同，他们赞助的体育项目很可能会为青少年和家庭带来不同类型的体验。所以对于有组织的体育项目产生的作用，以及体育参与如何具体影响青少年发展、公共卫生和家庭动态发展，我们很难得出一般性结论。

当公共资金因减税而遭到削减时，首当其冲面临取消的就是上述第一种青少年体育项目。这会带来诸多影响，比如低收入家庭孩子的运动机会会大幅减少，他们只能参加一两项未被政府取消的运动。与此同时，对其余 3 个类别的青少年体育运动的需求也会随之增加。但是，第 3 类和第 4 类赞助商只能仰仗那些支付得起他们项目参与费用的有钱人。

总体而言，青少年获得的机会和经历受到地方、州和国家政策，特别是税收和公共支出相关政策的影响。如今，美国的青少年参与体育运动的机会和经历尤其受到地方选民和政治代表的影响，因为他们做出税收决策并决定如何在当地社区使用税收。

你认为你所在社区的选民会投票增加税收来支持青少年体育吗？如果不会，他们会给出什么理由反对这种税收呢？

（二）重视绩效准则

绩效准则是一套思想观念，它强调体育体验的质量可以通过技能的提高和取得竞技成功来衡量。这一价值观在青少年体育项目中备受推崇，以至于如今乐趣就等同于提升技能、提高竞技能力、取得胜利以及进入精英级别。例如，“旅行运动队”是现在许多体育运动中的一个重要种类，因为它们基于技能将某些青少年与其他人区分开来。许多父母喜欢绩效准则，因为这样就可以判断孩子的进步，并向自己和其他人证明他们是“好父母”，因为他们“养育了有才华的孩子”。

私人和商业项目比公共项目更重视绩效准则。项目经理和教练员将项目宣传为“卓越运动技能培训中心”，以吸引愿意为获得会员资格、参与运动训练支付高额费用的家长。有时，为了让人们相信昂贵的会费物有所值，这些项目会打出宣传招牌，专门介绍曾培养出的成功运动员或在此工作过的知名教练员的履历和成就。

对于那些运动技能不错的孩子，父母有时会把昂贵的会费、装备费、旅行费和培训费视为对孩子未来的投资（Hyman，2012）。他们还利用以成绩为宗旨的体育项目建立社交网络，与他人交流有关大学体育、奖学金、教练员和精英培训项目的信息。总之，他们希望孩子参与体育运动能在未来的发展、教育和最终的职业方面带来回报。

当然，绩效准则的应用不仅限于有组织的体育活动，它还影响到一系列有组织的青少年活动，将童年从探索和自由成长的阶段转变为训练有素和学习纪律的阶段。从这个意义上说，青少年体育运动只是这一大趋势的一部分。

（三）精英、专业的体育项目

对成绩的重视也与青少年体育的第三个主要趋势有关——私立的精英体育培训机构越来越多。许多私人和商业项目都鼓励青少年尽早选择某一个项目进行专业化训练，因为只有人们支付全年会费，这些项目才能维持全年的运营。如果青少年同时参加多项运动而不交一整年的费用，那么这些项目就不能负担运营费用，无法产生利润。因此，老板和员工想出了聪明的理由，让家长和运动员相信，要想取得未来的成功，就必须全年专心参与一项运动。家长接受这些理由后，“高水平”团队和俱乐部的数量和规模都得以增长。

体操、花样滑冰、冰球、足球、网球、排球、长曲棍球和其他体育项目的商业俱乐部如今宣称，它们致力于将孩子们打造成万众瞩目、收入颇丰的体育天才。甚至连这些参与项目的孩子也成为项目经理的营销工具和家长道德价值的象征，家长们为这一切买单，得意地向朋友吹嘘自己孩子的成就，以及他们为培养成功的孩子所付出的努力。例如，俱乐部可能会利用 11 岁的精英运动员作为营销手段，吸引和招募付费会员。如此，在俱乐部工作的成年人就会在经济上依赖于 11 岁孩子的成绩，所以他们会训练这些孩子，希望他们在知名赛事中取得成功，这可能会成为虐待儿童的诱因（Donnelly and Petherick，2004；Hite，2012；Zirin，2013a）。

参加高水平训练项目的孩子日复一日、年复一年地参与体育运动。由于经常参加比赛，他们的形象和成就可以被用来推广商业培训项目，他们有时会出现在商业电视节目上，吸引付费观众观看他们参加的比赛，有些甚至还签订产品代言合同。所有这些都缺乏有效的政府监管，青少年运动员的利益、身体、健康和全面发展都无法得到政府的保护。当教练员和其他成年人的生计依赖于青少年运动员的成绩时，精英训练就可能会成为雇用童工的一种形式（Donnelly and Petherick，2004）。

某些社会的童工法禁止成年人利用儿童赚钱，但缺乏可执行的标准来规范青少年运动员的行为和减轻对他们造成的影响。有些国家的政府强制要求教练员接受教育培训，但是美国的教练员不需要接受培训就能与孩子们一起工作。他们可以利用恐吓和胁迫的方式，把少数极具天赋的孩子培养成获奖运动员，并且不用对市场力量以外的任何事情负责。这种情况造成的结果有时候非常可怕，然而许多家长和青少年运动员依旧相信，教练员必须采用强迫的方式管理运动员，甚至采取一些虐待行为，才能有效地激励运动员并训练他们成为精英运动员。

随着精英体育项目变得越来越流行，社会有必要开展更多的公开讨论，明确一些教练员采用的激励和培训策略是否存在虐待行为。不过人们通常会回避这种讨论，他们的理由是孩子们是自己想获得更专业的发展，他们希望被人督促，从而在体育上能脱颖而出。但是这些孩子还没有达到可以提供合法“知情同意”的年龄。例如，美国不允许十岁的孩子仅仅因为自己喜欢和父母认可就无视法规，从事演员的工作；对于童工可以做什么，以及可以工作多长时间，都有明确的规章制度，即使儿童喜欢这份工作，也不会对其放任不管。

（四）家长介入和关注的增加

在许多家庭中，青少年体育已成为一项重要的事务。父母必须 24 小时监管孩子的行为，培养孩子的梦想，这种期望让当下的父母面临前所未有的巨大压力。如今，许多家长都认为有必要为孩子找到最佳的有组织的青少年体育项目，确保孩子的利益能得到满足。

尽管影响孩子成长的因素多种多样，但许多人都将孩子的成败完全归因于父母。孩子们在体育运动中取得成功时，他们的父母就被认为教养有方。当孩子成功时，父母会收到祝贺，会被询问他们如何“培养”了一个“神童”；而当孩子失败时，父母的道德价值会受到质疑，人们想知道父母做错了什么才会这样。

因此，孩子在体育运动方面的成功对父母尤为重要。青少年体育运动是非常引人注目的活动，可以成为父母证明自身道德价值的场所。如今，青少年体育的影响逐渐扩大，家长越来越重视孩子作为运动员的成功与否。当父母期望孩子获得大学奖学金、签署职业运动员合同或得到社会认可，以及在学校和同龄人中受到欢迎时，青少年体育就变得愈加举足轻重。父母从上述这些方面考虑青少年体育时，他们的孩子在其中取得的成功就会与预期的社会和经济回报挂钩，而对孩子的资助往往被视为一种投资，他们希望得到一定的回报。

随着与青少年体育参与相关的道德、经济和社会风险不断增加，青少年体育已成为一些成年人采取极端行为的场所。当家长与教练员、裁判员和项目经理一起维护孩子的利益时，他们变得越来越冲动和具有攻击性，有人曾因为体育纠纷而大打出手。

由于家长的行为越来越极端，如今一些体育项目的组织者会出资举办家长教育研讨会，并出台新的规则和执行程序来管控家长在训练和比赛中的行为。这些策略收到一定成效，但它们的成功还取决于对这一代父母面临的文化期待的理解。

只要父母的道德价值与子女的成就挂钩，父母就觉得在道德上有义务培养子女的体育梦想，他们就会深度参与和关注青少年体育。此外，当父母做出重大的经济牺牲，投入大量时间来支持孩子的体育运动时，他们的行为将难以控制。只要主流文化观念强调父母对子女负全责，父母就会坚定地维护孩子的利益。如果他们不这么做，谁会呢？在这种文化环境下，许多父母认为，对于任何阻碍他们的孩子在体育上取得成功的人，父母在道德上都有义务与之对抗。

（五）对另类运动和极限运动的兴趣增加

随着青少年体育活动越来越多地由成年人组织和管理，一些青少年开始寻求其他选择，希望能够按照自己的意愿更自由地从事体育活动。有组织的青少年体育运动是最常见、最主流的形式，因此这些无正式组织、由参与者主导的活动被称为另类运动，即相对于有组织的体育运动的另类选择。

另类运动和极限运动包含一系列广泛的体育活动。它们之所以受欢迎，部分原因在于，青少年对由成年人主导的、有组织的体育运动的高度结构化特征存在抗拒心理。例如，当传奇滑板手托尼·霍克被问及为何选择滑板而不做其他运动时，他说："我喜欢有自己的节奏和规则……以及我自己决定的挑战"（in Finger，2004：84）。同样，当加州业余滑板联盟主席索尼娅·卡塔兰诺被问及为何滑板越来越受欢迎时，她解释道："我们这里……没有家长。这就是吸引很多孩子的原因……他们能自己做主"（Higgins，2007）。

在观察参与极限运动的孩子们时，笔者总是被他们在没有成年教练员指导、缺少规律训练和比赛的情况下所培养出来的运动技能感到惊叹。尽管笔者仍然担忧孩子们在运动中受伤，或者私下排斥女性参与——这些往往不可避免，但极限运动的年轻参与者们的自制力和奉献精神给笔者留下了深刻印象，他们在由成年人主导的体育环境之外积极寻求挑战。这类由参与者主导的活动的行为规范虽然在不同地区有所差异，但大多数青少年在共享体育活动空间时都会形成共有的指导准则。

首届国际山地滑板锦标赛冠军马克·肖解释说，极限运动特别受年轻人的欢迎。年轻人中年纪相对较长、技术更娴熟的参与者会向经验不足的人传授技巧，并提供有益的建议。他说："我喜欢帮助年轻的滑板运动员……我期待每个周末到滑板公园和大家切磋交流，这种心情几乎和期待自己去滑滑板并取得进步一样"（2002：3）。许多年轻人认为，与有组织的青少年体育运动相比，极限运动具有的这种互助倾向和团结氛围使它更受年轻人欢迎。

另类运动和极限运动由于十分普及，吸引了媒体和赞助商的关注。面向年轻消费者的媒体和企业开始赞助这些运动的赛事，并大肆宣传这些运动。获得赞助的赛事，如世界极限运动会、激浪巡回赛，以及由奥克利、红牛、卢卡斯石油赞助的其他活动，为运动员提供了媒体曝光和支持，但与此同时，这也改变了这类活动的属性，使它们变得更加结构化，也受到更多控制。此时，我们需要研究上述情况发生的条件及其对年轻人体育参与经历的影响。例如，随着教练员和有组织的另类运动和极限运动越来越普及，许多年轻人可能会寻求其他活动，释放自己的天性和创造力。

（图源：©杰伊·科克利）

许多年轻人寻求由成年人主导的青少年体育运动的替代项目。滑板和小轮车是流行的另类运动，年轻人可以通过自己喜欢的方式学习技能，张扬个性。创建适合自己的体育项目并按照自己的意愿参与其中，与在父母、教练员、裁判员和联盟管理人员的监督下参与有组织的青少年体育项目，二者的体验截然不同。

三、非正式的、由参与者主导的体育运动：有关代沟的案例

对于过去的两代人来说，童年生活的结构和文化发生了巨大的变化。笔者的童年是20世纪50年代和60年代，那时候笔者每参与或练习一项有组织的运动一小时，就会花至少15个小时参与“即兴游戏”和非正式的、由参与者主导的运动。笔者的体育经历几乎没有父母、教练员或裁判员的关注或评估。那些都是笔者自己的经历，由笔者赋予它们意义，因为没有

父母或教练员在旁边解释、赞扬或批评。笔者自己决定玩得开不开心，发挥得好不好，赢了还是输了。笔者的判断来自一起运动的同龄人和笔者自己的整体体验，没有“旁观者”影响笔者的观点。此外，那时也没有官方的统计数据（分数、记录）、比赛录像或教练员的评分来影响笔者如何定义、评估这些体验，以及如何将体育融入笔者的生活。

在高中运动队时，四年多的时间里笔者参加过 5 项不同的运动，暑假时还参加过其他运动。到了大学笔者才专攻篮球，因为笔者拿到了四年的篮球全额奖学金，而且球队有一条规定：禁止学生参加可能导致受伤或分散对篮球训练注意力的其他运动。不过，暑假时笔者还是去打了高尔夫球、参与了游泳，还参加了垒球、手球和篮球联赛。作为一名大学运动员，虽然笔者参加过不下 130 场篮球和棒球比赛，但笔者的父母没有看过笔者的一场比赛，笔者也没期望他们会去看。

两代人之后，笔者 17 岁的孙女玛蒂在当地一家非营利性足球组织设立的俱乐部旅行队效力了 8 年。她的球队打了两个赛季，一次在秋季，另一次在春季。大约一半的比赛在外地举行，参加每一场比赛都需要 2～7 小时的往返车程。一年内，玛蒂的球队还在两个赛季之间参加了室内联赛，以及需要长途旅行的 3～4 场大型比赛。此外，所有队员还被强烈建议参加一个或多个足球夏令营。

笔者和玛蒂的母亲在 9～17 岁这个年龄段时，都从来没有被要求如此全身心投入一项运动。为了达到教练员的期望，玛蒂放弃了参与篮球、排球、空手道和游泳运动的机会，尽管所有这些都是她喜欢的运动。从前，笔者的父母不可能也不会支持笔者参与如此高强度的专业体育训练，即使在 20 世纪 80 年代，玛蒂的母亲和玛蒂现在差不多大时，笔者也不会允许她从事如此专业化的训练。

尽管玛蒂从 4 岁开始就参与有组织的足球运动，但她很少参加非正式运动和即兴游戏，她没有时间这么做。而且她的父母，像今天的大多数父母一样，不放心任由她在小区里和其他孩子一起随意玩耍，或者在他们不能预知的地方参与非正式的体育运动。即使她得到了许可，她往往也找不到合适的同伴可以和她一起自由嬉戏。这是因为如今美国的父母担心他们无人看管的孩子可能会被陌生人利用，或者孩子自己会制造麻烦。因此，玛蒂每参与一小时的非正式运动，她就会在教练员、裁判员和家长的监督下，在有组织的运动队中训练至少 20 个小时。在 13 年的有组织的体育运动生涯中，她只有少数几次在没有家人观看的情况下参加正式比赛。

关于青少年体育运动，玛蒂和笔者代表了各自的一代人。笔者的体验是愉快的，而且笔者认为自己从中受益；17 岁的玛蒂也同样认为她的体验不错，尽管我们的体验截然不同。这就引发了一个社会学问题，即我们是否能够理解两种体验之间的差异。幸运的是，有研究可以帮助我们对过去两代人的变化进行批判性的思考，了解它们对年轻人的影响，以及体育在他们生活中的地位。

（一）从参与中学习：非正式运动和有组织的体育运动

年轻人聚在一起，为了好玩而自发组织起来，就形成了非正式运动。笔者的研究表明，非正式运动的乐趣在于它提供了主动参与的可能、令人兴奋的挑战及表达个性和维持友谊的机会（Coakley，1983b）。在个人层面上，享受乐趣需要个人全身心投入，积极应对活动中的诸多挑战，获得个人技能的提升。当参与者年龄参差不齐时，一个 7 岁的孩子即使没有很高的个人参与水平，也可以玩得很开心，而年龄较大、技能较强的参与者则需要持续的个人参与才能获得乐趣，他们经常会改变规则来创造令人兴奋的挑战。

几乎所有的非正式运动都力图最大限度地提高参与度。当场地充足，而参与者数量不足时，他们便会重新解释和调整运动规则，以便人人都能参与进来，确保参与者不会中途退出，中断运动。而当场地有限，却有许多年轻人想要参与进来时，他们就会执行更严格的选拔规则，那些没有被选中的人就只能在旁边观看。此外，获胜的队伍可能还需要应战同样击败对手的挑战者队伍。但无论如何，主动参与和令人兴奋的挑战才是重点。主动参与使“游戏精神”得以存续，而挑战则要求参与者专注于检验和发展自己的技能。

研究表明，在参与非正式体育运动时，孩子们会尝试更多的身体动作，运用身体彰显个性，学会合作。而在有教练员评估的情况下，他们表现得则更为拘束（Ginsburg，2007；Henricks，2006）。例如，娱乐与体育节目电视网的艾美奖获奖记者汤姆·法里在调查为什么法国能培养出优秀的足球运动员时，法国青少年足球发展主管安德烈·梅雷尔告诉他，法国人重视无组织体育运动和非正式体育运动对法国儿童的重要性。梅雷尔对法里说道：

> “每个人都想赢得比赛。这很好。但是你怎么赢呢？如果你太专注于输赢，你就打不好比赛。你总是担心犯错，就会束手束脚太过紧张”（in Farrey，2008：75）。

法里与三次荣获“世界足球先生”称号的齐内丁·齐达内、世界顶级球员蒂里·亨利，以及法国其他足球明星进行了访谈，他总结出，法国的发展模式之所以成功，是因为它强调非正式运动——不穿队服、不固定场上位置、没有正式比赛场地、比赛不计时，不分联赛排名，也没有成年人在场外大声发号施令。摆脱了有组织的青少年体育运动带来的束缚和成年人的期待，青少年能够即兴发挥，感受发自内心的满足感和喜悦，形成自己独特的运动风格和个性。这让他们更有创造力，提高对足球的控制力，而不是感觉被足球掌控。法国教练员解释道，非正式运动是青少年对运动产生个人“感受”的场所，也能培养他们对运动场上发生和可能发生事情的想象力，而这些在有组织的、由成年人主导的体育运动中不易获得，因为后者的组织方式和节奏是由规则、教练员和裁判员决定的。

法里还注意到，世界各地的体育发展专家声称，8 岁以下的儿童不应该参加高度组织化的体育活动，也不应该参加超过 5 人的（足球）运动队。从 8 岁到 14 岁，体育运动可以越来越有组织性，但不应该强调定位战术。不应组织旅行运动队，每周举行的比赛不应超过一场，或者每年比赛的数量不应超过 35 场。专家说，最重要的是所有教练员必须完成教练员培训课程，并通过继续教育培训定期重新认证。只有当教练员充分了解青少年发展的规律时，他们才能优化青少年参与运动的机会，激发他们对某项运动的热情，增强他们的创造力和表现力。

（二）有关运动与发展的研究

有关发展的研究可以辅证法国足球界所采用的训练方法（Balyi et al.，

2013；Bloom，1985；Côté，2011；Côté and Fraser-Thomas，2007）。芝加哥大学知名教育心理学家本杰明·布卢姆曾对 120 名在古典钢琴、雕塑、数学、奥林匹克游泳、职业网球和神经学研究方面公认的世界一流人才进行研究，他得出的结论是，人才的培养需要特殊条件，而且历时很长。在所有这些案例中，人才的培养都是从探索、玩耍和兴趣开始的，并非源于其他人组织的结构化活动、过早的专业化训练或童年时期就确定的远大目标，也不是开始于对努力、牺牲、奉献和勤奋练习的教导。它通常始于自由、愉快的探索，从中逐渐培养创造力并付出努力。人才培养最终取决于年轻人是否在情感上与某项活动产生联结，是否对该活动具备拥有感，以及是否能自主意识到他们想要掌握某项技能。如果具备上述条件，年轻人在迎接新挑战时会自然地被兴奋感驱动。

布卢姆发现这一过程至少需要持续 10 年，但经历这一过程之后，15~20 岁的年轻人已经具备专长，并愿意付出努力追求卓越。此时，兴趣与汗水相结合，激发他们的热情和动力，促使他们变得优秀。

布卢姆的研究成果也得到了许多其他研究体育人才培养的研究者的证实（Côté and Fraser-Thomas，2007；Ericsson，2012；Ericsson et al.，2007）。例如，有关美国奥运会选手和顶级的大学运动员的经历的报告表明，他们将自己的成功归因于最初通过无组织的游戏和非正式运动开始接触体育运动，并有机会在中学期间参加多种类型的运动（SPARC，2013）。

我们知道，非正式运动要求参与者具备创造力、人际交往能力和解决问题的能力，也会培养他们的这些能力（Côté and Fraser-Thomas，2007；Elkind，2007，2008）。组织比赛需要首先了解比赛模式，而在面临诸多意想不到的挑战时，组织者要维持这些模式，则需要具备较强的冲突解决能力，以及现场随机应变的能力。参与者必须了解有组织的活动有哪些基本要求，这样他们才能设置适合当下情境的运动项目；此外，他们必须组建团队、与同伴合作、制定规则，并负责遵守和执行规则。这些都是重要的经验，而关于孩子们在不同的体育经历中何时以及如何获得这些经验，以及他们能否将这些经验应用到运动场以外的人际关系和活动中，仍有待进一步研究。

四、今天的青少年体育：评估我们的投入

几年前，公民体育联盟（CTSA）召集了一个专家小组，专门评估美国有组织的青少年体育运动的现状。通过合作，专家组完成了一份青少年体育国家评估报告。[①]他们还为当前有组织体育项目的 25 个重要元素分别评分。所有元素共分为 5 组，每组与一个主题相关。各主题评分如下：

1. 以儿童为中心的思想体系：D
2. 教练员：C
3. 健康和安全：C+
4. 裁判员：B–
5. 父母的行为 / 参与：D

评分小组由研究者、青少年体育领袖、律师、青年教练员和家长组成。他们的目标是确定青少年体育发展的成功或失败之处，以提醒人们改善儿童体育参与的必要性。小组成员还找出了需要注意的具体问题。总体而言，青少年体育存在以下问题：

（1）背离了以儿童为中心的宗旨，不再重视儿童的体验，反而过于重视胜负。

（2）遭到过度投资体育运动的家长扭曲，他们抱有不切实际的期望，往往会损害自己孩子和其他人参加体育运动而获得的益处。

（3）缺少对青少年体育教练员的培训和评估。

（4）过早地将体育运动专业化，往往会造成运动员倦怠、过度使用性损伤，以及过于重视旅行运动队的过度竞争文化。

（5）忽视符合孩子年龄特征的兴趣和发展能力，孩子们原本将体育视为乐趣、朋友、身体活动和技能发展的源泉。

该专家小组还发布了一项针对家长的青少年社区体育评估报告，便于父母评估其所在社区中面向 6～14 岁青少年的体育项目。这份评估报告是为青少年体育领导者设计的，用于评估他们组织的项目，确定其团队和联盟需要改进的地方。这些评估工具旨在推动社会关于如何组织和改进青少

---

① 每个主题的评分标准：A=优秀；B=好；C=一般；D=差；F=不及格。

年体育项目的讨论，目的是使所有青少年都能够受益。

不出所料，这几份评估报告未能得到广泛应用，也没有产生重大影响。但是这很大程度上归因于美国青少年体育运动的组织方式。大多数其他国家都有一个中央体育机构或管理机构，如联邦体育局，对全国的体育项目施加影响，尤其是政府赞助的青少年体育项目。这种方式使政府与各个体育项目的沟通更加有效，也使与青少年安全、健康和全面发展相关的政策更容易实施和推广。

然而，美国的青少年体育项目缺少整体统一协调。这些项目基于各种目标设置，包括盈利，保障成年人就业，通过每年的锦标赛带动当地旅游业发展，挖掘体育天才，培养最优秀的相应年龄组运动员，帮助青少年接触体育运动，培养基本的体育技能，提供以社区为基础的休闲体验，为当地高中项目培训运动员，赢得地区和全国锦标赛，塑造良好品格和领导能力，控制那些“面临变坏风险”的青少年，让孩子们远离街头，促进社区融合，帮助移民青少年学习美国文化，培养坚强的年轻男性，增强年轻女性的自尊，推广长曲棍球或划船等运动，以及实现许多成年人认为有价值的其他目标。

诚然，青少年体育项目不应该都完全相同，但是由于当前缺乏运动、肥胖和其他与健康相关的问题已经非常严重，如果体育项目能遵循与健康、幸福和积极的青少年发展相关的基本原则，将更能使大众受益。

为了朝这个方向迈进，娱乐与体育节目电视网的艾美奖获奖记者汤姆·法里通过阿斯彭研究所的体育和社会项目制定了一个名为“游戏项目”的计划。“游戏项目”是一项大胆的尝试，旨在重新构想和改革美国的青少年体育运动，督促所有体育项目应基于有关青少年发展的优秀研究成果和终身体育活动的积极影响。法里和他的顾问工作委员会召集了来自商业、健康、体育、教育、研究和政府等主要利益相关者，共同探讨青少年体育如何更好地服务于公共利益，即如何提高整个国家的生活质量。

利益相关者一致认为，青少年体育应是培养**体育素养**的环境，体育素养即终身参与体育活动的技能、能力和愿望（Project Play，2015：8）。培养体育素养，需要开展适龄的游戏、创造早期积极的体育经历、让所有人都能获得安全参与体育运动的机会、提升教练员教育的质量，以及获取政府和私营部门的支持。

利益相关者还共同表示，有必要制定国家体育议程或通用政策，为青少年体育的组织者提供指导。其长期目标在于提升全国对青少年体育项目的重视，与国民对体育素养和终身参与有益健康的体育活动的重视挂钩。

加拿大等国家已经出台过此类政策，以严肃对待国内出现的健康危机，尽管它们的危机都没有美国这么严重。在美国，缺乏运动的程度和肥胖率已经达到历史新高。虽然其他国家有时会向美国学习精英运动员的培养模式，但在促进大众健康方面他们就不太会向美国寻求经验。不过，美国近年来在这方面有一些鼓舞人心的举措，包括前第一夫人米歇尔·奥巴马发起的“让我们动起来”的项目。在传统体育领域，美国冰球协会开创了美国发展模式，为青少年冰球教练员出色地规划出一套适龄的冰球教学方法和组织青少年项目的方式。该模式以有关青少年发展的研究为基础，同时也用于创建加拿大国家终身体育计划（CS4L）。

尽管存在既服务于公共利益，又服务于儿童利益的青少年体育模式，但要说服人们考虑这些模式并应用于相关项目却十分困难。不过，项目工作人员仍在为此不懈努力。

儿童在游戏中有望实现自己最大的成就，这些成就会奠定他们未来的现实行动和道德的基础。

——列夫·维果斯基（1978）

五、发展青少年体育面临的挑战

改变青少年体育是一项艰巨的任务。许多既得利益者为巩固利益而尽力维持现状，而那些目前青少年体育项目的负责人，主要关心的是扩大项目规模，更有效地推广绩效准则，提供精英运动员培训，以及带领团队和运动员参加州、地区和国家锦标赛。

公共项目取消后，青少年体育相关企业家们开始崭露头角。他们设立了拥有旅行运动队和付费教练员的体育俱乐部，并且创建了专门的体育项目，管理足球、排球、长曲棍球及美国各地社区的其他球队和联盟。他们为有资格参加年度锦标赛的球队（或者那些可以支付高昂报名费的球队）提供赞助，同时揽获了所有年龄段的州、地区冠军乃至全国总冠军。

各大城市纷纷申办体育锦标赛，因为成千上万的参赛者家庭来到赛事举办地，通常会逗留三天或者更长时间，能拉动消费，促进当地经济发展。其中一些比赛吸引了前来物色人才的高中和大学教练员，而企业家们则利用这些教练员吸引团队和家庭缴纳报名费，因为家长希望自己的孩子能被教练员注意到而选入队伍。

这一模式的一个极端案例是同属迪士尼公司的娱乐与体育节目电视网和迪士尼世界度假区的合作。这两家合作伙伴全年在佛罗里达州奥兰多的大型体育中心为各个年龄段的运动员举办锦标赛。它们举办了许多全国性的青少年体育比赛，因为家庭成员会随队而来，而且通常会多待几天，他们平均每人每天花费 100 多美元参观迪士尼世界。当地酒店和餐馆也从中受益，所有这些都是以青少年体育的名义。这种举办周末赛、季后赛、休赛期比赛和季前赛的模式现在已经在美国范围内普及，因此，青少年体育运动已经不仅是有益于青少年的活动，也变成了一个赚钱的行业。这也意味着如果不能帮助这个行业赚钱，那么推动青少年体育更加以青少年为中心和符合年龄特征的努力将会遭遇阻力。

从事“游戏项目”计划的人理解这一挑战，并希望做出改变。在美国，大众普遍认为青少年体育是不完整的，忽视了那些最需要进行体育运动的青少年。此外，许多项目和团队不重视培养体育运动中的游戏性，即实验性、创造力、个性表达、自发性及与身体运动相关的内在满足感等。

随着青少年体育的组织方式越来越重视实现可衡量的成绩目标，体育参与中的游戏元素便被边缘化或遗忘了。这势必成为一个问题，因为游戏是体育活动参与动机的基础。游戏是快乐的源泉，能够催生美好体验，促使人们无论年龄大小，能力如何，是否有可能取得竞技胜利，最后总会因此回到体育活动中来。游戏的目的即是游戏本身，参与游戏是为了它带来的愉悦感，而不是为了得到认可和地位。当体育经历中不再有或者很少有游戏时，人们就很有可能会退出体育运动，而且也不太可能再次回归。

（图源：©经雷切尔·斯皮尔伯格许可）

某些青少年体育运动中关于脑震荡的信息可能会让家长望而却步，他们可能会转而寻找其他更重视游戏和创造力，而不是强调高度组织化和战胜他人的项目。

这意味着重塑青少年体育的任务之一，是将游戏重新融入各种体育活动，包括传统的有组织的竞技体育。著名的铁人三项教练员巴里·谢普利说："现在的孩子们不玩了。他们要么完全不运动，要么在一个昂贵的项目中接受有教练员指导的正式训练，根本没有时间或机会单纯地玩耍和探索"（in Richard，2010）。奥运奖牌得主、美国滑雪运动员朱莉娅·曼库索提到，童年玩耍的记忆是她后来参与训练、参加奥运会和世界杯比赛的动力来源：“唯一让我坚持滑雪的就是我小时候滑雪获得的乐趣”（Layden，2010a：34）。

（图源：©凯文·扬）

在世界上很多地区，有组织的青少年体育运动都是奢侈品。这个 10 岁的肯尼亚男孩的父母没有足够的资源来培养他的体育梦想。但他光着脚，用一个由麻绳捆成的破布球，成功地练就了令人惊叹的足球技术。他踢这个破布球的意义，很可能不同于家境优越的 10 岁北美男孩踢球的意义，尽管这些富裕男孩可能拥有父母和俱乐部给他们买的几十个“正规足球”。

游戏也是在体育运动中取得优异成绩的关键因素。例如，莱昂内尔·梅西被誉为世界上最优秀的足球运动员之一，历史学家和小说家爱德华多·加莱亚诺在描述他时说："没有人能像梅西那样快乐地踢球——他踢球时就像一个兴奋的孩子，为踢球的乐趣而踢球，而不是为获胜的责任而踢球"（in Longman，2011c）。梅西也表示赞同："我就像街边踢球的孩子一样玩得很开心。当有一天我不再享受其中的乐趣时，我就会离开足球。"

对于那些希望吸引和留住青少年参加各种类型的体育运动，并且希望在这一过程中对青少年健康产生积极影响的人来说，他们面临的挑战在于如何制定策略促使体育经历变得更有乐趣。这项任务并不简单。外部强加的结构往往会破坏游戏的乐趣，而且也没有什么政策会督促人们进行游戏。因此，"游戏项目"和其他关心青少年福祉的人提倡青少年体育的管理者和教练员在体育项目中加入游戏元素。一旦这在某种程度上得以实现，那么父母和孩子就有了更多的选择，不再局限于目前价格昂贵而又缺乏乐趣的流行项目。

要推行该策略，目前似乎是个不错的时机。家长们现在愈发担心那些过于强调绩效准则的青少年体育项目的受伤率，所以他们可能愿意接受对现有项目做出改变，寻求更重视年轻人游戏体验的替代项目。与此同时，教练员和项目管理人员也在寻求更安全的运动方式，想办法留住参与项目的青少年。

六、发展青少年体育的建议

人们提出的建议通常只针对有组织的青少年体育运动。然而，非正式运动和另类运动也有需要解决的问题。许多孩子喜欢此类运动，因为它们提供了令人兴奋的活动与挑战，而且能让青少年充分地表达个性和发展友谊，但它们往往存在一定的身体风险和各种形式的排他性。这说明成人应该介入进来，为想参加非正式运动和另类运动的儿童提供参与机会。例如，与其制定法律禁止滑板或直排轮滑，不如鼓励成年人与青少年一起设计和创造安全的运动环境，保证所有青少年能拥有属于自己的体育活动。

成年人面临的挑战是既要给青少年提供支持和指导，同时又不要过分控制，要让青少年拥有自己的空间来创造体育活动。成年人指导可以使体育活动更安全、更包容，能够接纳来自不同社会阶层的健全及残疾的青少年。目前某些另类运动中存在的性别排斥问题尤为突出，亟须创造性解决方案，促使这些体育项目的文化更具包容性。

非正式运动的传统在当今的青少年中已经几乎消失了，因此有必要开发一种可以被称为**混合运动**的项目，融合参与者主导的非正式运动和成年人主导的有组织的运动的特点。目前还没有关于混合运动的研究，但是它至少有两种形式。第一种，有成年人略加指导的非正式游戏，仍由孩子们自己创造和控制大部分活动的内容，而成年人适当参与能够保证孩子们在安全熟悉的环境中进行游戏。第二种，在一些有组织的运动队中，家长和教练员鼓励在训练中开展非结构化或半结构化的活动，并让孩子参与决策、规则执行和冲突解决过程。随着越来越多的成年人认识到积极的青少年发展需要加入非结构化的运动和非正式的游戏，这种形式的活动会得到推动和发展。

改进有组织的青少年体育运动

在考虑改进有组织的青少年体育运动时，应根据这些运动是否以青少年为中心，是否符合青少年的成长发育特点进行评估。因此，在改进青少年体育运动时首先要考虑青少年的需求。如果孩子们认为乐趣主要源于积极的活动参与、令人兴奋的挑战、个性的表达和友谊的维系等，青少年体育运动的负责人应该重点考虑这些方面。

积极的活动参与

可以通过改变或消除某些规则、改变比赛组织结构、采用较小的团队和运动区域来激发行动。但是许多成年人抵制这些变化，因为他们希望青少年体育保持成年人精英运动的规格。他们认为青少年必须参与“真正的运动”才能有效地掌握运动技巧，但他们忽略的是，青少年其实更注重积极的参与体验，他们对模仿成年人、遵守那些不能带来乐趣的规则并不感兴趣。因此，成年人在对待青少年体育时应该适当降低对规则、秩序、标准化条件、可预测性和成绩数据的重视，摒弃那些不利于积极活动参与的措施；毕竟孩子们喜欢比分很高的比赛，即使许多成年人认为这样不符合规则，门槛过低。

但是，现在令人兴奋的挑战已被强调比分悬殊的观念所取代，这就是为什么青少年在参与非正式运动时往往会通过设置障碍，“重赛”或其他调整来保持竞争的兴奋感。对胜利的渴望是比赛的原动力，孩子们喜欢势均力敌的比赛。可是，主导青少年体育项目的成年人坚持比赛比分必须悬殊，于是有些人呼吁采取结束比赛的“仁慈规则”，或者持续计时让比赛尽快结束。但是这破坏了许多青少年的参与感和兴奋感，此时青少年往往会选择改变队伍阵容来保持比赛的挑战性，而不是简单地缩短比赛时间。因此，成年人应该创造性地提升青少年体育运动的刺激感和挑战程度，而不能过于强调决出胜负，只在乎激发求胜欲望，或太过看重季后赛参赛资格。

（图源：©杰伊·科克利）

教练员和家长在比赛中不断发号施令时，孩子们就很可能会在参与个人表现活动时感到束手束脚，几乎无法在情感上认同一项运动并发挥能动性。相反，他们中的许多人认为有组织的体育运动是成年人的活动，就像牙齿上戴的牙套一样是一种外在的束缚（Farrey，2008）。

个性的表达

个性的表达可以在有创造性和探索性的体育活动中最大限度地实现。如果活动体系过于死板或者场上位置不够灵活，运动员表达自我就会受到限制。削减队伍规模可以增加个人参与和个性表达的机会。例如，12 岁以下儿童参加的冰球运动应该以冰场宽边作为场地长边，这样就可以让 3 倍数量的队伍同时比赛。篮球比赛也可以更换组织方式，让 3 名球员组成的“一队”在一个篮下进行半场比赛，而“二队”和“三队”在其他篮下进行比赛；总冠军将由综合得分决定。但是，实施这些策略要求成年人改变对青少年体育的态度，将鼓励青少年自主决定自己的体育经历放在首位。

友谊的维系

友谊的维系是青少年参与体育运动的重要方面。有组织的体育运动提供了交友的环境，但是如果青少年只有在参加由成年人主导的训练和比赛时才能见到彼此，友谊就很难培养起来。而且，在有组织的体育运动中，孩子们几乎不会考虑与对手交朋友。因此，青少年运动队应尽可能以社区和学校为单位进行组织。赛前热身时，应该将两队队员打散重新编队，队员可以在每节或半节比赛开始前相互做自我介绍。如果青少年认识不到比赛离不开对手之间的合作，他们就无法理解什么是公平竞争，不能领会为什么会有规则，为什么规则的执行是必要的，为什么运动员应该遵守比赛规则。如果没有这方面的认识，青少年就不能在取得比赛胜利的同时维护公平竞争。而缺少了公平竞争，青少年体育就不值得我们付出时间和精力。

七、小结：有组织的体育活动项目是否值得如此多的投入？

虽然所有文化中都有体育活动，但是，在美国，有组织的青少年体育运动是一种奢侈。它要求青少年和成年人投入资源和可自由支配的时间。所以只有当青少年有空余时间，且成年人认为童年时期的经历会对个人成长和发展产生重要影响时，才会出现有组织的青少年体育运动。青少年体育在不同社会中有各自独特的发展历史，但是它往往代表主流文化强调的核心体验和价值观。

20 世纪后半叶开始，有组织的青少年体育运动在北美和欧洲大部分地区蓬勃发展，这与当时发生的家庭变迁、有关儿童和童年观念的变化有关。许多家长如今将参加有组织的体育运动看作孩子生命中重要的发展经历。而体育项目提供成年人监督这一点对家长来说也颇具吸引力，因为在家长看来，空闲时间和无组织的自由活动带来了让孩子惹麻烦的机会。

当今青少年体育的主要趋势包括有组织的体育项目的私有化、对绩效准则的重视、高水平培训项目的发展，以及家长参与度的提高。面对这些趋势变化，一些青少年开始转向非正式运动、另类运动和极限运动，他们希望依照自己的意愿掌控这些运动，不受成年人的控制和评判。

在过去的两代人中，美国青少年的体育经历发生了巨大的变化。非正式、由参与者主导的体育运动在过去是主流，然而今天流行的是有组织的、由成年人主导的体育运动。无组织的非正式运动和游戏数量减少，这减少了体育活动给青少年带来的乐趣。这一点很重要，因为研究表明，青少年的才能发展过程通常始于自由、快乐地尝试多种活动，然后找到一种或多种能够培养自己创造力和表达个性的活动。除非青少年能在情感上认同体育活动，产生主观能动性，并自主决定他们自己想学什么，否则他们很难取得卓越的成就。

如今，有组织的青少年体育运动的整体成效有限，主要是因为它们不再以青少年为中心，忽视了对教练员的评估和培训，并且过度迎合了那些热情过高的父母不切实际的愿望。许多体育项目价格不菲，而且更青睐那些比同龄人更强壮、速度更快、身体素质更强的青少年。这将低收入家庭的青少年及身体能力一般或较低的青少年拒之门外。另外，这些项目还强调让青少年很早就专攻一项运动，以及全年持续参与，这往往会使很早就显露运动天赋的青少年疲惫不堪，而大器晚成者又会失去很多参与机会，那些不愿意或者没有被选上参加精英运动队的孩子也被拒之门外。

美国青少年体育运动的推广受到运动队领导者、联盟管理者和项目负责人的多方利益的影响。因此，它们不能满足青少年的需求，特别是那些贫穷、肥胖、残疾的青少年的需求。鉴于目前出现的与缺乏运动、肥胖和其他健康问题相关的危机，我们有必要重新考虑如何组织和安排美国的青少年体育运动。这一任务十分艰巨，因为要改变青少年体育运动的现状，就会影响太多既得利益者。不过，重新组织青少年体育运动的模式仍然可行。要做出改变，当下也许正是合适的时机。

青少年体育运动的发展建议强调，应该提供积极的活动参与、令人兴奋的挑战、个性的表达和友谊维系的机会。我们需要更加开放和灵活的组织结构，减少成年人对运动的过度控制。进行变革的目的是给青少年提供机会，让他们明白，合作、理解规则及执行规则是公平和道德地开展竞技体育的基础。

变革的一大障碍在于，有很多既得利益者希望维持和扩大当前形式的体育项目。而对于在体育项目中最直接与青少年打交道的教练员来说，教练员培训项目本可以激发他们的批判性思维，但目前这些项目往往过于强调组织和控制，而不是批判性地评估和改变青少年体育。

总之，有组织的青少年体育运动值得如此多的投入的前提是成年人必须把青少年的需要和兴趣置于体育项目的组织需要之上，而不是自私地考虑通过培养成功的青少年运动员来提升成年人的地位。

补充阅读

阅读材料 1 青少年体育：我们知道些什么

阅读材料 2 青少年宣传指南：我们在体育运动中需要它们吗？

阅读材料 3 乔治·米德的自我发展理论：对有组织的青少年体育项目的影响

阅读材料 4 参与青少年体育项目的运动员父母的自我评估工具

阅读材料 5 青少年体育项目参与指南：专业化与多项目参与［美国运动与体育协会（NASPE）2010 年的立场声明］

阅读材料 6 体育专业化的“逻辑”：利用儿童实现特定目标

阅读材料 7 公民体育联盟：青少年体育评估报告

阅读材料 8 项目参与：重新塑造美国青少年体育

体育管理问题

- 假设你在某市政府体育休闲部工作，由于部门面临预算危机，你被要求做一个口头报告，列出支持和反对将该市所有青少年体育项目私有化的理由。你需要把主要观点都陈述出来。
- 假设你在某青少年足球组织的总部工作，该组织在五个州都有足球项目。参与这些项目的运动员父母的行为越来越极端。教练员们希望你能告诉他们为什么如今的父母如此令人不愉快，如何才能最大限度地减少他们制造麻烦。请概述你的解释和建议的要点。

- 假设你是某公园与休闲部的体育项目主管，你打算招聘两名工作人员。他们将与你一起改革这个城市的青少年体育项目。请描述这两个职位的工作内容，并说明你希望求职者具备的技能。

第五章　体育中的偏离行为：它是否已经失控？

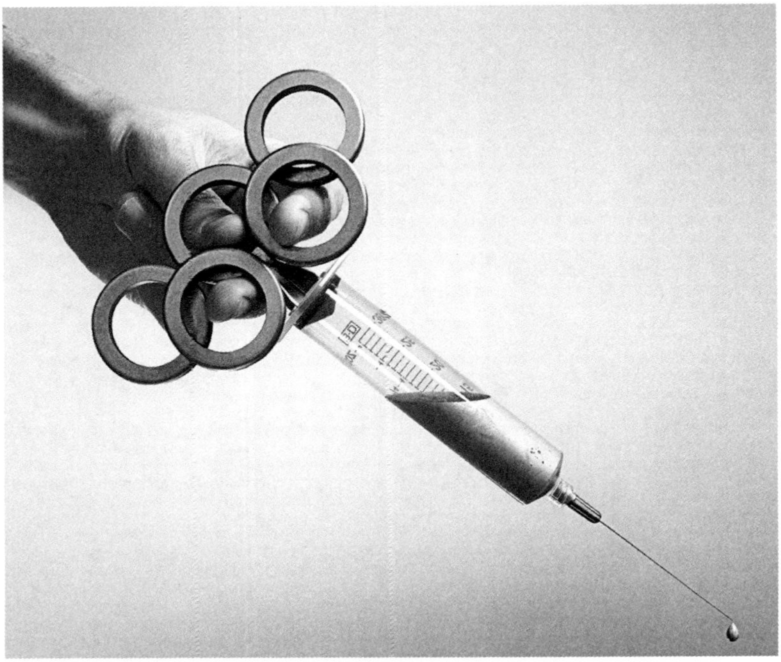

大量不完全遵守规则打擦边球的行为经常发生。这也可以成为一种很大的优势。

——大学橄榄球教练员（in Feldman，2010）

这些与国际足联有关的个人和组织涉及行贿受贿，他们以此决定谁将获得比赛的转播权，比赛将在哪里举办，以及谁将管理这个监督全球正式足球赛事的机构。

——美国司法总长洛雷塔·E. 林奇（in Clifford and Apuzzo，2015）

足球比赛操纵已经成为一项大规模的全球性犯罪，可与贩毒、卖淫及非法武器交易相提并论。

——布雷特·福里斯特，娱乐与体育节目电视网记者（2012）

本章纲要

界定和研究体育中的偏离行为

研究体育中的偏离行为所面临的挑战

关于体育中偏离行为的研究

提高运动成绩的药物：过度遵从型偏离行为的一项案例研究

小结：体育中的偏离行为是否已经失控?

学习目标

- 界定偏离行为，识别在研究体育中的偏离行为时面临的挑战。
- 解释研究体育中的偏离行为时采取的两种方法：绝对论方法和建构论方法。
- 界定体育伦理，识别体育伦理中的各种规范。
- 区分过度遵从型偏离行为与过低遵从型偏离行为。
- 识别对体育伦理规范最有可能过度遵从的运动员类型。
- 了解关于体育中主要偏离行为的研究结果，并了解一些不涉及运动员的案例。
- 解释为什么使用提高成绩的药物在今天的运动员中如此普遍。
- 概述职业体育发展的各个阶段，梳理提高比赛成绩的药物在运动员职业生涯中何时变得重要。
- 理解为什么当前体育界的药物检测系统不能根除提高成绩的药物使用。
- 列出当前体育运动中反兴奋剂斗争的其他替代方案并进行评价。

有关药物使用、场内违规行为及场外犯罪行为的媒体报道如今已屡见不鲜，许多人都认为体育中的偏离行为已经失控。对于那些接受体育的重大迷思的人们来说，这些报道让他们进退两难：他们要么必须承认自己对体育运动固有的纯洁和美好的信念是错误的，要么就不得不相信体育运动正遭受金钱、贪婪和目无法纪的运动员的破坏。

很少有人愿意放弃相信体育的重大迷思，所以他们转而对违法乱纪的个人表达愤慨，并坚持要求对他们禁赛以保持体育运动本质上的纯洁和美好。面对这种愤慨及其在主流媒体中的渲染程度，人们很难对体育中的偏离行为进行社会学方面的学术讨论，但这正是本章的目的所在。

关于体育中的偏离行为，我们的讨论将集中在以下 4 个问题上：

1. 在研究体育中的偏离行为时，我们面临哪些挑战？

2. 什么是偏离行为？社会学知识如何帮助我们将体育运动作为一种社会现象来理解？

3. 体育中的偏离行为是否已经失控？

4. 为什么使用提高成绩的药物变成了许多体育运动中的顽疾？

一、界定和研究体育中的偏离行为

当一名垒球运动员在遭遇争议判罚时挥拳打向裁判员，这一行为即构成偏离，因为它违反了规范。同样，大学橄榄球队支持者为新加入球队的高中毕业生招妓，或者奥运会裁判员更改比分以确保某位花样滑冰运动员能够胜出，这些行为均属于偏离行为。在上述每一种情境下，都有人违反规范。

规范是指人们用来识别社会可接受的和不可接受的行为和事物的一种共有的期待。规范存在于所有的社会环境中，并作为人们识别偏离的标准。当一个人的思想、特质或行为被他人视为超出社会通常认可的范围时，即产生**偏离**。

针对偏离的研究通常比较棘手，因为规范有多种多样的形式，重要性各有不同，会随着时间演变，在各种社会环境中也有所差异。**正式规范**是指以书面规则或法律形式存在的官方的要求，而**非正式规范**则是习俗或者人们对于在社会环境中应该如何思考、表现和行动的一种不成文的共识。

当篮球运动员对对手犯规，或者在裁判员判罚犯规时愤怒地推搡裁判员时，他们就违反了官方规则手册中书面的正式规范。这些规范由拥有制裁或惩罚犯规者的权力的“官员”执行。而当两名大学篮球运动员在国歌响起时没有面对美国国旗致意，或者没有参加赛前球队仪式时，他们所违反的是不成文的非正式规范。出现上述情况时，球迷可能会嘲讽那些没有遵守有关国旗的习俗的运动员，球队的队友也可能会冷落那些不参与集体活动的队员。这就说明存在两种不同形式的偏离行为。**正式偏离行为**涉及对于正式规则或法律的违反，由拥有权威的官员实施官方惩处。而**非正式偏离行为**涉及对于不成文的习俗或者某种共识的违反，由观众或同行实施非正式的惩处。

上述对于规范和偏离的界定看似通俗易懂，但在实际研究社会中的体育运动时，对于规范的阐释和偏离的识别会有多种形式。

二、研究体育中的偏离行为所面临的挑战

研究体育中的偏离行为面临诸多挑战，原因有如下 4 种。首先，体育中偏离行为的类型和诱因极为多样，没有一种单一理论可以解释所有行为（Atkinson and Young，2008）。例如仅大学男运动员身上出现的偏离行为就包括：缺席事先安排好的训练、在比赛或运动中违反规则、使用兴奋剂、欺侮和贬损新队员并迫使他们酗酒、酒吧斗殴、性侵犯、雇他人代写作业、参与大学体育运动博彩、在比赛时服用止痛药、在公路旅行期间毁坏酒店财产、收取热心粉丝的钱物、假期回家见贿赂父母的经纪人等。

上述清单仅仅是过去 10 年中参与一个级别竞赛的运动员案例的部分样本。如果我们把范围扩大到所有运动员，同时列出教练员、行政人员、球队老板和观众产生的偏离行为的案例，那么上面的清单内容类型会更多。因此，重要的是将偏离行为置于其发生的背景中进行具体研究，而不是期望仅靠单一理论来解释所有情况。

其次，在体育运动中被人们接受的行为在社会其他领域可能会被界定为偏离行为，而社会认可的行为在体育运动中可能会被界定为偏离行为。人们容许甚至鼓励运动员在体育运动中做在其他场合会被视为违法或界定为犯罪的事情。运动员在身体对抗性运动项目中的某些行为如果发生在街

头，将会被界定为攻击重罪；冰球运动员会因在比赛期间被界定为正常的行动而被捕；赛车手会因超速和粗心驾驶而被罚款；速度类滑雪和摩托车越野赛在日常生活中将被界定为过失行为。即使在体育运动中发生严重伤害或死亡事故，运动员也很少被提起刑事指控，并且要求经济赔偿的民事诉讼也很少，到法庭上诉通常也不会成功（Atkinson and Young，2008；Young 2012）。

如果教师对待学生或雇主对待员工时，采用类似教练员对待球员的方式，则会被界定为一种偏离行为。北美职业体育的球队老板并不遵守适用于其他企业主的反托拉斯法。而粉丝在体育场合的行为方式如果发生在其他环境下，则会迅速导致自己的朋友和家人对其疏远，或者让人认为他们精神错乱。

此外，尽管数百万普通市民都在服用药物或营养补剂，但如果运动员服用，他们就可能会被禁赛，并被视为一种偏离行为，甚至连那些在非体育领域工作、也服用同样的药品来提高工作业绩的人也会这样认为。尽管"请病假"在日常生活中属于正常行为，但运动员如果因为伤病而错过训练或比赛，就会被教练员和队友视为偏离行为。拿奖学金上大学的运动员如果在学年内打工，会被视为违反规定，教练员也会惩罚缺课的运动员，而其他学生兼职或逃课却并不违反规定。青少年联盟的运动员如果因为参加家庭野餐而缺席训练，在比赛中就会被移出首发变成替补球员，虽然在体育运动之外人们都非常看重家庭观念。在体育运动和日常生活中，规范的应用和实施具有双重标准，因此，很难用其他情境下的偏离行为的研究来理解体育运动中的偏离行为。

再次，体育中的偏离行为通常涉及对规范的过度遵从，而不是拒绝或抵制规范。运动员经常过度投入体育运动，并且愿意不计代价地全力以赴，希望能留在比赛场上做自己喜欢的事。他们在这些案例中的态度和行为是超常规的，因为他们过度遵从了整个社会广泛接受的规范。他们没有对自己作为运动员的行为设定底线，相反，他们往往以愿意跨越常规界限，不惜一切代价获胜的标准评价自身和同行，即使这样做会危害到自己的健康和幸福。

这种"过度偏离"往往十分危险，但是运动员会将其默认为自己所热爱的体育运动的一部分，以及自己能够进入高水平体育文化的基础。当运动员对过度遵从规范采取极端形式的奉献、投入及自我牺牲的态度时，他们赢得的是教练员和粉丝的赞誉而非惩罚。人们甚至用它来重申与努力工作、竞争、成就及男子气概有关的文化价值观。在这一过程中，人们忽视了其对健康、与亲朋好友之间关系及整体身心健康的负面影响。

运动员的过度遵从行为让我们很难理解一些特定的偏离行为案例，因为这些案例与我们通常的假设相矛盾，我们一般认为偏离行为总是基于对规范的排斥，包含低于规范或过低遵从的态度及行为。然而，超常规的态度与行为也是不正常的、具有偏离性的（Heckert and Heckert，2002，2007；West，2003）。当人们不能区分这些不同形式的偏离行为时，就会经常将运动员视为模范榜样，即便后者的很多行为都对身体健康和福祉有害，超出了在其他生活领域可接受的限度。

最后，当今体育运动中的训练和成绩基于全新的科技形式，而人们还未形成一套规范来指导和评价当今体育运动中发生的主要事件。医疗手段和技术曾经只用于治疗病人，现在却成为体育运动中的常用手段。体育运动中的训练与比赛的日常挑战经常将身体推向极限，以至于为了延续运动寿命和达成成绩目标，运动员不得不使用新的医疗手段和技术。

如今，几乎在所有的体育运动中，使用营养补剂已经成为惯例。正如一名高中运动员所解释的那样，营养补剂“与防护牙托和运动胶带一样，都是体育参与的必备之物”（in Mooney，2003：18）。服用可以提升成绩的药物被一些运动员当成是理所当然的事，也是实现古老的体育格言“更快、更高、更强”的一种策略。

通过对提高成绩的药物广告的在线调查及对《曲线》（*Flex*）、《肌肉与健身》（*Muscle and Fitness*）、《行星肌肉》（*Planet Muscle*）、《铁人》（*Iron Man*）等杂志的调查，我们可以得出以下结论：力量和优异的成绩与你只是“一吞之遥”。在线广告大力促销蛋白质饮料、氨基酸、睾酮促进剂、人生长激素促进剂、胰岛素样生长因子、维生素、能量饮料，以及其他数百种补剂，这些补剂据称可以帮助运动员在锻炼中获得最大效果，受伤后恢复得更快，并能塑造出一种可以适应过度训练并逐渐变得更强壮的体格。

利用互联网来获取各种药物的行为在 20 世纪 90 年代早期就已出现，因此我们很难确定哪些行为是偏离的，哪些行为是被运动训练所接受的。事实上，“正常训练”现在已经成为一种悖论，因为大多数高水平的训练都超出了被整个社会认可的正常界限。

（一）研究偏离的两种方法

对规范的不同理解会导致对偏离的认识不同。规范既可被视为关于对错善恶的绝对不变的真理，也可被视为人们在相互交往过程中为满足个人和集体需求而形成的社会建构。

基于真理性而识别偏离的方式——**绝对论方法**——假设社会规范是建立于构成辨别善恶和区分对错的永恒不变的基础的核心原则之上。根据这一方法的主张，所有的规范都代表着一种典范，每当人们的思想、特质或者行为偏离这种典范时，即产生偏离；实际行为和典范之间的差别越大，偏离就越严重。图 5.1 阐释了这一方法，其中的宽垂直线表示某一特定的理想，而水平虚线代表偏离典范的程度逐渐增加。偏离程度最高的思想、特质或者行为通常会被视为罪恶的或者病态的。例如，如果遵从教练员的指令是团队的规范，那么任何形式的不顺从都构成偏离。这种不顺从的程度越大，频率越高，偏离就越严重；绝对论者最终会将长期或持续不变的偏离视为罪恶或者病态人格的标志。

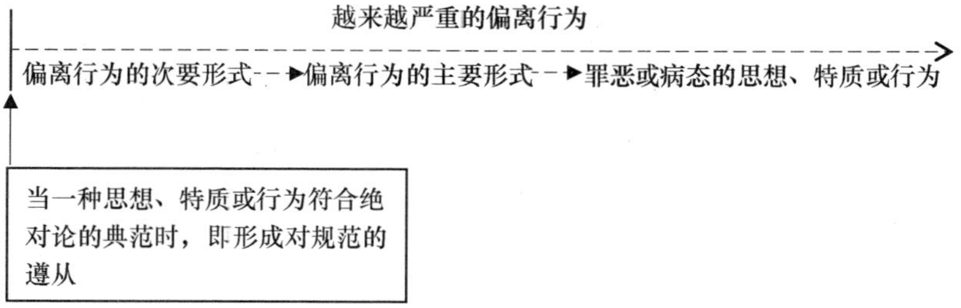

图 5.1　研究偏离行为的绝对论方法：以典范为基础来识别偏离性的思想、特质和行为

绝对论方法无益于人们从社会学角度理解体育运动中的偏离，但是粉丝、媒体和大众却常常用这种方法来讨论运动员和教练员的违规和犯罪行为。

理解绝对论方法对于我们而言很重要，因为它可以帮助我们解释人们如何对偏离做出反应，以及在人们讨论体育运动中的偏离时为什么会有这么多异议。例如，如果你我都采用绝对论方法，但设立的典范却是不同的，那么我们就很难共同研究偏离。假设我的典范是公平竞争，而你的典范是取得胜利，追求卓越。依照我的典范，所有违反比赛规则的情况都属于偏离，而对你而言，如果一名球员因为拒绝在比赛的最后几分钟故意战略犯规（一种“聪明的”犯规），导致球队输掉比赛，那么这名运动员的行为就是偏离。由于我们双方设立的典范不同，我们对偏离的认识也有所不同。

绝对论方法还存在另一个问题，即它会让很多人将偏离归因于个人的性格软弱或性格扭曲。因此，他们认为要想控制偏离，就一定要设立更多规则，将规则执行得更彻底，以及对于偏离理想的偏离实施更为严苛的惩罚。但是这种方法会破坏人们的创造力，阻碍改变，不利于规则的实行，使人们对自身的态度和行为采取一种自我防御和辩护的心态。当避免偏离的唯一途径就是严格符合某项特定的典范时，人们总是担心自己会犯错。

尽管有上述缺陷，许多人在讨论体育运动中的偏离行为时仍然会使用绝对论方法。运动员的行为不符合理想情况时，他们就会将运动员定义为偏离者。他们认为管控偏离的唯一方法就是“采取强硬态度”，把那些品德有问题的“害群之马”剔除出去。

大部分社会学家都抵制这种绝对论方法，而是采用建构论方法来识别和应对偏离。**建构论方法**假定人们会在社会中建构可接受和不可接受的行为规范。当某一思想、特质或行为超出建构的规范界限时，即产生**偏离**。这一方法结合了社会学学科中文化理论、互动主义理论和结构理论，并以此为基础强调以下 4 点：

（1）人们基于与他人互动及自身的价值观确定一系列可以接受的思想、特质或者行为时，规范由社会建构产生。图 5.2 详细阐释了这一点，与水平线交叉的垂直标志表示区隔可接受的事物与偏离的界限。这说明遵守规范并不意味着所有人都要表现出完全一样的思想、外观和行为才能避免偏离，因为几乎所有规范都有一个可接受的范围。

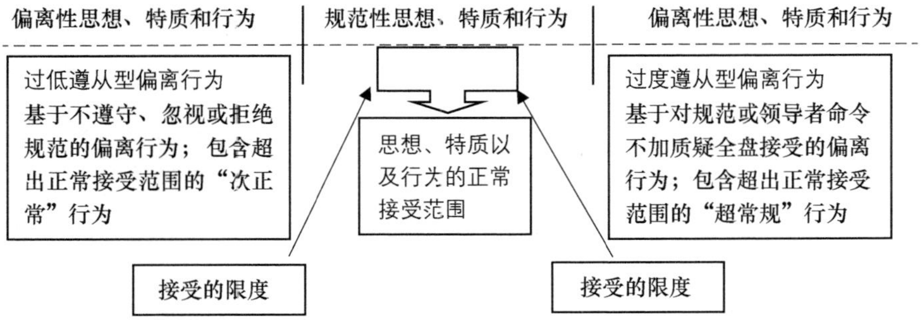

图 5.2 研究偏离行为的建构论方法：当思想、特质或行为超出社会认可的规范边界时，偏离行为就会存在

注：偏离行为涉及过低遵从型和过度遵从型两种类型。

（2）偏离是一种社会建构，人们不断协商可接受的界限。超出可接受范围的思想、特质或者行为被定义为偏离。然而，对界限的协商是持续动态发生的，代表规范界限的垂直线也会随着时间流逝、规范变化而向两侧偏移。

（3）规范性界限的协商过程和社会认可的行为范围受到社会或社会环境中的权力关系的影响。在决定规范性边界时拥有权力和权威的人通常具有最高的话语权，因为他们负责实施正式的惩罚和奖励。

（4）社会环境中的大部分思想、特质或者行为都处于一个正常可接受的范围内。而超出这一范畴的思想、特质或者行为属于范围左侧过低遵从型偏离行为，或者属于范围右侧过度遵从型偏离行为。

过低遵从型偏离指拒绝承认或接受规范的次正常的思想、特质和行为，例如酒吧斗殴、性侵犯或者将智力迟钝的人称作“傻子”。**过度遵从型偏离**指对规范不假思索地全盘接受，以及未能认识到规范存在限制的超正常的思想、特质和行为，例如在骨折和韧带拉伤的情况下仍然继续坚持比赛，或者服用止痛药带伤比赛。

建构论方法对于研究体育运动中的偏离十分有效，尤其有助于研究兴奋剂问题和其他极端行为，这些行为往往被社会中的大多数人界定为不符合常规的社会规范。

（二）体育运动中的过度遵从型偏离

研究显示，过度遵从型偏离是体育运动中的一个严峻问题。社会学家基思·埃瓦尔德和罗伯特·焦布（1985）在研究认真从事健美及竞技长跑的运动员时发现，其中一些人对与训练和比赛有关的规范表现出毫无保留的过度遵从。这些人的训练强度极大且频率很高，导致他们与家人的关系、工作表现、甚至身体健康都开始恶化，然而他们却从未对自己的行为或他们所在体育文化的规范提出过质疑。

虽然该研究发表于30多年前，但是今天的运动员仍有可能，即使不是更有可能，会忽视规范的界限，为了训练和参与体育运动而不计代价。美国职业橄榄球大联盟前球员马特·米伦这样解释道：

> 要参与一项只有少数人理解的运动，你就不得不自私。这对你身边的人来说很难接受……大家对此心照不宣，却又感同身受，即不惜一切代价去完成自己的夙愿，即便它意味着疏远你的家人和朋友。[运动员]为了[坚持留在比赛中]会愿意做任何事情，即便要他们牺牲自己的身体健康和幸福（in Freeman，1998：1）

另外一名运动员用下面的话重申了米伦的说法：

> 为了成功，我愿意做任何事情，什么都行。当我受伤时，我只想确保自己能尽快地重返赛场。这是一种“做你该做的事”的态度，而我都做到了（in Leahy，2008：W08）。

相关研究已指出很多形式的过度遵从型偏离行为，包括自我伤害的过度训练、极端的体重控制措施、使用未经检验的或危险的兴奋剂药物，以及带伤比赛。[①]研究体育中的偏离行为时，重要的是区分这两类行为：一类是漠视或排斥规范的行为，另一类是盲目接受规范和僭越规范边界的行为。辨别这两类行为需要了解体育文化的组织结构和动态机制，以及运动员赋予其体育参与的意义。举例来说，在高水平体育运动的文化中，人们期望

---

① 许多研究都提到过度遵从型偏离行为，尽管它们并没有使用本章所描述的概念。相关研究（以及详细的媒体报告）包括：Beals and Hill，2006；Beamish，2011；Brissonneau，2010；Busch，2007；Cotton，2005；Howe，2004；Ingham et al.，2002；Johns，2004；Johns and Johns，2000；Jones et al.，2009；Keown，2004；P. King，2004；Leahy，2008；Liston et al.，2006；Mason and Lavalee，2011，Pappa and Kennedy，2013；Peretti-Watel et al.，2004a，2004b；Pike，2004，2005；Schwarz，2007a，2007b，2007c，2007d；Young and Charlesworth，2005.

运动员坚守奉献、牺牲、为体育运动和队友甘冒身体风险的行为准则。如果有人遵从这种准则达到一种极端的程度，他就会被人视为一名真正的运动员，被队友视为自己人，得到认可与尊重。在这种情况下运动员很有可能会过度遵从于当前力量成绩型运动的道德准则规范。

（三）体育伦理以及体育运动中的偏离

伦理，是一套彼此关联的规范或标准，人们用它来指导和评价社会世界中的思想、特质及行为。精英运动员和教练员用**体育伦理**来指导和评价力量成绩型运动的社会世界的态度与行为。体育伦理主要包含以下 4 种规范（图 5.3）。

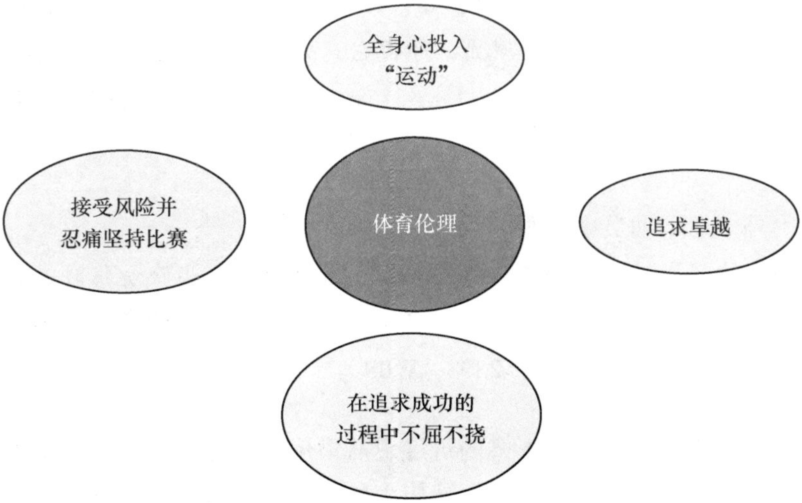

图 5.3　体育伦理中的 4 种主要规范

（1）运动员全身心投入“运动”，认为比赛高于一切。这一规范强调，运动员必须热爱这项“运动”，为证明这种热爱，他们必须将其作为生活的重中之重，不负队友的期望，为了坚持比赛而做出牺牲，直面竞争的种种苛求，毫不退缩。教练员鼓舞士气的讲话和更衣室中张贴的标语都在宣示这种规范的重要性。美国职业橄榄球大联盟运动员布兰登・斯托克利曾对这种规范进行了如下解释：“我真心喜欢它，如果因为我的身体或是大脑可能发生意外或受伤就放弃橄榄球，这种想法让我难以接受……我要尽情享受当下，从橄榄球中获得快乐。”（in Brennan，2012）

（2）追求卓越。奥林匹克格言“更快、更高、更强”充分体现了这一规范的含义。人们期望运动员为了提高能力而进行不懈的努力，将自己的体能推至极限，并不惜一切代价，释放最大的潜能。贾斯廷・沃兹沃思——一位参加北欧30公里滑雪赛事的美国顶级运动员——在2002年美国盐湖城的奥林匹克比赛中充分诠释了这项规范。他当时因用力过猛而导致内脏出血。在医院的病床上，他说：“把自己逼到这种程度也是很特别的经历。”而他的教练员和队友也认同这一看法（Berger，2002）。

（3）运动员要接受风险，并能忍痛坚持比赛。根据这一规范，运动员要能承受压力、痛苦、恐惧，永不放弃。运动员谈及此项规范时，他们只是说“这是比赛的一部分”。但是从社会学角度来看，它表明运动员心甘情愿地参与一种**风险文化**，在这种文化中，人们能够主动接受其中的不确定性、危险以及自己行为的后果（Giulianotti，2009；Howe，2004；Safai，2003）。运动员在践行这种规范时，就形成了一种将痛苦和受伤正常化的叙事话语，他们将受伤视为自己从事体育运动及自我身份认同不可或缺的一部分。极限运动员的评论就清楚地说明了这一点，他们在追求身体极限时要忍受各种伤病痛苦。一位曾获奖的雪上摩托车运动员莱维•拉瓦列说道：“我已经受过太多次伤了……但是每次受伤后，我总是迫不及待地想要返回到摩托上，然后继续前行。”（George，2013）

对于许多精英运动员而言，对痛苦的隐忍被视为意志力与坚定的标志；许多运动员都将痛苦当作一种积极的信号，证明他们真实地活着、在做他们应该做的事情。诚然，大部分高水平体育运动的教练员寻求的正是有这种使命感的运动员，并将其树立为所有队员的榜样。

（4）运动员在追求体育成功的过程中不屈不挠。这一规范强调的是“梦想”以及为此不惜付出一切代价的义务。运动员面临挫折时，一定尽力克服，不会轻言放弃。他们说，只有永不言弃，梦想最终才能实现。拳击冠军露西娅・里克尔曾出演过电影《百万美元宝贝》。她在一次训练时曾简单明了地概括过这一规范：“我把挫折看作火焰上的一把干柴。”（in Blades，2005）

在体育竞技中，过度遵从体育伦理中的规范是常有之事，尽管这种行为在体育之外的领域被界定为偏离行为，可能会对运动员的身体健康造成不可恢复的损伤。

艾伯托・萨拉查对过度遵从的危险做出了解释。他曾是一名马拉松运动员，也是玛丽・德克尔・斯莱尼（20 世纪七八十年代中长跑的传奇式人物）的前教练员。斯莱尼在经历多次受伤以及 19 次运动损伤外科手术之后，虽然身体一直处于疼痛状态，她仍然试图重回赛场。为了能进入美国奥运代表队，她一直过量训练。萨拉查理解斯莱尼对体育伦理规范的过度遵从，但是他也意识到这样做的危险性，并对此进行了如下评论：

> 最伟大的运动员太渴望成功，以至于疲于奔命。你的确需要有这种痴迷的劲头，但是不加节制的话，它会毁掉你的。这就是斯莱尼的情况。如果不及时悬崖勒马，她会害死自己（in Longman，1996：B11）。

目前对体育运动中脑损伤的研究充分验证了萨拉查于 20 多年前做出的这一犀利见解的重要性。体育运动员过度遵从体育伦理中的规范，忍受长期重复性脑创伤时，就会面临永久性脑损伤、慢性记忆丧失、早发性老年痴呆等风险，这些风险会在他们未老之前就长期困扰着他们。此外，还有因日常高强度的训练导致他们的身体透支而引起的关节损伤。这表明，过度遵从型偏离比过低遵从型偏离更加危险，成为今天体育运动中的焦点问题。如果我们不对高水平体育运动的文化进行批判性评估，这种偏离行为会持续存在。

当然，过低遵从型偏离行为也是体育运动中存在的问题，但是当运动员不服从规范时，他们会立即受到惩罚。因此，过低遵从者通常会被踢出高水平体育运动的文化圈，而过度遵从者则受到赞扬。此外，媒体常赞美过度遵从的运动员，把他们视为榜样和斗士，因为他们在骨折和韧带撕裂的情况下仍坚持比赛，忍受一次又一次的外科手术，并愿意接受注射止痛药来坚持比赛。观众在听到这些事迹时心生敬畏之情，尽管他们意识到运动员的行为已经超出了整个社会所认可的规范的边界。但很少有人反对体育运动中的过度遵从型偏离行为，因为这样比赛会更具观赏性，体育的重要性得以体现，也宣扬了奉献、努力、成就等价值观。然而，他们谴责过低遵从型偏离行为，因为它威胁到体育的意义及其代表的价值观。因此，大多数运动员都不愿提出一些批判性的问题，避免为自己遵守体育伦理规范的程度设置边界，即使这引发了各种问题，造成痛苦、扰乱家庭生活、危害健康和安全，甚至可能缩短他们的预期寿命。这说明体育伦理的作用是多么强大，运动员往往将其内化，并将自己的过度遵从作为评估自己和在同龄人中维持自己身份的基础。

（四）过度遵从型偏离行为以及群体机制

身为一名运动员，既是一种社会体验，也是一种身体体验。在精英水平的比赛中，运动员彼此之间形成了特殊的纽带，部分原因在于他们集体对体育伦理规范的过度遵从。当运动员团队为一个目标共同努力，面临重大挑战自愿做出牺牲并忍受痛苦时，他们就创造了一个将过度遵从“合理化”的社会世界，即使它在整个社会中仍然是一种偏离行为。当运动员将体能推向极限时，运动员之间的纽带就变得异常坚韧。他们的过度遵从行为使运动员群体在文化和身体层面与社会上其他人区分开来，运动员觉得自己运动项目之外的人无法理解他们以及他们在做的事情。

运动员可能会感激粉丝的认可，但他们并不指望靠粉丝来强调他们作为运动员的身份，因为在他们的眼中，粉丝不知道他们为了完成他人无法完成的事情需要付出何种代价。只有其他运动员才能理解这一点，因此，其他任何人都无法真正走入运动员的生活，甚至包括运动员的家庭成员。

> 为了比赛，你要不惜一切代价……你受伤了，就要想办法解决……你只能忍痛继续，如果你做不到，你就出局了。更衣室里流传着这样一句话：“如果你持续受伤不能比赛，那你就不能待在队里了。”
>
> ——美国职业橄榄球大联盟前球员戴夫·皮尔，现已残疾（in Leahy，2008）

由于运动员与社会其他成员之间存在隔阂，参与高水平体育运动的群体机制就显得尤为强大。其他严经筛选的群体，通常为男性群体，也会有类似的机制。我们可以在军队中，尤其是特种部队中找到相关案例。退役士兵有时会谈论到这些机制，以及他们及其“团队”在面临危险和死亡时所形成的强大的社会纽带。由于这些被选中的男性共同经历了许多独特和令人振奋的体验，他们彼此间的纽带非常牢固，相互保持联系的愿望极为强烈，以至于团体成员支持他们之间日益极端的行为。最终，团队中发生的事情都会被大家共同压下，即使他们应该向当局上报，即使许多团队成员都知道这些事情是不对的。

由于精英运动员努力维持自己的身份和精英团体的成员资格，他们往往会形成一种自认为独特和非凡的自我认知。他们经常听到教练员、粉丝和普通大众对他们的夸赞，在报纸、杂志、电视和互联网上都能看到表扬自己的话。当这种独特和非凡的感觉变得极端时，就像在知名度较高的运动员身上经常发生的那样，它们就会以一种**“傲慢”**的形式出现，即骄傲驱动的傲气和夸大的自负感，让他们感觉自己与众不同且高人一等。

导致运动员产生傲慢情绪的机制显而易见。第一，运动员之间形成的纽带鼓励和包容过度遵从型偏离行为。第二，集体性过度遵从使运动员产生一种不同于社会其他成员的特殊感，同时也引起粉丝的崇拜和赞赏。第三，由于具备运动队员资格才享有一些独特经历，这使运动员拥有一种特权感。第四，运动员认为体育文化之外的人无法理解他们以及他们的生活，因此不值得他们关注，在某些情况下甚至不值得他们尊重。

部分运动队出现的傲慢情绪可能会引发严重的问题，因为它使运动员认为一般的社会规范并不适用于他们。但是这一可能性尚未得到研究，所以我们尚不清楚集体过度遵从体育伦理规范的机制是否与过低遵从的高发频率相关。

（五）控制过度遵从型偏离行为

过度遵从型偏离行为为体育运动带来了特殊的社会控制问题。教练员、经理、俱乐部老板和赞助商等制定和执行规则的人，往往会在运动员过度遵从体育伦理规范时获益。在他们看来，甘愿为团队成员牺牲自己的身体健康是一件幸事，并非坏事。在运动员的眼中，对规范的过度遵从是对他们奉献和投入的一种证明；而在粉丝和媒体记者的眼中，它是抓人眼球的噱头，是赢得比赛的手段，也是大力提升媒体评级的方法。因此，过度遵从型偏离行为不会受到惩罚，即使它通常包含每个人都认为超出规范边界的危险行为。举例而言，很少有国家联合会（例如美国奥林匹克委员会）的主席会向国家队教练员抱怨他们的运动员过于投入自己的体育运动，过于专注于追求卓越，过于愿意带伤参赛，或者过于关注克服困难去为美国赢取奖牌。

让问题更加复杂的是，无论是金钱奖励还是获胜的愿望都不是运动员勉力超越规范界限的主要原因。相反，他们的动力在于以一种维持运动员身份的方式持续参与体育运动的愿望。他们的整个人生，包括他们的关系、经历、日常决策和事务，都围绕着运动员身份而组织建立。诚然，胜利、金钱、名望都十分重要，但和运动员身份相比它们是次要的。自从运动员决定要在本运动项目中达到精英水平，他们就一直将运动员身份看成自己存在的核心。

每当人们反复将“不惜一切代价获胜”和“金钱”作为对运动员一切行为的解释时，他们忽视了两个重要的点：① 在体育具有极高曝光度和极大文化价值的当今社会中，与作为一名运动员相关的更深层含义和个人问题；② 在如今的高水平体育运动中，运动员必须全职投入高强度的训练，无暇顾及生活中的其他事务，并依赖心理、生理以及医药学的共同支持去取得成功，这影响体育的组织形式（Atry et al.，2013；Beamish，2011；Brissoneau，2010；Hoberman，1992，2005；Johnson，2012；Ohl et al.，2015，Waddington and Smith，2009）。在高水平体育运动中胜出者其实寥寥无几，这意味着即使有些运动队和运动员永远不会赢得奥运会或世界杯奖牌、获得冠军、参加电视播出的比赛、赢得公众声誉、获得大学奖学金或签署职业合同，他们同样也会出现过度遵从型偏离行为。

控制过度遵从型偏离行为的一种方法是，让运动员在遵从体育伦理的规范时设定界限。然而，大多数高水平体育运动的教练员都不看好这一点。例如，当一名 14 岁的体操运动员训练迟到时，教练员会以违反团队规范为由而立即惩罚她。但是当她为追求卓越、实现自己的体育梦想而过度减肥到危险的地步时，许多教练员、父母和裁判员都不会将其视为偏离行为，而是觉得这是一位有奉献精神的运动员，心甘情愿地忍耐痛苦并为此付出代价。也就是说，直到应力性骨折或厌食症阻碍她参加比赛，威胁到她的生命，并把她送进医院时，他们才会注意到这种偏离行为。

粉丝们也希望运动员能超越规范的限制，不惜自己的身体去拼搏。他们认为这样做能提高比赛的刺激性和观赏性，因为它增加了比赛的不确定性。粉丝们没有意识到，如果他们接受过度遵从型偏离行为，那么过低遵从型偏离行为往往会随之而来。而这又挑战了他们对体育的重大迷思的信念，使他们谴责并要求惩罚个别不顺从者。对于这些粉丝而言，指责个别在他们看来道德败坏的运动员的偏离行为，比放弃他们认为体育本质纯洁美好的信念要容易得多。但这些并不能控制过度遵从型的偏离行为，因为导致其和运动员其他违反道德行为的深层原因有：高水平体育运动文化、运动员之间的关系、运动员与其必须做出回应的人们之间的关系，以及教练员、管理员和赞助商的有意忽视。

为了减少过度遵从型偏离行为，体育运动必须围绕运动员的健康和福祉进行组织，并承诺将成绩作为次要关注问题。这意味着“不惜一切代价去获胜”的思想将会被界定为危害性的、非理性的。

尽管很多人都将体育视为获得良好身体素质的途径，但是，当今许多体育项目已经到了这样一种地步：运动员训练的频率和强度已经达到伤害自己身体的程度，甚至还需要依赖技术才能坚持比赛发挥出最佳水平，才能提高现有的状态。将高水平的竞技体育转化为健康的运动似乎与今天的体育组织方式不兼容。但是，如果人们有意愿去做，也可以做得到。如果人们没有这种意愿的话，那就没有意义去指责当今运动员不惜一切代价地去达到对成绩的期待。

三、关于体育中偏离行为的研究

媒体针对体育中偏离行为的报道已经屡见不鲜，从而引发了一些社会学问题：体育中的偏离行为是否比其他生活领域更为常见？体育中的偏离行为有哪些模式？运动员的偏离行为发生率是否高于其他人群？

多数研究仅关注运动员群体中的过低遵从型偏离行为，即排斥或忽视团队规则或民事及刑事法律的一种偏离行为。过度遵从型偏离行为受到忽视，是因为它挑战了人们对体育的重大迷思以及偏离行为流行学说的普遍认可。此外，教练员、经理、球队老板，以及其他体育相关人士的偏离行为很少有体育社会学研究，因为从权威人士身上收集相关数据非常困难。他们有各种理由或途径对重要信息保密，不对他们所做之事进行解释或提供法律上的证据支持。

男运动员犯下的性侵犯等罪案近年来引发了人们的质问：某些男性体育运动中的文化与组织形式是否助长或默许了他们的这些行为？但是，大部分媒体报道都将体育偏离行为解释为由运动员的性格缺陷所致，或是由经理、管理人员以及其他从体育运动中获利者的贪婪而造成。这些解释得到广泛传播，被社会普遍接受，以至于在一些社会中已成为大家耳熟能详的说法。但是，它们过于简化了真实情况，缺乏真正的解释力。

体育中的偏离行为可能与性格缺陷或贪婪有关，但同时也与重要的文化与制度性因素有关。如果我们希望深入理解偏离行为，就必须认真考虑后者。在此我们将一一讨论这些影响因素。

（一）体育场上或与体育有关的偏离行为

与体育有关的偏离行为包括作弊、博彩、让分、故意输掉比赛、参与不公正的行为、骚扰和虐待、欺侮、行政腐败、使用兴奋剂，以及其他违反体育规则的行为。

1. 比赛场上的作弊行为

历史研究表明，与电视报道出现和运动员能获得巨额薪酬之前的年代相比，如今，作弊、粗野比赛、打架，以及使用暴力的情况已经不算常见了（Dunning，1999；Elias，1986；Guttmann，2004；Scheinin，1994）。与此同时，如今的体育比过去更受规则约束，体育场上的偏离行为更有可能被惩罚和受到公众指责。然而，其实很难比较不同年代运动员在体育场上的偏离行为发生率，因为体育规则及其执行标准会随着时间不断演变。研究显示，多数运动员都不会严格执行规则要求，他们还会自己创造非正式规范，钻正式规范的空子（Shields and Bredemeier，1995）。正如一名运动员老将解释的那样："我们运动员有一套自己内部的公正体系"（Player X，2009b）。但这并不是什么新闻了。

参与有组织的体育运动的运动员，一直会在裁判员允许的"水平范围内比赛"，也就是说，他们会根据比赛中裁判执行规则的宽松度调整自己的行为。这意味着，只要仍在裁判允许的范围内，他们就会尽可能地在规则的极限边界行事。运动员还会故意在场上战略性犯规，以便获得超越对手的优势。他们还会了解哪些犯规行为最不可能被裁判员发现。但是运动员以及粉丝都认为这是一种比赛策略，而非作弊。

2. 体育组织中的作弊、腐败及骚扰行为

人们感觉体育场内外的偏离行为较过去增加，这一部分是由 3 种因素共同作用的结果。第一，新规则不断出台，各种新形式的"偏离行为"也

随之出现。国际奥林匹克委员会、国际体育联合会和美国大学体育协会等体育组织的规则手册增添了数百项过去没有的规章制度，而且每年还会增加新的内容。

第二，现今使用的监控技术能够更好地检测违规情况。例如，通过慢动作即时回放，裁判员可以识别出过去肉眼难以分辨的犯规行为。甚至连移动设备的短信、电子邮件、照片、视频也用于识别以前无法发现的偏离行为。

第三，个人如今在体育运动中可以获得极高的利益（通常表现为身份地位以及经济回报），以至于运动员和其他与体育有关的人士有更强的作弊动机。而体育相关人士也会因此对潜在的作弊行为更加敏感，从而导致违规检测率比以前更高。

在上述因素的作用下，体育中的作弊丑闻似乎无休止地上演。美国大学体育协会特别是其中的第一级别会员院校是重灾区。虽然包括美国大学体育协会在内的大多数体育管理机构都能实行自我监管，但机构管理者普遍认同体育的重大迷思，因此他们认为没有必要设立有效的规则执行部门。他们认为，体育本质上是纯洁美好的，体育人士也具备这种纯洁性和美好性，因此能够自我管控。但是，这一假设存在缺陷，它阻碍了管理者执行规则的意愿，使他们不愿去调查可疑或确定的违规行为。

另一个问题是，美国大学体育协会和其他体育管理机构的官员经常面临内在利益冲突。由于他们依照会员的意愿来提供服务，他们不太愿意设立一个规则执行体系来彻底审查这些会员。因此，他们创立一些规则，给外人造成纯洁和美好的假象，但在规则执行政策和程序方面却十分无力。例如，美国大学体育协会每年都收到大约4000次成员轻度违规的自我报告。人力本就不足的规则执行部门必须调查所有这些违规行为，导致其几乎没有时间全面调查重大违规行为（Miller，2012）。

此外，今天的高风险体育文化对规则执行体系要求较高，体育组织的管理者缺乏相关的管理经验。如同生活中其他领域一样，体育从业人士也已经形成了一系列复杂的作弊方法和钻规则漏洞的方法。但调查人员既没有监管权，也缺少其他必要的调查资源，因此无法为作弊行为提供一贯的证据，最后调查很可能不了了之，惩罚措施也是毫无标准、没有定论，削弱了体育组织本身的合法性（Miller，2012）。

再者，体育组织的官员一般都在单纯保守的“好好先生”圈子里耳濡目染，从不会关注自身行为的透明度和问责制。在规则执行、预算、差旅费用、招聘流程，以及日常商务和人事问题方面也同样如此。

缺乏透明度和问责制带来的问题经常会升级为长期性灾难。这在近期的男足世界杯和奥运会等大型体育赛事中有所凸显。赛事后，成本超支、内部交易和明目张胆的腐败遗留了巨额公共债务。据报道，举办俄罗斯索契冬奥会花费的500亿美元中，仅仅腐败就占了300亿（Zirin，2013b）。追踪体育和体育赛事中资金的流向十分困难，由于体育组织并不会像传统企业那样接受严格调查，所以它们的掌权者能够掩盖和隐瞒资金交易。

这里要强调的一点是，我们不能确定现在的作弊情况是否比过去更加糟糕。然而，我们有充分的理由相信，随着体育行业涉及的资金量和其他津贴不断增加，**制度腐败**（即组织中的某些流程和惯例虽然已约定俗成、广泛实施并被认为理所当然，然而一旦公之于众，将被视为不道德、违反伦理或非法的行为，以至于破坏公众对该组织及其管理者的信任）的问题日益严重。但制度腐败并不一定总是违法的，这意味着外部控制很难实施。调研制度腐败，不仅耗费功夫，还会有危险性，尤其是如今的国际奥委会、国际足联和其他体育管理机构和联盟等组织动辄经手数十亿美元的资金流（Jennings，2006，2011；Sugden and Tomlinson，1998）。无论如何，体育组织自我监管的动力都不大，腐败的机会却很多，而且回报丰厚（Thamel and Wolff，2013）。

关于制度腐败的研究十分少见，几乎无人为此划拨研究资金，而提供制度腐败证据的学术研究者也会面临职业风险。研究牵涉的相关组织代表往往具有影响力，比体育社会学领域的任何研究者都有更大的权力，因此研究者必然会受到他们的诽谤。除非有勇敢的调查记者能在媒体机构的支持下开展此类调查，否则在那些当权者权力稳固且以权谋私的某些体育组织中，腐败将持续存在（Jennings，2011）。

组织中发生此类情况时，会形成骚扰和剥削频发的环境，而作恶者同样不会受到制裁。美国宾夕法尼亚州立大学的体育部就出现了这一情况。一名前助理橄榄球教练员借助部门的设施便利，在十几年中对多名男孩实施了性虐待，结果却没有引发任何严肃或持续的调查。由于所有其他教练员，包括传奇式的橄榄球教练员乔•佩特诺在内，以及体育部和大学官员都太过看重能够带来金钱和地位的橄榄球项目，以至于他们逃避本应承担的法律义务，甚至对这起发生在他们身边的严重虐待行为放任不管。直到调查记者揭露事实，官方才对这位前教练员的偏离行为做出回应（Hayes，2012；Klarevas，2011；McCarthy，2012）。

宾夕法尼亚州立大学一案并非个例，在体育组织中发生过很多起非法骚扰和刑事虐待案件，其中管理者和教练员通常是作恶者（Farrey，2011）。20 世纪 90 年代以来，来自英国的西莉亚•布拉肯里奇和挪威的卡利•法斯廷及其同事（Brackenridge et al.，2008；Brackenridge and Fasting，2009；Brackenridge et al.，2010a，2010b；Brackenridge and Rhind，2010；Fasting et al.，2008；Fasting and Brackenridge，2009；Fasting，Brackenridge，and Knorre，2010；Fasting，Brackenridge，and Kjoberg，2011；Hartill，2009，and Leahy，2011.）对骚扰和虐待行为开展了细致的研究，他们发现其产生机制因具体情况而异，但最有可能发生的环境是一些体育组织，教练员和（或）管理者在此对他人的职业生涯有无可置疑的权力和掌控，并且不需要对除体育成绩之外的任何事情负责。此外，受害者对骚扰或虐待的指控可能不容易取信于人，因为作恶者会以伟大的体育神话为掩护，要么逃脱侦查，要么为自己的行为提供他人可以接受的辩解。

要打破作弊、腐败、骚扰和虐待这一潜在循环，唯一的方法就是体育组织放弃自我监管，自愿将所有规则执行问题移交给独立的外部机构处理。权力移交无法解决所有问题，但至少负责规则执行的人本身不存在利益冲突，而这是内部执行监管时存在的一大问题（Miller，2012）。当然，独立机构需要足够的资金，其行为必须公开透明，能够建立信任。此外，体育组织的大多数管理层人员都需要接受特定形式的培训，充分了解自己对运动员和同事担负的责任。当独立的权力机构存在时，运动员和工作人员遇到有关骚扰和虐待的问题和情况，就可以向其寻求帮助，上述培训就会更加有效。

3. 运动员和裁判员的博彩参与与相关的偏离行为

新技术有助于检测体育中的偏离行为，但同时也促成了人们在参与偏离行为时另辟蹊径，导致其难以被检测出来（Glanz et al.，2015a，2015b）。体育博彩就是一个典型的例子。当然，体育博彩可以追溯到古代奥林匹克运动会上的比赛，如今它已在全世界范围内普及，并且在许多国家取得了合法地位。通过博彩网站，人们可以很轻松地对世界上任何体育运动中可量化的方面下注，而且对于包括运动员在内的美国大学生而言，他们足不出户就能完成。

一些网站为人们提供了一个类似易趣网（eBay）的平台，可以将投注相反一方的人们进行匹配。在此类网站上，人们下注的对象可以具体到哪名球员将在某场世界杯足球赛的下半场为第二粒进球助攻。当然，网站会设置下注的“赔率”或概率，下注者可以自愿接受或放弃。例如，在超级碗或美国大学体育协会男子篮球锦标赛期间，拉斯维加斯赌场的“体育栏目”中的押注表针对这些赛事提供了数百个方方面面可供投注的机会。

体育博彩在内华达州是合法且非常受欢迎的，但在其他州却被界定为犯罪行为，尽管一些州希望将其合法化。在欧洲大部分地区和亚洲部分地区，体育博彩是合法的，但会受到国家政府的监管。在全球范围内，博彩是一项价值数十亿美元的行业。有职业球队的老板本身就参与博彩，他们就是用博彩挣来的钱来购买球队。英国一些大学如今已经设立了“博彩研究”专业学位。体育联盟也与博彩公司合作，每当后者发现某些可疑的投注模式，表明背后可能有人试图“操纵”比赛结果或赛事的任何方面时，会向联盟示警。

针对体育运动投注的资金估算难以核实，但根据国际刑警组织的估计，每年有 1 万亿美元被投注于体育运动，其中的 70% 被投注于足球，投注金额每年都大幅增加（Assael，2008；Borden，2012；Brett，2012；Hoffer，2013；Karp，2011；Millman，2010a，2010b；Zaremba，2009）。

美国职业橄榄球大联盟、美国大学体育协会和国际足球联合会等体育联合会和其他体育管理机构都有明确的规定，禁止运动员投注体育运动，尤其是他们参与的体育项目和赛事。违反此规则的运动员将接受严厉的制裁，包括终身禁赛、终身禁止执教，或禁止将来涉足该体育项目。这一举措是为了保障体育比赛结果的合法性，因为如果人们不能相信结果的公平性，今天就不会有我们所知的观赏性体育运动了。

然而，尽管存在相关法律法规，还是发生了数十次操纵比赛事件，因为网络的发展已经促使体育博彩成为一大全球产业。当博彩者或新兴的博彩垄断联盟想要增加自己的胜率时，在体育领域最可靠的方法就是贿赂球员或裁判员来改变比赛走势或比赛结果，以便赢得特定的赌局。

犯罪组织以及许多奸险狡诈的企业家都已经涉入这一行业，因此如今操纵比赛已成为一项国际性犯罪活动，其巨大的利润甚至与非法武器销售、卖淫和贩毒一样可观。

2013 年，调查人员在全球 600 多场足球比赛中找到了操纵比赛的证据，涉及来自 15 个国家的数百人（Robinson，2013）。如今，犯罪组织已经参与其中，操纵比赛这种犯罪活动就变得越来越难以调查和控制。犯罪组织在全球范围内运作，而除了国际刑警组织和欧洲刑警组织之外，警方只能在本国开展调查，其权力有限，必须与国家警察部队合作。此外，犯罪组织不仅仅是贿赂运动员和裁判员，如果他们不愿意合作，犯罪组织还会威胁他们与其家人的人身安全。

虽然博彩问题日益严峻，但体育组织也意识到，体育博彩是一个很好的“诱饵”，能够吸引粉丝从头到尾看完比赛。参与博彩的人们还会在家购买昂贵的有线电视和卫星体育频道套餐，并定期按次付费观看综合格斗和拳击赛事。要吸引人们观看美国大学体育协会的篮球锦标赛和橄榄球超级碗比赛，没有什么比办公室竞猜更有效了。美国大学体育协会的管理者明白这一点，尽管他们现在在教导运动员体育博彩是危险的（Brown，2010；Paskus，2010）。

美国大学体育协会的研究表明，大学运动员经常参与博彩，其中高尔夫运动员最有可能参与博彩，与其他高尔夫球手一起对赌的现象在高尔夫运动中非常普遍（Paskus and Derevensky，2013；St. Pierre et al.，2013；Wolken，2013）。如果运动员身负赌债，并且认为让分或操纵比赛就能在赌注经纪人那里消债，就会引发潜在的问题。

在 2015 年的一次调查中，《纽约时报》和美国公共电视网前线节目提供的信息揭露了全球和美国博彩业的普遍性。每周都有数十亿美元流入体育博彩，下注通常是在其他国家注册的离岸游戏网站进行。追踪这些网站非常烦琐，而且这些网站为了保证下注不被中断，总在不停变换网址。美国于 2006 年通过一系列联邦法律，旨在禁止体育博彩，但最终没有成效。这些法律还一时疏忽承认了梦幻体育（fantasy sports）的合法地位，这导致其现在发展成为与博彩利益相关的数十亿美元的大产业（Bogdanich et al.，2015）。尽管美国联邦调查局力图对博彩进行监管，但它在美国境外几乎没有执法权力。美国国会如果不严格监管互联网，就不可能在管控体育博彩上有所作为，但这不太可能做到。

随着体育博彩不断普及，美国职业体育官员继续发表声明对其进行谴责，而运动队所有者也继续投资梦幻体育公司。美国职业橄榄球大联盟和其他联盟表示不赞成体育博彩，但他们也希望在博彩业收入中分一杯羹（Belson and Drape，2015）。尽管体育博彩不太可能成为首要的执法目标，但它所产生的利润为其他犯罪活动提供了资金，并给那些沉迷于博彩的人带来一系列问题（Brett，2012）。

4. 欺侮：偏离行为还是团队建设？

在一个成熟的团体或组织中，获得会员资格能够提高个人的社会地位，因而对新成员的欺侮就成为一种约定俗成的做法。相比女性群体而言，这种现象在男性群体中更为常见，部分原因是男性更可能将团队资格与社会地位挂钩。

人们常常会对欺侮的概念产生困惑，因为他们混淆了欺侮及其相关概念，如通过仪礼、入会仪式和霸凌。**通过仪礼**是一种制度化的文化仪式，标志着从一种生命状态向另一种生命状态的转变。**入会仪式**是一种可期待的、公开的正式仪式，标志着进入一个团体或组织。**欺侮**是一个秘密的、私下的人际过程，旨在重申新进成员和现有团队成员之间的等级地位差异。**霸凌**包括旨在恐吓、剥削或伤害他人的侵犯行为。在这四个概念中，有关欺侮的研究最少，主要是因为它具有私密性，并且涉及人们尴尬的私密的经历。

运动队中的欺侮有时是明显的偏离行为，但研究表明，由于以下原因，人们很难将欺侮过程清楚地归类为偏离行为或可接受的行为（Allan and Madden，2008；Clayton，2013）：

（1）高中和大学运动员都意识到欺侮现象的存在，并且当他们成为团队的新成员时，经常会预料到自己会被欺侮。

（2）大多数受到欺侮的运动员以积极的方式看待自己被欺侮的经历，或者他们对自己的受欺侮经历感到模棱两可，可能并不像其他人认为的那样感觉自己受到了欺侮。

（3）欺侮往往包含各种形式的羞辱、酗酒、隔离、睡眠剥夺以及运动员私下的性行为。

要想理解上述现象，首先要明确，对大多数运动员（至少是那些加入地位较高团队的队员）而言，欺侮再正常不过了。此外，某些欺侮行为已经变成了生活的一部分，连那些遭受欺侮的人都不认为有什么值得“大惊小怪”的，即使社会中的其他人有不同看法。

有关欺侮的研究凤毛麟角，但珍尼弗·沃尔德伦、薇姬·克兰及其同事（Waldron and Kowalski，2009；Waldron et al.，2011）的研究表明，欺侮的内在机制很容易失控，很可能对他人造成严重伤害。这类机制的存在，很大程度上是因为欺侮是一种私下的、隐秘的过程，它再现了高级和初级团队成员之间的等级地位差异和权力区分。例如，要确保队员对欺侮保密，一种方法就是强迫被欺侮者违反重要的社会禁忌，承认受到欺侮意味着自己也做出了偏离行为，所以只能保密。

在美国文化中，这类禁忌往往与性有关，因此欺侮过程中有一种倾向是迫使人们从事被界定为不道德的性活动，所以参与者会对此保密。确保保密性的另一个方法是强迫人们大量饮酒，以至于最后他们根本记不清自己做了什么，就算告诉别人，也没有人会相信。因此，欺侮常常会涉及危害生命健康的饮酒行为。

由于欺侮具有偏离性和危险性，它反而能够建立纽带关系，成为队员被教练员利用控制的软肋。这就是为什么一些教练员默许欺侮的发生，因为他们可以从中获取信息，借此对团队宣示权力，并且在不破坏团队关系的情况下要求队员服从。

在回顾有关欺侮的证据时，笔者得出如下结论：对于高中生和大学生而言，欺侮应该被入会仪式取代。在入会仪式中，新成员通过公开的方式正式被团队接纳，表明自己有权获得新的身份。职业运动队中有关欺侮的信息表明，欺侮相对更加受控，更专注于将新成员引入已有的团队文化，老队员觉得自己经受过考验，是“过来人”，完全配得上精英运动员的身份，因而需要得到新队员的尊重。然而，2013 年公开的一次极端的美国职业橄榄球大联盟欺侮事件表明，部分球队的老队员可能会欺负第一年加入的新队员，对后者提出侮辱人格的过分要求（Clark，2013；Gay，2013；Hochman，2013；Pelissero，2013）。

根据我们对职业运动队中欺侮现象的了解，队中的欺侮行为可能十分幼稚，当然也是旨在重现团队老成员的地位和控制力，但这里欺侮的形式与高中和大学的欺侮事件并不相同。研究者很难获准进入一个运动队开展欺侮问题的研究，但是好的研究会有助于我们了解欺侮在各级别体育运动中的动态机制及影响作用。

在对体育运动中的偏离现象进行了综述后，得出的结论可能有些出人意料：没有历史研究表明，如今体育场内外的过低遵从型偏离行为比过去更为常见。不过，制度腐败和博彩操纵比赛是体育界的重大问题，可能危及某些体育项目的未来。

（二）体育场外的、与体育运动无关的偏离行为

运动员的场外偏离行为受到了媒体的广泛关注。当运动员被逮捕或涉嫌犯罪活动时，他们会上新闻头条，成为晚间新闻的主要话题。然而，研究并未表明，场外偏离行为的发生率较过去是有所上升还是下降，以及运动员的行为偏离概率是否高于普通人群中的同龄人。与此相关的研究主要关注以下 3 个方面：① 高中生犯罪和体育参与；② 高中和大学运动员的学术舞弊和过度饮酒；③ 运动员的个别重罪率。

1. 高中生犯罪和体育参与

有关高中生的研究表明，运动员的犯罪率往往低于其他来自相似背景的学生。除了少数例外，这一发现适用于不同体育项目、来自不同社会的运动员，以及拥有不同社会阶层背景的男生和女生（Hartmann and Massoglia，2007；McHale et al.，2005；Veliz and Shakib，2012）。

大多数相关研究存在的问题是，它们没有考虑以下 3 个重要因素：① 有偏离行为史的学生参加选拔并被选入运动队的概率比其他学生要低；② 运动员可能会获得特殊优待，避免被贴上犯罪的标签；③ 高中运动员的偏离行为可能会被“顺从的表象”所掩盖，也就是说，他们会在公共场合遵守规范，但会私下去违反（这样不容易被发现）。这意味着许多研究可

能没有对运动员违法行为采取有效措施，因此低估了他们的犯罪率。

一项研究收集了全国 7 到 12 年级学生样本中的历时数据（1994—2001），研究发现，相比参加其他体育项目或不参与学校运动的年轻男性，足球运动员和摔跤运动员更有可能参与严重的斗殴（Kreager，2007）。这一现象引起了第六章“体育中的暴力行为”中讨论的问题，但第五章的要点在于，有些关于体育参与和犯罪的研究可能忽略了运动员违反规范的模式，或者数据分析脱离了社会背景，所以难以解释某些行为模式的成因。

即使体育运动项目的设计初衷是针对“边缘青少年”的“干预措施”，我们仍然缺乏明确的理论来解释我们如何以及为何期望基于体育运动的干预计划能够有效减少犯罪，或者产生其他积极影响。大多数此类项目都收效甚微，即使向社区中的“边缘青少年”提供体育项目，这对于改变存在的失业、贫困、学校教育薄弱和其他与犯罪有关的因素都无济于事（Coakley，2011b；Coalter，2007；Coalter and Taylor，2010；Hartmann，2003b；Hartmann and Depro，2006；Hartmann and Massoglia，2007）。

基于第三章的内容，我们了解到，不能对所有运动员一概而论，因为体育经历因项目而异，体育参与只是个人经历的其中一部分。因此，当有人说“参加体育运动让我脱离了困境”时，我们应该先去调查这一陈述对这个人生活的具体意义，然后才能确定体育经历中的哪些方面能帮助年轻人发现积极的其他选择，从而在生活中做出明智的选择。在这项研究完成之前，我们的结论是：体育参与“既不会造就圣徒也不会造就罪人”，尽管两者都可能会参与体育运动。

2. 高中和大学运动员的学术舞弊和过度饮酒

大学运动员让“学术导师”帮忙完成课程作业，尽管这种做法已经人尽皆知，但大学运动员是否整体上比其他学生更多地参与学术舞弊，尚未得到系统研究（Pennington，2012a）。如果将运动员与其他学生进行比较，我们可能会发现二者有一定的可比性，但作弊方法不同。运动员倾向于提交由“学术导师”代写的论文，而其他学生则会从大学兄弟会保存的文档、在线网站，或父母雇用的专业写手处获取论文（Gabriel，2010；Kristal，2005）。但是，当一名普通学生提交了一篇伪造的论文被发现时，这件事不会上国家新闻，这名学生不会受到全国人民的指责，学校的声誉通常不会遭到国家媒体的质疑，一般也不会有教师因为没有有效地监督学生而被解雇；如果作弊者是运动员的话，上述情况就可能会发生。

运动员究竟是更常去作弊，因为获得某些成绩对他们的影响比其他学生更大，还是更不会去作弊，因为他们处在大众的目光下，一旦被抓损失更多？答案我们无从知晓。我们需要将运动员与其他普通学生进行比较，与不维持最低平均绩点就会失去奖学金或工作机会的学生比较，还要与其他参与非法学术团体的学生比较。只有这样，我们才能对学术舞弊和体育参与做出明确的表述。

在高中和大学，未成年人饮酒和过度饮酒不仅限于运动员。然而，研究表明，大学运动员（无论男女）比其他普通学生存在更多的饮酒、酒精滥用和酗酒的情况（Bacon and Russell，2004）。针对高中生的研究呈现出类似的模式（Denham，2011；Hickey et al.，2009；Hoffman，2006）。不过，在回顾了有关这一主题的数十项研究之后，我的结论是：体育参与、饮酒和其他行为之间的关系取决于团队文化和该文化中包含的社会活动等因素。如果运动员——无论男女，在上高中还是大学——创造了一种周末频繁开派对的文化，他们将比其他运动员和普通学生更容易饮酒和狂饮（Hoffman，2006）。因此，如果运动员身份将年轻人置于鼓励或期望其参加派对的文化中，他们就更有可能饮酒。然而，在某些体育运动和团队的文化中，周末社交活动不包括派对和其他可能存在酒精的社交活动。因此，关键因素不在于体育参与，而是与特定团队成员身份相关的文化和社会动态机制。

对这一主题的研究十分重要，因为饮酒和酗酒与其他形式的偏离行为有关。例如，我们目前还不清楚，饮酒和狂饮的动机是否与过度遵从型偏离行为和大学运动员之间的群体动态机制有关。从社会学角度而言，运动员结伴喝酒、一起酩酊大醉与带伤参赛可能并没有太大的区别，都是为了在体育文化中获得同伴的认可。当一起经历患难且相互扶持的队友们说：“今晚我们喝几杯龙舌兰吧”，运动员会不假思索地干掉好几杯吗？所以，情况是否真是这样、为什么是这样、何时发生，以及发生的频率如何，都有待进一步研究。

3. 运动员的个别重罪率

男运动员的暴力袭击、使用致瘾毒品和醉驾行为已经被媒体广泛曝光。

研究这些形式的偏离行为十分重要，然而目前相关研究很少，而且现有研究的发现也不一致。

重罪率研究的另一个问题在于，研究很少将运动员逮捕率的数据与一般人群相比，或与在年龄、社会经济背景方面相当人群的逮捕率相比较。例如，20 世纪 90 年代后期开展的一项研究报告称，在抽样调查的美国职业橄榄球大联盟球员中，从上大学那年开始算有 21.4%的球员因较严重的犯罪而被逮捕至少一次，这一发现令许多人瞠目结舌（Benedict and Yaeger，1998）。然而，后续研究（Blumstein and Benedict，1999）显示，在人口为 25 万及以上的城市中，有 23%的男性在其一生中（通常在青年时期）会因严重犯罪而被捕一次。

近期一项有关 2000—2013 年逮捕率的研究表明，美国职业橄榄球大联盟球员的财产犯罪率和公共骚乱犯罪率低于普通美国人，但在研究涵盖的 14 年中的其中 6 年，他们的暴力犯罪率高于后者（Leal et al.，2015）。

然而，我们在比较不同人群的犯罪率时，必须牢记一点：职业运动员接受的待遇可能与一般人群中的同龄人不同。有些时候，运动员的行为时刻被大众关注，即使参与相同的行动，他们也要比其他人负有更多的责任。但在其他情况下，运动员可能会获得特殊待遇，在别人因某些行为被逮捕时，他们做出这些行为却可以免受牢狱之灾。

就性侵案例而言，提起诉讼、逮捕、开庭审判和面临判决的动态机制很复杂。例如，律师兼社会学家杰夫·贝尼迪克特曾研究 NBA 球员在 2001—2002 赛季涉入的案件，他发现，“强奸受害者但凡对 NBA 球员提起刑事诉讼，几乎都会被贴上‘骨肉皮’（即狂热追星族，译者注）或‘傍大款’的标签”。他暗示道：“在性侵案件中，受害者要成功获得对名人运动员的定罪，并且还能保持自己的名誉无损，其付出的代价绝不亚于‘白雪公主’”（Benedict，2004：29）。男运动员之间的暴力袭击和性侵犯的发生率这一问题尤为重要，第六章将对此进行全面探讨。

四、提高运动成绩的药物：过度遵从型偏离行为的一项案例研究

在许多体育项目中，兴奋剂的使用仍然是一个长期存在的问题（Hruby，

2012a，2012b，2013a，2013e；Hughes，2013；King，2014；King et al.，2014；Ohl et al.，2015；Sefiha，2012；Smith，2015）。关于运动员使用兴奋剂的媒体报道不再令人震惊。然而，大多数人并不清楚在体育运动中使用药物其实由来已久。几个世纪以来，运动员一直服用各种各样的日常药物和特殊药物来提高成绩，在各个级别的比赛中均是如此。

在商业体育和电视出现之前，人们就已经开始使用提高成绩的药物，并且这种现象在所谓的传统价值被广泛接受的时代也屡见不鲜。因此，我们必须将目光放长远，超越这些因素去解释运动员为何使用提高成绩的药物。

研究还表明，药物使用并非源于运动员社会化过程不完善或道德品质的缺乏；事实上，它通常发生在体育界最敬业、最坚定、最勤奋的运动员身上（Petróczi，2007）。在这一点上，似乎大多数药物的使用和滥用情况都与运动员不加批判地接受体育伦理规范有关。因此，它其实来源于过度遵从型偏离行为，这与长跑运动员不顾严重的应力性骨折继续训练，女性体操运动员通过危害健康的极端节食来控制体重，美国职业橄榄球大联盟球员在疼痛难耐的情况下注射止痛药，不顾身体情况带伤比赛，本质上没有区别。

体育为人们提供了深刻而难忘的体验，许多运动员为了保持体育参与，都愿意“极尽所能”，以强调自己作为精英团体成员的身份，与他人一起追求强度、挑战和刺激（Smith，2015）。在接受采访或与球迷交谈时，运动员经常会提到自己取胜的欲望，但对于他们中的大多数人而言，获胜之所以重要，是因为这样他们就能继续从事自己喜欢的运动，并获得其他运动员对其身份的肯定。这些动态机制助长了运动员对体育伦理规范的过度遵从，从高中运动员锻炼的本地健身房到职业运动队的更衣室，它无处不在；无论是百米冲刺还是马拉松比赛，网球还是足球，在不同体育项目各个级别水平的男女运动员中，都能看到这种影响。

关键在于，运动员使用类似人生长激素这类药物的初衷，与疏离社会的 25 岁青年为追求刺激、逃避现实而注射海洛因的原因截然不同。后者抵制社会规范，而使用药物提高成绩的运动员其实是接受社会规范，认同通过奉献、努力工作、忍受痛苦和克服困难达到目标。但是，由于运动员不加批判地过度遵守这些规范，他们往往走向极端，对使用新技术提高成绩不假思索地照单全收。也就是说，运动员使用提高成绩的药物，不是为了逃避现实，而是为了在精英体育运动中寻求生存和获取成功。因此，我们需要从不同的角度来理解运动员使用“药物”的原因。对于违背规范使用海洛因、可卡因、冰毒、大麻和其他所谓“娱乐性”药物的人的行为动机所做出的解释和相应的控制方法，与兴奋剂问题有很大不同，不能照搬。

（一）体育的重大迷思、使用兴奋剂与兰斯·阿姆斯特朗

大多数观看体育比赛的观众以及报道体育的记者，都希望运动员成为良好品格和积极行为的典范。当运动员的言行举止没有满足这种期待时，尤其是那些知名度高、有天分的运动员，他们就会危及那些相信体育的重大迷思之人的信念。举例来说，如果我认为体育运动会促进正向的性格发展，而我听说一名从业多年的运动员违反了规则，或者参与了与我对体育的看法相悖的偏离行为，可能会造成两种结果，要么是我会改变长期以来对体育的重大迷思持有的信念，要么我会认为行为偏离的运动员“道德败坏”，违背体育运动的根本。当我的部分生活是围绕对体育伟大神话的信念而组织时，我觉得相比于放弃这一信念，承认体育的本质并非纯洁美好，还是谴责运动员要容易得多。

上述例子可以帮助我们了解，当兰斯·阿姆斯特朗最终承认他违反国际奥委会和国际自行车联盟的规定使用违禁药物时，人们的心态变化。许多人一直把阿姆斯特朗和他的人生当成一种梦幻般的故事，这是对体育的重大迷思有效性的证明。当阿姆斯特朗承认违规时，那些忠实的信徒感受到了背叛。因此，他们通过强烈谴责阿姆斯特朗是邪恶的化身，来维护自己对体育运动的信念。

上述反应也有例外，主要发生在一些癌症幸存者身上，他们从未使用体育的重大迷思来指导自己的决策或理解社会现实。对于他们来说，阿姆斯特朗只是单纯地为他们的生活带来了希望和慰藉——他从癌症中幸存下来，在自行车赛中努力拼搏取得成功，创立了“坚强生活基金会”（Livestrong Foundation），筹集了 5 亿美元用于癌症研究，并通过自己的基金会支持癌症患者治疗。这些人不太可能认为阿姆斯特朗道德败坏，尽管许多人因其对服用兴奋剂撒谎和其间未曾善待他人而感到失望。此外，他们可能会更

容易务实地理解药物在当代社会中起到的作用。他们知道提高成绩的药物在自己的日常生活中必不可少，因为他们自己就使用这些药物来避免恶心、恢复和增强肌肉、控制疼痛和抑郁，或维持生活所需的能量。相反，大多数相信体育的重大迷思的人从未想过将自己使用提高成绩的药物和运动员可能使用它们的动机相联系。

（二）体育事业及提高成绩的技术

阿姆斯特朗事件为我们针对以下议题提出批判性思考提供了一个绝佳机会：① 今天高水平体育运动的组织方式；② 精英运动员对于提高成绩的技术的普遍使用；③ 赞助商、赛事组织者、媒体公司、教练员和体育组织经理对训练和比赛日程日益严苛的要求。但是，由于人们拼命地抓住体育的重大迷思不放，疯狂地谴责阿姆斯特朗，贬低他一生中所做的所有事情，这个宝贵的机会转瞬即逝。

在此，我们试图重新找回这个机会，并讨论相关研究成果，分析为何即使反兴奋剂机构（如今已成为价值数十亿美元的庞大药检和药物控制产业的一部分）做出种种努力，在许多体育运动中，提高成绩的药物的使用仍然屡禁不止。

运动员的职业生涯及其训练和比赛的背景一直是法国社会学家克里斯托夫·布里索诺的研究重点。作为一名退役的精英自行车赛车手，他通过自己在体育界的人脉关系来收集运动员、训练员、教练员和运动医学专业人士的相关数据。克里斯托夫于 20 世纪 90 年代末开始在欧洲系统地收集数据。近期，他获得“富布赖特驻校学者”奖，受邀到美国开展研究，收集美国职业橄榄球大联盟、美国职业棒球大联盟以及其他体育项目的精英运动员的相关数据。

在分析了主要通过对自行车、田径、摔跤、举重和健美运动员进行深入访谈收集的数据后，克里斯托夫与他在巴黎大学社会科学研究实验室的同事创建了一个模型，将精英体育运动的参与描述为多阶段体育生涯中的 3 大步骤（Brissonneau and Depiesse，2006；Brissonneau and Ohl，2010；Brissonneau，2010，2013；Ohl et al.，2015）。该模型在职业自行车运动中的应用情境参见图 5.4。

质变　　质变

普通人的世界 → 非凡成就世界 → 普通人的世界

A. 体育参与生涯				
第一阶段 了解自行车运动文化	第二阶段 专业学徒	第三阶段 职业自行车手	第四阶段 训练成为冠军	第五阶段 努力回归常态
B. 药理辅助生涯				
第一阶段 未使用特殊药物	第二阶段 了解合法产品 铁、B_{12}、镁，以及其他用于身体控制的补剂	第三阶段 维持状态的产品 可的松 合成代谢物 其他药物	第四阶段 用于取胜的产品 EPO HGH 其他药物	第五阶段 用于逃避现实的产品 安非他明、酒精、助眠产品、哈希什（大麻类药物）、可卡因
		痴迷于体型保持与控制		
C. 职业医疗支持生涯				
全科医生	运动医学医生	身体表现生理学家	生物技术专家	成瘾治疗专家

图 5.4　布里索诺职业体育生涯模型

该模型确定了职业自行车手整个职业生涯的 5 个阶段。在每个阶段，车手都在体育参与、药理辅助和职业医疗支持方面经历社会化过程。他们的职业生涯始于普通人的世界，即正常的日常生活。

体育参与生涯的第一阶段包括了解某一特定体育运动的文化，此处具体指自行车运动文化。在此阶段，车手仍处于业余水平，不需要使用特殊的技术或药物来提高成绩，接受的医疗支持主要是由全科医生提供的年度体检和一般健康评估。车手可能会参加当地比赛，但他们的生活主要围绕学校和家庭。本阶段骑行运动的重点是个人体验，而不是追踪成绩表现，其目标主要是享受和学习更多有关自行车运动的知识。

在第二阶段，车手开始认真对待比赛并设定目标；部分车手会努力成为职业选手。根据体育项目和国别的不同，运动员会选择加入俱乐部，或加入竞技项目和团队。此时，身体健康以及从训练和比赛中尽快恢复就变得非常重要，对运动员身体各项指标的监测和控制也要更加合理和科学，这意味着需要专业运动医学医生的支持。提高成绩的技术变得重要，因为运动员要开始跟踪和监测自己的各项身体素质指标，涵盖力量和肌肉生长、耐力以及循环系统（心肺）的携氧能力等。

在此阶段，运动员了解到其他人会使用哪些合法产品来精细化地提高身体在训练和比赛中的表现。任何使他们能够适应更高强度训练的东西都会变得有吸引力。就自行车手而言，他们开始认为需要补充铁剂和维生素（B_{12}等）。这标志着药理辅助生涯的开始。通常为其提供正式或非正式支持的有运动医学医生、其他运动员、与国家队或精英联盟有关的更庞大的体育系统，以及一些国家的官方赞助组织或在另一些国家由个人或俱乐部赞助的组织。

从运动员职业生涯的第二阶段到第三阶段的转变意义重大，因为它涉及从普通人的业余体育世界到非凡的职业体育世界的质变。这一阶段的体育参与被界定为一项工作，运动员会获得报酬，并由他人决定培训和比赛时间。提高成绩的压力成为运动员生活的唯一重心。期望、要求、个人观点都发生了巨大的变化。运动员的社会世界变得越来越封闭，与普通世界隔绝，他们的生活主要围绕着与精英运动员、教练员、训练员、运动生理学家、团队经理和赞助商的关系展开。对于这些人而言，成绩高于一切。

在第三阶段，训练更具科学性和合理性。训练的持续时间和强度急剧增加，疲劳成为身体的敌人。随着时间的推移，运动员逐渐认识到，为了在专业水平上求生存和取得成功，他们必须要做过去避免或被认为是不明智或违背伦理的事情。与此同时他们也知道，为了让身体达到最佳状态，他们必须使用技术来帮助自己从训练和比赛所造成的损伤中恢复。对这些技术视而不见，意味着无法胜任自己的工作、不适应竞争环境。如果运动员愿意从事高水平竞技体育，达到高水平竞技体育所需的身体活动强度，他们就可以通过药物获得帮助。此时，他们的行为就超越了整个社会所接受的规范的界限。为了让自己保持精英水平，使用这些技术和药物就是训练的必要组成部分，即使它们是非法的。

第四阶段是对第三阶段所有相关事项的强化升级。具体到自行车手而言，这种转变是从专注于完成一份工作到能够登上领奖台，在长距离比赛中赢得冠军，以及与队友合作赢得比赛。运动员不得不使用生物技术专家提供的所有技术，因为后者专门研究体育表现，并且掌控运动员的大部分训练。

处于这一职业生涯阶段的运动员了解到，过度遵从体育伦理规范很正常，竭尽一切去维持超常规水平的表现，是他们对自己和其他人对他们都抱有的标准期望。那些不愿意满足这种期望的运动员，会令他人失望，并且被视为违反了职业运动员的生活准则。因此，运动员对训练更加痴迷，严格遵循由私人训练师、营养师和运动科学家设计的全年训练计划。但是为了能够不被淘汰，并始终保持高水平发挥，他们必须每天都要努力超越身体的极限。这样的极限训练每周超过 15 个小时，身体就会产生问题，出现生理损伤。要从这些生理损伤和在训练和比赛中不可避免的伤病中恢复，就要用到各种治疗方法、技术和药物。运动员训练得越刻苦，他们就越需要这些东西帮助他们为比赛做好准备，更好地延续自己的职业生涯。

在第四阶段，医疗支持更侧重于成绩，而不是整体健康和福祉，包括使用合法和（或）非法的各种药物组合来帮助运动员不中断训练，将身体保持在最佳的战备状态。相关策略可能来自其他运动员，也可以由团队、俱乐部和体育联合会雇用的运动科学家和运动医学专家提供。如果运动员忽视这些专家的建议，这通常意味着他们的高水平竞技生涯也到此为止，他们会失去一切，包括团队成员资格、赞助商、收入、与其他精英运动员的关系，甚至失去运动员的身份。对于那些几乎奋斗了一生才达到这一级别的运动员而言，他们几乎不可能拒绝选择为了成功不择手段。当然也有人拒绝，但我们很少知道他们，因为这些人的职业生涯通常很快就戛然而止。

第四阶段的训练策略非同寻常。为了将获胜率最大化，一些运动员通常会试图控制影响自己成绩的所有因素，此时兴奋剂就成为训练策略的正常组成部分。使用了兴奋剂，运动员就能比对手训练得更努力、时间更长，兴奋剂成了以获得竞技成功为中心的文化中不可或缺的一部分（Hruby，2013a）。此时拒绝使用兴奋剂尤为困难，因为这个级别的运动员会代表团队、体育组织、赞助商、社区或国家参赛（Hoberman，2005；Johnson，2012）。此外，当运动员到达这个阶段时，他们对健康的定义已经变成以比赛获胜为第一要务，根本不去考虑自己现在的行为是否会导致未来的健康问题。他们也许将来会面临骨关节炎、活动受限，以及折磨人的慢性疼痛等诸多问题，甚至每天早上起床都会很困难，更别提参与正常的体育活动了。此外，运动员学会了隐藏自己的疲劳和伤痛，因为他们害怕被其他精英运动员所取代，不想把弱点暴露给对手，以防被别人利用。事实上，在高水平体育运动中表现出任何弱点的运动员都会面临失去合同、代言、赞助、甚至粉丝支持的风险。

在此阶段，体育运动（的重点）不再是运动员做什么了，而是他们是什么样的人。获胜很重要，因为只有获胜，他们才能继续精英体育事业，才能维系自己人生和身份的根基。他们如果输了，就意味着失去自己的主要身份、人际关系，以及日常生活的重要根基。因此，如果我们仅仅以精英运动员“不惜一切代价去赢”的心态来解释对体育道德规范的过度遵从行为，我们就弱化了更深层次的在社会中作为一名运动员的个人意义，尤其是在这个社会中，体育运动成了文化焦点，需要精英运动员全心全意的奉献和投入。

从职业体育到第五阶段的转变涉及另一个重大的质变，即运动员在长久的离开后必须重回普通人世界。运动员多年来唯一重要的身份就是运动员身份，此时他们面临着严峻的挑战。作为精英运动员，他们很少或根本没有时间发展其他技能和身份，所以他们会尽可能长时间地保持精英水平不愿退役。伤病往往是迫使他们进入第五阶段的原因，但在高强度的、以自我和身体为中心的高水平竞技体育的世界中混迹多年之后，回归“正常”需要进行重大的调整（Tinley，2015a）。

日常生活失衡错位，生命的意义似乎变得模糊不清、难以确定，将身体推向极限的乐趣消失了，竞技的刺激感也不复存在。作为日常生活中精神支持来源的运动员同伴已不在身边，普通世界的人们无法理解失去精英运动员身份所带来的困难和痛苦。要想让生活重回正轨，就要与家人和朋友重新建立关系，前提是后者仍然在身边并且愿意重新建立关系。但是，当之前的身份无关紧要，且新的身份尚不存在时，重建人际关系困难重重。

在第五阶段，运动员体验到的失望和困惑常常会导致其逃避无聊的普通世界的渴望。一些退役运动员可能会用安非他明等中枢兴奋药来开启新的一天，然后用像安必恩这样的助眠药物结束一天。有些人还会染上酒精、大麻、哈希什和可卡因。在这个阶段，运动员需要的医疗支持人员是成瘾治疗专家、精神病医生或临床心理学家。

这一阶段问题的严重性源于诸多因素，但是如今从精英体育中退役变得越来越困难，因为20世纪80年代中期以来，社会对高水平竞技体育的需求和期望一再升高。赞助商和电视台开始进入体育领域，训练也开始基于合理性和科学性，人们对精英运动员的期望也越来越高。“淡季”消失了；运动员没有时间从事其他工作或接受教育，同样也无法为糟糕的成绩寻找借口。

还是有人表示很难接受布里索诺职业体育生涯模型的所有方面，尽管这个模型是基于运动员和高水平竞技体育相关人员的长达近 20 年的数据。当然，并非每名运动员的情况都完全适用于该模型。毕竟在不同文化中，国家、体育项目、性别和高水平竞技体育的地点都会存在差异（Pitsch and Emrich，2012）。但接受布里索诺职业体育生涯模型的困难也在于人们缺乏一窥高水平竞技体育的内部世界的权限。更衣室的规则将我们拒之门外，很多数据都隐藏在我们的视线之外。

此外，运动员和其他相关人士都知道，或很快就了解到，如果他们公开使用来自精英体育世界的未经审查的话语，他们不仅会让大众瞠目结舌，损害自己所从事的体育项目的商业价值，还会失去工作。因此，他们会使用职业体育模型的第一和第二阶段的话语，强调体育与健康之间的联系，以及价值观、道德观、体育的纯洁性和美好性的重要性。他们使用与体育的重大迷思相关的语言，因为在精英体育领域工作的人们知道，向公众宣传自己的产品时，最有效的方法就是强调体育运动的诚信，并承诺一定会清除所有那些玷污人们信念的运动员，让人们重新相信体育本质是纯洁美好的。

大多数运动员都信奉第一阶段和第二阶段的话语，因为这些话语代表了他们的信仰，即他们想要自己相信的话语。这并不奇怪，因为其他人将运动员视为体育纯洁美好的代表。赞助商支持并推广这一话语，因为它符合企业的商业模式及其高管的信念，高管们经常声称自己积极的品格就是以前参加体育运动时塑造出来的。而体育媒体记者和体育组织的工作人员则使用这种话语来维系上述信念，这是体育普及所依赖的基础。

这意味着体育中的偏离行为既是政治问题，也是健康和文化问题。什么算作体育运动中的偏离行为，取决于什么将使体育运动持续受到欢迎和支持。这一现实也决定了体育领导者和规则委员会采取何种制裁和惩罚。一旦有运动员或体育组织基层员工的言行玷污了人们信奉的“伟大体育”的信条，或者揭露了高水平竞技体育非凡世界不美好的真相时，他们就会受到制裁。

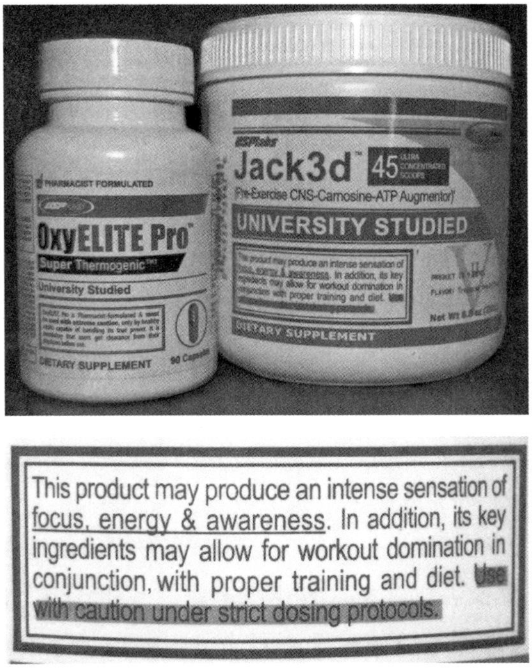

（图源：©杰伊·科克利）

“本产品可能会极大提高专注力、体能和意识力。此外，本品配合适当训练和饮食，可使锻炼效果出众。注意：谨慎使用，严格控制剂量。”

超过半数的美国成年人使用“营养补剂”，美国人每年为此的总花费超过300亿美元。据说Jack3d含有强效兴奋剂，非常像安非他明。人们声称服用它后，能够更长时间地、以更高强度进行锻炼。“减脂精英”（OxyElite Pro）产品说明提到，它“仅能由能够控制其真正力量的健康成年人使用”。补剂的生产速度太快，药检组织确定其是否应被禁用的速度完全跟不上，部分原因在于美国不要求补剂在销售之前获得美国食品药品监督管理局的批准。在这张照片被拍下后，“减脂精英”由于与致命的肝脏疾病有关而被下架。

（三）高水平体育运动中兴奋剂的使用

控制有关体育运动的言论可能十分棘手，因为精英运动员很少向外人展示他们的内部世界。不过下面一些运动员关于兴奋剂的言论，可以让我们了解他们的真实想法。

这里是职业体育，为了不被淘汰，你就要做必要的事情，赛季结束时，你再把身体（中的兴奋剂药物）净化掉。

——瑞安·齐默尔曼，美国职业棒球大联盟球员（in White，2012）

从你加入联盟的第一天，你就永远不会再拥有 100%的健康了。（我服用过酮咯酸）这就是橄榄球的一部分，你要尽可能利用好法律。[1]

——贾马尔·杰克逊，美国职业橄榄球大联盟的 8 年老将

（in Matz，2011）

我的身体一直感觉很糟糕，我的队友也是如此。我们的训练人员对此心知肚明，还会鼓励我们注射一针，告诉我们它会让我们感觉更好。所以我们排队等着打针。

——纳特·杰克逊，美国职业橄榄球大联盟的 5 年老将

（in Jackson，2011）

这很正常。你褪下裤子……他们给你注射一针（止痛药酮咯酸），贴上创可贴，然后你就出去比赛。这可能很愚蠢，可能很傻，随便你们叫我蠢蛋还是傻瓜，因为我想要留在橄榄球场上。

——布雷恩·乌尔拉彻，美国职业橄榄球大联盟的 13 年老将

（in NFL 简报，2012）

在你的职业生涯中，总有某个时刻要经历赛季的暴击，熬过那周的训练，咬牙坚持到下一个比赛日。酮咯酸是让你恢复正常比赛状态不可或缺的工具。

——吉姆·克莱因萨瑟，美国职业橄榄球大联盟的 13 年老将

（in Wiederer，2012）

我感觉像是暴发户。你注射一针，就觉得像回到了十八九岁。它就像一层铠甲，让我重获新生。

——美国职业橄榄球大联盟 12 年老将，曾在注射药物的情况下赢得超级杯联赛并创下纪录（in Wiederer，2012）

① 酮咯酸（Toradol）是一种强效处方非类固醇抗炎药（NSAID）。许多美国职业橄榄球大联盟球员都曾在比赛日注射该药，他们将其戏称为乱哄哄的“临时演员招聘会”（Belson and Pilon，2012）。如今，队医不再对球员注射此药，因为有球员因注射该药引起损伤而起诉联盟。不过还是有许多运动员继续注射该药以便能够参赛，尽管药物要靠自己获取。

它确实掩盖了痛苦，但这就是你带伤比赛的代价。我们是一种商品，只有当在球场上时才有价值。

——龙德·巴伯，美国职业橄榄球大联盟 17 年老将（in Matz，2011）

上述言论中提到了一种药物酮咯酸，主要是橄榄球运动员在使用。运动员很少在公开场合坦诚地谈论非法或禁用药物，但在 2011 年橄榄球运动员可以更加公开自由地谈论酮咯酸，因为许多人已经向美国职业橄榄球大联盟提起集体诉讼，称联盟任由球队在没有遵循药物警告的情况下使用它，也没有与球员讨论该药的副作用。

从上述言论中我们还可以得知，在高水平体育运动的非凡世界里，使用药物来提高成绩是正常现象。这一结论得到了伊芙杜克·帕帕和艾琳·肯尼迪（2013）的研究支持，他们采访了精英田径运动员，并用以下文字总结了研究发现：

运动员明确表示，他们认为使用兴奋剂是一种正常现象……虽然体育管理部门已经禁用提高成绩的药物，但运动员认为它们对自己的职业生涯发展和保持高水平的竞技水平不可或缺。（2013：289，290）

这一结论并不意味着所有精英运动员都使用非法药物，但它确实表明，在高水平体育运动的非凡世界里，使用此类药物并不被视为道德败坏和性格软弱的表现。因此，尽管反兴奋剂行业不断努力，但在体育运动中控制兴奋剂的使用是一项可能永远无法完成的任务。

（四）反兴奋剂的战争

药物检测在体育运动中是一个相对新鲜的事物（Waddington and Smith，2009）。在 20 世纪 80 年代中期以前，反兴奋剂政策的主要目的是防止运动员过量服用药物猝死，这在某些体育项目中已经太过普遍，因为运动员大胆试验了各种各样据说能提高训练和比赛表现的药物。但是，体育行业的暴利驱使运动员们掩盖自己使用药物的事实。于是反兴奋剂机构开始介入，旨在努力维持体育运动的诚信形象（Aschwanden，2012）。事实上，用于指导奥林匹克运动的《世界反兴奋剂条例》（由国际奥委会、世界反兴奋剂机构和美国反兴奋剂机构强制执行）的基本理念，是“使用兴奋剂几乎与体育精神背道而驰”（WADA，2009）。这一理念根植于一种绝对论方法，假定只要使用了提高成绩的违禁药物，就违反了体育所代表的典范，因此是一种偏离行为。这种方法将无论何种原因使用违禁药物的运动员一律妖魔化（López，2011）。

世界反兴奋剂机构和美国反兴奋剂机构发动了反兴奋剂的战争，该举措得到大多数人的支持，其中有些人甚至都不是体育迷。他们觉得纯洁美好的体育本质已经被“兴奋剂使用者”玷污了，任何能够将他们踢出体育界的举措都应该得到支持。这种方法还帮助他们回避了一些批判性问题，例如：

（1）当运动员注射止痛药物坚持留在赛场上，就会被称赞为英勇的斗士，而当他们服用类固醇、人生长激素和其他有助于更快复原的药物，修复因过度训练而受损的肌肉，或者用于在体力透支或赛程过紧的比赛后放松和恢复时，则被斥责为作弊者，这是否符合逻辑？

（2）当我们期望运动员冒着生命危险来娱乐大众时，却谴责他们未能成为儿童的积极榜样，这种说法是否有理？

（3）为什么药物检测仅聚焦于个体运动员，而不是高水平体育运动所代表的文化及其背后复杂的系统？在这个系统中，运动员以外的人士研制、购买、供应、管理和研究禁用药物，并确定如何服用才能不被检测出阳性。

（4）药物检测宣称能够让运动员保持健康并保证体育的公正性。但是首先，显而易见，粉丝最爱看的体育项目对运动员的健康是不利的。其次，体育也并不公平，因为一些人有门路购买世界上最先进的训练策略和技术，而其他人甚至对其闻所未闻。那么在这种情况下，如此宣称的药物检测如何能够令人信服？

（5）有些美国民众是否有理由声称运动员使用提高成绩的药物就是道德败坏，他们的职业生涯就应该被禁止呢？在当今社会，人们前所未有地大量使用各种用来美化外表、增强认知能力、提高成绩的药物，而这些运动员只是社会的一分子。

（6）如今刑侦般严苛的尿检、血检和对运动员可疑行为的调查已经花费数十亿美元，这些钱如果能用于运动员在职业生涯五个阶段中每一个阶段的教育和合作，不是更好吗？这样当运动员在选用现有技术助力训练和比赛时，能够具备充分的知识且能得到医疗支持。

（7）一方面谴责所谓“兴奋剂”的使用，同时又支持奥林匹克格言“更快、更高、更强”，并要求运动员在突破人类潜能的极限、损害自己身体健康的情况下创造更多破纪录的成绩，这样是否合理？

针对当前体育运动中的兴奋剂控制方法，上述问题和其他数十个批判性问题会让很多人感到不舒服，因此他们对此避而不谈。

目前的药物检测方法中的“猫捉老鼠”的动态机制不太可能消亡。各种能够提高视觉、认知警觉、大脑功能、反应时间、力量和速度的新技术正以创纪录的速度被研发出来（Epstein，2011）。基因操纵已接近实现的可能性，即使尚未完成（Epstein，2010）。这说明我们需要问的一个最合理的问题应该是：这些技术（包括药物）如何在不破坏身心健康的情况下融入运动员（以及我们其他人）的生活之中？

如果不追究这些问题并且不改变当前的检测方法，兴奋剂丑闻将无法遏制。会陷入这样一个循环：运动员被抓捕，人们表达厌恶，并要求严惩作弊者，然后每个人（除了受到惩罚的运动员）都会感觉良好，直到下一次丑闻发生。

当来自德国的退役自行车手约尔格·贾克舍被问及他对当前药检方法的看法时，他表示，它还会继续被沿用下去，因为它对于高水平体育运动的赞助商来说没有任何缺点，而正是这些赞助商的资金推动了今天的商业化观赏性体育运动。他解释说（in Gatti，2013），目前的药物检测系统使赞助商“获得优异体育成绩带来的曝光度，以及由此产生的所有商业利益”，而优异成绩通常需要借助于药物。当运动员被抓时，赞助商会表达惊讶、失望，但是仍可以获得额外好处，即“因保持正直而带来的良好品牌宣传”。他说，总的来说，对于体育界最有权势的人和赞助商而言，如今的（药检方法）“是双赢的”，这就是现行制度不会改变的原因。但是我们当中的一些人并没有那么悲观绝望，我们认为在反兴奋剂战争中，有合理的替代方案。

（图源：©弗雷德里克·A. 艾尔）

“别担心，这里面大部分药物是合法的，其他药物不会被药检出来！”

今天，大多数运动员服用多种“营养补剂”（Mason and Lavallee，2012）。生产此类补剂的行业是不受管制的，并且经常声称其某些产品能够提高成绩。

（五）反兴奋剂战争的替代方案

本章的要点如下：运动员使用提高成绩的药物，不是因为他们道德低下或是受到邪恶教练员的剥削压迫，而是因为他们：① 不加批判地全盘接受，并过度遵从体育道德规范；② 是体育系统的组成部分，在这个系统中他们不得不接受治疗和服用补剂，以便能从自己几乎无法控制的高强度训练和密集的比赛日程中迅速恢复。这就是即便出台更强硬的规定和增加药检也不起作用的原因。

兴奋剂使用引发的道德恐慌以及过于简单化的解决方案，并不会改变训练和比赛的现实状况或高水平体育运动的文化，也不会阻止运动员使用他们认为必不可少的药物，他们需要这些药物来维持自己的身份，继续体验精英体育带来的快乐和兴奋感。

如果精英体育文化的现有组织方式不做任何改变，那么无论是当前兴奋剂的使用，还是将来提高认知能力的技术和基因操纵技术，都将无法得到有效控制。必须对体育运动进行文化和结构性的变革，使运动员、教练员和他人能够批判性地评估体育伦理，控制过度遵从型偏离行为，或重新界定体育伦理，接受新的规范。关于如何着手开始这些流程，下面提出了一些建议：

（1）批判性地审视精英力量成绩型运动的深刻虚伪性和双重标准。如果体育联合会和团队仍旧鼓励运动员对体育伦理规范过度遵从，那么兴奋剂的使用就不可能得到有效控制。因此，对于一些目前普遍认可的提高成绩的策略，需要进行批判性讨论来确定是否需要对其加以限制，例如注射止痛药和大剂量维生素 B_{12}、水化疗法、断骨中带着固定针进行比赛、比赛期间利用高科技“绷带”将断骨固定到位，并使用特殊的绑带来限制受伤关节活动。这些做法很常见，它们促成了一种体育运动文化，鼓励运动员将使用提高成绩的药物界定为合乎逻辑且勇气可嘉的行为。

（2）制定规则明确指出体育中的某些健康风险并不可取，也无必要。16 岁的女子体操运动员带着因训练造成的应力性骨折进行比赛，却被塑造成国家英雄，成为企业赞助商的海报封面人物，这会助长体育中的过度遵从型偏离行为，让运动员面临永久性伤害和残疾的风险。这显然是一大问题，体育组织应该重新关注运动员的健康，而不是比赛成绩。

（3）建立一种“降低伤害”的方法。运动员只有被两名医务人员同时确认为健康（不仅仅是具备参赛的能力），才能被允许参加比赛。这一方法与当下的做法不同，目前的做法是训练员和医务人员尽其所能让受伤的运动员尽快重返赛场（Bennett，2013）。训练员和医务人员应由团队管理层以外的人员聘用，他们应更注重倡导健康，工作重点是促进运动员的长期健康福祉。因此，与其让运动员接受药检，不如让他们接受健康检查，证明其足够健康可以参赛。如果药物损害了他们的健康，或使他们比赛时面临风险，他们将无法通过检查。只有健康状况得到改善，符合既定的指导方针，他们才能重返赛场。这将是建立新的体育文化的重要一步。

（4）为运动员制订损伤和健康教育计划。这是重建体育文化的第一步。勇气应该被定义为能够认识到遵从存在限度，能够按照纪律要求明确且负责任地承认过度遵从以及运动损伤的后果。学会听从自己身体的声音，而不是一味否认疼痛和损伤，这对于控制使用具有潜在危险的兴奋剂药物至关重要。

（5）为运动科学家、教练员、经理以及制定训练和比赛日程的人员设立基于健康的指导方针和道德准则。太多的运动科学家都是在协助运动员过度遵从体育规范，而不是帮助他们质疑过度遵从型偏离行为带来的健康风险。例如，运动科学应该用来帮助运动员了解他们选择参与体育运动的后果，帮助他们批判性地评估自身所作所为的动因及其在生活中的意义。如果科学仅用来怂恿运动员一门心思想在体育上有所作为，而不是提出这些批判性质疑，那么过度遵从型偏离行为，包括兴奋剂的使用等问题就会随之而来。

（6）将药物教育纳入健康教育计划的重要组成部分。家长、教练员、联盟管理人员、经理和训练员应该与运动员一起参加教育计划，共同思考和讨论体育道德规范以及如何防止过度遵从型偏离行为。除非他们所有人都了解自己在推动支持药物使用和滥用的文化中扮演的角色，否则问题将持续存在。

如今我们面临着对体育运动成就的意义没有明确界定的前景。在体育中取得成功会带来更多金钱奖励，运动员身份已经成为许多体育参与者生活的核心，提高成绩的技术也变得越来越有效和便利。因此，针对这些新变化我们需要新的应对方法和指导方针。旧的方法和指导方针结合强制性管控方法已经无效，试图让体育运动回到过去我们认为的样子也是徒劳之举。面对新的问题和挑战，我们需要采取新的方法予以有效应对。

成功转变体育文化，需要社会各界广泛参与。目前，民族国家和企业赞助商都在利用力量成绩型体育运动的文化，通过它来传播相关的价值观，鼓励人们为了国家和企业利益采取过度遵从型偏离行为。这背后其实并没有什么阴谋，但是它却带来一种挑战，只有我们集体意识到需要做什么，并且共同付出努力来解决，才能应对这一挑战。即使如此，变化也是微小变化的逐渐累加，而不是一次颠覆性的改变，但只要我们努力在体育运动、学校和社区中创造变革，那么变革仍有可能发生。

五、小结：体育中的偏离行为是否已经失控？

体育中的偏离行为的研究面临各种挑战，其原因包括以下 4 点：① 体育中偏离行为的多样形式和成因无法用单一理论来解释；② 体育中普遍接受的思想、特质和行为可能在社会其他领域会被视为偏离，同时社会所接受的事物可能在体育中属于偏离；③ 体育中的偏离行为经常包含不加批判、毫无底线地接受规范，而不是有选择地加以拒绝；④ 如今的体育训练会用到众多新的科技形式，而我们缺乏相关规范来指导和评价运动员及其他体育从业人员的行为。

有些人认为社会现实中存在是非善恶的根本真理，他们经常使用绝对论的方法来解释偏离行为。他们认为恒常不变的道德真理是所有规范的基石，因此，每一种规范都代表着一种典范，而不符合这种典范的每一种行为、特质或思想都是偏离的、不道德的或邪恶的。根据绝对论的方法，随着偏离典范程度的增加，偏离行为会越来越严重。例如，如果说使用违禁药物违背了体育的纯洁性和美好性这一典范，那么无论在任何时间、任何地点使用任何违禁药物，都将是偏离的，而且如果药物使用持续下去，最终将被定义为不道德或罪恶。

社会学家通常使用建构论的方法来研究和解释体育中的偏离行为。该方法基于文化学、互动论和结构论等理论的结合，强调规范和偏离是通过社会互动进行社会建构的，并突出过低遵从和过度遵从之间的区别。这一区分十分重要，因为体育运动中最严重的偏离形式就发生在运动员、教练员和其他人员过度遵从体育伦理规范时，规范包括强调比赛至上的奉献精神、追求卓越、冒险、带伤病比赛、为追求体育梦想克服一切障碍等。如果在遵从上述规范的过程中未设置限制，则会发生过度遵从的偏离行为，并且经常会导致严重的问题。

大多数体育社会学研究都集中在运动员的过低遵从型偏离行为上。对教练员、经理和体育管理人员的偏离行为的研究相对很少，主要是因为有权势的人不愿接受研究，害怕危及自身的地位和影响力。

我们不清楚当今体育中的作弊行为是否比过去更为普遍，但体育的制度腐败似乎已成为体育组织中日益严峻的问题，大多数体育组织都缺乏正式的第三方执行代表，使自身的透明度和问责制出现问题。制度腐败还滋生了纵容骚扰和虐待的内部机制，包括教练员对运动员的性虐待。

体育博彩以及与之伴生的各种偏离行为也日益成为体育的一大问题。

近年来，在世界足坛以及其他主要体育项目中已发生多起操纵比赛事件，一些运动员和裁判员的不良行为能够决定比赛走势和最终比分，这一度引发热议和质疑。

欺侮多在私下隐秘发生，所以也难以对其开展研究。有时这种偏离行为会很危险，特别是为了让新成员对欺侮保密，有些高中生和大学生会强迫他们违反强大的社会禁忌。

研究表明，运动员在体育场外的、与体育无关的偏离行为也成了问题。然而，与不参加正式体育运动的同龄人相见，运动员偏离行为的发生率似乎并不会更高。例外情况包括饮酒、酗酒和性侵犯。

尽管已出台新规则、更严苛的药检计划，以及对违规者更严厉的惩罚手段，但使用和滥用提高成绩的药物仍是运动员中普遍存在的偏离形式。由于无数人都信奉体育的重大迷思，相信体育本质上是纯洁美好的，他们会采用绝对论方法看待体育中的药物使用问题。因此，他们认为使用违禁药物的运动员是道德败坏的作弊者，必须从体育运动中剔除。

布里索诺职业体育生涯模型基于建构论方法构建，解释了药物使用的原因：高水平体育运动对运动员有严苛的要求和期望，而运动员为了满足这些要求和期望不得不以“非正常”的方式进行高强度训练。过度训练带来了疲劳和伤病，对身体产生负面影响，此时运动员需要依靠专业的医疗和药物支持才能保持良好的竞技状态。由此，使用药物和其他技术帮助运动员留在赛场上就成了正常行为。

许多运动员都愿意不惜一切代价取得成功，以免自己被团队淘汰。他们将使用提高成绩的技术视为训练的必要组成部分，并不认为这是作弊，尽管他们对于这种行为属于违规心知肚明。这种心态也解释了为什么运动员会注射危险的合法药物（如酮咯酸和可的松）来掩盖疼痛，坚持留在赛场上。

当前的反兴奋剂政策打击兴奋剂使用的具体举措包括检测运动员的尿液和血液，近期还开展了对运动员私人生活的调查。这就形成了一种“猫捉老鼠”的动态机制，运动员总是试图比药检人员更快一步。尽管当前的“兴奋剂检测”方法成本高昂且效果不佳，但仍在继续使用，因为它符合赞助商和体育组织的利益。当无人被检测出呈阳性时，他们可以声称自己已经负责地保障了体育的纯洁性和美好性，而当有人被检测出呈阳性时，他们可以对此加以谴责，并通过惩罚违规的运动员来占据道德高地。

反兴奋剂的“战争”有一些替代解决方案，包括批判性地审视当前高水平体育运动的组织和文化，以及明确指出其对运动员的影响。可以使用降低伤害的方法来代替药检，由合格的专业医疗人员对运动员进行身体检查，确定他们是否足够健康以参加训练和比赛。如果再结合对运动员和体育掌权者的教育工作，以及针对开发运动员训练计划的运动科学家出台一套相关的伦理准则和道德规范，那么这一方法可能会比药检更加行之有效，因为未来各种提高成绩的新技术会层出不穷。

补充阅读

阅读材料 1　利用偏离行为在体育中建立商业形象
阅读材料 2　过度遵从型偏离行为与过低遵从型偏离行为是否存在联系？
阅读材料 3　体育参与是避免偏离行为的良方吗？
阅读材料 4　界定提高运动成绩的药物
阅读材料 5　为何当下体育界的药物管控面临极为严峻的挑战？
阅读材料 6　近代历史上的体育兴奋剂使用
阅读材料 7　药物检测作为威慑手段的正反方论证
阅读材料 8　在兴奋剂控制计划中使用生物手段

体育管理问题

- 假设你是一名高中教师兼教练员，你听说男生摔跤队的老将们正在计划欺侮新成员。在过去，曾有一些运动队的欺侮行为过分失控，所以你把这件事报告给了校长和体育主管。他们要求你想出一种替代方案，既帮助团队成员增进积极的队友感情，又不会涉及侮辱或危险行为。请概述你的计划，阐释你的提议与本章所界定的欺侮之间的区别。
- 假设你是一名体育主管，由于因过度训练而受伤的运动员正在接受运动医疗人员的治疗，学校田径队运动员的数量不足。教练员告诉你，她要求所有运动员付出 110%的努力，并期望他们忍痛带伤进行训练和比赛。你可以制定一条规则，要求必须由一名非体育部的医生来决定运动员能否忍痛带伤比赛，请阐释你的具体举措。

- 假设你在一支顶级职业运动队实习。你喜欢你的工作，为了在截止日期前完成项目，你偶尔会服用莫达非尼来通宵工作。你的主管被你的精神打动，把其他实习生都梦寐以求的职位给了你。你接受了这份工作，通过了公司的强制性药物检测，并且在第一年的工作中取得了成就。莫达非尼被列在世界反兴奋剂机构的违禁药物清单上，但你服用过，这算是作弊吗？请以合理的逻辑解释是或否的原因。
- 假设国际奥委会聘请你审查和评估其目前采用的反兴奋剂手段，并在适当情况下提出替代方案。外聘审查的原因在于目前的方法未被世界各地的运动员广泛接受或完全信任。请总结你审查和评估的要点，概述你可能提出的建议。

第六章　体育中的暴力行为：它是否影响了我们的生活？

我不希望让别人觉得我在夸大其词，因为我确实没有。在 20 世纪 60 年代我打篮球的时候，暴力行为要严重得多。

——萨奇·桑德斯，NBA 前球员（1999）

"……球迷们煽动橄榄球后卫在球场上做出野蛮的攻击性行为，然后当这些球员在酒吧打架或陷入家庭纠纷时，他们却表现出震惊。作为球迷确实没什么逻辑可言。"

——保罗·雪利，记者（2011）

我们必须确保我们没有创造出另一个罗马，在那里，角斗士会不会死在场上仅仅取决于凯撒个人的喜好。

——蒂姆·里德，前大学橄榄球运动员（in Kelly，2011）

本章纲要

什么是暴力？
历史上的体育暴力
比赛场内的暴力
比赛场外的暴力
观众暴力
恐怖主义：体育赛事中有计划的政治暴力
小结：体育中的暴力行为是否影响了我们的生活？

学习目标

- 给出暴力的定义，并将其与侵犯和恐吓等相关行为进行区分。
- 讨论场内暴力和观众暴力的历史演变趋势。
- 阐释体育中四大主要类型的场内暴力之间的差异。
- 了解体育中的暴力与过度遵从型偏离行为、商业化和男子气概之间的联系。
- 了解运动员何时以及如何学会将体育中的暴力作为一种策略。
- 描述暴力对运动员的影响，了解脑外伤对运动员和某些体育运动的影响。
- 了解运动员在什么情况下会学习控制其在场外的暴力行为，以及他们的体育经历何时可能会导致场外暴力的发生，如攻击和性侵犯。
- 区分各种形式的观众暴力，指出在北美比在世界其他地区更常见的暴力形式。
- 明确可用于控制场内暴力和赛后暴力的策略。
- 讨论体育赛事中恐怖主义的发生率，并解释恐怖主义如何以及为何影响今天的体育赛事。

近年来，人们开始将橄榄球及其他体育运动造成的脑震荡和重复性头部创伤与严重的长期健康问题（比如痴呆）挂钩。俄亥俄州斯托本维尔的某高中橄榄球队的两名知名球员强奸了一名年轻女性，他们在球队派对上一再残忍地对该女性实施不人道行为，导致她失去意识。美国新闻媒体对此进行了大肆报道。2013 年，波士顿马拉松比赛发生恐怖袭击事件，造成 3 人死亡，264 人受伤。而近年来美国观众人数增长最快的体育项目是综合格斗，通常由比赛选手在八角笼内进行野蛮搏斗。

类似的案例层出不穷，体育暴力成为我们当下亟须研究和理解的重要课题。本章的目的是运用社会学研究和理论来解释体育暴力的起源和后果，具体内容围绕以下 6 大主题展开：

（1）暴力及其相关术语的定义。

（2）体育暴力的简要历史回溯。

（3）不同体育项目的运动员场内暴力的发生率及后果。

（4）运动员场内暴力和场外暴力之间的关系。

（5）关注媒体体育报道和观看现场比赛的观众的暴力。

（6）恐怖主义对体育赛事的威胁和在体育中的发生率。

就后 3 个主题，笔者将提出一些针对比赛场内外暴力的控制策略。

一、暴力及其相关术语的定义

从社会学角度而言，**暴力**是指使用大量的武力，造成或很有可能造成伤害或破坏的行为。我们通常认为暴力是非法或未经许可的行为，但在某些情况下，使用暴力是受到社会鼓励或认可的。例如，当暴力与违背社会规范联系在一起时，它就是非法的，施暴者会受到处罚。然而，如果暴力行为是为了执行社会规范、保护人身和财产安全或过度遵从普遍接受的规范，它就会得到允许甚至称赞，被视为维护秩序、强调社会价值观和实现重要目标的必要手段。因此，当士兵和警察在保护人民时，或者当运动员在体现公认的文化观念或为了他人追求胜利时，暴力就可能得到容忍，甚至是美化。

因普遍抵制规范而发生的暴力行为，就可以被称作无政府状态或目无法纪的混乱。在极端过度遵从规范时发生暴力行为，即使人们被残害、财产被损坏，这种暴力行为也可以被定义为道德上的正义。

就体育运动而言，殴打惩罚裁判员是对规范的违背，是一种暴力行为。即使裁判员没有严重受伤，这也被定义为非法行为，且应受到球队和体育组织的惩罚。然而，如果一名橄榄球运动员在实施擒抱防守时，撞断了对方跑卫的肋骨或者使他的膝盖受伤，情况就完全不同了。这种暴力行为符合规范，能取悦观众，是视频重播的热点，并能被队友和其他运动员视为其在橄榄球文化中的地位标志。这名运动员可能甚至会觉得自己的暴力行为是合理的，并且会毫不犹豫地再次使用暴力，即使这会造成严重的伤害。他的暴力行为不会受到惩罚，因为它是为了达成有价值的目标，有效地实现对他人的震慑和控制，是战胜对手的利器。此外，他不仅能够使用暴力，也能忍受别人对他使用暴力，这可以被用来肯定他作为橄榄球运动员的身份。

侵犯是指以支配、控制或伤害他人为目的的言语或身体行为。侵犯往往涉及暴力，但暴力可能是无意发生的，没有侵犯的意图。我们可以将侵犯行为与其他相似概念区分开来，比如独断行为、好胜行为、以成就为导向的行为等。例如，一个非常好胜的人可能会在比赛中使用暴力，而他并没有刻意支配、控制或伤害他人。这表明侵犯不同于仅仅表现得独断、努力想要获胜或者实现其他目标。

恐吓是指威胁使用暴力或进行侵犯的言语、手势和行为。同侵犯一样，恐吓可用于支配或控制他人。上述术语的定义有助于我们理解有关体育中的暴力的研究。

暴力的核心是控制。暴力的确行之有效。它促使人们做他们本来不会做的事情，控制着生与死的一线之隔。

——艾伦·G·约翰逊，社会学家（2013）

二、历史上的体育暴力

对体力活动和体育来说，暴力行为并非新鲜事（Dunning，1999；Guttmann，1998，2004）。在古希腊和古罗马帝国就流行血腥的体育运动。玛雅人和阿兹特克人的仪式游戏中也经常出现死亡。中世纪欧洲的骑士比武就是为了训练男人的战斗能力而设，经常会造成死亡和毁坏。民间流行的体育运动由于只受松散规则约束，造成的伤害和死亡的比例之高会让今天的人们瞠目结舌。那时，逗熊、斗鸡、斗狗和其他“体育”活动都涉及虐待动物，而在今天，大多数人都会将这类活动定义为暴力行为。

研究表明，作为欧洲和北美整体文明进程的一部分，现代体育运动逐渐发展，比以往时代的体育运动更受规则约束。随着体育运动开始得到正式的组织，官方出台规则禁止了一些在许多民间游戏中常见的暴力形式。流血减少了，体育更强调自我控制，以便限制竞技中表现出的侵犯冲动（Dunning，1999）。

社会历史学家还指出，体育暴力不会随着时间的推移而自动减少。实际上，随着现代社会中人们的行为和情感表达受到越来越多的约束和控制、体育运动中出现的“有控制的”暴力行为会让运动员和观众为之感到兴奋。而且，在许多体育运动中，商业化、职业化和全球化孕育出了新的工具性和“戏剧性”暴力形式。这意味着，在西方社会，以目标为导向和以娱乐为导向的暴力行为有所增加——至少暂时如此。

社会学家埃里克·邓宁（1999）指出，暴力仍然是一个重要的社会问题，因为现代体育运动的目标是制造紧张，而不是消除紧张。而且，暴力和侵犯性的运动通常是为了再现某种文化观念，将男性对女性的权力合理化。总而言之，历史研究表明，体育在不同的时间和地点有不同的含义，只有结合其发生的历史、社会和文化背景对体育暴力进行分析，我们才能理解体育暴力。

严肃的体育运动与公平竞争无关。它与仇恨、嫉妒、自夸、无视一切规则，以及目睹暴力时的施虐快感有关。它是没有枪击的战争。

——乔治·奥威尔（1945）

（图源：©经威廉·怀特黑德许可）

“既然我们已经发明了暴力，那么我们还需要一项体育运动，这样我们使用暴力时就不会被称作野蛮人了。”体育暴力并不是新生事物，但这并不意味着男性或女性在参与体育运动时，暴力会自然而然发生且不可避免。

三、比赛场内的暴力

体育暴力有多种形式，其根源在于多种社会和文化因素，与体育道德、商业化、性别文化观念、男子气概观念以及体育运动中使用的策略相关。暴力对运动员也有重大的影响，为那些希望控制暴力的人带来了挑战。在讨论有关暴力的话题时，我们有必要认识体育运动中发生的不同暴力类型。

（一）暴力类型

有关运动员的场内暴力，最常使用的研究方法是类型学研究，由已故的加拿大社会学家迈克·史密斯提出（1983；参见 Young，2012）。史密斯将体育暴力分为 4 个类型：

（1）粗暴的身体接触：包括在某些体育项目中常见的、被运动员认可为体育参与的一部分动作，例如碰撞、冲击、擒抱、阻挡和其他可造成伤害的激烈身体对抗。虽然社会上的大多数人不认为这种粗暴的身体接触是非法犯罪，但都认为它是种极端行为。教练员往往鼓励这种形式的暴力。正如一位教练员所解释的："我们期待看到激烈对抗，我们也要求它必须存在……这是橄榄球运动实际的品牌价值……不停地撞击这些人，直到他们放弃"（Frontline，2011）。

（2）临界暴力：这种暴力行为违反比赛规则，但被大多数运动员和教练员视为符合体育道德规范的有效比赛策略，例如棒球运动中的"头侧球"投球、足球和篮球运动中通过肘部或膝盖用力挤压对手、中长跑运动员用来干扰对手节奏的战略性碰撞、冰球运动中的拳头击打，以及橄榄球运动中用前臂击打对手四分卫的肋骨。虽然这些行为并非出人意料，但可能会引起其他运动员的报复。对临界暴力的官方制裁和罚款通常不是很严重。然而，近年来，公众对提高制裁力度施加的压力越来越大，一些体育项目的处罚力度也有所提高。

（3）准犯罪暴力：包括违背正式比赛规则、公共法律，甚至运动员之间的非正式规范的行为，例如，使用下流手段、比赛结束后撞击对手、毫无防备地出拳一击，以及恶意犯规。这些行为威胁到运动员的身体，违背了要求运动员全心全意投入比赛本身的规范。实施此类暴力行为的运动员，通常被处以罚款和停赛。大多数运动员谴责准犯罪暴力，认为它违背比赛的非正式规则，有悖于运动员身份。

（4）犯罪暴力：包括明显的违法行为，程度恶劣以至于运动员遭到谴责，执法人员将其定义为犯罪案件。例如，赛后攻击以及比赛中的攻击，这种攻击通常有预谋，往往导致运动员死亡或者严重伤残。此种形式的暴力相对罕见，但是一旦发生，大部分人都开始支持对涉事人员提起刑事指控。

社会学家凯文·扬（2012）指出，对体育暴力进行分类十分有用，但随着体育和社会规范的演变，这 4 种类型的暴力之间的界限也开始发生改变。此外，上述分类并没有说明暴力的起源以及暴力行为与体育伦理、性别文化观念和体育商业化之间的关系。尽管存在上述缺憾，但这 4 种暴力类别仍有助于我们理解人们对不同类型的体育暴力所做的区分。

（二）暴力和过度遵从体育伦理规范

在帕特·康罗伊的小说《浪潮王子》（1986）中，有一个经典的场景：教练员对自己的球队发言，描述他理想的橄榄球运动员的形象。他使用了许多从事高强度身体对抗性运动的运动员在职业生涯中听到的词汇。

> 一名真正的击球手就是一名猎手，用头狠狠地撞击对手的胸部，比赛结束后，如果对手还没有断气，那他就该不高兴了。一名真正的击球手不知道恐惧是什么，他只会在他要撕成两半的持球手的眼里看到恐惧。一名真正的击球手热爱疼痛、尖叫、流汗、冲撞以及战壕里敌人的憎恨。他喜欢待在让他流血、牙齿被踢落的地方。这就是这项运动的意义所在，伙计们。这就是纯粹的战争。（1986：384）

许多教练员不会使用如此生动的词汇，因为他们知道这可能会引发危险的暴力行为。然而，当运动员这样想的时候，很容易会实施暴力，以至于暴力在某些运动中已经被视为顽疾。记者报道暴力行径，社会学家和心理学家试图解释它，而暴力也成为运动员吹嘘的谈资或抱怨的对象。如果一名运动员因为场内暴力而受伤或死亡，媒体人士会说暴力活动正表现出十分猖獗之势，因为他们知道这么说能提高收视率。

虽然运动员可能会担心自己在参与体育运动时遭遇粗暴的身体接触和

临界暴力行为，但是他们一般对这种暴力还是表示能够接受。即使运动员本身不喜欢暴力，他们可能也会使用暴力来提高自己在队里的地位和在观众中的受欢迎程度。参与准犯罪暴力和犯罪暴力的运动员经常会在体育运动中被边缘化，同时还会面临刑事指控，不过起诉此类指控非常困难，而且也几乎很少定罪（Young，2012）。

涉及过度遵从体育伦理规范的暴力行为，在一定程度上与运动员在高水平体育运动中的身份不安全感有关。运动员知道他们在上一场比赛中的水平就是他们的真实水平。他们也知道，他们必须通过赛场上的行为来定期确认自己团队成员的身份和地位。因此，他们经常采取极端措施如暴力行为来证明自己。使用暴力能够唤起其他运动员的接纳认可，从而增强自我价值感。运动员心甘情愿地面对暴力和忍痛坚持比赛彰显了这项运动的重要性，并表达了其对队友的忠诚和对高水平体育运动文化的热爱。

（图源：©杰伊·科克利）

暴力往往与过度遵从体育伦理规范相关。图中这件高中橄榄球队夹克体现了暴力是该球队文化的一部分。通过将暴力与优秀联系在一起，球员认识到人们对球场上体育行为的期望，即使他们并不喜欢粗暴的身体接触和临界暴力。

尽管过度遵从型偏离行为导致的暴力在男运动员中比在女运动员中更

常见，但是它不仅仅局限于男性，女性也会过度遵从体育伦理规范。当她们参与对抗性运动时，她们面临的挑战是如何将合理的身体接触与暴力划清界限。例如，社会学家南希·西伯奇（1999）曾花费整整一个赛季研究一支加拿大精英女子冰球队球员的体育经历，她发现，即使现在不允许用身体阻截，女球员也很享受冰球运动中存在的身体对抗。正如一位女球员所说：

> 我喜欢身体对抗强烈的比赛。它会点燃你的激情。我觉得当你被撞倒或当你在角落里和对手抢球的时候，你们都拼尽全力，可能手肘猛烈冲撞，但这一切只会让你更加投入比赛（Theberge，1999：147）。

在对抗性运动中身体体验和身体冲撞带来的结果，使女运动员感受到比赛的戏剧性、兴奋感、强烈的情绪和特殊的人际关系，这一点同男运动员一样。尽管可能面临疼痛和受伤的风险和现实，但许多参与对抗性运动的女性还是觉得，运动中高强度的身体对抗使她们感到充满活力并保持清醒。虽然许多女运动员希望控制粗暴的身体接触以及更严重的暴力形式，但她们对运动的热爱和对身体对抗的兴奋感也有可能引发暴力行为，原因在于她们对体育伦理规范过度遵从。

（三）商业化与体育暴力

在力量成绩型体育运动中，一些运动员愿意且有能力在赛场上使用暴力，他们能因此获得高薪。然而，我们不能简单地认为金钱是造成体育暴力的唯一原因。因为在过去，运动员薪酬很低，而且现在高中、大学和业余俱乐部的运动员都没有工资，然而，他们中的许多人依然愿意冒着受伤和疼痛的风险使用暴力（Van Valkenburg，2012a）。

商业化的确促使人们有更多的机会参与某些会发生暴力的对抗性运动，而媒体对这些运动和其涉及的暴力行为进行大肆报道，使这些暴力行为的曝光率远远高于过去。儿童在看到这些报道后，可能会在参加体育运动时模仿做出暴力行为的运动员，但这并不能证明商业化是造成比赛场内暴力的原因。

早在电视报道和高薪承诺出现之前，橄榄球运动员和其他身体对抗性项目的运动员在比赛场上就已经使用暴力了。当时参与各个级别有组织的橄榄球运动的球员互相伤害和致死的比例非常高，远远高于如今橄榄球运动的伤亡率。如今橄榄球运动中受伤案例较多的原因有两方面，一方面参加橄榄球运动的球员增多了，另一方面我们现在能诊断出许多在过去被官方忽视的伤病。在某些运动项目中，暴力是一个必须解决的严峻问题，但不能说它主要是由商业化和金钱造成的。

这一点非常重要，因为许多批评体育运动的人都声称，如果运动员完全是出于热爱而不是为了金钱而参与运动，暴力现象就会减少。但是这一结论与研究结果相悖，并使人们忽略在特定体育项目的社会世界中，暴力往往根植于深层的文化观念中（Polychroniou，2013）。只有当运动员——尤其是男运动员——所处的文化不再强调和允许暴力时，暴力才会真正减少。

许多人排斥控制暴力需要文化变革这一观点，因为这意味着我们所有人都要承担变革的责任。我们可以很容易地将暴力问题归咎于富有而贪婪的球队老板、道德品质低下的运动员，以及只关心提高收视率的电视台高管，但是要批判性地审视我们的文化，以及剖析人们喜欢观看的体育运动的社会规范和组织方式就不那么简单了。同样，人们很难批判性地审视男子气概的定义和性别关系的结构，这些都是他们长期以来接受的“自然”秩序的一部分，但如果我们希望控制体育暴力，就需要这样的批判性分析。

商业化从来不是导致体育暴力的主要原因。如果暴力的体育运动在某个社区或者社会取得商业性成功，那是因为人们想要参与和观看该项运动。例如，以终极格斗冠军赛（UFC）为代表的综合格斗（MMA）已经成为美国发展最快的观赏性体育项目，因为有足够多的人愿意参与并付费观看比赛。终极格斗冠军赛门票的销售主要面向40岁以下的男性观众，平均每个座位售价245美元。另外，观众按次付费收看赛事的平均收入为2500万美元。对许多年轻人而言，综合格斗代表着“拳击曾为他们的父辈和祖辈带来的东西——对男子气概、耐力和胆量的终极考量”（Quenqua，2012）。来自纽约的一名父亲解释说他10岁的儿子是终极格斗冠军赛的狂热粉丝，因为格斗者“是孩子们新崇拜的超级英雄。终极格斗冠军赛带给了他们一组全新的偶像”（Quenqua，2012）。据评论员乔·罗根称，终极格斗冠军赛之所以流行，是因为人们“喜欢暴力——尤其是受控环境中的暴力”

（Bearak，2011）。

同样，体育赛事宣传也经常会用到展现暴力的图像和文字，因为许多营销人员认为，有暴力场面的赛事能吸引观众的目光，他们期待比赛中有暴力发生。这也就是为什么一些运动员在宣传文案中会强调自己愿意进行粗暴的身体接触和临界暴力。他们希望以此来塑造自己的形象，吸引粉丝的关注，因为粉丝崇拜那些为了赢得比赛而不惜牺牲自己身体的运动员。

对于许多参与高强度身体对抗性运动的运动员而言，他们的参与包含激情、快乐、暴力、焦虑、恐惧和痛苦等多种复杂而强烈的情感，这给他们带来了独特的体验。这种令人陶醉且充满矛盾的感觉与想要支配和控制他人的欲望相似，也与想要破坏对手同样想法的欲望类似（Pringle，2009）。而且，运动员为了赢得比赛使用暴力，同时也忍受来自对手的暴力，这个过程反而在运动员之间建立了一种特殊纽带，让他们彼此尊重。这一纽带确定并加强了他们的身份认同，为他们的生活赋予特殊的意义。运动员很难解释这种现象发生的原因，当然“外人”也很难理解。正因如此，许多暴力运动的认真参与者很少会谈论自己的感受，或分享自己为什么喜欢做这件事。他们不期望他人能够理解，因为那些生活在独特的体育社会世界之外的人都有着平凡的生活，不需要不断挑战身体极限，也不需要和精英同伴一起经历惊险刺激的人生。与其说商业化激发了运动员的行为，不如说商业化促使人们——主要是男人——能够参加赋予他们上述体验的体育活动。不过，拿报酬去参与暴力体育运动则另当别论，但金钱的确很少作为激励运动员的主要因素。对许多人而言，正是对暴力的期待赋予了他们生命的意义。

（四）性别文化观念与体育暴力

体育暴力并非男性的专属。然而，研究表明，如果我们想要理解体育暴力，就必须理解文化中的性别文化观念和男子气概问题。社会学家迈克尔·梅斯纳解释道：

> 年轻男性参与体育的身份认同不同于女性，所以他们对体育经历的定义也存在差异。尽管很少有男性真的喜欢打人和被打，而且要参与体育中的常见暴力需要经历社会化过程，但男性通常认为，体育中规则允许下的侵犯是合法且自然的（1992：67）。

在许多社会，参与力量成绩型体育运动已经成为证明男子气概的重要途径。男孩们发现，如果他们参与这类运动，而且被其他人认可他们有使用暴力的能力，他们就能避免被贴上“懦夫”“窝囊废”等社会标签（Ingham and Dewar，1999）。这种认知开始于青少年体育社会世界，等到青少年成长到可以完全沉浸于大多数力量成绩型体育运动的社会世界的阶段，他们已经接受粗暴的身体接触和临界暴力作为运动的一部分，因为这是“真正”男人的运动。有些人甚至将这种暴力定义为令人兴奋的活动，因为暴力使他们赢得尊重，还帮助他们获得在同龄人中独一无二的身份。

当女性在体育运动中使用暴力时，暴力也可能被看作一种奉献或技能的象征，但它并不能证明女性气质（Knapp，2014；McCree，2011；Young，2012）。许多文化的主流性别文化观念将男子气概与使用暴力的能力联系在一起，但是女性气质与暴力之间没有类似的关联。因此，使用暴力的女运动员得不到与男运动员同样的支持和夸奖——除非她们参加美国职业摔跤比赛、综合格斗或者轮滑德比，因为这些运动中的女运动员在某种程度上被塑造成会刺激或挑逗观众的体育形象（Berra，2005；Blumenthal，2004）。近年来，拳击和综合格斗创造了一种鼓励女运动员使用暴力的环境，但大多数女性斗士仍然不认为她们在运动中使用暴力会比其他人更有女性气质。

尽管少数女性斗士得到了媒体宣传，但是许多人仍然认为，暴力的体育运动正好支持了他们的性别观念，即男女之间的等级划分是基于他们的天性，不能改变（Fogel，2011）。

力量成绩型体育运动强调性别差异，主要表现在身体力量、支配控制，以及获胜后获得的地位差异。围绕这些思想观念而形成的性别文化观念已经成为美国文化的核心，也带来了巨额利益。例如，男性拳击手在拳击场上相互厮杀 3～36 分钟，就能赚取数百万美元。重量级拳击手是世界上收入最高的运动员之一，因为他们推广了如下理念：两名男性面对面的暴力对抗是“男人的天性”，尽管双方为了“证明”所谓的男性优越性往往耗费了大量脑细胞。

具有讽刺意味的是，如果说性别等级真的是天生注定无法改变，那么体育运动就没有必要强调男女之间的“天性”差异。性别区分就会变得简单，人们也不必花那么多时间和精力教男孩和女孩如何表现自己的性别特质。在这种情况下，力量成绩型体育运动通常被用作教育的有效手段，因为在许多国家，参与这些运动的男运动员都被视为具有男子气概的楷模。

当女性参与暴力的体育运动时，她们就破坏了用于强调传统性别观念的“逻辑”。因此，许多人坚持认为女性不应该参与这类体育运动，一旦她们参与，就把她们看作笑话、异类或者天生怪胎。

对于那些提倡逐步变革传统性别观念的人来说，女性参与暴力的体育运动往往反而会使他们陷入两难境地。因为尽管女性使用暴力挑战了女性脆弱、不堪一击的旧观念，但也强调了男尊女卑的传统观念。出于这一原因，支持体育中性别平等的人们并不鼓励女性参与暴力的体育运动。

（五）体育暴力的制度化

某些形式的暴力已被嵌入特定体育项目的文化和结构。对于从事这些体育项目的运动员来说，暴力已然成为一种策略，尽管他们可能会遭受痛苦和伤害。制度化的暴力难以控制，因为这需要人们改变特定体育项目的文化和结构，而大多数管理机构的人都不愿意这样做。

1. 在男性对抗性运动中使用暴力作为比赛策略

在参与高强度身体对抗性运动时，运动员经常会使用恐吓、侵犯和暴力作为策略来赢得比赛胜利（Shields and Bredemeier，1995；White and Young，1997；Young，2012）。运动员一般不会使用准犯罪暴力和犯罪暴力，但是他们能够接受粗暴的身体接触和临界暴力，只要不超过比赛规则允许的界限。虽然他们可能无意伤害任何人，但这并不妨碍他们将自己和对手的身体置于危险之中。

在拳击、橄榄球、冰球等高强度身体对抗性运动中，运动员也会利用震慑手段和暴力倾向来促进自己的职业发展，为观众增加戏剧性观赏效果，宣传自身形象，以及提高所在体育项目和赞助商的知名度。他们意识到，即使暴力会对自己和他人造成伤害，大众也会期待暴力的发生。2010 年发生了一起利用暴力作为战略的经典事件。当时，美国职业橄榄球大联盟发布了一份报告，总结了其对新奥尔良圣徒队教练员和球员的调查结果，发现他们利用“赏金”（一种秘密财政奖金）来鼓励防守球员严重伤害对方球员，使其退出比赛（ESPN，2012；Hruby，2012b；King，2012）。在两万多份证据中，联盟找到一份关键的录音材料，其中新奥尔良圣徒队的一名防守教练员对他的队员们说："我们必须不惜一切代价，确保干掉（旧金山淘金者队的跑卫）弗兰克·戈尔。"在同一段录音中他还说："你们每一个人在下场前都要对（旧金山淘金者队的四分卫亚历克斯·史密斯的）头做点儿动作。早点儿下手，……碰一碰撞一撞他的头"（Zirin，2012b）。

奥尔良圣徒队的教练员和球员已受到美国职业橄榄球大联盟的严厉制裁，部分原因是联盟试图逃避法律责任，将场内暴力的责任推给球员和教练员，而不是承认比赛本身就鼓励球员使用暴力（Hruby，2012c）。

当教练员指定球员执行球队的威胁和暴力任务时，暴力则成为一种比赛策略。承担这类角色的球员被称为"执行者""暴徒"或"打手"，他们的职责是通过威胁、挑衅、与对手打架或伤害对手来保护队友，在战略上帮助自己的球队。他们的暴力行为已经成为某些运动尤其是冰球运动的一部分。

充当"执行者"的球员主要凭借他们使用暴力的能力和意愿而获得报酬。每次他们在冰场、球场或其他比赛场上使人致残或差点儿致人死亡时，人们才会讨论如何控制暴力。但是一旦暴力已经植入一项体育运动的文化、结构和比赛策略，控制暴力就难以实现了。

（图源：©经威廉·怀特黑德许可）

"你什么时候才能学会适时采用暴力手段？"肢体威胁和暴力被用作男子对抗性运动的制胜策略，是赢得比赛和打造球员与球队声誉行之有效的手段。

2. 在女性对抗性运动中使用暴力作为比赛策略

尽管越来越多的女性参加对抗性运动，但有关女性对抗性运动中暴力行为的资料仍然十分匮乏（Knapp，2014；Young 2012）。当女性参加一些身体接触和冲撞较多的体育运动时，也有可能会发生暴力行为，但很少有研究去关注女性暴力行为是否存在，以及暴力行为发生的原因。

女性体育现在越来越强调力量和成绩，而且成功也更加与女性利害攸关。当女性越来越沉浸在高水平力量成绩型体育运动的社会世界时，她们就会越容忍赛场上的违规行为，尽管这在女性群体中表现得不如在男性群体中明显（Knapp，2014；Young，2007a，2012）。

当女性达到更高的竞技水平时，她们对待体育伦理的态度以及以此来建构自己运动员身份的方式，往往与男性如出一辙。与男运动员一样，为了追求自己的梦想，她们愿意全情投入比赛、承担风险、做出牺牲、不顾疼痛和伤病继续比赛、克服重重障碍。不过不同的是，她们很少将强壮、身体对抗和侵犯行为与女性的社会身份意义挂钩。同样，教练员可能会鼓励女性自信参赛，但是他们并不会鼓励女运动员在赛场上“努力拼搏，为了证明自己是更优秀的女性”。因此，目前而言，女子对抗性运动的暴力程度低于男子对抗性运动。

（六）比赛场内暴力的后果

观众看待体育的方式十分矛盾，他们接受暴力，但暴力造成的伤害又让他们感到不安。他们似乎希望暴力不会带来任何后果，就像他们在电子游戏中看到的虚拟暴力场景一样，暴力行为似乎不会造成严重或永久的伤害。然而，体育暴力真实存在，它会造成真正的痛苦、伤害、残疾和死亡，尽管这些常常并不为观众所知（Bruni，2012；Layden，2010b；Le Batard，2013；McCree，2011；Muller and Cantu，2010；Omalu，2008；Rhoden，2012a；Shurley and Todd，2012；Wiedeman，2013；Young，2012）。

在美国职业橄榄球大联盟球员罗恩·赖斯擒抱住对手时，他的职业生涯就此结束，随后，他谈论了暴力的真实后果。擒抱时粗暴的身体接触使他暂时瘫痪，并落下终身残疾。他回忆道：“在我触地之前，我就知道我的职业生涯到头了……我的身体僵住了。我就像一颗被砍倒的树，摇摇晃晃，然后轰然倒地，无力自救。”回忆其橄榄球运动员生涯时，赖斯说他“从很小的时候就只能按照预设的方式生活和思考”，成为一名无所畏惧、勇往直前的战士（Rice，2005）。他就是这么做的，而如今他要忍受颈椎、手腕、双手、膝盖、脚踝和背部的慢性疼痛，这是对他人使用暴力并承受暴力的代价。赖斯解释说：“我今年 32 岁，……这些伤痛已经成为我生命的一部分。和很多人相比，我的伤痛还不算重”（Rice 2005：83）。

在美国国家冰球联盟退役运动员布兰特·迈尔斯 10 年的职业生涯中，他经历了无数次的身体冲撞和打斗，现在他已经是慢性疼痛缠身。37 岁时，他这样描述自己的病情：

> 叫醒我的是我的背痛。每天早上我醒来时都是在地板上。我的左手撞碎过好几次，还因此少了一个指节。由于脑震荡，我有时会出现记忆空白，会忘记一些小的但也重要的事情。（Branch，2011b）

对运动员的疼痛和伤病进行研究，有助于我们理解体育暴力的确会产生的真实后果（Young，2012）。暴力的致残率因运动项目而异，但在许多运动中，致残率高到足以造成严重的健康问题。在对抗性体育运动中经常会出现粗暴的身体接触和临界暴力，而这些往往会引发骨关节炎、脑震荡、脑外伤、骨折、韧带撕裂等损伤。这些体育运动中固有的暴力行为对运动员的健康和福祉造成了切实的损害。

近年来关于场内暴力的讨论主要集中在橄榄球运动上，不过也有人关注冰球、足球、长曲棍球、拳击运动。相关研究表明，头部创伤（包括脑震荡和重复性亚震荡头部撞击）与慢性创伤性脑病（CTE）和其他形式的脑损伤之间存在关系（Fainaru-Wade and Fainaru，2013；Laskas，2015）。这一结果引发了很多研究者的讨论。慢性创伤性脑病是一种神经退行性疾病，症状类似于早发性痴呆，包括多种类型的与记忆、推理、语言和沟通、问题解决、情绪控制以及集中注意力的能力有关的认知障碍。不论是在高中橄榄球运动员，还是在已经退役的职业橄榄球运动员、拳击手、冰球运动员和足球运动员中，都已发现慢性创伤性脑病的迹象。目前的研究正在调查青少年体育与各个级别的橄榄球运动中脑震荡的发生率和后果（Belson，2014；Davenport，2014；Jordan，2013；Kerr et al.，2015；Seichepine et al.，2013；Simpson，2013）.

虽然大脑的构成十分复杂，而且关于运动造成的头部创伤，我们还有很多需要了解的内容，但显而易见，橄榄球比赛中经常发生的头部撞击会造成脑损伤。这一科学事实有可能会显著改变美国的体育运动格局。因此，研究者正在研究识别现役运动员脑损伤的技术、最可能发生损伤的情况、最易发生损伤的运动员类型、在各种运动中将损伤发生率降到最低的方法，以及针对已经发生的损伤的最佳治疗手段。

2012 年，约 5000 名退役美国职业橄榄球大联盟球员和他们的家人对联盟提起了联合诉讼，称其没有告知他们联盟所掌握的有关脑震荡以及脑震荡对球员健康的影响的信息（Fainaru-Wada and Fainaru，2013；Frontline，2013；Kenny，2012）。美国职业橄榄球大联盟于 2013 年底与原告达成庭外和解，同意支付 7.65 亿美元，其中包括 7500 万美元的基本医疗检查费用，1000 万美元的研究费用和 6.75 亿美元的球员及其家人赔偿费用。联盟还为原告支付了近 20 万美元的诉讼费。在和解协议中，联盟对球员的健康问题不承担任何责任，并且有权对所有关于脑震荡的研究证据保密。然而，这项协议订立后，超过 1.3 万名健在的退役球员在一些可以提出索赔的州，仍以个人名义继续提出脑震荡索赔要求。

同样，退役大学运动员也对美国大学体育协会提起了诉讼，他们声称：① 协会在保护运动员免受头部创伤方面存在长期的疏忽和不作为；② 协会没有教授运动员能够避免头部创伤的适当的擒抱技术；③ 协会未能在球场内实施覆盖整个系统的脑震荡处理程序；④ 协会未能就脑震荡等头部创伤问题对大学运动员进行教育。如果将退役运动员提起的诉讼合并为一个案件，那么美国大学体育协会将会处于与美国职业橄榄球大联盟相似的境地。但针对美国大学体育协会的诉讼问题更加复杂，因此可能出现什么样的结果就很难预测了（Axon，2013a，2013b；Harris，2013）。

对橄榄球运动的未来发展最重要的是，家长们越来越担心孩子们参与运动的安全性，这造成近年来橄榄球运动的儿童参与率显著下降（Project Play，2015）。

与此同时，学区、大学橄榄球协会和体育部门，以及赞助橄榄球队和橄榄球项目的其他体育组织，都在密切关注上述案件及其他相关的法律案件。体育组织管理人员明白，如果他们没有负责任地利用现有的科学证据制定相应的政策和流程，告知并保护年轻人，使其避免遭受将改变其一生的伤害，那么他们可能要承担法律责任，做出巨额经济赔偿。这对青少年联盟尤其重要，因为他们的运动员尚未达到法定许可年龄，不应因对他们的安全和健康负有责任的人而受到伤害。

如今，越来越多的人开始了解相关的研究发现，意识到体育暴力会带来严重后果，美国国会、大约半数的州立法机关和许多体育组织都开始制定相关法规和协议，保护参与体育运动的年轻人，特别是参与容易造成脑震荡等头部创伤的运动项目的年轻人。法规和协议包括报告脑震荡病例、处理比赛中发生的脑震荡，以及治疗患有脑震荡的运动员等相关规定。

此类法规和协议的制定当然十分必要，但只有在运动员主动汇报自己患有脑震荡或合格的医疗人员做出相应诊断时，这些规定才能派上用场。然而，许多运动员——特别是参与力量成绩型体育运动的男运动员——依然为隐瞒这些伤情而自豪，或者担心如果公开伤情，他们将被禁止参赛，而这项运动对他们来说很重要，也是他们的生计来源（Sifferlin，2013）。

目前，人们很难在场上确诊脑震荡，而且青少年运动队和许多大学运动队也没有足够的资金来雇用接受过培训的医疗人员进行诊断。场外脑震荡测试是有用的，但是它的可靠性取决于测试实施人员的资质水平和参加测试运动员的配合程度。

相关人员正在开展进一步研究，力图改进某些运动项目中使用的头盔，并开发其他保护技术。但是在头部受到强烈冲击、剧烈扭曲时，大脑就很难得到妥善保护。现有的保护装备可以在发生剧烈撞击时尽量减少对颅骨的损伤，但却无法避免脑细胞在撞击过程中受损。因此，有些人认为运动员的大脑无法得到充分保护，而且新技术会让运动员形成一种错误的印象，他们会误以为能够承受头部的暴力冲击，忽视其对健康造成的负面影响。一些专家甚至说，橄榄球运动应该取消使用头盔，这样球员才会重视自己的头部，注重保护大脑——这一建议还未得到认可。

（七）控制比赛场内的暴力

比赛场内的暴力根深蒂固，主要原因有运动员对体育伦理规范的过度遵从、商业化、男子气概的定义和比赛战术策略。

粗暴的身体接触是最难以控制的暴力类型。它根植于力量成绩型体育运动文化以及主流的性别文化观念。不幸的是，此类运动中大约 90%的重伤都发生在比赛规则允许的范围之内。这意味着许多男性不可避免地要为他们对体育和男子气概的错误定义付出代价。

为了控制粗暴的身体接触，人们必须改变性别文化观念和某些体育运动的文化。如果相关人员不能制定周全的长期策略，不能记录人们不断强化暴力体育文化和性别文化观念的危险行为和语言，改变就不会发生。人们还应该计算一下因粗暴的身体接触和其他类型的暴力造成伤害的成本，包括医疗费、误工时间和工资损失、旷课天数、残疾补贴、家庭问题，甚至预期寿命缩短等方面。观察上述统计数据，有助于我们更全面地了解体育参与和健康之间的关系。

近年来，媒体曝光了参加暴力运动的一些运动员患有脑震荡和其他严重的身体健康问题，促使人们采取了一系列措施来控制比赛场内的暴力及其后果。橄榄球、冰球、拳击和其他运动项目的代表开始强调改变比赛规则和战术，从而促进体育安全，抵制暴力。媒体评论员、运动员和体育管理人员现在也更加谨慎，在使用可能美化比赛场内暴力的文字和图像之前都会反复斟酌。他们很清楚，如果父母不鼓励孩子参与某项运动，或者年轻人认为某项运动不值得他们冒受重伤的风险，那么这些体育项目的商业前景必然会受到威胁（Lavign，2012；Pennington，2013；Rhoden，2012b）。

美国前总统巴拉克·奥巴马曾说：“如果我有个儿子，关于是否允许他打橄榄球，我必须要经过长时间的慎重思考才能决定。”这一说法更加表明，体育暴力亟须得到控制。他补充道：“我们这些热爱这项运动的人将不得不面对这样一个事实：为了减少暴力行为，这项运动可能会逐渐改变”（Foer and Hughes，2013）。

奥巴马的言论连同此前的现役和退役职业运动员的说法，以及媒体对关于运动损伤——特别是脑损伤——的研究报道，促使相关人员开始考虑改变比赛规则，推广新的宣传文案，宣传重点不再是暴力行为，而是关注运动安全和运动员的健康福祉。例如，美国职业橄榄球大联盟斥资数百万美元用于商业宣传，强调联盟为提高所有级别橄榄球运动员的安全所做的努力（Battista，2012）。然而，我们很难确定这些信息是否代表他们在其体育项目中确实做出了积极改变，还是主要为了公关炒作（Hruby，2013b）。

改变规则或许有用，但是如果不对体育运动进行重大的结构性改变，就无法从根本上减少某些体育项目中的暴力行为。例如，只要管理人员愿意，像冰球这样的运动可以通过改变规则来减少对头部的撞击，在青少年冰球中也可以完全取消身体阻截战术。但是橄榄球的情况更为棘手。按照现有的比赛方式，橄榄球运动员不可能完全避免头部撞击，不管如何优化擒抱技术，或者加强颈部力量来充当减震器，比赛中总会发生头部撞击。知名记者威廉·罗登（2012a）曾与美国职业橄榄球大联盟球员讨论球场上暴力发生的原因，随后总结道："没有血腥，比赛就会立刻名存实亡；保留血腥，比赛则会慢慢消亡。"

此外，相关人员已经认识到，橄榄球运动的活力和商业成功取决于能否招募优秀的男孩加入学校和青少年球队。如果他们的父母认为比赛不安全，那么他们就会鼓励孩子们参加其他的运动。任何体育运动，如果无法吸引年轻人，会导致人才储备减少，通常会降低观众观看比赛的兴趣，也会减弱体育作为一种流行文化的活力。

观众经常将比赛场内的暴力看作运动员全身心投入和奉献的标志，认为这表明运动员愿意为了运动队的荣誉和胜利而牺牲自己的身体。出于这一原因，粗暴的身体接触和临界暴力已经成为运动员惯常使用的取胜策略，观众也同样将其视为赢得比赛的必要手段。如果新的比赛规定要求减少场内暴力，他们会有什么反应？

随着人们不断了解比赛场内的暴力对运动员身体造成的损伤，以及给他们的生活带来的痛苦，现在很多人开始反思，如果他们享受的娱乐是由那些可能会使运动员致残和持续痛苦的行为带来的，这是否道德？但是人们真的会拒绝购买暴力比赛的门票或拒绝向相关体育媒体付费吗？橄榄球和其他暴力运动会因此沦为不受重视的文化表演，最终从美国主流文化中脱离吗？虽然关于这些问题目前我们还没有答案，但是其已经引起越来越多的关注（Krattenmaker，2013）。

（图源：©经雷切尔·斯皮尔伯格许可）

终极格斗（也被称为综合格斗、笼斗和硬汉比赛）是世界上发展最快的观赏性运动之一。观看男人和女人被打到不得不投降认输，这是一种合适的娱乐形式吗？什么时候暴力性娱乐会越界并引发道德问题？

四、比赛场外的暴力

参与对抗性运动的运动员因犯罪暴力被捕时，人们往往会怀疑他们在场外的暴力行为是否来自在赛场上学到的暴力策略。

美国职业橄榄球大联盟的一名球员谈到了这个问题，他说：

> 你们想想，我们从事的工作其实很矛盾。比赛时我们希望干掉对方，比赛结束后又要相互握手，平平安安开车回家。一周后我们又要尝试干掉对方（Freeman，1998：1）。

我们很难就这一话题开展完善的研究。研究表明，参加某些运动与高场外暴力发生率之间的关系具有统计学上的相关性，但这并不能证明二者有因果关系，即参与暴力运动会导致人们在场外使用暴力。在得出上述结论之前，我们必须考虑另外两个问题。

第一，喜欢参与暴力运动的人可能本身就对在赛场内外使用暴力没有多少心理负担，这与他们在运动中学到的策略没有关系。第二，运动员实施场外暴力可能是由于他们比其他人更经常遇到特殊情况。赛场上的“硬汉”在大街上可能会受到挑衅或嘲笑，导致他们不得不表现强硬。在某些情况下，他们可能会因为自己在体育方面的声誉而受到挑衅，不得不出手。如果此时惹出麻烦，运动员因打架而被捕，我们却说他们的行为源于他们在体育运动中的所学，就有失偏颇了。

（一）控制与迁移

参与体育运动究竟是教会人们在面对压力、失败、困难和痛苦时合理控制自己的暴力反应，还是说促使人们形成暴力倾向、与暴力相关的个人身份和氛围，使场外暴力更有可能发生？

法国社会学家卢瓦克·华康德花了 3 年时间研究上述问题。他在芝加哥某街区一家传统的、高度组织化的、知名的拳击馆进行训练，并且赢得了同在那里训练的人的信任。在此期间，他观察、采访并记录了 50 多名职业拳击手的经历和生活。他不仅学会了拳击技术，还融入了拳击手训练的社会世界。他发现拳击馆的社会世界是这样的：拳击手学会珍惜自己的技艺，致力于成为一名职业拳击手；他们还学会尊重其他拳击手，并将拳击的职业体育精神作为自己的职业准则。在这样一个低收入街区，贫困和绝望容易引发恐吓和暴力，但拳击手们形成共识，不在拳击场外打架，避免陷入街头斗殴，并且高度自律，严格遵守日常训练计划。

当然，成功地通过任何一种运动来减少体育场外的暴力，在很大程度上取决于体育参与形成的条件。如果围绕一项运动所形成的社会世界宣扬一种强调非暴力、自控、尊重自我和他人、身体健康、耐心、责任感和谦逊的心态和规范，那么运动员就可能学会在场外控制暴力行为（Trulson，1986）。虽然有些年轻人在成长过程中缺乏坚定的指导，但他们在努力适应充满暴力诱因的生活环境时反而更有可能学会任何去控制暴力。

然而，高强度身体对抗性运动往往强调敌对、在体力上压倒对方，并把自己的身体当作武器。研究表明，参与体育运动，尤其是参与对抗性运动的年轻男性，可能会参与赛场外的斗殴（Kreager，2007；Wright and Fitzpatrick，2006）。社会学家德里克·克雷格分析了一份关于 6397 名 7～12 年级学生的全国样本数据，发现相比于不参加高中体育运动的男性同龄人，橄榄球运动员和摔跤运动员参与斗殴的可能性要高出40%。打篮球和棒球与斗殴之间没有关联，而男性网球运动员比不参与运动的男性同龄人打架的风险甚至还低35%。在年轻男性的朋友圈中，橄榄球运动员占的比例越高，他自己参与打架斗殴的可能性也越大。

在另一项全国性研究中，赖特和菲茨帕特里克（2006）发现，某些高中体育运动与地位动态有关，这可能会引起或加剧年轻人的内群体和外群体差异，而这些差异可能会导致更多的肢体冲突。

要理解某些体育运动的团队文化，运动员赋予自身行为的意义，以及暴力在更广泛的体育文化中所处的位置，我们还需要开展更多研究。总之，我们不能想当然地认为体育参与必然教会人们控制暴力，也不能简单地相信在某些体育项目中使用的暴力一定会迁移到其他关系和环境中。

（二）男运动员的攻击行为和性侵犯

男运动员被指控或被判定犯有攻击、性侵犯甚至谋杀等罪行的案件受到高度关注，因此大众普遍认为，赛场内的暴力会影响赛场外的行为和关系。运动员是公众人物，还有可能是明星，所以当他们被指控和逮捕时，人们会频繁听到或者看到相关的新闻。长期耳濡目染，人们会觉得男运动员比其他男性更暴力、更厌恶女性。

男运动员实施犯罪暴力的比例很高，且被施暴者几乎总是受到人身攻击（Macur，2013）。因此，运动队和体育组织有必要干脆利落地解决这一问题，但在此之前还需要了解体育参与对场外暴力行为和犯罪的影响，如果盲目着手，运动队和体育组织可能会事倍功半。

体育社会学家托德·克罗塞特（1999）全面综述了关于男运动员实施性侵犯行为的前人研究，考察男运动员是否过多地参与了对女性实施的暴力行为。他的研究结果表明，大学男性校际运动员比其他男性学生参与更多的性侵犯行为，但是这一差异在统计学上不显著。在研究结论中，克罗塞特解释道，目前的证据尚不足以证明参与体育运动会导致男性对女性实施性侵犯。他还指出，在对性侵犯进行研究时，如果只关注运动员群体，可能会让人们忽视以下3个重要问题。

（1）社会上经常会发生针对女性的暴力行为，它不是“体育界特有的问题”。

（2）有些男运动员的确犯下了性侵犯的罪行，但是施暴者大多是本身并没有从事竞技体育的异性恋男性。

（3）要成功降低性侵犯的发生率，就必须立足于更广泛的文化背景，从性别关系的角度来理解针对女性的暴力问题。

基于克罗塞特的分析以及其他针对所有男性群体暴力行为的研究，我们可以假设男运动员对女性的暴力行为与体育文化有关，是体育文化促成了运动员的以下观点。

（1）暴力是体现男子气概、获得运动员地位、控制女性的有效策略。

（2）运动员不应被要求遵守适用于社区其他成员的标准。

（3）精英运动员群体之外的人不值得运动员们像对圈内人一样尊重。

（4）女性是痴迷于名人的“追星族”，对她们采取恶劣的行径可以不用承担任何后果。

对上述因素开展研究，有助于我们从暴力所发生的整个社会和文化背景来理解女性所遭遇的暴力。

俄亥俄州斯图本维尔市发生的一起案件，让我们看到充分了解性侵犯所发生的背景的重要性。在该起案件中，两名知名橄榄球运动员被控告趁一名 16 岁女学生失去意识时对其实施了性侵犯。当时的聚会上还有很多其他队友在场，这两名球员就在众目睽睽之下对该女孩多次实施了残忍的不人道行径。在曝光的聚会视频中，年轻的男性球员发表了令人发指的厌恶女性的言论，在全国引起轩然大波（Abad-Santos，2013；Macur and Schweber，2013；Murphy，2013）。

尽管有人认为橄榄球文化是罪魁祸首，但我们仔细了解情况后就会发现，该案件涉及诸多因素，包括高中橄榄球队在斯图本维尔市的地位和意义；小镇本身的文化；当地对性别和遭受性侵犯女性的普遍态度和观念；橄榄球教练员和其他学校官员的特点和行为；高中的社会组织形式；橄榄球队与社区其他人的区隔；橄榄球运动员的傲慢、优越感以及他们彼此互联产生的强大的群体关系；青少年酗酒问题，年轻女孩在聚会上饮酒过量且当时在场的其他人也没有保护她的安全；两名被指控并被判定有罪的年轻人不负责任的行为。

未来的研究可能会澄清上述因素和其他因素的影响，帮助我们理解为什么目击性侵犯的年轻人都不愿意插手阻止，为什么在某些全是男性的群体中，男性似乎不再关心和尊重女性，甚至强奸女性并且嘲弄被强奸的受害者。

此外，在关注运动员群体时，我们也不应忽视体育运动中的其他性侵犯问题。例如，教练员实施的性侵犯对体育运动和人们生活的影响甚至比运动员实施的性侵犯所造成的影响更为恶劣（Brackenridge et al.，2008；Fasting et al.，2008；Fasting et al.，2004）。《西雅图时报》（2003）记者的调查研究发现，1993—2003 年，华盛顿州有 159 名教练员（美国只有 2%的人生活在华盛顿州）因性侵犯被解雇或遭到谴责。从骚扰到强奸，几乎所有的犯罪行为都涉及异性恋男性教练员对女孩的伤害，而这些教练员中大约有 60%在不端行为曝光后仍继续执教。尽管有 159 名教练员被解雇或遭到谴责，但是大多数不当行为被曝光后，既没有受到管理层的调查，也没有被上报给警方。即使教练员承认了自己的不端行为，只要他们同意离职，这些事件就不会被公开。私人体育俱乐部的性侵犯问题尤其严重，因为俱乐部很少规范教练员的行为，即使有证据表明存在不当行为，大多数家长仍然选择信任教练员（Willmsen and O’Hagan，2003）。

性侵犯不仅仅局限于体育领域，但当犯罪者是运动员或教练员时，他们被举报的次数可能不及其他案件中的犯罪者。因为受害者可能遭到球迷和球队及体育组织代表的恐吓，检察官可能不会提起诉讼，他们可能会达成“和解”以避免刑事诉讼，审判结束后的判决可能还有讨论的空间。即使将来有研究表明，运动员和教练员的性侵犯率并不比其他人更高，我们也有必要考虑这些案件中与体育文化和受害者经历相关的特殊问题。

五、观众暴力

体育运动会引起观众的暴力行为吗？是否有人将体育运动作为以暴力方式表现个性的场所？这些问题十分重要，因为体育运动的关注度非常高，观众人数多达数十亿。要回答上述问题，我们首先要将在电视上观看体育比赛和亲自到现场观赛进行区分。此外，如果我们希望了解球迷与球队和运动员产生共情的情感机制、观众赋予特定体育赛事的意义，以及人们观看体育赛事时所处的不同环境，就必须在特定情境下研究观众这一群体

（Paradiso，2009；Young，2012）。

（一）媒体观众暴力

大多数人会在电视上观看体育赛事。看比赛的时候人们可能会突然情绪激动、愤愤不平，但我们不太清楚人们何时以及为何会对朋友和家人实施暴力来发泄愤怒情绪。我们也不太了解人们在酒吧等场所以及公共区域的大屏幕前观看体育赛事时，为何会发生暴力行为。

如果在家以外的地方观看体育赛事，大多数人一般只会通过言语评论来发泄情绪。当他们感到愤怒时，他们几乎总是把怒气撒向运动员、教练员、裁判员或媒体评论员，而不是其他观众。即使有些观众因为情绪爆发表现得太过吵闹或出现不当行为，其他观众通常也会试图私下以和平的方式加以劝解。比赛双方球队的球迷在同一地点观看比赛，往往能够相互理解、化解分歧、避免发生肢体冲突，尽管言语评论可能会十分激烈。

观看体育赛事可能会带来暴力，这一观点促使一些人开始思考观看体育赛事（比如超级碗）是否与一个社区乃至整个国家的家暴率暂时飙升具有相关性。20 世纪 90 年代，一名记者曾误导性地报道说，由于超级碗，星期天当天的家庭暴力事件增加，女性收容所爆满。之后有关人士对他的信息来源进行了调查，并开展了更为可信的研究，结果证明他的说法有误（Cohen 1994；Sachs and Chu，2000）。当然，电视体育赛事引起的愤怒可能是造成个别家暴案例的原因之一，但是家庭暴力的根源非常之深，将其归咎于观看体育赛事就会掩盖更多重要的因素（Card and Dahl，2009; Leonard，2013）。此外，我们尚未充分了解观众如何将媒体体育内容融入自己的生活，因此也不能说观看体育赛事不是疏解情绪的渠道。

（二）比赛现场暴力

1. 历史背景

媒体对体育赛事中的暴力行径的报道提高了我们对群体性暴力的认知。然而，群体性暴力并不是新鲜事。尽管关于体育观众暴力行为的历史记录很少，但有研究表明，观众暴力行为在过去就曾出现过，与之相比，如今的观众暴力行为显得更为少见、更加温和（Dunning，1999；Guttmann，1986，1998；Scheinin，1994；Young，2000）。

随着现代体育的诞生，体育观众之间的暴力有所减少，但是按照今天的标准来看，它依然十分常见。例如，一位记者曾这样描述 1900 年的一场棒球比赛：

> 数千名芝加哥小熊队球迷举枪相向，将 7 月 4 日的两场比赛变成了墓碑镇的一场枪战，威胁到球员和其他观众的生命，也吓坏了客队费城费城人队。小熊队每得 1 分，喧闹的球迷们就会一轮又一轮地开枪，子弹在球员的头顶上穿梭着、嗖嗖作响。客队被吓得……输了芝加哥西区场地的两场比赛（Nash and Zullo，1989：133）。

该报道还称，当小熊队在第一场比赛的第 6 局得到 6 分时，球场周围枪声四起，以至于烟雾弥漫，很难看清赛况。当小熊队在第 9 局追平比分时，球迷们再次鸣枪，数百名粉丝向看台的屋顶上射击，碎片都飞得到处都是。在加赛的 3 局中，比赛仍然是平局，每次费城费城人队的投手开始准备投球时，球迷们就用他们的枪托敲打座位，齐声开火。这让投手非常紧张，最后小熊队暴投得 1 分。在得分后，一个声音洪亮、全副武装的小熊队球迷站起来大喊："装弹！装满弹！开火！"在最后一轮震耳欲聋的子弹齐发中，体育场的球迷们用光了剩余的弹药。

1900—1940 年，群体性暴力非常常见，球迷们把瓶子和其他物品砸到运动员和裁判员身上，世界职业棒球锦标赛也一度因为球迷抗议裁判员的判罚或对方球员的行为而中断（Scheinin，1994）。就像球员害怕对方投手总是故意投球击中他们的头部一样，他们也同样害怕被观众伤害。

20 世纪 50 年代和 60 年代，美国一些城市的高中篮球和橄榄球比赛是当地青年帮派斗争的场所。帮派成员和一些学生用锁链、弹簧刀、指节铜套和撬胎棒互相攻击。20 世纪 60 年代末和 70 年代初，芝加哥一些高中比赛不对公众开放，而且只在星期六早上开赛，因为定期举办的比赛已经成为滋生群体性暴力的场所，其中大多都与芝加哥的种族和民族紧张局势有关。

笔者列举上述例子是为了反驳以下观点：暴力在今天比过去更严重，应该使用强制策略来控制不守规矩的球迷，球迷和整个社会的文明程度普遍下降。今天，一些观众的行为的确十分暴力、令人生厌，给执法带来挑战，影响其他球迷享受比赛，但并没有系统的证据表明观众暴力行为已经失控。

2. 体育场上的暴力是社会和文化问题

体育场和竞技场中发生的暴力有多种形式。观众可能用言语或身体攻击对方球迷或体育场外代表对方的观众。有人可能因为不满裁判员不公正的判决而闯入比赛场地，以此来发泄愤怒。还有一些偏执狂或带有种族歧视的观众可能会攻击他们眼中的敌对势力。而有组织的观众群体可能通过参与暴力活动，来支持或反对球队管理人员、政治官员或其他个人或组织做出的决定。

尽管英国研究者在20世纪70年代和80年代研究和发展了关于体育赛事暴力的理论，但20世纪90年代以后发表的研究并不多见。而在美国除了社会学家杰里·刘易斯所做的工作之外，美国学界几乎没有发表过系统的研究（2007）。英国开展的研究提供了宝贵的历史数据，并对特定形式的体育暴力所处的复杂社会进行了深刻分析（Armstrong，1998，2007；Dunning，1999；Dunning et al.，1988；Dunning et al.，2002；Young，2007a，2007b，2012）。实际上，这些研究成果已被用于指导更为有效的监管策略的制定，以及世界各地体育相关群体的管理（Kossakowski，2015；Spaaij，2008）。

体育赛事并非发生在社会真空中。当社区或社会局势普遍紧张时，体育赛事可能会成为发生暴力对抗的场所。例如，在过去，美国观众之间的暴力根源在于种族冲突，各所拥有不同种族或民族背景学生的高中之间的激烈竞争引起了高度关注，并加剧了紧张局势（Guttmann，1986）。实施居住隔离的城市出现了严重的学校种族隔离现象，种族和民族冲突导致了赛前、赛中和赛后的冲突。

研究还表明，几乎所有群体性暴力事件主要是男性参与，说明男子气概及相关观念影响了群体关系和观众行为。女球迷可能也会参与斗殴，但是比较少见。因此，群体性暴力也关乎性别问题。从长远来看，要想有效地控制它，就需要改变性别文化观念和有关男子气概的观念，仅仅靠购买昂贵的监控系统，并在每次赛事期间增加警察在场边巡逻是不够的。

3. 北美的体育场暴力

美国和加拿大的体育场内也有暴力事件发生，但不是特别频繁，或者说还没有形成对观众的安全和健康构成重大威胁的暴力模式。部分原因在于，北美体育观众的背景较为多元，大多数情况下他们都会主动克制暴力行为，以免伤及儿童或者其他弱势群体。另外，北美球迷倾向于将体育赛事看作一个独立于体育场外社会和政治现实的场域。此外，在北美，有组织的、具有强烈社会或政治态度的球迷群体一般很难买到成片区域的团体票，没法像在世界其他地区常见的那样通过暴力活动来表达自己的情感。因此，在北美的体育场上大多数观众都只是通过大声欢呼、跺脚、挥舞物体来表达对球队的支持，或是在言语上辱骂裁判员、对方球员和球迷来发泄情绪。

当然，并不是所有的北美体育观众都是行为良好的典范（Young，2012）。打架时有发生，观众有时会把东西扔到赛场上，以表达对球队糟糕表现或者裁判员不公的不满。但是大多数在北美体育场上发生的暴力事件都只涉及个人或小群体的球迷，并非由有组织的、抱有与比赛无关的其他不良意图的观众群体策划和发起。而且，由于观众在进入比赛场馆时会接受严格的安检，他们很难携带会危害他人生命或财产安全的物品，因此也减少了暴力行为发生的可能性。

（图源：©杰伊·科克利）

2007年橄榄球世界杯赛在巴黎举行时，数千名来自不同背景的球迷聚集在公共区域的大屏幕前观赛。这些球迷主要是法国人，还有一部分人来自英国、爱尔兰、澳大利亚和新西兰，他们充分表达着自己的情绪，但现场并未发生暴力行为，笔者拍下了这张照片，并与观赛的人们交谈。

4. 世界各地的体育场暴力

读到现在我们应该明白，要理解人们的想法、行为和言论，我们就要了解人们所生活的环境，以及环境如何影响他们赋予周遭世界意义。因此不难理解人们作为体育迷的身份、所支持的球队以及观看比赛的目的都被赋予了不同的含义。也正因如此，在不同的国家和不同的文化地区，发生体育场暴力的形式五花八门，原因多种多样（Armstrong and Testa，2010；Braun and Vliegent hart，2008；Miguel et al.，2008；Spaaij，2006，2007；Spaaij and Anderson，2010）。例如，在20世纪70年代和80年代的英国，当俱乐部管理者采用新的商业模式，做出无视球迷习惯和偏好的决定时，当地足球俱乐部的铁杆粉丝就会感到格格不入和愤愤不平。而当社会失业率居高不下，人们觉得当地政府和国家政府正在破坏自己的生活方式时，他们也会将足球比赛当作情感的宣泄口，与对方球迷和警察对峙。近年来，当所谓的体育“流氓”站出来反对不公正，并与对方球迷对抗时，尽管其他观众在道义上反对暴力，但可能也会对他们的行为表示理解（Rookwood and Pearson，2012）。

同样，欧洲、北非、西亚和拉丁美洲部分地区的足球场已成为青年男子集体表达个性的舞台，有时他们还会采取暴力和挑衅的方式。他们可能会通过暴力行为来表达他们普遍的疏离感、对足球运动和足球俱乐部商业化的抵制、民族主义和（或）种族主义态度、特殊的政治议程、对当权者（如强势独裁者）的不满，以及对一些维护压迫政权的警察暴力执法的愤怒。在体育场馆，特别是足球场，通常比在街道更适合群体性的自由表达（Dorsey，2012，2013a，2013b，2013c，2013d，2016a；Zirin，2011a，2012a，2013c）。而且，在媒体报道和社交媒体的作用下，体育场中的行为能够被广泛传播，整个社会或国家都能知道这些人的存在，这样他们的诉求就会被认真对待。

我们很难对世界各地的体育场暴力做出概括性的描述或总结。在YouTube视频网站搜索“橄榄球极端球迷”“世界各地的极端球迷”“极端球迷——看台巨幕”或“橄榄球焰火”，你将会看到世界各地许多球迷以各种形式表达自我的图片。你会看到年轻人在参与高度危险的焰火活动或者表达沙文主义和种族主义态度时，做出恶劣举动；你也会看到在压迫性的政体面前，球迷站起来反抗、高呼正义；你还会看到一些球迷通过展示拼图、高呼口号或设计动作来传达强有力的政治信息。当这些表达形式与体育场上其他球迷和赛事官员的社会和政治立场相抵触时，肢体冲突就在所难免了。在某些情况下，上述冲突可能会引发集体性暴力，给体育场内的人带来生命危险。

体育社会学领域的研究表明，某些地区的球迷文化是基于民族主义者的关系和情感而形成的，这些文化经常掺杂着各种形式的民族主义和种族主义，取决于哪类人群被视为社会威胁分子或者是造成社会和政治问题的根源。但民族主义和种族主义不仅仅局限于体育场内的人群，他们是更广阔的社区或社会现实的缩影。只不过在体育场内，他们的形象被无限关注和放大，到了不能视而不见的程度。当然，这种策略并非球迷的专利。政治领袖、爱国者、运动队老板和媒体评论员也会利用体育运动和体育场馆传递各种政治信息，其中既有进步信息，又有反动信息。随着研究的深入，我们将会进一步了解发生在世界各地的球迷暴力行为，这些行为往往很复杂，备受争议，而且经常是非理性的。

5. 恐慌引发体育场暴力

到目前为止，恐慌引发暴力导致的死亡和受伤人数已经超过了任何其他形式的蓄意观众暴力。其中死亡人数最多的一起恐慌暴力事件发生在1964年的秘鲁利马，当时阿根廷队与秘鲁队正在进行1964年东京奥运会的预选赛。比赛临近结束时裁判员的一次关键判罚引发争议，一名知名球迷冲进场内与裁判员理论，遭到了警察的殴打，随后数千人涌入场内，最终导致300余人在踩踏中死亡。

同样，2001年在加纳首都阿克拉举行的一场全国足球联赛上，警察向已陷入混乱的观众发射催泪瓦斯，结果引发了进一步的恐慌。观众纷纷冲向出口，而门却被上了锁，很多人被挤倒在地，最终123人死亡（Langton，2015）。大多数体育场上发生的恐慌都遵循类似的模式：观众因为受到惊吓冲向狭窄或上了锁的出口，最终许多人被踩踏或挤压致死。

每当成千上万的人聚集在一起参加一场激发集体情感和兴奋感的活动时，人们的行为自然会受到群体关系和周围环境的影响。在体育赛事中更是如此，因为集体行为很容易受到社会心理学家所说的“情绪感染”的推动——在这一过程中社会规范迅速形成，并且大量的人近乎自发地遵守这些社会规范。虽然情绪感染并不总是会引发暴力，但是增加了发生观众暴力的可能性，也容易引起观众之间的冲突，以及观众与社会控制中介如警察之间的对抗。这也是赛后暴力发生的一个原因。

（三）赛后暴力

在北美，最具破坏性的暴力事件通常是体育赛事结束后发生的骚乱，尤其是结果至关重要的比赛，如季后赛和锦标赛。获胜队的球迷会引发庆祝性骚乱，而失败队的球迷则会形成沮丧性骚乱。尽管这两种形式的骚乱都很少造成人员死亡，但它们对人身财产的破坏性同样巨大。

1. 庆祝性骚乱

奇怪的是，一些最危险和最具破坏性的群体暴力往往发生在重大体育赛事胜利后的庆祝活动中（Lewis，2007）。近年来，中产阶级白人大学生在橄榄球比赛胜利后会拆下昂贵的球门柱，或者洗劫观众座位，并将座椅垫和其他物品扔到球场上，这些行为却被视为年轻人对母校的热爱和忠诚的表现。然而，由于这些事件造成的人员伤亡和财产损失持续增加，体育场的安保人员现在已经禁止球迷在比赛结束后冲上赛场。

尽管新的社会控制方法已经颇有成效，能够在一定程度上预防体育场内发生的庆祝性骚乱，但是体育场外的庆祝性骚乱还是很难得到控制，因为人群会同时聚集在多个地点。当地警方通常能够对某个体育场周围的庆祝活动做出预判，但要实现对整个市区的有效控制，需要事先做好规划，需要配备充足的警力，保证在警方干预时不会引起集体抵制。

参加庆祝性骚乱的一些球迷或者他们身边的人会使用社交媒体，这有助于警方识别和逮捕这些活动的策动者。但是，我们仍需要进一步研究才能确定，对于那些希望利用社交媒体记录庆祝活动的人来说，社交媒体到底是威慑还是助长了他们实施暴力行为。另外，还有一些城市有策略地安装了监控摄像头来捕捉庆祝性骚乱的图像。

《北美的体育迷暴力》（2007）一书的作者、社会学家杰里·刘易斯开展的研究表明，大多数庆祝性骚乱与以下 6 种一般性条件有关：

（1）一个自然的城市球迷聚集地

（2）一伙年轻白人男性在场

（3）球迷与球队有强烈认同感

（4）重大赛事，如全国或世界锦标赛

（5）季后赛或锦标赛中的一场关键或决定性比赛

（6）比赛双方势均力敌、比赛过程扣人心弦

尽管目前还没有任何经过验证的理论可以解释人们参与庆祝性骚乱的原因，但可能的原因为一些年轻人想借此强调自己对球队的忠诚，而且能够参加一个有史记载的大场面活动显得自己很有身份，这是够和别人吹嘘一辈子的资本。

2. 沮丧性骚乱

与庆祝性骚乱相比，沮丧性骚乱比较罕见。如果球队在重要赛事中输掉决定性比赛，球迷通常会选择默默离开现场，独自或者与亲近的好友一起消化失落的情绪。当然也有例外，其中最知名的案例于 2011 年发生在加拿大温哥华。在美国国家冰球联盟斯坦利杯冠军系列赛的决定性比赛中，温哥华可纳克队输给了波士顿棕熊队。于是，数百名年轻人涌向市中心纵火、掀翻汽车、砸碎窗户。很明显，这种发泄毫无意义，但却造成了巨大的财产损失，且由于警方准备不足，数十人在对抗中受伤。不同于政治、劳工或民权示威活动引发的骚乱，这场骚乱历时十分短暂，随着现场警力的增援，人们很快散去。

警方和当局最初将暴乱者定义为具有犯罪意图的暴徒和无政府主义者，但录像显示，他们大多来自温哥华本地家庭，他们的家人也都强烈反对他们的破坏性行为（Mason，2011）。其中一个典型的证据是在一张照片中，一名年轻人试图点燃一块塞在警车油箱里的布。虽然警车最终没有爆炸，但这名年轻男子被人认出是加拿大国家青少年男子冰球队的一员，也是一名学术全明星，获得过美国一所大学的体育奖学金，暑假结束后就要去上学。在向警方自首后，他就被所在球队除名了。有关这一事件的研究结果尚未公开，但似乎这名年轻人和其他类似的年轻人都在模仿他们眼中的加拿大冰球文化——他们表达男性的愤怒，撕开衬衫，大声呼喊，好像在通过自己造成的破坏来宣告控制权（Zirin，2011b）。

（四）控制观众暴力

控制观众暴力的主要手段是实施有效的群体控制策略，当然前提是了解哪些因素与观众暴力相关，具体包括以下内容：

（1）群体规模和观众站立或就坐的模式。

（2）群体的年龄、性别、社会阶层和种族（民族）构成。

（3）赛事对观众的重要性和意义。

（4）球队和观众之间关系的历史。

（5）赛事举办中使用的群体控制策略（警察、攻击犬、监控摄像头或其他安全措施）。

（6）观众饮酒情况。

（7）举办赛事的地点（中立场地或比赛双方其一的主场）。

（8）观众观看赛事的原因和对比赛结果的期望。

（9）观众对于球队的身份认同（阶级、种族或国家、地区或地方、俱乐部或帮派身份认同）。

背景因素和情境因素共同影响着体育赛事中发生观众暴力的可能性（Spaaij and Anderson，2010）。在过去几十年中，社会学家和执法官员已经成功识别了上述因素，在制定群体控制策略时也充分考虑到这些因素，尽管还有许多值得改进的空间。例如，我们知道，当观众感知到赛场上的暴力时，他们更有可能参与赛场上的暴力活动。因此，将体育赛事宣传为敌对双方之间的暴力对抗不是明智之举。

（图源：©弗雷德里克·A. 艾尔）

我们需要对所谓的庆祝性骚乱开展研究。关于其他形式的集体行动的研究表明，庆祝性骚乱可能不像许多人想象的那样自发形成、事先毫无计划。

如果运动员和教练员公开强调尊重比赛和对手，那么观众感知到的敌意和暴力就能化解。另外，推选有能力且受过专业训练的官员也十分重要，因为如果官员能对比赛进行有效控制，给予观众公正的引导，那么发生观众暴力的可能性就会降低。裁判员还可以在比赛前与两队见面，告诉队员要把敌对情绪留在更衣室内。球队官员可以组织赛前的团结仪式，包括交换球队标志和表示对对手的尊重，并且接受媒体报道。这样一来，球迷们就会看到运动员们并没有将他们的对手视为敌人。但是上述策略与商业媒体的利益相冲突，因为商业媒体向来都将比赛包装为没有硝烟的战争。因此，我们面临着一个两难抉择：是增加球迷和球员的安全感，还是增加媒体的利润和球队老板的门票收入？

预防暴力的最重要的措施之一是了解观众的需求和尊重观众的权利。这就要求管控观众的官员接受培训，以便能够及时干预混乱局面，不会使混乱升级。此外，饮酒应该得到切实监管。场馆及其周围的空间应该是安全有序的，这样不仅可以限制双方球队的球迷互相接触，同时还能保障观众可以四处走动。出口应该畅通无阻且设有明确标志，无论在赛前还是赛后，观众都不应该像动物一样被驱赶。鼓励全家人一起观看比赛也会有效降低暴力事件的发生率。

了解群体暴力事件背后的历史、社会、经济和政治问题也非常重要。对群体暴力采取限制性的治安措施可能会暂时起效，但它们不会真正消除助长暴力滋生的内在矛盾和冲突。我们需要制定政策，应对不平等、经济问题、失业、政治边缘化、种族主义、其他形式的偏执以及对男子气概的歪曲定义，因为正是这些因素造成了紧张局势、冲突和暴力。

制定规范可能比较困难，但与在偏远地区举办比赛、雇用数百名安保人员、巡查看台、安装监控摄像头、在人流稀少的时候举行比赛以及招募配备自动化武器的警察和士兵相比，通过制定规范来实现震慑目的要有效得多。当然，上述这些外部措施能起到一定的效果，但是只能作为最后手段使用，或者作为新的观众规范形成前的过渡手段。

六、恐怖主义：体育赛事中有计划的政治暴力

恐怖主义和恐怖分子是能够引发情绪反应的词汇，因为恐怖主义是恐

怖分子为了实现政治或社会目的而恐吓目标人群的一种特殊类型的暴力。它可以发生在任何地方，当社会分裂、受压迫人民有反抗的政治目的时，最常发生恐怖主义。在大多数情况下，它是对政治压迫、挫折感和愤怒感做出的战略性反应（Turk，2004）。

与大多数战争不同，恐怖主义主要瞄准平民，旨在在目标人群中制造普遍的恐慌情绪。因此，恐怖主义很少随机发生，它一般经过战略性策划，力图获得最广泛的媒体报道，其目的是传播和维持恐慌，让人们感觉社会秩序的基本结构正在瓦解。例如，制造 2013 年波士顿马拉松爆炸事件的两名恐怖分子之所以选定这一赛事，是因为它恰逢马萨诸塞州的爱国者日，且与美国革命的开始和美国的诞生具有相互关联的象征意义。此外，该马拉松比赛是一项重要的体育赛事，在全球范围内进行电视直播和报道。因此，比赛中发生恐怖袭击的消息很快在全国和全球范围内传播，人们会因此怀疑美国社会秩序的根基。该事件中恐怖分子使用炸弹造成 3 人死亡，264 人受伤，部分人严重到需要截肢。而这次恐怖主义行动的影响远远超越了波士顿马拉松比赛的影响。

据马里兰大学的恐怖主义及应对策略全国研究联盟的执行主任比尔·布兰尼夫称，某些体育赛事尤其容易吸引恐怖主义，原因如下（Hruby，2013c）：

（1）有媒体在场。

（2）赛事属于公共赛事，能够代表地区或社会的价值观和精神。

（3）人们在试图寻找恐怖袭击发生的原因时，正好为恐怖分子提供了传递政治信息的机会。

（4）媒体对一项特殊体育赛事的反复曝光和关注，会不断提醒人们注意这起袭击事件，随之而来的恐惧情绪将会持续存在。

马拉松比赛是恐怖主义的特定软目标，因为一般举办方没有为观众设立中央安全检查站，在 26.2 英里（1 英里=1.60 9344 千米）的赛程中，观众可以在许多地点观看比赛。尽管如此，恐怖主义及应对策略全国研究联盟的一项研究显示，在 2013 年波士顿马拉松比赛之前的 20 年里，全世界共举办过数百场马拉松比赛，只有 6 场被选为恐怖袭击场所（START，2013），其中 3 次发生在北爱尔兰（分别是 1998 年、2003 年和 2005 年），在那里新教徒和天主教徒之间长期存在政治和社会分裂，经常暴力相向。不过所幸的是，在这几起事件中炸弹都在爆炸前被发现并拆除。

根据恐怖主义及应对策略全国研究联盟的报道，一起恐怖袭击事件发生在 1994 年巴林（位于波斯湾）的马拉松比赛中，有几名选手受伤。据称，行凶者反对将赛道设置在清真寺遗迹附近，并抵制女选手穿短裤和短上衣。2006 年，巴基斯坦拉合尔的一场马拉松比赛也发生了一起恐怖袭击事件，6 辆公共汽车被烧毁，4 人受伤，其中包括两名警察。距离 2013 年波士顿马拉松爆炸事件最近的一次恐怖事件是 2008 年斯里兰卡科伦坡马拉松比赛中发生的自杀式炸弹袭击，在起跑线附近造成 12 名选手和 3 名观众死亡，约 100 人受伤。此外，2015 年末，在巴黎法兰西体育场举办的一场足球比赛中发生了一起自杀式炸弹袭击未遂事件。当 3 名恐怖分子被拒绝进入体育场时，他们引爆了自己身上的炸弹，但没有引起其他人员死亡。

恐怖分子并不总是将体育赛事作为目标。在现代奥运会 100 多年的历史中，共发生过两起恐怖袭击事件。一次发生在 1972 年，一个名为“黑色九月”的巴勒斯坦恐怖组织的成员进入了德国慕尼黑的奥运村，找到以色列运动员和教练员住的房间，开枪打死了一名摔跤教练员和一名举重运动员，并挟持 9 名以色列运动员作为人质。经过 21 小时的对峙和计划不周的救援行动，最终 17 人死亡，其中包括 10 名以色列运动员，1 名教练员，1 名西德警察和 5 名恐怖分子。其余的恐怖分子均被以色列突击队找到并击毙。另一起与奥运会相关的恐怖事件发生在 1996 年亚特兰大奥运会上，当时，一名美国军事爆炸物专家引爆了数枚炸弹，表达对堕胎和正在“摧毁”美国的“全球社会主义”的抗议，最终造成 2 人死亡，100 多人受伤。

上述例子意在表明，发生在体育赛事上的恐怖主义并不多见。事实上，在 2013 年波士顿马拉松爆炸事件之前，1996 年亚特兰大奥运会期间发生的恐怖袭击是美国历史上唯一一起与体育相关的恐怖主义事件。但随后在 2001 年 9 月 11 日，纽约世贸中心大楼和华盛顿五角大楼遭到恐怖袭击，一架被劫持的飞机最终在宾夕法尼亚州坠毁。该恐怖袭击事件造成 3000 多人死亡，数千人受伤。“9・11”事件造成了普遍恐慌，也引发了舆论对未来恐怖袭击的描述，对美国文化和重大体育赛事产生了重大影响。

“9・11”事件发生时，盐湖城正在为 2002 年冬奥运会做准备。于是，一些怀揣不同动机的人就将注意力集中在盐湖城冬奥会上，把它作为潜在的全球反恐战争前线。大型安保公司和其他销售安全技术的公司成功建构了煽动恐慌情绪的新型言论，呼吁赛事组委会一定要不惜代价保障赛事全方位的安全(Giulianotti and Klauser，2012；Hassan，2012；McMichael，2012；Schimmel，2012；Sugden，2012；Toohey and Taylor，2012)。因此，盐湖城冬奥会及之后的所有奥运会都被认为是恐怖分子的首要目标，导致组委会在安保方面投入越来越多的资金。在弥漫着恐慌情绪的氛围中质疑这种想法几乎是不可能的，因此很多公司都希望通过销售高价安保产品获利，商业在其中起到了推波助澜的作用（Atkinson and Young，2012；Graham，2012）。

如表 6.1 所示，“9·11”事件之前，2000 年悉尼奥运会的安保费用为 1.8 亿美元，相当于每位运动员 12,500 美元（所有数据包括奥运会和残奥会运动员）。但在“9·11”事件之后，规模小得多的盐湖城冬奥会安保费用却达 5 亿美元，每位运动员 131,100 美元，比两年前增加了 9 倍多。这一模式延续到了 2008 年，北京奥运会为安保投入 65 亿美元，相当于每位运动员 430,000 美元。2012 年伦敦奥运会的安保费用为 16 亿美元，相当于每位运动员 114,300 万美元。如今，安保费用一般占奥运会总预算的 12%～20%，世界安保产业的价值已经从 2009 年的 1420 亿美元上升到 2014 年的约 3 万亿美元。

表 6.1　2000—2014 年奥运会/残奥会安保费用

单位：美元

年份	城市	安保费用	每名运动员的平均安保费用**
2000	悉尼	1.8 亿	12,500
2002	盐湖城	5 亿	131,100
2004	雅典	15 亿	103,000
2006	都灵	14 亿	350,500
2008	北京	65 亿	430,000
2010	温哥华	10 亿	325,500
2012	伦敦	16 亿*	114,300
2014	索契	不详	不详

资料来源：加拿大广播公司新闻。

注：*表示 2012 年伦敦奥运会的预算统计从 8 亿美元到 16 亿美元不等。

**表示夏季奥运会的运动员人数至少是冬季奥运会的 4 倍。

造成奥运会和其他大型体育赛事安保费用上涨的另一原因在于，主办城市的警察和政治官员会花费巨额资金购置安保系统，便于对当地居民实施管控，这种做法如果是在其他情形中通常会遭到人民的抵制（McMichael，2012；Schimmel，2012）。政府想借此打造一个管控严格的安全环境，用以净化城市、驱逐穷人和无家可归者、促进房产升值、专门为新兴的城市精英阶层提供高档住房、餐馆和娱乐设施。同时，关于恐惧的言论使人们重视安全甚过重视隐私，比以前更能接受使用新型的高科技手段来维持治安和社会管控。

如今，安检已经成为大型体育场馆日常工作的一部分。场馆会对入场观众进行扫描或搜查，对允许带入场馆的物品也有严格的规定。不过，大多数安检工作并不为公众所见，例如炸弹搜查、电子监视以及一些其他秘密措施。没有发生恐怖袭击时，高科技社会管控的拥护者们会说是他们的安保系统发挥了作用；如果恐怖袭击发生了，他们则声称安保技术还需要进一步升级。无论哪种情况，那些从恐惧和不安定中获利的人都是赢家。安保费用的增加显然抬高了高水平体育赛事的票价，而这部分费用往往由公共资金来负担，这意味着普通民众要为那些有钱买票的人的安全和舒适买单。由此可见，恐慌情绪可谓影响深远。

七、小结：体育中的暴力行为是否影响了我们的生活？

暴力在体育运动中并不是新鲜事。纵观历史，运动员曾参与很多导致自己或他人受伤的活动。观众也不例外，他们过去经常在体育赛事举办前、比赛中、比赛后发生暴力行为。然而，如果我们把体育暴力定义为可控的行为，而不是生活中的既定事实时，我们就会倾向于将其看作一个需要解决的问题。

体育暴力包括粗暴的身体接触、临界暴力、准犯罪暴力和犯罪暴力。暴力往往与过度遵从体育伦理规范、商业化和男子气概的错误定义相关。虽然暴力会给运动员带来永久性的身体损伤，但在一些体育项目中已经成为一种赢得比赛的策略。

控制场内暴力十分困难，尤其是在男性对抗性运动中，因为暴力与男运动员对自我的身份认同相关。他们把暴力和恐吓作为比赛策略，但我们目前尚不清楚场内的暴力是否会迁移到场外的关系和情景中。

男性在体育运动中使用暴力，往往被视为有男子气概，男子气概强调勇于冒险和敢于威慑他人。如果参与某项运动的男性接受了其中的暴力文化，认为使用暴力合情合理，并且这种想法也得到了整个体育项目乃至全社区的支持，那么他们参与体育运动就可能会导致场外暴力，包括袭击、性侵犯等。不过，这个过程并不一定会自动发生，有时男性参加高强度身体对抗性运动时反而学会了控制自己的愤怒情绪和暴力倾向。

体育暴力最重要的影响可能在于，它强调了宣扬“男性天生优越”的性别文化观念，而其根源在于人们笃信使用暴力是男性的特权。

参加对抗性运动的女运动员也会发生暴力行为，但是，这些行为与参赛女性的性别身份之间有何种联系，目前我们仍知之甚少。相比于体育运动强调的力量和成绩，许多女性更看重和对手的支持性联系。因此，女性在体育运动中的暴力行为明显少于男性，暴力行为发生的动机也不同于男性。

体育暴力会带来严重后果。近年来的研究公布了脑震荡和重复性亚震荡头部撞击造成的脑损伤发生率，使许多人意识到之前被故意隐瞒病情或误诊的可怕后果。如果有进一步的研究表明，某些运动中固有的暴力行为会造成永久性的损伤，那么这些运动——特别是橄榄球运动——的受欢迎程度将直线下滑。与此同时，参加某些体育运动可能会引发严重伤病和长期的健康问题。

运动员在赛场上的暴力行为与赛场外的行为之间的关系很难厘清。有时，在特定的条件下，人们反而在暴力的运动中学会在场外控制暴力行为。也有时，运动员可能很难划分“受许可的”场内暴力和合适的场外行为之间的界限。此外，体育运动可能还不如傲慢、霸道、全男性群体的压力等因素容易激发场外暴力。与不参加体育运动的同龄人相比，某些体育项目的运动员似乎有更高的性侵犯率，但要证明这种可能性还需要开展更多的研究。

通过媒体观看体育赛事的观众以及现场观众都会发生暴力。究竟何种条件会刺激人们在现场或通过媒体观赛时发生暴力仍有待进一步研究。目前对比赛现场的研究表明，影响体育场上的暴力的因素包括赛场上感知到的暴力、群体压力、比赛本身的情况、观众赋予比赛意义的历史和社会背景，以及他们与其他在场人员之间的关系。

在某些情况下，人们策动体育场上的暴力，有时可能是为了公开反对政府政策或警察的行为；可能是为了引起政府对政治问题及不公正现象的注意，为了博得公众对某一弱势群体的关注；或者可能为了表达民族主义、种族主义或对某一群体的厌恶和偏见态度。体育场上的暴力有时会使场面失控，引发人群恐慌，导致人们发生踩踏或拥挤致死。

赛后的庆祝性骚乱是最常见的观众和球迷暴力形式。沮丧性骚乱则不太常见，但预防和控制这两种类型的骚乱都可以依靠受过专门训练的警察部队，因为他们知道如何在不引起强烈抵制和激化矛盾的情况下采取干预措施。实际上控制任何形式的观众暴力都需要训练有素的安保人员和警察部队。

体育赛事中的恐怖主义比较罕见，但恐怖主义的威胁和安保政治改变了举办体育赛事，尤其是奥运会等大型赛事的政策、程序和成本。2013 年波士顿马拉松恐怖袭击事件提醒我们，全球问题深刻影响着我们的生活，即使在参加我们最喜欢的体育赛事时也不能幸免。正如体育暴力影响我们的生活一样，我们生活的社会条件也影响着体育暴力。体育赛事安保工作面临的挑战在于，考虑到控制成本和保护个人隐私的问题，有时负责人不得不对安保措施加以限制。其实有时，在安全技术方面一掷千金，只不过是更大的强制性执法和管控体系中的一环。

补充阅读

阅读材料 1　轮椅橄榄球：轮椅暴力

阅读材料 2　暴力和动物运动

阅读材料 3　体育暴力的社会心理动力学

阅读材料 4　体育暴力：比你想象的更野蛮

阅读材料 5　球迷暴力：关于意大利极端球迷的案例研究

体育管理问题

- 在过去，体育营销和管理人员将预期的赛场暴力作为宣传噱头。这一策略在今天依旧可行吗？请解释可行或不可行的原因。

- 控制场内暴力是一个严峻的挑战。请给出控制不同类型场内暴力的策略，并解释你为什么选择这些策略。
- 假设你是一家大型公共休闲体育中心的项目经理。中心主任要求你设计一个项目，帮助当地社区的年轻人减少暴力行为。请描述你要开发的项目，以及你将如何组织该项目来达到主任的预期。
- 假设你是一所高中的体育主管，你们学校即将举办一场橄榄球比赛，比赛在你们州排名第一和第二的球队之间开展。球队在过去的比赛中曾发生过暴力事件。请描述你将采取何种措施控制比赛中的运动员和观众暴力。

体育人文译丛

丛书主编　曹卫东
执行主编　田　慧

05

Sports in Society

Issues and Controversies
Twelfth Edition

社会中的体育

问题与思辨（第 12 版）（中）

[美] 杰伊·科克利　著
田　慧　李　娟　王　敏　主译

北京体育大学出版社

策划编辑：王英峰
责任编辑：孙　静
责任校对：邓琳娜
版式设计：久书鑫

北京市版权局著作权合同登记号：01-2022-5790
Sports in Society: Issues and Controversies（Twelfth Edition），ISBN: 9780073523545；Jay Coakley.

图书在版编目（CIP）数据

社会中的体育 ： 问题与思辨 ： 第 12 版 / （美）杰伊•科克利著 ； 田慧， 李娟， 王敏主译. -- 北京 ： 北京体育大学出版社， 2022.12
（体育人文译丛 / 曹卫东， 田慧主编）
书名原文： Sports in Society:Issues and Controversies(Twelfth Edition)
ISBN 978-7-5644-3755-8

Ⅰ. ①社… Ⅱ. ①杰… ②田… ③李… ④王… Ⅲ. ①体育运动社会学 Ⅳ. ①G80-051

中国版本图书馆 CIP 数据核字(2022)第 218373 号

[美]杰伊·科克利　著

社会中的体育：问题与思辨（第 12 版）　　田　慧　李　娟　王　敏　主译
SHEHUI ZHONG DE TIYU:WENTI YU SIBIAN (DI SHI-ER BAN)

出版发行：北京体育大学出版社
地　　址：北京市海淀区农大南路 1 号院 2 号楼 2 层办公 B-212
邮　　编：100084
网　　址：http://cbs.bsu.edu.cn
发 行 部：010-62989320
邮 购 部：北京体育大学出版社读者服务部 010-62989432
印　　刷：北京雅图新世纪印刷科技有限公司
开　　本：710mm×1000mm　1/16
成品尺寸：170mm×240mm
印　　张：48.75
字　　数：753 千字
版　　次：2022 年 12 月第 1 版
印　　次：2022 年 12 月第 1 次印刷
定　　价：368.00 元

体育人文译丛

丛书主编 曹卫东
执行主编 田 慧

05

Sports in Society

Issues and Controversies
Twelfth Edition

社会中的体育

问题与思辨(第12版)(中)

[美]杰伊·科克利 著
田 慧 李 娟 王 敏 主译

北京体育大学出版社

策划编辑：王英峰
责任编辑：孙　静
责任校对：邓琳娜
版式设计：久书鑫

北京市版权局著作权合同登记号：01-2022-5790
Sports in Society: Issues and Controversies（Twelfth Edition），ISBN: 9780073523545；Jay Coakley.

图书在版编目（CIP）数据

社会中的体育 ：问题与思辨 ：第 12 版 / （美）杰伊•科克利著 ；田慧，李娟，王敏主译. -- 北京 ：北京体育大学出版社，2022.12
（体育人文译丛 / 曹卫东，田慧主编）
书名原文：Sports in Society:Issues and Controversies(Twelfth Edition)
ISBN 978-7-5644-3755-8

Ⅰ. ①社… Ⅱ. ①杰… ②田… ③李… ④王… Ⅲ. ①体育运动社会学 Ⅳ. ①G80-051

中国版本图书馆 CIP 数据核字(2022)第 218373 号

[美]杰伊·科克利　著
社会中的体育：问题与思辨（第 12 版）　田　慧　李　娟　王　敏　主译
SHEHUI ZHONG DE TIYU:WENTI YU SIBIAN (DI SHI-ER BAN)

出版发行：北京体育大学出版社
地　　址：北京市海淀区农大南路 1 号院 2 号楼 2 层办公 B-212
邮　　编：100084
网　　址：http://cbs.bsu.edu.cn
发 行 部：010-62989320
邮 购 部：北京体育大学出版社读者服务部 010-62989432
印　　刷：北京雅图新世纪印刷科技有限公司
开　　本：710mm×1000mm　1/16
成品尺寸：170mm×240mm
印　　张：48.75
字　　数：753 千字
版　　次：2022 年 12 月第 1 版
印　　次：2022 年 12 月第 1 次印刷
定　　价：368.00 元

（本书如有印装质量问题，请与出版社联系调换）

目　录

中

第七章　性别与体育：性别平等有可能实现吗？

重要的不再是女性有权参加体育运动会产生什么影响，而是如何让它带来价值，让女性得以生存与发展。

——约翰内特·霍华德，体育记者（2013）

将美国职业橄榄球大联盟和五角大楼相提并论丝毫不违和……因为它们都有力地展示了男子气概的坚不可摧，这被视为可贵的品质。

——戴夫·齐林，体育记者（2014a）

性别平等面临的主要阻碍不再是人们的个人态度和人际关系。相反，组织结构上的障碍让很多人无法公平参与……尽管性别革命并没有停滞，但其处处碰壁。

——斯蒂芬妮·孔茨，社会学家（2013）

对于那些并非异性恋或者性别身份不确定的人来说，体育界仍然是一个让他们望而生畏的领域。

——马克斯韦尔·斯特罗恩，体育记者（2015）

本章纲要

性别不平等的文化溯源
正统性别文化观念与体育
主流体育运动强化了正统性别文化观念
性别平等取得的进步
性别不平等仍然存在
实现性别平等的障碍
性别平等与性取向
实现性别平等的策略
小结：性别平等有可能实现吗？

学习目标

- 描述二元性别分类系统，阐明它如何影响体育运动的意义、体育运动的组织方式以及体育运动的参与者。
- 解释正统性别文化观念和体育运动如何相互影响。
- 理解目前的性别测试方法及其与正统性别文化观念之间的关系。
- 明确 20 世纪 70 年代中期以来，各年龄段女性体育活动参与率急剧上升的原因。
- 指出体育运动中现有的性别不平等现象，以及在实现性别平等过程中所出现的阻碍。
- 理解“今天的体育运动和体育组织是以男性为主导、强调男性认同”这一说法的含义。
- 阐释正统性别文化观念对当今体育运动中的女同性恋者、男同性恋者、双性恋者和变性者产生了何种影响。
- 明确促进体育运动和体育组织中性别平等的有效策略。

“我认为女运动员已经完全被男性和女性接纳了。我的意思是，我从 5 岁起就开始参加体育运动，从来没有遇到过不被男性和女性接纳的情况”。

一位高中篮球运动员的上述言论道出了今天美国大多数女性的感受（Evans，2011）。女运动员遭受恶意评论和被同龄人嘲笑的日子已经一去不复返了。但在体育运动中，性别仍然是十分重要的议题，与性别有关的排斥和歧视仍然存在。这就是为什么体育社会学研究者在研究体育运动这一社会现象时，经常会关注性别和性别关系。

本章重点介绍体育运动与人们对男子气概、女性气质、同性恋以及异性恋的看法之间的关系，以及文化和社会中有关性别和性取向的其他问题。本章讨论的问题如下：

（1）为什么世界上大多数体育运动都被定义为男性的活动？

（2）女性是如何被排斥或阻隔在体育运动之外的？

（3）近年来参与体育运动的女性越来越多，原因何在？

（4）在体育运动中，性别不平等现象是否仍然存在？

（5）实现性别平等面临着哪些阻碍？

（6）采取哪些策略可以推动体育中的性别平等取得更大进展？

一、性别不平等的文化溯源

性别文化观念是由诸多相互关联的思想和观念组成，这些思想和观念被广泛应用于定义男子气概和女性气质，识别男性或女性，评价性征表达形式，以及组织社会关系。在许多社会，性别文化观念主要包含以下 3 种中心思想观念：

（1）人只可被划分为两种性别类型：男性或者女性。

（2）异性恋是正常的，其他性情感、想法和行为都是不正常的、偏离的或不道德的。

（3）男性比女性体格更强壮，头脑更理性，因此，他们天生更适合在社会公共领域掌权、承担领导职位。

现如今，许多人都质疑或抵制这些思想观念，但他们所支持的传统或正统的观念会在如下方面对人们造成长期影响：① 如何形成对自己和他人的认同；② 如何形成和评估人际关系；③ 如何形成对自己和他人的期望；④ 如何在社会世界中组织和分配奖励。

即使我们反对正统性别文化观念，但它也已经在我们的日常经历和生活中根深蒂固。在不知不觉中，它扮演着文化指南的角色，影响我们生活的方方面面，决定着我们的穿着、我们的言行举止、我们如何向他人展现自己、如何选择大学专业，以及如何思考和规划我们的未来（Ridgeway，2011；Risman and Davis，2013）。

性别文化观念因文化而异。在男性掌握大部分权力和资源的社会中，人们使用的是基于简单的二元性别分类系统的性别文化观念。据此，他们认为所有人都可以被划分为两种性别类型中的一类：男性或女性。人们通常会从生理和心理两个方面来比较男性和女性的差异。因此，许多人会将男性或女性称为“异”性，他们认为男性和女性在诸多方面存在差异。

上述内容是人们定义**性别**的基础，或者说是界定群体或社会中男子气概或女性气质的根据。在大多数社会中，性别和性别差异已经深入人们的语言系统、个人身份和人际关系，即使有人并不认同，但他们也无法忽视性别和性别差异的存在。此外，性别差异在不同的社会阶层、文化环境和体育项目中会以不同的方式得到体现（Adams，2011；Connell，2011；Mennesson，2012；Tagg，2012；Weber and Barker-Ruchti，2012）。

人们普遍认为二元性别分类系统是天经地义的。大多数人以此作为基石来看待所处的社会世界，确定自身在社会世界中的位置。当他们自己或他人不能被完美地归入两种正统的性别类型之一时，他们常常感到困惑、不安，甚至愤怒。因此，许多人都难以批判性地看待性别问题，甚至当其他人进行批判性思考时，他们就会采取防御性姿态。

在本章中，笔者会使用“**正统性别文化观念**”这一术语来表示与二元性别分类系统相关的各种思想观念。使用“正统”一词，旨在表明这种性别文化观点代表了一种传统的、普遍确立的思维方式，人们将其视为一种恒常不变的“真理”，与自身的宗教信仰和是非观念息息相关。[①]

当社会中的许多人都能获得有关性和性别的科学信息，并且人们的个人经历也可以佐证这些信息时，就会有越来越多的群体和个人开始对全部或部分的正统性别文化观念提出质疑。此时，一部分人会形成关于性别的新观点，以及这种新观点对于他们如何看待自己、他们的人际关系以及社会世界组织方式的意义。这种情况主要发生在年轻人当中，随着他们对人类和社会变化的认识不断扩大，他们对刻板的二元性别分类系统越发感到不安，因为这种性别分类系统将许多人边缘化，给许多人贴上不道德或不正常的标签，其中包括他们的家人和朋友。不过，这些关于性别的新观点和理念还不够深入人心，尚不足以形成可识别且被普遍认可的包容性性别文化观念。但是越来越多的人正朝着这个方向努力，并对上述现象展开研究（Anderson，2002，2005b，2008b，2009b，2011a，2011b，2011c，2011d；Anderson and McCormack，2015；Jarvis，2015；McCormack，2012）。

尽管在世界范围内，有许多人坚持正统性别文化观念，但是科学证据表明，人体的解剖结构、激素、染色体和第二性征之间的差异十分复杂，性别不能被简单分为两个泾渭分明、不相重叠的类型，因此正统性别文化观念与科学证据并不吻合。著名的科学家曾解释说，从生理和文化的角度来看，性别是十分复杂的概念，如果我们真的想要了解它对我们生活产生的影响，那就不能将它简单地分为两类（Bank，2012；Fausto-Sterling，2000a；Harper，2007；Laqueur，1990）。

生物学家安妮·福斯托–斯特林一生致力于性与人体研究。她认为，人体并不是非此即彼的，它们之间存在微妙的差别（Fausto-Sterling，2000b：3）。人体实际上有数百种不同的身体特征，这些特征的差异从小到大形成一个连续变化区间，因此人并不能简单地被划分为两个独立且对立的类别。此外，这些差异也会发生变化和重叠，要得出只有两种性别的结论，唯一的方法就是任意选定一些最为重要的特征，然后将其归入两个独

---

① 笔者选用这一术语是受到埃里克·安德森的启发（2009b，20llb），他对正统的男子气概和包容性的男子气概进行了区分。他对此做出的解释可以得到进一步延伸，用以区分正统性别文化观念，以及与之相对的包容性性别文化观念。后者由于可以帮助人们避免用刻板、教条的方式去思考性别问题，得到越来越广泛的运用。

立的类别。

这说明，二元性别分类系统并没有呈现生物学事实，只是折射出了某种社会和文化观念。然而，无论其生物学有效性如何，这些性别分类方法都会产生重要影响，因为它们会给人们带来改变一生的后果。事实上，当人们在出生时具有不完全符合某一性别类型的身体特征时，医生和其父母所秉持的性别文化观念会促使他们通过接受外科手术来“修复”生殖器，以便看起来具有更清晰的男性或女性性征（Fausto-Sterling，2000a；Harper，2007；Quart，2008）。人们逐渐意识到，人体比二元性别分类系统所定义的更加复杂，性和性别是一种社会建构，因此如今这种“修复”生殖器的行为正在发生改变。如今更为常见的是，如果孩子具有模糊的身体解剖学性征，他们的父母会耐心等待，等到孩子知道如何确立自己的身份、理解性别认同在社会中的含义时，他们才会让孩子自己决定是否进行手术或接受其他医学治疗。

（一）性别“越界”

正统性别文化观念会导致人们对男女应有的外貌、思维、情感和行为形成刻板僵化的看法，各种问题也随之而来。人们基于此形成的假设是：只有异性恋是自然和正常的，那些不符合异性恋男女外貌特征、情感表达和行为方式的人是不正常的，他们属于性别“越界”（图 7.1）。

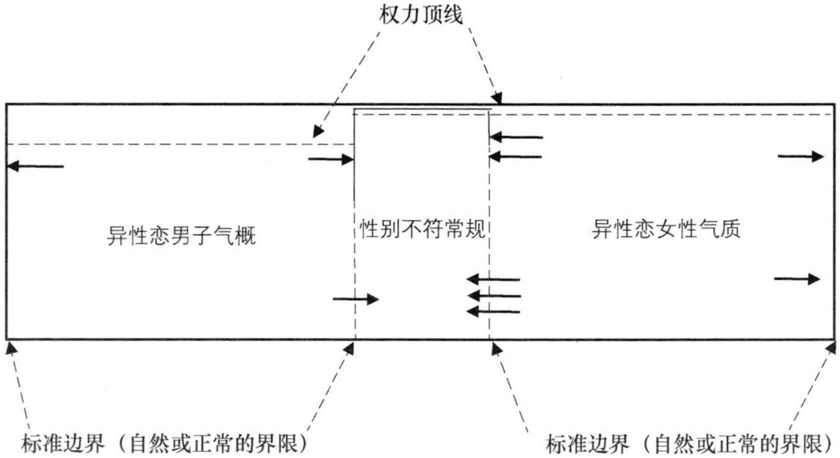

图 7.1 二元性别分类系统模型：美国文化中对性的识别与性别的定义

这一做法会使女同性恋者、男同性恋者、双性恋者、变性者和双性别者被边缘化，被部分人视为异类，有悖于自然或道德，因为他们存在于两种正统的性别类型之外，由此**恐同症**得以出现。恐同症指的是对任何不能明确归类为异性恋男性或女性的人的普遍恐惧或反感（Griffin，1998）。在看到他人的外表或自我呈现方式不符合自身所秉持的性别文化观念时，人们就会产生恐惧和反感。只要二元性别分类系统被广泛接受，恐同症就会以某种形式存在。因此，能否实现完全的性别平等，取决于这一性别分类系统能否改变。

（二）正统性别文化观念——维持现状的工具

正统性别文化观念的另一个重要影响在于，它让人们认为男女既不相同也不平等。例如，与女性相比，男性享有更多的特权、更大的权力和影响力。因此，在权力和影响力较大的公共职位中男性数量要比女性多得多。当然，这意味着部分男性，尽管不是所有男性，极力渴望保留二元性别分类系统及其所支持的文化观念。因此，男性比女性更有可能"守护"性别界限，并阻止所有男性越界，这条界限将"异性恋男性"与女性以及在他们看来性别"越界"的人区分开来。维持性别差异强调了正统性别文化观念，并让男性在社会中可以理所应当地拥有更大权力。

当男性学会接受正统性别文化观念时，他们会为异性恋男子气概设立具有限制性的标准边界。此外，为了保障自己能够享有更多的权势，他们还必须大肆宣扬权力和影响力与男性特征之间有合理联系，并告诉人们现有的性别界限是正常和自然的。这就是为什么相比于女性，男性往往更有可能会恐吓或排斥那些突破性别边界或生活在性别界限之外的人。当其他男性越界时，他们可能很快就会被支持正统性别文化观念的同龄男性群体边缘化。这使人们相信，男性主导体育以及掌握世界上主要的财富和政治权力来源是合情合理的。

此外，如果女性的确模糊并突破了性别界限，她们相应的权力和影响力反而会增加，并不会有太多损失。因此，所以这就是为什么有些——不是所有——女性比男性表达思想和行为的范围和空间更广。当然，如果她们不希望被恐吓或被排斥的话，她们也必须对性别界限保持敏感。但是至少在十五六岁之前，年轻女孩常常认为被叫作"假小子"是件好事（Daniels，

2009；Orenstein，2008）。

在过去的半个世纪中，基于二元性别分类系统的正统性别文化观念使男孩和女孩经历不同的社会化过程，男孩在各种人生选择中受限的可能性要大于女孩。例如，有更多女性选择打冰球或参加拳击课程，而成为花样滑冰运动员或参加花样游泳课程的男性却没有那么多（Adams，2011）。一个原因是女性在美国的主流文化中地位很低，另一个原因是男性觉得自己必须与女性气质撇清关系。他们认为男女天生不同，男人天生适合掌权、担任领导和管理职务，而他们做出的选择让这种观念更加根深蒂固。

（三）破坏正统性别文化观念

现如今，人们开始对正统性别文化观念的方方面面提出质疑。从全球范围来看，越来越多的人意识到某些思想观念会造成性别不平等现象长期存在，而性别不平等所带来的影响具有主观性、限制性、伤害性，甚至常常具有残酷性。图 7.1 在异性恋男性和女性类别的标准边界上标注了很多箭头，表示人们为了模糊、突破和消除这一边界以及逃离其约束所做出的努力。突破性别边界的人和性别反转人士对很多社会问题提出挑战，迫使其他人选择继续拥护或批判性地看待有关男子气概和女性气质的主流观念，审视这些观念造成的种种限制和性别不平等问题。因此，摆在我们眼前的是性别边界捍卫者和批判性的性别反转人士之间的文化斗争，他们在争夺社会性别秩序的空间。

当性别边界捍卫者在这些斗争中占主导地位时，性别反转人士在自我表达方面会更加谨慎，因为他们一旦行为不符合性别常规就要付出高昂的代价。但是当性别反转人士占据主导地位时，人们在性别表达方面受到性别特征的束缚就会变少，会表现出更加丰富的情感、思想和行为。一部分人认为这是好事，鼓舞人心，而其他人则认为这标志着社会道德秩序的堕落。在当前的美国，形势正在向性别反转人士一方倾斜，人们可以更加自由地挑战正统性别文化观念所带来的种种束缚。

在上述斗争中，大多数人发现很难放弃那些对自己理解世界至关重要的思想观念，即使这些思想观念有时会让他们处于不利地位。因此，根深蒂固的文化观念往往会减缓社会的变革速度。举例而言，我们看到许多男性和部分女性会利用自身的资源来捍卫和宣传正统性别文化观念，因为在性别秩序中，正统性别文化观念为他们的特权地位提供了支撑。因此，他们出资赞助了一些媒体节目、政治候选人、社区项目，这些都强调正统性别文化观念的基本思想和理念，包括男女有别，男性和女性适合不同的职务，任何非异性恋者都是不正常的等。但是他们的权力和影响力的合法性并不是绝对的，在不同的社会中存在差异。由于科学、社会行动以及突破性别界限人们的多方努力，在世界很多地方，正统性别文化观念的影响力正不断被削弱。

二、正统性别文化观念与体育

当19世纪中期人们创造有组织的体育运动时，他们以三大性别文化理念为指导，这三大理念也构成了现代正统性别文化观念的核心内容。人们以此为基础开展相应的体育活动、制定规则并建立主管部门，以宣扬这些理念。这并非人们有意为之，当时人们只是从未想过有其他选择。在他们看来，体育运动是男性的天下，是用来形成和证明自己异性恋男子气概的场所。而女性身娇体弱，不属于体育领域。那时人们最喜欢的体育运动大多涉及身体对抗、竞争和征服。

尽管随着时间的推移，某些关于性别的看法和信念发生了变化，但现代体育和体育文化的缔造者留下的思想遗产直到今天依然影响深远。因此，体育运动仍然具有以下特征：

（1）男性占主导地位，竞技能力和比赛资格常常与男子气概和男性身份挂钩。因此，“有资格”参加体育运动者意味着具有男性特征，或表现得“像个男人”。

（2）围绕男性认同，男性认为重要的事物应当得到全人类的重视，体育运动应成为“男人的天下”，以男性和男子气概为中心。因此，“女性的体育运动”必须在名称上得到明确说明，如“女足世界杯”或“女子职业高尔夫”。

（3）以男性为中心，男性以及男性的生活是人们的关注焦点。因此，在体育报道、人物小传、纪录、赛事、名人堂和媒体节目中，关于女性和女性体育的内容寥寥无几（Johnson，2006，2013）。

上述特征有助于我们理解体育运动是性别化的社会世界，在这个世界中，竞技能力往往与男性特征挂钩，而女性由于其身体特征被视为不那么适合参与体育运动。因此，当一名女性在体育运动方面表现出色时，她可能会被描述为“像男人一样”，而女性教练员、官员或管理人员若“像男人一样工作”，则被视为是有才干的。尽管在其他领域，女性的地位得到了提升，但体育仍然是男性主导的社会世界。

在围绕男性认同的社会世界里，男性的价值观和经历被视为所有人进行参照的标准。因此，担任领导职务的女性往往“格格不入”，人们会对她们如何获得和使用权力持怀疑态度。如果女性试图通过“融入环境”或像男性一样行事来减少人们对她们的疑虑，就可能会被视为惺惺作态或心机深沉，从而被认为不配拥有她们的地位。因此，女性领导者在体育运动中很容易失去信誉，人们会说，她们之所以拥有现在的地位，要么是因为通过不光彩的方式获得了男性的青睐，要么是因为她们是精明的“隐性女权主义者”，或者是未公开身份的女同性恋者，她们不喜欢男人，想要破坏传统体育文化。这严重阻碍了女性在教练员和体育管理方面的职业发展。

在以男性为中心的社会世界里，男性是一切注意力的焦点。世界棒球经典赛、超级碗、少年棒球联盟世界大赛、世界杯、高尔夫大师赛虽然都以男性和男性文化为中心，但是没有人会把这些比赛专门称作“男子比赛”，或者将职业橄榄球场命名为“男子体育中心”。在男性主导的体育世界中，男性是一切的焦点；女性和女子体育是次要的。当然，这并不意味着女子体育对球员及其支持者而言不重要，但从整体的文化层面而言，女子体育的重要性的确不及男子体育。

女运动员被视为入侵者

以男性为主导、强调男性身份认同的体育运动和体育组织从未对女性展现出友好的一面，例如，在 20 世纪初女性甚至连骑自行车都会被捕，被认为是伤风败俗。20 世纪以来，女性一直在和传统习俗、男性抵制以及法律禁令抗争，事实上，在 20 世纪的大半时间里，女性体育就是一部个人和集体共同努力对抗排斥和歧视的奋斗史，女性一直坚持不懈地为自己争取参加体育运动的机会。

20 世纪初，女性开始克服障碍，在“优雅和富有美感的运动”——花样滑冰和体操——中占据一席之地（Hart，1981；Loy et al.，2009）。这类体育运动被视为艺术类活动，强调身体协调性和迷人的身体线条，因此符合当时美国历史上兴起的有关女性气质的观念。女性——主要是享有特权的白人女性——也开始参与高尔夫和网球等个人运动项目，尽管她们需要在球场上小心翼翼地“保持淑女风范”。非裔美籍女性克服了重重阻碍，一些得以加入学校的田径队，不过一般是在当地种族隔离的黑人高中和传统黑人大学，因为当时黑人不被允许进入“白人”学校。一些极具天赋的非裔运动员甚至被选入美国奥运代表队。

1. 让“女性入侵者”气馁的传言

在20世纪的大部分时间里，医学界都在制造焦虑，称女性参加了某些体育运动会造成某种损害。女性被告知进行剧烈运动会损害子宫，影响生育，让她们的身材看起来不像女人。在20世纪50年代，人们普遍认为女孩不能参加少年棒球队，因为有人声称，被棒球击中胸部或被对手滑垒，可能会导致女孩在日后患上乳腺癌。

人们相信这些谣言，因为它们符合正统性别文化观念和他们对女性天生弱小的刻板印象，因此他们认为女性在运动中容易受伤和过度疲劳。女性参与的运动通常仅限于个人竞技运动（如花样滑冰、体操、马术比赛），或有网、分道线和其他障碍物将她们与对手隔开的比赛（网球、羽毛球、游泳、短跑、高尔夫、射箭、击剑），可以“保护”她们远离身体对抗。篮球、曲棍球、足球、长曲棍球以及其他在户外或开放式场地举行的团体运动都被认为不适合女性参加，因此，直到1964年，女子排球才成为首个被纳入奥运会的女子团体项目。后来，女子“无网”团体运动才逐渐登上奥运会的舞台：1976年，女子篮球、女子团体赛艇、女子团体手球成为奥运会项目；1980年，女子曲棍球成为奥运会项目；1996年，女子足球和女子垒球成为奥运会项目；1998年，女子冰球成为奥运会项目。

如今，科学已经戳破了所谓体育让女性过度疲劳的谣言，现在的大学生早已不再相信这一谣言。但对于那些缺乏当代生物学和解剖学知识的人来说，他们仍会被这一谣言蛊惑，拒绝让女性参与体育，在文化水平较低且社会信息、教育和体育皆由男性支配的社会中尤为如此。

除了上述谣言之外，当时主流的价值观念和规范也阻碍了女性参与体育运动的步伐。

人们告诫女孩们，在体育比赛中为男孩加油比参加体育比赛更适合她们。而成年女性则被告知，国家需要她们专注于家事，远离男性的体育世界。在20世纪40年代末至60年代的美国，凡是有人想要挑战这些限制，就会被普遍视为男性领土的入侵者，遭到绝大多数男性和一些女性的嘲笑和谴责，因为社会中的大部分人已将正统性别文化观念奉为圭臬，不容亵渎。

尽管如此，女性一直在努力突破性别界限，如今，美国的大多数体育项目都已对女性开放，但仍然有人认为应该禁止女性从事摔跤、橄榄球、拳击和斗牛等属于“真男人”的运动。真正想要参加这些运动的女性面临着巨大的挑战。

2. 淑女，并非入侵者

为了避免被贴上“入侵者”的标签，20世纪80年代以前，女性在参加体育活动时常常自称“淑女”。这样做是为了让男性知道，她们深知自己在体育运动中所处的“地位”，不会抢走男性从事的严肃的体育运动的资源。这一传统一直延续至今，许多女运动员和女子运动队仍被称为“淑女”和“淑女队”。

为了避免被视为入侵者和违反性别常规者，女运动员常采取了如下策略。她们化妆、穿裙子、穿高跟鞋、涂指甲油、戴订婚戒指或结婚戒指，让自己的着装和举止看起来都具有“淑女”典范。在赛场上，她们会穿短裙、系亮色的发带、扎马尾辫，以及用其他“异性恋女性气质的标志”来装饰自己，以确保自己不会过分突破标准的性别界限。这样做的目的是凸显自身典型的女性气质，隐藏果敢和顽强的品质，淡化自身与男子气概之间的联系。如今，仍然有一些男性、少部分女性和赞助商认为，如果女运动员想吸引观众，她们就应该穿超短裙、紧身衣，让自己看起来更有女人味（Scott，2012）。

社会科学研究者将过去的这种自我表现策略称为“女性的谦卑”（Adams et al.，2005；Krane et al.，2004）。如今的女运动员则采用一种“改良的谦卑”策略，比如骄傲地表达自信和坚忍，以及女性在体育运动中的应有地位，与此同时，她们通过衣着、妆容、配饰和在杂志上正常或裸体出镜来展现自己的女性气质（Hendley and Bielby，2012）。她们努力突破性别界限，为女性创造更多的生存空间，但同时她们并不想消除这一界限，也不想改变主流的性别文化观念。

体育器材和服装公司利用这一改良的谦卑策略作为营销产品的噱头，如女性在打沙滩排球时穿的比基尼，在跑步和打排球时穿的紧身短裤，以及在美国各地的足球队和垒球队中，年轻的白人女性普遍系的蝴蝶结（在美国，留短发的女运动员和不穿防滑鞋的球员一样罕见）。最极端的例子是内衣篮球联赛、内衣冰球联赛（现已废止）和内衣橄榄球联赛（Conn，2015）。

2012 年，上述惯例出现了一次鼓舞人心的例外。有女性拳击手向国际业余拳击联合会（以下简称为“国际拳联”，AIBA）提出质疑，要求他们撤销一项新规定，即女性拳击手在拳击场上必须穿短裙，以便观众区分男女拳击手（BBC，2012）。其所属的女子拳击队队长玛里安·马斯顿在发言中表达了女性拳击手的感受：

> 关于女子拳击运动，我认为我们要关注更重要的问题，即人们对女子拳击运动和女性拳击手的认可，而不是把注意力放在她们是否应该穿短裙上。我认为国际拳联的意思是，除非女运动员具备女性气质，否则女性体育运动就不会被接受或得到关注，而拳击并非一项特别需要女运动员展现女性气质才能参与的运动（BBC，2012a）。

马斯顿和其他女性拳击手挑战了国际拳联的传统性别文化观念，她们带上拳击手套、大步走进赛场，永远也不会穿裙子比赛了。

三、主流体育运动强化了正统性别文化观念

长期以来，体育一直强调男女差异，歌颂异性恋男性的男子气概，使男性几乎在社会生活的全部领域掌握权力、占据主导地位（Paradis，2012）。当这些信念受到质疑时，就会出现斗争，因为正统性别文化观念让诸多人受益，既得利益者并不希望它发生改变。不过，质疑往往会引发人们的反思，动摇传统观念，催生各级比赛中体育和性别的新观念。在下文我们将进行具体阐述。

（一）体育运动强调男女差异

在当代，体育是为数不多仍然存在性别隔离的领域之一，几乎所有竞技项目都默认、接受甚至要求实行性别隔离。性别隔离到如今仍然存在，因为人们认为女性的体能比男性更差，能力也逊于男性，因此必须将她们与男性区别对待（Pappano and McDonagh，2008a）。

正统性别文化观念不允许人们讨论如何以及何时应解除体育中的性别隔离。因此，那些不符合性别常规的人对于女运动员的身份、生物性别的事实以及自己的真实经历会感到矛盾、混乱和困惑。

1. 通过性别检测保持二元性别分类系统

体育运动强调男女性别差异观念的一个典型例子，是根据目前国际奥委会的政策要求，外表不具备女性特征的女运动员必须证明她们的身体不会像男性一样分泌和代谢睾酮。即使她们的身体天生分泌和代谢过多的睾酮，她们也会被取消参赛资格，因为人们认为她们在与其他女性比赛时具有不公平的优势。然而，如果男性体内分泌“过多”的睾酮，他们在赢得奖牌时反而会被誉为了不起的运动员。

这项新政策取代了先前体育主管部门使用的“女性检测”。20 世纪 60 年代，女运动员经常要接受这种性别检查。医疗人员会检查她们的生殖器和第二性征，只有确定她们的女性身份后，才会允许她们参加某个国际赛事（Donnelly and Donnelly，2013a）。女运动员们强烈反对这种做法，而检测也从未发现任何一个假冒女性的人。但某些女运动员确实因此被取消了参赛资格，因为在评委眼里她们不够女性化，这种做法十分不公（Huening，2009；Karkazis et al.，2012；Simpson et al.，2000）。不过，国际田径联合会、泛美运动会和英联邦运动会均于 1967 年取消了这一检测。

1967 年末，国际奥委会和其他体育组织采用染色体测试取代了上述检测。测试人员从女性脸颊内侧刮取细胞，并对其进行分析，以确认与女性独有的 XX 性染色体相关的“巴氏小体”。然而，人类的性染色体特征以及人体的遗传、细胞、激素和解剖学特征本就十分多样化（Fausto-Sterling，2000a），“巴氏小体”/染色体测试显然是无效和不可靠的，但这种错误的方法却被使用了 30 多年，导致许多女性本没有什么特别的生理优势，却也阴差阳错失去了参赛资格（Huening，2009；Karkazis et al.，2012）。

到了 1991 年，科学家已达成共识，人不能被简单地划分为二元对立的性别类型，在体育中也是如此。只基于单个或多个特征就想明确一名女性是否属于生物学意义上的女性，对某些人来说未免太过武断、不够客观、且有失公允。最终，国际奥委会于 1999 年放弃了性别检查和鉴定手段。

2. 莫克加迪·卡斯特尔·塞门亚和新测试

国际奥委会2012年颁布的性别鉴定政策以及其他体育主管部门颁布的类似政策，是针对 2009 年一名 18 岁南非女运动员莫克加迪·卡斯特尔·塞门亚的事件而制定的。塞门亚从小到大都被当作女孩，她一直以女性自居，和女队友一起换衣服、洗澡，她认识的每个人都把她当女性对待。但当她在 2009 年田径世锦赛 800 米决赛中跑出了出人意料的好成绩，获得了金牌时，她的一些对手和其他国家的官员却对她的性别提出了质疑。根据他们的（文化）标准，塞门亚的外表并不像女性，他们指控她不是“真正的”女人。

让这一问题更加复杂的是，塞门亚是一名来自非洲的黑人，家境贫困，社区资源匮乏，更谈不上有专业的医疗条件，而那些质疑她性别的人大多是来自富裕国家的白人。许多非洲黑人都认为，人们对塞门亚的质疑是种族主义造成的结果，因为黑人对性别的观念并没有受到全球时尚产业标榜的理想女性形象的影响（Moyo，2009；SAPA，2009；Smith，2009；另外参见 Cooky et al.，2013）。

塞门亚在 800 米比赛中以 1 分 55 秒 45 的成绩夺冠，速度确实很快，但在 2009 年之前，已有来自 9 个国家的 12 名女运动员的成绩 25 次领先于她（http://www.alltime-athletics.com/w_800ok.htm）。而且，塞门亚也落后于历史上排名前 75 的室内短跑选手，她在 2009 年夺冠时，所用时间比世界纪录慢了 2 秒多，而且其他选手跑 800 米所用的时间，至少有 340 次官方记录与塞门亚夺冠的成绩相差不到 2 秒。因此，她的成绩既没有特别异常，也没有破纪录。但是一些欧美国家的白人“戴着正统性别偏见的有色眼镜”，认为她长得“太男性化”了。

对发达国家的许多 18 岁女性而言，身体管理包括做发型、化妆、美白牙齿、去除大部分面部和身体的毛发、提高声调、采用特定的手势和说话方式、穿“可爱”的衣服，以及通过整容手术让自己看起来更有女人味，而这些是塞门亚所成长的文化当中没有的。因此，国际田径联合会（IAAF）要求她接受多项检查和鉴定，以确定她的“真实”性别。

将近一年后，国际田径联合会宣布塞门亚确实是女性，并允许她再次参加国际田径联合会组织的女子比赛。但是，围绕这位年轻女性的争议不断，本应保密的测试结果也遭到公开，全球媒体争相报道，这对她来说简直是奇耻大辱，她因此患上了抑郁症（Levy，2009；Vannini and Fornssler，2011）。幸运的是，她得到了很多人的支持，并于 2011 年成功复出，还参加了 2012 年的奥运会。

国际奥委会和其他体育组织针对塞门亚的事件制定了“女性公平”政策，并于2012年正式实施。这些政策规定只检测那些在女子体育项目中看起来“过于男性化”、可能影响公平竞争的“可疑”女运动员，然而，这不过是“新瓶装旧酒”。唯一和之前不同的是，所谓的“可疑”女运动员只有在通过**高雄激素水平**检测之后，才有资格参加比赛。高雄激素水平是指女性体内的雄激素水平天生高于常人。雄激素是由人体内分泌系统的腺体产生的类固醇激素。尽管女性和男性的身体都会产生雄激素，但人们一般将它称为“男性荷尔蒙”，因为它能刺激青春期男性第二性征的发育（声音变粗、体毛的生长、肌肉和骨骼的生长）。

经科学专家小组建议，国际奥委会决定将睾酮浓度作为高水平体育运动中鉴定“生物学女性”的唯一生物学指标。睾酮主要由男性的睾丸和肾上腺自然分泌，但女性的卵巢和肾上腺也可以分泌睾酮。因此，它天然存在于几乎所有女性的体内，就像有助于蛋白质合成的雌激素天然存在于所有男性体内一样，但是人们一般将雌激素称为“女性荷尔蒙”。

国际奥委会和国际田径联合会规定，雄激素水平过高的女运动员只有睾酮浓度低于“正常男性范围”，才有资格参加比赛（IAAF，2011：12）。而如果女运动员的睾酮浓度在正常男性范围内，则需对其进行额外的测试，证明她的身体“对雄激素不敏感”，也就是说她的身体无法处理或代谢任何剂量的睾酮（实际上，这会使她们在许多项目中处于不利地位），只有这样，她们才能参加比赛。但如果测试表明女运动员并非“对雄激素不敏感”，那么她们将无法以女性身份参赛，除非接受药物治疗抑制睾酮生成，将睾酮浓度主动降至远低于正常男性的范围，才能符合国际奥委会和国际体育联合会对女性的定义。

很显然，对全世界的女运动员而言，并不是所有人都有机会在值得信赖且经验丰富的医生的监督下接受检测和药物治疗。但国际奥委会和其他体育组织并未充分意识到这一点会破坏公平性，他们认为没有必要调整“女性公平”政策。但是据某些不为国际奥委会和其他体育组织工作或提供咨询服务的科学家称，这项政策存在诸多问题（Karkazis et al.，2012；Robson，2010；Sailors et al.，2012；Shani and Barilan，2012；Sullivan，2012；Viloria and Martinez-Patino，2012；Wahlert and Fiester，2012）：

（1）检测女性气质并不容易也不公平，因为人不能被简单地划分为两个互不重叠的类别。

（2）基于女性外表来确定参赛资格会招致歧视，并阻碍女性参加高水平体育运动，误导女性改变自己的外貌去迎合西方价值观中对“女人味”的定义。

（3）检测和治疗条件对资源匮乏或生活在“西药”稀缺地区的女性并不公平。

（4）该政策可能会对那些被告知自己因“不够女人”而无法参加高水平体育运动的女运动员造成心理创伤。

（5）该政策假定睾酮是唯一能确定性别的指标，不同的睾酮浓度会在女子赛事中造成不公平的结果。但是研究已经发现了200多个与精英运动员先天优势有关的生物学因素（Ostrander et al.，2009），另外，无论是高雄激素水平还是高睾酮浓度都无法准确预测运动员在比赛中的成绩。

（6）该政策声称是为了维护公平，但它忽略了其他更不公平的方面，如训练条件、教练员水平、器材、技术、运动药物和营养补剂等，这些因素比睾酮更能影响女性在比赛中的表现。

（7）该政策剥夺了双性别者和变性者参与体育赛事的机会，因为他们会被认定为“性别可疑”人士。

（8）尽管激素的变化会影响男性的比赛成绩，但是这项政策并未将激素水平差异视为影响男子比赛公平性的一个因素。

除了上述问题之外，长期以来女性因未能通过性别测试而惨遭淘汰的历史表明我们有必要采用一种新的方式来定义体育中的性别，既尊重运动员保持身体完整性、隐私性和自我认同的权利，又提高体育运动作为人类活动而应有的包容性。许多研究性别差异的科学家提出如下建议：如果一个人自认为是女性、被当作女性抚养长大，且认识她的人都认定她为女性，其女性身份得到了本国国家法律的认可，那么她就可以以女性的身份参赛（Dreger，2012；D. Epstein，2009；Jordan-Young and Karkazis，2012；Karkazis et al.，2012）。虽然该提议存在不足之处，但是相比要求各国家奥委会“彻底调查任何可见的性别特征偏差”以捍卫“所谓男女有别的本质”的新政策，这一提议可能更加符合实际，也更加公平。

美国西北大学人文与生物伦理学教授艾丽丝·德雷格认为，淘汰天生睾酮浓度相对较高的女运动员是不公平的。她打了这样一个比方：

> 男性平均身高比女性高。但是，如果女性拥有男性一般的身高，使她们具有身材较矮小的女性所不具备的优势，我们会阻止她们参赛吗？我们能想象米歇尔·菲尔普斯或莱布罗纳·詹姆斯被告知“你太高了，不能作为女性参赛”吗？所以我们为什么要对一些女性说“你的雄激素水平天生过高，所以你无法作为女性参赛”？这种天生的优势似乎并没有什么错（Dreger，2009）。

天生的身体特征一直在影响运动员的竞技能力和表现，但正如上面的言论所表明的，体育运动仍受正统性别文化观念的影响。当女性拥有独特的身体结构、生物突变或生理优势时，她们会被视为“怪胎”；而当男性拥有这些优势时，他们会被誉为“超人”，被视为突破人类极限的奇迹。

（二）体育运动歌颂男子气概

性别本质上并非一成不变，而有关男子气概和女性气质的思想观念是不断变化的。因此，人们要维系一种有关性别和性别意义的特定思维方式，就需要不断开展“文化工作”，包括强调性别界限的存在，通过创造迷思和仪式让人们心甘情愿地维护界限，以及按照主流性别文化观念“做出”或“表现出”与自身性别相符的行为。此外，人们还要通过“制裁”（戏弄、欺凌或边缘化）那些突破或忽视性别界限的人来维护性别界限。

打破性别界限是有风险的，因为对大多数人来说，二元性别分类系统通常已经成为他们自我的具象化呈现，影响着他们体验世界、认同自己和他人的方式（Fenstermaker and West，2002；Ridgeway，2009）。因此，体育运动在许多社会中具有重要的文化意义，因为体育运动由身体动作、规范、思维过程和组织结构组成，它们重现了以力量、权力和征服为中心的男子气概。在社会科学领域，我们经常将其称为**霸权式男子气概**，即社会上最为广泛接受的一种男子气概。因此，体育是男孩在社会世界中学习表现男子气概的语言及其意义的主要场所，也是他们的身份和代表异性恋自我的日常“男子气概行为”的参照点（Anderson，2009b；Bridges，2009；Coles，2009；Connell，2008；Cooley，2010；Drummond，2010；Fair，2011；Gregory，2010；Hickey，2008；Hirose and Kei-ho Pih，2010；Lee et al.，2009；Light，2008a；Messner，2011；Schrock and Schwalbe，2009；Wellard，2012）。

受欢迎的男运动员通过展现自身的体力获得人们对男子气概的颂扬。在今天的许多社会中，人们认为“伟大的运动员是当今人类的‘丛林之王’，并且男运动员取代士兵成为男子气概的最佳代表”（Kuper，2012：14）。举例来说，为了赢得比赛而刻苦训练和牺牲身体健康的男运动员被描述为“勇士”，他们在力量成绩型体育运动中的成就被用来证明男性的“侵略”天性和相对于女性的优越性，以及他们在社会世界中占有社会和物质空间的权利。社会学家道格·哈特曼（2003a）如此解释道：

> 体育让男性的优势和围绕男子气概建立的价值观显得如此正常和自然，几乎不容置疑。解开有关男性和看似无辜的体育世界之间谜团的钥匙也许在于：体育和男性完美融合，以至于男性只需要打打球或在周日下午看一场球赛就可以证明自己男性的身份，建立与其他男性的联系，以及维护男性的权威。

哈特曼帮助我们理解了体育再现正统性别文化观念的过程，正是这一观念赋予了男性特权，提倡一种将异性恋男性与女性和性少数群体（包括女同性恋者、男同性恋者、双性恋者、变性者和双性别者等）明显区分开来的男子气概。因此，许多男性抵制规则的改变，不希望通过限制暴力或减少受伤而使他们的运动“变得缺乏男子气概”。不过，脑损伤的发生率也开始促使部分男性重新审视自己对于这种危险的男子气概的盲目追随。

（图源：©杰伊·科克利）

正统性别文化观念在许多男子体育项目中得以体现。有些体育项目会提供一套词汇表、符号和故事情节，消除关于阳刚之气的分歧和矛盾，呈现出一种同质化的男子气概意义，即英雄和战士才是真男人的模范。对男孩来说，这可以激发他们的幻想，让他们认为扮演战士和超级英雄的角色才是男人的本质。

（三）体育使男性的权力和主导地位合法化

1994 年，斯坦福大学前篮球运动员、作家玛丽亚·伯顿·纳尔逊写了一本颇有争议的书，名为《女人越强壮，男人就越爱看橄榄球》。她认为强壮的女性，如强壮的女运动员，会挑战那些不假思索全盘接受主流性别文化观念、认为橄榄球和其他高度身体对抗性运动能够“证明”男女存在差异且男性天生比女性优越的人。

在传统意义上，男性被视为家里唯一的经济支柱，而且他们负责指导儿子在工作上取得成功，从事“适合男性的工作”。但随着这种传统象征意义的弱化，体育成为男性习得、展示、证明男子气概和寻求他人认可的场所。这也是为什么很多男性都反对女性参与高度身体对抗性运动。他们觉得观看高中和大学女子摔跤队的比赛或者奥运会女子冰球比赛、摔跤比赛和拳击比赛都十分让人不适，所以他们选择贬低和取笑这些女性，轻视她们所参与的体育项目，并对参与这些比赛的女性表达道德或安全方面的担忧。

正因如此，有人会愿意花高价观看男子拳击锦标赛，也正因如此，男性拳击手是世界上单项赛事收入和比赛期间每分钟平均收入最高的运动员。事实上，拳击手每分钟的收入远远超过了其他运动员。例如，在 2012 年的一场拳击比赛中，弗洛伊德・梅威瑟在 12 个 3 分钟回合中共获得 3200 万美元的收入，约合每分钟 89 万美元；2011 年，他在 4 个 3 分钟回合的比赛中获得 2500 万美元，约合每分钟 208 万美元。而在绿湾包装工队担任橄榄球四分卫的阿伦・罗杰斯，在 2015 年的赛季赚了 2200 万美元，其实折算下来在球场上每分钟的收入才 4 万美元。

尽管参加体育运动为许多女性赋予了权力，但体育的组织形式仍然带有性别色彩，会强化异性恋男性的权力（McDonald，2015）。典型的例子是男性在女子体育项目中掌握大部分权力，而女性在男子体育项目中几乎没有任何权力。女性有参与比赛的机会，但她们参与体育的大环境似乎表明男性在担任领导者和行使权力方面比女性更加擅长。即便是在非组织化的体育环境中，男性都会占据主导地位，担任领导角色，而女性几乎总是屈从于成为追随者，而不是领导者（Parker and Curtner-Smith，2012）。除非这种依照性别分类的组织形式得到改变，否则女性将无法在商业、政治和其他领域获得平等权力。

四、性别平等取得的进步

在过去两代人中，体育运动中最显著的变化就是女性参与度的提高。这一现象在富裕的后工业化国家比较常见，同时许多发展中国家在这一方面也取得了进步。为了提醒美国人民这一新生的变化，2012 年，美国总统奥巴马说道："不久之前，参加大学校队的体育运动对美国的年轻女性来说似乎还是一个遥不可及的梦。她们的球队常常只能使用二流的设施，穿别人传下来的二手队服，几乎没有资金支持"（Obama，2012：11）。

2012 年伦敦奥运会期间，性别平等取得了如下显著进展，这在奥运会历史上是前所未有的。

（1）没有男性专属的体育项目（在 2012 年伦敦奥运会上女子拳击成为正式比赛项目）。

（2）每个国家的代表团都有女运动员。

（3）美国代表团的女运动员多于男运动员。

（4）一名非裔美国女运动员在体操全能比赛中获得金牌。

（5）一名沙特女运动员戴着头巾参加了柔道比赛。

取得上述进展和其他成就是由以下因素造成的：

（1）新机会。

（2）政府立法规定男女平权。

（3）全球女权运动的发展。

（4）全球健康与健身运动的兴起。

（5）媒体对女子体育的报道增加。

对于这一代年轻男性来说，综合格斗的意义就像拳击曾经之于他们的父辈和祖辈一样：对男子气概、耐力和勇气的终极衡量。

——道格拉斯·坤戈，《纽约时报》记者（2012）

（一）新机会

20 世纪 70 年代中期以来，新的参与机会是女性体育运动参与度提高的主要原因。在此之前，许多女性没有参与体育运动的原因仅仅是根本没有她们能加入的队伍和项目。如今，尽管参与体育运动的机会各不相同，中、高收入家庭的白人女性比那些生活在少数族裔社区不太富裕的同龄人有更多的机会参与体育运动，但是新的运动队和体育项目的出现已经激励女性重捡过去被忽视的爱好。

（二）政府立法规定男女平权

如果地方和国家没有立法规定男女享有平等权利，许多女性今天就不能参加体育运动（Brown and Connolly，2010）。主张妇女享有平等机会和待遇的政策和规则的制定，往往是人们坚持不懈开展主张性别平等的政治行动的结果（Brake，2010）。例如，1972 年，经过女权主义者和其他热心公民的多年游说，美国国会才通过了《教育法修正案》第九条。该法案规定：在美国，任何人不得因性别而被排除在任何接受联邦财政支持的教育项目或活动之外，其福利不得被剥夺，其不得受到歧视。如果违反该法案，教育机构可能会失去联邦政府提供的部分或全部补助。有关性别平等的解释，请参见后面“体育反思”专栏“遵守《教育法修正案》第九条——何谓性别平等？”

当该法案被应用于课堂教育时，大多数人都能理解，但当它被应用于体育领域时，很多人都对其持批评和抵制的态度。在高中和大学体育项目中掌权的男性认为，把一半的体育资源分享给女性实在是离经叛道，令人难以容忍。他们的抵制使《教育法修正案》第九条的实施推迟了 7 年。甚至在今天，仍有人强烈反对《教育法修正案》第九条，但毕竟法案已出台多年，所有法院判决都一直支持其合法性和遵守执行准则。

起初，那些反对该法案的人声称，强制要求性别平等并不公平，因为男性天生就适合运动，而女性并非如此。事实上，1971 年，有 370 万高中男生参与体育运动，而参与体育运动的高中女生人数只有 29.5 万。运动队的男女比例为 12.5:1。同样，每花 1 美元在高中体育项目上，男生可以得到 99 美分，女生只能得到 1 美分。总体而言，管理体育项目的男性负责人认为这些悬殊的差异实际上证明了他们的传统性别文化观念，并且说明《教育法修正案》第九条违背了自然规律。

毋庸置疑，没有任何其他改革性立法能像《教育法修正案》第九条那样如此深远地影响人们的生活，年轻女性因该法案得以在教育和体育方面享有同等的机会。

——戴夫·齐林，体育记者（2012）

在大学阶段，情况大致相同。1971 年，大学校际运动队中有 18 万名男生和 3.2 万名女生；每 10 名男生中有 1 名参与校际体育运动，而每 100 名女生中才有 1 名参与校际体育运动。尽管学生的学费和各州女性缴纳的税款都会被用于资助各类校际体育项目，但是女子体育项目的预算仅占大学体育预算的 1%。多年来，女性为大学男子体育项目提供资金支持，自己却没有享受到任何好处。

《教育法修正案》第九条对校园体育的影响是显而易见的。1971—2014 年，参加高中校队体育项目的女生从 29.5 万增加到了 320 万，增幅接近 1000%！曾经每 27 名高中女生中只有 1 名在校队打球，而如今，每 3 名女生中就有 1 名在校队打球。同样，大学运动队中的女性人数从 3.2 万增加到 20 多万，增幅为 525%！今天，约有 5%的女大学生参加校际体育运动。

随着女性参与体育的机会不断增加，高中校队的男生人数从 370 万增加到了 450 万，大学校队的男生人数也从 18 万增加到了 27 万。《教育法修正案》第九条的另一个重要成果体现在许多男性已经学会正视女性的运动员身份并予以尊重，这在 20 世纪 90 年代以前十分罕见。

（三）全球女权运动的发展

过去 50 年的全球女权运动强调，女性在发展其智力和体能时，作为人的权利应当得到扩大。这一观念激励女性广泛参与体育运动，甚至过去从未想过要参与体育运动的女性也开始行动。

全球女权运动还影响了女性在职业和家庭中角色的转变，帮助一部分女性获得参与体育运动所需的时间和资源。随着女性权利的扩大，男性对女性生活和身体的控制逐渐减弱，越来越多的女性选择参与体育运动。社会仍需更多变革，特别是要扩大贫穷国家女性和富裕国家低收入女性的权利，但是相比于前两代人，当今女性参与体育运动受到的限制已经大大减少。

体育反思

遵守《教育法修正案》第九条——何谓性别平等？

《教育法修正案》第九条规定，学校必须通过以下 3 项平权测试中的任意一项：

（1）按入学比例参与体育的测试：即女生在运动队中的比例与全日制本科女生的录取比例相近。

（2）进展记录测试：即学校可以证明它一如既往地不断增设招收女运动员的体育项目。

（3）兴趣包容测试：即学校能够证明它已经充分有效地满足了目前在校女生和未来可能就读于本校的附近高中女生的体育参与兴趣。

在《教育法修正案》第九条实施的最初几年，学校通常需要通过测试 2 和测试 3。后来，学校必须提供具体的数据来证明自己满足测试 1 的要求，或者有特殊的理由表明仍然符合测试 2 和测试 3 的要求。

2015 年的美国体育参与人数调查显示，高中运动队中的女生比男生少 123 万人。在隶属于美国大学体育协会的大学院校中，运动队的女生人数比男生少了近 6.2 万。2015 年，在美国大学体育协会的运动员中，43%为女性，57%为男性。

大学里的性别不平等现象越来越严重，也越来越有争议，因为现在大学里女生平均占比为 57%，男生平均占比为 43%。2005 年，布什政府改变了“兴趣包容测试”的标准，以安抚那些仍然认为按入学比例参与体育的测试对男性不公的人。新标准不再要求学校提供多项指标来证明满足了女生的兴趣要求，而只要求通过电子邮件或网络调查来确定学生对体育运动的兴趣。《教育法修正案》第九条的支持者对这一改变持反对意见，奥巴马政府执政后又改变了这一新标准，重新要求学校提供多项指标来表明学生的体育兴趣得到了满足（Brake，2010；Lederman，2010）。

（四）全球健康与健身运动的兴起

20 世纪 70 年代中期以来，科学研究让人们进一步意识到参与体育运动有利于身体健康（CDC，2011；WHO，2013），极大鼓舞了女性参与体育运动。虽然许多与全球健康与健身运动有关的宣传都与女性理想的苗条身材和对异性的吸引力相关，但也出现了倡导增强体能和竞技能力的宣传。

随着文化制约不断改变，人们越来越能够接受所有年龄段的女性拥有轮廓分明的肌肉（Dworkin and Wachs，2009；Ross and Shinew，2008：Sisjord and Kristiansen，2009）。从女性健身形象我们可以看出，虽然人们对身体形象的传统观念依然根深蒂固（Kennedy and Markula，2010），但许多当代女性都排斥或暂时无视这些传统观念，她们关注的是身体的力量和运动能力，而不是渴望看起来像“美图瘦身”过的模特。

（图源：©蒂姆·拉索，拉丁美洲言论自由电台新闻）

全球健康与健身运动为女性参与体育运动创造了更多的可能。然而，在世界上的某些地区，女性已将某些运动作为平日社区活动的一部分。比如，在墨西哥恰帕斯，村庄里最先修建的设施可能是一个男女共用的篮球场。在上图中，该地区一支训练有素的球队正和某一村庄的业余球队进行比赛。

总体而言，全球健康与健身运动让很多人进一步意识到公共卫生与生产体育用品和服装的公司之间的张力。尽管越来越多的女性意识到，这些公司会利用她们的不安全感和对自我形象的不满来促进消费，她们仍会不断受到强调性别差异的信息和图像的轰炸，追求广告中所宣传的不真实的女性形象。因此，女性往往接收到自相矛盾的信息：她们被鼓励参加体育运动，但这些鼓舞人心的话语却夹杂着传统性别文化观念的某些内容，而正是传统性别文化观念造成了过去和现在体育中存在的性别不平等现象。当然，家长、体育老师和那些推广公共卫生的人会帮助女性摆脱商业信息的影响，寻求其他可能的选择。随着这些多样化选择对她们的日常生活产生影响，女性的体育参与度有所提高。

（五）媒体对女子体育的报道增加

与男子体育相比，针对女子体育的报道少之又少，细节也模糊不清。不过，随着新型社交媒体和传统媒体的发展，人们也能够看到有关女运动员在各项体育运动中取得的成就的报道（Beaver，2012；Kearney，2011；MacKay and Dallaire，2012；Pavlidis and Fullagar，2013）。比如，espnW网站（http://espn.go.com/espnw/）虽然不是热门网站，但对于那些想要了解女运动员相关信息的人来说，它提供了各种各样的新闻、故事、图像和视频。这种曝光方式公开合法化女性的体育参与，不再用弱势无力或性物化的字眼描绘女性，从而鼓励女性参与体育运动。当女孩了解到那些身体强健且能力出色的女运动员的故事时，她们就更容易设想自己将来也能成为运动员，将体育运动视为男女共有的活动，而不仅仅是男性的活动（Daniels，2009）。然而，我们需要进一步研究这种情况是何时以及如何发生的。

体育节目媒体人意识到，他们可以利用女子体育来吸引女性观众，然后把她们当作卖点吸引赞助商。这就引出了另一个需要研究的问题：这些观看女子体育媒体报道的女性是会喜欢，还是会反感挑战主流性别文化观念的报道和图像？此外，不同的报道和图像是会决定女性对体育运动的参与，还是让她们突破对女性体育参与选择的限制，可以自主选择如何参与体育运动并决定如何将体育融入生活？

此外，如今随着新媒体的出现，越来越多的女性通过自媒体的方式在网上发布故事和图像。例如，麦凯和达莱尔（2012）发现，蒙特利尔的女运动员创建了一个名为“裙滑板”（Skirtboarders）的博客，主要用于呈现突出另类女性气质的报道，她们将滑冰运动员描绘成挑战正统性别文化观念的“勇士”，以嘲讽社会强加于女性的种种限制。如今已有越来越多女运动员采用这种方法，从而有机会用自己的方式向所有在网络上关注她们的人展示自己从事的运动。然而，我们需要进一步研究这种方法的有效性，研究如何使其影响到更多的女性，向她们展示如何将各种体育参与形式融入自己的生活。

五、性别不平等仍然存在

在反歧视法与女权运动等因素的综合作用下，参加体育运动的女性人数显著增加。但是在美国和世界范围内，性别平等还远未实现。在体育参与、为运动员提供支持和获取掌权职位等方面，性别不平等仍然存在（Brake，2010；Burton，2015；Cox and Pringle，2011；Donnelly and Donnelly，2013b；Donnelly et al.，2015；Erhart，2011；Grainey and Timko，2012；Laine，2012；Sabo and Snyder，2013；Thomas，2011；Travers，2011）。

（一）体育参与不平等

今天，美国和许多其他国家的大多数人都同意女性应该有机会参加体育运动，但是人们在女性具体应该参与何种体育项目、分配多少资金和其他资源来支持其参与方面，仍然存在分歧。正是这些分歧导致体育参与的性别不平等现象在世界各地长期存在（Donnelly and Donnelly，2013b；Goldsmith，2012；Henry and Robinson，2010；Laine，2012；Sabo and Snyder，2013；Smith and Wrynn，2010）。女运动员在美国高中、大学和职业体育项目中的比例仍然偏低，而在包括奥运会和残奥会在内的世界大多数比赛中，以及在全球几乎所有的非正式比赛和另类运动中，情况也同样如此。

1. 美国的高中和大学体育

美国许多高中和大学仍然存在性别不平等现象，而这些学校几乎不可能因违反《教育法修正案》第九条而受到调查或处罚。美国民权办公室负责执行《教育法修正案》第九条，同时还处理美国境内与年龄、种族和残障有关的许多歧视案件。因此，要调查那些有关体育运动中性别不平等的投诉，它的资源捉襟见肘。尽管在过去的几十年里，对违反《教育法修正案》第九条的投诉十分普遍，但至今没有学校因违反该法案而失去政府的资金支持。违反规定的学校通常会被要求自查，并向美国民权办公室汇报，但这一过程非常漫长，调查结果也是好坏参半，有部分学校做出了改变，而另一部分学校则拒绝改变、拖延多年或者干脆无限期拖延。

（图源：©杰伊·科克利）

人们对性别的态度变得更加积极，也不再那么刻板压抑。然而，这种态度在日常生活中的应用往往有所滞后。例如，男性往往更容易占据运动场地（Kidder，2013），而女性则常常被留在一旁观看比赛，如上图中的女性坐在英国布莱顿海滩那样。此外，大多数体育运动的比赛规则更有利于男性发挥技能，这往往导致女性在男女混合比赛中处于边缘化位置。

尽管大学面临着合规挑战，但学校往往以预算不足为理由拖延做出改变，以免遭到男子体育既得利益者的强烈抗议（Pearson，2010）。

《纽约时报》记者 2011 年的一项调查显示，早在预算危机出现之前，就有数十所大学暗中篡改体育参与数据以避免美国民权办公室的调查。教练员和学校官员会将女运动员列入多支队伍的名单，以便将她们重复统计 2～3 次，实际上这些运动队（比如室内田径队和室外田径队）是同一支队伍（Thomas，2011a）。教练员和学校官员还会在名单中列入从未参加过运动队选拔或在赛季开始前就被淘汰的女性。一些大学将与女子篮球队和女子排球队一起训练的男生也算作女生计入名单。作为《教育法修正案》第九条的违规典型，昆尼皮亚克大学做了上述所有的事情，甚至还把啦啦队队员算作运动员，尽管啦啦队没有预算，也没有提供“真正参与大学体育”的比赛日程（Moltz，2010，2011；Sander，2010）。

尽管在 2010—2012 年初出现了超过 1000 起投诉，但很少有高中因体育参与中的性别不平等而受到调查（Bryant，2012）。2010 年，美国全国妇女法律中心对美国 12 个学区提起投诉，原因是根据学区数据，学区内女运动员比例明显低于女学生的比例（Nadolny，2010）。芝加哥公立高中的这一比例差值更是达到了 33%。美国许多其他地区也发生了类似的投诉，仅在加利福尼亚州就有 900 所高中被投诉。

其中一波投诉浪潮发生在 2009 年，由于人们知道布什政府不会开展调查，所以在其执政的 8 年里，一直无人提起诉讼。尽管奥巴马政府承诺实施《教育法修正案》第九条，但是，由于投诉数量过多，且美国民权办公室缺乏调查这些案件所需的资源，这些投诉几乎全部被驳回。由于联邦政府以及地方学校和学区缺乏资金，体育参与中的性别不平等现象继续存在，其进一步恶化的可能性仍然很大，因为政府没有足够的资源来充分执行《教育法修正案》第九条。

体育反思

与橄榄球项目对峙

由于橄榄球队规模庞大、成本高昂，所以许多高中和大学在这一项目上未能达到男女平权的目标。一支男子橄榄球队就有 80～120 名队员，需颁发 85 份奖学金，雇用多达 10 名教练员，并且运营成本高昂，所以在预算和运动员人数方面，女子橄榄球项目与男子橄榄球项目几乎完全没有机会相提并论。即使美国大学体育协会第一级别会员院校每年至少有 70%的橄榄球项目处于入不敷出的状态，大学官员仍然拒绝削减橄榄球队的规模和预算。

基于上述管理决策，许多学校的体育主管不得不放弃摔跤、体操和跳水等男子项目，以减少支出。当这些项目的运动员因此而愤怒时，他们责怪的是《教育法修正案》第九条，而不是学校管理层优先发展橄榄球项目的决定。这些人不会去挑战橄榄球项目的地位，因为学校的整个体育部门的文化和结构往往都是围绕橄榄球项目形成的。对于许多男性而言，用男性与女性之间的冲突来解释男子体育项目的减少，比挑战橄榄球项目的地位更说得通。因为橄榄球运动强化了传统性别文化观念，运动员中的许多人从小就是在这种文化观念的影响下确立了自己的身份，并凭此获得社会地位。

当橄榄球项目成为学校和社区的“文化和组织结构中心”时，实现性别平等就会遥遥无期。讽刺的是，在几十所在某些校际女子体育项目上拥有最充裕资金的大学中，一流橄榄球队可以在季后赛和媒体转播权方面赚得盆满钵满。而其他 400 多所大学的橄榄球队不能参加利润丰厚的季后赛，因此蒙受了巨大的经济损失，不得不依赖于那些笃信橄榄球文化的支持者。这些文化观念与实现性别平等的目标背道而驰，我们理解它们对体育中权力和资源分配的影响至关重要。

本部分的中心思想是：除非橄榄球项目的地位和组织方式发生改变，否则无论是在体育参与方面，还是在在学校体育项目中掌握权力方面，高中和大学都将无法满足性别平等的要求。

2. 职业体育

体育中最显著的性别不平等现象存在于职业体育层面。女子职业体育的发展可谓举步维艰。成立于 1996 年的美国国家女子篮球联盟（WNBA）是最成功的女子职业球队联盟，但现在它陷入了财务危机（Sally Jenkins，2013）。美国国家女子篮球联盟从未盈利，在 2016 年第 20 个赛季开始时，12 支球队中有 6 支属于 NBA，由 NBA 出资支持。2014—2015 年，美国国家女子篮球联盟球员的工资总额比 49 名 NBA 球员的个人工资还要低。在 2014—2015 赛季，尽管参加季后赛以及赢得美国国家女子篮球联盟总冠军为球员们赢得了个人奖金，但是所有球员的个人薪资都未超过 10.7 万美元。同样有趣的是，在国外的球队打球的女性比在美国国家女子篮球联盟打球的女性挣的钱要多得多。例如，优秀球员布里特妮 • 格里纳在中国一个赛季的收入是她在美国国家女子篮球联盟第一年收入的 12 倍。

美国女子足球职业联赛（WPS）于 2009 年开始运营，于 2012 年赛季之前解散。美国女子足球大联盟于 2000 年成立，2003 年解散，亏损逾 1 亿美元。排球、橄榄球和其他运动中也有“半职业”女子联赛，但大多数都处于亏损状态，或以非营利组织的形式运作，而且球员很少得到报酬。只有赢得赞助丰厚的锦标赛，她们才会获得现金奖励。

美国女子职业高尔夫协会（LPGA）和国际女子网球协会（WTA）是历

史悠久的职业体育组织。它们为世界各地的锦标赛提供赞助，但它们每年的奖金总额比男子高尔夫和网球运动的奖金要少得多。近年来，美国的观众和企业对这些赛事的兴趣有所下降，因为日本、韩国、中国等地的高尔夫运动员在比赛中屡屡夺冠，而美国的网球运动员现在很少能进入世界前20 名甚至前 100 名。

3. 奥运会和残奥会

图 7.2 和表 7.1 中的数据说明，现代奥运会女子项目的赛事数量和参赛人数一直低于男子。1894—1981 年，国际奥委会没有女性委员。直到 1972 年的慕尼黑奥运会，国际奥委会才批准了女性参加 1500 米赛跑；到 1984 年洛杉矶奥运会才允许女性参加马拉松比赛；直到 1988 年和 1996 年奥运会，女性才获准分别参加 10,000 米和 5000 米赛跑；女子摔跤和拳击比赛分别于 2004 年和 2012 年成为奥运会项目。

尽管残奥会近年来取得了一些平权的进展，但在过去，女性参赛的情况更加惨淡。表 7.2 显示，在 2006 年和 2010 年的冬季残奥会中，男女运动员的人数比与这两届残奥会中美国代表团的男女运动员人数比接近。在 2012 年伦敦奥运会上，美国代表团的男女运动员人数有史以来首次持平，而在 2012 年夏季残奥会上美国代表团女运动员占比仅为 41%，227 名运动员中有 94 名女性。在参加 2012 年夏季残奥会的所有运动员中，女运动员仅占运动员总数的 35%。

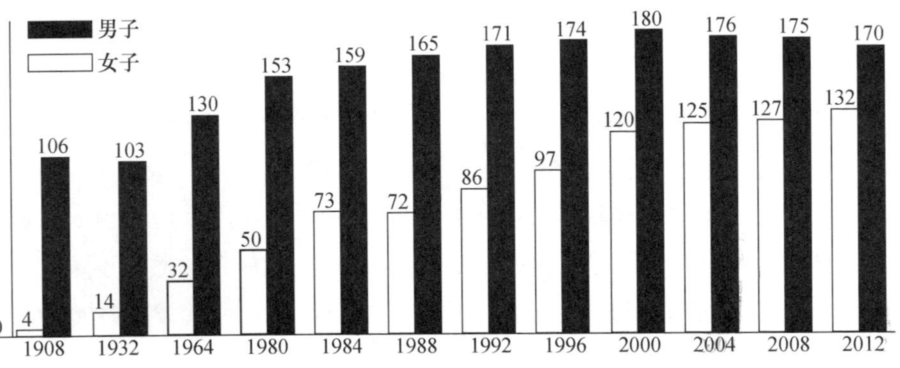

图 7.2　1908—2012 年部分奥运会女子和男子项目赛事数量统计图

表 7.1　现代奥运会（1896—2012 年）男女运动员人数统计表

年份	地点	代表团数量	男运动员人数	女运动员人数	女运动员占比/%
1896	雅典	14	241	0	0.0
1900	巴黎	24	975	22	2.2
1904	圣路易斯	12	645	6	0.9
1908	伦敦	22	1971	37	1.8
1912	斯德哥尔摩	28	2359	48	2.0
1916	柏林奥运会因第一次世界大战取消				
1920	安特卫普	29	2561	63	2.4
1924	巴黎	44	2954	135	4.4
1928	阿姆斯特丹	46	2606	277	9.6
1932	洛杉矶	37	1206	126	9.5
1936	柏林	49	3632	331	8.4
1940	东京奥运会因第二次世界大战取消				
1944	伦敦奥运会因第二次世界大战取消				
1948	伦敦	59	3714	390	9.5
1952	赫尔辛基	69	4436	519	10.5
1956	墨尔本	72	2938	376	11.3
1960	罗马	83	4727	611	11.4
1964	东京	93	4473	678	13.2
1968	墨西哥城	112	4735	781	14.2
1972	慕尼黑	122	6075	1059	14.8
1976	蒙特利尔	92	4824	1260	20.7
1980	莫斯科	81	4064	1115	21.5
1984	洛杉矶	140	5263	1566	22.9
1988	首尔	159	6197	2194	26.1
1992	巴塞罗那	169	6652	2704	28.9
1996	亚特兰大	197	6806	3512	34.0*
2000	悉尼	199	6582	4069	38.2

续表

年份	地点	代表团数量	男运动员人数	女运动员人数	女运动员占比/%
2004	雅典	201	6262	4329	40.9
2008	北京	205	6450	4746	42.4
2012	伦敦	205	6098	4362	41.7

资料来源：http://www.mapsofworld.com/Olympics/trivia/number-of-participants.html.

注：*表示 26 个代表团仅派出男运动员参加 1996 年亚特兰大奥运会。上表数据显示了 100 多年来体育运动性别平权取得的进展。由于受到联合抵制，1976 年、1980 年和 1984 年参加奥运会的运动员人数低于预期。

表 7.2　2006—2012 年参加冬季和夏季残奥会的男女运动员人数统计表（按所有参赛代表团和美国代表团分组）

2006—2012 年冬季和夏季残奥会	女运动员人数（占比/%）	男运动员人数（占比/%）	运动员总人数
2012 年夏季残奥会，伦敦，164 个代表团	1513（35%）	2756（65%）	4269
2010 年冬季残奥会，温哥华，44 个代表团	121（24%）	381（76%）	502
2006 年冬季残奥会，都灵，39 个代表团	99（21%）	375（79%）	384
2012 年夏季残奥会，伦敦，美国代表团	94（41%）	133（59%）	227
2010 年冬季残奥会，温哥华，美国代表团	13（26%）	37（74%）	50
2006 年冬季残奥会，都灵，美国代表团	11（20%）	45（80%）	56

资料来源：Smith and Wrynn，2010；国际残奥委员会；www.teamusa.org

4. 非正式比赛和另类运动

非正式比赛和另类运动往往具有性别区分的动态机制，为大多数女性参与此类体育运动带来了挑战。它们基本上全部由男性主导、强调男性认同。男性通常掌控着体育场所和确认参与者身份的标准规范。女性因此倍感沮丧，因为她们必须具备非凡的运动技能才能有机会参与此类运动，让同龄男性接受她们的运动员身份。在某些情况下，一名女性要想跨入这些运动的门槛，需要有影响力的男性参与者在背后支持，说服队友给她一个展示自己出色运动技能的机会。

与男性相比，女性参与体育的机会也受时间限制，因为她们需要花时间料理家务、照看孩子以及履行其他家庭责任。而男性往往会将自己的生活划分为几个部分，可以暂时将工作和家庭问题搁置一边，花时间进行运动（Taniguchi and Shupe，2014）。就已婚夫妇而言，即使双方都全职工作，女性也往往会花更多的时间照顾家庭，“支持”她们的丈夫参加体育运动。

由于《教育法修正案》第九条不适用于非正式体育运动，因此在这一领域实现男女平等的进展也比较缓慢。排斥或限制女性参加非正式比赛和另类运动的方式和动态机制在体育社会学研究中很少受到关注。不过，我们明确地知道一点：各种形式的边缘化和排外现象是造成大多数女性遭遇不公平待遇的主要原因（Laurendeau and Sharara，2005；Wheaton，2013）。与此同时，许多男性还认为他们在使用运动空间、设施或资源时拥有优先权。

研究还表明，另类运动是围绕年轻男性的价值观和经历组织起来的活动（Honea，2007；Laurendeau，2008；Laurendeau and Sharara，2008；Rinehart and Syndor，2003）。我们只要随便观察一个滑板公园，就能证实这一点。年轻女性通常是观众，比如“滑板少女”（带着滑板的“狂热粉丝”）。即使是谨慎、自信的参与者，也要比同龄男性更加努力才能被当作一名真正的这类运动的运动员（Beal and Weidman，2003）。此外，当女性的确在碗池和坡道争取到自己练习的空间时，她们也需要遵守男性设立的条件。

许多所谓的极限运动强调直面恐惧、敢于冒险和挑战标准界限。参加这些运动的年轻男性认为，想要一起玩，就要有技术、勇气和进取心，跟性别没什么关系。然而，极限运动通常强调运动员需要具备充足的勇气和全力以赴赢得认可的决心（Meadows，2006；Roenigk，2006）。因此，女性必须“有胆量”，也就是说，女性要有足够的技巧和勇气去尝试和挑战有创造力和危险的技巧动作，才能赢得男性的认同。这些条件和相关规范使男性享有特权，将女性置于不利地位。

由男性主导、强调男性认同的文化以及另类运动所带来的影响，在媒体一手打造和企业赞助的比赛中体现得淋漓尽致，如世界极限运动会、街式滑板职业巡回赛、马鲁夫金钱杯和激浪巡回赛。不同的体育项目有不同的表现形式，但在极限运动中，让女性参与进来通常不是优先考虑的目标。

作为对大多数另类运动中偏男性化文化的回应，一部分女性创造了新的运动形式或对某些运动进行了改进，围绕她们自己的经历和目标来组织比赛。近几年快速发展的轮滑德比运动就是一个典型的例子。2016年，世界女子轮滑德比协会有大约369个成员联盟和76个学徒联盟，遍布世界各地。正如一名参与者——一位来自休斯敦的年轻律师所描述的那样：

> 今天的轮滑德比是……一项为女运动员赋权的运动，同时也体现了女性之间的姐妹情谊。这项运动不适合那些精致优雅的女生，参与的女孩大多数都肌肉非常发达，通常体重要达到一定标准才能防止被撞倒……（Murphy，2012）

轮滑德比的团队文化是围绕女性的价值观和个人经历所形成的（Beaver，2012；Donnelly，2013；Gieseler，2014；Murphy，2012；Pavlidis and Fullagar，2013，2015）。它强调彼此之间的包容性，使女性之间形成相互团结、互相支持的关系。观看过一场女子轮滑德比“回合赛”我们就会知道，它与由男性主导的另类运动有着截然不同的“气质”。

（二）为运动员提供的支持不平等

在美国的许多高中和大学中，女运动员在体育方面得到的支持比男运动员要少，这一情况在世界各地的体育赞助机构中同样存在。回溯历史，体育中的性别不平等主要体现在下列方面：

（1）体育设施的使用。

（2）体育设施的质量（比赛场地、负重训练、更衣室、淋浴间等）。

（3）奖学金*。

（4）项目运营成本。

（5）体育设备和耗材的供应和维护。

（6）招聘预算*。

（7）比赛和训练时间的安排。

（8）差旅费和差旅补贴。

（9）接受学术辅导的机会*。

（10）分配到各队的教练员数量。

（11）行政人员、教练员、训练员和其他工作人员的工资。

（12）医疗、训练服务及设施。

（13）女子运动队及女子赛事的宣传和媒体报道。

（*表示这些情况主要适用于美国的大学）

上述方面的不公平现象在许多学校仍然存在，在社区体育项目中则更加严重，因为在社区体育项目中，很少有人愿意去做深入的研究、挖掘许多不同来源的数据，因此这些不公平现象往往都不为人知。

如今，大多数人已经意识到，缺乏资金支持是阻碍女性参与体育运动的一大原因。在过去一个多世纪中，男性创造了适合自己的体育项目，并不断修正这些项目以迎合自己的兴趣和价值观，吸引他人参与，并推销给观众，然后获得赞助商的资金支持。在此期间，公共资金和公共设施、学生缴纳的学费和私人赞助都被用来资助、推广和扩大为男性设置的体育项目。在过去，几乎没有任何女子体育运动能够享有和男子体育运动同等的支持力度。如今，由政府资助、以社区为基础的体育项目几乎已经消亡殆尽，而私人项目又将许多女性排除在外，她们只能使用 20 世纪 50—80 年代初男孩使用的当地公园和休闲体育设施。

（三）通往权力之路不平等

体育领域在由谁掌权方面，性别不平等现象最为突出。尽管女性体育运动的知名度和重要性有所提升，但是其中大部分的领导职务都由男性担任，而女性很少能在男子体育运动中担任领导。各级别比赛的数据共同显示，在教练和管理工作中，女性占比严重不足，在体育领域最高领导层尤其明显。

如今，大多数女子运动队由男性执教，他们在女子体育项目中占据着最高权力的位置，对大多数影响女性参与者的问题执行决策。与此同时，女性在男子体育运动中几乎没有权力，即使在女子体育运动中也要克服重重困难才能进入权力圈。薇薇安·阿科斯塔和琳达·卡彭特（2012）曾开展了一项为期 40 年的历时研究，记录了美国大学体育协会下属院校中教练和管理职位的性别趋势：

（1）1972 年，《教育法修正案》第九条正式颁布，当时美国大学体育协会 90.0%的女子运动队由女性担任教练；到了 1978 年，这一比例下降到 58.0%；2016 年，这一比例约为 43.0%。

（2）1998—2012 年，美国大学体育协会新增 2928 支女子运动队；在队伍聘请的总教练中，1962 人（67.0%）为男性，966 人（33.0%）为女性。

（3）1998 年，美国大学体育协会下属院校共有 188 名女性体育主管（约占所有体育主管的 19.0%）；2012 年，这一数字小幅增长至 215 人（约占所有体育主管的 20.0%）（1998 年和 2012 年男性担任体育主管的院校数量分别为 807 所和 843 所）。

（4）2012 年，在有女性体育主管的体育部门中，女教练员的比例也更高，其中女教练员和女性管理人员比例在美国大学体育协会第一级别会员院校最低，第三级别会员院校最高。

（5）2012 年，在美国大学体育协会的所有下属院校中，只有 9.8%的院校有女性担任全职体育信息主管，其中 30.7%的院校（大多数为第三级别）有一名女性首席教练员。

（6）1971 年以来，在游泳、越野跑或网球项目的男子或男女混合运动队中，女性担任总教练的比例为 2.0%～3.5%。

表 7.3 显示的是 1977—2012 年美国大学体育协会全部下属院校最受欢迎的 10 个女子体育项目中，由女性担任总教练的运动队所占比例的历时数据。2012 年，只有足球队的女教练员比例高于 1977 年。其他 9 个项目中，有 8 个项目的女性总教练人数至少下降了 13.0%。如果美国大学体育协会所有体育部门和校际运动队的管理人员和总教练中有 80.0%是女性，男性会对此极为愤慨，会积极采取行动，甚至提起诉讼。到目前为止，女性在体育领域获得权力的机会有限，且她们没有过多的要求。

表 7.3　1977—2012 年美国大学体育协会全部下属院校最受欢迎的 10 个女子体育项目中女性总教练的比例

单位：%

体育项目	1977 年	1987 年	1997 年	2008 年	2012 年	1977—2012 年百分数的变化
篮球	79.4	59.9	65.2	59.1	59.5	–19.9
排球	86.6	70.2	67.8	55.0	53.3	–33.3
越野跑	35.2	18.7	20.7	19.2	21.2	–14.0
足球	29.4	24.1	33.1	33.1	32.2	2.8
垒球	83.5	67.5	65.2	64.7	62.1	–21.4
网球	72.9	54.9	40.9	29.8	29.9	–43.0
田径	52.3	20.8	16.4	18.0	19.2	–33.1
高尔夫	54.6	37.5	45.2	38.8	41.6	–13.0
游泳/跳水	53.6	31.2	33.7	24.3	26.2	–27.4
长曲棍球	90.7	95.1	85.2	84.6	85.1	–5.6

资料来源：Carpenter and Acosta，2008；Acosta and Carpenter，2012；详见 http://www.acostacarpenter.org/.

女性常常被排除在教练和管理工作之外，她们担任这些职务的比例较低，这是世界范围内的普遍现象（Fagan and Cyphers，2012；Henry and Robinson，2010；Laine，2012；Smith and Wrynn，2010）。作为世界上最具影响力的体育组织，国际奥委会在 1896—1981 年的 85 年里从未有过女性委员，也从未有过女主席。1996 年，国际奥委会承诺到 2005 年，会将女性在奥林匹克运动决策委员会的比例提高至 20%。但直到 2013 年，这一目标仍然遥不可及，女性委员只占国际奥委会委员的 19%（105 名委员中有 20 名女性），而由 15 名委员组成的执行委员会中只有两名女性（13%）。在 25 个国际奥委会下属委员会中，只有两位女主席，而国际奥委会中的大多数女性只在妇女和体育委员会任职，相比于其他委员会，该委员会的权力非常有限。表 7.4 显示，2010 年，在国家奥委会中，仅有 9 个国家奥委会的主席由女性担任；许多国家奥运会甚至没有女性任职。国际体育联合会情况同样如此，男性始终占据着所有的权力职位。即使是颇具影响力的 2012 年伦敦奥组委也是如此，其 19 名委员会委员中只有一位女性（安妮公主）。

表 7.4　2010 年国家奥委会和国际体育联合会中的女性比例

	国家奥委会	国际体育联合会
执行董事会中的女性	18%	18%
女主席	4%	3%
女秘书长	9%	4%

资料来源：Henry and Robinson，2010。

注：本表中的数据根据 205 个国家奥委会中 110 个的回复（约 54%的回复率），以及 70%的国际体育联合会成员的回复整理得出。

世界范围内的教练员统计数据显示，很少有女性执教女子国家队或男子国家队，而在北美以外的职业联赛中，女性教练员甚至都非常罕见。

女性在教练和管理职位上的比例不足，有研究认为主要原因如下（Henry and Robinson，2010）：

（1）人们误以为女性无法达到男子体育运动的要求，因此男子运动队的教练和管理职位（占所有教练和管理职位的一半）根本就不会考虑女性。

（2）男性在体育组织中的人脉较广，较容易在各种体育项目中获得工作机会；与男性相比，申请教练和管理职位的女性在求职中没有多少可用的战略和人际关系。

（3）人才招聘委员会主要由男性组成，他们的评估标准以正统性别文化观念为基础，这意味着他们会认为女性候选人的资历不如男性。

（4）许多女性缺少男性所拥有的支持体系和职业发展机会。

（5）在由男性主导的、强调男性认同的体育机构工作，女性可能会不去选择申请教练或管理职位，因为她们知道自己在这种环境中将面临特殊的挑战，受到更加苛刻的评价。

（6）女性往往更容易遭受性骚扰，她们很可能因此最终无法胜任或不愿意继续担任教练或管理职务。

上述因素会影响女性的就业机会，同时动摇她们的职业理想。它们将影响工作岗位的申请者、求职者在招聘过程中的表现、教练员和管理人员的工作考核方式，并影响教练员工作的满意度，以及谁将获得晋升到薪酬更高、责任更大、权力更大的职位的机会（Bruening and Dixon，2008；Laine，2012）。

人才招聘委员会的成员负责寻找、面试、评估并聘用那些他们认为能够在由男性主导、强调男性认同的体育组织中胜任工作的人。在评估客观条件（如工作经验和队员胜败记录）后，人才招聘委员会的成员会主观评估候选人在招募和激励运动员、筹集资金、赢得社会（支持者、体育记者）尊重等方面的能力，以及他们塑造运动员坚韧不拔的品格、维护团队纪律，和“融入”体育部门或体育组织的能力。

这些评估并非闭门造车，除了候选人的成绩记录以外，评估过程还受到性别文化观念的影响。尽管人才招聘委员会的成员并不能在所有事情上达成一致，但是许多人都以维护男性利益为出发点思考问题。这是因为教练员和其他领导者通常被视为符合男子气概的传统形象，在由男性主导的、强调男性认同的体育文化中，这一原则不容置疑。

在上述情况中，只有当女性提供了极具说服力的证据，证明她们也能做到男性做过的事，才会被成功聘用。有些体育项目和体育部门的女性成员极少，人才招聘委员会经常迫于压力招聘女性员工，避免性别歧视的指控。当女性被聘用时，人们常说人才招聘委员会是“迫不得已如此”。但更准确的说法应该是：“我们过去一直公然歧视女性，但如果现在我们不聘用女性，就会马上面临性别歧视的指控。”

女性被聘用后，往往没有男性受欢迎，更不可能完全融入体育组织。因此，她们的工作满意度较低，流动率较高。有人得出如下结论：女性根本不具备在体育领域生存的条件。但这一结论忽略了这样一个事实：多年来，人们对体育工作的期望值一直由男性塑造，而他们的妻子负责抚养孩子，为他们和队员提供精神支持，为队员和支持者举办社交活动，协调他们的社交日程，管理家庭财务并负责维修事宜，确保她们的丈夫不会因为家庭事务而分心，能够全身心投入工作。如果女教练员和女性管理者有机会在类似的条件下制订体育计划、指导队员训练，她们的工作满意度将大大提高，离职率也会降低。

此外，部分体育组织在管控性骚扰和回应女性投诉方面不大作为，而其女性成员希望在体育组织和体育项目的组织结构和文化中被认真对待。这说明，项目成员必须批判性地评估由男性主导、强调男性认同的社会组织形式给男性和女性所带来的影响。要想实现教练和管理职位的性别平等，项目成员就必须进行批判性评估并且做出改变。

六、实现性别平等的障碍

性别平等已经取得重大进展，但 21 世纪以来一直停滞不前，在几个重要领域仍存在性别不平等现象。在找到消除性别不平等的策略前，我们了解这一过程中会遇到的障碍至关重要，具体包括以下内容：

（1）预算削减和体育项目的私有化。

（2）对《教育法修正案》第九条和性别平等的抵制。

（3）缺少身居要职的女性榜样。

（4）强调女性“美容式健身”的文化。

（5）对女子体育的轻视。

（6）由男性主导、强调男性认同的体育组织。

（一）预算削减和体育项目的私有化

性别平等的进展常常因为缺少预算而遭到破坏。与男子体育项目相比，女子体育项目往往更容易出现预算削减的情况，因为女子体育项目本身就不够成熟和完善，市场占有率低，创收潜力低，行政、企业、社区支持也更少。相对而言，女子体育项目较新，因此开发和推广成本较高，而男子体育项目比较成熟，开发和推广成本也较低。因此，同等地削减男女子运动队和体育项目的资金，对女子体育项目会产生更大的负面影响。男子体育项目不易受到影响，因为它们在一个多世纪的时间里取得了合法地位，获得了制度支持，并拥有忠实粉丝的支持和赞助商的赞助。

随着国家财政支持的公共体育项目被削减，体育参与机会开始变得私有化，这对女性产生了不同程度的负面影响，对低收入地区的女性来说尤为明显。公共体育项目需要对投票者负责，受政府法规的管理，并且要求男女享有平等的权利和机会。但是，私人体育项目只对市场负责，这意味着它们只会响应付费参与者和私人赞助商的需求，无须履行对性别平等的承诺。“自由经营的体育项目”对有钱人来说是非常好的选择，但在为经济资源匮乏的女性提供机会方面，它们既不“自由”也不“积极”，它们只为那些支付得起的人服务，所以这类项目在低收入地区和少数族裔聚居的地区较为少见。

当公立学校的体育项目被削减时，私人组织往往会加大力度，为男子体育项目（如橄榄球）提供资金和设施支持，但会忽略女子体育项目。无论是支持者还是私人赞助商，都无须遵守《教育法修正案》第九条，因为他们不受联邦政府的资金支持。如果这些资源提供者没有致力于实现性别平等，那么女性就失去了参与体育的机会。

（二）对《教育法修正案》第九条和性别平等的抵制

既得利益者往往对政府强制变革的立法行为持抵制态度。《教育法修正案》第九条一直以来都饱受人们的抵制。直到今天，有些人仍然认为《教育法修正案》第九条是政府对地方体育项目的无理干涉，并认为性别平等根本不可能实现，因为女性天生不喜欢体育，而试图实现性别平等只会给男性带来伤害（Gavora，2002；Knudson，2005）。在美国，人们对政府立法的抵制由来已久，短期内也不会消失。

反对性别平等的人往往也抵制政府立法。比如，哈丁等人（Hardin et al.，2012）的研究发现，美国大学体育协会第一级别会员院校的部分体育信息主管也对《教育法修正案》第九条持否定态度，他们在新闻稿和其他有关大学体育的信息中很少提及女子运动队。

（三）缺少身居要职的女性榜样

在美国政府颁布《教育法修正案》第九条后的几年中，女子体育吸引了更多的关注和重视。此时，为了扩大自身的权力和影响力，现存的男子体育项目开始接管女子体育项目（Grundy and Shackelford，2005；Suggs，2005）。在接管过程中，男性被聘用为女子运动队和体育项目的教练员和管理人员，导致许多女性失去了工作，而取代她们的男性往往不太会去指导、招聘和支持女性从事体育工作。并且女教练员经常迫于压力聘请男助理教练，以避免给人们留下偏爱女性、不喜欢男性的印象。

当年轻的女运动员注意到这些情况时，她们就会很难想象自己能成为未来体育领域的领导者。在她们的经历中，权力职位天生属于男性，而女性的能力和贡献却得不到重视。这也是实现性别平等所面临的障碍之一。

对这一问题的讨论往往会忽略以下事实：性别歧视在美国的所有公立学校都是非法的。这一点同样适用于各个部门的招聘，但这些学校中几乎所有的体育部门在为男子运动队和体育项目聘请教练员和管理人员时都会歧视女性（Sullivan，2012）。他们在面试和招聘男性候选人时毫不掩饰自己对女性候选人的轻视态度，这种行为已经违反了反性别歧视的相关法规。如果男性在应聘女子运动队和体育项目的教练和管理职位时遭到同样的待遇，他们肯定会进行投诉。

（四）强调女性“美容式健身”的文化

关于身体形象和体育参与，女性被灌输各种互相矛盾和令人迷惑的文化信息。她们一边了解身体强壮的女运动员，一边无法摆脱靠节食、整容手术和修图塑造出来的时尚形象。人们告诉她们体能和身体素质很重要，但她们却发现那些外表年轻、柔弱的女性更受欢迎。人们建议她们要身体强健却保持纤瘦、健美还不失女性气质，同时兼备姣好的身材和迷人的曲线。她们会看到外貌吸引人的女运动员被包装成时尚模特，而健美且运动技能高超的女运动员却不会被如此包装。因此她们经常得出这样的结论：即使你是一名优秀的女运动员，保持身材性感仍然是最重要的。

宣扬美貌的文化信息明显多于提倡运动乐趣的文化信息。营销人员都知道，当女性对自己的外表没有安全感时，她们会购买更多的产品。因此，即使是展示女性运动场景的广告也是经过精心编排的，目的是让女性消费者没有安全感，让她们对自己的身材没信心。这种营销策略非常有效，导致一些女性在瘦到看起来身材不错、能穿漂亮的运动服之前，都不愿参加体育活动，她们将参加体育活动和病态的减肥策略相结合，直到瘦到影响身体健康或营养不良的状态。

总体而言，美容式健身和身体强健、运动技能高超之间的矛盾让女性对体育运动敬而远之，她们专注于通过运动燃烧卡路里，这样她们就可以毫无罪恶感地大吃特吃，或者在长胖之后通过高强度训练来保持自律。此外，那些以美容式健身为目的的年轻女性如果在训练中体重增加，可能会放弃运动，而其他人在达到减肥目标后也可能会停止运动。强调美容式健身的文化仍会继续存在，并持续阻碍体育运动中性别平等的实现，除非人们能对其进行客观评估，并认清它的本质——一种助长女性不安全感和带动消费的破坏性工具。

（五）对女子体育的轻视

社会上最引人注目和最流行的体育运动都建立在男性的价值观和个人经

历的基础之上。它们通常关注那些将女性置于弱势地位的技能和评估标准，高水平体育运动尤其如此。例如，女性打橄榄球时无法像男性那样用力撞击；她们打篮球时不会像男性那样扣篮；她们打冰球时不会像男性那样做到用身体对抗或冲撞。她们也能参与体育运动，但和男性的运动方式不太一样。

这一思维逻辑根植于正统性别文化观念，它常常被用来解释女子体育项目的观众上座率为何会低于男子体育项目，她们应该怎样做来提高观众上座率。例如，2012 年，管理欧洲女子职业篮球运动的国际篮球联合会要求女运动员穿更短的短裤，露出更多的腿部皮肤。国际篮球联合会的一名男性高管解释道，球员们“身材美丽迷人，没有理由不展示出来”（Scott，2012）。欧洲球星、康涅狄格大学前球员戴安娜·陶拉西拒绝遵守新规则，于是她在当时赛季的 18 场比赛中每场都被罚款 2600 美元，总计 4.7 万美元，相当于她整个赛季工资的一半。

在国际篮球联合会男性成员的设想中，女球员的性感魅力可以吸引观众，招揽赞助商，提高电视转播费。他们不明白的是，这种方法早就已经失效了。他们也不知道，玛丽·乔·凯恩的研究表明，女运动员的形象往往会让年轻人觉得她们很性感，但这并不会增加他们对女子体育运动的兴趣。凯恩的结论是：性营销的还是性，而不是女子体育运动（Kane，2011）。不过许多人并不这样认为，因为这与他们正统性别文化观念不符。

（六）由男性主导、强调男性认同的体育组织

体育与传统的男子气概密切相关。长期以来，男性一直将体育作为确立自己男性身份、在更大的社群中获得地位的场所。围绕体育项目和运动队形成的文化，目的就是培养和强化共同的男子气概。这种文化赋予男性一种掌控感，也就是说，他们感到自己可以掌控自我，左右别人对他们的看法。

当女性终于有机会参与体育运动时，参与的女性人数呈指数级增长，但女性的体育运动参与率还远没有达到男性的水平。对于这种持续存在的不平等现象，标准的解释是女性“对体育的兴趣就是不如男性那么浓厚”。但更准确的解释应该是：与男性相比，女性在体育运动和体育文化中体验到的积极氛围较少，获得的支持不足，而这些体育运动和体育文化是由男性创造且为了男性创造，目的是强调与权力和控制相关的共同的男子气概。

持续的性别不平等现象并不是女性缺乏对体育运动的兴趣造成的，而是由于体育运动和体育组织并不以反映和强调男性生活经历的方式去直接反映女性的生活经历。

研究表明，当体育项目和运动队的组织方式能够让女性在组织和制度层面对体育运动拥有获得感时，实现性别平等将变得更加容易（Cooky，2004，2009）。这提醒我们，除了影响身份认同、文化期望和社会互动之外，性别还渗透于组织和制度的形成逻辑（Messner，2011；Risman and Davis，2013）。如今，正是性别的组织和制度维度阻碍了体育运动平权的发展。我们可以改变自己的态度和人际关系，变得更加包容，不受正统性别文化观念的束缚。但是除非我们改变构成绝大多数体育运动和体育组织视为理所当然的性别逻辑，否则完全的性别平等就无法实现。如果塑造体育文化和体育组织过程的性别逻辑是围绕男性的价值观和经历而形成的，那么男性必然被赋予更多特权，相比之下，女性会觉得在体育的各个方面都不如男性受欢迎，也不为人们所接纳。

（图源：©经雷切尔·斯皮尔伯格许可）

美国女足国家队前队长埃米·沃姆巴克声称队友亚历克丝·摩根将为女足带来好运，因为她“长得漂亮，符合主流审美”，吸引了15～25岁男性的注意力。然而，研究表明，让人们对女子体育运动持续感兴趣的，是女运动员自身的出色能力，而非外表。

七、性别平等与性取向

长期以来，体育运动一直与男性异性恋性取向联系在一起，是恐同症的多发场所，也是展现异性恋男子气概这一理想文化形象的场所。体育的社会学和历史发展已经清楚地记录了上述模式，以及这种模式对女同性恋者、男同性恋者、双性恋者、变性者和双性别者的生活施加何种压力。不过，在世界上一些地区，包括北欧和西欧的大部分地区、澳大利亚、新西兰和北美，基于人们对正统性别文化观念的拒绝或反思（皮尤全球态度项目），这种模式已经发生了一些改变。因此，体育场所的恐同症已经有所减少。具体改变如下：

（1）使用侮辱同性恋者语言的球员受到了其他球员的批评，以及运动队和联赛官员的训诫，并在主流媒体上被描绘成负面形象。

（2）男女运动员都公开支持双性别者的权利和婚姻平等，偶尔还会积极公开倡导双性别者的权利。

（3）体育组织、运动员团体和 Outsports 网站共同开展了对话，讨论运动员决定公开同性恋身份时可能使用的策略（Branch，2011b）。

（4）2013 年初，美国国家冰球联盟是首个发表正式声明谴责歧视双性别者，并承诺支持公开同性恋身份球员的大型男子体育组织。

（5）美国职业足球大联盟已经对使用侮辱同性恋者语言的运动员禁赛，并对其进行罚款。

（6）终极格斗冠军赛暂时取消了一名综合格斗选手的参赛资格，并要求他为双性别者社区提供服务，原因是他对一名接受了男性转为女性的变性手术的运动员发表了负面言论。

（7）杰森·柯林斯是大型男子观赏性运动（篮球）中第一个公开身份的男同性恋运动员，关于此事的报道和回应绝大部分都是正面的（Collins，2013）。同样的情况还发生在罗比·罗杰斯和英国板球运动员史蒂文·戴维斯身上，前者公开同性恋身份之后重返洛杉矶银河足球俱乐部（Witz，2013），而后者在 2011 年公开同性恋身份（Davies，2011）。2012 年公开同性恋身份的墨西哥拳击手奥兰多·克鲁兹也获得了公众的支持（Eberle，2012）。

（8）如今，美国有十几个州已有规定允许变性学生加入符合其当前性别身份的运动队比赛，不需要依照学校记录中指明的性别。美国大学体育协会制定了一项支持变性者参与体育运动的政策，而其他体育组织，包括国际奥委会、美国女子职业高尔夫协会、美国高尔夫协会，以及许多奥林匹克体育运动联合会都已制定政策，详细规定了变性运动员在何种条件下可以参加体育比赛（Griffin and Carroll，2012；Griffin and Taylor，2011）。

（9）关于2015年公开同性恋身份的著名女运动员的新闻报道如今少之又少，因为此时自1981年马丁娜·纳芙拉蒂洛娃公开同性恋身份以来，已经过去30多年了，如今人们对此见怪不怪，公开同性恋身份已不再是重大新闻。

虽然取得了上述诸多进步，但是我们不能因此认为同性恋者不再面临任何挑战，不再受恐同症和各种严重歧视的影响。参加高水平竞技体育的男性不会主动公开同性恋身份，因为他们仍然害怕在体育运动中公开同性恋身份可能会带来负面影响。而双性恋者、变性者以及那些具有双性别特征但从未对外公布的人对此尤为恐惧。

恐同症仍然存在，它的形成基于以下认知：根据正统性别文化观念，同性恋是不正常的，它违背了常理，是不道德的行为，超出了标准性别界限。它助长了针对那些被确定为具有非异性恋身份或性取向的人群的偏见、歧视、骚扰和暴力。

当同性恋者参加体育运动时，许多人仍然小心翼翼地将自己的性别身份保密，或者只向特定的朋友和家人透露。他们或者对自己有着复杂或混乱的认知，或者害怕别人会对他们做出负面评价。但是随着越来越多的人公开自己的同性恋身份，性别身份不符常规也变成了正常现象。不过，公开同性恋身份仍然面临着巨大的挑战，因此大部分同性恋运动员仍未公开自己的同性恋身份，他们假装是异性恋者，只向值得信赖的人透露自己的性别身份，或者选择参加不用面对恐同症人群的体育运动。

（一）体育中的女同性恋者

女子体育比男子体育对性别身份不符常规的运动员接纳度更高。但即使在今天，恐同症也会阻碍部分女性参加某些体育运动，即使参加，她们也不敢表现得“太男性化”或“没有女人味”。此外，一些父母还会引导女儿远离那些他们认为容易存在女同性恋运动员或教练员的运动队和体育项目。

当女性害怕被贴上同性恋的标签，或者害怕与女同性恋者有牵连时，她们会对某些运动避之不及，减少对这些运动的投入，淡化自己的运动员身份，或者呈现明确表明她们是异性恋者的“自我表现方式”。例如，美国的一些年轻女性不剪短发，因为她们担心引发同龄人的“恐同取笑”。与此同时，恐同症促使女同性恋运动员对自己的性别身份保密，这不利于她们与队友的关系，会让她们陷入孤立（Sartore and Cunningham，2010）。

帕特·格里芬在其开创性的著作《强悍女性与深柜：体育中的女同性恋者和恐同症》（1998）中提供了明确的证据，证明“体育和女同性恋总是形影不离”（1998：11）。她在书中指出上述证据一直受到大众的忽视，这在很大程度上是源于关于女同性恋的文化迷思。尽管大多数迷思已经受到了质疑且被推翻，但有些人仍对它们深信不疑。例如，一些人认为女同性恋者具有侵略性，认为她们想要“扭转”别人以采纳她们的“生活方式”，而她们的生活方式有违道德、令人沮丧。当女同性恋运动员、教练员和管理人员发现人们有这种想法时，她们往往会感到不被重视，产生一种被孤立的感觉（Norman，2012）。无论异性恋的同龄人是相信这些迷思，抑或怀疑它们的真实性，她们都会害怕或躲避女同性恋运动员和教练员；而当教练员和管理人员相信这些迷思时，他们就不太可能在教练员和体育管理职位上聘用和提拔女同性恋员工。

“女同性恋者不戴蝴蝶结”这一恐同言论仍然在一些美国女子运动队中流行，这也解释了为什么年轻女性在比赛时会统一扎着马尾辫，戴着可爱的蝴蝶结（Soffian，2012）。在大学体育中，仍然有异性恋教练员将自己的队伍描述为“健康的队伍”，称其深信“家庭价值观”，以表明自己是反同性恋者；他们会暗示对手的价值观并不相同，言外之意是对方的教练员或部分球员是女同性恋者。这类恐同言论让许多年轻女性打消了从事教练员职业的念头，尤其是不会去应聘竞争十分激烈的大学体育项目。

部分女子运动队中流行“不要问，不要说”的文化，女同性恋运动员会隐藏自己的身份，以便能够在不受骚扰或不被边缘化的情况下从事自己喜欢的运动。然而，这一策略并非毫无代价，它减缓了可能消除恐同症的变革进程。整体而言，“不要问，不要说”策略对异性恋女性和女同性恋者都有影响，她们都要克制自己的行为，避免被怀疑或被贴上女同性恋者的标签。

格里芬鼓励人们对自己的性取向保持开放和诚实的态度，但她解释说，女同性恋者在公开身份时，无论等着她们的是敌意还是谨慎的接受，她们都必须做好万全的准备。她指出，想要更好地应对挑战，最好：① 有朋友、队友和教练员提供支持；② 有当地组织对恐同症提出质疑并倡导宽容；③ 在体育组织、社区和社会中有为同性恋者提供的制度化的保障和支持。

（二）体育中的男同性恋者

与女子体育相比，在男子体育中人们对同性恋态度的变化并没有十分显著。许多男子体育运动的文化仍然支持恐同言论。然而，近年来，异性恋男运动员对于公开同性恋身份的队友普遍持支持态度。因此，社会学家埃里克·安德森等人（Anderson，2009b，2011a，2011c；Jarvis，2013）得出结论：年轻男性群体中出现了一种更具包容性、反对刻板、僵化的正统性别文化观念的男子气概（Adams and Anderson，2011）。但是安德森等人也注意到，恐同症仍然是男子体育中的重大威胁，它让几乎所有男同性恋运动员、教练员和管理人员失去公开身份的勇气。尤其是在备受瞩目的精英竞技体育运动中，运动员公开同性恋身份会吸引全世界媒体的关注，可能还会严重扰乱当事人的生活，影响他们作为运动员或管理人员的工作成效。

参加某种体育运动仍然是男孩成长为男人的标志性仪式，而参与力量成绩型体育运动的男运动员也仍然是当今大多数社会中异性恋男子气概的楷模。因此，主流社会对体育界的男同性恋者只字不提，阻止他们公开自己的身份，在男子体育中或借助男子体育来维系性别界限，这么做主要是为了维护现有的性别规范，捍卫男运动员的荣耀地位，有利于男性在社会上获得权力和影响力。

我们如今不是依照性别组织体育运动，而是把运动能力作为体育发展的基础。我们正在逐渐摆脱围绕性别发展体育的观念。

——克里斯滕·沃利，加拿大变性自行车手（Findlay，2012）

恐同症带来了诸多后果，其中一点鲜有人讨论，那就是它创造了一种让男性压抑并羞于承认自己对同性的情感的环境。此时，男运动员可能会模仿暴力漫画来展现自己的男子气概，或者被迫通过撞击头部、击打腹部、推搡手臂、交叉前臂、与对方碰拳以及其他掩饰亲密关系的仪式化行为来互相表达亲近。这些“男人的手势”可能会让男性感觉良好，但也会将他们束缚在“行为像个男人”这一框架中。

（三）体育中的双性别者和变性者

生来就具有男性和女性双重性别特征的人（比如双性别者），性别认同或行为不符合传统规范或性别与出生时的生理性别不一致的人（比如变性者），他们会经历些什么？据估计，全世界共有 1.2 亿双性别者，而自认具有这种或那种“变性”特质的人的数量更是这一数量的很多倍（Fausto-Sterling，2000a）。那么他们在主要基于刻板的二元性别分类系统而组织的体育运动中处于何种位置呢？

尽管双性别运动员和变性运动员一直以来都被忽视或被排除在几乎所有的有组织的体育运动之外，但是近年来政策有所改变，变性者被允许在满足标准医学检查和激素治疗等特定条件下参与体育运动（Cavanagh and Sykes，2006；Griffin and Carroll，2012；Randall，2012；Torre and Epstein，2012）。

国际奥委会于 2004 年通过了一项政策，规定变性运动员（无论是通过抑制睾酮从男性变为女性，还是通过补充睾酮从女性变为男性）可以按照自己最终选择的性别参赛，前提是他们接受了变性手术，且在国际奥委会认定的医疗人员的监督下完成两年激素治疗。

相比美国大学体育协会的政策，国际奥委会的政策具有一定的局限性，前者不要求进行变性手术，因为对大学生而言这类手术极其昂贵，有时需要好几年才能完成，而生殖器官对运动成绩并没有任何影响。除此之外，美国大学体育协会的政策规定，转变为女性的运动员只需要抑制睾酮一年，就有资格参与女子体育运动；转变为男性的运动员可以在协会认定的医疗人员的监督下免除服用睾酮，他们可以在不违反药检规定的情况下与男性比赛，但没有资格参加女子体育运动。

变性运动员能够突破性别界限，而出生时具有“不符合男性或女性典型定义的生殖解剖和（或）染色体模式”的双性别者却让信奉正统性别文化观念的人陷入了困惑（Griffin and Carroll，2012：50）。塞门亚争议发生之后，相关部门制定了政策，试图通过强制运动员以本不必要的医学手段来做出性别选择，不这么做的运动员将面临法律诉讼。

总而言之，上述政策表明，在制定相应的规章制度时，将人按照刻板的二元性别分类系统进行清晰归类是多么困难（Pieper，2012），而更困难的是重新确定性别的含义，以便消除将女性和男性划分为互不重叠的两个类别的传统标准界限。两性社会活动家将“体育的‘酷儿化’”称为重新协商或淘汰二元性别分类系统和实现完全性别包容的过程。安·特拉弗丝和她在不列颠哥伦比亚西蒙弗雷泽大学的同事德里研究了这一过程的动态变化（Travers，2006，2013b；Travers and Deri，2011）。特拉弗丝花费了 4 年多的时间观察和采访整个北美地区女同性恋垒球联赛的参赛者，同时研究了双性别者和变性者加入球队后造成的紧张关系。最初，她发现，尽管几乎所有联赛球员并不完全赞同正统性别文化观念的内容，但是许多球员仍使用二元性别分类系统来确立自己和他人的身份。因此，当一个人不能被明确地归类为女性时，许多人就会对允许她参加“女同性恋联赛或女子联赛”感到疑惑或不自在。这种情况对刚开始进行男性到女性转变的人和那些马上要完成女性到男性转变的人影响尤甚。

大多数联赛球员都会从激素水平的视角来判断一个人是否足够“女性化”，却从未反思过这种判定方法是否公平。当一名转变为女性的运动员的睾酮和力量水平下降时，她会被女子联赛接纳，但睾酮和力量水平增高时，就很难确定她应该退出女队，转而加入男队的临界值。当运动员从女性转变为男性时，一部分人会很不高兴，认为这些运动员选择以男性身份自居和生活，放弃了自己女同性恋者的身份，而转变性别的当事人则认为自己曾花费大量的时间为女同性恋者争取权益、经营支持女同性恋者的社区和网络，最后却惨遭不公抛弃。

特拉弗丝和德里（Travers and Deri，2011）观察到了这些动态变化，并开展了分析，表示“重新确立性别界限是极为复杂的”。但她们同时指出，摆脱刻板的二元性别分类系统，以新的方式组织体育活动是有可能的。这一转变正在发生，能否持续下去以及如何持续下去尚未可知。对于垒球联赛而言，下一个挑战可能是如何去包容那些拒绝将性别作为一种身份类别的人，因为性别划分对他们的身份认同、别人对他们的看法以及他们的生活方式施加了不必要的束缚。

八、实现性别平等的策略

性别平等的实现需要人们共同采取行动，人们需要具备改变性别文化观念和体育运动组织方式所需的批判性意识，只有这样，任何性别的人才可以自由且富有意义地参与体育运动。这任重而道远（Packard，2009）。我们可以采取一些切实有效的方法实现上述目标，但是需要男性和女性的共同努力，需要大家能够批判性地评价当前的体育运动组织方式。

（一）借助法律手段参与基层活动

在出台法律规定男女机会平等的社会中，如颁布《教育法修正案》第九条的美国，相关法律必须长期得到贯彻执行，一旦执法不力，受到大多数体育组织中根深蒂固的由男性主导、强调男性认同的惯性影响，社会就很可能会倒退回过去的性别不平等时期。尽管如今几乎所有美国人都支持性别平等的观念，但那些掌管体育组织的人往往抵制相关改变，因为在这一过程中他们很可能会丧失一部分权力（Gregory，2009）。此外，许多主教练恰好成长于《教育法修正案》第九条颁布之后的时代，他们中的许多人对性别平等的意义、实现性别平等的方式以及性别平等与他们的工作之间的关系知之甚少（Staurowsky and Weight，2011）。这意味着，法律行动的确有助于实现性别平等，但不是唯一或最重要的策略（Love and Kelly，2011）。最有效的方式就是参与基层行动，发现不平等现象，支持必要的变革，具体包括以下内容：

（1）正视所在体育组织中的性别歧视行为，积极倡导聘用女运动员、女教练员和女性管理人员。

（2）在包括体育部门在内的整个组织中，坚持公平、公开的招聘流程。

（3）记录性别平等相关的数据，每隔 3～4 年，聘请第三方独立机构针对所在的体育组织和体育项目公开发布“性别平等报告”。

（4）学习并教授他人有关体育运动中性别歧视的历史，以及如何在由男性主导、强调男性认同的体育世界中识别各种微妙的性别歧视。

（5）反对各种阻碍女性参与体育运动的做法和政策，并将其告知媒体。

（6）如有可能，宣传女子体育时强调其可盈利性，这样随之而来的经济效益会增加女性参与体育的机会。

（7）制订实习和培训计划，招募女运动员加入教练员队伍。

（8）为体育项目招聘教练员和管理人员时，使用女性招聘网站。

（9）为女性创造一个鼓励性的工作环境，制定政策以杜绝体育组织中的性骚扰行为。

上述行动涉及科学研究、公共关系、推广、政治参与和教育等各方人士的努力，建立在如下假设之上：要实现性别平等，唯一的方法就是进行坚持不懈的奋斗，采用有效的政治组织形式，帮助女性按照自己的主张参与体育运动，而不是必须服从有权威的男性。

对许多男性而言，阻碍他们取得进步的因素和长期阻碍女性取得进步的因素是一样的：过度关注性别认同，忽略了自己的个性。男性如今正面临着各种各样的外部约束和自我设置的限制。

——斯蒂芬妮·孔茨，社会历史学家（2012）

（二）男性受益于性别平等

在讨论性别时，人们往往只关注女性，而忽略了一个事实：关于性别的思想观念与男性也息息相关，霸权式男子气概也会给他们的生活带来负面影响（Brand and Frantz，2012）。无论是在体育运动方面，还是在军队、工作岗位、街头，男性都可能会被置于危险的环境中，受到重伤，甚至丧生，他们的健康和福祉可能会以惊人的速度受到损害。

体育中的性别平等不仅仅关乎女性，它同样也为男性提供更多的选择，让他们能够基于乐趣和以参与为目的去参加体育运动，而不是一定要追求力量和成绩。人们普遍认为男性的行为受多种因素驱动，包括睾酮、支配他人的需求等，这一看法严重影响了人们的日常生活，促进了高度身体对抗性运动的发展，固化了男子气概的形成。但是高度身体对抗性运动并不符合大多数男性的兴趣和体形，如果高中和大学不将资源和注意力过多地放在橄榄球运动上，很多男孩都将从中受益。事实上，大多数成年男性从不参加冲撞性强的橄榄球运动，主要是因为他们知道这项运动不利于身体健康。若学校能为学生提供机会去学习和享受能够终身参与的体育项目，这将是一个更合理的教育选择，而如果教育界的掌权者能够稍稍摆脱主流性别文化观念，不受一个世纪前形成的过时的男子气概观念的影响，那么人们就有可能获得这样的机会。

目前，体育赋予了男性一些女性没有的特权，但不同男性享有的特权也有差异。当男性意识到某些体育运动会固化他们的态度和性取向，从而破坏他们与其他男性以及与女性之间的关系时，他们会更倾向于批判性地看待体育，并成为变革的推动者。对于部分男性而言，如果想要在下次的橄榄球赛中换一种方式来表达对彼此的欣赏，而不是采用嘲弄、恶作剧、欺辱、假意打架和喝得酩酊大醉的方式，那么他们就完全有理由支持那些批判性地评估社会主流体育运动形式的女性。在这一过程中，他们将学会如何与男性和女性一起工作、一起参加体育运动、一起生活，同时互相支持鼓励。而另一种选择是继续陷在霸权式男子气概的泥沼中，把问题归咎于女性，通过观看体形更高大、更强壮、速度更快的男性在体育赛场上互相伤害来麻痹自己。

研究表明，与前几代人相比，如今越来越多的年轻男性（包括男运动员）开始批判性地审视霸权式男子气概。贝姬·比尔（Beal，1995）、贝琳达·惠顿（Wheaton，2004）、埃里克·安德森（Anderson，2015）和哈米什·克罗克特（Crocket，2012）的研究都发现，越来越多的男运动员开始使用“另类的”“矛盾的”“包容性的”和“适度的”男子气概词汇来认同和评估他们自己和同龄男性。虽然这通常是个人或小团体现象，但这些年轻人并没有通过正统性别文化观念来看待自己或他人。相反，他们尽量避免使用暴力，自由地表达情感，表现出同情心，在赛场内外培养人际关系，从而模糊了男女之间僵化的性别界限。随着越来越多的男性采取类似的做法，包容性的男子气概以及各种形式的包容性的性别文化观念将会拥有更广阔的社会和文化空间。这使实现性别平等指日可待，由此，人们未来就会有更多机会为各年龄段、能力不同的人群创造出体验更好的全新体育项目。

（三）体育为女性赋权

通过参加体育运动，女性能够感受到自己身体中蕴藏的力量，推翻女性天生孱弱无力、依赖他人的观点，摆脱自己的身体是供人观看、被人评头论足和消费的对象这一感受。女性通过参与体育运动，常常能增强自己的身体素质并增加力量，因此不再感到脆弱，而是变得更加能干独立，更能掌控自己的人身安全和心理健康(Kane and LaVoi，2007；Ross and Shinew，2008；Weiss and Wiese-Bjornstal，2009)。

然而，女性参与体育运动时，不会自动获得力量，个人独立自主的感受也不是总能激励她们突破异性恋女性气质的标准界限，或在体育和生活其他领域做出性别平等的行为。女运动员拥有了出色的竞技能力，并不能保证她们就会批判性地看待性别文化观念和性别关系，也不能保证她们会为了体育或社会中的性别平等而努力。相反，精英级别的运动员常常会避免成为谴责性别秩序的"惹祸者"(Cole，2000b；Cooky，2006；Cooky and McDonald，2005；J. S. Maguire，2006，2008；McDonald，2015)。

（图源：©照片由饥饿项目提供；www.thp.org/）

培养身体技能往往能促进身体健康，赋予女性一种力量感。在孟加拉国达卡，7岁的润丝曼就对此深有体会。不过，如果孟加拉国的文化和社会组织结构系统地阻碍女性获得社会权力，那么润丝曼赢得这场比赛的喜悦感将仅仅是昙花一现，很难转化为成年后进行必要制度变革的力量（详见 Musto，2013）。

在美国，女性缺乏行动和行动精神的原因如下：

（1）许多女运动员认为，宣传女性民权和人权问题会让她们付出不少代价，因为其他人可能会认为她们忘恩负义，或者给她们贴上激进分子、女权主义者或女同性恋者等标签。

（2）由企业推动、通过当下的体育媒介宣传的“明星女权主义”，重点关注个人主义、个人魅力和消费，而不关注普通女性每天所面临的挣扎，她们既想要参加体育运动，又需要看护儿童，获得医疗保健、体面的工作以及安全使用体育设施的机会。

（3）女子体育中的“赋权话语”强调通过提升自我形象和增强自尊来实现个体自我赋权，它不强调制度层面的社会或文化变革，而性别平等必须在制度层面实现。

（4）即使是知名度极高、身体强壮的女运动员，也基本上无法掌控自己参与体育的权利，在体育界或整个社会中几乎没有发言权。

同样，对于在大型体育组织中担任领导职务或晋升到领导职位的女性，人们会期望她们着重发展力量成绩型体育运动。管理体育组织的男性通常并不热衷于招聘那些把女性问题和体育问题相提并论的女性。当然，并不是所有女性领导者都会不假思索地为力量成绩型体育运动摇旗呐喊，但她们的确需要付出努力、鼓足勇气，才能对体育加以批判性分析，利用个人力量去改变它们。

（四）改变参与体育运动的方式

性别平等的内涵不仅仅包括突破性别界限，为重新定义和展现男子气概和女性气质拓展新的空间，它还要求完全消除性别界限，使体育运动对性别充分包容——对性少数群体和异性恋男女都是如此。尽管情况已经开始改变，但是离实现目标还任重道远（Bartholomaeus，2012；Packard，2009）。

人们在讨论性别平等时，通常关注的是如何按照男性参与竞技体育的方式增加女性的参与机会。基于标准的政策立场，最佳的方式是为女性提供和男性完全一样的体育项目和机会。但是研究表明，这一方法对大部分女性并没有吸引力，无法让她们保持体育参与（Flintoff，2008）。

造成上述情况的原因有很多。第一，与男孩相比，女孩往往不太可能认为自己具备运动技能，因此她们也不太可能去充分利用体育参与的机会。

第二，在几乎所有级别的竞技体育运动中，存在且始终充斥着各种各样带有浓厚男性化色彩的话语，充满了军事术语和隐喻，这对男孩来说更具有吸引力。

第三，男性往往比女性更有可能成为体育项目的教练员和管理人员，这让女性不禁质疑体育中谁会更加受到重视。除此之外，在许多女孩的首次竞技运动体验中，她们的体会是“爸爸了解体育运动”和“妈妈知道如何打包午餐”。

第四，体育中的性别隔离极为明显，因此，许多女性都认为，在其他领域早已遭到质疑的正统性别文化观念，仍在体育领域得到维护。如果高中和大学不能资助包容多种性别的体育运动，就会失去挑战这些思想观念的机会。

第五，当男性和女性一起运动时，即便男性可能并不是最好的领导者，他们也通常会充当领导角色。男性可能会因此自我感觉良好，但对于女性而言运动就会变得无趣。

当然，上述每一点都有例外存在，这也是如今确实有很多女性参与体育的原因。但是性别平等并不能凭借这些“例外情况”得以实现。当女孩没能按时参加或没能持续参与男孩参与的那些类型的运动时，如果体育项目主办方说“女孩就是对体育不感兴趣”，这是令人无法接受的。我们仍需不断努力，才能从性别平等的角度对体育项目进行批判性评估，才能不因为一些女运动员忽视、被动接受甚至认同男性至上的话语以及体育运动组织方式和文化就放弃改变。当体育运动强调正统性别文化观念，并且这种文化观念已经渗透到体育运动和体育组织的理念和组织结构中时，格格不入的人将会受到排斥。

从务实的角度出发，我们需要更多新颖的体育项目、话语和形象，让更多的人有机会参与体育运动。在某种程度上，一些贵族精英学校已经开始行动了，有些虽然没有校运动队，但是所有学生都有参与体育的机会。其他实践的案例还包括特拉弗丝和德里（Travers and Den，2011）研究的同志运动会和女同性恋垒球联赛，以及社区体育项目。在这些体育项目中，社区男女共同创建了兼容并包的体育文化和富有意义的体育经历，逐渐开始消除二元性别分类系统带来的限制性边界（Atencio and Beal，2011；

Beaver，2012；Crocket，2012；MacKay and Dallaire，2012）。通过调查研究，我们可以了解这些新方法能否以及何时帮助我们在性别平等方面取得进步。

> 对女性而言，疼痛和损伤只是参与精英体育的代价；而对男性而言，它们是男子气概的勋章……尽管在美国，女子体育逐渐崛起，女子体育明星不断涌现，体育仍然带有性别色彩，其价值观、象征符号以及核心受众都具有男子气概。
>
> ——朱迪思·洛伯，纽约城市大学名誉教授（2007）

从长远来看，实现性别平等需要双管齐下：一方面要标新立异，创造新的体育形式；另一方面要增加女性和性少数群体参与的机会，帮助他们进入成熟体育项目的权力圈。如果现今身居要位的领导者能够大胆设想，并为未来提出替代性方案，而且新体育形式的创造者又拥有能让设想成为现实的权力和资源，那么变革就会更加容易实现。

当我们批判性地看待我们谈论和参与体育运动的方式时，我们每个人都为实现性别平等贡献了一分力量。毕竟，没有必要让所有的体育运动都为那些痴迷于支配和征服他人的男性发声。完全的性别平等意味着所有人在组织、比赛和赋予体育意义方面都将拥有更广泛的选择。

九、小结：性别平等有可能实现吗？

体育中的性别平等与文化观念、权力和组织结构息息相关。尽管关于男子气概和女性气质的思想观念不断变迁，但在许多社会中，主流性别文化观念仍然是围绕着以下假设建立的：女性和男性之间存在本质差异，异性恋之外的性取向都不正常，男性比女性更强壮、更理性。如今，这种正统性别文化观念受到了质疑，但它已经对当今的体育文化和体育组织方式产生了深远的影响。

如今，体育是强调和抵制这种性别文化观念的场所。然而，由于大多数体育运动是基于两性模型组织的，所以抵制的影响力十分有限。即便女性在体育参与中取得卓越的成绩，主流观念仍然是男女有别和男性的身体素质“天生”优于女性。体育的传统组织方式一直是由男性主导、强调男性认同，因此性别不平等现象仍然存在，极难改变。与此同时，相比男性，女性更难融入这种环境，且更易感到不安。

正统性别文化观念也导致了性少数群体在体育中的边缘化。今天的体育文化和体育组织方式主要是为了歌颂男子气概，而不符合这一特质的人就显得格格不入。这意味着，人们必须在体育中努力突破性别界限，为自己扩大性别规范的范围，让自己的运动员身份得到认可。

尽管正统性别文化观念占据主流，但 20 世纪 70 年代末以来，参与体育运动的女性人数显著增加。出现这一变化的原因有很多，女性参与体育运动的机会更多了，此外，平权立法、妇女运动、全球健康与健身运动的发展以及对女运动员宣传的增加，促使更多女性参与体育运动。但完全的性别平等还远未实现，在未来，女性的体育运动参与率也不会自动上升。

当我们展望未来可能会出现的变化时，仍需保持谨慎的态度，因为还会有其他的可能，如预算削减、体育参与机会私有化，人们对政府政策和立法予以反对，强烈抵制有利于女性的改变，女教练员和女性管理人员的相对缺乏，强调女性参与“美容式健身”的文化环境，人们对女子体育的轻视，以及恐同症的存在，等等。

如今，参加体育运动和在体育组织中工作的女性人数达到了历史之最，但在参与机会、对女运动员的支持、女教练员和女性管理人员的工作机会，以及非正式比赛和另类运动方面，仍然存在性别不平等现象。即使参加体育运动能让女性感受到个人的自主力量，但我们如果不对体育和社会中的性别文化观念进行批判性分析，完全的性别平等就不可能实现。批判性分析非常重要，因为它指导我们如何努力实现性别平等，并指明男性也有充分的理由和女性一起努力实现平等。

从历史上看，性别文化观念和体育运动都是基于异性恋男性的价值观和经历构建的。要想实现真正的、持久的性别平等，就要改变男子气概和女性气质的主流定义以及人们参与体育运动的方式。其中一些行之有效的策略包括创造新颖的体育项目和体育组织、改变现有的体育项目、采取新的方式描述体育等。除非性别文化观念和体育组织的内在逻辑发生重大改变，否则完全的性别平等不可能实现。

补充阅读

阅读材料 1 性别术语的定义和解释
阅读材料 2 持续的斗争：美国女子职业篮球联赛
阅读材料 3 男性维护性别界限的理由：捍卫权力
阅读材料 4 利用迷思将女性排除在体育之外
阅读材料 5 南非报纸对莫克加迪·卡斯特尔·塞门亚的有关报道
阅读材料 6《女人越强壮，男人就越爱看橄榄球》
阅读材料 7《教育法修正案》第九条的历史、影响和现状
阅读材料 8 增肌：突破女性气质的界限？
阅读材料 9 迷失在两种性别之间：格格不入的女孩

体育管理问题

- 假设你需要在国际体育联合会的理事面前发表讲话。他们希望你指出尚未实现性别平等的主要领域，以及如何能够更快地实现性别平等。请列出你讲话的要点。
- 假设你刚刚被任命为一个特别委员会的主席，负责研究所在大学体育项目中的性别平等问题。你需要制订一份研究计划，提交给委员会的其他成员。概述你将收集哪些类型的数据来评估性别平等是否实现。你认为你所在大学的评估结果如何？
- 假设你是一名助理体育主管，你需要提出一些改进建议，促使在体育文化中充分实现性别包容。现有的体育文化是多年来由异性恋男性建立的，因为他们身居要职，部门的所有重大事项均由他们决策。请讨论你的建议将涉及的主要问题，以及实现充分的性别包容的主要方法。

第八章　社会阶层：金钱和权力在体育中重要吗？

（图源：©伊丽莎白·派克）

美国最贫穷的年龄组仍旧是儿童……黑人儿童和西班牙裔儿童的贫困率分别达到 37%和 32%，而非西班牙裔白人儿童的贫困率则为 12%。

——儿童保护基金（in Hassler，2015）

……26%的父母希望自己的孩子在参加高中体育运动之后，能够继续参加体育运动。父母的观点因其社会经济地位不同而有所差异……在学历为高中及以下的父母中，有 44%希望孩子成为职业运动员，相比之下，在有大学学历的父母中只有 9%持同样的观点。

——全国公共广播电台（NPR）（2015）

在美国，经济条件更加富裕的孩子参加课外体育活动的可能性约为其他孩子的两倍，成为运动队队长的可能性更是其他孩子的两倍多……穷孩子则会变得更加悲观和孤立。

——大卫·布鲁克斯，《纽约时报》专栏作家（2012）

我们正在走向一个前所未有的美国，富裕或贫穷是与生俱来的……（今天）所有小孩要做出的最重要的决定是，选择父母。

——罗伯特·帕特南，哈佛大学公共政策教授（in Rinaldi，2015）

本章纲要

社会阶层和阶层间关系
体育与经济不平等
社会阶层与体育参与模式
全球不平等与体育
体育运动中的经济和职业机会
退役运动员的体育参与和职业发展
小结：金钱和权力在体育中重要吗？

学习目标

- 定义社会阶层、阶层文化观念和阶层间关系，并阐释它们在当今体育中的表现形式。
- 识别当今体育界的掌权者，以及其权力所服务的利益。
- 批判性地评价以下论点：职业体育的特许经营权可以让所有人受益，并且在城市中创造职业机会。
- 解释阶层、性别和种族关系如何融合在一起，如何共同影响社会体育参与模式。
- 解释未来体育的种族和社会阶层多样性很可能会减少的原因。
- 描述社会阶层通过何种方式为今天的体育观众带来影响。

- 概述当下体育中存在的经济和职业发展机会，特别是对女性和少数族裔人群来说。
- 确认体育参与最有可能和最不可能促进阶层向上流动和事业成功的条件。
- 了解目前大学奖学金的现实情况，评估体育奖学金对事业成功的重要性。

人们一般会将体育看作一个极佳的均衡器，认为它超越金钱、权力和经济不平等。人们认为，体育运动是开放性的活动，成功只能通过个人能力和努力工作来实现。然而，所有有组织的体育运动都依赖物质资源，而这些资源不是凭空产生的。因此，参与、观看体育运动和能否获得优异成绩，都取决于个人、家庭、政府或私人组织提供的资源。

今天的美国人参与体育活动和培养运动技能比以往任何时候都更费钱。比赛门票价格昂贵，体育场内的观众往往依照社会阶层分区就座：社会人脉广的富人坐在豪华包厢和俱乐部专属的座位，而经济状况一般的粉丝则会坐在其他区域，具体位置取决于他们是否有能力购买一等票或季票。

如今，人们要花钱才能在电视上观看体育比赛，卫星和有线电视的月订购费不断上涨，体育节目套餐和按次付费观看的价格也十分昂贵。这就意味着，体育活动、体育参与和社会经济资源的分配密切相关。

许多人认为，体育运动是各个社会阶层的人们获得经济成功的新途径。当人们谈及运动员时，“麻雀变凤凰”的故事屡见不鲜。然而，这些观念和故事分散了人们的注意力，令他们无暇关注体育反映和延续现有经济不平等的方式。

本章主要探讨金钱和权力问题，以及与社会阶层和社会经济流动相关的、更广泛意义上的社会学议题。我们侧重于讨论以下问题：

（1）社会阶层和阶层间关系指什么？

（2）社会阶层和阶层间关系对体育和体育参与造成怎样的影响？

（3）在提供经济机会和职业机会方面，体育是开放且民主的吗？

（4）参与体育运动是否有助于退役运动员获得事业成功、实现阶层流动？

一、社会阶层和阶层间关系

在研究社会世界时，理解社会阶层、生活机会、社会分层和阶层间关系的相关概念十分重要。经济资源与社会权力相关，经济不平等对人们生活的方方面面造成影响。

社会阶层是指根据收入、财富（储蓄金和资产）、教育、职业和社会关系，在社会中同属某一经济地位的一类人。属于某一社会阶层的人，**生活机会**也比较相似，即他们获得经济成功和社会权力的可能性相当。社会阶层在当代社会中普遍存在，因为生活机会并不是平均分配给所有人的。

社会分层是指作为日常社会生活组织方式的一部分的、经济不平等的结构化形式。与上层社会阶层的人相比，社会阶层较低的人获取经济成功和权力的机会较少。出生在富裕、有权势和社会关系优越的家庭的孩子，成年后更有可能成为富裕、有权势、人脉广的人；而出生在贫困家庭的孩子，由于他们的家庭缺乏影响力和社交关系网络，因此无法获得良好的教育和就业机会。

我们中的大多数人都意识到社会中存在经济不平等现象，而且它在我们身边随处可见。我们知道它真实存在，切实影响着人们的生活，却很少公开讨论社会阶层对我们对自己和他人的看法、我们的社会关系及我们日常生活的影响。换句话说，我们并不去讨论**阶层间关系**——社会阶层融入我们日常生活组织形式的方式。我们经常听闻社会中公平机会的重要性，但很少有人讨论上层社会阶层的人们如何利用收入、财富和权力来维持他们在社会中的优势地位，并将优势代代相传。相反，我们听说的只有某些人“麻雀变凤凰”的故事，即某个人摆脱贫困或社会底层背景而变得富有，还有“隔壁的百万富翁”的故事，以及年收入超过一千万的“普通人”CEO 的故事。

媒体和大众话语会忽视贫困的压迫性影响，不去关注缺乏经济资源、无法获得良好的教育和社会关系的人在机会方面的限制性。商业媒体的高管表示，这样的故事放在新闻里只会令人沮丧，人们不愿意听，收视率自然会降低。然而，以社会经济不平等形式体现的社会阶层差异是真实存在的，它们对生活机会产生了切实的影响，几乎涉及人们生活的方方面面，而且所有这些都已有有效可靠的数据记录（Duncan and Murnane，2011；Ferguson，2013；Kochhar et al.，2011；Lardner and Smith，2005；Reardon and Bischoff，2011；Stiglitz，2012；Wilkinson and Pickett，2010）。

美国人民常常对社会阶层和阶层间关系的批判性讨论避之不及，因为如果让他们承认社会中的机会平等很大程度上只是一个虚幻的神话，这会让他们感到非常不安（Stiglitz，2012），在体育运动和体育参与方面尤为如此，然而，大多数人认为金钱和阶级优势在体育界无关紧要。

本章关于社会阶层和阶层间关系的讨论基于以下批判性研究方法：通过体育运动的组织和参与方式来确定哪些人从中受益，哪些人处于弱势地位。研究重点包括经济不平等，再现不平等的过程，富有且位高权重的人如何从中受益，以及不平等对体育和相关人员的生活带来的影响。

二、体育与经济不平等

金钱和经济权力对社会中的体育的宗旨和组织方式有着重大影响。许多人认为体育运动和体育参与对所有人开放，金钱、地位和影响力方面的不平等对我们参与和观看有组织的体育活动没有影响。然而，没有经济资源，正式组织的体育运动就无法得到安排、开展或维持。掌控金钱和经济权力的人可以借此组织和赞助体育运动，还会优先选择反映和维护自身价值观和利益的体育形式。于是，在不平等影响决策和资源分配的背景下，体育运动得以组织。在此过程中，体育再现的正是很多人认为的体育中并不存在的不平等现象。

精英和权势阶层对主流社会中“什么才算体育运动”及体育运动的组织和参与形式有着举足轻重的影响。即使草根运动和一般的身体活动也成为正式组织的体育运动，若无法代表实力雄厚的赞助商的利益和观念，也很难流行起来。例如，在美国，娱乐与体育节目电视网不仅组织了世界极限运动会，还通过电视播放整个节目，目的在于满足企业赞助商的需求，便于赞助商通过广告向年轻男性宣传产品。

即使是非正式的比赛也需要具备设施、器材和安全的运动空间，而所有这些资源在中高收入社区中都更为丰富。低收入社区通常缺乏发起和维持非正式活动所需的资源；社区内的房屋前没有大草坪，周围道路人车共用，没有可以供孩子安全玩耍的小巷，也没有精心维护的街区公园。因此，我们在研究社会中的体育，并试图解释所观察到的体育参与模式时，必须考虑社会阶层和阶层间关系。

（一）阶层间关系的动态

要理解阶层间关系的动态，可以思考年龄间关系在体育中的运作模式。虽然青少年完全有能力独立组织活动并参与其中，成年人仍会进行干预，设立有组织的青少年体育项目，去强调成年人认为对自己的孩子最为有益的内容。成年人拥有安排、发展和维护有组织的体育运动所需的资源，这些运动反映了他们认为孩子们在比赛中应该去做和应该学习的内容。儿童通常会喜欢参与这些由成年人管控的运动，但是他们的体育参与局限在成年人设定的框架中，而成年人会将对孩子生活的管控正当化并且重现这种管控。

在青少年体育运动中，当参与者未满足成年人的期望或违反成年人制定的规则时，年龄间关系就表现得尤为明显。成年人利用自身的权力来定义偏离行为，在偏离行为发生时予以指出，并要求孩子遵守规则。总之，成年人利用自己优越的资源来说服青少年——“大人的方式”才是参与体育的“正确方式”。当青少年遵守成年人的规则并满足后者的期望时，他们就会得到奖励，并被告知有“品格”。这就是为什么许多成年人都偏爱专制且控制欲强的大学教练员和职业教练员，因为这些教练员认为成年人控制青少年是正常且必要的，青少年必须学会接受这种控制。如此一来，体育再现了年龄关系的等级制度，成年人的权力和特权被定义为社会世界的正常和必要组成部分。

在美国，阶层间关系的运作方式与之类似。拥有资源的人在赞助体育运动时，会选择那些与自身观念一致的运动，如他们所认为的“良好品格”、个人责任、竞争、卓越、成就和恰当的社会组织形式。事实上，一旦在社会中获得权力，人们就会以有利于自身利益的方式来定义“品格”。例如，当有权有钱的富人在像佐治亚州的奥古斯塔国家（高尔夫）俱乐部这样的高端俱乐部开展体育运动时，他们会采用阶层文化观念来证明自己的地位，并且将加入这样的高端俱乐部视为自己作为社会赢家应得的特权。同样的情形也反映在大型公司 CEO 的薪酬中，在 1965 年，他们获得的薪酬比同年的普通工人高出 18 倍，在 1978 年是 27 倍，1995 年是 135 倍，而 2013 年则高出 300 倍（Mishel and Sabadish，2013）。高级管理人员为自己支付的薪水越来越高，而普通工人的工资仍然停留在 1980 年的水平，这体现了权力和地位通常影响阶层间关系的方式。

在上述的时间段内，企业对体育的赞助呈指数级增长，这也与阶层间关系有关，因为CEO们会去赞助一些特定的体育运动，它们的呈现方式能够强化社会中现有的阶级结构及背后的文化观念。这也部分解释了全球受欢迎的观赏性体育为何会强调竞争、个人主义、高度专业化技能、科技的应用及对对手的压倒性优势。当这些文化观念被大众广泛接受时，普通人就更有可能会相信，有钱有势的人拥有的地位和特权是合理且应得的。

此外，在美国，强调合作、分享、开放式参与、培养和相互支持的体育运动很少得到赞助，因为掌权者不想宣传强调社会平等和扁平化社会组织形式的价值观。

19世纪70年代后期，随着货币、商业贸易和融资逐渐全球化，许多社会的阶级关系发生了改变，加大了贫富人群的收入、财富及消费差距。这些经济变化为那些与资本的全球流动相关的人带来了更大的权力和更多的财富（Saez and Piketty，2006；Stiglitz，2012）。最终，穷人和富人的差距在收入、财富和政治影响力方面进一步扩大。

（图源：©杰伊·科克利）

人们相信可以通过竞争来获得财富和权力，这意味着财富和权力是一个人的能力、资质和整体道德价值的证明。高端体育俱乐部肯定了这一理念；俱乐部是建立人际关系的场所，以便成员维系互利的特权地位。

（二）美国的阶层文化观念

社会学家将**阶层文化观念**定义为人们用来理解经济不平等、判断自己的阶层地位、评估经济不平等对社会世界组织形式的影响的相互关联的思想观念。长期以来，美国的主流阶层文化观念都围绕着两个主题而建立："美国梦"和美国是精英管理的社会。

"美国梦"是一种充满希望的愿景，即个人取得经济成功并从消费的角度过上幸福生活的无限机会。它主要关注个人愿景，忽略物质生活条件中的社会阶层差异及对不同类别人群的生活机遇差异。"你可以成为任何你想成为的人"，美国这一独特的理念从不承认一个人的阶层地位会影响其生活机会，不承认生活机遇将影响所有社会阶层的社会和经济流动模式。因此，美国人经常梦想着未来希望成为的样子，而不去批判性地审视他们当前的经济条件和阶层关系会如何影响自己的生活。"你可以成为任何你想成为的人"这一理念也将贫困与个人失败、懒惰和性格弱点联系在一起，让穷人和低收入人群名誉受损。

"美国梦"通常与美国是一个**精英管理的社会**这一理念相关联。精英管理的社会是指人们根据自身能力、资质和公认的成就获得应有的奖励的社会世界。当人们相信美国是这样的社会时，他们就能够解释经济不平等的存在，并将其合理化。这一概念还支持如下假设：人们可以通过努力获得成功，而失败是选择失误和缺乏抱负的结果。

要维系美国是精英管理的社会这一理念，就需要相信通过竞争获得的成功可以客观地证明个人能力、资质和品格；美国人认为人类天生具有竞争性；竞争是在社会中分配奖励的唯一公平方式。因此，有钱有势的人喜欢用体育来隐喻生活——像他们这样的人生赢家在个体竞争和获得成就的自然过程中胜过他人，就应该得到回报。

图 8.1 表明，美国的阶层文化观念包括"美国梦"、精英管理的社会和竞争的相互关联的思想观念。它显示出不平等是人们得到应得的东西的结果；它强调机会是存在的，人们只有培养能力并努力工作才能取得成功。此外，它还提示，在一个有功应赏的社会中，不平等是竞争的自然结果，这一点十分合理。

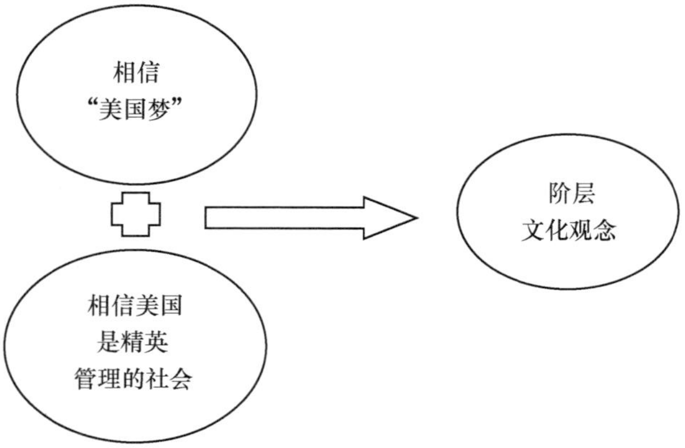

图 8.1　代表和支持美国阶层文化观念的两大理念

上述阶层文化观念所带来的结果之一，就是竞争成功与道德价值被联系到了一起。“得到应得的，应得得到的”这一理念于富人有利，因为它意味着他们所得到的东西都是他们应得的，而不平等是竞争的公平且自然的结果。另一个有关的观念是：只要竞争是自由且不受管制的，那么只有最出色的人才能取得成功，只有懒惰和无法胜任的人才会失败。

当这种文化观念与许多美国人的真实经历发生冲突时，其推广就会变得困难重重。这些人努力工作，却没有取得“美国梦”式的成功，或者因不可控的因素而眼看着成功溜走。因此，如果可以让普罗大众认可竞争是分配奖励的公平且自然的方式，同意竞争过程中的赢家理应得到他们所获得的回报，并且能让这种理念根深蒂固，那么上层阶级的人就最有可能保留自己的权势地位。体育正是以这种方式反映了社会阶层关系。体育“证明”了是个人能力决定了不平等，证明赢家由竞争决出，失败者要想成为赢家，就应该更加努力或改变自己，哪怕只是再试一次。最重要的是，体育为社会提供了一个隐喻，将社会阶层描绘为个人的特征，而不是影响生活机会和社会资源分配的经济结构（Falcous and McLeod，2012）。

艾伦·汤姆林森是一位社会学家，数十年来一直研究权力和社会阶层。他注意到，当今体育的赞助和参与形式“最终将有助于重现社会和经济差异，为掌控社会资源的人维护权力和影响力”。因此，他指出，今天的体育“无法被完全理解，除非人们能够充分认识到其关键影响和核心机制”（2007：4695）。

（三）阶级间关系与体育界的权力人物

从社区青年体育项目到国际奥委会，影响体育意义、目的和组织方式的决策在各个层级均有发生。虽然体育社会学研究者会辨别谁在不同场合行使权力，但他们通常不会将体育界的这些权力人物一一排序。不过，《体育新闻》及《体育画报》记者（Rushin，2013）就发布了这样一份排序榜单。

表 8.1 列出的是 2013 年《体育画报》评选出的前 20 名最有权势的人物榜单，其中没有教练员或运动员，因为他们只是被雇用的人员，要听从体育行业经营者的决定。因此，进行评选和排名的记者主要关注的是能够对体育组织方式和体育文化产生深远影响的决策者。与此同时，他们还意识到“所有权力都是与背景相关的”，权力取决于人们在整个体育界的地位。

表 8.1　2013 年《体育画报》“最有权力 50 人”榜单中的前 20 名

排名	姓名	职位
1	罗杰・古德尔	美国职业橄榄球大联盟（NFL）总裁
2	大卫・斯特恩	美国职业篮球联盟（NBA）总裁
3	菲利普・安舒茨	安舒茨电影集团（AEG）老板
4	约翰・斯基珀	娱乐与体育节目电视网（ESPN）总裁
5	巴德・塞利格	美国职业棒球大联盟（MLB）理事长
6	斯坦・克伦克	克伦克体育娱乐公司老板
7	马克・拉扎勒斯	美国全国广播公司（NBC）体育董事长
8	雅克・罗格	国际奥委会（IOC）主席
9	菲尔・奈特	耐克公司主席
10	对冲基金顾问	投资顾问
11	马克・沃尔特	古根海姆公司首席执行官兼道奇队老板
12	罗伯特・克拉夫特	爱国者队老板
13	肖恩・麦克马纳斯	哥伦比亚广播公司（CBS）体育频道总裁
14	迈克尔・多兰	美国国际管理集团（IMG）首席执行官
15	埃里克・尚克斯	福克斯体育联合总裁

续表

排名	姓名	职位
16	塞普·布拉特	国际足联（FIFA）主席
17	迈克·斯里	美国证券交易委员会（SEC）委员
18	亚当·西尔弗	美国职业篮球联盟（NBA）副总裁
19	杰里·琼斯	达拉斯牛仔队老板
20	拉里·埃利森	甲骨文公司（Oracle）首席执行官

资料来源：Rushin，2013；http://gamedayr.com/sports/sports-illustrated-50-most-powerful-people-in-sports/

排名前 20 的包括大型体育组织的官员、媒体公司的老板、企业赞助商、球队老板、国际管理集团（世界上最大的体育营销公司）的首席执行官，以及对冲基金顾问，正是这名顾问帮助榜单上的很多人成功积累了数十亿美元，用于购买运动队或对体育事务施加影响。这份榜单明目张胆地以美国为中心（虽然有 4 名有权势的欧洲人上榜），且名单上的所有人均为白人男性。

很显然，白人男性在今天的精英体育中几乎占据了 100% 的重要权力职位，他们与美国其他的经济精英有很多共同之处。作为一个整体，他们受益于一种将美国社会现有地位和权力等级正当化的阶层文化观念，支持当前的经济不平等程度对国家有利的观点，哪怕这种不平等已经达到了百年来的巅峰。这就是他们由衷地全心投入精英男子体育这一体育形式的原因，在精英男子体育中，无论是媒体报道、体育场馆设计，还是球队徽标及下一场比赛的广告，一切都强调竞争、征服、个人主义、权威和消费。

虽然这些体育界权势人群所支配的权力并未忽视美国和全世界普通民众的利益，但它显然侧重于对权力阶层所代表的组织进行扩张，提高其盈利能力。因此，人们赞助和呈现体育运动，一方面用以强化经济精英所看重的意义和方向，当然另一方面也为普通人提供激动人心的时刻和愉快的体验。

体育与社会阶层之间的关系，解释了众多体育社会学研究者为何会将结构理论和文化理论相结合，来辅助理解社会中的体育。举例来说，意大利政治理论家安东尼奥·葛兰西提出了一项理论，指出当代社会中“统治阶级”的成员会尽力巩固自身权力，以便以创造性的形式说服大多数人，让他们相信当下的社会组织形式在当前的社会和经济条件下已经非常公平有效了。其劝服策略之一是成为大众娱乐休闲活动的主要提供者，这样一来，人们会将统治阶级视作自身乐趣和愉悦感的赞助人。如果统治阶级可以通过举办娱乐活动来推广特定的思想观念，告诉人们什么才是生活中重要的事情，这一策略便尤为有效。此时，体育和其他形式的刺激性娱乐项目就成为在被统治者心中建立“意识形态前哨”的工具。随后，统治阶级便可以利用这些前哨向大众灌输其他信息，这些信息来自赞助商和媒体评论员，能够强化使当前社会中阶级不平等的形式合理化的阶层文化观念。借助这一批判性的理论方法，我们可以探索阶层间关系的机制，了解体育和其他生活领域中的霸权形成过程。

三、社会阶层与体育参与模式

在所有社会中，社会阶层和阶层间关系会对参赛者、观众、体育信息消费者及主流媒体提供的体育信息产生影响。体育参与和消费的模式与金钱、权力和特权密切相关。有组织的体育运动在许多国家经济中基本上都是奢侈品，它在人民拥有可自由支配的金钱和时间的富裕国家中最为普遍存在。

积极参与体育运动、到场观看体育赛事，以及消费体育媒体信息，与一个人的收入、受教育程度和职业地位呈正相关。精英级别的体育训练需要海量资源投入，部分人会有幸获得赞助商的经济支持，但其他人就必须自付费用。例如，曾创下纪录的游泳运动员达拉·托里斯为参加 2008 年奥运会进行训练期间，每年大约要为后勤人员支付 10 万美元，这些人员包括一名泳池教练，一名力量与体能教练兼营养师，两名全职康复师，一名理疗师，一名按摩师，以及一名照顾女儿的保姆（Crouse，2007）。托里斯当时 41 岁，但她的做法具有普遍性，代表了任何年龄的精英运动员。

大多数精英体育运动都需要昂贵的装备和价格不菲的训练。例如，不论什么形式的赛车运动，每年的费用都可达 20 万美元，再加上每周还需 5000 美元的私人教练费（Cacciola，2012）。显然，在美国，金钱决定着人们是否能走上职业体育道路并取得成功。

即使是在北美经常被描述为平民活动的健康与健身运动所涉及的参与者也主要是收入和受教育程度高于平均水平的人，以及从事专门职业或处于管理职位的人。大多数情况下，相比高收入人群，低收入人群不会经常跑步、骑车或游泳，也不会在午休时、下班后、周末或假期中参加很多有组织的体育运动。社会阶层与各类人群的体育参与息息相关——这一现象不论种族民族，不论身体是否健全，对男女老幼全部适用（Federico et al.，2013；Kahma，2012；Kamphuis et al.，2008；Stokvis，2012；White and McTeer，2012）。

随着时间的推移，社会中的经济不平等导致参与体育项目的类型与社会阶层挂钩（Bourdieu，1986a，1986b；Falcous and McLeod，2012；Kahma，2012；Mehus，2005；Stempel，2005，2006；Stokvis，2012；Wheeler，2012）。不同生活方式下的体育参与形式通常反映了赞助的模式和参与机会的可获得性。例如，富人的生活方式通常包括参与高尔夫、网球、滑雪、游泳、帆船及高端俱乐部和度假村的其他自费体育运动。这些运动一般涉及昂贵的设施、器材和/或服装，参与者的工作和/或生活通常允许他们有参与的自主权和时间；有些人还利用工作机会参与体育运动，例如与商业合作伙伴共享体育设施。在美国，一些人巧妙地利用了后一种做法，公司为其高管支付俱乐部入会费，然后在公司纳税申报表中将大部分俱乐部费用归为“营运费用扣减项目”，这样就降低了公司的税务支出，同时还降低了政府本应用于资助公共体育项目的税收，这让负担不起高尔夫、网球或精英健身俱乐部会员资格的人群受到损失。但高管和其亲朋好友却能享受免费福利，实际价值高达数十亿美元，但他们会美其名曰这是一项“投资”，不是一项“福利”。

为了负担训练和比赛的费用，他这些年花了几十万美元。但是为了确保他能够追寻自己的梦想，我会尽一切努力支持他。

——大卫·阿里，2008 年奥运会美国队 19 岁拳击手的父亲

（in-Ellin，2008）

此外，中等收入和工人阶级出身的人一般会参与传统上一直向大众免费开放的体育项目，这些项目由政府出资支持或由公立学校提供。如果要使用昂贵的设施和器材，参与者就需要在经济方面做出各种形式的牺牲。例如，要想给孩子买一辆越野摩托车参加训练和比赛，孩子的父亲就必须

要加班工作，取消家庭度假，还要让全家人在空闲中预留出看比赛的时间。

低收入和生活在贫困线以下的人群的生活很少涉及常规形式的体育参与，除非某家鞋业公司慧眼识珠，发现“一匹年轻的黑马”，才会赞助这位年轻人参与运动。当人们勒紧腰带紧巴巴地生活时，他们就几乎不可能定期参加体育运动。花钱参与或观看体育运动对大多数低收入人群而言，是无法负担的奢侈品。

（一）持家、育儿与谋生：女性生活中的阶层与性别关系

社会阶层对体育参与的影响通常因年龄、性别、种族和民族以及地域而异。例如，同样是已婚且有孩子，女性就不太可能像男性一样拥有运动所需的时间和资源（Taniguchi and Shupe，2012）。足球队经常安排在傍晚训练，在晚上或周末打比赛，而女性要负责在家做饭、开车接送孩子、做家务、检查作业，根本不可能加入足球队。

（图源：©巴锡亚·波杰卡）

来自低收入家庭的年轻人一般会在公园和学校进行体育运动。他们参与的活动大多充满创造性（照片中的松弛索就是一个例子），但缺乏有组织的体育运动所具备的支持资源和一致性。而中上层阶级家庭出身的年轻人则拥有使用私人体育设施和空间的资源。这一差距导致各个社会阶层的不同体育经历和不同体育参与模式。

有孩子的已婚男性则不太会感受到类似的限制（Taniguchi and Shupe，2012）。他们下班后去打垒球或踢足球时，妻子可能会推迟一家人的晚餐时间，等着丈夫回家，让他们吃上热饭热菜。如果丈夫在星期六早上安排了高尔夫比赛，妻子就会为孩子们做好早餐，然后开车送一个或几个孩子去参加青少年体育活动。

在体育参与方面，中低收入家庭的女性受料理家务和抚养子女责任的限制最大。她们本来就承担不起保姆育儿费、家政服务费和体育参与费，所以几乎没有机会参加体育运动。与此同时，她们没有空闲时间，往返体育场所的交通不便，社区内的健身房和运动设施有限，她们还担心自己的人身安全，不能完全放心地去往体育场所。

如果参加的体育运动需要多人参与组队，那些缺乏资源的女性就会影响到他人的参与，因为她们将很难组建起一支达到人数要求的队伍。男性也面临同样的情况，但中低收入家庭的女性可能会更为缺乏人际关系网络，因此无法形成和长时间维持对体育运动的兴趣和参与。

相比之下，高收入家庭的女性想要参与体育运动时，面临的限制要少很多。她们付得起育儿保姆和家政人员的费用，晚餐可以叫外卖，也能支付运动所需费用。她们可以自己参加运动，也可以和亲朋好友一起，而且社交圈里还有其他女性有足够的资源一起参与。家庭条件优渥的女性，从小就开始运动，上的学校也有充足的资金提供各种体育项目。尽管她们所拥有的机会可能比不上同样高收入的男性，却很少面临中低收入家庭的女性那样的限制。

女孩和年轻女性参与体育运动的形式也会受其家庭责任的限制。例如，在低收入家庭中，特别是在单亲家庭和移民家庭中，在父母傍晚下班回家前，十几岁的女孩常常要在放学后照顾年幼的弟弟或妹妹。有时学校或运动队可以为必须照顾弟弟或妹妹的学生提供儿童照料服务，让她们有时间参加体育运动或其他课外活动。这种协作策略对于崇尚个人主义的美国人来说非常陌生，他们可能会对其予以抵制。但是，如果没有帮助她们照料幼儿的协助服务，这些学生通常会放弃参与体育运动。

来自高收入家庭的孩子要承担的家庭责任很少，也不会因此被迫放弃体育。相反，他们的父母会开车带他们去训练、上课或比赛，确保孩子们营养充足、装备齐全，等孩子们年龄足够大，可以自己开车去训练或比赛时，就给他们买车。

将健康和肥胖问题纳入考虑时，社会阶层动态机制的影响就变得尤为严峻了。没有机会进行安全的锻炼和体育参与，是造成肥胖症、糖尿病和心脏疾病高发的原因之一，这在低收入家庭的女孩和成年女性身上表现得尤为明显（Edwards et al.，2013）。能够获取多少体育设施、能否获得安全的运动空间、交通工具及体育项目，都会因社会阶层不同而有所差异，而涉及体育活动参与时，低收入家庭的女孩及成年女性体会到的社会阶层影响更为明显（Kelley and Carchia，2013；NPR et al.，2015）。

在体育界，没有什么比公平的竞争环境更为神圣了。可惜的是，在美国这种公平并不存在……如今，人们需要付出比以往多得多的资源来参与高水平的赛事。

——彼得·基廷，娱乐与体育节目电视网资深作家（2011）

（二）获得尊重与长大成人：男性生活中的阶层与性别关系

许多男孩和年轻男性通过体育来建立男性身份，但这一建立过程会因社会阶层的不同而有所不同。例如，在针对蒙特利尔 15～16 岁法裔加拿大男孩所写的体育相关文章的定性分析中，苏珊娜·拉伯奇和马蒂厄·艾伯特（1999）发现，上层阶级男孩将体育参与和男子气概联系在一起，因为他们认为，参加体育运动可以培养他们的领导力，而成为领导者是男子气概定义的核心。中产阶级男孩认为，体育运动为他们提供了与同龄人交往和获得被男性团体接纳的机会，这是他们为了确立成人身份所需要做的事情。而工薪阶层家庭的男孩则表示，参加体育运动可以让他们彰显自身的坚韧不拔，培养符合他们心目中男子气概的顽强品格。从这个意义上说，社会阶层影响了体育和体育经历被纳入这些年轻人生活的方式。

生活在美国文化中的男孩，当他们认为其他的职业选择有限，而且他们的家庭经济状况不佳时，在儿童时期会更有可能决心进入职业体育生涯（Gregory，2013b；May，2009）。这意味着人们在参与体育时进行的个人投注各不相同，来自低收入家庭的男孩往往比高收入家庭的男孩投注更大。同样，来自贫困家庭和工薪阶层家庭的男运动员经常利用体育参与来获得

“尊重”，因为他们往往没有其他渠道受人尊重。

来自低收入家庭的年轻男性在参与体育运动时需要承担的风险更大，所以相比富有的同龄人，他们也面临更大的个人压力，而且他们往往缺乏接受训练、培养技能和吸引赞助商所需的物质资源。除非公立学校的体育项目和教练员能够提供相关资源，否则这些年轻人——无论男女——相比来自高收入家庭的同龄人，会缺乏晋升到更高级别竞赛水平的机会。如今，社会阶层差距现象在几个项目中存在例外情况，即橄榄球、篮球和田径运动，这些项目一般由公立学校出资，配备专业教练员，且知名度较高，可以帮助部分运动员获得未来教练员和赞助商的关注。

来自高收入家庭的年轻人往往拥有众多机会，所以他们很少将体育视为高风险的、与职业生涯相关的活动。如果一位年轻人有车，有高档衣服，付得起大学学费，拥有良好的未来职业发展人脉，那么体育运动对他而言就是有趣的消遣，而非经济生存、获得尊重或建立身份的必需品。因此，拥有中高收入家庭背景的年轻男性，往往会逐渐远离成为职业运动员的童年梦想，为自己的未来发展新的愿景。体育运动对于他们而言，并不像对工薪阶层和低收入家庭的同龄人那样生死攸关（NPR et al.，2015）。

体育反思

公共资金和个人利益：体育何时会延续社会不平等？

阶层间关系有时会呈现一些具有讽刺意味的怪相，例如，政府用公共资金建造体育场馆和竞技场，之后却供拥有职业运动队的富有人士使用，让其从中攫取丰厚利润。1990—2008 年，美国动用了超过 220 亿美元的公共资金来建造体育设施，有权势的个人和企业从中获利，设施周围的房地产开发项目也因此大卖。

此外，富有的投资者常会购买市政府出售的免税市政债券，从而获得现金来建造体育设施。这意味着，虽然政府从普通民众身上征收城市和/或州税用以偿还债券，但富有的投资者可获得免税回报，而运动队老板则利用纳税人出资建造的设施将大量利润收入自己的口袋。政府使用销售税来偿还债券时，中低收入家庭的人们为建造体育场馆而投入的税款占其年收入的比例其实要高于高收入家庭，这样做相当于政府批准了穷人补贴富人。

更讽刺的是，普通民众上缴税款建造体育场馆和竞技场，他们自己却通常买不起这些场馆的体育赛事门票。票价之所以高昂，其中一个原因是许多人通过企业账户购买大量赛事门票，导致门票供不应求，运动队老板就顺势提高票价。较高的票价不会对企业高管造成影响，因为他们会将门票的部分成本计入营运费用扣减项，从而减少上缴税款，相当于间接降低了 18%～35%的门票成本。结果，税收收入下降，政府能够用来为普通纳税人提供体育项目的资金减少，而大多数普通纳税人都买不起昂贵的门票。这意味着，即使体育场内的观众都为同一支球队喝彩，其中却少有不同社会阶层的人混杂就座的情形。事实上，人们刷企业信用卡购买大片区域的赛季门票时，唯一的社会阶层混合的情形就是“富人”和“更富的人”的混坐，在其他场所也是如此。与此同时，球队老板还会假称提高票价是因为球员工资过高。

（图源：©弗雷德里克·A. 艾尔）

“我记得他们用我们的税款建造这个体育馆的时候可是说‘体育让所有人团结在一起’！”针对一掷千金购买高价门票的人士，如今已有许多体育馆发布了相关政策，打造出类似“安装安全防护门的社区”那样的豪华包间。建造体育场馆利用的是公共资金，但是场馆中却存在禁止公众进入的区域。在这一阶层间关系的现实案例中，谁能受益？

阶层间关系的动态并不止于此。在使用公共资金建造体育场馆和竞技场后，地方和州政府还经常对运动队老板及其房地产合作伙伴征收较低的房产税，以支持其在新场馆周围进行开发。房产税是公立学校的主要收入来源，因此，运动队老板和开发商不断积累财富，而城市公立学校却只获得较少的资金。与此同时，职业运动队还会赞助一些针对“城市儿童”的慈善项目，偶尔也会派遣球员到城市学校演讲，这些行为会吸引媒体报道，将运动队老板和身家百万的运动员描述为优秀的公职人员！随后，学校由于资金不足而面临问题，教师开始抱怨这一骗局，当地社论却指责教育者浪费公共资金，并要求他们更加节俭一些。

随着针对失业者、有工作的穷人、儿童和残障人士的社会服务不断削减，越来越多的公共资金转移到富人口袋中。

体育创造的就业机会如何？

只要在一个城市中花上数亿美元，就能创造就业机会，如果竞技场和体育馆是由私人出资建造，这些工作机会也一样会被创造出来。但是城市动用公共资金为职业运动队建造体育场馆时，创造出的就业机会远远少于其他形式的经济开发所创造的机会。衡量创造就业机会的真实成本非常复杂棘手，工作的类型、创造就业机会时当地的经济条件等都会影响成本。然而，建造大型体育场馆提供的工作岗位带来的回报相对较低，因为体育场馆大部分时间都不营业，其中大部分工作只有在赛季时才有需要，而且需要的工作人员较少，薪资也不高。因此，在读过独立经济学家所做的研究报告之后，笔者认为，如果将同等金额的公共资金投入更具战略优势的开发项目中，那么建造新体育场馆每创造 1 个工作岗位，都本可以由其他项目创造 10～20 个工作岗位。也就是说：体育场馆和大型竞技场花着公众的钱，在创造就业机会方面却表现得极为糟糕。

还有谁可以获益？

用公共资金建造体育场馆和竞技场时，有钱有势的人赚得盆满钵满，但运动队老板并不是唯一获益的人。由政府资助新建体育设施，会增加市区的房地产价值，大型投资商和开发商可以在这些地区开发各种盈利项目。其他人也可能会因为资金流入整个社区而受益，但是出资建造这些设施的普通纳税人将永远无法获得少数富人所享受的福利。此外，建造设施往往需要强制周围居民或贫困线以下的居民移居别处，但他们却很少得到补贴。

政府资助的体育场馆建设项目可能会让人们出现错觉，以为大家彼此团结，设施开发会惠及城市中的所有人，但事实上，它们只是将公共资金转移给富裕个人和企业的工具。这一错觉的背后常常是不团结和阶级不平等。

（三）为生存而战：拳击手的阶级、性别和种族关系

著名拳击运动推广者克里斯·邓迪曾经说过，“任何有份好工作的人，都不会为了挣点小钱就情愿被别人拳打脚踢”（in Messner，1992：82）。他的意思是，中上层阶级的男性没有理由参加以脑损伤为代价的运动，拳击手往往是来自社会中最低收入阶层、经济上陷于绝境的人群，而开设拳击馆的社区弥漫的绝望情绪是最为强烈又让人揪心的（Wacquant，2004）。

关于成为拳击手和坚持拳击运动的内在动因，法国社会学家卢瓦克·华康德（Wacquant，1992，1995a，1995b，2004）已经有所研究和描述。华康德在芝加哥一个低收入社区的拳击馆里接受了3年多的训练。在那段时间里，他记录了50名职业拳击手的生活经历，其中大多数是非裔美国人。他的分析表明，在美国，全心投入拳击事业的决定与阶层、性别和种族关系有关。

对于这些年轻的拳击手来说，拳击的替代品往往就是街头暴力。当华康德问一名拳击手，如果当初不参加拳击运动，他现在会是什么样子时，他回答说，

> 如果当初没有参加拳击运动，我也不知道我会在哪里……要么在蹲监狱，要么已经死了，都有可能。我小时候的社区环境不好，所以在做任何事之前，至少先想一想，这样才比较好。你知道，为了不变成街头混混，健身房是个好地方，我每天都可以去。因为在健身房里……不用担心会惹上麻烦或遭到枪击（Wacquant，2004：239）。

华康德解释说，大多数拳击手都知道，如果他们出生在拥有一些资源和其他职业选择机会的家庭中，他们就不会成为拳击手了。一名拳击馆的

教练员观察发现，“有 MBA 学位的人是不会来打拳的”（Wacquant，1995a：521）。华康德指出，拳击手将拳击视为“最终出于种族和阶级需要而被迫的情感、被俘虏的爱”（1995a：521）。当他询问一名拳击手，在他的人生中他希望可以改变什么时，这位拳击手的回答道出了许多男性拳击手共同的心声：

> 我希望我的出身更高贵一些，我希望我出生在一个富裕的家庭，我……希望自己更聪明，学业成绩优异，然后成为非常重要的人物。对我来说，我无法忍受这项运动，我讨厌这项运动，（但）它已经深深刻在了我的生命中，所以我不能放手（Wacquant，1995a：521）。

总体而言，这些人既认真从事拳击运动，又对其深深地抵触，他们的参与度显然与其所处的社会阶层的动态有所关联。拳击和拳击馆为他们提供了一个避难所，让他们免受自出生以来就被框入其中的种族主义和贫困带来的暴力、绝望和屈辱。他们在拳击运动中表现卓越，而在美国，贫穷的年轻黑人男性的生活可谓荆棘丛生（Wacquant，2004：238）。

上述有关拳击的研究表明，所有的体育参与都根植于特定的社会和文化背景中。对于出生于资源匮乏地区、家庭背景贫困的年轻人而言，体育参与可以帮助他们应对生活中的迫切需求，暂时渡过困窘，但它并不会帮他们与机会更加丰富的其他社会世界产生联系。哲学家拳击手约瑟夫·莱万多夫斯基（2007，2008）曾在研究中指出过这一点。他的研究对象是以“社会贫困”为特征的社区中的拳击运动，社会贫困是指纵向的社会资本缺乏，年轻人无法获得真正的机会以“向上流动和走出去”的方式脱离当前的生活环境。换句话说，参加体育运动可能会帮助人们在当地社区赢得尊重，但尊重只是以横向社会资本的形式出现，仅在管理当前生活环境时才发挥作用。要让体育参与产生长久回报，年轻人必须能够赢取纵向的社会资本，为真正的希望和可能性敞开大门。

（四）作用中的阶层间关系：体育参与机会的变化模式

在美国的许多社区中，政府资助的青少年体育项目不断被削减，甚至被彻底取消，低收入社区的校队也逐渐被淘汰（Kelley and Carchia，2013）。这种情况下，来自低收入社区的年轻人参加体育运动的机会就更少了，想参加那些需要具备大型场地和安全可用设施的运动，更是难上加难。因此，打篮球仍然是低收入家庭孩子们的主要体育运动。公立学校一般都可以组建篮球队和提供教练员，只要学校有一个能用的体育馆就行。

在中高收入地区，学校体育项目同样受到资金问题的困扰，不过它们可以依靠运动员的父母支付的“会员费”来维持。每项运动的会员费为 250 美元甚至更高，因而保证了那些有幸出生在富裕家庭中的年轻人有机会参加各类运动队。此外，当校队满足不了富裕家长的期望时，他们可以通过投票决定筹集更多公共资金，也可以通过私人出资建设新的场地和设施、聘请教练员、举办关注度高的比赛，以吸引大学教练员前来选材，为看好的运动员提供奖学金，将其招募入队。因此，随着税收变革和政治决策导致公共体育项目取消，富人不受什么影响，他们仍可为子女购买私人经营的体育参与项目。

这也凸显出社会阶层对体育的影响。事实上，如今的体育参与几乎完全取决于家庭资源，运动员家庭的社会经济地位空前重要。

因此，我们可以预期，体育参与、体育技能的培养及体育成绩的回报将越来越多地发生在收入和财富高于平均水平的家庭中。

若我们比较不同社会阶层获取学校和俱乐部体育项目的能力和质量，我们会发现，经济不平等对当今美国人的体育参与机会有着重大影响。随着资金削减和教练员流失，贫困社区的学校一边寻找企业提供赞助，一边仍苦苦维持体育项目的运转。但企业通常只赞助能够推广其品牌和产品的体育运动。例如，一家鞋业公司之所以会赞助篮球运动，是因为其符合公司的营销和广告计划。企业赞助商支持个人、团队和体育项目的前提是这些项目能够通过媒体报道和备受瞩目的州级和国家级的锦标赛来提高企业产品的知名度。某些体育项目正是靠着赞助才得以存续，前提是它们要始终满足赞助商的商业利益。

表 8.2 和表 8.3 显示，不同种族和民族的人群并非享有平等的社会经济竞争环境。在用于体育和体育参与的经济资源方面，黑人家庭和拉丁裔家庭处于显著劣势。就年收入而言，黑人家庭和拉丁裔家庭的收入分别比白人家庭低 23,672 美元和 17,307 美元。表 8.3 中显示的种族和民族贫富差距会影响家庭财务决策。与白人家庭相比，黑人家庭拥有的财富要少 104,033 美元，拉丁裔家庭则要少 102,798 美元。财富可以作为家庭稳定的缓冲器，也势必会影响是否花钱参与体育运动的家庭决策。对于谁能有机会接受精英运动技能培养、获得体育奖学金和参加精英级别的比赛，收入和贫富差距将产生重要影响。

表 8.2　美国家庭收入中位值（2013 年）

类别	收入/美元
所有类别	51,939
亚裔家庭	67,065
白人家庭（不含西班牙裔）	58,270
拉丁裔家庭（所有种族）	40,963
黑人家庭	34,598

资料来源：美国人口统计局最新人口统计，1968—2014 年《社会经济年度附录》。

表 8.3　美国家庭财产中位值（2011 年）

类别	财富中位值/美元*
白人家庭	111,146
拉丁裔家庭（所有种族）	8348
黑人家庭	7113

资料来源：Traub and Ruetschlin，2015

注：*表示家庭财富包括以下形式的资产：银行存款；住房、车辆的抵押资产净值及其他已估价的所有财产；以投资或储蓄方式存储的退休金。

（五）作用中的阶层间关系：参加体育运动的开销

现在仍然有一些可以免费参加的体育运动。在美国，大多数人都能负担得起高中和大学的比赛和运动会门票，一些社区的小型联赛票价也算合理。但是，大多数大型校际比赛和职业比赛的门票价格超出了多数人的承受能力。在过去十几年中，参加体育运动的开销增幅远远大于通货膨胀率的上涨幅度。

表 8.4 显示，1991—2012 年，通货膨胀率涨幅为 69%，而美国职业棒球大联盟（MLB）、美国职业橄榄球大联盟（NFL）、美国职业篮球联盟（NBA）和美国国家冰球联盟（NHL）的平均票价分别上涨了 213%、209%、126% 和 154%。票价的涨幅是通货膨胀率涨幅的 1.8～3.1 倍，部分原因是新建的体育场馆和竞技场成本增加，但主要还是因为运动队老板希望吸引有钱人购买他们销售的食品、饮料、服装等一切产品。所以，新建的体育设施常

常形似一个围绕中央娱乐舞台建造的巨型圆环式购物中心，拥有昂贵的豪华包厢和俱乐部专属席位，高收入观众可以享受特殊服务，如服务人员、热食菜单、私人休息室、电视、冰箱、躺椅、空调、无须排队的私人通道及专门的停车场。对他们来说，观看比赛和去高端私人俱乐部并无二致。

表 8.4　1991—2012 年美国体育票价与通货膨胀率涨幅的对比

	平均票价/美元*						21 年涨幅/%
	1991	1996	2001	2004	2008	2012	
美国职业棒球大联盟	9	11	19	20	25	27	213
美国职业橄榄球大联盟	25	36	54	55	67	78	209
美国职业篮球联盟	23	32	51	45	49	51	126
美国国家冰球联盟	24[t]	38	48	44	50	61	154[t]
美国 1991—2012 年通货膨胀率涨幅为 69%[§]							

资料来源：《体育队市场营销报告》，www.teammarketing.com

注：* 表示票价均四舍五入至 1 美元。2004—2012 年美国职业篮球联盟和美国国家冰球联盟的数据不包括一等票的平均价格，所以很难进行长期的准确对比。

[t] 表示仅为预估值，因为 1994 年以前的美国国家冰球联盟数据缺失。

[§] 表示美国政府给出的官方通货膨胀率涨幅。

（图源：©杰伊·科克利）

住在郊区的中产阶级家庭的儿童常有可供玩耍的安全街道。上图中在封闭街区里玩耍的男孩们有多个便携式篮球框，他们偶尔会在街上划出一块完整的场地进行比赛。他们在一生中有多种多样的体育参与选择，他们的家庭也经常将参加体育运动当作社交机会。

随着体育赛事门票越来越昂贵，观众的座位也逐渐按照经济能力被分隔开来，社会阶层和阶层间关系在看台上变得分外明显。观众可以在同一时刻共同欢呼，随着比赛进程体验相似的喜怒哀乐，但是体育比赛暂时超越社会阶层差异的程度也仅限于此，一旦人们离开体育场，就要立即面对社会阶层和不平等的现实。

部分球迷试图呼吁降低门票价格，但他们的行动基本上是徒劳的，因为身在豪华包厢、俱乐部专属席位和其他头等座位中的人并不想跟无法负担高价门票、没有特权的观众混坐，也不想被当成后者中的一员。昂贵的门票是富裕观众的地位象征，他们想让阶层差异成为运动体验的一部分，为此他们愿意支付——或者让他们的公司支付——高昂的票价，以此高调地显示自己的地位，并与其他有钱人分享运动体验。

从奥运会开幕式到美国橄榄球超级碗，各类赛事活动的出席和座位安排如今都明确彰显着财富、地位、影响力和企业实力。在观看过 2008 年的超级碗和赛前宣传活动后，记者戴夫·齐林（2008a）总结说："与其说超级碗是橄榄球比赛，不如说它是……一个专为富人……打造的持续两周的狂欢节。"2008 年，超级碗的观众家庭平均收入为 222,318 美元，比美国家庭收入中位值高出近 4 倍（Thomas，2008a）。这一点非常关键，因为只要企业将纳税人出资建造的体育设施当作企业高管和客户的娱乐场所，降低票价的努力就必将付诸东流。2016 年，这种超大型赛事专为富人设计的模式在超级碗中体现得淋漓尽致。根据人们想要参加的赛前派对的级别，票价从 4370 美元到 10,000 美元不等。然而，大多数门票都是用企业信用卡购买的，费用会被计入"企业营运业务支出"。

超级碗的现场比赛主要是为美国精英提供的福利，同时也为企业创造机会，将产品销售给企业梦寐以求的客户——"意见领袖"和决策者。

——凯蒂·托马斯，《纽约时报》记者（2008a）

四、全球不平等与体育

探讨社会阶层与体育时，我们一定要将目光放远，超越自己所处的社会来进行思考，这一点至关重要。不平等在社会组织结构的各个层面普遍存在，包括家庭、团体、组织、社区乃至整个社会世界。

与人均收入、生活水平和对发展资源的使用机会有关的全球不平等，将会导致当前世界面临众多极为严峻的问题。研究表明，全世界贫富人群之间的差距正不断扩大。例如，美国人（包括新生儿在内的所有人）的人均开销约为每天 65 美元，而在被列为最不发达国家的 48 个国家中，人均开销仅为每天 60 美分。就消费而言，美国普通人的日均消费额大约是全世界近一半人口日均消费额的 100 倍。

由于人们用来指导自身理解全球事务的文化观念各不相同，他们为全球贫富差距赋予的意义也相应有所区别。显而易见，全球约有 40%的人口所拥有的资源仅够维系最低生存需求。他们也可能会运动，但由于资源匮乏，其参与体育的方式可能不为我们所知，美国和其他后工业化国家的人们参与的运动显然对这些人来说是遥不可及的。他们无法理解拳击手弗洛伊德·梅威瑟如何或为何能在 2015 年赚到 3 亿美元，这些钱是他们全年开销的 60 多万倍。同样，工人为大多数参与体育运动的美国人生产球类、运动鞋和其他体育设备及服饰，日薪还不到 3 美元，他们势必会质疑这种不平等。

就全球不平等在体育界造成的影响，奥运会就是一个明显的例证。通过主流媒体关注夏季或冬季奥运会的人，所见所闻都是奥运会是歌颂运动员的参与、奉献、努力和牺牲，而媒体报道从不会承认，奥运会也是体现财富不均和不平等的“庆典”。例如，2012 年伦敦奥运会期间，在世界各地的媒体报道中，无人提及 204 个参赛代表团中有 80 个从未获得过奥运奖牌，有 51 个代表团在奥运会历史上获得的奖牌总数不超过 5 枚，许多代表团上一次获得奖牌已经是至少 40 年前了。相较之下，美国代表团凭借其财富和人口规模，共摘得了 2549 枚奖牌，远远超出任何其他代表团。

（图源：©杰伊·科克利）

2003 年以来，一年一度为期三天的“流浪者世界杯”已经在多个城市举行，参赛的队员都是无家可归的流浪者（大多为男性），该项赛事最初由两名供职于专为无家可归者服务的报社的编辑发起。报纸的读者有时会自己私下组织足球比赛，所以两名编辑招募了赞助商，开始每年举办一次正式比赛。2015 年，来自 70 多个国家的球队在荷兰阿姆斯特丹参赛。除作为体育赛事外，该赛事还成为人们发起和维持政治主张的据点，为全球的无家可归者主张权益。

即使在富裕国家，运动员赢得的奖牌数量也会因家庭是否鼎力支持而天差地别，这一模式鲜有例外。

当然也有其他例外情况，比如得到富有的企业赞助商支持的个别运动员。美国跨栏运动员洛洛·琼斯就利用自己的运动天分、长相和体格吸引了众多公司想利用她的媒体关注度（Longman，2012b）。但即使是她的主要赞助商红牛，也需要对在琼斯身上的投资进行保值，具体措施包括聘请 22 名专家和技术人员，为其提供专门服务。这些技术人员安装了 40 个相机来监控她的每一次训练；在 110 米跨栏跑中，借助 Optojump 光学智能运动素质测量仪系统复制她每次脚掌接触地面的模型；利用 Phantom Flex 高速摄像机跟随她的步伐移动，每秒拍摄记录 1500 帧画面。之后，专家会对这些数据进行分析，再结合其他专家提供的信息，为琼斯量身制订日常训练计划（McClusky，2012）。尽管国际奥委会和美国全国广播公司评论员宣扬比赛的“公平竞争环境”，但这样看来，这一说法非常可笑。

运动员在不断突破人的体能极限，因此，他们愈发需要寻找一些辅助技术来帮助他们获得成功。然而，这类技术价格不菲，若同时需要生理学家、生物力学家、生物化学家、体能教练、营养学家、心理学家、康复专家和统计分析师与教练员合作，将科学研究成果转化为训练计划，由他们帮助运动员实施，则成本更高。此类高科技训练所需的费用，甚至超出了发展中国家大部分村镇在两次奥运会间期所创造的价值！

残奥会的模式与奥运会类似。一个国家的国内生产总值（GDP），以及该国人口规模与运动员获得的奖牌数量高度相关（Buts et al.，2013）。对残奥会参赛运动员而言，前往残奥会举办地的路费格外昂贵，因为他们通常必须携带假肢、轮椅以及帮助他们应对意外情况的助手。因此，残奥会在本国举办时，运动员赢得奖牌的可能性会比在其他国家参赛时高 80%。他们不用再担忧路途问题，也没有水土不服的问题。此外，主办城市和主办国还会费尽心思为本国运动员减少障碍。

来自国内生产总值相对较低国家的运动员，几乎不可能获得参加残奥会以及前往残奥会举办地所需的训练和支持。在贫困率较高的国家，身心障碍者能够参与体育运动的机会十分渺茫，甚至是毫无机会。

五、体育运动中的经济和职业机会

许多美国人将体育视为低收入和贫困人士能够实现向上的社会流动的领域，也就是对“美国梦”的肯定（Green and Hartmann，2012）。社会学家用**社会流动性**这一术语形容在一个人的一生中，或在一个家庭中从一代到下一代的财富、教育和职业的变化。社会流动可以向下发生，也可以向上发生。

总体而言，体育运动和体育组织中存在职业机会和社会流动机会。然而，我们在思考美国的体育对社会流动的影响时，需要了解以下与体育相关的机会：

（1）年轻运动员成为职业运动员的机会有限，且大多数职业运动员的黄金期都十分短暂。

（2）女性成为职业运动员的机会有所增加，但相对于男性而言，她们在赛场内外从事体育相关工作的机会仍然有限。

（3）少数族裔成为职业运动员的机会有所增加，但相对于具有欧洲血统的白人而言，他们在赛场内外从事体育相关工作的机会仍然有限。

以下各部分将对上述要点进行详述。

（一）年轻运动员成为职业运动员的机会有限，且大多数职业运动员的黄金期短

年轻运动员总是幻想着成为职业运动员，他们的父母可能也抱有同样的幻想。不过这些幻想变为现实的可能性很小。为了预测一个人成为大学运动员或职业运动员的概率，人们采用了多种不同的计算方法，但很难得到准确数据。例如，我们可以计算参与某项运动的所有高中或大学运动员的比例，或某个种族或族裔群体的高中或大学运动员的比例，或美国总人口中特定年龄组中的男女运动员比例。此外，我们还可以基于参与某项运动顶级联赛的球员数量——例如，参加美国国家冰球联盟的冰球运动员数量——进行计算，或者基于全世界所有大型和小型联赛球队中的职业冰球运动员的数量计算。美国国家冰球联盟中约有 80%的球员来自美国以外的国家，如果不考虑到这一点，计算美国高中冰球运动员进入美国国家冰球联盟的概率就是毫无意义的。

这里的要点在于，所有计算都必须可靠，而媒体报道中的许多估算并不准确。表 8.5 显示的是美国大学体育协会研究者在 2012 年计算得出的数据。表注解释了这些计算的局限性，并指出表中列出的大部分数据都高估了该项运动的运动员从一个级别晋升到更高级别的机会。无论如何，美国大学体育协会的计算结果表明，运动员进入职业比赛级别的机会十分渺茫。事实上，如果一匹赛马获胜的概率和运动员进入职业比赛级别的概率一样低，那么根本没有人会对它下注。

此外，职业运动员的黄金期极短，团队类项目为 3～7 年，个人比赛项目为 3～12 年。这意味着，在体育职业生涯结束后，一个人还有几十年的时间从事其他工作。遗憾的是，包括运动员、教练员和运动员父母在内的很多人都忽视了这一现实。

表 8.5　运动员参与高中校际比赛级别以上水平赛事的预估概率*

运动员	男子篮球	女子篮球	橄榄球	棒球	男子冰球	男子足球
高中运动员/人	535,289	435,885	1,095,993	474,219	35,720	411,757
高中高级别运动员/人	152,940	124,539	313,141	135,491	10,209	117,645
美国大学体育协会运动员/人	17,890	16,134	69,643	31,999	3891	22,987
美国大学体育协会新秀选拔/人	5111	4610	19,898	9143	1112	6568
美国大学体育协会高级别运动员/人	3976	3585	15,476	7111	865	5108
美国大学体育协会运动员选拔/人	51	31	253	693	10	37
高中运动员晋升为美国大学体育协会运动员的比例/%	3.3	3.7	6.4	6.7	10.9	5.6
美国大学体育协会运动员晋升为职业运动员的比例/%	1.3	0.9	1.6	9.7	1.2	0.07
高中运动员晋升为职业运动员的比例/%	0.03†	0.02	0.08	0.5	0.1	0.03

资料来源：美国大学体育协会，2012。

注：*表示数据不包括非美国大学体育协会会员院校运动员、美国大学体育协会会员院校招收的非美国籍学生、未在美国读过高中或大学的北美职业联盟运动员，以及为其他国家职业运动队效力的美国高中和大学运动员。因此，美国高中或大学运动员在上述项目中晋升到下一等级的概率比数据显示的要低。

†表示最后一行阅读指南：在男子篮球运动中，1 万名高中运动员中只有 3 人（或每 3333 人中只有 1 人）会通过选拔进入美国职业篮球联盟，但这并不意味着这些被选中的球员可以加入比赛球队。在女子篮球运动中，1 万名高中运动员中只有 2 人（或每 5000 人中只有 1 人）入选；在橄榄球项目中，1 万名高中运动员中只有 8 人（或每 1250 人中只有 1 人）入选。

媒体报道往往关注最受欢迎的体育运动中最优秀的运动员，他们的职业生涯往往比其他人更长，赚的钱也更多。对于更常见的情况，也就是运动员只参加了一两个赛季的比赛就被淘汰，或者因伤病或缺乏资源负担训练费用等被迫退出，媒体则极少关注。我们会听说美国职业橄榄球大联盟著名四分卫为球队长期效力的故事，但却很少听说其实很多球员在第一个赛季结束后，一年期合同不会得到续签。2015 年，美国职业橄榄球大联盟球员平均年龄最高的球队，其球员的平均年龄也才不到 27 岁，这说明联盟里几乎没有 30 岁以上的球员。比起 30 岁老将还在考虑参加下一个赛季的比赛，24 岁就面临职业体育生涯终结的情况才更为典型。

此外，许多小型联赛级别的职业运动员的薪资其实比非体育行业工作者的薪资还要低。例如，对于美国职业棒球小联盟和冰球小联盟的许多球员而言，如果将训练、完赛和路途上的所有时间算在一起，其薪资都还不到最低工资标准（Hayhurst，2014）。美国的小学教师不仅工资比这些运动员高，工作条件更好，经济保障和稳定性更高，还有养老金计划。

（二）女性的机会不断增加，但仍然受限

女运动员的职业机会相对于男性而言受到限制。网球运动和高尔夫运动为女性提供参与机会，但这些项目的职业巡回赛会吸引来自世界各地的运动员。对于美国的女性来说，这意味着要想通过这类体育项目谋生，竞争非常激烈。2015 年，超过 2100 名选手参加了国际女子网球协会锦标赛，但只有前 200 名选手获得的奖金才足够支付她们比赛的全部费用。在这 200 人中，仅有 25 人来自美国。事实上，在美国，大多数球员都属于全年薪资不足 4000 美元的 1300 名球员之一。

在美国女子职业高尔夫协会，2015 年前 100 名获得奖金者中只有 30 名来自美国。在美国约 9000 万的成年女性中，仅有不到 40 名女性高尔夫球手能够赚取足够的奖金来支付打职业高尔夫的费用。

（图源：©弗雷德里克·A. 艾尔）

“啊，被宠坏的、工资过高的职业运动员纸醉金迷的生活！”仅有少数职业运动员能够名利双收，其他成千上万的运动员只能打小型联赛和半职业联赛，不仅工资低，工作条件也差。

职业篮球、排球、足球、花样滑冰、保龄球、滑雪、自行车、田径和牛仔竞技都为女性提供参与机会，但这些项目中的职业女运动员人数屈指可数，且只有少数女性能赚到一份不错的薪水。例如，在《福布斯》杂志 2015 年的前 100 位赚钱最多的运动员榜单中，女运动员中只有网球运动员玛丽亚·莎拉波娃和塞雷娜·威廉斯上榜。

如今，篮球和沙滩排球项目已有女子职业联赛，但近年来，这些比赛只为不到 400 名运动员提供了职业发展机会。美国全国女子足球联盟成立于 2013 年 4 月，旨在让女子职业足球成为一项观赏性运动。联盟雇用了大约 185 名球员，共组建 8 支球队，整个联盟薪资总额上限约为 270 万美元。2015 年该联盟球员的薪资从 6842 美元到 37,800 美元不等，大多数球员整个赛季的薪资不到 15,000 美元。为了支持联盟发展，美国、加拿大和墨西哥的足球联合会承诺支付共约 50 位国家队球员的薪资。

美国国家女子篮球联盟（WNBA）2015 年球员的平均薪资约为 75,000 美元，最低薪资约为 34,500 美元，只相当于 NBA 男性球员薪资的一小部分。146 名球员中，没有一人被允许在赛季中获得超过 107,000 美元的奖金。所有美国国家女子篮球联盟球员的薪资总额还不足 1100 万美元，相当于科比·布赖恩特一个人在 2015—2016 赛季总薪资的 44%。从另一个角度比较，NBA 球员每挣 1 美元的工资，美国国家女子篮球联盟球员才挣不到 2 美分，而且 NBA 球员的人数还要远超后者，二者比例约为 4:1。

当然，女运动员也有机会在世界其他地区开展职业体育运动。例如，美国国家足球队球星梅根·拉皮诺曾供职于法国一支职业球队，每月薪资 14,000 美元。大多数顶级美国国家女子篮球联盟球员也跟着欧洲球队打球，薪资往往比她们在美国球队的整个赛季挣到的更多。

那么体育界的其他职业机会如何？在教练、培训、主持活动、运动医学、体育信息、公共关系、市场营销和行政管理方面，女性都有工作机会。然而，女子体育中的大多数工作一直由男性负责，除辅助支持性职位外，很少有人雇用女性来从事男子体育项目的相关工作。在美国，高中或大学的男、女子体育项目合并时，男性在约 80%的情况下会成为体育主管。大多数后工业化国家的女性对传统性别文化观念的遗留思想提出了质疑，一些体育组织在这方面也取得了一些进步。然而，在几乎所有组织中都存在严重的性别分化。

女性就业机会的增加没有跟上女子体育项目的发展速度，部分原因在于正统性别文化观念持续存在，以及《教育法修正案》第九条没有为教练和管理职位方面的公平性提供明确的执行程序。《教育法修正案》第九条的执行几乎完全针对运动员，并未对校园体育的其他方面产生巨大影响，也没有对接受联邦政府资助的学校以外的体育运动产生直接影响。因此，几乎所有工作类别和体育组织中都存在女性员工比例过低的情况。

女性从事体育相关职业的机会可能会逐渐趋于公平，但许多人仍抵制那些能够实现完全平等的结构和文化观念变革。与此同时，从事教练、体育广播、体能训练、管理和裁判工作的女性人数可能会逐渐增加。在某些面向女性消费者且需要女性员工增加销售额和利润的体育产业中，变革会更快出现。但是许多体育组织内部有影响力的决策者仍然秉持这样的性别文化观念：偏向坚强、强壮、有竞争力和积极进取的人，而男性更有可能被认为具备这些品格。

许多在体育组织工作的女性依然要面对主要基于男性价值观和经历的组织文化，这将导致较低的女性工作满意度和较高的离职率（Bruening et al.，2007；Bruening and Dixon，2008；Dixon and Bruening，2005，2007；Dixon and Sagas，2007；Gregory，2009）。20 世纪 90 年代末以来，人们设置了职业发展项目、研讨会和教练员咨询来帮助女性适应并试图改变这样的工作文化，使其更具包容性。然而，除非体育组织中有更多男性能够转变性别文化观念，重新理解性别与体育和领导力之间的关系，否则充分平等就不可能实现。

（三）非裔美国人和其他少数族裔人群的机会不断增加，但仍受限

黑人运动员在个别观赏性运动中大出风头，往往会让人们得出这样的结论：体育为非裔美国人提供了丰富的职业机会。而有关功成名就的黑人运动员的各种例证也为这一结论提供了支持，因为他们将自己的财富和名望都归功于体育运动。但是，相关人员对于黑人在体育中的就业机会其实过于夸大其词了。靠体育谋生或在体育组织中谋生的黑人的实际数量和比例很少为人知晓。与此同时，体育为黑人女性提供的职业机会也少之又少。

黑人运动员几乎仅参与拳击、篮球、橄榄球、棒球和田径这几项职业观赏性体育运动。与此同时，一些最赚钱的体育项目，包括网球、高尔夫、冰球和赛车等，参与者几乎都是白人。据猜测，只有不到6000名非裔美国人，或每6660名非裔美国人中大约只有1人可以通过成为美国职业运动员而获得高额收入。

这说明体育参与并不能提供特别的社会阶层跃迁机会，而且在体育参与之外可能还有更好的职业发展选择，只要人们可以通过接受教育抓住这些机会。当然，媒体报道总是浓墨重彩地呈现成功的黑人运动员的形象，不关注黑人在其他领域的正面角色，误导人们以为从事体育运动是黑人的最佳选择。如果年轻的非裔美国人根据媒体的偏颇报道来做出职业选择和展望未来，那么美国的种族平等进程将举步维艰（Archer et al.，2007；Singer and May，2011）。

1. 黑人运动员的就业障碍

美国体育界首次解除种族隔离时，黑人依然面临着准入障碍——除非他们具有极为出色的技能和卓越的个人特质，否则就不会被招募入队或拿到职业合同。种族偏见根深蒂固，球队老板会认为，如果黑人不能对球队做出直接且重要的贡献，不论球员、教练员还是观众都不会接受黑人的参与。运动技能不是极为出色的黑人运动员则不会被选入。因此，从统计数据上看，黑人运动员的表现均超过白人运动员，而这也强化了很多白人对黑人身体素质的刻板印象。

20世纪60年代到70年代末，准入障碍逐渐减少，与继续留在球队效力相关的新障碍取而代之。有经验的黑人运动员在合同到期时，会面临续签障碍，除非他们的成绩记录明显优于处于同一职业阶段的白人运动员。这种模式一直延续到20世纪90年代早期，但现在已不复存在。

在解除种族隔离后，大多数体育运动中依然存在基于种族的薪酬歧视，但有证据表明，在主要的团体项目中，该歧视已经逐渐消失。这是因为人们可以对运动员的表现进行客观测评、追踪，并与其他运动员相比较。如今，人们对运动员技能的方方面面均可进行数据统计。球员代理会利用这些统计数据去谈球员的薪资，而他们也有这样做的动机，那就是他们会从球员薪资中抽取一定比例的佣金，所以他们不希望自己的收入因种族歧视而有所减少。

2. 黑人的教练工作和场外工作的就业障碍

在 20 世纪 80 年代和 90 年代，许多大学运动队和职业运动队都有过类似种植园的招聘模式——聘请黑人做工人，而管理职位只留给白人。20 世纪 90 年代中期以来，黑人在管理职位上的聘用率因体育项目而异。大多数体育组织，特别是与大学橄榄球和职业橄榄球有关的组织，种族平等方面的进展都较为缓慢。

为了解决缺乏黑人教练员的问题，法律压力迫使美国职业橄榄球大联盟在 2003 年采用“鲁尼规则”，要求球队对申请公开教练员职位的少数族裔候选人进行面试。虽然这一平权行动政策的影响尚不清楚，但在 2015 赛季期间，32 支美国职业橄榄球大联盟球队中只有 5 支球队的主教练是黑人。虽然这些球队中超过三分之二的球员是黑人，但 32 名主教练中却有 27 位白人。

在一流的大学橄榄球比赛中，歧视性的招聘模式也令人不安。虽然美国大学体育协会声称其遵守多样性的承诺，但其在实现多样性方面的进展缓慢。2007 年，中佛罗里达大学的研究者基斯·哈里森对美国大学体育协会的招聘进行了深入研究，并得出橄榄球主教练职位“是所有大学体育项目中种族隔离最严重的职位”的结论（Harrison，2007）。在 2015—2016 赛季开始时，128 个橄榄球碗赛分区（FBS）中仅有 13 位非裔美国人橄榄球主教练，而 2013—2014 赛季有 21 名，88%的主教练是白人。在美国大学体育协会第一、第二和第三级别会员院校中，所有男子和女子体育项目中黑人主教练的比例在 5%上下浮动。总体而言，在超过 1200 所美国大学体育协会的会员院校中，被任命为体育主管的黑人男性和女性占比不到 5%，而且在 30 个第一级别会员院校中，仅有 1 名黑人专员。

研究表明，首席执行官招聘高级管理人员时，更偏爱背景和观念与自己相似的候选人，也经常雇用他们认识或曾经合作过的人（Cunningham and Sagas，2005；Harrison，2012）。他们认为，这些人都是值得信赖的。因此，如果球队老板或大学体育主管是白人男性（事实上几乎全部如此），他可能会对少数族裔候选人的资历产生疑虑，因为如果该候选人之前没有在多样化背景的环境中工作过，就会更加保守（Roberts，2007a）。他可能会不确定少数族裔候选人是否会支持自己的工作、适应自己的管理风格和方法。一旦有所怀疑，不论他自己是否注意到，他都会选择候选人中和他自己最相似的人。此外，对职业或一流大学体育项目的黑人主教练的评审一般都会比白人更严苛，这些黑人主教练一旦被解聘，他们也很难再找到同级别的工作（Bell，2013b；Harrison，2012）。

上述动态机制很少被冠以“种族”或“民族”的名号，却在体育及其他领域的组织中广泛存在。然而，这一动态机制不断重现相应的组织文化，影响组织流程，导致少数族裔在各类权力职位中代表人数不足。

3. 少数族裔的机会

每种文化中族裔关系的动态机制都是独一无二的。我们很难对体育中的族裔关系和少数族裔的机会一概而论。然而，任何文化中的主导体育形式都倾向于重现文化价值观和深层社会结构。这意味着以下 3 点：

（1）主流社会阶层的成员可以排除与其自身特征和文化背景不同的求职者，或将其定义为不合格。

（2）要想在体育组织中任职和晋升，少数族裔人士通常必须采用主流社会阶层的价值观和取向。

（3）少数族裔的价值观和取向很少体现在体育组织的文化中。

在美国的大多数体育运动和体育组织中，明显缺乏拉丁裔群体、亚裔美国人和美洲印第安人的代表（Lapchick et al.，2012）。很多欧洲裔美国人对族裔多样性感到十分不适，无法信任这些同事或与其密切合作。很多情况下，这种不适感是由于他们并不了解其他族裔人群的传统文化习俗，而且未曾与少数族裔人群进行过有意义的交流。美国职业棒球大联盟和美国职业足球大联盟却是例外，联盟中很多球员都是拉丁裔，管理层中的拉丁裔人员比例也相对合理。然而，亚裔美国人和美洲印第安人在美国体育组织中占据的比例极低，部分原因是人们的刻板印象，认为他们缺乏体育相关知识和经验，尽管事实并非如此（Lapchick，2007，2008a；Lapchick et al.，2012a）。

不平等的推动者、大学橄榄球的真实权力代表……对他们雇用“像自己一样的白人”倍感欣慰，作为自己六位数的项目赞助的福利……（但是他们）并未对高等教育启蒙做出什么实质贡献，只是促进了白人发展。他们盲目而且无知。

——塞琳娜·罗伯茨，体育记者（2007b）

六、退役运动员的体育参与和职业发展

退役运动员的职业发展是怎样的呢？他们的职业模式是否与其他人的不同？体育参与是否是其未来职业成功和向上的社会流动的跳板？职业参与阶段结束后，体育运动是否还能给退役运动员带来经济回报？

研究表明，从整体来看，与社会阶层和教育背景相似的同龄人相比，高中和大学期间加入运动队的年轻人未来的职业发展基本不上不下。这并不意味着体育参与从未给人带来特殊的益处，只是说研究结果没有表明退役运动员在未来的职业生涯中比同龄人更具优势。

当然，体育参与的含义会随着时间的推移而变化，之前的一些研究结果可能不再适用。这些变化可能会影响体育参与和后期职业生涯的成功之间的联系。但是，以往的研究表明，如果体育参与和职业成功有关联，其背后的原因可能涉及以下一个或多个因素：

（1）在特定的情况下参加体育运动可以让年轻人学会人际交往技能，帮助他们在需要这些技能的工作中获得成功。

（2）雇主可能会认为退役运动员是能够胜任工作的候选人，所以愿意给他们提供机会以培养他们与工作相关的能力，这些能力又反过来成为他们未来职业成功的基石。

（3）知名度较高的退役运动员所拥有的声誉可以帮助他们谋得诸如销售和服务等类型的工作，并获得职业成功。

（4）在特定的情况下参加体育运动可以让运动员发展社交网络，拓展社会关系，帮助他们在退役之后获得一份好工作。

在回顾了关于这一主题的大量研究之后，笔者得出以下结论：参与体育运动与未来的职业成功和向上的社会流动呈正相关，前提是在参与时相关组织能够就以下几点提供支持：

（1）为运动员创造完成学业的机会，培养其与工作相关的技能，以及扩展其对体育以外的世界的知识。

（2）在全面成长和发展方面增加来自重要他人的支持，而不仅限于体育发展。

（3）提供发展社交网络的机会，因为它们在未来能够带来在体育和体育组织之外就业的可能性。

（4）提供成功创造和把握机会所需的物质资源和指导。

（5）扩展与体育无关的经历、身份和能力。

（6）尽量降低致残损伤的风险，以防身体活动被限制或需要昂贵的和/或定期的治疗。

上述 6 点说明，参加体育运动既可能促进一个人的整体发展、增加未来职业选择的机会，也可能造成限制。当体育参与产生积极作用时，运动员可以发展自身能力，积累各种社会和文化资本，以便获得职业机会和取得成就。反之，运动员可能由于能力以及社会和文化资本过于受限，无法获得满意的职业机会。

运动员的职业往往在其一念之差……在职业生涯中，运动员会在某个临界点从追逐梦想瞬间坠入逃离噩梦的境地……这是一个下坡路，无人能够幸免。

——道格·格兰维尔，美国职业棒球大联盟球员，1996—2004 年（2008）

（图源：©经威廉·怀特黑德许可）

只有少数退役运动员能够将其曾有的声誉变现，其余的人必须像我们其他人一样寻找机会，努力工作。退役后的工作机会各不相同，取决于个人的资质、经验、人脉，还需要一点运气。在某些情况下，运动员在体育生涯结束后，都会面临一段艰难时期。

（一）高薪运动员和退役后的职业成功

要得出有关体育参与、职业成功和社会流动之间关系的结论，必须考虑到在美国和其他富裕社会中，精英体育和职业体育有以下变化趋势：

（1）从 20 世纪 70 年代中期开始，运动员的薪资上涨，因此部分人开始储蓄和投资，以此创造未来的职业机会。

（2）媒体对体育界的报道有所增加，体育运动的整体知名度提高了，当前的运动员比过去享有更高的个人声望。因此，他们可以把自身塑造成一个可以带来职业机会和成功的“品牌”。

（3）运动员越发意识到，他们必须谨慎管理自己的资源，以便未来获得更多机会。

当然，大多数职业运动员的职业生涯都比较短暂，或者薪资不高。退役后，他们会面临职业挑战，也会遇到和没有参加过职业体育运动的同龄人相似的成功和失败。这意味着职业体育参与既不能确保也不会增加职业成功的概率。

我们最好把退役描述为一个过程，而不是一个单一的事件，大多数运动员并不是一瞬间退出体育运动的——他们会逐渐脱离体育运动，并在此过程中不断调整自己的优先级。虽然许多运动员能够顺利地完成退役过程，培养其他兴趣，找到相对满意的工作，但有些人会在短期或长期无法顺利调整心态，职业成功和整体生活满意度出现问题。

退役运动员面临的 4 个挑战是：① 在与体育参与无直接关联的活动、能力和关系方面重申或重建身份；② 培养或重新思考与家人和朋友的关系，以便重申或重建身份（Sheinin，2009）；③ 以有意义的方式重回正常的日常生活（Brissonneau，2010）；④ 接受自己的体育人生阶段告一段落（Tinley，2012，2015a，2015b）。成功地应对这些挑战可能需要一些时间，也往往需要身边人支持其与体育无关的新身份。

如今的运动员在很小的时候就不得不全身心投入所选择的体育事业，这往往会将他们与其他经历和人际关系割裂开来，导致他们在退役后无法适应新的生活。他们不会像以前的运动员那样经历“淡季”，也没有时间或精力在每周无休的高强度训练和比赛日程外关注个人发展。运动员与体育之外的人际关系和经历割裂的时间越长，他们的运动员身份就越重要，从体育生涯过渡到与体育无关的社会世界时也会越困难。

研究还表明，运动员因意料之外的损伤被迫退役时，最容易产生心态问题（Empfield，2007；Swain，1999；Tinley，2012；Weisman，2004）。运动员退役本就面临诸多问题，损伤会带来更大的健康和自尊问题，将运动员毫无准备地推向人生的十字路口。此时，运动员通常需要进行职业过渡期咨询。

运动员在退出体育生涯、过渡到其他职业和参加其他活动遇到问题时，应该获得其所在体育组织的支持，因为这些组织曾因他们的付出而受益。运动员也的确会获得这些组织的支持（McKnight et al.，2009）。一些体育组织，包括大学和奥林匹克运动的国家管理机构，会通过过渡计划提供支持，支持的重点是职业自我评估、生活技能培训、职业规划、简历制作、求职策略、面试技巧、职业安置协助和心理咨询。退役运动员一般会觉得自己获得的指导确实有帮助，能够确定他们通过体育运动学到了哪些技能，以及学会如何将这些技能应用到后续职业生涯中。

（二）体育奖学金和职业成功

有关美国的体育参与和社会流动的讨论通常涉及体育奖学金。大多数人认为，奖学金是许多年轻人获得向上的社会流动的宝贵工具。然而，美国大学体育协会的数据表明，大众无疑夸大了全额体育奖学金的实际金额。出现这种情况的原因如下：

（1）收到来自大学教练员的标准录取函的高中生经常告诉人们他们预计会获得全额奖学金，而实际上他们只获得了部分奖学金，甚至根本没有获得奖学金，但他们并不会把这一结果公之于众。

（2）一些大学生接受了学费减免或其他形式的部分体育资助，他们有时会误导别人认为他们获得了全额奖学金。

（3）体育奖学金通常是一年期的，需要每年评估是否续发，然而许多人会以为去年有奖学金的人今年和明年也有。

（4）许多人认为，每个能进入大学运动队（特别是综合性大学的运动队）的人都有奖学金，但事实并非如此。

2012—2013 年美国共有超过 1300 万名全日制本科生。表 8.6 显示，这些学生中只有 517,849 人（约 4%）隶属于校际运动队，他们可以获得大约

177,559 项体育奖学金。有些人获得了全额奖学金，能够支付学费、住宿、三餐和杂费，但许多人只获得了部分奖学金，相当于全额奖学金的一半或四分之一。2013 年，美国大学体育协会（NCAA）第一级别会员院校的体育奖学金平均金额为男性 14,270 美元，女性 15,162 美元，但 NCAA 第二级别会员院校、美国大学校际体育协会（NAIA）联盟学校和美国专科院校体育协会（NJCAA）联盟学校运动员的奖学金数额要低得多。

当运动员和他们的父母发现大学运动队中只有三分之一的人可以获得全额奖学金时，他们大为震惊。尤其是当父母们想起每年花费至少 5000 美元让他们的孩子在 6～17 岁参加体育运动，也就是最低“投资额”达 6 万美元，父母的震惊可能会转变为难以置信，更不用说为此花费的时间和精力了，包括开车去学校观看训练、比赛和锦标赛耗费的许多个周末，途中还不得不吃快餐。即使孩子真的能进入 NCAA 第一级别会员院校，并获得了奖学金，他们也要在几乎整个学年中每周都刻苦训练 35～40 小时。伤病可能导致他们丢掉奖学金，教练员也可以叫停奖学金，一些运动员可能认为付出这样的努力来争取奖学金并不值得，因此退出球队。此外，普通奖学金的金额通常远低于父母为孩子参与体育运动投入的金额，这意味着花钱来培养孩子的运动技能，并寄希望于在大学以奖学金的形式获得回报，从经济角度来看没有任何意义。

我们还可以采用另一种方法理解表 8.6 中的数据，即在所有全日制本科学生中，只有约 2%的人可以获得某种形式的体育补助。事实上，许多高中生和他们的父母都不知道，学术奖学金的总额比体育奖学金高出数百万美元。

阶层、性别和种族与体育奖学金密切相关。中上层阶级家庭（家庭年收入 10 万美元及以上）中的年轻人拥有较多资源，能够发展私营程度较高的体育项目的相关技能，包括长曲棍球、足球、排球、划船、游泳、水球、曲棍球、垒球和冰球项目的相关技能。因此，尽管他们中的大多数人可以在没有体育资助的情况下负担得起大学费用，但他们比中低收入家庭的运动员更有可能获得这些项目的体育奖学金。

娱乐与体育节目电视网的艾美奖获奖记者汤姆·法里（2008）曾对此问题展开调查，他得出结论：“大学体育运动通常更多是特权者而非穷人的领地”（2008：145）。法里的结论也得到了近年来研究的支持。阿曼达·葆拉（2012）针对大学教练员招募运动员的策略的研究表明，教练员要么会去寻找来自高收入家庭的运动员，因为他们不需要全额奖学金，只获得部分奖学金也能负担得起大学费用，要么会去招募来自收入极低家庭的运动员，因为他们有资格获得体育部门以外的助学金性质的资助。此外，由于许多教练员的招募预算很紧张，他们有时会将选择渠道限制在训练营和锦标赛中，而在这些地方，来自高收入家庭的年轻运动员往往非常多。

根据一项调查 NBA 球员的社会阶层和家庭背景的研究，乔舒亚·杜布罗和吉米·亚当斯（2012）得出结论：来自低收入家庭的白人运动员在 NBA 打球的可能性比来自更富裕家庭的运动员低 75%。而对于黑人运动员而言，来自低收入家庭的人比来自富裕家庭的同龄人成为 NBA 球员的可能性低 37%。

最有可能为高中毕业生提供奖学金的体育项目包括划船、高尔夫、马术、体操、长曲棍球、游泳、击剑和水球，参与者基本都是来自中上阶层、住在近郊的白人（Farrey，2008）。

表 8.6　2013 年大学运动员数量及奖学金授予的上限

	总数	男性	女性
大学运动员总人数*	517,849	308,171	209,678
体育奖学金项目的数量**	177,559	92,658	84,901
以下组织中体育奖学金的平均数额/美元			
NCAA 第一级别会员院校		14,270	15,162
NCAA 第二级别会员院校		5548	6814
NAIA 联盟学校		6603	6964
NJCAA 联盟学校		2069	2810

资料来源：http://www.scholarshipstats.com/ncaalimits.html（数据于 2015 年 4 月 12 日获取）

注：*表示包括美国大学体育协会（NCAA）所有三个级别会员院校的运动员，以及来自美国大学校际体育协会（NAIA）联盟学校和美国专科院校体育协会（NJCAA）联盟学校的运动员。

**表示各支大学运动队每年均有奖学金授予项目的数量上限。但是由于预算有限，加上体育主管和教练员所做决定的影响，实际授予的奖学金项目数量会低于上限。

尽管已有上述研究发现，我们也对社会阶层和体育参与有了一定了解，但媒体工作者还是会经常以专题故事重点刻画贫穷出身的年轻人通过体育获得名声和财富这样的励志行为。这种报道一次又一次宣扬着凭借体育获得优质生活的迷思，同时不断重申“美国梦”，强调美国是真正精英管理的国家，也通过这些观念宣扬了阶层文化观念（Green and Hartmann，2012）。

此外，可以持续产生收入的大学体育项目，是那些球员以黑人男性为主的项目，如 NCAA 第一级别会员院校的橄榄球和男子篮球项目。平均而言，这些运动员的家庭财富和收入比大多数其他 NCAA 第一级别会员院校体育项目的运动员的要少。这就形成了一个有趣的阶层和种族关系情境：来自贫穷家庭的黑人男性通过参与体育运动创造财富，而这笔钱却成了来自富裕家庭的白人运动员的奖学金。白人家长、学生和运动员从不会考虑这种资源分配方式，但是黑人橄榄球和篮球运动员对此非常清楚。

总体而言，如果体育资助对象为专注于学习并获得学位但经济困难的年轻人，大学体育运动就可以增加他们获得职业成功的机会，但这种情况似乎只是例外而非惯例（Mackin and Walther，2011；Singer and May，2011）。这并不是说体育资助本身有问题，而是它对总体的向上社会流动的贡献确实微乎其微。

“在那些得以在电视上播放的体育娱乐节目的表象之下，掩藏的巨大现实是：大学运动员多是白人富家子弟。”

——汤姆·法里，娱乐与体育节目电视网记者（2008）

七、小结：金钱和权力在体育中重要吗？

社会阶层和阶层间关系是体育中不可或缺的一部分。有组织的体育运动依赖于资源，提供资源的人则以确保自身利益和优势的经济安排来规划体育运动。这恰恰可以解释为什么在美国占主导地位的体育形式提倡的文化观念，是以精英管理的社会理念为基础，认为人们总是可以得到他们应得的东西，而他们现有的东西都是他们的应得之物。

在美国，精英管理的社会理念与“美国梦”共同构成了一种阶层文化观念，宣扬有钱有势者的优秀品格和出众的资历，同时将无钱无权者置于不利地位。此外，这一文化观念还能使人们得出结论：在美国，即使是极端的和压迫性的经济不平等，也是自然存在的，且对整个社会都是有益的。

阶层间关系还与运动队所有权、赛事赞助和体育媒体报道的模式有关。由于政府使用公共资金修建体育场馆和竞技场，富裕的球队老板会获得补贴，进一步增加自己的收入并扩大权力。同时，包括背景雄厚的跨国公司在内的经济和政界精英会赞助能够给人们带来乐趣和刺激的运动队、赛事和媒体报道。尽管体育迷并不总是按照赞助者的期望为体育运动赋予意义，但他们很少对体育运动进行批判性分析，而且往往并不认为体育运动会固化不平等现象和政策的阶层文化观念。然而，这正好可以将体育变成一种有用的工具，用来影响大众对世界运作方式的看法。

世界范围内的体育参与模式与社会阶层和物质资源的分配有关。对于世界上许多地区的人们而言，有组织的体育运动是他们负担不起的奢侈品。即使在富裕的社会中，体育参与也只是在中上层阶级比较普遍，不同阶层的生活方式往往与不同的体育运动的组织和参与相对应。

体育参与模式还与人们的阶层、性别、种族和民族相互关联。资源极度匮乏的女性的体育参与率极低，而处于社会和经济边缘的男性，则将体育视为一种获得尊重的手段。这些都是上述因素相互关联的体现。拳击运动是一个典型的例子。在拳击运动中，阶层、性别、种族和民族密切相关。因此，拳击馆往往会成为一个安全的场所，为居住在贫困、种族歧视和暴力的绝望之地的非裔男性提供临时避难所。

促使非裔男性参加拳击运动的社会力量，也同样激发了美国社会各种各样的“篮球梦”，强烈吸引着许多非裔男性的注意力。这些梦想是希望的源泉，但由于学校和体育馆被关闭、学校运动队被解散、训练条件差、资源匮乏等现实状况，梦想很少能成为现实。

观看体育比赛的模式也与社会阶层和阶层间关系有关，例如体育场馆和竞技场中的球迷座席呈现出的隔离状况愈发明显。豪华包厢、俱乐部专属席位和季票安排模式通过财富、权力和资源将人们区隔开来。在此过程中，不平等现象越来越趋于常态，以至于人们都不太可能会反对政策允许有钱人有优先权购买前排座位或通过免排队 VIP 入口进入豪华包厢。

部分运动员的职业机会为其带来了向上的社会流动的希望。对于运动员而言，这类机会一般都极为稀缺且稍纵即逝，反映着社会中的阶层、性别和族裔关系的模式。这在体育组织中的各个方面都有所体现。尽管少数族裔群体的工作机会有所增加，但白人仍然占据着体育组织中的大多数掌权职位。只有当运动队和体育相关部门的组织文化变得更加包容，为少数族裔群体提供新的机会时，上述情况才有可能改变。这样少数族裔群体才能够充分参与政策和规范的制定过程，以获得更多的体育参与资格和社会关系。

研究总体表明，通过体育参与来扩大社会和文化资本的人，在寻求从事体育领域以外的工作时通常具有一定优势。但是，当体育参与限制了社会和文化资本时，也可能会对其以后的职业成功产生负面影响。这种相关度因体育项目而异，受到运动员在其体育职业生涯中所积累的资源的影响。

结束职业体育生涯可能会带来精神压力和个人挑战，但是大多数运动员在退役过程中都不会遭受过度创伤，或遇到巨大困难。当运动员建立的身份和人际关系全部与体育有关时，最容易出现问题。此时，退役运动员可能需要专业帮助才能成功过渡到人生下一阶段，获得满意的职业和人际关系，与身边的人相互支持来促进自身成长、建立新的身份。否则，他们有可能会沉溺于自己作为运动员时的“光辉时代”，而不是积极面对职业体育生涯结束后新生活带来的挑战。

体育奖学金可以帮助一些年轻人继续深造，增加未来获得职业成功的机会，但与其他类型的奖学金和助学金相比，体育奖学金相对较少。此外，体育奖学金并不总能改变年轻人的未来职业模式，因为许多人在上大学时并没有获得体育相关经济资助。

总之，在美国，体育与阶层、阶层间关系和社会不平等的模式具有明显的关联。金钱和经济实力在体育领域的确至关重要，它们再现了现有的社会阶层和人生机会模式。

补充阅读

阅读材料 1　社会阶层与高中运动员的未来

阅读材料 2　100 名高薪运动员的国籍

阅读材料 3　全年体育参与模式与未来的职业选择

阅读材料 4　职业橄榄球运动员与美国各州的贫困率

阅读材料 5　世界杯与奥运会：在巴西国内谁是受益者？

体育管理问题

- 假设你在一个跨州青年足球组织中工作，你工作的一项任务是制定一份“家长指南”，除了常规内容之外你告知家长他们可以对孩子抱有怎样的期望。你对孩子获得奖学金的可能性进行了现实分析，但是组织负责人让你将这些内容删掉。请描述你最初写给家长的内容，并解释为什么组织负责人让你将其从指南中删除。
- 你的教练员对你和大学长曲棍球队的其他所有人说，体育运动代表着“美国梦”，并且在组织得当的情况下，金钱对体育表现不会造成影响。他还说，体育是来自“弱势”背景的年轻人出人头地的最佳途径。你的一名队友对教练员所说的话持怀疑态度，并请你评判教练员的言论。请阐述你打算对队友说什么。
- 你有一位来自巴西的留学生同学。当她得知你正在修体育课程时，她告诉你体育运动是一种奢侈品，会分散人们对政治现实的注意力，而且占用了本应用于满足基本人类需求的宝贵资源。她想知道你怎么看。请列出至少 5 条观点作为回应，并逐一解释。

第九章　年龄与能力：它们是体育参与和全民体育的障碍吗？

（图源：© 里奇·克鲁斯/照片由残障运动员基金会提供 http://www.challengedathletes.org）

……年轻时，我算不上成功人士，也不曾有真正擅长之事。当我发现到了这个年龄段，我还能有所成就并获得认可，我感到备受鼓舞。

——马琳，66 岁大师运动会游泳运动员（in Dionigi et al.，2013）

……我们必须摧毁区分“正常”和“残疾”（具有身心障碍）的错误界线，抨击身体正常性这一概念本身。我们必须认识到，残疾不仅仅是少数人的身体状态，也是人类的正常状态。

——艾伦·萨瑟兰，英国作家、演员、活动家（1981）

我是一名喜欢运动的残疾女性，我没听过有哪位残疾运动员对我身边的残疾朋友的生活产生了实质性影响。

——埃丝特，残疾人权利活动家（in Braye et al.，2013）

21 世纪将会有这么一天：残奥会运动员比奥运会运动员跑得更快、跳得更高。在残奥会上，科技发展的脚步不会停止……残奥会也将结合人体和机器，成为像赛车比赛一样令人兴奋的赛事。如此一来，正常人的比赛就会显得无趣多了。

——休·赫尔，麻省理工学院生物机电工程团队负责人（2012）

本章纲要

什么可以被看作能力？
建构“年龄”的含义
建构“能力”的含义
体育与能力
残疾人体育
科技与能力
是否要区分“正常人”与“残疾人”？
小结：年龄和能力是体育参与的障碍吗？

学习目标

- 了解残障歧视文化观念、年龄歧视和残障歧视的含义及其影响。
- 阐明年龄和体育参与模式的关系，以及如今的高龄人士更加频繁地参与体育运动的原因。
- 了解残疾在医学模式和社会模式上的差异。
- 描述那些想参与体育运动的残疾人生活在“正常人帝国”中的感受。
- 阐释媒体和性别在残疾这一社会建构中的作用。
- 明确阻碍残疾人参与体育运动的因素。

- 了解体育运动对残疾人从排斥到包容的动态过程。
- 描述残疾人体育运动，尤其是残奥会和特奥会，所面临的主要挑战。
- 阐明在残疾人体育中应用新技术的利与弊。

你身体健全吗？如果是，什么因素决定了你是健全的？如果不是，又是为什么呢？随着年龄增长及环境变化，你的身体会一直保持健全的状态吗？

试着回答上述问题，有助于我们了解能力的变化无常。能力随着时间发生改变，时而增强，时而减弱。有些能力在某些情况下或许非常重要，在其他一些情况下却变得无关紧要。这说明身体健全只是一种暂时的身体状态，随时随地可能发生变化。

能力有多强时，你才会认为自己是身体健全的？哪些能力是最重要的？如果你视力不佳，需要戴隐形眼镜，那么你算是身体健全，还是仅仅达到“及格”？如果你安装了假肢，或接受了髋关节置换，那你算残疾人吗？如果你的双腿在膝盖以下被截肢，但是装上假肢后，你比大多数双腿健全的同龄人跑得都快，那你还算残疾人吗？

年龄是否影响你对自身能力的评估？当你 20 岁时，你的身体比一个 4 岁的孩子或 44 岁的中年人更强壮、更敏捷、更协调，但你会认为他们是残疾人吗？如果力量、速度和协调性对你完成一项任务没有任何影响，那身体健全又意味着什么？

以上问题促使我们思考：如何定义能力以及能力由谁定义？举例来说，我们可以请一位天生失明的人来谈谈他对能力的理解，也可以采访视力为 20.0/20.0（译注：对应标准对数视力 5.0）的人和那些必须戴眼镜才能看清楚的人，比较他们分别对能力有什么看法和感受。同样，我们也可以请 8 岁、22 岁、45 岁和 70 岁的人分别谈谈自己的感想。在我们探讨能力的含义及不同视角下人们对于能力的定义有多大差异时，上述做法可以作为一个很好的出发点。

幸运的是，已经有人开展了相关研究，为我们讨论年龄和能力如何影响体育参与奠定了基础。基于前人的研究，本章将探讨以下 4 个问题：

（1）什么可以被看作能力？能力由谁定义？与年龄和能力相关的文化观念如何影响残疾在体育中的定义？

（2）与年龄和能力相关的思想观念如何影响体力活动和体育参与？

（3）被定义为“残疾人”的人在寻求或把握体育参与机会时会遇到哪些问题？

（4）人类、技术和能力在体育中有何关联？

一、什么可以被看作能力？

我们的生活及我们所处的社会世界受到各种**文化观念**的影响。文化观念指的是人们通常用来赋予世界意义、理解不同经历的思想和观念。在本章中，我们将对年龄和能力如何影响体育参与进行思考，部分原因在于身体是我们形成自我意识、理解社会身份的中心（Thualagant，2012）。我们从小就对身体的评价和分类标准有所了解——高的、矮的、健康的、虚弱的、瘦的、胖的、迷人的、缺乏吸引力的、年轻的、年老的、体格健壮的、笨拙的、残疾的，等等。于是，我们大多数人会把保持健康、塑形塑身、打扮时尚作为自我身份认同计划的一部分。

19 世纪末 20 世纪初，人们开始组织体育运动，当时兴起的一种社会心理学理论强调，要想使身体和性格得到适当发展，年轻人需要参加有组织的体力活动（Addams，1909；Cavallo，1981；Goodman，1979；Mrozek，1983）。另外，当时人们普遍认为，40 岁以上的人应避免剧烈活动，不要参加激烈的体育运动，也不要给自己施加过多压力，因为他们已经过了自己的黄金期，身体必然开始走下坡路。

同样，具有特定身体和智力缺陷的人也被排除在体育运动之外，因为当时的人们认为剧烈运动会导致他们过度兴奋，从而对其自身及周围的人造成危险。因此，根据当时的标准，被定义为老年人或残疾人的人就成了边缘群体，在体力活动和体育运动中受到排斥。

不幸的是，我们未能摆脱遗留的历史惯例和标准，它们如今以**残障歧视文化观念**这种形式存在。残障歧视文化观念由诸多相互关联的思想和观念组成，这些思想和观念被广泛应用于鉴别身心障碍人士，将对其的歧视合理化，且在构建社会环境和搭建实体空间时不考虑他们的需求。

在精英领导体制下，这种文化观念在美国十分常见，人们经常根据能力、资质和公认的成就对他人进行比较和排名。这影响着日常社会互动，对于那些身体或智力表现被认定为无法达到特定标准的人，人们往往会以高人一等的态度自居，施以同情，将残障视为病态，有时甚至贬低残障人士。随着时间的推移，围绕残障歧视文化观念形成的社会组织形式，会将老年人和残疾人边缘化，且将其隔离在主流环境和活动之外，尤其是有组织的竞技体育运动之外。

残障歧视文化观念建立的基础在于：不承认身体和智力变化是人类生存过程中自然且正常的一部分。另外，它还忽略了一个事实，即不同能力被赋予的意义会随着情境变化而改变，而且每个人的能力都会随时间的推移而改变，甚至因为受伤或生病而突然发生变化。

讽刺的是，那些持有残障歧视文化观念的人把他人归类为残疾人，却忽视了自身能力的暂时性。当人们依据性别、种族或阶层文化观念向他人炫耀自身的优越感时，他们往往会避免被其他持相同文化观念的人做出负面评价。然而，在残障歧视文化观念下情况有所不同，因为其他人会依据残障歧视文化观念对那些早年以此评价过他人的人进行负面评价（Harpur，2012）。

残障歧视文化观念还建立在缺陷是反常的假设上，而忽略了以下事实：没有人的大脑或身体能够在任何情况、任何时候都完美运作。我们的心目中可能有一个理想的人类形象，他没有任何缺陷，但这样的人并不存在。我们每个人都或多或少具有缺陷，这就是身为人类的现实。幸运的话，这些缺陷不会给我们的生活造成明显的不便，我们会因为自身的能力而获得他人赞赏，也不会被别人贴上不及常人和残疾的标签。展望未来，我们希望能规避严重的损伤，能够自由地成为自己想成为的人，做自己想做的事。

那么，既然没有任何人是完美的，每个人活到生命的某个阶段都会因身心缺陷而生活受限，又怎么能够把人划分为健全人和残疾人两类呢？残疾意味着情况比“失能”更糟糕，当一个人被归类为残疾人时，谁来决定哪些缺陷是归类的依据呢？例如，一个10岁的女孩，虽然左臂和左手有缺陷，但借助一根经过改造的滑雪杖，可以比她的朋友们滑得更快、控制力更强，那么她应该被归类为残疾人吗？这由谁来决定，为何做此决定？同样，如果这个女孩不能像她最好的朋友一样完成侧手翻和后空翻的动作，但却能单手系鞋带，跑 5 公里的速度比她的朋友更快，那么称她为残疾人合适吗？

上述问题旨在鼓励我们批判性地思考能力和残疾的含义，以及思考如何区分健全和残疾。提出这些问题并不代表着我们没有考虑残障人士真正面临的挑战，或只是对其轻描淡写，我们知道这些挑战会迫使他们做出重大的、往往是艰难的人生调整，其中一些挑战还可能影响他们的机会和选择，尤其是当他们因为一处明显的身心缺陷就被视为无能之人时。但是究竟在什么时候、什么情况下，一种特定的缺陷会被视作残疾呢？

要回答上述问题，理解能力和残疾在体育中的意义，我们有必要了解构成残障歧视文化观念基础的两种“主义”——年龄歧视主义和残障歧视主义。

（一）年龄歧视主义

“年龄歧视”一词最早由罗伯特·巴特勒于 1969 年提出。巴特勒是一名医生兼精神病学家，他从小跟着祖父母长大，所以当医学院的老师用粗鲁和嘲讽的语言谈论老年病患及其身体状况时，他感到十分气愤。受此影响，他开始研究老年人在社会中的待遇。人们对老年人的态度和印象决定了美国社会对待老年人的方式。随着巴特勒对此了解越来越深入，他将**年龄歧视**定义为一种评价性视角，此视角偏爱某一年龄段人群（通常是年轻人）而歧视其他年龄段人群，并认为歧视这些被视为没有能力充分参与主流活动的年龄段人群是合理行为。巴特勒认为这一视角扭曲了其他年龄段人群与老年人之间的关系，否认了老年人的（身体和智力）能力。

年龄歧视视角基于这样一种观念，即年轻人比那些已过中年、将要迈向老年的人能力更强、更优秀。这种观念在一些文化中极为普遍，以至于大多数人都将其视为天经地义，他们拿老年人开玩笑，还会普遍恐惧自己的衰老。年龄歧视如今在许多国家已成为最常见的职场歧视形式之一，究其原因也是上述心态作祟。在美国职场中，有记录的年龄歧视事件数量是种族或性别歧视事件数量的 3 倍（Age Concern，2006；EEOC，2013）。讽刺的是，美国的婴儿潮一代，即 1946—1964 年出生的人，年轻时以负面的刻板印象歧视老年人，如今他们已步入老年，却致力于反对年龄歧视。

婴儿潮一代曾目睹他们的父母在就业和其他领域被动接受年龄歧视，

甚至将年龄歧视的部分观念内化成自己的想法，但是现在他们当中却有许多人正在努力打破年龄歧视方面的刻板印象，尽力消除那些曾束缚其父母生活的条条框框。他们采取的策略之一就是批判他人用来描述老年人的词语，如“老人家”“金色年华之人”“长辈”“老年公民”“上了年纪的人”以及“亲爱的”或“宝贝”，这些人们过去常用、现在偶尔使用的词语如今却被视为表达优越感且带有年龄歧视色彩的词语。

“年长者”一词是今天的老年人倾向于用来描述自己年龄身份的词语，因为它将年龄视为一段连续体，根据参照点将人们识别为“年轻的”或“年长的”。这种划分方式与残障歧视文化观念相悖，它承认衰老是一个自然过程，每个人在人生的每一个阶段都是一个完整的人。上述策略以及其他策略都卓有成效，人们对衰老现象及老年人的态度正在改变。

> 积极参与体育运动不仅仅是一种选择。如果我们想要到老年时还能拥有健康且充实的生活，这是必不可少的。
>
> ——美国卫生部（2004）

（二）残障歧视主义

在今天，残障歧视文化观念的主流形式也受**残障歧视**所影响。残障歧视是一种评价性视角，被贴上残障标签的人被视为低人一等，无法充分参与主流活动。一些人由于自身存在明显的或可能的**缺陷**（即可能限制一个人充分参与社会和/或实体环境的一种身体、感官或智力状态），其身体或智力能力无法达到特定标准，而持有残障歧视视角的人往往会以高人一等的态度对待他们，或将残障视为病态，或对其施以同情。

随着时间的推移，围绕残障歧视形成的社会组织形式会将残疾人边缘化，隔离在各种环境和活动之外，而这些环境和活动是由那些目前身体没有明显缺陷，因而未被划分为残疾人（即具有某种确定会造成严重的功能限制的缺陷的人）的人所创建的。

哈佛大学学校领导力项目负责人托马斯·赫尔解释说，当残障歧视影响我们的决定时，它通常会引导我们将世界变成一个“对残疾人并不友好且让他们难以融入的世界”（Hehir，2002：13）。赫尔表示，就学校而言，残障歧视会让学生父母和老师认为“孩子最好能阅读印刷图文而不是盲文，能够走路而不是使用轮椅，能够独立拼写而不是借助拼写检查程序，能够阅读书面文本而不是听有声书，能够与健全的孩子玩耍而不是与其他残疾孩子玩耍”（Hehir，2005：13）。

因此，残障歧视会让人们忘记能力变化是人类生存过程的正常组成部分，我们每个人的能力都随着时间发生变化，各种能力维度也会发生改变。同样，人们还会因此忽视这样一种可能性：身体健全的人也可能会因受伤、生病或生活中的其他事件而致残。这意味着身体健全只是一种暂时状态，将人划分为残疾人和健全人并不能让我们真正地了解人们的生活，尽管这样分类有利于达成一些政治目的，帮助我们明确特定人群对特殊服务和支持的需求。我们知道，能力种类繁多、使用目的多样，尽管我们可以对某一特定情境下或特定任务中个人的特定能力从低到高进行排名，但是我们不可能建立一个总的能力排名系统，使其适用于所有情境和任务，或者所有体育项目。

那么，我们该如何决定何时使用残疾相关词汇呢？使用残疾相关词汇又会有何影响？后文将对这些问题进行分析。

二、建构“年龄”的含义

关于年龄的思想观念随着时间推移发生改变，在不同的文化中各不相同，甚至基于特定社会世界所重视的活动和特质，在不同情境中也有所差异。在高速发展的社会中，人们认为年轻比年老更加重要。人“老”了，意味着变得顽固、与时代脱节、抗拒变化、思想老旧。不仅如此，人们还认为衰老伴随着身体机能和智力的衰退，于是许多人对衰老产生了消极的态度，随后可能演变成对于年长的刻板印象。例如，北美的儿童通常获得的认知是，能力跟年轻有关，能力的缺失跟年老有关。因此，对于一名5岁的女孩，当她祖父由于健康问题无法陪她一起活动时，她会说她祖父老了；但对于同龄的祖母，她却称祖母还年轻或还不老，因为祖母喜欢体力活动，还会陪她在公园踢足球。从她的人际关系和个人经历可知，这个5岁的孩子已经学会把年老等同于行动不便和体能缺乏。对她而言，能够参与体力活动且精力充沛是年轻的标志。

当这种年龄认知被人们普遍接受，并且在社会文化中被融入有关衰老的普遍性叙事时，与衰老相关的负面观念就会长期存在（Pike，2013）。因此，随着年龄增长，人们就会减少体力活动，而且认同社区不需要出资为老年人提供保持身体活跃、参与体育运动的机会。由此一来，想要保持运动的人几乎得不到社会支持，参与较为剧烈的运动的机会更是少之又少（Pike，2012；Tulle，2008a，2008b，2008c）。

直到现在，在世界上的许多地区，人们还会认为老年人身体虚弱，应该取消其日常工作安排，或将此作为他们努力工作多年的回报。在 20 世纪的大部分时间里，人们总是告诉老年人要放松，保持精力和体力，确保每天有充足的休息。甚至连北美和欧洲大部分地区的医生也会建议老年人，尤其是老年女性，不要“做太多事”，以避免筋疲力尽。因此，老年人一直以来会避免过于耗费体力的活动，甚至还担心剧烈活动会损害自己的健康和福祉。他们不会考虑参与体育运动，因为运动会给他们的心脏带来太大负担，同时引发肩膀、背部、髋部和膝盖的问题。“做你这个年龄应该做的事”意味着被定义为老年人的人要少活动，尽管老年人的年龄定义标准在社会内部或不同社会间因种族、社会阶层和性别不同而千差万别（Tulle，2008a）。

如今，这种看待衰老的方式依然存在，影响力仍不容小觑。不过，在一些社会已有研究表明，体育锻炼对老年人没有危害，除非他们患有某些慢性疾病，或者对于对力量和柔韧性有一定要求的活动没有做好身体上的准备。但是我们可能依然会听到有的老年人说：“我老了，做不了了”，其实他真正想表达的是他没做好身体上的准备，或者他不想让大家看出他已经不能像过去那样做得那么好了。

> 我们不是因为变老而停止玩乐，我们是因为停止玩乐才变老。
>
> ——萧伯纳

（一）衰老是一项社会和政治议题

在当今大多数社会中，随着医疗条件的改善和人们文化水平的提高，人口出生率不断下降，人类寿命得以延长。2013 年，全球人口平均预期寿命为 68 岁，女性 70 岁，男性 66 岁。近 30 个国家的人口平均预期寿命超过 80 岁（WHO，2013）。虽然许多人为寿命延长感到欣喜，但也有人担心，以目前的公共资金水平，人类寿命的延长将导致医疗和社会服务终有一天难以为继。

老年人对社会没有贡献，终将成为年轻人必须承受的负担，这些基于年龄歧视的假设加剧了上述忧虑（Pike，2011）。更糟的是，这些假设进一步将老年人边缘化，支持他们少参加体力活动，使其脱离原本可以为社会做出贡献的环境，并剥夺他们参与继续教育、提高职业技能从而继续为社会做贡献的机会。此外，当年龄歧视和残障歧视文化观念在一个社会中无处不在时，老年人往往会把自己代入这些假设，主动退出各种活动，放弃作为社区和社会重要成员的身份，年龄歧视因而成为一种自我实现的预言。

近年来出现的另一个社会和政治问题是基于这样一种观念：严格的锻炼能使人保持年轻，因为它能延缓并最大限度地减少年龄增长带来的自然衰老变化。尽管关于不同形式、不同强度的体力活动对于老年人整体健康的影响仍有待得到研究，但是一些运动科学家和执业医师坚称，保持身体活跃始终是件好事，它将改善人们的生活质量，帮助人们避免常见的老年病。[①]但是他们没有谈及运动损伤的频率，以及那些需要医疗援助才能坚持训练和比赛的老年运动员对医疗的严重依赖程度。

人们由此认为，如果老年人真的患上疾病，那是因为他们不好好照顾自己，是他们自己的人生选择。虽然这种观点已被证实是错误的（Tulle，2008c），但是如果政策制定者相信这一点，他们就不太可能为老年人提供保健和医疗服务，因为只有“懒惰和不负责任的”老年人才需要这些服务。于是，出现了如下政治局面：很少有人关心国家和社区为老年人提供的服务项目。如此一来，那些认为体力活动和体育运动是众多社会和健康问题的正解的人，为美国的新自由主义的政治文化观念提供了支撑，这种文化观念强调，当人们对自己的生活自负责任时，大多数问题将迎刃而解（Collinet and Delalandre，2015）。将体育运动和体育科学与衰老现象相关联，是影响那些与民生息息相关的政治决策的一种方法。

① 这是一个重要且复杂的问题。伊曼纽尔·塔尔（2008a，2008b，2008c）对此问题进行了直接且详细的讨论，伊丽莎白·派克（2011，2012）和布拉德·米林顿（2012）则不是那么直接地对此进行了讨论。

（二）年龄、运动和能力

在越来越多的社会中，一半以上的人口寿命至少可达 70 岁。剑桥大学历史学家彼得·拉斯利特（1987，1996）曾针对全部人口老龄化时将会发生什么这一问题进行了研究，并在其研究中使用了“第三年龄社会”这一术语。在该社会中，人们对老年学，也就是涉及衰老过程及老年生活的研究愈加重视。

当今大多数社会老年学家认为，虽然衰老本质上是不可逆转的身体机能衰退过程，但是此过程具有重要的社会意义。有关衰老的研究试图消除社会学研究中的一种不平衡现象，即社会学研究一直把未来社会的生产者和消费者，也就是青年人作为研究主体，而老年人却受到了忽视，因为老年人被认为是没有多少生产和消费能力的群体。社会老年学家的研究也有助于我们这些体育社会学研究者进一步研究年龄、运动和能力的关系，以及人们在生命不同阶段赋予体育参与的意义。

针对青少年体育参与的发展影响的研究数不胜数，对于从儿童早期到青少年时期的适龄体力活动，我们也已经有了深入的了解（Balyi et al.，2013；CS4L，2013），但是针对老年人参与体育运动的意义和动态的研究却比较少见。部分原因在于人们认为老年人已经是“成年人”，也就是说，他们已停止成长发育，所以就没什么理由去研究老年人生活中的体力活动和体育运动。

上述观念缺乏远见，而且人口统计数据表明，在许多社会中，60 岁以上的人口增长最快，这一点却没有得到重视。此外，如今许多将要步入 50 岁或更高龄的人，都认为自己有能力参与体育运动和相关的高强度体力活动，因此我们有必要了解这一年龄段的人群参与体育运动的全部意义。公共和私营部门的资金历来主要用于鼓励年轻人参与体育活动，并为其提供参与机会，却基本上忽视了为老年人提供机会和鼓励（Pike，2012；Tulle，2008a）。

不出意料，世界各地受欢迎的体育运动都在赞美青春和活力，这些运动常被视作展示社会未来的“窗口”，而老年人参与的运动得到的关注则九牛一毛。一个例外情况是老年人高尔夫锦标赛，因为企业赞助商会利用该锦标赛向有钱有势、只选择大公司产品的老年人推销产品和服务。老年运动员参与的其他体育项目就没有这么好运了，没有新闻会对其从头到尾进行报道，除非赛事涉及一些有关老年人的奇闻趣事，比如一名老年运动员成为最年长的马拉松运动员，或成为第一位 80 岁成功登山或横渡当地湖泊的老人。

至此，我们许多人已经注意到，一部分精英运动员的在役时间有所增加（Tulle，2014）。体育科学的发展改善了运动员的营养和训练方式，使其在持续的高强度训练后能更快地恢复。解说员经常提到年长运动员的长寿，那些希望向年长消费者推销产品的赞助商如今也愿意赞助那些保持着名人形象、具有产品销售能力的年长运动员，比如大卫·贝克汉姆。2013 年，贝克汉姆与美国职业足球大联盟洛杉矶银河队的合同到期，当时，世界各地顶尖足球队的大部分球员人事主管都认为 38 岁的贝克汉姆对于足球运动已经太老了，没有任何竞技价值了。然而，贝克汉姆的商业价值仍然存在，多家俱乐部还竞相与其签约。对俱乐部而言，即使贝克汉姆本人已经度过了他作为球员的全盛时期，但“贝克汉姆品牌”值得维系。然而，贝克汉姆最终还是决定退役。

（三）关于衰老和体育的新兴思想

出生于 1946—1964 年的婴儿潮一代，是美国、英国和其他一些国家中人口最多的年龄群体。第二次世界大战结束后，这些国家认为未来充满可能性，对此满怀希望。在这种积极乐观的展望的驱使下，许多夫妻在第二次世界大战结束后的 18 年中努力生育，人口统计学家将这段时间出生的孩子称为婴儿潮一代。

多年来，婴儿潮一代在各个领域都产生了巨大的影响，无论是流行文化的兴起还是科学和高等教育的发展。他们在成长过程中接触到青少年体育运动的机会更多，上高中和上大学的比例也比前几代人高。现在他们已经或者即将步入老年阶段，比过去这个年龄段的人更积极地参与体力活动。因此，他们这代人反对歧视老年人的观念。如今，当积极参与运动的老年人受到媒体关注时，解说员很可能将此事描述为一种潮流趋势，而不是一件奇闻趣事。

平均来看，婴儿潮一代的老年人比过去几代的老年人更健康，拥有更多资源支持他们继续参与体力活动和体育运动，而且他们有幸生活在经济发展时期，在他们的儿童时期，公众普遍支持体育项目的发展。此外，《教育法修正案》第九条以及其他国家出台的类似的性别平等的法律为女性提供了众多机会，婴儿潮一代中年龄最小的女性就是第一批受益于此的人。综合以上因素，许多婴儿潮时期出生的人将体育参与变成了一项家庭活动，这在此前实为罕见。因此，相比以往任何一代，这代人的家人和朋友都更加支持他们继续或开始参与体育运动（Pike，2012）。

尽管关于年龄和体力活动的思想观念有这样的代际变化，但这并不意味着如今所有的老年人都能积极参与运动。事实上，体力活动不足、肥胖以及相关健康问题的发生比例极高，这令人沮丧。此外，部分婴儿潮一代的人接受了残障歧视文化观念，否认自己的衰老；另一些人则屈从于年龄歧视的刻板印象，试图通过染发、饮食管理、整容手术、药物以及其他方式掩盖自己的衰老，美容业数十亿美元的广告投入促使人们对年轻永驻怀抱着希望。当然，也有人为了看起来更年轻而参与体育运动和日常锻炼（Pike，2010）。

重点在于，婴儿潮一代人口规模庞大，资源获取便利，因而具有重大的文化影响力。他们当中有许多人满怀期望地步入老年生活，希望当自己想要积极参与体育活动时，就有机会这样做，否则他们将会自己为自己创造机会（Brown，2013）。就这一点而言，他们正在挑战如今无处不在的残障歧视文化观念，质疑关于老年人做什么是自然的、正常的这一类流行思想（Collinet and Delalandre，2015；Dionigi and O'Flynn，2007）。

与此同时，如今的老年人还在挑战体育运动的组织形式。许多体育项目将力量和成绩因素与娱乐和参与因素相结合，为兴趣不同的人提供了选择空间：有些人注重结果、个人最佳成绩以及其他方面的成就；有些人则注重在不同情境下寻求社会体验，为了享受乐趣参与体育运动。

（四）仅限老年人：年龄隔离的体育

由于种种原因，一些老年人更喜欢参加老年人专属的运动。长期运动的老年人可能希望与同龄人一起比赛，因为他们能够体会这个年龄段人群的兴趣和经历，而刚刚开始运动的老年人通常会避免与年轻人一起比赛，因为后者可能对老年运动员所关切的事不太敏感。

如今许多个人运动项目都发起了大师赛或老将赛，例如自行车、滑雪、乒乓球、网球和铁人三项等。游泳和田径运动是历史最为悠久的拥有大师赛的项目。首届世界游泳锦标赛大师赛于 1986 年在日本东京举行（Weir et al.，2010），2012 年在意大利举办时吸引了来自 77 个国际游泳联合会会员的近一万名选手。

（图源：© 南希·科克利）

在 2013 年夏天于美国科罗拉多州柯林斯堡举行的 5 公里和 10 公里长跑比赛中，有许多一家三代人同时参赛的队伍，上图就是其中一组。这组家庭成员的年龄分别为 69 岁、44 岁、16 岁和 14 岁，他们经常一起参加跑步比赛。

世界老将运动会是一项多项目赛事，自 1995 年以来每四年举办一次，参赛者年龄要求在 35 岁以上。该运动会受到国际奥委会认可，与国际残奥委会共同支持奥林匹克运动以及《奥林匹克宪章》中“人人享有体育”的理念。1995 年，国际老将运动会协会（IMGA）正式成立，各大国际联合会都是该协会会员。1985 年的世界老将运动会有 8000 多名运动员参赛；2013 年的世界老将运动会在意大利都灵举办，共 5 万名来自 100 个国家和地区的运动员参加了 30 项核心项目的比赛，运动员甚至可以组成多国联合队参赛。与 2012 年伦敦奥运会相比，世界老将运动会吸引的媒体报道不多，观众也较少，但其参赛人数是前者的 4 倍。

世界老将运动会是一项高包容性的赛事，强调终身参与体育运动对健康的益处。该运动会在常规项目中纳入残疾人体育项目，包括许多专门针对各年龄层、具有不同身心缺陷的残疾运动员设计的项目。尽管大师赛和老将赛越来越受欢迎，但全球仅有一小部分老年人口参与其中。

针对参加世界老将运动会的中老年群体的研究，能够帮助我们更多地了解体育参与在衰老过程中的作用（Dionigi，2006，2010，2011；Dionigi and O'Flynn，2007；Dionigi et al.，2011，2013；Pike，2012；Pike and Weinstock，2014，Tulle，2007，2008b）。这些研究的数据表明，在大多数情况下，持续参与体育运动有助于人们适应衰老过程。随着人们从中年步入老年，尽管竞争仍会使他们感到兴奋，但他们会意识到自己在体育运动中的表现水平将会下降的事实，并对此平静接受。有些人不断追求卓越，而另一些人也会努力超越自我，但前提可能主要是他们进入了一个新的年龄阶段，有机会在某个项目的相同年龄组名列前茅。

当谈及体育参与在生活中的作用时，这些参与运动的老年人表示，他们似乎在以体育参与“对抗衰老，同时接受衰老”（Dionigi et al.，2013：385）。面对衰老，他们会经历压力、疾病以及急性损伤，但保持体育参与能让他们维持体能，感受社交和精神上的刺激，仍然拥有活力。他们不希望人生被年龄束缚，当别人不以年龄定义他们，或者当别人认为他们看起来比实际年轻时，他们就会感到高兴。

遗憾的是，现有研究大多以中产阶级白人为主体，他们在谈论体育参与时经常使用特定的健身话语。目前，我们对物质资源匮乏人群的体育参与情况知之甚少，他们的体育参与度很可能相对较低。不过，对于那些参与大师赛和其他赛事的人而言，了解他们为自身经历所赋予的意义，以及这些意义如何随着年龄增长和生活环境的变化而改变，将对我们十分有益。

毫无疑问，随着越来越多的老年人希望参与老将赛和大师赛，并且当人们将其视为开启职业生涯和盈利的途径，老将赛和大师赛也将遍地开花（Brown，2013；Weir et al.，2010）。如今，世界各大城市负责经济发展的官员都将举办老年体育赛事作为发展当地旅游业的一种方式，以此吸引那些有钱在酒店、餐厅和当地旅游景点消费的游客来观赛。

活跃的老年人也会被这样的比赛所吸引，因为他们不需要面对不断提高比赛成绩的压力。他们注重的是维持体能而不是提高成绩，这样随着年龄增长，他们仍可以照常参与体育运动。因此，老年人往往会避免受伤率高的运动。欧洲的一项研究发现，在 1739 名 50 岁以上人群的体育参与中，随着年龄增长，他们参与的运动竞争性日益减弱，但是组织形式越来越多样化。（Klostermann and Nagel，2012）。

我们难以追踪人们将体育参与融入生活的方式随着年龄增长有何变化，但是根据目前的了解，随着年龄增长，人们更愿意参加经过改良的竞技活动，这些活动强调动作的乐趣、社会体验以及可控的挑战。许多老年人还会选择步行、游泳、力量训练、瑜伽、太极以及不涉及竞争或成绩记录（如用时和排名）的活动。他们认真对待这些活动，同时也重视健康、健身、社会体验以及参与运动的整体乐趣。也有证据表明，现在有些老年人会选择动作类电子游戏，这样他们可以在家锻炼，既安全又舒适（Diaz-Orueta et al.，2012）。

总而言之，随着时间的推移，积极活跃、身强体健、运动健将这样的老年人形象将逐渐深入人心，这有可能会激励其他老年人积极参与体育活动。而那些持有年龄歧视和残障歧视观念，把老年人视为无能且低人一等的人，其可信度将因此受到质疑（Pike，2012）。此外，基于残障歧视文化观念提出政治议程的人可能会利用上述老年人形象进行争辩，提出没有达到锻炼期望的老年人不应该获得公共支持，因为他们缺乏道德品质。这意味着，随着老年人更积极地参与运动，年龄和能力被赋予的意义可能会随着人们所推动的社会和经济政策议程不同而产生天壤之别。

（五）年龄、能力和背景

随着年龄的增长，人们的年龄会与性别及种族/民族、社会经济地位等社会因素交织，共同影响晚年的体育经历。例如，老年白人男性的体育经历和机会与老年黑人女性大有不同；较为富有的人比物质资源匮乏的人拥有更多选择。此外，年龄和性别被描述为“双重危险”，老年女性受到年龄和性别的双重制约（de Beauvoir，1972）。但其实更准确的说法应该为“多重危险”，因为我们还要考虑种族/民族、社会经济地位和其他变量的影响（参见 Pike，2010，2012）。

在所有社会中，女性预期寿命均比男性预期寿命长，这一社会情况被称为“老龄人口女性化”（Davidson et al.，2011）。然而，统计数据表明，在整个人生阶段，女性的身体活跃度都不如男性，而且其活动水平在晚年明显下降（Sport England，2013；Wilińska，2010），这是由于女性在晚年仍要继续承担大部分家庭责任，维持好照顾子孙和父母的角色（参见 Pike，2010）。

虽然许多体育运动仍由男性主导，但在某些社会领域中，参与体力活动和体育运动成为越来越多的女性在年老时保持健康、力量和柔韧性这一整体计划的组成部分。这一趋势的发展速度和程度在不同的社会和人口之间存在极大差异，具体取决于性别关系模式、个人外貌提升技术的流行程度和可实现性，以及老年女性的自身经历和视角（Pfister，2012）。

女性有时通过锻炼来延缓衰老，这在增进个人健康的同时却重申了年龄歧视的文化观念（Tulle，2008）。年长女性，尤其是社会经济地位较高的女性，可以参与体育活动，加入休闲运动俱乐部，以此迎接衰老、适应衰老，或将其作为一种对抗衰老的方式（Dionigi et al.，2013）。这就引出了以下几个有趣的研究问题：与那些基于其他原因参与锻炼或运动的人相比，通过体育参与对抗或“延缓”衰老的人从运动中受益更多还是更少？他们放弃运动的可能性是更大还是更小？

年龄和性别也会与民族和社会阶层交织，共同影响体力活动和体育参与。美国和一些其他国家有来自各种各样文化的移民，具有延续数代人的各种移民模式。第一代中国移民的移民模式很可能与第五代或更晚的华裔美国人的移民模式不同，后者基于在美国的个人经历，对年龄和能力形成了自己的思想和观念。同样，第一代墨西哥移民的移民模式和之后几代人的移民模式也会因他们独特的经历而有所不同。研究表明，在大多数情况下，移民人口在美国生活的时间越长，其生活方式就可能与美国文化中那些与其地位相当的同龄人的生活方式越相似。

在美国，社会经济地位与体力活动和体育参与模式密切相关。是否参与体育活动被视为个人选择，但个人财力越强，选择范围越大。因此，那些能够维持自己生活方式的老年人，只要个人健康状况和整体社会环境允许，就会继续保持以往的体力活动和体育参与习惯。

大多数美国媒体都将活跃的老年人以富有、健康的形象呈现给大众（Marshall and Rahman，2015）。这类形象主要出现在商业广告中，向人们宣扬退休人士的“理想”生活方式，包括乘坐邮轮和飞机去旅游胜地旅游，和朋友一起购买商品、服务及补品。然而，90%以上的老年人并不能过上这种以消费为导向的生活。他们的生活选择基于有限的经济资源，以及是否有机会与朋友一起参与体力活动。成本、可获得性和社交性是他们在体力活动和体育参与上做选择时最重要的考虑因素（Pike，2012）。对于大多数主要依靠社会保障和有限存款维持生活的老年人而言，家庭生活之外的选择很少或根本不存在。因此，这方面的研究亟须加强。

三、建构“能力”的含义

“能力”是一个含义丰富的词汇。每个人看待世界的视角不同，因此，哪些能力至关重要，每个人的见解也有所不同。询问工程师对能力的看法时，其回答会与艺术家所言截然不同。通常而言，在谈论能力的时候，男人与女人的措辞不同，老年人与年轻人的措辞不同，非裔美国人与欧洲裔美国人的措辞不同，富人与穷人的措辞也不同。在不同文化和情境下，人们对能力的看法也有差异（Spencer-Cavaliere and Peers，2011）。

重点是，能力是一个复杂的概念，其意义随着情境、个人有利视角和经历而转变。谈及能力时，我们必须用词谨慎才能相互理解，这一点十分重要。科学研究中使用的词汇必须定义准确，因为我们会利用这些词汇确定我们的研究主题以及提出的问题。为此，对于他人对特定词汇的定义及反应，我们必须保持敏感。错误和疏忽会妨碍我们与他人的沟通，阻碍我们从他人那里获取有效信息。

能力的“同胞”——“残疾”一词也经常引发误解，因此，谈及残疾时，我们也要用词谨慎。残疾人网站“哎哟！”（http://www.bbc.co.uk/news/blogs/ouch/）的编辑戴蒙·罗斯对这一点进行了强调。罗斯以盲人的身份在网站上注册了账户，了解残疾人对于那些识别其身份的词语有何反应（Rose，2004）。例如，“残障”就是一个冒犯性的词语。对于大多数残疾人而言，残障意味着被视为身体或智力有缺陷的人会受到阻碍、压迫，并被贴上低人一等的标签。这一词语是基于健全人视角的人提出的，因为是他们决定了具有某些特定缺陷的人的身份应由该缺陷定义。

罗斯意识到语言具有力量，它可能被用来诋毁具有某些特质的人，致使那些扰乱并影响这些人生活的障碍长期存在。这意味着，当我们试图理解残疾在体育中的意义时，我们要谨慎使用术语，以免不经意地将那些已经面临身体或智力缺陷挑战的人置于不利地位，这一点尤为重要。

多年来，健康和医疗专业人士、政府官员、学校管理人员、生理学家、心理学家、社会科学家以及那些具有身体或智力缺陷的人一直对“残疾”一词的定义争论不休（Harpur，2012）。这是因为官方定义决定了哪些人有资格享受学校和政府项目的公共资金援助，哪些人能受到各种反歧视法的保护，哪些人可以在专用区域停车、使用指定设施，哪些人可以参与主流运动或残疾人运动，等等。

世界卫生组织指出，我们应该严肃对待残疾的定义，因为残疾“是一种复杂的现象，反映着个人身体特征与其所处社会的特征之间的相互作用”（WHO，2011）。该定义影响着残疾和体育之间的关系，因为残疾是个人体育经历中普遍存在的现象。除了极少数例外，我们每个人都会在某一时间遭受某种程度的损伤，从而限制我们参与日常生活的方式。而且，随着年龄增长，我们承受永久性损伤而不是暂时性损伤的可能性也会增大。遭受损伤时，我们将面临诸多挑战，这些挑战通常是指我们在日常社会环境中普遍遇到的各种障碍，它们限制了能力不同的人们的体力活动和体育参与，因此，通过干预措施消除障碍符合个人利益。这些障碍存在于：① 专为没有行动障碍之人设计的实体环境中；② 忽视、边缘化或排斥残疾人的社会规范和组织结构中；③ 将残疾与低人一等联系在一起的个人态度和词汇中。

没有任何人在身体上或精神上是完美的，我们经常要通过个人调整来减轻自身能力不足造成的影响。幸运的话，我们可以借助支撑系统和辅助设备，更有效地调整身体，并将调整造成的破坏减至更少。例如，佩戴视力矫正眼镜的人可能会觉得看得清楚是理所应当的，但这仅仅是因为辅助设备减轻了视力缺陷对其生活造成的影响。

消除武断地将缺陷变为残疾的障碍也很重要。例如，在 20 世纪 90 年代末之前，如果一个人膝盖以下的腿部被截肢，他就不可能成为国家力量举队的一员，因为国际力量举联合会（IPF）的规则明确表示，参与正式比赛的选手在做卧推以及其他规定的力量举动作时两脚必须接触地面，但义足并不能算一只脚，这意味着装有义足的运动员将因残疾而被国际力量举联合会取消参赛资格。一些因此而被取消参赛资格的运动员依据法律对这条规则提出质疑，之后这条规则被修改为允许用假肢代替人体的腿脚。

在上述例子中，国际力量举联合会最初的规则将一项缺陷视作了残疾，但是规则被修订后，限制体育参与的障碍得以扫除，该缺陷不再被算作残疾。然而，缺陷和能力之间的关系往往更为复杂，来自南非的 100 米和 200 米短跑运动员奥斯卡·皮斯托瑞斯就是个例子。他双腿膝盖以下安装了假肢，为了获得 2012 年奥运会的参赛资格，他在法律和科学层面上与对残疾的“分类”开展了长期的艰苦斗争。皮斯托瑞斯穿着他的“飞毛腿印度豹”假肢，在残奥会上创造了多项纪录，并赢得了田径世界冠军，被称为“刀锋战士”和“世界上跑得最快的无腿人”。但是，国际奥委会和国际田径联合会认为假肢使其在 100 米和 200 米短跑中比其他奥运选手具有“不公平的优势”，因而裁定他不能参加奥运会，他因残疾被取消资格。经过回顾大量研究证据以及近一年的审议，国际体育仲裁院得出结论：皮斯托瑞斯使用的碳纤维假肢并没有为他在比赛中带来额外的优势。

皮斯托瑞斯的案例吸引了海量媒体报道，也引发了许多有关能力和残疾在体育中的意义的问题。这些问题十分重要，但大多数具有身体缺陷者关心的是更基本、更实际的问题，比如，如何获取体育参与机会、适应性运动器材、学识渊博的教练员、无障碍设施、往返训练和比赛场地之间的交通工具以及基本的训练支持。

（一）残疾的新含义

我们希望能用一种描述能力的新语言逐渐取代当前描述残疾的语言，而新语言的重点在于确保不会有人因身体或智力障碍而被剥夺人权（Harpur，2012），本章对能力的讨论就建立在此基础上。与此同时，了解以下这一点也很重要：人们希望用新的用语代替原本广泛使用的负面用语，如形容身体障碍者的怪胎、畸形人、残废、跛子、瘸子等，以及形容智力障碍者的低能儿、傻子、痴呆、弱智等词语，残疾一词最初就是由这些人提出，用来取代上述负面用语的。

在 20 世纪的大部分时间里，人们认为缺陷和残疾是一回事。这一观念与用以理解与应对身体和智力缺陷的残疾的医疗模型（图 9.1）相一致。该医疗模型的终极目标是通过医疗手段针对缺陷进行修复、治疗。若成功，患者的身体或智力将“正常化”，他们就可以重新进入主流社会；若不成功，接下来的选择就是进入康复计划，康复计划在一定程度上帮助患者克服自身缺陷，使其至少可以部分参与主流社会生活。由于这些尝试是在医学专家的指导下使身体或智力恢复正常，因此残疾人是诊断和治疗的被动接受者。

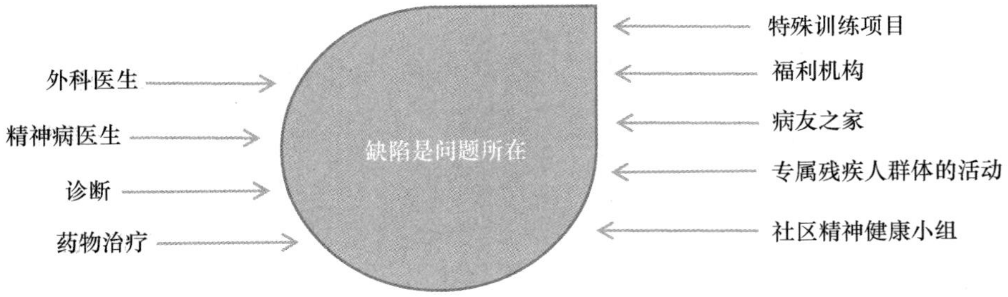

图 9.1　残疾的医疗模型

一些人虽具有缺陷但并不在残疾人范畴内，而该医疗模型就是建立在这些人的视角之上的。尽管如此，该医疗模型仍然备受欢迎，原因如下：第一，许多人依然接受残障歧视文化观念，认为残疾是一种需要专家诊断和治疗的个体情况；第二，一个庞大的产业已围绕着该医疗模型形成，当主要目标是使身体和智力恢复正常时，这个产业就会繁荣发展。但以上两点原因都忽略了一个可能性：缺陷是人类生存状态中再正常不过的一部分，由于受到各种负面态度、刻板印象以及障碍重重的社会安排和所处环境的影响，身体和智力缺陷被视作残疾。

20 世纪 60 年代，残疾人权利活动家开始抵制该医疗模型为残疾人设定的被动接受的状态。1983 年，英国残疾议题研究者迈克·奥利弗提出并倡导使用社会模型将残疾概念化，以此理解残疾（图 9.2）。奥利弗认为，身患残疾的经历实际上是社会压迫的产物，而不是由需要通过医疗“修复”才能恢复“正常”的个体缺陷所造成的（Oliver，1983，1990）。

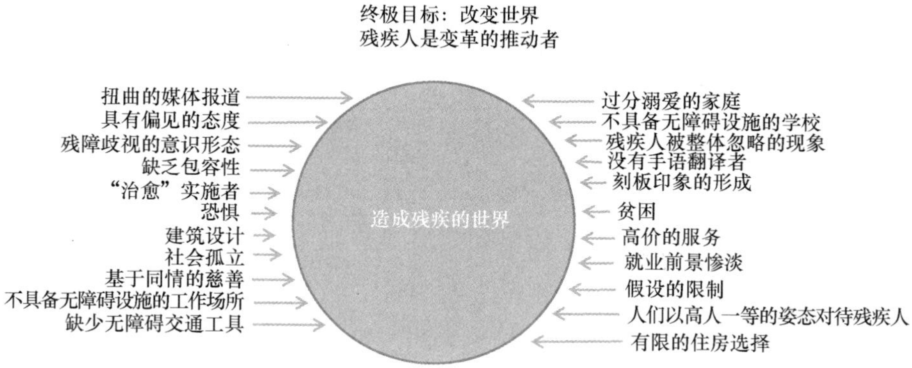

图 9.2　残疾的社会模型

许多残疾人士已经将自己视为正常人，他们非常反感被人视为有缺陷且低人一等。从他们的角度而言，具有缺陷是一个无可争辩的事实，但他们的残疾是由针对各种身体和智力缺陷的社会和文化反应造成的。因此，残疾成为一项需要政治解决方案的社会问题，而不是需要医学治疗的个人问题。解决问题的重心从治疗和康复转为采取政治行动，然而，社会中存在对于残疾的负面态度，社会安排的组织和管理不善，实体环境设计缺乏周密考量，这些都对政治行动造成了阻碍。社会模型暗含的目标不是进行医学和药物治疗，而是对文化和环境进行转变。

接受残疾的社会模型并不意味着个人不再通过医疗援助和治疗来减少残疾造成的痛苦或不便，但是社会和文化变革的确是解决这些由残疾引起的问题的最有效方法（Couser，2009；Oliver，1983，1990）

在残疾的社会模型中，限制残疾人的各种障碍是问题所在，其目标是消除这些障碍。20 多年来，这一社会视角将在“残疾人社区”中经历过压迫和误解的各类残疾人士团结在一起（Beauchamp-Pryor，2011；Shakespeare and Watson，2002）。

残疾的社会模型在全世界范围内激发了广泛的变革，将残疾置于文化和社会层面，而不是个体的身体和智力层面予以理解，将解决问题的重点从康复转移到全面的机会获取，从具有高风险的手术转移到可靠的支持系统。

随着对日常生活结构中有关残疾的障碍愈加了解，人们开始呼吁改变，承认人类能力的正常变化。人们意识到，他们无法治愈脊髓损伤造成的瘫痪，但可以为受伤的人提供轮椅，确保实体环境中有一些方便轮椅使用的设计。

残疾的社会模型催生的政治激进主义正在解放残疾人，并赋予其权利。该模型将问题重心从残疾人的身体转移到社会压迫上，证明残疾人之前被压抑的愤怒是合情合理的，其自我价值感也因而得到提升。为争取权利主动斗争而不是依靠慈善，可以让人获得成就感。最重要的是，他们的行动促使新的法律得以通过，如重要的《美国残疾人法案》，这些法律要求为残疾人提供无障碍环境，禁止残障歧视的思想和行为。

美国前总统乔治•布什于 1990 年通过并签署了《美国残疾人法案》。该法案规定，所有对大众开放的项目和设施必须同样对残疾人开放，除非该项目和设施会对相关人员的健康和安全造成直接威胁。针对体育运动，该法案规定，只要残疾人以及为其提供的便利不对其他参与者的健康和安全造成威胁，不为赞助机构带来“过度的负担”，或者不会从根本上改变他们所参与的运动，那么，对大众开放的体育项目就必须允许残疾人参与（Block，1995）。

对他人的健康和安全造成的威胁必须是真实、基于客观信息且不可避免的，即使人们已经做出适当的努力试图消除这些威胁。例如，一个孩子有一条腿因患脑瘫而受损，于是，她用金属支架固定这条腿。如果她想参加一场青少年足球联赛，只要她把支架包裹好，不伤到任何人，而且这场联赛无须因为她的参与做出烦琐的改变，也不必从根本上改变比赛规则，那么，人们必须允许这个孩子参赛。另外，每个想要参加比赛的孩子都要先通过选拔赛，这个戴着支架的孩子可能不会因其身体缺陷而被禁止参加选拔赛，但是，如果她没有达到适用于所有被评估者的身体技能标准，就可能会被淘汰。教练员可能不会要求所有队员都双腿健全，但可以说，有能力、有意愿以合理的速度奔跑是选拔队员的标准要求。

遗憾的是，在全球经济危机之后，许多国家普遍采取财政紧缩政策，残疾的社会模型带来的许多来之不易的改变因此遭到破坏。不仅如此，在美国，随着对该模型的批判导致残疾人社区逐渐分化，提出新自由主义政治议程的人们转而重新采用残疾的医疗模型，强调个人要对自己的健康负责。因此，为残疾人设立的项目被严重削减或取消。随着这一趋势愈演愈烈，人们再次呼吁重新采用残疾的社会模型，采取政治行动（Oliver，2013；Oliver and Barnes，2012）。

（二）能力差异的意义

在阅读这本书之前，如果有人要求你闭上眼睛，想象 5 个不同的体育场景，你会想到什么？其中会有一个或多个场景涉及残疾运动员吗？除非你参加过残疾人体育运动，或见过其他人参加残疾人体育运动，否则其中任何一个场景中都不太可能有残疾运动员的存在。

这并不是为了唤起愧疚感。我们的世界观建立在个人经历基础之上，年龄、性别、种族、民族、社会阶层、性取向、残疾以及其他重要的社会特征在我们的文化中被赋予的意义，都会影响我们的经历。文化和社会不会强迫我们思考或做某些事情，但是减弱其影响的唯一方法就是批判性地审视它们，了解文化意义和社会组织如何在人们的生活中，包括在残疾人的生活中，形成约束和创造机会。一旦对此有所了解，我们就可以制定消除这些影响的策略。

在此我们以丹尼为例。丹尼 21 岁时，是一名受欢迎且出色的英式橄榄球运动员。后来由于事故，他右臂肩膀以下部分全部截肢，接受治疗后，他又回到了朋友们的身边。但突然的残疾使其难以与朋友们恢复从前的关系。丹尼这样描述他的经历：“很多人觉得很难……接受这件事……包括我多年的朋友，他们发现和我相处很困难”（in Brittain，2004b：437；另外参见 Smith，2013）。

克里斯是一位患有脑瘫的运动员，也是丹尼所在的英国残奥会代表团中的一员。他解释了他的朋友们感到别扭的原因：“他们对残疾人的了解很少，他们认为如果他们给我独处的空间，不与我接触，不和我有过多交集，那也不是他们的问题”（in Brittain，2004b：437）。

克里斯提出了一个在残疾史上反复出现的问题：如果人们将身体或智力缺陷定义为“差异”，并以此创建出一个“另类”的类别，与社会世界中的“正常人”进行区分，那么会发生什么呢？

纵观美国历史，人们一直用带有厌恶、怨恨、恐惧、羞耻和限制性意味的词汇描述残疾人。在欧洲和北美地区，直到第二次世界大战期间成千上万从战场上归家的士兵因伤致残，用来形容残疾人的词汇才受到广泛关注，语言表达因此发生改变。如今，智力障碍者可以参加世界特殊奥林匹克运动会（简称为“特奥会”），身体残疾的精英运动员可能有资格参加残疾人奥林匹克运动会（简称为“残奥会”，其英文“the Paralympics”中的“para”意为“平行的”，而不是“截瘫的”）。像弱智、脑瘫、跛子、怪胎、残废、畸形人这些词如今已经被淘汰了，但是偶尔我们还能听到有人这样说：“她缺胳膊少腿”“他们是被截肢者”“真是个弱智！”

现实情况已有改善，但当残疾人被定义为“另类”时，他们往往被迫直面自己的脆弱。人们围绕着对人类正常状态的错误假设构建了自己的社会世界，当这种错误假设遭受质疑时，他们可能会十分心烦意乱。因此，被认定为身体和智力“正常”的人经常忽视残疾人，远离残疾人，或以高人一等的姿态对待他们，相当于重现了残障歧视，而且降低了残障歧视文化观念被摒弃的可能性。

人们对于“另类性”具有强烈的恐惧感。在许多文化中，人们传统上会借助专家服务来限制和控制自己与“另类”的接触。这些专家包括精神健康工作者、精神病医生、治愈师等相关专业人士，他们被认为具备能力检查、测试、归类“具有缺陷的另类”以及为其开出“正常化治疗”处方。因此，残疾史也是赋予差异意义、创造“另类”以及利用当前有限的知识解决“另类性”的历史（Foucault，1961/1967；Goffman，1961，1963）。

残疾人权利活动家兼作家托马斯·库瑟指出，我们把身体和智力障碍者定义为“另类”，以此使其边缘化，并为自己制造了生活在正常现实中的假象。其影响与意义请参考“体育反思”专栏——“生活在正常人帝国中”。

（三）残疾的媒体建构

残疾人体育运动获得的媒体关注微乎其微，残奥会可能会在报纸和电视节目中得到一些报道，但是残奥会每两年才举办一次（Schantz and Gilbert，2012），而残疾人世界锦标赛以及其他重大残疾人赛事很少或根本没有主流媒体报道。

商业媒体的节目决策人想当然地认为，报道残疾人体育运动是赔钱的买卖。此外，大多数媒体人士从未参加过残疾人体育运动，甚至连见都没有见过，他们缺乏相关的语言和经历，其报道无法吸引媒体受众的注意。

研究表明，当媒体报道残疾人体育运动时，对于那些表现鼓舞人心的残疾运动员，主流媒体往往将其描述为“勇敢的罹病者”或“残疾超人英雄”（Schantz and Gilbert，2012；Silva and Howe，2012；Tynedal and Wolbring，2013）。社会学家伊恩·布里顿（2004）对这些报道进行了分析，发现媒体的图像和叙事通常可以分为以下几类：

高人一等型：“他们是不是很了不起？”

好奇型：“你觉得她真能做到吗？”

卖惨型：“在命中注定的那一天，他的人生被永远改变了。”

励志型：“她是真正的英雄，是我们所有人的榜样。”

故弄玄虚型：“难以置信，他居然做到了！”

同情型：“她那么努力，让我们给她来些掌声。”

惊喜型：“请大家继续关注意想不到的体育壮举吧！”

围绕这些主题的图像和叙事都是基于医疗模型构建残疾，强调残疾人具有个人缺陷，必须对其予以克服。这导致人们忽视以下问题：为什么残疾会被赋予特殊的社会意义？这些社会意义如何影响具有不同缺陷人士的生活（Brittain，2004；Smith and Thomas，2005）？因此，媒体的报道往往会促使残障歧视文化观念长期存在，让人们相信残疾是不正常的，残疾人的身份就是建立在这些非正常状态的基础上。

2012 年伦敦残奥会的媒体报道着重指出了运动员使用的某些技术（Wolbring，2012b），提到了人造“跑步腿”与其使用者，就好像谈论的是新款赛车与赛车手。但是，关于轮椅的报道却很少，使用轮椅的运动员通常被描述为“束缚在轮椅上的人”，而不是轮椅使用者。这类报道字里行间的意思是，轮椅具有限制性，而假肢可以解放使用者，甚至颠覆他们的人生。对于站在“正常人帝国”的制高点看待这些设备的解说员而言，这种想法并不奇怪。在残障歧视者眼中，线条流畅、活动自如的假肢腿是超常的，而轮椅，就算是价值 1 万美元的竞赛用轮椅，仍然是残疾的标志。

英国拉夫堡大学的卡拉·席尔瓦和大卫·豪得出了类似的研究结论（Silva and Howe，2012）。他们发现，媒体在报道残奥会运动员时，常常将其描述为“残疾超人”，因为残疾运动员为了完成他们所做之事，克服了重重困难。他们分析的两场传媒活动也是如此，这两场活动分别在葡萄牙和英国举行。前者突出宣传葡萄牙“超级运动员”，并将超人身上的“S”作为活动标志。媒体广告描绘了这样一个场景：一辆汽车违法停放，挡住了人行道口，一个坐在轮椅上的人正在努力绕过这辆汽车——此时此刻，仿佛残疾在他体内注入了一股神秘力量。在英国举办的活动名为“天生怪胎”，由英国一家大型商业电视公司发起，旨在宣传2012年残奥会上的残疾运动员所具有的“惊人能力”。

以上两场活动均引发了争议。席尔瓦和豪解释说，争议是意料之中的，因为人们对于如何在体育赛事中呈现残疾缺少共识，关于残疾的意义以及那些在日常生活中面对残疾之人的经历，也缺乏公共话语，因此媒体人不知如何谈论此事，就更不知道该如何将其呈现给寻求娱乐的商业电视节目观众了。

席尔瓦和豪担心，目前在报道残奥会时使用的“残疾超人”这一描述可能会强化美国新自由主义的残障歧视思想，即残疾人要自己克服残疾，这样他们才能像“我们其余这些人”一样过上正常生活。另外，席尔瓦和豪希望未来的报道能代表残奥会运动员发声，强调身体差异是一种自然发生的现象，它将为我们每个人创造一个适应差异的机会，使我们的家庭、学校、社区和社会更加人性化、更具包容性。

为智力障碍者举办的特奥会对记者和解说员而言是一个略有不同的挑战，因为该赛事的组织既具有竞争性，又强调重在参与而非取胜。例如，关于2009年英国国家特奥会电视新闻报道的研究发现，解说员的解说涵盖了令人费解且“混杂”的信息（Carter and Williams，2012）。他们在解说中从头至尾都保持着“积极的”语气，聚焦于那些充满人情味的故事，却忽略了与残疾相关的、更为广阔的社会和政治问题。采访运动员的家人时，他们往往会情绪激动，在表述中常常使用“勇敢的”“鼓舞人心的”这类字眼。然而，研究者表示，考虑到解说员在讨论学习障碍问题以及采访不同智力水平的人士方面缺少经验和培训，他们已经做得相当不错了。

尽管媒体报道的表述存在误导性，但大多数残疾运动员还是愿意接受这类表述不当的报道，毕竟有胜过无。像其他运动员一样，他们希望自己的体能获得认可，但他们也希望自己的知名度和成就能够挑战传统的刻板印象，让人们意识到与残障歧视相关的问题，并认识到社会所有领域都需要具有包容性。为此，也为了避免人们以“残疾超人”这一类不现实的刻板印象取代负面的刻板印象，我们需要引导媒体人跳出“正常人帝国”，以不同的视角对残疾人运动进行报道。

体育反思

生活在“正常人帝国”中

在当代文化中，主流媒体呈现给大众的身体形象主要是健康、苗条、外貌吸引人且没有明显缺陷的模特形象。有缺陷的身体形象很少出现在媒体中，除非是在“帮帮残疾人”这类筹款活动的海报中，而且通常呈现的是处于弱势环境的儿童形象。直到近年来，大众媒体才对少数身体有缺陷的人士进行正面报道，而且这些人大多数都是专业运动员。但这是“正常人帝国”中的一种典型模式：具有身心缺陷者被“流放”到帝国边缘，由医学专家按“康复”计划接手管控（Couser，2000，2009；Goffman，1961，1963）。

当“正常人帝国”中的居民反复提问身心缺陷者：“你发生了什么事？你为什么会变成这样？为什么你不像我和帝国中的其他所有人一样呢？”他们需要有礼貌地回答对方有关自身明显缺陷的问题，因为回答这些问题是进入帝国的“入场费”。明白了这一点，具有明显身心缺陷的人就开始讲述“身体的故事”，对其身体的异常提供解释，以防他们在完成自己在帝国中的事业之前就被放逐。但这些事业通常很难完成，因为他们必须一次又一次地重复自己的故事。结果，他们的身份不是围绕其能力或其他特征建立，而是基于其缺陷形成（Thomson，2000，2009）。

具有明显身心缺陷的人通常是受到帝国中某位老牌居民的邀请，或在医学专家（物理治疗师、精神病医生或心理医生等）的建议下，才开始在“正常人帝国”中从事体育运动。事实上，我们现在所称的残奥会最初是在英国的一个医疗中心举办的，该医疗中心是为了脊髓损伤的战争老兵设立的。路德维希·古特曼是该医疗中心的神经外科医生，他认为运动是一种有效的康复疗法。在1948年伦敦奥运会期间，古特曼将这些残疾人比赛项目安排在与奥运会同一时间公开举行，当时人们还将其视为激进分子，因为他的行为扰乱了“正常人帝国”的秩序，迫使居民正视具有严重身体缺陷的人。人们过去一直遵守着“眼不见，心不烦”的准则，但古特曼的行为却违反了这条帝国准则。

在“正常人帝国”中，具有身体和智力缺陷的人极少参加体育运动，因为他们缺乏参与机会、交通资源、适应性设备、学识渊博的教练员，以及旨在支持残疾人士取得成就和成功的项目。即使有机会，他们做出的决定也会受到帝国居民预期反应的影响：他们将如何定义我的身体？他们会把我当作运动员来对待，还是摆出一副高人一等的姿态，把我当作一个勇气可嘉的残废？

关于“正常人帝国”的研究表明，当被定义为残疾人的人将其体育经历融入生活时，他们也定义并赋予其体育参与意义。若其体育参与被帝国居民视为无关紧要的或是“二流的”，他们会产生自我怀疑和自卑感，同时他人高人一等的姿态以及虚假的赞美会让他们感到愤怒、失望和孤独。不过，当人们真心支持残疾运动员，认真对待他们的体育参与，欣赏他们的技能时，他们便会建立自信、产生一种回归正常的感觉，然而这在“正常人帝国”中往往是脆弱且不稳定的。

在“正常人帝国”中，人们对力量成绩型运动予以高度重视，因此通常不鼓励有身体缺陷的运动员与帝国中的正常运动员一起比赛，而是让他们与其他同样具有身体缺陷的人一起参与“特殊”比赛项目，他们为自己的体育经历所赋予的意义因此受到了影响。

近年来，有身体或智力障碍的运动员通过体育运动不断挑战“正常人帝国”中的主流身体形象以及帝国居民对身体的期望。许多人都希望提高运动技能以打破帝国的壁垒，使持有残障歧视文化观念的帝国居民失去可信性。这些居民认为，残疾人在身体恢复正常之前，不应该在帝国中参与运动（Thomson，2002）。

此时此刻，很难说帝国居民会放弃他们已经习以为常的特权安排。那么，要怎样做才能推倒“正常人帝国”的围墙，实现兼容并包呢？

（四）残疾的性别化

在一些文化中，女性气质与身体吸引力和性魅力相关，而男子气概与能力和力量相关。在这些文化中，性别决定了人们确定身体残疾在其生活中的意义的方式。下面我们将以安娜、尼克和马克的故事为例阐释，他们三人都参与了有关残疾的研究项目。

安娜出生时四肢发育不全。尽管她有一位好友鼓励她、支持她，但她还是拒绝去健身房，不愿参加体育运动。对于她的抵触情绪，她这样解释：

> 我真的很想加入，我想锻炼身体，想尝试一下“举铁”，特别特别想……但那时我就是说不出口我想去……我为自己的身体感到羞耻，无地自容……游泳也是一样，一想到人们会一直盯着我看，我就受不了，我觉得自己真的很脆弱（in Hargreaves，2000：187）。

安娜不是唯一一个害怕别人看见自己的身体并对其评头论足的人。确立我们自己和他人对我们的身体赋予的意义，是一个复杂且具有挑战性的过程。接受主流性别文化观念的女性往往会选择减少体育参与。例如，一位年轻女性有一条腿被截肢了，她可能会选择一个看起来更自然的假肢，而不是一个功能性更强、更适合运动的假肢。一位女性解释道：“看到一个男人装有一条“终结者腿”……人们可能会说，‘真酷！’但是这个国家的女性的理想身体形象却是苗条和性感的长腿”（Marriott，2005）。[①]

尼克是一名 20 岁的美国大学生，他在 14 岁时患上了一种罕见的细菌性疾病，不得不截掉双腿。于是，他安装了“终结者腿”，而且特别喜欢。他表示，每当他的假肢电量不足时，他会毫不犹豫地把它们插到最近的电源插座上。他也赞同上文中的解释。

尽管尼克不介意人们看到他的“终结者腿”，但是，当尼克以及其他残疾男性在讨论男子气概的意义时，他们却面临挑战。这一点在那些认同性别文化观念的男性身上表现得尤为明显，性别文化观念将男子气概与体力以及超越或支配他人的能力相关联，马克的故事就是例子。

作为一名在事故中双腿瘫痪的年轻人，马克解释说，他对男子气概的看法导致他在克服身体缺陷的过程中举步维艰。例如，在他给车加满油并把轮

① 1984 年，阿诺德·施瓦辛格在系列电影《终结者》中扮演了一位半人半机械（赛博格）的角色，此后，一些人将外形类似赛博格、由电池供电、保留机械外骨骼的高科技假肢称为“终结者腿”。

椅放到后备箱之后，车出现了点火问题，无法发动引擎，此时，一个排队等着加油的男人不耐烦地按响了喇叭，朝窗外喊着脏话。马克说，事故之前，他会转过身，走过去，然后“将那个男人放倒”。但是他现在做不到了，于是他说：“现在我是个废人了……我的男子气概也碎了一地”（in Sparkes and Smith，2002：269）。

虽然马克和安娜说的话用词不同，但基于性别的文化定义，他们都觉得自己很脆弱。一些认为自己很脆弱的残疾男性可能会像安娜一样逃避体育运动，而另一些人可能会通过体育运动展示或重申自己的男子气概。

社会学家布雷特·史密斯和安德鲁·斯帕克斯（2002）指出，人们通过叙事（也就是向他人呈现自身形象的故事）来建立自己的身份，包括性别身份。其研究表明，在一些叙事中，人们通过自身取得的成就以及对其他男性的支配建立自己的男子气概，参与力量成绩型运动就符合这样一种叙事的内容。

当传统的性别叙事没有得到批判性评估，且不存在可供替换或与其相反的叙事时，具有某些身体缺陷的男性和女性在能力和体育参与方面都将经历挑战。女性可能会因为担心自己的身体不够女性化而逃避体育参与，而男性可能会因为担心无法维护自己的权威，且无法凌驾于其他男性之上而逃避体育参与。在与传统叙事相反的叙事中，人们能够以更包容的方式建构性别，因此，接触这类叙事，对任何具有身体缺陷和残疾的人都有裨益。

若存在多种建立女性或男性身份的方式，那么，具有明显缺陷的人对他们自己以及他人赋予其身体的意义就有更多的理解方式。一项针对玩雪橇冰球、轮椅篮球和乒乓球的女性轮椅使用者的研究可以为此提供佐证（Apelmo，2012）。她们通过展现决心、力量和冒险精神来挑战体育中有关性别的刻板印象，在反对残疾女性是无性别化的且无性特征的这一普遍观点的同时，体现出一种更为传统的女性气质。这样的方式可能会激励像安娜一样的女性参与体育运动，尝试举铁，也可能让马克在接受帮助的同时不会觉得牺牲了自己的男子气概。

（图源：©照片由残障运动员基金会提供，http://www.challengedathletes.org）

明显的缺陷常常会引发他人的好奇心，他们会问："发生了什么事（让你有别于'正常'人呢）？"具有身体缺陷者会向他人讲述一个故事，以此解释其身体存在差异的原因。如果这种情况经常发生，他们的个人身份就可能会与自身缺陷紧密相连，他们身上更有意义且更重要的自我维度就很难被人认知。一个人主要是因其缺陷而为人所知，这种情况会带来局限性和孤独感——这种孤独感使人变得残疾。身边拥有年长者作为榜样，将有助于解决这一问题。

四、体育与能力

在为身心缺陷者争取包容性的斗争中，体育领域常常是核心阵地（LeClair，2012），理由如下：

（1）体育运动是一种知名度高且具有文化价值的活动，体育参与被视为一种自我肯定的方式，也是一种获得社会认可的方式。

（2）人们普遍认为，体育参与对个人发展和健康起着重要作用，因为体育参与不仅能够预防肥胖，改善身体各个系统的功能，而且能够给予人们在努力工作、团队合作以及完成任务方面的宝贵经验。

（3）人们逐渐将能力作为组织体育运动的唯一基础，体育运动资源也被不成比例地分配给精英级别的训练和比赛。

多年来，残疾人权利活动家一直在地区、国家和全球层面努力争取权益，力图将体育参与变为包括残疾人在内的所有人享有的一项权利。他们的努力促成了2006年联合国《残疾人权利公约》的通过。该公约明确将体育运动纳入公民的日常活动范围，促使人们呼吁在所有体育场所和运动空间提供无障碍设施，提供资金、支持性政策、合适的项目以及有效的残疾人组织，增强残疾人在体育组织中的地位和影响力。

当前，残疾人若想定期参加体育运动，其面临的主要障碍如下：

（1）在早期身体技能发展阶段，几乎没有与其年龄和能力相适应的鼓励和指导。

（2）很少有健身房和其他设施完全对残疾人开放。

（3）公共交通的无障碍建设不规范，不方便残疾人出行。

（4）一次性的机会和活动太多，而体育参与、训练和比赛的定期计划项目太少。

（5）在创造受残疾人欢迎的体育参与机会这一方面缺乏专业知识。

（6）残疾人家庭成员对其过度保护，家庭资源不足以支持其定期参与体育运动。

（7）在主张为残疾人消除体育参与的障碍的人中少有人身居要职或拥有较大影响力。

（8）缺乏制度化的全年信息来源和资源来支持残疾人的体育参与。

以上这些限制残疾人参与体育运动的障碍在全世界都十分常见。随着残疾人权利活动家在富裕的国家不断取得成功，贫困国家残疾人的生活机会与富裕国家残疾人的生活机会之间的差距日益增大。在世界上最不发达的地区，体育教育和全民体育项目是当地人民难以负担的奢侈品。在这些地区，体育参与甚至不能构成一个议题，因为那里根本没有任何体育设施和项目。此外，在贫穷国家，大多数具有身体和智力缺陷的人必须将所有的个人精力和时间都集中投入在生存上。

目前，世界部分地区由于贫困、政治动荡和战争，举办有组织的体育运动

（包括残疾人体育运动）的可能性被破坏殆尽，因此针对这些地区残疾人体育参与动态机制的研究也十分有限。然而，在这些地区，体育运动仍可能在一些由非正式群体创造的空间中零星发生，通常是由找机会参与体育运动的男孩或成年男性组织（参见 http://archive.noorimages.com/series/1.34）。

（一）排斥和包容

体育的包容和排斥这方面混杂着各种各样的信息。一方面，大众话语和信念根植于体育的重大迷思，强调体育是消除社会壁垒的场所，在这里人们相聚在一起、建立社会融合与合作的建设性形式。另一方面，体育运动通常是专为一小部分人组织的活动，大多数满怀希望的参与者会被淘汰或被边缘化。另外，运动员经常对对手表达负面情绪，观众则大声表达自己对对方球队和球迷的反感或仇恨，而主办方会雇用安保人员，试图防止极端球迷采用暴力行为而导致死亡和破坏。

在思考与能力和残疾相关的包容和排斥性时，有必要记住：我们必须尽可能地寻找更多证据。这一点尤为重要，因为包括部分研究者在内的一些人，在亲眼看到体育将参与者团结在一起时，常常会心生感动，只看到体育中积极的一面。

从社会学角度而言，排斥和包容的过程始终与权力关系相关。排斥和包容过程所发生的情境，其形成基础是那些影响或决定着哪些人受欢迎而哪些人不受欢迎的规范和传统。各种规范和权力关系也影响着被接纳者之间的互动，甚至规定了特定人群的体育参与范围。

排斥和包容可以是正式的，也可以是非正式的。例如，在美国的高中，使用轮椅的学生知道，他们被排除在学校篮球队的选拔赛之外，就像他们被放学后参加校内体育活动和临时拼凑赛的同龄人非正式地排除在外一样。规范和期望值是由“正常人帝国”中的官员制定的。对他们而言，为残疾学生提供体育运动项目是“多此一举”，是一件不同寻常的事，会扰乱“正常”学生现有的安排，而且要求教练员具备专门的知识。因此，只有少数美国中学和大学为使用轮椅或需要适应性设备的学生提供运动机会。尽管全美州立高中协会联合会（NFHS）和美国大学体育协会（NCAA）可能会对残疾运动员的体育运动给予象征性的认可，但将残疾学生排除在学校体育活动之外的现象是系统性的、普遍的，也可能是非法的。

如果身患残疾的年轻人想参与体育运动，通常只有两个选择：找到一个适合残疾人的有组织的体育项目，或者参加同龄人愿意让其参与其中且能够为其做出一些适应性改良的非正式比赛。只有极少数社区具有适合残疾年轻人的体育项目，非正式比赛中也很少有年轻人具备为残疾同伴提供便利所需的技能。一位患有脑瘫的10岁男孩注意到了这种两难境地，他说其他孩子也喜欢他，“但是……如果我试图加入一场没有朋友在场的比赛，那是有点困难的”（in Taub and Greer，2000：406）。如果他没有这样一位在同龄人中有足够的影响力、对残疾问题经验充足、足以促进适应和包容过程的朋友，那么这个10岁的男孩就不会参与体育运动。

其他残疾儿童这样描述其自身经历（in Taub and Greer，2000：406）：

“（孩子们）尝试着把我推出场外，（并）告诉我不准玩。”

“他们只是不想让我加入他们的队伍。”

“有几个人不让我玩。”

在一项针对53名欧洲听障运动员的研究中，参与者称，与听力正常的运动员共同比赛增加了他们的竞争机会。参加有听力正常的运动员参与的体育运动，对听障运动员融入社会起到了重要作用。如果能在这类融合的环境中能够增进交流，具有某些缺陷的运动员参与体育的概率将大大增加（Kurková et al.，2011）。

除非有上述机会，否则残疾儿童就会失去结交朋友和参与体育活动的机会。在一些文化中，人们通常在体育运动中获得社会认可并进行自我接纳，因此会对残疾人产生“正常化”效应。一名患有脑瘫的年轻人表达了这些机会的重要性，他这样说道（in Taub and Greer，2000：406，408）：

> 打比赛让我感觉很棒，因为我可以和大家一起……我们可以边玩边聊我们的校园生活。打篮球是我可以和朋友们一起做的事情，我从来没想过我可以和他们一起玩，但是确实我可以，我可以！

1. 对排斥的反应

面对系统性、普遍性的排斥时，如果人们缺乏权力，他们通常会自暴自弃，或者寻求令其感到舒适的环境（Wolbring et al.，2010）。有时他们通过与其他被排斥者结盟来寻求支持，或者可能会接受孤立以及随之而来的自我怀疑。久而久之，被排斥者就成了隐形人，无人关注。对于残疾学生而言，这种情况经常发生。

残疾学生几乎不会去奢望参与学校的体育运动。举例来说，当鲍勃·希曼辞去国际轮椅篮球联合会（IWBF）秘书长一职，到芝加哥教授特殊教育和体育课程时，他的目标是为城市高中建立一个轮椅篮球联盟，但他面临的最大的挑战是找到对这样的联盟感到兴奋的学生和家长。残疾学生对此没有什么期望，学校里也没有轮椅运动文化。此外，也没有行政人员、教师或教练员对于他们所在地区或学校缺少“残疾学生校队”提出质疑。希曼目前在芝加哥州立大学任教，当他组织轮椅运动训练营和比赛时，参与者都特意表达了感谢，但他们并没有质疑为何自己的学校没有为其提供运动项目。他们已经习惯了遭受排斥，对于被人接纳，他们不抱有任何期望。在过去十年中，希曼在创造适应性体育运动机会方面取得了一些成功，但是高中联盟还没有组织起来。

塔蒂亚娜·麦克法登的例子则是对排斥的另一种反应。塔蒂亚娜曾在轮椅竞速比赛中获得 10 枚残奥会奖牌。塔蒂亚娜出生于俄罗斯，患有先天性脊柱裂，两条腿都瘫痪了，她的母亲没有办法照顾她，就把她留在了孤儿院。在她生命的前 6 年里，她只能爬行。濒死之际，美国卫生部官员德博拉·麦克法登正好在俄罗斯探访孤儿院，德博拉注意到了塔蒂亚娜，将其收养，并利用体育运动帮助她强身健体。8 岁时，塔蒂亚娜开始坐在轮椅上跟人赛跑。当她上高中时，她却被告知不能参加田径队，因为她的轮椅让她比其他选手更有优势，而且在比赛时会对其他选手造成危险。最后，她不得不在一场“特别赛”中独自在跑道上绕圈，既毫无意义，又令人尴尬。

塔蒂亚娜了解自己应有的权利，她起诉了学区，并赢得了与跑步运动员一起比赛的权利，不过她的用时不计入团队成绩。毕业后，她去了伊利诺伊大学厄巴纳-香槟分校，在那里，她可以接受残疾人体育项目的训练，如今，她作为一名杰出的女性轮椅长距离运动员和为残疾人争取体育运动权利的活动家而闻名于世。

2. 包容的新含义

“包容”是社会世界中的一个新的流行语，指各种多样化形式。“正常人帝国”的居民经常使用“包容”这个词，却不知道它的含义远不止消除界限和障碍这样简单。他们不明白，在残疾人多年被系统性地拒之门外后，突然挂起“现在开放”的招牌，并不会带来真正的包容。

实现社会包容是一个错综复杂的过程，包括以下几个方面（Donnelly and Coakley，2002）：

（1）通过缩小物理距离和社会距离，消除导致人们从“我们”和“他们”两个对立角度来思考问题的资源差距，来为包容创造条件的投资和策略。

（2）创造一种让过去被排斥的人可以看到他们是有价值、受人尊重的，并且是对一个团体或社区有贡献的成员的环境。

（3）以一种积极主动的、发展性的方式追求社会福祉，如此一来，人们可根据自己的需求获得支持。

（4）认识到多样性的存在，以及人们的生活经历和愿望具有共通性这一事实。

这意味着实现和维持包容需要敏感度、丰富的知识和经验以及不懈的努力。这是一个持续的过程，而不是一个终点。如果人们忘记去维系，它就很可能退回到以前的排斥状态。

1973 年，美国《康复法》规定要包容残疾人。与《教育法修正案》第九条所规定的性别平等相似，该法案适用于所有接受联邦政府援助的项目，并规定不得拒绝给予残疾人其他公民所享有的福利或机会。与《教育法修正案》第九条一样，该法案没有得到充分执行，因为“正常人帝国”中的居民声称他们不能理解此法案。这促成了 1990 年《美国残疾人法案》的通过，此法案对使用权和平等性做出了更具体的规定，既适用于公共设施，也适用于私人设施。例如，当建筑物有楼梯但没有电梯，街道上有妨碍轮椅通行的路沿，建筑门口和走道前没有坡道，洗手间明显不可能供残疾人使用时，就存在使用权问题。“使用权”问题通常很容易识别，但在平等性这一方面，《美国残疾人法案》的实施与《教育法修正案》第九条所规定的性别平等的实施同样无力。那些反对改变的人仍然表示自己对平等的确切含义一无所知。

美国政府问责局曾发表一份研究报告，该报告显示，残疾学生一般都未被给予平等参与学校体育项目的机会，因此也无法获得参与运动带来的健康和社会福利。2013 年 1 月，时任美国教育部长阿恩・邓肯发布了一封“公平指导信”（Duncan，2013；Galanter，2013；Resmovits，2013）。该指导信告知所有学校官员，由于“体育运动在纪律、无私、热情和勇气方面能够提供宝贵的经验”，他们必须确保“残疾学生具有平等的机会参与其中，从运动场或球场上获得人生阅历，以此受益”（Galanter，2013）。邓肯还给出了具体操作示例，要求学校官员必须根据“针对具有智力、发育、身体或任何其他类型残疾的学生的现行政策、惯例或程序”，考虑在哪些方面做出“合理调整”。示例如下：

（1）除了使用发令枪外，还应使用视觉提示，以便患有听力障碍但速度上有资格加入田径队的残疾学生参与比赛。

（2）取消游泳项目中要求以“双手触壁”姿势结束比赛的规则，如此一来，拥有比赛能力的单臂游泳运动员也可以参加游泳比赛。

这封信引起了官员们的恐慌，因为他们只看到了做出这些调整会引发的问题。但它为以前被排除在体育运动之外的学生打开了一扇门，残疾学生开始期待，只要自己具有加入运动队的必要技能，就应该被接纳。因此，包容性进程开始于 1973 年，在经历了 40 多年对变革的抵制之后，人们终于开始稍微严肃地对待这一问题。邓肯的目标是推动学校官员聘请心思细腻、经验丰富、具备沟通技巧的教师和教练员，为残疾学生带来公平。他的指导方针令很多人猝不及防，也让有些人不知所措，但却是创造包容性的学校文化和体育项目的起点。

教育只是涉及包容性问题的其中一个领域。社区官员还必须考虑包容性对于他们提议的公园和休闲项目有何意义。负责青少年体育的官员很少考虑上述问题。此外，包容性对于残奥会和奥运会之间的关系又意味着什么（Wolbring et al.，2010）？对这些问题的回答具有重大的政治意义。以残奥会和奥运会为例，两者目前是独立举办的两场赛事，一些人已经适应了这样的形式，并在比赛中取得成功，他们希望残奥会和奥运会继续以单独举办的形式保持下去。另一些人则希望残奥会和奥运会合二为一，两场赛事的项目同时举行，而不是将残奥会安排在奥运会之后。还有一些人认为，残奥会上允许使用的技术将帮助残疾运动员打破奥运会选手的纪录，残奥会终将成为全球顶级体育赛事。然而，以下情况仍会同时出现：一些残疾运动员参加特定残疾人体育项目“能力绰绰有余”，但参加主流体育项目却“能力不足”。

（二）体育参与作为残疾的原因

运动会造成致残性损伤，部分原因在于，体育运动中的身体挑战本身就存在风险，尽管大多数项目都有控制风险的方法，但风险无法完全避免。但是，当体育运动和运动表现与男子气概问题息息相关时，风险就难以控制了。这为男性身份形成过程增加了身体风险，对男性如何看待自己的身体在体育运动中的变化也产生了影响。

鉴于建立和维持运动员的身份在一个人的生活中十分重要，过度遵从体育伦理的规范就成了一种优先于风险控制策略的身份策略。以忍受痛苦和损伤作为“付出的代价”成了正常行为，尽管运动员承受致残性损伤的风险会有所增加。

公共话语通常聚焦于碰撞运动和高度身体对抗性运动中的伤害，如拳击、橄榄球、英式橄榄球和冰球。然而，随着极限运动日益流行，商业化不断加深，它们同样会给人带来致残性的损伤。赞助商资金和媒体报道共同营造出这样一个语境，从事上述体育项目的运动员总是对于该运动引发严重伤害的可能性轻描淡写，一带而过。在摩托车越野赛、U 型滑板比赛、定点跳伞、大跳台赛事以及其他几十项极限运动中，年轻男性参与者所构建的叙事颂扬冒险精神，将英雄的桂冠赠予那些受伤最为可怖的人。参与这些运动的女性也采用相同的叙事，以便在这些由男性主导的运动中维持自己的身份和参与机会。

英国社会学家布雷特·史密斯和安德鲁·斯帕克斯（2002，2003，2004；Smith，2013）多年来一直四处采访在英式橄榄球运动中遭受脊髓损伤的年轻人，并收集了相关数据。除此之外，他们还研究这些年轻人是如何接受从以前活跃的、“有能力的”自我到现在这个具有严重身体缺陷的人的转变。

该项研究的一个重要之处在于它可以提供医疗费用的相关数据，人们一直认为医疗费用会随着体育参与度的提升而下降。例如，关于老年人参与体育运动在医疗保健方面的影响，我们知之甚少。对老年人而言，严格的训练和运动损伤往往伴随着高昂的医疗费用。这可能是由于随着老年人参加那些风险性更高的活动，各种事故以及有时会使人致残的损伤也随之增加。相比于不太积极运动的同龄人，这是否会产生更多医疗费用？目前我们尚无答案。

五、残疾人体育

当残疾被视为一种弱点或缺点，让具有缺陷者因此低人一等时，制定一个使身体正常化的策略就尤为重要。具有缺陷者在童年时期就会开始注意到自己的与众不同。随着时间的流逝，他们通过社会关系逐渐了解自己的残疾，学习在与他人互动时如何确定残疾的意义及相关性。在大多数时候，他们会想办法将自己的缺陷隔离在生活之外，让自己不会由于缺陷而被定义，尤其是在缺陷与其所做之事毫无瓜葛的情况下。并不是说他们消除了自己的缺陷，或者将其视为与自身无关的一部分而抛之脑后，而是想以一种不会暗示地位低下或品格低劣的方式呈现完整的自我。这也意味着即使一个人的某种特质在某些情况下会对其能力造成影响，但其他人仍然会觉得此人值得结交。有些人还会将他们的缺陷转化为生活中积极的一面。希金斯等人的研究（2002）发现，经历过这一转变过程的个人，更可能以推动自身其他方面不断进步的方式真正接纳自我。但是并非所有具有缺陷者都会经历这种转变。

本·奎尔特 7 岁那年，为了和哥哥一起运动，他开始练习柔道。到 12 岁时，他已经能参加地区和国家级比赛。但后来本的视力开始恶化，16 岁时他被归类为患有视力障碍的运动员。柔道规则针对视障参赛者有所调整，运动员是以“抓住”对手的状态开始每轮比赛，而且柔道场地也发生了改变。然而，本解释说，这些调整虽然比较细微，却足以让视障运动员和视力正常的运动员一起训练和比赛。此外，柔道比赛的组织和资助形式对于视力正常的运动员和视障运动员也基本上一视同仁。本于 2008 年入选北京残奥会柔道队时，在新闻发布会上相关人员同时对外宣布，该柔道队也将作为代表队参加奥运会。本在 2012 年伦敦残奥会上获得一枚铜牌，他说在柔道运动中“一切都是老样子，就是整天和队友们一起训练。别人对我和对待其他所有人都一样，你甚至都不会知道我视力有问题。”

如何组织体育运动，让残疾人得到与其他运动员同等的待遇？本在柔道运动中的经历就是一个良好的示范。另一个相关的例子是 1961 年成立的残疾人体育赛事组织。该组织总部设于英国，举办各种各样面向各年龄段各类障碍者的体育赛事。它还为 6～12 岁的儿童举办“迷你赛”，囊括多个体育项目。该组织举办的体育赛事包括一系列具有包容性的体育项目和比赛，鼓励具有各类不同缺陷的年轻人参与体育运动，其他年轻人和志愿者也会在必要时帮助有障碍的运动员。其中一项运动是分区带式橄榄球，是一种调整后适合残疾人的英式橄榄球运动，具有各类不同缺陷的参赛者都可以参加这项安全且富有挑战性的比赛。然而，残疾人体育赛事组织不依靠政府资助，其依靠筹资和赞助作为资金来源。

许多现有体育项目的组织形式并不具有包容性，对于那些知道孩子们无法参与这些项目的人而言，柔道和残疾人体育赛事组织所展现的理想主义使其备受鼓舞。成千上万从战场上归来的退伍军人也同样受到激励，他们有的肢体截肢，有的视力和听力受损，有的行走不便或无法行走。让他们接触体育似乎是一件无须动脑筋的事情，即使是对那些缺乏理想主义的人也是如此。当退伍军人返回社区、大学、体育馆、公园和工作场所时，若想消除限制残疾人的障碍，理想主义是至关重要的。

杰恩 • 克雷克曾参与新西兰马术联合会举办的全国盛装舞步巡回赛，也代表新西兰参加过残奥会。她鼓励人们心怀理想和乐观的愿景，努力创造未来。她说：“我必须相信，在这个日新月异的世界里，未来会有更多美好的事物，相信我们能够改变世界”（Joukowsky and Rothstein，2002b：55）。克雷克知道，体育运动对于残疾人而言不仅仅是治疗工具。在高度重视体育参与的文化中，体育活动让人们维持正常生活，帮助人们建立重要的身份，让他们有机会结识他人，也迫使每一个观看比赛的人承认，身体和智力缺陷是人类状况的一个正常组成部分。

（一）残奥会：为身体残疾人士举办的运动会

今天的残奥会最初是由一名神经外科医生路德维希 • 古特曼构想发起，他任职于专为患有脊髓损伤的退伍军人服务的英国斯托克 • 曼德维尔医疗中心。1943 年，当他第一次来到医疗中心时，那些退伍军人受到的非人待遇让他无比震惊。战争导致他们脊髓受伤，严重瘫痪，无法移动，只能毫无希望地慢慢等死。古特曼提出，可以将体育运动作为一种治疗方式，提高病人的生活质量。

古特曼是其病人的坚定拥护者，他认为，他的病人被逼到了“正常人帝国”的边缘地带，这样人们就可以避免面对这些人身体残缺的现实。当1948 年的奥运会确定将在伦敦举办时，古特曼决定在奥运会开幕式的同一天为其病人安排公开的轮椅射箭和标枪比赛，以此为其病人及其治疗方式的成功赢取认可。当时共有 16 名脊髓损伤患者参加比赛。

古特曼组织的比赛没有受到任何公众关注，但其对退伍军人的影响令他感到振奋。他预见未来有一天残疾运动员将与奥运会运动员同台竞技。1952 年，运动会开始吸引一些来自英国以外的退伍军人参与。1960 年罗马奥运会之后一周，古特曼等人在罗马举办了第一届残奥会，共有 400 名运动员参与 8 个比赛项目，参赛运动员大多数都是患有脊髓损伤的退伍军人。

自 1960 年起，残奥会每 4 年举办一次。1976 年第 1 届冬季残奥会在瑞典举行。夏季残奥会和冬季残奥会的规模不断扩大，受欢迎程度不断增加，这在很大程度上归功于那些面对重大财政和政治挑战，仍坚持发展和支持残奥会的人所付出的艰辛努力。

残奥会的使命是让残疾运动员取得卓越的体育成绩，以此鼓舞、激励全世界。另外，残奥会还希望挑战残疾人充分融入社会各个领域的重大障碍——负面态度和刻板印象，为所有具有身体障碍者创造一个更美好的世界（Brittain，2012b；Legg and Gilbert，2011）。

尽管奥运会和残奥会的历史相互交织，部分价值观也相通，但两者之间的关系却一直复杂且紧张。例如，1983 年，当时的国际奥委会主席胡安 • 安东尼奥 • 萨马兰奇告诫残奥会运动员和残疾人体育组织的代表，他们在任何赛事中都不能再使用奥林匹克图像，包括“奥运五环”。萨马兰奇解释说，奥运会是一个全球性的品牌，具有自己的商业利益和目标，这意味着国际奥委会对任何使用其徽标和其他象征物的人都将采取法律行动。他说道，即使是奥运会会旗，也是一个需许可授权的徽标，只有付费购买使用权的人才有权使用它（Jennings，1996a）。

由于残疾人体育组织及残疾运动员并不希望与国际奥委会分离，所以他们专注于组织将紧随 1984 年洛杉矶奥运会举办的残奥会。但是洛杉矶奥组委和美国奥委会都不支持他们，也不支持他们的赛事。因此，他们被迫在纽约和英国的斯托克·曼德维尔举行小型赛事。与此同时，他们还成立了国际残疾人体育协调委员会（ICC），作为残奥会的管理机构。

杨斯·布洛曼博士曾参与过为盲人运动员举办的体育比赛，他指导残疾人体育运动顺利度过了这段挑战重重的时期，并当选为国际残疾人体育协调委员会主席。他的付出和韩国奥委会官员的支持促使 1988 年（首尔）残奥会取得了巨大的成功，共有来自 61 个代表团的 3000 多名运动员参加比赛。在开幕式上，韩国主办方向布洛曼展示了他们专门为韩国残奥会设计的一面会旗。会旗底色为白色，上面有五个泪滴形图案（徽标），其位置和颜色与奥运会会旗上紧密连接的五个圆环相同［图 9.3（a）］。该设计旨在展示残疾人奥林匹克运动和奥林匹克运动之间的联系，说明残奥会运动员可以像奥运会运动员一样训练和比赛（Sheil，2000）。

此举激怒了国际奥委会的高管们，因为他们认为自己的五环徽标受到了侵权。为平息国际奥委会的怒气，国际残奥委会于 1994 年推出了新的徽标［图 9.3（b）］和会旗。传统的韩国线条符号再次以泪滴形状出现，但官方解释说，此设计现在代表的是残疾人奥林匹克运动的格言："心智、身体和精神。"这面会旗一直使用到 2004 年雅典残奥会。2008 年，国际残奥委会和国际奥委会解决了诸多分歧，最终商定在同一个主办城市举办赛事，此后，国际残奥委会采用了新徽标和会旗来代表残奥会独一无二的目的和身份［图 9.3（c）］。新徽标由 3 个元素构成（在拉丁语中被称为 Agitos，意为"我在动"），包括红、蓝、绿 3 种颜色，是世界各国国旗中最常见的颜色。3 个元素似乎在围绕着一个中心点运动，呈现出一个动态的、球形的图案，意为"精神寓于运动"——这句话也是残奥会的格言。

2008 年北京残奥会首次使用"精神寓于运动"会旗，国际奥委会没有表示反对。此时，"申办奥运会的城市，必须同时申办残奥会"的协议已经达成，但为了争夺赞助商、资金和媒体报道，两个组织之间的关系仍然十分紧张。

如今，国际残奥委会采用了与国际奥委会类似的商业方法，将其会旗注册为一个授权使用的徽标。但是，这一变化又引发了以下问题：谁将从残疾人精英体育运动的商业化中受益，而谁的利益将因而受损呢？能够吸引观众和赞助商的运动员肯定会从中受益，但关注顶尖残疾运动员，能否激励残疾人参与体育运动，还是将他们变为观众呢？人们会倾向于只捐钱支持精英运动员吗？还是说，残奥会将打开通往“正常人帝国”的大门，让残疾人也享受到其应得的与帝国居民同等的机会？这些问题仍有待研究。

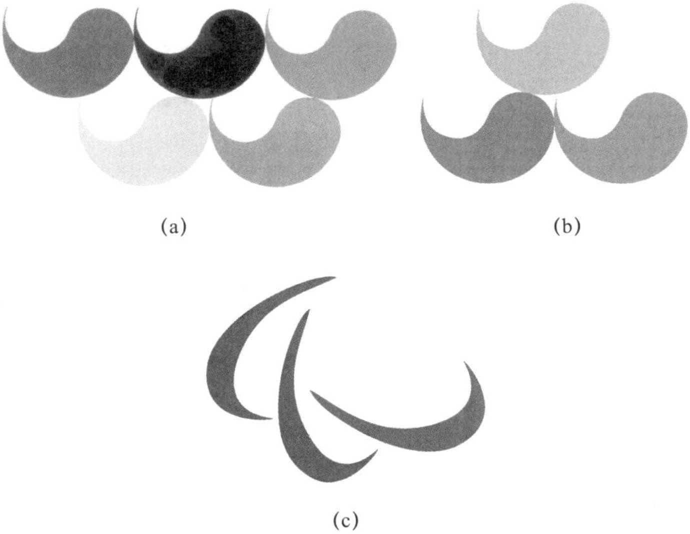

图 9.3　1988 年（a）、1994 年（b）和 2008 年（c）残奥会会旗上使用的徽标

1. 残奥会的媒体报道

既然国际残奥委会已经采取商业化模式，那么残奥会的举办将在很大程度上依赖出售赛事的媒体转播权。这种模式将关注重点从运动员转移到观众和赞助商身上，改变了那些负责赛事计划、规划和管理的人员的指导方向。为了吸引观众，主办方必须设计一些背景故事情节，突出强调个人运动员，让人们对他们的身份和表现感兴趣。个别比赛中的戏剧性和刺激性也至关重要，必须成为营销重点。

在过去，残奥会的媒体节目从来都没有获得过高收视率，也很少受到媒体的关注。然而，2012 年伦敦残奥会举办时，相关人士齐心协力试图改变这一情况。英国媒体对残奥会的报道达到了前所未有的水平，主要电视频道对其进行了 150 多个小时的电视直播，另外还有 3 个有线电视频道和两个重要的广播频道对其进行播报。澳大利亚广播公司进行了 100 小时的现场直播，包括开幕式和闭幕式。在加拿大，媒体公司通过 4 家在线媒体提供了近 600 小时的现场报道，而且主要的英语和法语频道将残奥会作为重点节目每天播报一小时。

虽然美国全国广播公司已支付 2012 年残奥会的电视转播费，但并没有提供现场直播，只进行了极少的亮点报道。这让美国的官员、运动员和观众感到非常失望，他们一直在关注残疾运动员的进步以及那些有看点的比赛。批评人士指出，美国全国广播公司一直都在利用穿军装的军人来推广美国职业橄榄球大联盟比赛和其他职业体育赛事的报道，但却忽视了作为美国代表队成员出战残奥会的退伍军人。这其实是一项财务决定，因为美国全国广播公司的高管并不指望残奥会能获得足够高的收视率，使其能够通过出售广告时间获益。在“正常人帝国”中，这就是典型的生意经，但是在残奥会受到空前的关注和宣传之际，美国全国广播公司的行为十分惹眼，塑造出一个冰冷无情的逐利者形象。

随着国际残奥委会不断发展，它将与国际奥委会就两项赛事的版权收入分成进行协商（Purdue，2013）。如果国际残奥委会单独就残奥会独播权进行谈判，那么残奥会官员将承受较大压力，他们必须要吸引足够多的观众，使竞标金额提高到一定的程度，才能确保维持组织的运营，举办令观众感到愉快舒适的赛事。这种情况下，残奥会营销人员就要将残奥会打造成盛大赛事呈现给大众。如此一来，受欢迎的运动员、高科技假肢（如跑步运动员穿着的碳纤维腿）、参赛运动员能够激发观众敬畏和赞叹的赛事，以及各国的奖牌数量，都将备受关注。

试图将残奥会作为一大盛事进行宣传的行为遭到了广泛的批评（Brittain，2004; Darcy and Dowse，2012; Schantz and Gilbert，2012; Wolbring，2012a，2012b，2012c，2012d，2012e）。人们反对商业化，不赞同商业化对残疾人体育的意义。市场力量决定了哪些人能获得资助，媒体会对赛事的哪些方面进行报道。购买残奥会和世界锦标赛转播权的媒体公司可能会大肆宣传“仿生运动员”和高科技假肢，从而吸引观众的注意力。与此同时，国际残奥委会还会增加一些引人注目的运动员类别，原本已经令人困惑的分类体系可能会变得更加错综复杂。

2. 分类问题

创造公平竞争的环境一直是残疾人体育组织者面临的主要挑战。身体缺陷的差异几乎无穷无尽，然而这些缺陷对每位参赛者造成的全部影响却是独一无二的。这意味着国际残奥委会要制定复杂的规则，决定运动员的分类方式及其在不同竞赛类别中的分组方式。国际残奥委会出版了一本 20 页的《残奥会分类入门指南》（IPC，2007a）、一本冬季运动指南和一本 82 页的关于残疾类别代码的书（IPC，2007b）。

残疾类别代码在内容和实施方面一直备受争议（Beckman et al.，2009；Brittain，2012a；Burkett et al.，2011；van Hilvoorde and Landeweerd，2008；Wolbring，2009，2012d）。它要求对每位运动员进行检查和评估，若运动员感到分类有误，允许该运动员提出抗议和上诉。另外要求每个下属联合会提供分类员培训和认证，因为每项运动对各项能力的要求不同，因此针对不同运动要有不同的类别代码。

目前夏季残奥会的残疾类别包括截肢、脑瘫、脊髓损伤和视觉障碍。1996 年增加了一个智力障碍类别，但 2010 年西班牙残疾人篮球队的 12 名队员中有 10 人被发现并无残疾，于是这个类别又被取消了。2012 年，少数几项运动重新增加了智力障碍类别。冬季残奥会的残疾类别包括视觉障碍、坐姿和站姿。听障并不属于残奥会的主要类别，因为听障运动员主要参加自 1924 年开始举办的听障奥林匹克运动会，但这种情况在未来可能发生变动。

长期研究残疾运动的专家伊恩·布里顿（2004）及其他研究者对残奥会的残疾类别代码表示谴责，他们认为此代码仅仅基于医学标准，强化了人们对于残疾的刻板印象（Darcy and Dowse，2012）。国际残奥委会委员意识到，残疾类别复杂且烦琐，他们对其进行了修改，使其适应残疾人运动商业化的新现实。新类别代码于 2016 年年底前完成，体现出在残奥会中表现出色和赢得奖牌，涉及的利益将越来越多。新类别代码还意图通过减少竞赛类别，提高残奥会的“可观赏性”。

无论出现何种变化，富裕国家的运动员仍然要比贫穷国家的运动员具有明显优势。参加残疾人体育运动通常需要特殊的交通安排、适应性设备和专门的训练场地，费用极为高昂。因此，奖牌数量密切反映着各参赛国的人均收入水平，相比奥运会，这一关联在残奥会上表现得更为明显（Buts et al.，2013）。

（图源：©伊丽莎白·派克）

2012 年伦敦奥运会期间，奥运五环悬挂在伦敦塔桥上。奥运会结束后，五环标志立即被取下，在残奥会期间换上了残奥会的三色带标志。

（二）特奥会：为智力障碍者举办的运动会

1968 年，国际奥委会批准尤妮斯·肯尼迪·施赖弗将“奥林匹克”一词用于为智力障碍者提供全年的奥林匹克式体育训练和比赛的体育赛事（Foote and Collins，2011）。如今，国际特奥会组织已成为一个多元化的全球性组织，为相关研究提供赞助，建立支持性社区，并提供健康教育项目。但其主要目的在于为智力障碍者提供“持续增强身体素质、展现勇气、体验快乐、与家人以及其他特奥会运动员和社区分享天赋、技能和友谊的机会”（http://www.specialolympics.org/ mission.aspx）。

部分地方团体和组织向为智力障碍者举办的体育项目提供赞助、并对这些项目进行管理，但特奥会因其规模和影响力脱颖而出。国际特奥会组织每年在世界各地赞助约 5 万次比赛，平均每天约 136 次。来自 177 个代表团的约 6500 名运动员参加了 2015 年在美国加利福尼亚州洛杉矶举办的世界夏季特奥会。特奥会每两年举办一次，冬季和夏季赛事交替举办。

作为一个体育组织，国际特奥会组织筹集资金和组织活动的效率比世界上大多数非政府组织都要高，但它的项目组织方式强化了负面刻板印象和残障歧视文化观念，因此饱受批判（Hourcade，1989；Storey，2004，2008）。例如，参赛者在比赛中无法学到可以运用于社区生活的实用技能，志愿者和观众以家长式作风对待他们，比赛结束之后，这些运动员就与那些帮助他们倡导权益的人或者可能成为他们的朋友的人断了联系，也没有证据表明参加特奥会对他们的生活有任何重大的改变。

针对这些批评，特奥会主办方发起了一项名为“融合运动”的全球性活动，智力障碍者可以根据自己的兴趣，与来自普通社区的队友结伴参加具有竞争性、发展性或娱乐性的体育活动。该项目旨在促进友谊，帮助智力障碍者融入更大的社区，使他们能够基于自身能力与他人互动。融合运动项目建立在研究和理论基础上，发起人会根据评估研究中发现的不足和长处对其加以改进（Dowling et al.，2010）。

特奥会创建于 1968 年，旨在为当时被畏惧、嘲笑、虐待而且经常被隔离到“正常人帝国”之外的人群提供专属的运动空间和活动。特奥会设法实现了这一目标，但它还无法系统地帮助其参与者融入更大的社区中，也无法使社区完全接纳智力障碍者参与日常活动，从而使其能够较为独立地生活。

如今，该组织继续保留着那些为需要更多直接支持和援助的人提供的传统项目，同时也在积极解决疏漏之处。然而，在“正常人帝国”中，大多数人都没有与智力障碍者交流的经验，而这些智力障碍者也没有机会参与日常活动。要为智力障碍者创造参与体育运动的机会，需要具备一定程度的自主意识，获得一定程度的支持，但这在大多数社会环境中仍然十分少见。与此同时，智力障碍者在寻求机会，希望能够在支持性环境中进行体育运动，从而与同龄人以及更大的社区建立起积极的联系。在最近的一项研究中，一位受访的年轻人这样说道（Darcy and Dowse，2012：406）：

没人将我或者我的职业生涯纳入他们的计划，也没人试图了解我想做什么，没人为我提供像正常孩子一样定期尝试体育运动的机会。如果我喜欢这项运动，我会继续坚持。如果我不喜欢或者觉得不适合，我希望我有放弃这个项目、尝试其他选择的自由。

（三）残疾人体育赛事和组织

在“正常人帝国”中，身体和智力缺陷的覆盖范围和发生频率被人们大大低估。人们会在公共场合隐藏或掩盖自己的身体缺陷，避免被其他人看到，然后接受别人同情或厌恶的目光。智力障碍者大多容易被人利用，所以关心他们的人经常把他们关在家里或僻静的安全场所。尽管如此，具有相似特征或缺陷的人仍然自发创办了体育组织，为体育赛事提供赞助。美国侏儒运动协会与一年一度的全美矮人大会（LPA）共同赞助世界侏儒运动会。

夏季和冬季听障奥林匹克运动会由国际聋人体育联合会主办，该组织以其法语名称 Comité International des Sports des Sourds（CISS）在世界上广为人知。听障奥林匹克运动会完全由听障人士主办，只有听力障碍者才有资格进入董事会和执行机构。国际聋人体育联合会由欧洲、亚太、泛美以及非洲四个地区联盟（http://www.deaflympics.com）组成，共有 96 个成员国。听障运动员及其队伍具备与普通大众相似的运动技能，因此他们觉得自己不太适合参加残奥会。

国际脑瘫患者运动与休闲协会（CPISRA）是一家国际性管理机构，负责协调和监督脑瘫患者的体育活动。脑瘫患者指由于神经紊乱、中风及脑外伤而导致残疾的人。

美国盲人运动员协会（USABA）则支持具有视力障碍的运动员。2013 年，该协会与国际盲人体育协会合作，共同赞助了世界青年锦标赛和 2013 年在美国科罗拉多州的科罗拉多斯普林斯举办的国际盲人体育协会泛美运动会。滑雪和盲人门球是最受盲人运动员欢迎的运动。

还有一些一般性的组织会与不同类别的身心障碍者合作，为不同类别的身心障碍运动员提供赞助。例如，美国残障运动员基金会与那些希望通过训练和参加一项或多项体育运动从而拥有积极生活方式的个人合作。伤残老兵勇士项目（WWP）成立于美国，旨在帮助 2001 年“9・11”事件发生当天或之后受伤退伍的军人。截至 2014 年初，该项目已为超过 5.1 万名受伤的男性和女性，大约 32 万名患有创伤性脑损伤的退伍军人，以及超过 40 万名患有创伤后应激障碍的退伍军人提供帮助。一年一度的勇士运动会为退伍军人提供各项比赛，也为其获取参加残奥会的资格提供了机会。

（四）残疾人体育的深远影响

赞助机构不同，残疾人体育的未来影响目标也不同。与一般体育运动一样，人们预期或假定的未来影响往往会与现实情况有所偏差。如前所述，特奥会也许为许多参赛者提供了愉快的经历以及结识他人的机会，但其影响十分短暂，并没有改变公众对智力缺陷的态度，没有促进包容，也没有为智力障碍者提供更多其他机会。从这个意义上而言，体育的重大迷思也在残疾人运动中得以延续，常常导致人们忽视以下问题：若希望体育朝着期望的方向发展并产生积极影响，我们必须做些什么？

目前，残疾人体育组织的工作人员并没有想到开展系统的评估研究，批判性地评估其目标是否得以实现。当然，各个组织的目标各不相同。在某些情况下，其主要目标是为那些具有特定特征或缺陷的人提供机会，帮助他们在有控制的条件下与同龄人一起进行体育运动。这群人被完全排除在“正常人帝国”的体育运动之外，于是他们创建了属于自己的运动项目和体育赛事，既无须面对他人对自己的负面态度、好奇心和凝视的目光，也不会感觉自己是个怪人。在其他情况下，体育组织的目标是通过体育项目和体育赛事为残疾人赋予权利，培养积极的公众态度，鼓励残疾人充分参与普通社区活动（Brittain，2012b；Wedgwood，2013）。

虽然以残疾人体育运动的影响为对象的研究较为罕见，但近年来的一些研究就可能产生的影响和不会产生的影响进行了初步评估。针对残奥会利益相关者（即与残奥会组织有个人联系的人）的访谈表明，人们认为残奥会运动员能通过参与残奥会而获得一些个人赋权，但除此之外，其他积极的结果少之甚少（Purdue and Howe，2012）。事实上，残疾运动员并没有被其他残疾人视为激励自己的楷模，因为他们没有把自己描述为残疾人，也从未向人们展示他们如何处理他人面临的日常问题。同样，沃尔布林（2012c）收集的数据表明，残疾人参与体力活动和休闲体育的比例并没有随着残奥会的日益普及而增加，因为社会中仍然存在结构性障碍。受到残奥会运动员的鼓舞对于消除大众的负面态度，增加残疾人运动的资金投入，改善场馆的无障碍环境，提供无障碍交通，或者培养知识丰富和经验十足的教练员和后勤人员毫无用处（Wilson and Khoob，2013）。

残疾人权利活动家的观察结果支持上述发现（Ahmed，2013；Braye et al.，2012）。运动员戴着价值 1.5 万美元的假肢奔跑或者进行橄榄球比赛，或者坐在价值 6000 美元的轮椅上参加比赛，并没有让残疾变“酷”，也没有改变运动员需要应对残疾问题的现实。此外，对于数十种对参赛者进行分类的残疾类别，许多残疾人权利活动家似乎并不在意，他们认为人们无法从国际残奥委会的残疾类别中找到自己的定位。即使参与残奥会，残疾运动员的个人需求仍然得不到满足。的确，在“正常人帝国”里，一些人会在残奥会期间观看残疾运动员比赛，但观赛并没有激励他们支持当地的残疾人项目，也没有促使他们去投票支持带来平等的立法。事实上，残疾人权利活动家担心观赛很可能会适得其反：在看到残疾运动员的能力后，人们会得出残疾根本不算什么大事这样的结论，从而再现了残障歧视文化观念（Braye et al.，2012；Rival，2015）。

此外，在残疾人运动中，男运动员比例过高，部分原因在于参与可能造成身体缺陷的危险活动的男孩和成年男性更多，而具有身体或智力缺陷的女孩和成年女性则可能会得到家庭成员更多的保护，也不会被家人鼓励去寻求参与体育运动的机会。无论如何，残疾人体育文化极为偏向男性，可能会让女性感到自己不被待见。将残疾人从康复项目转移到体育项目的过程中也可能存在微妙的性别歧视。如果医生和治疗师更偏向于鼓励男孩和成年男性参与体育运动，这将再现一种由男性主导的、强调男性认同的体育文化。轮椅英式橄榄球（残疾人体育中所谓的“谋杀球”）的知名度和受欢迎程度就证实了上述观点。

六、科技与能力

当残疾运动员运用技术调整自己的身体，使其适应体育运动带来的身体挑战时，他们就模糊了身体和机器之间的界限。当然，这在残疾人体育中不是什么新鲜事，并不罕见。长期以来，一些体育项目有专业的设备和技术（如攀岩鞋或特殊的划船桨叶），诸如轮椅、拐杖和残疾人使用的假肢，它们的作用是帮助残疾人移动更加自如（Apelmo，2012）。

大多数体育运动都采用了形式多样的“辅助性”效能增强技术。网球和棒球运动员使用超级强韧的合成韧带或取自身体其他部位的更强韧的韧带，进行“辅助性”肘部和膝关节重建手术。耐力运动员在“辅助性”高压舱中睡觉，通过增加红细胞的携氧能力增强耐力。莱昂内尔·梅西是当今世界上最优秀的足球运动员之一。他原本身材矮小，注射了生长激素之后，又长高了一些。几十位棒球运动员和高尔夫球手经过激光视力矫正手术后，获得了20/15的视力（译注：对应标准对数视力约为5.0/3.75），能够更清楚地看到棒球或高尔夫球。上述这些运动员既不认为自己是残疾人，也不认为进行这类“辅助性”措施和改善性手术是弥补劣势或作弊的方式，而且可以肯定的是，他们当中没有一个人曾想过去参加残奥会。

20世纪80年代，生物学家唐娜·哈拉威（1985）提出，许多人都可以被形容为“赛博格”（半人半机械生物），因为他们依赖机器和通信技术引导日常生活，而这种现象在智能手机似乎成为人类手部衍生物之前早就已经存在了。严重残疾者将技术手段与自己的身体融为一体，以此维持人类模样和人类身份，他们可能是最特殊且最复杂的半机械人了。

南非短跑运动员奥斯卡·皮斯托瑞斯是近年来最引人注目的“体育赛博格”，被称为“刀锋战士”或“世界上跑得最快的无腿人”。奥斯卡出生时小腿就缺少腓骨，他11个月大的时候，他的父母决定给他膝盖以下装上假肢，这样他就可以自如地活动了，该手术于1987年完成。

作为一个活泼好动、热爱运动的男孩，奥斯卡梦想着参加精英英式橄榄球赛。他从来没有体验过不戴假肢的感觉，他的朋友可以做的事情，他样样能做。初高中阶段，他尝试了多种运动，包括摔跤、板球、英式橄榄球、水球和网球。但2003年底，他在打英式橄榄球时膝盖严重受伤，医生建议他将跑步作为物理疗法。2004年1月，17岁的他开始接受短跑训练，成为一名短跑运动员。两个月后，他参加了自己的第一场100米短跑比赛，赢得了一枚金牌，以11.51秒的成绩创造了T44级“单腿膝下截肢”和T43级“双腿膝下截肢”这两项残奥会残疾类别的世界纪录。

他在比赛中取得的成功将他送到了2004年雅典残奥会，并赢得了一枚100米短跑比赛的银牌和一枚200米短跑比赛的金牌。在雅典残奥会上，他一共创造了4项世界纪录，并且在之后2008年和2012年的残奥会上赢得了金牌。

奥索团队为皮斯托瑞斯和其他创纪录的残奥会短跑运动员提供赞助，他们都穿着奥索碳纤维“飞毛腿印度豹”假肢。“飞毛腿”假肢的外形模仿猫科动物的后腿，脚掌随着小腿伸展并接触地面，接触面较小，大腿肌肉带动身体向前。运动员奔跑时，大腿传递至假肢的能量中约有95%可由假肢返还，而正常人的小腿可以返还其吸收的能量的200%。将假肢的能量转换效率提高至人腿能量转换效率水平，是奥索团队的研究者在模拟人腿运动功率时面临的一大挑战，实现此目标仍需要一些时间。

2007年，为了获得2008年北京残奥会的参赛资格，皮斯托瑞斯开始以残奥会短跑运动员的水平进行训练。然而，当国际田径联合会（IAAF）取消了他的参赛资格时，他的追梦之旅受到了阻碍。随后，国际田径联合会执行委员会复审了他们委托的研究，得出的结论是皮斯托瑞斯的假肢让他相比其他奥运选手更具优势（IPC，2008）。从某种意义上说，皮斯托瑞斯因能力超出正常人而被国际田径联合会视为“残疾人”。

皮斯托瑞斯对国际田径联合会的决议提起了上诉，要求国际体育仲裁院除了国际田径联合会实验室所做的测试以外，也将其他研究纳入考虑，因为该实验室测试并未在奔跑状态下评估碳纤维腿的性能。他的经验告诉他，在比赛开始时，刀刃型假肢会减慢他的起跑速度，在潮湿的赛道上假肢提供的牵引力也很差，会产生难以控制的扭力，而且不具备人腿、脚踝和人脚的机动性和可控性（Longman，2007a）。

独立研究者对此开展了进一步研究，国际体育仲裁院审阅了相关数据，此后，国际田径联合会于2008年5月推翻了之前的禁赛令，并裁定皮斯托瑞斯有资格参加残奥会和其他国际赛事。尽管皮斯托瑞斯没有通过2008年北京残奥会资格赛，但他仍坚持训练，获得了参加2012年伦敦残奥会的资格。皮斯托瑞斯既不是第一个参加残奥会的身体障碍运动员，也不是第一个使用假肢的运动员，但是他的故事获得了全球化的媒体报道关注，引发了人们的共鸣。

对于许多截肢者而言，他们的目标不再是达到“自然”能力水平，而是借助当前可用的尖端技术超越“自然”水平。正如人们所见，技术的发展速度已超过人类的身体进化速度，那么，我们为何要单单局限于达到自然水平呢？

——丹尼尔·H. 威尔逊，机器人工程师（2012）

（一）虚拟身体和赛博格身份

皮斯托瑞斯及其碳纤维腿引发的问题受到了人们的广泛关注。赛博格运动员的形象，如同以机械人和基因改造人为主题的科幻动作片中所描述的那样，让那些担忧人性会因此改变的人产生了道德恐慌。与此同时，一些其他人基于医疗模型开始设想使用人体仿生部件来释放人类潜能的可能性，比如修复身体缺陷，帮助使用者获得超越正常人的能力，以及随着时间推移不断优化，甚至抵消衰老的影响。

麻省理工学院生物机电工程研究团队负责人休·赫尔是仿生学梦想家的知名代言人。赫尔在 17 岁时成了一名双侧截肢者，设计糟糕的假肢用起来疼痛感很强，他对此十分不满。于是，赫尔投身于创新型假肢研发事业，为自己制作了假肢，同时攻读了工程学博士学位。赫尔预测到，软、硬材料与皮肤、骨骼、肌肉和神经进行集成时将会存在“极端接口”，当大脑通过合成神经传递信息时，假肢的动作将更加灵活自如（Moss，2011；Rago，2013）。赫尔的预测与超人类主义者观点一致。超人类主义者由一群梦想家和科学家组成，其具体观点参见“体育反思”专栏——没有人是完美的：这是否意味着我是有缺陷的？

体育哲学家及部分其他研究者给出了禁止在体育运动中使用假肢的理由。他们认为，假肢对于运动员竞技表现的确切贡献可能永远不为人所知，这可能会导致残疾运动员相比那些不使用或不能使用此类技术的运动员具有不公平的优势。此外，技术水平决定着假肢的设计，很可能会影响运动员的能力，让那些有资源获取最新创新成果的人具备不公平的优势（Burkett et al.，2011；Dyer et al.，2010；Marcellinia et al.，2012；Normana and Moolab，2011；Swartz and Watermeyer，2008；Treviño，2013）。

（图源：©里奇·克鲁斯/照片由残障运动员基金会提供，http://www.challengedathletes.org）

他们是正常人、增强型人，还是残疾人呢？如今，这三者之间的界线变得越来越模糊，导致体育组织在伦理和实际应用方面陷入了两难境地，因为使用效能增强技术将很难维持公平的竞争环境。残奥会和相关组织的工作人员在处理这方面的问题时可能更有经验，因为他们已经接触过效能增强技术，还确定了将其纳入考虑范围的分类代码。

一些实力雄厚的公司会借助参与残奥会和其他残疾人体育赛事的运动员的身体，展示和推销其最新研发的效能增强技术，这种行为遭到了假肢禁令支持者的抵制（Wolbring，2012a，2012e）。不过，许多截肢者也将对此产生兴趣，他们认为可以利用这些技术来超越身体的自然极限，“比人体进化速度发展得更快”（Wilson，2012）。流行文化中也已引入了类似的观念：“钢铁侠”外骨骼可以让人完成超越自然水平的身体壮举。

体育反思

没有人是完美的：这是否意味着我是有缺陷的？

残障歧视主义将人们引向不同的方向，其中的一个方向由超人类主义者进行描绘，他们将医疗模型作为设想人类未来的透镜。

超人类主义者认为，所有人的身体都可以得到改善，由此就能实现当前无法实现的目标。他们认为，人类还未能充分利用现有的效能增强技术，因为人类仍在坚持着基于宗教和文化传统的旧观念。

在体育领域，超人类主义者预测，运动员将寻找和使用各种形式的效能增强技术。如果不从人们出生时起就对他们的身体进行监测、扫描和管控，他们就无法察觉效能增强技术的存在。当运动员展示使用创新型效能增强技术可以实现的可能性时，他们也让人类对自己与实体世界有何种可能的关系形成新的认知。这一过程已经出现在人类的生活中了，比如佩戴视力矫正眼镜、关节置换、韧带重建、肌肉成形术、骨移植术和干细胞治疗，以及一系列能够缩短运动员的恢复时间，并将自己的训练状态调整到 100%的手术。

残障歧视文化观念的批评者、对人类变成“赛博格”感到恐慌的人及怀疑论者，都对超人类主义者观点的可信度感到疑惑。他们认为，超人类主义者是机会主义者，会通过加剧人们对自己身体的不安全感并随之向其销售昂贵的效能增强技术来谋利。

在思考超人类主义者的观点的利与弊时，请设想以下情形：你是一名顶尖的大学篮球运动员，正期待着能签订一份职业合同，但大三时你参加了美国大学体育协会篮球锦标赛总决赛，在比赛最后几分钟里你的前交叉韧带受伤断裂。你的骨科医生说她可以修复韧带，但只能保障正常行走，无法再参加竞技篮球比赛，或者她可以通过外科手术植入一个比原来的韧带更坚固、更适合篮球运动的合成材料韧带。你的保险将仅赔付其中一种手术，你会怎样选择呢？

如果你选择植入合成韧带，那么如何避免其他人也去做类似的手术，以便完成更高强度的肌肉训练以提高速度和垂直跳跃能力？在人体性能增强方面，你将如何划分哪些手术可做，哪些手术不可做，以及哪些人可做手术，哪些人不可做手术？超人类主义者的观点可能令人感到不安，但随着新技术的不断发展，我们无法避免这些问题。如果不去划分界限，又将发生什么呢？

（二）技术应用

我们偶尔会听闻一些人使用凯夫拉尔合成纤维、碳纤维生物材料和其他高科技材料制成的辅助设备的故事，这些故事令人振奋。这些材料现已用于制造轻便且高速的竞速轮椅、革命性的跑步假肢、适用于陡峭山坡的单双板竞速滑雪板，以及其他辅助设备。它们帮助人们拓展运动技能，带来更多体验，并使其从中感受喜悦和成就。

第一次亲眼见识效能增强技术时，人们往往会格外受到诱惑，以至于他们可能会只顾着关注这些新型设备，而忽略那些潜在的受益者。然而，正如大多数运动员所知，技术设备的好坏取决于设备的使用者。大多数残疾人都知道，适配体育运动的技术设备通常造价不菲。

2001 年，癌症夺走了美国运动员黛安娜·卡布雷拉的一条腿。一种新型假肢可以帮助她行走，价格为 1.1 万美元，但她的医疗保险仅赔付 4000 美元。她申请了两年的分期付款，并努力筹钱支付 2200 美元的额外费用，用于诊断、假肢安装、调试和维护。2005 年，黛安娜原来的假肢与其腿窝不再适配，她需要更换一个新腿窝，但由于价格问题不得不推迟。

如今很多需要假肢的人都会这样选择。尽管保险可能会赔付标准型假肢的部分费用，但假肢和体育运动适配设备的额外费用几乎都必须由个人支付。运动型假肢需要每一到两年更换一次，其他假肢则每四至六年应更换一次。竞速轮椅的价格为 5000 美元以上，而凯夫拉尔合成纤维轮椅的价格更高。如果是专为英式橄榄球运动定制的轮椅，还要再加 1600 美元。尽管奥斯卡·皮斯托瑞斯不用为他的“飞毛腿印度豹”假肢买单，但他的每条假肢腿价格都在 1.5 万～1.8 万美元，而且在全职训练时，假肢必须定期更换或翻新。奥索团队只能赞助少数几位跑步运动员，这就意味着，没有得到赞助的运动员在残奥会上与皮斯托瑞斯这样的人同场竞技，需要付出巨大的代价。

对于许多身体障碍者而言，适应性设备的高昂成本是阻碍其参与体育运动的一个重要因素。此外，下列事实导致上述限制因素进一步加剧[①]：

（1）学历低于高中水平的美国残疾成年人人数是同等受教育水平正常成年人的 2 倍。

（2）美国残疾成年人失业人数是正常成年人失业人数的 2 倍多。

（3）家庭年均收入低于 1.5 万美元的美国残疾成年人人数是该收入水平正常成年人的 3 倍多。

（4）家庭收入低于或稍微高于贫困线的美国残疾成年人人数是该收入水平正常成年人的 2 倍。

（5）依靠公共补助生活的美国残疾成年人人数是依靠公共补助生活的正常成年人的 3 倍多。

残疾人在日常生活和护理方面的支出也更高，这是美国社会阶层和残疾人状况的现实。研发和生产假肢及其他适应性技术设备的公司会为为数不多的年轻精英运动员提供赞助，让少数人能够绕过资源障碍，而其他残疾人想要获得参与任何级别的体育运动的机会，或者想要定期参与运动，仍要面临重重困难。

2013 年，美国联邦政府在残疾人援助方面削减了开支，甚至对近期退伍的军人也是如此。各州没有弥补预算削减的窟窿；慈善支持金额并不固定，而且在不断减少；社区项目也十分稀缺，即使是有靠谱的出行工具的残疾人也找不到项目可以参加。这些以阶层为基础的障碍迫使许多残疾人像戴安娜·卡布雷拉一样，只能暂时先“凑合着用”。

七、是否要区分“正常人”与“残疾人”？

能力是可变的、互相关联且与情境相关的。能力有高有低，其变化取决于所涉及的关系、正在完成的任务及为完成这些任务所具备的资源。当人们相互信任、相互合作时，他们就会设法充分利用每个人的能力，让每个人都能为团队做出贡献。虽然任务的完成需要一系列的特定能力，但此

---

① 美国劳工部，2011；http://disabilitycompendium.org；http://disabilitystatistics.org/reports/acs.cfm.

时最重要的是人们所具备的能力，能力缺陷则是次要或无关紧要的。

运动队将能力互补方式表现得淋漓尽致。团队中的每一位成员都有各自不同的特性和能力，而团队成功的关键就是寻找在比赛中将这些能力结合起来的最佳方式。此时，能力缺陷没有被纳入考虑，因为没有必要将一个人明确划分为有能力者和无能力者，并将其分配到两个互斥的体育参与类别中。

“残疾人”类别或“身患残疾之人”的类别已成为获得医疗保健、政府保险、学术支持、公共补贴和具有特定缺陷者身份的关键。因此，任何人试图改变当前的分类方法，都会遇到巨大阻碍。许多个人和家庭都知道，如果不对残疾进行分类，他们就无法获得目前得到的帮助，生存将举步维艰。但现行的分类体系仍然存在以下问题：

（1）将一个人划分为残疾人的依据是政治协议和折中方案，这些协议和方案规定了要被官方定义为无能力的，需要具有哪些类别和哪种程度的缺陷。

（2）只有与“健全人”类别相区别时，“残疾人”类别才有存在的意义，然而这种分类方式导致人们很难认识到残疾人具备的能力，还为其贴上了一个阻碍其融入主流社会的标签。

（3）官方的残疾分类体系会导致很多人误认为没有缺陷的身体才是自然和正常的，而那些被归类为残疾人的人则是不及常人、低人一等的，作为人类是不完整的。

（4）当那些被划分为残疾人的人寻求平等和充分的公民权时，持残障歧视态度的人就会认为他们是想要获得“特权”，因此拒绝他们的要求。

只要我们用词汇建立起这样两种对立的类别，就容易只从其中一个角度思考、交谈和行动，从而产生一种不平等的权力关系，引发破坏包容性的社会动态，赋予“健全人”特权，却导致“残疾人”遭受边缘化。这助长了按类别划分人群的社会和实体隔离现象，将二等公民身份强加给某些身体和智力障碍者，鼓励他们退出各类活动，并营造出这样一种文化：每个人都花费大量时间和金钱消除或隐藏一些在人类中较为常见的特征和缺陷。

当人们以这两种对立的能力类别为基础形成预期目标、组织社会关系时，会忽视能力的复杂性，对能力差异有所误解，而不会以建设性和包容性的方式处理能力变化。同时，被归类为残疾人的人很难建立并保持积极的自尊心，也很难发展和利用那些能使其有意义地参与主流活动的能力（Nario-Redmond et al.，2013）。

因此，包括残奥会运动员在内的许多身体障碍者并不会用残疾人一词描述自己的身份。他们根据自己能做什么，而不是不能做什么来定义自己。他们像很多其他人一样，根据自己的能力安排生活。大多数人会认为这才是正常的生活方式，把能够正常生活的人定义为不及常人和残疾很可能会妨碍社会的公平和公正。

在目前的情况下，抵制残疾的概念、“反对划分残疾”的行为被视为极端行为。然而，显而易见，大多数具有缺陷的人希望自己是因为能够做到的事情获得认可，而不是根据做不到的事情被定义。如果他们不想接受残疾人的身份，就可能会用类似这样的话质疑别人：“我的身体对我来说是正常的。你认为我的身体是问题所在，这其实掩盖了一个事实：真正的问题在于你幻想中对‘正常’身体的定义。”

也就是说，将人们划分为残疾人会对社会发展起反作用。要实现一个公平公正的未来，不在于对残疾的了解，而更多取决于了解有关年龄和能力的特定思想观念服务于哪些人的利益。

同样，了解人们如何形成有关“在人的身体中何为正常”这一问题的思想观念，以及哪些人会从有关“正常”的特定概念中受益、哪些人会因此处于弱势，对于社会转型至关重要。因此，未来的讨论应重点关注如何消除基于年龄和能力的体育参与障碍，实现满足每个人需求的包容形式。

八、小结：年龄和能力是体育参与的障碍吗？

体育运动和体育参与和那些有关能力和身体的文化思想观念密切相关。这些思想观念深刻影响着我们每一个人，因为它们是我们定义何为“正常”的准绳。受伤、身体不适或慢性疾病造成的衰老和损伤使我们的能力和身体随着时间推移不断发生改变，在此过程中，我们或多或少会感受到这些思想观念的影响。能力和身体在体育运动和体力活动中都有涉及，所以这些思想观念会影响体育参与度及社会对体育参与机会的提供。

有些人的能力和身体达不到普遍或主流社会观念中的“正常”标准，残障歧视文化观念、年龄歧视会对这些人的体育运动和体力活动参与产生负面影响。尽管人类在身体和智力上存在着自然差异，但上述负面影响依然存在。性别歧视的动态机制与之相似，不过，残障歧视文化观念、年龄歧视终将影响到每一个人，即使是那些曾经以此边缘化或歧视他人的人，也免不了受其所害。

年龄歧视主义导致各种年龄歧视行为的出现。在体育领域，年龄歧视致使各个年龄层人群具有不同的参与模式和参与机会，主要是对老年人产生负面影响，因为人们普遍认为，运动对“成年人”的发育并不重要。

出于残障歧视文化观念，人们在社会和体育领域建立了残疾人类别。那些具有视觉或功能缺陷的人被归类为残疾人，置于“正常人”范畴之外，并被许多人视为有缺陷的且低人一等的。

关于衰老的思想和观念会随着时间推移而改变，在不同的社会世界也有所差异。但在那些社会变迁和技术革新速度较快的社会中，年轻比年老更有价值。因此，在许多社会中，特别是那些人口平均年龄不断增长、老年人在政治领域影响力日益强大的社会中，年龄成为一项社会政治问题。第二次世界大战后，美国和一些其他国家有大量婴儿集中出生，他们如今五六十岁，很快将迈入七八十岁，年龄正成为一项社会政治问题。

在许多社会中，老年人使用的医疗资源比例过高，因此，一些人提倡老年人必须将体育运动和体力活动作为保持健康和削减医疗成本的工具。这一新的关注重点引出了与性别、民族和社会阶层有关的问题，因为女性、第一代移民及收入和受教育水平较低的人，体育参与度往往也很低。另外，由于参与私人营利性体育项目的成本过高，这些人当中几乎没有人能获得这些项目的会员资格。

能力的含义随情境改变而变化，但在许多社会中，能力的定义在划分残疾人（被认为不能充分参与主流社会和经济生活的人）时有所涉及，将残疾变成了一个对许多人影响重大的社会政治类别。

残疾的含义随着定义残疾时作为基础的假设的变化而变化。当假设建立在医疗模型基础上时，缺陷就是问题所在，而通过治疗和康复手段来“修复”缺陷就是解决方案。当假设建立在社会模型基础上时，问题就在于充满社会障碍的世界，解决方式是通过相应的计划、教育和政治变革来最大限度减少障碍。

许多具有缺陷者更赞同残疾的社会模型，因为该模型为其提供了挑战“正常人帝国”权力的一种策略。在“正常人帝国”中，具有缺陷者因身体或智力特征而被视为不及常人的边缘人群。媒体通常将残疾运动员描绘成“勇敢的罹病者”或“残疾超人英雄”，重现了帝国规范。只有形成一套超越对残疾的关注、转而聚焦能力的词汇体系时，上述基于误解的描述才能得以改变。

由于体育运动具有较高知名度和文化意义，体育领域中的残疾问题经常引发争论。体育运动中与能力相关的排斥和包容过程已成为许多政府和非政府组织及从全球到地方层面的各级官员关注的焦点。由于人们普遍相信体育的重大迷思，一系列提倡包容性的政策得以出台，这些政策是基于体育参与将改变残疾人生活这一假设。尽管也出现了一些新的体育项目，但它们并没有消除那些限制为残疾人提供广泛参与机会的社会和结构障碍。

在被现有体育项目排斥在外，或体育项目管理不善且不便于残疾人参与的情况下，部分具有某些特定缺陷的残疾人士自发创建了专为残疾人服务的体育组织和赛事，以满足自己的需求和期望。在另外一些情况下，个人或团体也会通过抗议和法律行动来挑战残疾人遭受排斥的传统。此时，包容的意义就改变了，并且更接近于机会的完全平等。但实现平等仍然任重而道远。

传统上，人们透过医疗模型的透镜看待残疾人运动，将其视为残疾人进行物理治疗和康复的手段。残疾精英运动员试图改变这一视角，使自己获得与正常精英运动员一样的公平对待，然而他们面临着来自老牌体育组织的阻挠。例如，国际残奥委会的发展就曾受到国际奥委会的阻碍。另外，与其他体育赛事相比，残奥会等残疾人体育赛事几乎得不到支持或媒体报道。与此同时，残疾人体育组织自身也面临着基于缺陷和潜在能力对残疾人进行分组比赛等方面的挑战。

国际特奥会组织已经成为一个重要的全球性非营利性组织，其年收入接近 1 亿美元，在 170 个国家为 400 多万智力障碍者提供训练和比赛机会。研究表明，特奥会项目未能实现帮助智障人士融入主流社会的目标，因此国际特奥会组织设立了强调社会融合和公平的新项目。

残疾人体育运动的整体影响正遭受人们的质疑，因为对残奥会和其他残疾人精英赛事的宣传并没有带来结构性改变，也没有促进让绝大多数残疾人受益的新项目的出现。事实上，人们对精英赛事的大部分注意力都集中在截肢运动员使用的新技术上，奥斯卡·皮斯托瑞斯和其他破纪录的跑步运动员使用的碳纤维“飞毛腿印度豹”假肢就是典型例子。

这些新技术引发了人们关于身体改造及将运动员变为“赛博格”的激烈辩论。在残障歧视文化观念的影响下，部分人提倡超人类主义，认为所有人类的身体都可以而且应该通过技术得到优化。这种观点引发了人们的道德恐慌，他们担心这终将导致个体失去人性，造成社会秩序紊乱。

一旦人们了解到今天的残奥会中所用技术的成本及未来新技术的预估成本有多高，这些争论就会慢慢平息下来。由于成本的实际问题，大多数残疾人并不关心假肢的未来发展前景，也不认为自己会购买外骨骼来完成超人的壮举。他们关心的是更现实的问题，比如他们希望看到方便残疾人使用的厕所设计，这样他们在使用马桶时就不用做一些高难度的体操动作，也不需要对轮椅进行神奇的操作。

此外，“健全人”和“残疾人”的分类受到了身体障碍者的质疑，他们不认为自己是“残疾人”，也不想被划分为残疾人。对他们而言，问题不在于残疾本身，而在于人们对“正常”能力这一概念的构建方式。

补充阅读

阅读材料 1 我们不是残疾人：我们只是听不见

阅读材料 2 我没有脚要怎么穿鞋？

阅读材料 3 除非轮椅钢架被撞弯，否则就不算是真正的撞击：男人与谋杀球

阅读材料 4 付出代价：运动假肢的成本

阅读材料5 奥林匹克大家庭中的紧张关系：残疾同胞们

体育管理问题

- 假设你新到一家社区体育中心任经理职位，该体育中心所在地区有许多中产阶级和工人阶级的老年人，因此，你的事业成败取决于你的项目规划是否吸引老年人。请列出你在为期两天的培训期间将要与负责项目规划与管理的新员工讨论的问题。
- 假设你是一个主要城市公立学区的体育主管助理，负责按照美国教育部新出台的残疾学生体育指导方针安排体育活动。请列出两份不同的体育项目提案，你需要在学区教育董事会讨论如何依据该指导方针分配经费时，提交以上两份提案。
- 作为一名体育管理专业的学生，特殊教育专业的学生曾让你和他们一起为周围社区的残疾人开发一个体育运动项目。第一次头脑风暴会议近在眼前，你正在准备会议上要讨论的问题。请确定5个你希望团队考虑的最重要的问题，并解释为何选择这5个问题进行讨论。

第十章　体育与经济：商业体育有哪些特征?

（图源：©伊丽莎白·派克）

职业体育已发展为遍布全球的大型产业，拥有资产数十亿美元的企业，并已成为强大的文化力量。对此，粉丝将何去何从?

——贾森·凯利，《芝加哥大学杂志》编辑（2014）

如果我们仅通过经济参数来考察体育运动……可能会造成一定风险，即只把运动员看成一种可以获利的商品。运动员会被卷入一个让他们无力抗拒的机制，看不到自己行为的真正含义……体育本身是和谐的，但是我们如果毫无节制地追求利润和成功，这种和谐就会消失。

——教皇方济各（2013）

经证明，体育赛事与当前市场中的消费者成功建立了有效联系，于是，公司都热衷于通过赞助的形式，在规模庞大的新兴市场中提高自己的知名度。

——卡伦•厄尔，欧洲赞助协会（in Blitz，2010）

我们觉得自己就像演员……有人告诉我们谁该赢、谁该被取消比赛资格，我们就照办……现在的消费者越来越聪明，所以我们承认自己只是在娱乐大众。此外，我们调整了“节目”，但换汤不换药。比如职业摔跤，其实和动作电影一样，依然是善恶之间的斗争。

——约翰•塞纳，美国职业摔跤手（2009）

本章纲要

商业体育的兴起与发展
体育的商业化及其变迁
北美职业体育运动的组织结构
北美业余体育运动的组织结构
商业体育中运动员的法律地位与收入
小结：商业体育有哪些特征？

学习目标

- 明确商业体育在社会中兴起和发展的条件。
- 明确体育在当今社会的经济和文化观念下流行的原因。
- 解释体育的企业品牌与当今世界文化观念前哨的建立有何关系。
- 讨论商业化如何影响体育规则、文化和组织方式。
- 区分美学取向和英雄主义取向之间的差异，并解释它们如何被体育商业化塑造。
- 解释大型职业体育项目的老板如何通过被许可建立卡特尔集团，通过垄断来获益。

- 明确美国职业体育特许经营和联赛获得的主要公共援助形式。
- 明确个人和团体运动项目中职业运动员和业余运动员法律地位的差异。
- 描述职业运动员和业余运动员的收入模式，并阐释为何当今运动员的收入差距如此之大。

一直以来，体育运动都是一种公共娱乐活动，但其商业化在今天达到了空前的高度。经济因素从未像现在这样完全主宰体育领域中的决策，而经济组织和企业团体也从未如此之强大，甚至掌控着体育运动的意义、目的和组织形式。

运动员和赞助商在体育领域中获得的经济利益创下新高。如今的体育活动是通过入场门票、特许权和商品销售、许可费、媒体版权合同和网站点击量得以评估，而体育赛事相关评估则要根据媒体标准（如市场份额、收视率和广告时间成本），对运动员的评价也要基于其娱乐价值和身体技能。体育场、运动队和赛事均以赞助商企业冠名、与赞助商的徽标挂钩，而不是以当地具有历史意义的人物和地点来命名。

企业利益影响着球队的代表色、队服设计、赛事日程、媒体报道及赛事播报员的评论。媒体公司和其他公司赞助并策划赛事，它们名下的运动队也越来越多。许多体育项目如今都以企业形式运营，与市场关注点和全球资本主义扩张的过程息息相关。20 世纪 90 年代以来，大型企业集团开始互相兼并，到 21 世纪仍在延续，这一趋势将运动队和赛事与媒体和娱乐公司联系了起来。运动员和体育赛事为数百万人的生活带来欢乐，现在，跨国公司的名称已成了它们的代名词。

经济因素在体育活动中至关重要，因此，本章重点关注以下问题：

（1）确定商业体育在社会中兴起和繁荣的条件。

（2）当体育运动成为商业活动时，其意义、目的和组织方式会发生什么变化？

（3）谁拥有、赞助和促进体育运动？其利益点是什么？

（4）商业体育中运动员的法律地位和经济状况如何？

一、商业体育的兴起与发展

商业体育赛事的组织是为了谋利，其成功与否取决于入场门票、特许权、赞助、媒体转播权的出售，以及与运动员形象和个性相关的其他收入来源。因此，商业体育在以下 5 种社会和经济条件下能够蓬勃发展。

第一，它在市场经济中最为普遍，在这种经济形式下，运动员、运动队老板、赛事赞助商和观众都高度重视物质奖励。

第二，它通常存在于人口众多且潜在观众聚居的社会。在农村和农业社会中，尽管某些形式的商业体育得以保留，但其带来的收入不足以支持职业运动员或体育赛事推广者的成本。

第三，商业体育是奢侈品，只有人们生活水平足够高，有时间和资源去观看和参加不涉及生存所需的有形产品的赛事时，商业体育才能繁荣发展。赞助商想要盈利，交通运输和通信技术必不可少。因此，商业体育在后工业化国家中会普遍存在，很少存在于劳动密集型的社会中，因为那里的人们必须将其绝大部分资源用于生存。

第四，商业体育需要大量资本（现金或信贷）来建造和维护体育场馆和竞技场，以供人们参与和观看比赛。公共部门或私营部门都可以进行资本积累，但无论何种情况，投资体育的意愿都取决于以宣传、利润或权力等形式获得的预期收益。当投资者期望获得经济利益时，便会进行私人体育投资；当政治领导者认为商业体育服务于自身利益、“公众”的利益或对两者皆有益处时，就会进行公共投资。

第五，在生活方式强调消费和物质地位的文化中，商业体育可以蓬勃发展。这样一来，与体育相关的所有事物都可以得到销售，如运动员“商品”（包括他们的姓名、亲笔签名和肖像）、球队名称和徽标。当人们通过衣着和其他物品来表明自己的身份以及他们与某个地位象征符号或名人的联系时，他们会把钱花在对自己的社交世界有意义的体育运动上。商业体育成功与否，取决于它能否向观众销售象征符号和情感体验，以及之后能否再将观众“销售”给赞助商和媒体。

（一）阶层间关系和商业体育

最有可能被商业化的体育运动是那些被掌握社会经济资源的人观看、

参与或用于谋利的体育运动。例如，尽管高尔夫运动并不适合商业化的展示，但它在美国依然是一项主要的商业体育运动。人们观看高尔夫比赛非常不方便，不论是在现场观看还是通过电视直播观看。摄像机的位置很难摆放，媒体评论很难整理，现场观众只能看到一小部分的比赛实况。除极少数比洞赛外，高尔夫比赛不会涉及激烈的动作或正面对决。一般来说，不打高尔夫球的人几乎没有动力观看高尔夫比赛。

然而，在美国，高尔夫运动在有钱有势的人中非常流行，他们对赞助商和广告商来说很重要，因为正是这些有钱有势的人为自己、家人、企业及手下成千上万员工的消费做出决策。他们会为自己购买豪华轿车和其他高端产品。他们也要批量购买数以千计的公务车和办公电脑，并就养老金和公司资本相关事宜做出大型投资决策，这些对广告商而言更为重要。

这些高尔夫运动支持者的经济影响力远远超出了他们的个人和家庭范畴。对于形象和产品可以吸引有钱有权消费者的公司而言，高尔夫运动是一项极有吸引力的运动。这就是为什么拥有价值不菲的高档车型的汽车公司会去赞助美国职业高尔夫协会（PGA）、美国女子职业高尔夫协会和冠军（资深）PGA 巡回赛，并且在这些赛事中宣传自己的品牌。这也解释了为什么主要电视网络都会报道高尔夫比赛：它们可以按分钟高价出售广告时间，因为看高尔夫比赛的都是有钱人——他们自己有钱，其名下的公司也有的是钱。吸引中低收入人群的体育活动一般不会被电视节目青睐，只在特殊情况下才会被播出。如果有钱的高管打保龄球，人们就会在商业电视节目中看到更多的保龄球节目，城市的高端社区也会出现更多的保龄球设施。但是有钱人很少打保龄球，所以有关保龄球运动的报道极少。

市场经济总是优先考虑有能力和资源选择体育运动来进行推广和报道的人的利益。除非这些人想参与、赞助或观看某项运动，否则这一运动不会被大规模商业化，也不会被社会赋予文化意义。如果得不到资源持有者的青睐，一项体育运动就不会成为“全民娱乐项目”，也不会与“品格”、社区精神、公民团结和政治忠诚度产生联系。

这就是橄榄球运动如今被称为“美国人的运动”的原因——少数人掌控着美国企业的财富和权力，并从中获益，而橄榄球运动正弘扬了这些人的价值观和经历并为其赋予特权。人们为什么会花费数千美元购买昂贵的大学和职业橄榄球比赛季票？男性高管为什么要用公司的钱购买昂贵的橄榄球比赛“公司票”席位？企业总裁为什么会开出十万美元的支票，为自己、朋友和客户支付豪华包厢和俱乐部专属座席的费用？这些都得到了解释。他们喜欢橄榄球运动，但最重要的是，橄榄球运动体现了有利于他们的文化观念。

在美国，女性要想成为权力结构的一部分，就必须学会“聊橄榄球”，只有这样她们才能与创造组织文化和掌控女性职业生涯的男性进行沟通。如果女性高管不带着客户去看一场大型橄榄球比赛，她们就有可能被排除在对企业文化和沟通至关重要的“男子气概的小圈子”之外（Gregory，2009）。橄榄球赛季期间，每个周一去上班时，她们知道只要能“聊橄榄球”，就能维持自己与男性同事的关系。

（二）观赛兴趣的产生

一般而言，在民众普遍寻求刺激，主流文化观念强调物质成功，孩子从小接触体育运动，以及人们可以通过媒体轻松了解体育运动的社会中，体育观众可能会比较多。

1. 寻求刺激和观赛兴趣

当人们的社交生活受到高度管控、组织形式严密有序时，每天的例行活动往往会让人们感到情绪压抑，促使人们去探寻能够带来紧张刺激、调动情绪的活动。根据社会学家埃里克·邓宁和诺伯特·伊莱亚斯所述，历史证据表明，这一现象在现代社会非常普遍。他们认为，在体育活动中，人们可以通过塑造规则和规范来调动情绪、开展激动人心的活动，从而在不破坏社会秩序的情况下消除倦怠情绪（Dunning，1999；Elias and Dunning，1986）。

体育运动通常涉及秩序与混乱之间的紧张关系。为了应对这一关系，体育运动中的规范和规则必须适当放宽，允许人们采取刺激性的行动，但也不能太过宽松，否则不受控制的暴力或其他形式的混乱行为就有可能发生。当规范和规则束缚性过强时，体育运动就会变得无聊，人们也会失去兴趣；而当规范和规则太松散时，体育运动又会成为危害健康和社会秩序的野蛮、危险的活动。难点在于在二者之间找到平衡，并维持下去。

以上关于寻求刺激和观赛兴趣的解释也引发了一个问题：为什么在寻

求刺激的过程中，很多人都会优先选择体育运动，而不是选择其他活动？文化理论家指出，可以通过研究文化观念与文化习俗之间的联系来找到答案。

2. 阶层文化观念和观赛兴趣

笃信精英管理社会理想的人对体育运动的观赛兴趣最为浓厚，他们相信技能和勤奋是取得成功的基础，也必将带来成功。这种信念对广泛存在于资本主义经济社会的阶层文化观念起到了支持性的作用，而秉持这种文化观念的人，往往把体育运动当作社会应有运作方式的典范。体育运动提倡通过努力和提高技能来取得成功，上述人群的文化观念就得到了肯定，他们也由此更加笃定自己的信念。这正好解释了为什么体育媒体评论员会强调，只有天赋异禀又努力训练的运动员和团队才会成功。这也解释了为什么公司会借用精英运动员的身体来代表其公共关系和营销形象——运动员的完美体形正是技能、力量、成功及科技应用的有力体现（Hoberman，1994）。当备受瞩目的运动员帮企业传达这一信息时，他们便可获得可观的代言费。

3. 青少年体育项目和观赛兴趣

观赛兴趣通常也由青少年时期的体育经历触发。如果有组织的青少年体育项目强调技能、竞争和成功，那么参与者长大后很可能会愿意观看精英运动员比赛。对于继续参加体育运动的人而言，观摩精英运动员可以为他们在比赛和提高技能方面提供借鉴；而对于不再参加体育运动的人而言，观看精英运动员比赛可以让他们将自己在参与青少年体育项目时学到的知识与运动员的形象和成功经历始终联系在一起。

美国职业橄榄球大联盟的高管清楚青少年体育与观赛兴趣之间的联系有多重要。例如，如今家长们对橄榄球运动中脑损伤的危险了解越来越多，美国职业橄榄球大联盟与美国橄榄球协会共同开展了一项大型公关活动，告诉家长们橄榄球运动比从前更安全了，并力图说服他们鼓励男孩子们参加比赛。如果青少年橄榄球项目数量减少，那么未来的橄榄球运动员、季票购买者和橄榄球运动的媒体消费者的数量也会相应减少。

4. 媒体报道和观赛兴趣

媒体会在保证维持观众兴趣的情况下，对赛事进行宣传和报道，以促进体育运动的商业化（Cooky et al.，2013）。电视的普及增加了观众观看全球性比赛和了解各国运动员的机会，电视直播也成了一种独特的体育报道方式。随着摄像机全面覆盖赛场，观众可以一边听着“业内人士”的评论，一边仔细看运动员的动作，还可以看重点镜头的慢动作回放——所有这些都让观众进一步沉浸在激动人心的间接体育经历之中。

直播解说员把媒体观众当作现场观众，对运动员的动作进行渲染，并强调观众与运动员及运动队的认同感。解说员为人们讲述背景故事、分析竞赛策略、把运动员描述为风云人物，并放大赛事的重要性。

人们无须购买昂贵的门票，在家与家人和朋友一起通过电视就能够观看赛事，电视节目正是以这种低门槛的方式呈现体育运动的规则和策略，以此增加收视率。人们因此愉快地成了观众，最终购买比赛门票的人数会增加，观看电视转播比赛的人数也会增加，人们会为有线电视和卫星电视的体育节目付费，甚至也有人未来会购买按次付费收看的服务。

（图源：©杰伊·科克利）

橄榄球运动在美国是观看率最高的运动。它以一种既定规则框架内的形式给人带来刺激感，同时还重申了通过竞争和压制对手取得成功的观念。青少年橄榄球队非常受欢迎，与其他高中运动项目相比，参与高中橄榄球运动的年轻人更多。橄榄球赛事广受媒体报道，人们会通过重播、慢动作回放和专家评论等方式来剖析比赛和比赛策略。

（三）经济因素与商业体育的全球化

商业体育现已遍及全球，商业体育全球化出现的原因包括：① 控制、赞助和宣传体育运动的人正在寻求新的方式来扩大市场并将利润最大化；② 跨国公司将体育运动作为传播其产品和服务的工具。因此，体育运动成了全球文化贸易的一种形式，其进出口方式与其他产品类似。

1. 体育组织寻求全球市场

商业体育组织也是企业，其目标是尽可能扩大市场份额。实际上，主要职业体育项目的未来盈利取决于媒体转播权及消费品的销售情况。如今，大多数联赛都在本国以外的市场进行营销，并采用各种策略来提高人们对其项目、球队和球员的认同感。这样，体育组织在出口商品的同时，也在外销其组织文化。

NBA 之所以准许队员组成所谓的“梦之队”去参加 1992 年巴塞罗那奥运会，主要还是出于其对全球扩张的渴望。迈克尔 • 乔丹、“魔术师”约翰逊等明星球员受到全球媒体的重点关注，为 NBA 带来的营销价值相当于数百万美元。这样的曝光对于 NBA 在全球范围内推广媒体转播权及其官方产品十分有益。如今，每年的 NBA 总决赛和 NBA 全明星赛都要在 200 多个国家或地区进行电视转播，且有来自 31 个国家或地区的 76 名国际球员参与其中。

基于对全球扩张的渴望，美国职业橄榄球大联盟、NBA、美国国家冰球联盟和美国职业棒球大联盟球队纷纷参加于墨西哥、中国、日本、英国、法国、德国和澳大利亚举办的表演赛和常规赛，并出于营销目的资助联赛和外延项目。这种全球化精神并非首次出现，也不仅仅限于北美的体育组织。国际奥委会联手世界各国的国家奥委会，将奥运会变成了历史上最成功、获利最丰厚的媒体体育盛事。此外，国际奥委会与部分其他体育组织一样，已经将自身和奥运会变成了全球品牌。

足球运动是全球扩张历史最悠久的运动，由国际足联负责管理。欧洲顶级的足球俱乐部已采用多种策略来扩大其全球营销范围，目前运营最佳的例子就是西班牙足球甲级联赛（又称“西甲”，是西班牙首屈一指的由 20 支球队组成的联赛）的皇家马德里足球俱乐部（简称为“皇马”）。“皇马”

整体估值约为 33 亿美元，拥有约 6 万名俱乐部会员。该俱乐部的社交媒体粉丝多达 5000 万，被评为全球 20 大知名品牌之一。

另外两个全球知名度和价值与之相当的运动队分别是英格兰足球超级联赛的曼联足球俱乐部和与皇家马德里足球俱乐部同属于“西甲”的巴塞罗那足球俱乐部。巴塞罗那足球俱乐部一直以来都以其工人阶级的属性著称，在全世界拥有 1.01 亿社交媒体粉丝。由于其工人阶级的身份，该俱乐部可能是世界上最知名的体育品牌。

相比之下，纽约洋基队和达拉斯牛仔队的估值约为 32 亿美元，但它们的社交媒体粉丝只有不到两千万。巴塞罗那足球俱乐部的关注量是达拉斯牛仔队的 5 倍多，关注人数相当于全部 32 支美国职业橄榄球大联盟球队关注人数的总和。美国唯一一支享誉全球的球队是洛杉矶湖人队，拥有 2600 万社交媒体粉丝和较高的品牌知名度。这些数据表明全球扩张仍有极大空间，并由此吸引了美国体育联赛领导层的关注。

2. 公司把体育当作全球扩张的工具

一些体育运动可以吸引来自全世界的大量关注，通过触发人们的情绪使其产生忠诚心理，因此，各大公司都急于赞助这些项目。公司需要找到象征成功和生产力的符号，并将其作为产品的“营销钩子”，代表公司形象。例如，全世界的人仍会将迈克尔・乔丹与耐克注册的“空中飞人”（Air Jordan）商标联系在一起。直到现在，也还有许多人在想到奥运会时，会自然地联想到麦当劳和可口可乐。

对于美国的公司来说，如果能将自身包装成一个品牌，与各式各样的地位和身份形成联系，就可以算作取得“金牌”成就了。体育形象和产品不仅可以代表人们的身份，同时还能代表在特定社会世界中赋予人们身份的其他事物，而体育运动往往是实现上述成就的有效途径。这既拉动了消费，也促进了企业利润的增长。人们在穿着印有明显商标的衣物时，就会在不经意间提升品牌力量。但是公司已然说服消费者，说这些商标是他们个人身份建构的一部分，他们并没有为那些对他们毫不在意的公司免费做广告。

国际奥委会向垃圾食品巨头的广告和营销方案张开了双臂，这无异于为成百上千万家长和孩子布下一个险恶的陷阱。

——莫妮卡·科西斯卡，欧洲公共卫生联盟（in Jack，2012）

依靠销售酒精、烟草、化石燃料、快餐、碳酸饮料和糖果而盈利的公司都格外渴望将其产品和体育运动挂钩，因为这样的话，关于其产品和生产过程不够健康的评价及其他负面影响就可以被抵消掉了。这些公司希望人们认可以下观点，即“如果我们所钟爱的运动是借助啤酒、香烟、白酒、碳酸饮料、牛肉汉堡、油炸食品、糖棒和化石燃料而存在，那么这些东西必然具有一定的可取之处。”

在当今时代，跨国公司可以影响全球的经济活动，影响谁有工作、做什么工作、拿多少薪水及工作条件如何，也可以影响人们能买到什么产品、在哪儿买、花多少钱。这些公司在赞助体育运动时，会通过谈判来提高自身利益、增强公司力量，并树立自己作为“全球公民和领导者”的良好形象。这值得公司每年为此投资数十亿美元。例如，包括可口可乐、麦当劳和陶氏（化学）在内的 11 家全球大型公司，仅为了获得 2010 年温哥华冬奥会和 2012 年伦敦奥运会的相关广告宣传权，每家公司花了 1 亿美元；安海斯-布希公司（百威）为了购买 2003—2016 年的超级碗广告时间，花费了超过 3.7 亿美元。它们和其他跨国公司一样，通过购买体育赛事期间的广告时间，来为人们灌输以下观念：日常生活中的乐趣和刺激都取决于这些公司的产品。大型公司将这一观念当作全世界人类思想的文化观念前哨，信息通过这些前哨不断过滤，企业高管们希望可以借此平息关于公司产品和运营惯例的负面声音。一旦成功，公司的合法性就可以提高，有助于实现其在全球范围内的霸权。

基于上述策略的顺利实施，一名可口可乐公司高管告知国际奥委会官员，让他们对可口可乐公司保持忠诚，他解释说：

> 赞助商有责任维持体育运动的诚信，提升其形象，帮助提高其声望及上座率。同样，您（体育界人士）也需要对赞助商负责（in Reid，1996：4BB）。

喝可乐并不能满足精英运动员的营养需求，也不符合奥林匹克运动的健康目标，国际奥委会官员对此心知肚明，但他们对这位高管的意见表示支持。近一个世纪以来，可口可乐公司一直在殖民人们的思想，并为传播相关信息建立了思想前哨。这也解释了为什么奥运会官方秩序册会包含如下文字：

> 没有赞助商，就没有奥运会。没有奥运会，就没有梦想。没有梦想，就没有一切（in Horne，2007）。

当然，赞助商写不出比这更符合其目标的声明来。它们希望人们专注于梦想，而不是消费主义和全球企业扩张这些现实状况。奥运会上始终充斥着大量的可口可乐形象，与此同时，它还在继续为数十亿潜在的碳酸饮料消费者打造思想前哨。

3. 行动中的前哨阵地：体育的品牌化

牧场主要表示一只动物归其所有，会将徽标烙在动物的皮毛上。动物身上的印记就是他们所有权的标志。在体育领域，北美几乎所有主要的体育场馆和竞技场现在都挂上了航空公司、银行、啤酒厂及汽车、石油、汽车配件、能源、软饮料、通信服务和产品等一系列的公司品牌标识。在美国职业橄榄球大联盟、NBA 和美国职业棒球大联盟球队的比赛场地，这些品牌宣传或冠名权每年的售价为 300 万～2000 万美元。交易一般为期 10～30 年，通常包括赛场内和赛场周边的标牌广告位、豪华包厢和俱乐部座席的使用权、赛事的促销权及独家经营权（例如，美国的 4 个百事中心仅出售百事可乐产品给粉丝）。公司由此受益良多，尤其是在大城市，4 个大型广告牌的每月成本就高达 10 万美元（相当于每年 120 万美元）。对企业高管而言，在体育场内外多个类似广告牌的位置打广告算是一项不错的投资，当公司的名称反复出现在人们的日常对话中，当公司为自己、客户和朋友拿到"体育福利"时，这笔投资就显得尤为划算。

品牌宣传在体育场馆内部也非常显眼，几乎所有可用的表面都会被出售给公司做广告。现在，即使公共设施上不贴有公司信息，也会被认为是浪费空间，所有级别的赛事都是如此。例如，许多公司都迫切希望在高中学生中打好前哨阵地，这些学生正处于对某些产品，如碳酸饮料，形成一生的偏好的阶段。来自加利福尼亚州体育营销公司的戴维·卡特知道高中体育项目需要获得收入来源，因此他预测："商业主义会席卷附近的学校，佳得乐（Gatorade）会赞助高中啦啦队，而高中橄榄球队则由澳拜客（牛排餐厅）出资维持"（in Pennington，2004：1）。

公司在公共场所进行的品牌宣传，可以将社区身份与品牌联系在一起，从而将当地传统和历史的实体具象化事物转化为人人可见的标志，促进消费，促使人们将该公司当作乐趣和刺激的提供者。在此过程中，即使在由公民纳税人付费修建的空间里，公共物品也被公司商品所取代。

体育赛事同样也有品牌冠名。每年 12 月至 1 月初，美国的大学生橄榄球迷们会观看所有橄榄球比赛，从"第一资本橘子碗"到"福乐鸡桃子碗"一场不落。大学橄榄球运动显然已经完全被品牌冠名，运动员的上衣、鞋子、头盔和热身服上也都印有公司徽标。

美国全国汽车比赛协会（NASCAR）的汽车和卡车比赛一直都有极多的品牌冠名。尽管协会已经改变了品牌战略，但还是有很多冠名的比赛，比如可口可乐 600，零度可口可乐 400，Cheez-It 奶酪小饼干 355，好莱坞赌场 400 和古迪（Goody's）头痛散 500 等品牌赛事。此外，赛车本身就是一块广告板，公司可以花钱在车身上印一些诸如烈性酒和烟草等广告，这类产品的广告在电视上通常是被禁止的。这也证实了通过电视播出美国全国汽车比赛协会赛事的重要性——烟酒公司希望向全国观众展示自己的品牌，而这种展示在这样的比赛中可以持续 250～600 圈。

如今，高尔夫、网球、沙滩排球、滑雪、滑冰和大多数其他运动中的专业赛事都被冠以跨国公司的名字，这些公司希望自己的产品可以在全世界范围内得到认可。公司也会在自行车、足球、橄榄球及许多其他运动项目的团队中冠名。日本的职业棒球队就是以公司而非城市命名的。在大多数运动中，运动员的比赛服，甚至连裁判员的制服上都带有赞助商的公司徽标。多年来，欧洲足球赛事一直是由无广告时间的公共电视台进行转播，因此，公司将自己的徽标印在球员的服装上及赛场周围的墙壁上，观众会不间断地看到它们。即使商业媒体现在有权转播全球大多数体育赛事，但上述传统仍然存在。

（图源：©弗雷德里克·A. 艾尔）

“这里是《疯狂的麦克斯：狂暴之路》的百事可乐·麦当劳，微软突袭者队将在这里与沃尔玛泰坦队交战。队长耐克·琼斯和百威·威廉姆斯正在为富兰克林造币厂掷硬币做准备，在此之前先感谢我们的赞助商福特卡车——给您所需的澎湃动力！”商业体育的电视转播中一定会包含企业赞助商的徽标和产品。

如今，赞助商将吸引年轻男性的体育项目列为优先推广对象，而年轻男性群体在人口统计类别中被定义为“难以接触到”的人群。因此就有了世界极限运动会、山露动作运动巡回赛、红牛能量饮料赞助的众多赛事、范斯三冠王比赛（冲浪、滑板、单板滑雪），麦当劳全美高中篮球赛、雪碧灌篮大赛及耐克篮球峰会。

今天，体育经纪人会告诉运动员，他们自己就可以成为一个品牌，他们的目标应该是与其他商业实体融合，而不是单纯地代言这些公司的产品。在这方面，迈克尔·乔丹是第一位践行者。他最初只是代言耐克产品，但后来他自己逐渐成了一个名副其实的品牌。如今，除了耐克的“空中飞人”系列外，乔丹还拥有自己的产品系列。托尼·霍克也做到了这一点，他拥有自己的滑板系列和其他系列产品。但是，这一策略仅适用于名声足够响、能把自己打造为品牌的运动员。

在其他情况下，都是由赞助公司来决定选谁代言或代言什么产品。例如，有些年仅 12 岁的运动员可能就已经有了耐克、阿迪达斯或安德玛赞助的运动员的名号。今天的赞助商公司高管会尽早让运动员接下品牌代言，以便通过运动员的社交生活培养出可以有效提升公司利益的营销人选。

超级碗的独家冠名费对任何单一的公司来说都过于昂贵，其天价广告费的知名度直追比赛本身的知名度。2016 年超级碗的企业赞助商为了在比赛的电视直播中占用 30 秒的商业广告时段，支付了约 500 万美元——相当于约每秒 166,000 美元！企业赞助商之所以要支付如此高额的费用，是因为观看直播的观众没办法“快进”，只能收看它们的广告，而且它们也能因此获得比赛本身之外的曝光率（包括预览、摘要、高光时刻、评估及其他媒体报道的排名）。此外，1969 年至今的超级碗比赛录制内容（包括广告）都在网上可以观看，所以仍然会有观众看到这些广告。超级碗的品牌冠名程度极高，以至于人们会说作为一个体育赛事，商业广告才是其中的娱乐部分，而比赛本身却不一定有娱乐效果。

未来的品牌宣传形式很难预测，因为很难说人们会如何划定界限，阻止大型公司入侵自己的生活。现在，电视转播期间的广告是以数字化的形式呈现在竞技场和体育馆中的，所以哪怕观众录播并删除广告，也不可能彻底摆脱它们。如今，公司需要花费更高的广告费用购买品牌植入权，让公司名称、徽标和产品直接出现在体育相关内容中。如此一来，赛场、队服等的品牌冠名利益才能最大化。

（图源：© 杰伊·科克利）

品牌推广的目的是通过将个人乐趣和刺激感与公司及其产品联系起来，在人们的头脑中建立某种思想前哨。这就是“体育空间”中出现公司徽标和信息的原因。

4. 企业品牌推广的局限性

企业通过体育进行品牌推广是否会过犹不及？当一所当地的小学将其体育馆的命名权出售给连锁超市 ShopRite 时，新泽西州的人们没有反对。大多数高中和大学体育项目也没有抗拒。当麦当劳被大肆吹捧为美国职业橄榄球大联盟的官方快餐赞助商，自称致力于健康和健身的奥林匹克官员一直都将麦当劳作为奥运会的官方合作餐厅时，球迷们并未反对。在极少数情况下，会有人反对在比赛场地投放广告，但体育赛事就是用来出售的，只要交易可以切实提升公司影响力、提高利润、宣扬消费主义的生活方式，公司就乐意付钱。

在几十年的时间里，体育已经彻头彻尾品牌化，许多美国人，特别是 30 岁以下的年轻人，都将这种情况视为“正常”，好像这是天经地义的。这是否意味着公司已经在人们脑海中建立起了文化观念的前哨，让人们以为公司对体育赛事的控制权是不可避免的，甚至是可取的？如果是这样，即使有些人抵制并争辩说体育赛事的控制权不应掌握在仅对市场力量负责的公司实体手中，但企业霸权已然根深蒂固。如此一来，商业体育就为那些拥有政治和经济资源的人提供了平台，供其打包自己的价值观，并将其价值观以大部分人视为正常的、可接受的、甚至是娱乐性的方式呈现出来。

二、体育的商业化及其变迁

当体育运动从为运动员组织的活动转变成为付费观众和赞助商组织的活动时，会发生什么？体育会改变吗？如果会，是以什么方式改变？

当一项运动转变为商业娱乐活动时，其成功与否完全取决于对观众的吸引力。尽管观众观看体育比赛的原因有很多，但他们的兴趣往往与以下 4 个因素息息相关：

（1）对参赛人员的喜爱（“我是否认识、喜欢或强烈认同某球员和/或球队？”）

（2）比赛结果的不确定性（“这是不是一场势均力敌的比赛？谁可能会赢？”）

（3）比赛涉及的利益（“比赛涉及多少金钱？处于什么地位？有无危险

性？”）

（4）运动员有望表现出的卓越、英勇及赛场上戏剧化的表现（“运动员和/或球队的技巧性和娱乐性高吗？他们是否可以创造纪录？他们会不会是有史以来最好的球队？”）

当观众说他们看了“一场很棒的比赛”时，他们通常是指：① 他们个人在情感上对某位运动员或某支球队有所依恋；② 比赛悬念大，直到最后几分钟或几秒钟才决定胜负；③ 比赛涉及的利益极大，参赛者全神贯注或完全沉浸于运动中；④ 比赛出现了技巧性或戏剧化的表现。要是一场比赛能够同时满足上述 4 点，则一定会被人们铭记并津津乐道很多年。

由于喜好、不确定性、利益和出色表现都可以吸引观众，成功的商业体育活动一定要最大限度地提高所有这 4 个因素在比赛中存在的可能性。为了解这些因素对体育运动的影响，笔者将讨论商业化对体育运动的以下 3 个方面有何影响：

（1）体育项目的内部结构和目标。

（2）运动员、教练员和赞助商的价值取向。

（3）控制体育运动的人和组织。

（一）体育项目的内部结构和目标

商业化会对新兴体育项目的内部结构和目标造成影响，对历史悠久的体育项目的影响则较小。以商业为目的开发的新体育项目旨在最大限度地提高目标受众感受到的娱乐性，但这并非影响新体育项目的内部结构和目标的唯一因素，而是主要因素。在室内足球、室内长曲棍球、室内橄榄球、沙滩排球、轮滑曲棍球和商业极限运动中，这一点体现得非常明显。因此，世界极限运动会（X Games）旨在最大限度地利用“大跳台”（危险而令人惊艳的动作），还要充分利用技术设备，而这些技术设备一般会由赛事赞助商制造。当综合格斗以终极格斗冠军赛（UFC）的形式商业化时，把搏斗限制在八角笼里，显然是一种行之有效的娱乐策略。

商业化也迫使相对成熟的体育项目想方设法让技术动作更加刺激、更易于观众理解，但是这种变化很少改变体育运动的基本内部结构和目标。例如，美国职业橄榄球大联盟的规则就已被做出更改，其目的是保护四分卫，增加作为进攻策略的传球，阻止射门得分，同时允许“插播电视广告”，并设定比赛日程来满足商业赞助商的利益。然而，比赛的内部结构和目标并没有改变。

商业化的观赏性体育赛事的变化通常会结合以下 6 项因素：① 加快动作节奏；② 增加得分点；③ 均衡竞争；④ 增加戏剧性；⑤ 增加观众对球员和球队的喜爱；⑥ 允许“插播广告”。回顾各项体育运动的规则演变，我们可以看出这些因素的重要性。例如，增加指定的棒球击球手位置，就可以增加得分机会，使比赛更具戏剧性。足球比赛的规则也有所更改，其目的是防止比赛以平局告终。网球比赛的计分规则的更改，为的是适应电视网络播报的时间要求。高尔夫锦标赛现在也改为计总杆数而不是比洞赛，如此一来，运动员就不会在电视转播的第一轮比赛中直接被淘汰。在篮球比赛中，罚球量被减少，以加快比赛节奏。美国国家冰球联盟现在采用 3 对 3“突然死亡”加时赛，紧跟着就是球员与守门员的点球决胜负（如果需要），这样不仅可以避免出现平局，还能让观众欣赏到紧张刺激的比赛动作。

虽然这些变化根植于商业化，但它们并没有改变历史悠久的体育项目的内部结构和目标。比赛队伍的人数规模不变，站位也相似，主要目标还是在分数上超越对手。然而，运动和比赛是以提升整体娱乐体验的方式来呈现的。激情澎湃的音乐，不断变换的画面，还有灯光显示屏、啦啦队和吉祥物，这些都向人们展现出体育运动中令人愉悦的一面。同时，播报员通过充满激情的描述，让比赛更添戏剧性。这种整体的“娱乐套餐”代表着一种变革，但它影响的是运动或比赛的周边环境，而不是内部结构和目标。

（二）运动员、教练员和赞助商的价值取向

商业体育活动是在一种促销文化中发生的，而这种文化出现的目的就是向观众推销体育成就，向赞助商推销观众。体育项目的宣传是根据球员、球队，甚至围绕体育场或竞技场创造的故事、传说和图像进行市场炒作。运动员成了取悦大众的人，而几乎每个体育行业的人都转而强调英雄行为而非美学行为。如表 10.1 所示，这一转变旨在吸引大量的观众。

表 10.1 价值取向的转变：需要娱乐大众时会发生什么

价值取向	
低娱乐需求——**美学取向**	高娱乐需求——**英雄主义取向**
强调	强调
1. 动作的美观和愉悦	1. 动作的危险和刺激
2. 技术性技巧的能力/掌握程度	2. 戏剧性表现的风格/掌握程度
3. 探索极限的意愿	3. 超越极限的意愿
4. 致力于参与并保持活跃	4. 致力于球队/赞助商的胜利或成功

注：与商业观赏性体育相关的方向涉及从美学取向到英雄主义取向，即从技巧到奇观的转变。观众只有了解体育运动的技术知识，才能在观看比赛时从美学角度获得愉悦感，否则，他们就只能寻找并关注英勇行为了。因此，运动员和其他相关人士在表现中都强调英雄气概。此处的“英雄”是指通过戏剧性表现来“娱乐大众”的人，这种极端情况在职业摔跤中就会出现。比赛中，典型的英雄和恶棍形象会在擂台上进行英勇、戏剧化、壮观且危险的表演。对美感、技能掌握、理性参与和运动员福祉的关注并非大众娱乐性体育的内容。

由于观众中的大多数人都缺乏对体育项目技术知识的了解，他们感兴趣的主要是激烈的动作、运动员和教练员的戏剧性表现及对胜利的期望。对于看不懂精确的身体技巧和巧妙的策略的观众而言，上述几项则很容易理解。

例如，不了解橄榄球比赛技术的观众会觉得，跑卫达阵后在达阵区做的几个滑稽动作，远比他们在前锋的保护下实现达阵有趣多了。那些对花样滑冰技巧了解不多的人，也会觉得经过精心编排并完美执行的例行动作还不如三周跳、四周跳有意思。外行的观众识别不出花样滑冰运动员技巧和常规动作上的细微差别，所以，如果没有危险的跳跃，他们就会觉得比赛非常无聊。缺乏篮球技术知识的人会对扣篮印象深刻，而赢得比赛所依赖的协调一致的防守策略则会被忽视。

运动员意识到了广大观众的需求，于是常常通过英雄式的表演及令人兴奋或引起争议的个人形象来“娱乐大众”。他们甚至可以把比赛当成“做秀”。从商业角度来说，球员的风格和形象通常与其技术技巧一样宝贵，这也解释了为什么解脱员和新闻记者往往关注能够造就“大戏”的运动员，并愿意以戏剧性的方式谈论他们的表现。一个较长的达阵传球、全垒打，或者超过身体承受极限而倒下的运动员，往往会让广大观众感到振奋。

总之，商业化涉及取向的转变，因此，除运动的美观性外，运动的危险程度也越来越重要；除技巧外，风格和戏剧性表现也越来越重要；除探索极限外，超越个人极限也越来越重要；除参与的个人乐趣外，致力于为了团队和赞助商取胜也越来越重要。商业体育中，美学取向并没有消失，而是与英雄主义取向结合在了一起，改变了使体育赛事令人难忘的原因。

英雄主义取向有可能带来危险，因此，一些运动员试图限制人们对体育项目中英勇行为的重视。花样滑冰项目就发生过这种情况，一些运动员主张限制花样滑冰项目中三周跳的次数。他们的顾虑是，以这种方式寻求商业成功，可能会对他们的身体造成危害。其他滑冰运动员则采用英勇的方式来取悦观众，并顺应裁判员、教练员和其他滑冰运动员的取向变化。结果，他们通过训练，成功实现了三周跳和四周跳，既没有摔断骨头，也不曾破坏整体动作的连续性。美学取向仍然存在，但是英雄主义取向已经融入花样滑冰对“质量”的普遍定义。

英勇行为越来越重要，人们也开始担心运动员会成为演员，担心体育比赛会成为马戏表演。例如，美国全国汽车比赛协会比赛中出现的事故，往往与车手之间寻仇及防止某车手赢得系列赛冠军的战略有关，因此，有人怀疑该项运动是否正在转变为每周一次的马戏表演（Gluck，2015）。美国全国汽车比赛协会管理层面临的挑战是，确定比赛到底是诚信竞争的场面还是车手们在撞车大赛中对阵的场面。

这样的问题并非美国全国汽车比赛协会独有。那些控制了商业体育的人或组织最终都必须面对类似的问题。例如，当英雄主义取向被推向极端时，体育运动会怎样？观众是否愿意放弃美学取向而转向英雄主义取向？如果发生这种情况，体育比赛会如何？研究职业摔跤（这是一项将体育运动变为英雄壮举以寻求娱乐的运动项目）不失为回答上述问题的一种方法。这一话题将在“体育反思”专栏——极限英勇行为：作为“体育娱乐”的职业摔跤中详述。

（三）控制体育运动的人和组织

当体育运动依靠其自身创造的收入时，体育组织的控制权就从运动员转移到了拥有资源来创造和推动体育运动发展的人。在商业化严重的体育项目中，运动员往往无法有效控制自己参加体育运动的条件。这些条件由运动队老板、团队负责人、企业赞助商、广告商、媒体人员、营销和宣传人员、专业管理人员、会计师和经纪人共同控制。

在美国，控制商业体育的组织机构的目标是最大限度地提高利润。它们通过制定策略来提升经济利益，对待运动员和对待需要处理的商品并无二致。哪怕它们做出的决策会影响商业体育项目运动员自己的健康和比赛报酬，运动员们通常也无法参与决策过程。因此，制定的策略所代表的往往是运动队老板、经纪人、广告商、媒体人员和企业赞助商的利益。例如，在娱乐与体育节目电视网的世界极限运动会名下的运动员参与体育运动的条件是受该电视网和企业赞助商控制的，所以他们必须不断努力维护其体育文化的精神并遵守规范。

与他们的很多运动员前辈一样，从事极限运动的运动员一般很难对媒体和企业赞助商做出抵制。如果他们想要在商业体育中获得回报，首先就要向赞助商做出回应。这也不是什么新鲜事，一直以来都是由赞助商确定体育参与条件的。但是也有人从批判的角度来看待商业化导致的权力转变，仔细评估“由企业确定体育比赛的条款和条件”这种商业模式的优缺点。商业化可能不会显著改变某些体育运动的内部结构和目标，但是它确实伴随着权力关系和体育比赛组织环境的重大变化。

体育反思

极限英勇行为：作为“体育娱乐”的职业摔跤

职业摔跤是极端体育商业化的体现，它将商业体育的元素区隔开来，并通过滑稽模仿和夸张呈现对商业体育元素进行戏剧化演变（Sammond，2005；Schiesel，2007a；Smith，2008）。在此过程中，它摒弃了美学取向，突出了英勇行为。

20 世纪 90 年代末以来，职业摔跤引起了观众的广泛兴趣，并在商业上一举获得成功，直接冲进了全球大众流行文化。在北美的城市，几乎每场有特色的摔跤赛事的门票都会售罄。《反战就是战争》和《攻击波！》是有广告支持的有线电视上排名第一和第二的两个节目。超过 50 万的观众每月花费 30 美元订阅费观看比赛，一些观众也会花费高达 50 美元的价格观看特别赛事。比赛在 120 个国家/地区以 9 种语言进行电视转播，这些视频也因此成为全世界最畅销的“体育视频”，而职业摔跤手的人偶销售量也远超流行文化中的其他形象。

职业摔跤比赛被冠以“世界摔跤娱乐”之名，现已成为主要有线电视频道收视率最高的节目之一。多年来，颇受欢迎的《周一晚间 Nitro》和《周一晚间 Raw》节目已经把《周一晚间橄榄球》和美国大学体育协会男篮锦标赛决赛的观众都吸引走了。大多数职业摔跤节目的收视率始终高于 NBA 篮球比赛，也高于美国国家冰球联盟的冰球比赛。

职业摔跤之盛行与“表演者”的英勇行为是分不开的，再加上故事情节和人物形象，观众得以关注与社会阶层、性别、种族、工作稳定性和民族认同有关的诸多问题。大多数情况下，故事情节和角色由强壮的异性恋男性来展现，他们必须极具男子气概，还要憎恶同性恋。他们会承受贪婪又卑鄙的公司老板的随意伤害或特权压迫，或经历种种不可预测的随机事件。男性会得到女性的支持，也可能因女性而受到伤害。总体而言，节目展现出来的都是男性的幻想和对性与权力的恐惧，以及他们对男性逐渐失去对世界的控制权的担忧。

社会学家布伦丹·马圭尔套用结构理论来假设职业摔跤很受欢迎，原因是它“解决了与社区崩溃、社会祛魅和政治正确性相关的担忧和焦虑”（2005：174）。他解释说，当社区联系紧密，社会满意度很高且社会控制没有受到过度约束时，人们几乎没有焦虑，也无须以戏剧性的英雄式摔跤作为娱乐。

此外，文化理论根据过去的证据得出了其他假设，即包括职业摔跤在内的任何文化实践的盛行都取决于它重申人们用以理解生活和身边世界的文化观念的程度。因此，制作体育娱乐节目的人，目标是在不加深对维持商业娱乐活动的权力结构的抵制的情况下，为人们提供愉悦感和兴奋感。如此一来，职业摔跤和大多数其他商业体育活动一样，通过动作、故事情节和肥皂剧式的人物角色，向所有年龄段的男性和认同男性价值观的女性再现社会现状和当下的权力关系形式（Schiesel，2007a）。

三、北美职业体育运动的组织结构

北美职业体育运动归个人、合作伙伴或公司所有。在顶级职业体育运动中，所有者的财富和权力最大，而在小型联赛和观众相对较少的运动中，所有者的财富和权力则没有那么大。同样，赞助商和赛事推广者有个人，也有大型跨国公司，具体取决于赛事的规模。

（一）运动队老板

在北美，大多数小型联赛级别的运动队的老板或公司都赚不到多少钱。小型联赛级别的运动队极容易出现亏损，要是能实现收支平衡，或尽可能避免亏损，许多人就已经很高兴了。此外，很多球队、联盟和赛事在过去50多年里都经历过金融危机。4个橄榄球联盟、1个冰球联盟、几个足球联盟、1个排球联盟、4个男子篮球联盟、5个女子篮球联盟、1个团体网球联盟，还有众多篮球队和足球队都已停业解散，徒留身负债务的老板、赞助商和推广人。上面列出的仅仅是美国本土的联盟球队，并未全面覆盖所有在锦标赛和特殊赛事中蒙受损失的人。

北美主要男子职业体育赛事特许经营权的所有者与其他水平的商业体育项目特许经营权的所有者有很大不同。美国职业橄榄球大联盟、NBA、美国国家冰球联盟和美国职业棒球大联盟2015年的球队的价值从约1.86亿美元（美国国家冰球联盟的佛罗里达美洲豹队）到约32亿美元（美国职业橄榄球大联盟的达拉斯牛仔队）不等。这些联盟中球队的所有者一般是大型公司，也有极少数非常富有的个人，其资产从数亿美元到数十亿美元不等。上述4个主要的男子体育联盟都属于垄断组织，联赛中大多数球队都利用接受公共补贴的设施进行比赛，所以球队老板的投资回报率非常高，再加上媒体公司和企业赞助商的支持，几乎可以保证持续盈利。

同样，赞助特定赛事（从大型高尔夫和网球锦标赛到纳斯卡车赛和赛车大奖赛）的大型公司也知道其中涉及的成本和收益。它们与顶级赛事的联系也为自己提供了广告平台，并将自身与明确的消费者类别联系起来。媒体公司也会对赛事进行赞助，这样一来，它们就可以控制赛事进程，相关案例包括美国娱乐与体育节目电视网控制的世界极限运动会、红牛体育赛事等。

销售烟草、酒精和垃圾食品的公司可以通过赞助大型体育活动，将其产品和公司徽标与这些热门活动联系起来。这些公司的管理层知道，人们认为与运动相关联的是强壮健康的身体，而非癌症、心脏病、糖尿病、肥胖症、蛀牙及其公司产品可能引发的其他健康问题。他们希望利用体育活动来提高公司作为“企业公民”的合法性，并减少外界对其政策和产品的抵制。

投资者对体育运动和体育赛事的投资受到诸多因素的激励。在某些情况下，投资者是粉丝中的有钱人，他们希望实现自己毕生的梦想，建立某种尊严，或与著名运动员开展社交。购买运动队或赞助大型赛事可以给他们带来比其他商业机会更多的乐趣和声誉，也往往能够让他们即刻成名。

投资体育运动的人享受着自己的名利地位，他们不会允许娱乐和幻想干扰自己业务和资本的增长，他们不想赔钱，也不想分权。这些人可能会视运动员为英雄，但他们想的是操控运动员，并将投资回报最大化。他们可能是公共项目的公民推动者和支持者，但他们对“公共利益”的定义强调了资本主义扩张和自身商业利益，同时还要摒弃其他定义。他们可能并不会在所有问题上与其他运动队老板和赞助商达成一致，但确实赞同有必要保护自己的投资，并最大限度地提高利润。

（二）运动队老板和体育联盟卡特尔

在北美主要体育联赛的运动队老板中，想法趋同的现象尤为明显。运动队所有者之间的团结形成了有效的卡特尔，即一个集中的团体，用以协调特定人群的行为。因此，哪怕每项联赛中的每个体育专营权都是独立的业务，但每项体育运动中的球队所有者会聚集在一起形成代表他们共同利益的卡特尔。卡特尔可以控制球员、粉丝、媒体收入和特许商品销售方的团队间竞争。此外，它还可以消除其他可能就同一体育项目组队和参加联赛的人带来的竞争。成功的卡特尔（如各个主要的男子职业团体运动）可以形成一种垄断，成为特定产品或服务的唯一提供者。

各联盟（NBA、美国职业橄榄球大联盟、美国国家冰球联盟和美国职业棒球大联盟）本身也是买方垄断者，即某产品或服务的唯一购买者，在这种情况下，它们是特定运动中的精英体育工作者。这意味着，如果一名大学橄榄球运动员想要在美国打职业橄榄球，他就只有一个选择：加入美国职业橄榄球大联盟。美国职业橄榄球大联盟和其他买方垄断者一样，已经形成一套系统来迫使运动员仅与通过选秀将他们选中的球队协商合同。如此一来，哪怕其他球队可能愿意花大价钱聘用某位球员，该球队的老板也可以在不与其他球队竞争的情况下签订新球员合同。

（图源：©弗雷德里克·A.艾尔）

“当你组成卡特尔来阻止其他人参赛，并独家控制高需求的产品时，赢得比赛其实并不困难。”全球商业体育的增长和盈利与运动员无关。如今，运动队老板、赞助商和媒体管理层控制着体育运动，只要政府允许他们作为卡特尔存在并使竞争者远离比赛，他们就能赚钱。

卡特尔会阻止新联盟建立，以阻止它们与其争夺球员，还会阻碍新球队进入联盟。若要获得许可，新球队就要遵守卡特尔设定的条件。例如，新球队的老板要交纳入会费才能加入联盟，并且必须在一定年限内将球队的部分利润返还给卡特尔。此外，新球队只能在经卡特尔批准的城市中活动，未经卡特尔批准，任何当前所有者都不能将球队迁移到另一个城市。

作为卡特尔行事时，各个体育联盟的所有者共同出售其比赛的全国转播权，再共享来自媒体转播的收益。这样，卡特尔就可以持续控制粉丝观看电视比赛的条件。这就是比赛门票未售罄时，赛事不会在主场区域内进行电视转播的原因。同时，这也解释了为什么球迷购买除主要网络转播的主场比赛外的更多节目时，有线和卫星电视费用会如此昂贵。运动队老板可以靠这种策略通过与媒体签订合同赚大钱，还能迫使人们购买比赛门票，并支付每月高昂的有线或卫星电视费用。

作为卡特尔的成员，大多数运动队老板都可以赚取可观的收入。20 世纪60年代中期，买卖美国职业橄榄球大联盟球队的价格约为1000万美元。2015年，平均特许经营的价值则高达20亿美元，这意味着每个团队的平均资本收益为19亿美元，原始投资为1000万美元时，平均年收益可达3800万美元。卡特尔就是这样做的，它限制了运动队的规模，同时提高了现有运动队的价值。当然，当球队老板宣称自己年利润很低时，并没有将资本收益考虑在内，他们表示必须提高门票价格，再添一个新球场，这样才能和其他球队“竞争”。作为卡特尔集团的一员，球队老板实行这种欺骗和勒索的时候并不需要担心为此坐牢。当然，球队老板还会利用自己的权力来影响对其进行约束的规则制定者。

各个联赛还有其特有的内部协议，规定了球队协商出售其比赛本地转播权的方式。美国职业橄榄球大联盟不允许球队为比赛的本地转播签订独立的电视或广播合同，但美国职业棒球大联盟允许。这就会导致各棒球队之间显著的收入差距，纽约洋基队可以与媒体就权利协定进行磋商，相比之下，堪萨斯城皇家队的媒体市场较小，前者的收入金额可能比后者高出百倍。

主要的男子体育联赛之间最大的差异在于它们与每项联赛的运动员协会签订的合同协议。所有联赛都会尽可能削弱球员的权利，减少他们的薪资，但在过去的50年，运动员一直在努力争取对自己职业生涯的控制权，调整参加体育运动的条件，提高自身薪资。这一话题将在“商业体育中运动员的法律地位与收入”部分得到探讨。

（三）运动队老板与公共援助

美国人认为，如果某个城市没有自己的职业运动队，或者没有能力举办大型运动会，其就无法获得“举办职业联赛的资格”，这一观念帮助了运动队老板和推广人获取公共资金援助（Delaney and Eckstein，2003；deMause and Cagan，2008；Friedman and Andrews，2011；Scherer and Davidson，2010；Silk，2004），最常见的情况是利用公共资金来建造竞技场和体育馆。这种“体育馆的社会主义”让有权有钱的资本家能够使用公共资金谋取个人利益，但是当媒体在谈到这种资金转移时，其措辞通常为“经济发展”而非“富人的福利”。

运动队老板及其支持者提出了以下 5 个论点，意图证明体育场馆补贴和其他形式的公共援助的合理性（Lavoie，2000）：

（1）体育场馆和职业运动队可以创造工作机会，而这些工作人员反过来又可以在城市里消费、缴税，这样所有人都会受益。

（2）建设体育场馆可以为当地经济发展注入资金，这些资金又一遍遍流通，在此过程中产生了税收。

（3）运动队可以吸引企业入驻所在城市，增加当地收入。

（4）运动队可以吸引地区和国家媒体的关注，促进旅游业发展，并为该地区的整体经济发展做出贡献。

（5）运动队可以创造积极的心理和社会效益，增强当地居民的社会团结、自豪感和幸福感。

上述论点通常得到运动队老板委托开展的经济影响研究的支持。但是独立研究者对相关影响所做的研究通常会得出以下结论[①]：

（1）运动队和体育场馆的确可以创造就业机会，但是除高薪运动员和运动队管理层之外，其他工作薪酬低，且均为兼职和季节性的工作。此外，运动队中的许多运动员都不是该城市居民，或不在当地消费。

（2）设计和建造体育场馆的公司很少来自本地，大型项目的建筑材料和工人往往来自该地区以外甚至是国外。因此，花费在体育场或竞技场上的大部分资金不会像鼓吹建造体育场的人所预测的那样流通性高。

（3）体育场馆可以吸引其他企业，但大多数特许经营的餐饮和娱乐公司总部均设在其他城市。这些专营公司现金足够多，完全可以削弱和驱逐本地企业。观看比赛者中有一些从较远的地方赶来，但大多数住得并不远，可以一日往返，且其在体育场馆内的消费并不会使赛场外的企业受益。

（4）体育场馆和运动队可以为城市带来公共关系，但对旅游业而言是好坏参半，因为有些人会在比赛当日就离开该城市。最重要的是，区域经济发展通常会受到新设施的限制，因为球迷在体育场内外的消费往往比在

① 关于这个问题的研究很多，近年来的研究请参见 Bandow（2003）；Brown et al.，（2004）；Curry et al.，（2004）；Delaney and Eckstein（2003）；deMause and Cagan（2008）；Friedman and Andrews（2011）；Friedman et al.，（2004）；Lewis（2010）；Silk（2004）；Smith and Ingham（2003）；Spirou and Bennett（2003）；Troutman（2004）.

自己社区的消费更多。体育场通常对附近的企业有帮助，对外围企业则会造成一定伤害。例如，一个四口之家为普通的NBA季票花上10,000美元，再消费4000美元用于就餐和41场主场赛的停车费，那么他们在自己社区在晚餐和娱乐方面花的钱就会减少——如果他们还有钱的话！

（5）职业运动队可以让一部分人感觉良好，也能提升城市的整体形象，但这很难衡量，而且，人们对城市的未来发展知之甚少。此外，球迷的感受通常会随球队的表现而发生变化，非球迷可能不会受到男子运动队强调的传统的男子气概和与统治和征服相关的价值观的影响。

（图源：©迈克·史密斯，鸟瞰图出版公司，2003年10月5日）

2002年，芝加哥熊队主场新士兵球场（New Soldier Field）被投入私募资金和4.32亿美元的公共资金进行了改建，这笔公共资金是对私人家族企业的一项大型政府补贴。每年，芝加哥熊队对该场馆的使用次数只有十次，而芝加哥市则需要全年对其进行维护和管理。对于这项安排，麦卡斯基家族和其他球队老板都非常满意，因为这有助于将芝加哥熊队的特许经营价值从球场改建前的3.62亿美元提高到10.60亿美元。体育场是芝加哥市民出资建造的，维护费用也是他们支付的，而球队老板却坐享其成——其球队的价值增加了7.02亿美元。

独立研究者解释说，当一个城市在一个项目上花费5亿～10亿美元的公共资金时，肯定会产生积极的影响。但是他们还指出，如果将公共资金花在建造体育馆以外的项目上，可能会对公共利益更为有益。例如，20 世纪 90 年代中期，克利夫兰市花了将近 10 亿美元的公共资金建设 3 个体育场和相关基础设施。同年，内城区居民恳求该市在工人阶级社区的公园内安装饮水机；因为没有钱资助市中心学校建设新的教育设施，老师们只能在当地公立学校翻新过的淋浴房里给学生上课。而与此同时，3 支运动队的老板获得批准，其运动队和设施的相关税金得以减免 50 年，体育场周边区域的其他房地产开发也获得了 1.2 亿美元的税收减免。这意味着该市每年会损失约 5000 万美元的税收。同时，克利夫兰市的美国职业橄榄球大联盟、NBA 和美国职业棒球大联盟球队的特许经营价值急剧攀升，为每一位本就富有的球队老板带来了数百万美元的额外资本收益。

社会学家凯文·德莱尼和里克·埃克斯坦（2003）在研究该案例的时候，将其他 8 个城市也纳入了研究，这些城市都曾使用公共资金建造私人体育场。他们得出结论，克利夫兰市的情况比其他城市要好一些。但是，他们没有找到任何证据证明这 3 个体育场像支持者所预测的那样促进了市中心的复兴。企业数量没有增加，就业率也未提高，在建造体育场之后的 3 年中，每创造一个新工作，成本为 231,000 美元，几乎是利用公共项目创造就业的成本的 20 倍。新的体育设施未能降低贫困率、改善学校情况或增加安全廉价住房的便利可用性（deMause and Cagan，2008），但的确迫使穷人迁往城镇的其他地区，为开发商提供了廉价的地皮用以建设场馆。

自从这些设施建成，使用它们的运动队一直是低获胜率，克利夫兰市民认为，这一结果证实了这些运动队的失败（Lewis，2010）。但是运动队老板的收入预计更高（Rascher et al.，2012），而且，受联盟与大型媒体权利合同谈判的影响，他们的特许经营价值也大大提高。学校的状况仍然很差，但运动队老板通过与当局签订私下税收协议省下来的钱非常可观，他们通过公共补贴获得了丰厚的回报，成了经济上的赢家。

反对体育场馆补贴的人很少有资源来反驳运动队老板聘请的顾问提出的建议。有可能带头提出反对声音的社会活动者都忙着处理失业、学校资金不足、无家可归、健康状况不理想及与城市缺乏所需社会服务有关的问题。他们不可能丢下手边的工作，去游说反对公共资金被塞进亿万富翁运动队老板和身价百万的明星运动员私人口袋这一现象。同时，当地人被强行灌输以下理念：如果运动队老板不动用公款建立具有一定数量豪华包厢和俱乐部座席的新设施，他们就会直接放弃开发这座城市。

至于运动队的公共补贴，可以考虑利用公共资金的其他方式。例如，科罗拉多州科罗拉多斯普林斯市在2000年耗费600万美元的公共资金，建造了一个青少年运动场馆综合体，包括12个大小各异的带露天看台的棒球场，10个足球/橄榄球场，6个排球场，1个直排轮溜冰场，1个击球笼（用于棒球击球训练）和多个篮球场。与此同时，来自丹佛6个大县的3亿美元税款均被用于为丹佛野马队的所有者帕特·鲍伦建造一个新体育场，而帕特自己就是个有钱人。这些县本可以像科罗拉多斯普林斯那样，用这3亿美元建造600个棒球场，500个足球/橄榄球场，300个排球场，50个直排轮溜冰场，50个击球笼和250个篮球场。

上述两种选择中，哪一种会对丹佛市民的整体生活质量产生最积极的影响？如果把这些钱花在当地的休闲设施建设上，那么该地区的个人和家庭就可以象征性地交一点儿钱，每天都可以使用其中一个或多个设施。也许该地区的人们就更能保持身体活跃，会更健康。另一种情况是，该地区建造一个7.2万座的体育场，供丹佛野马队每年使用10次，如果他们利用主场优势晋级，赢得季后赛冠军并杀入超级碗，则可以使用13次。自体育场建成以来，除2015年外，球队每个赛季只参加不到11场主场比赛，而2001—2015年，观众为162场比赛支付的费用平均超过85美元。这一开销总计约8.2亿美元，加上停车和特许权支出，人们在由税收补贴的体育场内观看比赛，开销约14亿美元。

这些钱大部分流进了球队老板、管理层和球员的私人腰包，他们会在丹佛消费一部分，但大部分还是花在了其他地方。此外，球队老板保留体育场冠名权收入的一半资金，另一半进入公共基金，以支付体育场的维护费用，而这是纳税人的责任。许多全职球迷会花更多钱观看有线电视和卫星电视转播的比赛，并且每年观看野马队比赛，至少要花50个小时，还得在家中或酒吧里为吃喝消费。这些人极为关注球队、球员及比赛和赛季的结果，在观看并谈论与“他们的”球队有关的事情时，他们会特别开心。

有些人倾向于建造体育场，但如果有选择的话，许多其他人可能会倾向于建造大量的当地休闲运动设施。倾向于建造体育场的人，都有能力和资源来获得自己想要的东西，他们不仅希望可以建造新的体育场，而且希望从建体育场带来的收入中分一杯羹。他们是体育和健身俱乐部的会员，并不关心当地休闲运动设施的建设，甚至连他们的孩子也在私人俱乐部和使用私人设施的团队中运动。此外，他们自己家里还设有迷你健身房。

这就是权力和社会阶层塑造当地文化的方式，同时，它们也会影响使用特定体育设施及优先考虑体育公共支出的方式。

（四）运动队老板的收入来源

主要的男子体育项目中顶级职业运动队老板的主要收入来源包括：① 入场门票；② 媒体收入；③ 体育馆收入；④ 许可费；⑤ 商品销售，每项收入的金额和比例在不同的联赛和球队之间都不尽相同。

近年来不断有体育馆新建或翻修，这是因为运动队老板提出要求，希望场地能够产生新的收入来源。这也解释了为什么这些体育场和建在运动场周边的购物中心没有什么两样。社会学家乔治•里策（2005）称其为“消费圣地”，因为消费被无缝地纳入了观众的体验。运动队老板认为这一点非常重要，因为这让他们能够在竞争激烈的城市娱乐市场中占据更大的娱乐收入份额。根据《福布斯》杂志的报告，运动队是这样计划的：

> 新设施中的座位要更少，但豪华包厢数量要增加；票价提高，收入就可以增加，还要雇用更优秀的运动员，拿下更多冠军。这样一来，还可以再度提高票价（Van Riper，2008）。

他们还计划用公共资金来建造体育场，这样一来，就算出了问题，蒙受损失的也是当地纳税人。

新体育场建好时，在体育馆中比赛的球队的价值至少可以增加 25%。这意味着如果一个城市为价值 20 亿美元的美国职业橄榄球大联盟球队斥资 7 亿美元建造体育场，球队的特许经营价值将至少增加 5 亿美元，达到 25 亿美元。这种增值作为球队老板财产的一部分，直接归球队老板所有。

球队老板为了不让人们发觉他们用公共资金来补贴自己的腰包，便要求解说员将他们的球队描述为你的纽约巨人队、克利夫兰骑士队、底特律红翼队或科罗拉多洛基队。这些球队老板很乐意塑造一种他们的球队属于整个社区的错觉，只要收入和资本收益流进他们自己的口袋，而纳税人不但要承担费用，几乎还得不到任何收益，他们能享受到的好处，只有“生活在拥有一支职业男子运动队的地区”这一情感安慰。

（图源：©弗雷德里克·A. 艾尔）

新近建成的体育场类似于大型购物中心，一些球迷把看比赛当作购物的机会。他们是被俘的观众，而球队老板也希望尽可能多地获取收入。图中的粉丝已经掉进消费圈套，与看比赛相比，他更愿意用购买相关产品的方式证明自己到过比赛现场。

四、北美业余体育运动的组织结构

所谓的业余体育运动并没有老板，不过它们有赞助商和管理赛事和运动员的理事机构。通常，美国的赞助商都是有兴趣将业余体育运动用于宣传和广告目的的公司。尽管业余体育运动的理事机构通过赛事收入来维持组织运营和管理，但它们是在非营利的基础上运作的。它们通常雇用营利性公司来组织、宣传和管理赛事。

除美国以外，几乎所有国家/地区的业余体育运动都由国家资助的中央体育主管部门管理。它们与单个运动项目的国家管理机构合作，共同管理赛事、运动员和收入。加拿大体育部和加拿大奥林匹克协会就是这类集中管理机构，从青少年运动队到国家队，它们为加拿大各个国家体育组织制定管理政策。

在美国，业余体育运动的组织和控制并没有集中化。不同组织的政策、规则、筹款策略和运营方法各不相同。例如，大学校际体育运动的主要管理机构是美国大学体育协会；而与大学无关的业余运动的主要管理机构则是美国奥委会。在美国奥委会内部，还有 50 多个独立的国家管理机构分别管控指定的业余运动项目。国家管理机构的资金基本来自公司和个人资助，并且每个机构都在美国奥委会和国际奥委会的规则和政策的基础上制定自己的政策。美国奥委会一直试图在美国业余体育运动中建立连续性，但是国家管理机构和其他组织紧紧护住自己的阵地，基本不会放弃权力。它们会尽力维持对规则、收入和运动员的单方面控制，这导致了组织内部和组织间的许多政治斗争。

所有业余体育组织都对两件事感兴趣：① 管理相关运动项目的运动员；② 掌管赞助和竞技赛事带来的收入。业余运动的赞助模式有多种，例如，大学会“出售”其体育部门，允许公司为运动队冠名，或在运动员衣着上印刷标识，以换取收入、设备和服装。公司和大学订立的这些协议往往在学生投票、运动员投票或公民投票这类民主程序之外进行，而这些公民还要通过缴税让大学运转下去。

美国业余体育运动的国家管理机构依靠公司赞助来支付运动员的训练费用、运营费用和竞技赛事费用。公司徽标会被印在业余运动员的服装和设备上。只有极少数的顶尖运动员才可以以个人名义签署代言协议，但当交易与国家管理机构赞助商的利益发生冲突时，他们还是不能私下代言。

在这种企业赞助模式下，体育项目的经济情况与市场经济的波动和大公司的利润息息相关。公司只会赞助那些能使其获利的运动项目，而经济条件也会影响其维持赞助的能力和意愿。例如，2003 年，美国女子足球大联盟（WUSA）及其 180 名职业运动员需要 2000 万美元才能维系下一年的运营，耐克本可以削减与曼彻斯特联足球俱乐部达成的 4.5 亿美元的交易，挪出钱来支持女足，但它并没有，因为公司仍是要盈利的，而且女足也不符合其业务规划。

五、商业体育中运动员的法律地位与收入

当体育被商业化时，运动员就成了艺人。在职业水平的运动中，这一点显而易见，在其他商业体育运动中也是如此，一流的大学橄榄球运动和篮球运动就是典型例子。专业运动员会因其付出而获得报酬，而业余运动员拿到的报酬则是有限的，且由管理他们的组织来设定。这就导致两个问题：

（1）运动员艺人在体育运动中的法律地位是什么？

（2）运动员艺人的工作报酬该怎么算？

许多人不把运动员当作劳动者，他们会忽视职业体育运动中运动队老板和运动员之间的劳资关系。大多数人把体育运动当作游戏，认为运动员只是在享受运动的乐趣，而不是在工作。但是，哪怕运动员可能会享受自己的工作，体育运动仍然是商业活动，运动员也仍然是劳动者。这也并非特例，很多劳动者都享受自己的工作。但是，除享受外，法律地位问题和工作的公平回报也非常重要。

我们在此重点关注美国的情况。对于门票收入不足以支付基本费用以外的开销（如果有）的运动，我们在此也不予考虑。因此，我们在此不会讨论高中体育运动、非营利性大学体育运动或其他出售赛事门票的非营利性当地体育运动。

（一）职业运动员

运动员的法律地位问题一直是职业体育中最有争议的问题。

1. 法律地位：团体项目

20 世纪 70 年代中期以前，大型体育联赛的职业运动员很少或几乎没有法律权力来掌控自己的职业生涯，他们只能为选拔并雇用他们的球队效力。即使合同到期，他们也无法控制自己在职业生涯中何时、与谁进行交易。此外，他们有义务签署标准合同，证明他们同意将其职业生涯的所有权利让渡给运动队老板。他们就像物件一样被买卖，很少被人问到他们自己的意愿。他们完全受运动队老板、管理人员和教练员的支配。

在所有运动项目中，这种形式的员工限制制度被称为储备制度，因为

这套惯例让运动队老板可以将运动员为自己所用，并对运动员转会的行为进行管控。

只要储备制度合法，运动队老板就可以在只给运动员开较低工资的情况下，几乎完全控制其参与体育运动的条件。在专业体育运动中，储备制度仍然部分存在，但是每个主要的男子职业联赛中的运动员协会（即工会）都在法庭上对其发起了挑战，强烈要求开展重大变革，提升其作为工人的权利，以便他们可以与运动队老板进行谈判，获得对其工作条件的控制权，并制定薪资标准。

美国职业橄榄球大联盟是一台机器。机器的操作员每个赛季都会比之前更加疯狂地拉动其操纵杆，将其推至极限。为此，联盟已储备了备件。损坏的部分会被更换，机器仍保持运转。

——内特·杰克逊，美国职业橄榄球大联盟前球员（2011）

在任何其他商业领域，体育运动中使用的储备制度都会违反反托拉斯法。公司不可以控制员工的跳槽行为，当然也不能让其他公司都无法雇用某些员工，也不可以随意将他们交易给另一家公司。20 世纪 70 年代以来这类储备制度被修改过，已被美国国会确认为体育运动中的合法制度，运动队老板执行该储备制度时极少会受到各类政府机构的干涉。

运动队老板认为，储备制度是合理的，为了维持联赛各运动队之间的竞争平衡，必须要这样做。他们声称，如果运动员可以为任何一支运动队效力，那么大城市和拥有较大电视市场的运动队老板就会买断所有优秀的运动员，以此阻止较小城市或拥有较小电视市场的运动队赢得比赛。颇具讽刺意味的是，作为自由市场的资本家，这些运动队老板却认为自由市场流程会毁了他们的生意！他们拥护法规和“体育社会主义”，只是因为这些东西保护了他们的权力和财富，他们组成卡特尔来限制运动员的权利和薪资，但在整体经济中，他们还要主张放松管制。他们的立场在文化观念上自相矛盾，但对他们自己而言却利润颇丰。

职业运动员一直反对储备制度，直到 1976 年，法院的裁决才赋予职业运动员在一定条件下成为自由运动员的权利。在不同情况中，自由运动员的含义各不相同，但所有联赛均允许合同到期的部分运动员与其他竞标的运动队签订合同。20 世纪 70 年代后期至今，这一改变对顶尖职业运动员的薪资产生了翻天覆地的影响。表 10.2 列出了 1950—2015 年主要美国职业联赛运动员的平均薪资，数据显示，20 世纪 70 年代中期以后的薪资增幅惊人。

20 世纪 70 年代中期以前，职业运动员的收入是美国家庭中位收入的 2～4 倍。20 世纪 70 年代中期以后自由运动员制度获准后，门票收入和媒体版权收入开始提高，再加上运动队争抢运动员并与运动员工会谈判达成新的劳资谈判协议，运动员的薪资迅速攀升。2015 年，NBA 球员的平均薪资与家庭中位收入之比约为 77:1，而美国职业棒球大联盟（MLB）、美国国家冰球联盟（NHL）、美国职业橄榄球大联盟（NFL）、美国职业足球大联盟（MLS）和女子 NBA（WNBA）与美国家庭中位收入之比分别约为 64:1，39:1，32:1，4.2:1 和 1.1:1。

一旦协商并签署新的劳资谈判协议，运动队老板与运动员之间的关系就会产生变化。尽管运动队老板、联盟官员和一些粉丝比较反感运动员工会，但这些组织可以帮助运动员更好地控制自己的薪资和工作条件。钱固然重要，但在职业团体运动中，劳资谈判和运动员罢工主要集中在自由度和对职业生涯的控制上，而不是金钱。因此，一定年限的合同期满后，所有运动员都可以成为自由运动员，而运动队老板不再拥有对他们职业生涯的绝对控制权。

表 10.2　主要美国职业联赛运动员的平均薪资
（与美国家庭中位收入对比，1950—2015 年[*]）

单位：美元

	体育联盟						美国家庭中位收入[†]
年份	NFL	NBA	WNBA	NHL	MLB	MLS	
1950	15,000	5100	无	5000	13,300	无	4000
1960	17,100	13,000	无	14,100	19,000	无	5620
1970	23,000	40,000	无	25,000	29,300	无	9867
1980	79,000	190,000	无	110,000	143,000	无	21,023
1990	395,400	824,000	无	247,000	598,000	无	35,353

续表

年份	体育联盟 NFL	NBA	WNBA	NHL	MLB	MLS	美国家庭中位收入†
2000	1,116,100	3,600,000	60,000‡	1,050,000	1,988,034	100,000	50,732
2010	1,900,000	5,150,000	52,000‡	2,400,000	3,298,000	140,000	60,236
2015	2,100,000	5,100,000	72,000‡	2,620,000	4,250,000	283,000	66,632

注：*表示运动员薪资数据来源广泛，但本文尽量保持数据的准确性。1971 年之前的平均薪资为估算值，且各运动队的薪资数据不一致。

†表示（由父母和子女组成的）家庭的年收入中位数。一半家庭的年收入高于中位数，另有一半家庭的年收入则低于中位数。数据来自美国人口普查；1950 年和 2015 年的数据是根据趋势做出的估值（http://www.census.gov/hhes/www/income/data/historical/families/）。

‡表示根据薪资上限进行估算，薪资根据在联赛效力的年限和运动员被选中的场次列出。

尽管职业运动队的运动员要很努力去维护工会，但他们意识到，每次与运动队老板组成的卡特尔续签劳资谈判协议时，都必须就关键的劳工问题进行谈判。目前，续签劳资谈判协议需要谈判的主要事项包括：

（1）联赛收入的定义，以及“必须分配给运动员的薪金和福利收入的百分比”。

（2）运动队可以共享收入的程度。

（3）运动员新秀签下首份职业合同的薪金限制，老将运动员的薪金限制及运动员的最低薪资水平。

（4）成为自由运动员的条件及自由运动员享有的权利。

（5）可以确定的各运动队的薪资总额上限，以及一旦运动队的薪资总额超过上限，提供计算运动队老板必须上缴的罚款金额的公式。

（6）设定薪资总额底线，为联赛各支运动队确定最低工资。

（7）运动员或运动队请求外部仲裁员确定现有或拟议合同的公平性的条件。

（8）比赛规则变更。

在谈判过程中，上述每个问题都有可能引发争议。

如果运动队老板不满于当前的劳资谈判协议条款，而运动员协会拒绝与他们商讨变更事宜，运动队老板可以要求运动员停工，即雇主实施的停业，在职业体育运动中，这意味着暂停所有比赛和训练，直到争端解决且劳资谈判协议修订到运动队老板满意为止。如果是运动员不满于当前的劳资谈判协议条款，而运动队老板拒绝与他们进行商榷，则运动员可以发起罢工，即雇员在劳资纠纷解决之前拒绝工作，在体育领域，运动员追求的结果是签署新的劳资谈判协议。

罢工或停工会在满足以下两种情况的任意一种时发生：① 业务状况发生变化，导致运动队老板或运动员认为现有劳资谈判协议已经无法维持公平或合理性；② 劳资谈判协议到期，且运动队老板和运动员无法继续达成协议。从前，运动员的薪水很低，也无法掌握自己在体育运动中的工作条件，罢工比停工的可能性要高。但是现在，运动员在谈判薪资时具有了一定的法律影响力，且能够通过劳资谈判协议来把握其重要的工作条件，罢工现象已然非常罕见。

与此同时，作为运动队老板，公司和外部投资者会追求高投资回报和高度的财务可预测性，并认为他们必须加强对运动员薪资和福利的控制权。此外，他们大多讨厌运动员协会，因为这些组织和工会没什么两样。运动队老板的一个策略是要求根据出现的新问题，重新谈判现有劳资谈判协议的某些条款。但是如果运动员对现有的劳资谈判协议并无不满，他们也不会愿意与运动队老板进行商榷。

上述情境的一个结果是，运动队老板可能对运动员实行停工，运动员无法参与比赛和训练，也拿不到薪水。美国国家冰球联盟的老板曾于2004—2005年和2012—2013年两度强迫球员停工；NBA和美国职业橄榄球大联盟的老板也曾在2011年对其球员实行停工。这些球队老板很清楚，一旦停工，球员肯定熬不过他们。他们自己本就很富裕，停工只是以短期损失为代价换取长期利益。相反，球员的职业生涯非常短暂，他们必须充分把握黄金期。一个赛季的停赛，对每位球员来说，相当于其收入要减少15%～33%；而对于球队老板而言，这只是他们投资组合中的一个小故障。此外，球队老板知道，年轻的低薪球员与高薪球星对合同的关注点不同，所以球员之间的团结一定会瓦解。这样，球队老板就可以促成利己的交易条件。

近年来，在由运动队老板发起的停工中，涉及的问题都不尽相同，但不变的是，他们都希望保留更大的收入份额，同时减少运动员的收入。他们还希望降低各个运动队的薪资“上限”，以便降低运动员的薪资，并为较小市场中的运动队提供更好的机会，使其在与较大市场中比较有钱的运动队竞争时提高获胜概率。运动队老板还想限制运动员成为自由运动员的时间和方式，因为运动员一旦获得自由，在和精英运动员签约时，运动队老板之间就要彼此竞争。不加管控的自由运动员制度赋予运动员影响力，而运动队老板则不喜欢这种“自由市场”的出现。此外，运动队老板一般会希望通过劳资谈判协议限制他们向运动队中顶级运动员支付的薪资数额。如此一来，他们无须支付其他运动队可能支付给运动员的高薪，就可以更轻松地完成交易谈判。通常，运动队老板会把运动员薪水和福利限制在总收入的 40%～50%。理想情况下，他们希望把总收入的 60%甚至更多留在自己手中，以便在支付所有款项后，自己还有较多盈余。而对此，大多数大型体育赛事的运动员则认为，他们应该有权获得联赛和运动队总收入的一半。通过近年来的停工，运动队老板成功降低了运动员要求的收入份额。未来，他们还会继续通过实行停工来最大限度地压榨运动员份额。

与高收入体育项目的运动员相反，大多数小型联赛和低收入项目的运动员享有的权利很少，也几乎无法掌控其自身的职业生涯。这一级别的运动员人数远远超过顶级职业运动员的人数，而他们的工作环境往往毫无定数，薪资低，也享受不到什么权力。这类运动的运动队老板也不会获得较大盈利，但话语权还是掌握在他们手中。

2. 法律地位：个人项目

职业运动员在个人项目中的法律地位因体育项目而异，甚至在同一项目中，不同运动员的情况也大不相同。尽管拳击、保龄球、高尔夫、网球、赛车、牛仔竞技、赛马、田径、滑雪、自行车及许多近年来才职业化的另类运动和极限运动之间存在重要差异，但我们仍然可以对这些项目的运动员的法律地位做一些概括。

运动员在个人项目中的法律地位在很大程度上取决于运动员为进行训练和获得比赛资格所做的必要准备。例如，很少有运动员能够负担得起专业水平的体育训练费用。此外，他们没有足够的知识或人脉来满足成为正式参赛者的要求，例如拥有知名的经纪人或经理人（如拳击运动），被其他参赛者正式接纳（如大多数赛车比赛），获得职业体育组织的会员资格（如大多数保龄球、高尔夫和网球比赛），或获得官方遴选组织的特别邀请（如专业田径比赛）。

运动员如果需要赞助商支付训练费用，或需要经纪人帮助他们满足参赛要求，其法律地位就取决于他们与这些人员及与监管体育参与的组织签订的合同。因此，运动员在个人项目中的法律地位天差地别。

以拳击为例，许多拳击手来自低收入家庭，缺乏培养高级拳击技能和与其他拳击手进行正式比赛的资源。他们必须要有教练员、经纪人和赞助商，而这些人的支持总是以正式合同或非正式协议为基础的。无论何种情况，拳击手都必须放弃对自己生活的大部分掌控，将其在未来比赛中可能获得的奖金的一部分与其教练员、经纪人和赞助商分享。这意味着哪怕拳击手可以拿到高额奖金，也很难对其职业生涯享有较多的控制权。为了继续参与拳击比赛，他们不得不用自己的身体和职业生涯进行交易。这就是阶层间关系影响体育运动的一个实例。如果缺乏资源，人们在谈判其体育事业发生条件的方式上就会受到限制。

（图源：©经威廉·怀特黑德许可）

“大夫，帮帮我吧！我一年能赚 2000 万美金，而且一点儿都不觉得愧疚。”大多数球员的代言收入都与其薪资或奖金相匹配。和其他艺人一样，他们当中有一些人能受益于国内外的媒体的曝光。如今，体育赛事的推广方式都和高调的运动员艺人的名人地位与生活方式挂钩。

运动员在某些个人项目中的法律地位是由各种职业组织的规章制度规定的，如美国职业高尔夫协会（PGA）、美国女子职业高尔夫协会（LPGA）、职业网球联合会（ATP）和职业牛仔竞技联盟等（PRCA）。当运动员在这些组织中拥有一定的控制权，相应的政策就可以支持运动员的权利，让他们能够管理自己参加比赛的条件。要是不存在这样的组织，相应比赛项目的运动员就享受不到作为劳动者的权利。

3. 收入：团体项目

媒体只会将某些顶级职业联赛运动员的超级合同公之于众，但除此之外，职业团体项目的各个水平和级别的运动员收入水平差异很大。例如，2013 年，在北美的 176 支球队中，大约有 3500 名小型联赛棒球运动员，从最低端的比赛到顶尖小型联赛比赛，他们的收入从每场 150 美元到每年 75,000 美元不等。曲棍球小型联赛也是如此，2013 年，曲棍球小型联赛有至少 2000 名球员参赛。加拿大橄榄球联盟由 9 支球队组成，其运动员平均年薪约为 10 万美元，但薪资的中位数仅为该数额的一半。

2013 年，美国职业足球大联盟的平均薪资为 115,000 美元，但其中 30% 的球员年薪不足 18,000 美元。美国长曲棍球联盟室外和室内球员的平均薪资分别为 13,000 美元和 15,400 美元，而室内球员薪资最高为 27,948 美元。2013 年，美国室内橄榄球联盟球员的平均薪资上涨到了 85,000 美元。女子 NBA 球员每个赛季的平均薪资为 52,000 美元，新秀球员的最低薪资为 34,500 美元，而经验丰富的老球员的最高薪资可达 95,000 美元。大多数情况下，团体项目的职业运动员的工作仍然比赛季为基础，几乎没有福利，职业保障也很少。

要想了解职业体育运动员的收入范围，我们可以参考近几个赛季美国职业棒球大联盟的球员收入：其中 15%的球员总薪资与剩余 85%的球员的薪资总和大致相当。这就是为什么美国职业棒球大联盟球员的年薪均值约为 420 万美元，而中位数只有 120 万美元，还不到均值的三分之一。少数球员的高薪拉高了整个联盟球员的平均收入水平。

20 世纪 80 年代之前，男子职业团体项目中还从未出现过“超高薪”的情况。表 10.2 中的数据显示，主要美国职业联赛运动员的平均薪资已远远超过美国家庭中位收入。例如，1950 年 NBA 球员的薪资并不比美国家庭中位收入高多少，到了 2010 年，NBA 球员的平均薪资已经比美国家庭中位收入高出了 80 多倍！

1980 年以来，顶级职业运动员的薪资急剧上涨，这一现象可归因于以下两个因素：① 运动员法律地位和权利的变化，促使自由运动员和薪资仲裁程序出现；② 流向联赛和运动队老板的收入（特别是通过出售媒体版权得来的收入）有所增加。表 10.2 中的数据表明，运动员薪资的提高与法院的裁定和劳资谈判协议密切相关，后者改变了运动员的法律地位，并赋予他们与运动队老板进行合同谈判的权力。

4. 收入：个人项目

与团体项目相同，薪资被曝光的也只有个人项目中收入最高的运动员。然而实际情况是，许多运动员在锦标赛中拿到的奖金都不够支付其所有开销，更不用说让他们过上舒适的生活。许多高尔夫、网球、保龄球、田径、汽车和摩托车赛车、牛仔竞技、花样滑冰及其他体育项目的运动员，都必须谨慎管理自己的资金，确保在往返各地参加比赛的情况下，开销不要超过比赛收入。当运动员在锦标赛中获得的奖金被列于报纸上时，他们需要支付的住宿、用餐和交通费用，以及教练员、经纪人、管理人员和各种后勤人员的费用并不会被提及。获得最高额奖金的赢家自不必担心这些费用，但是大多数个人项目的运动员并不能赚大钱。

尽管大多数从事职业网球、高尔夫和其他个人项目的运动员都可以得到赞助，但不论是男子项目还是女子项目，运动员每年的奖金仍不足以支付他们的训练和交通费用。部分运动员在和赞助商签订合同时，就明确被告知拿到奖金要和他们分摊。在不景气的时候，赞助商会为运动员承担开销，同时一旦运动员在比赛中拿到奖金，他们就要分走一定的比例。

赞助协议给许多个人项目的职业运动员造成困扰。例如，与设备制造商或其他赞助商签订合同时，运动员常常会沦为附属状态。他们可能没有权力自由选择比赛的日期或参赛频率，赞助商可能还会要求他们参加社交活动，与粉丝消费者互动、签名并推广相关产品。

总体而言，个人项目中只有少数运动员收入丰厚，而其他大多数人则难以负担自身的开销。只有在电视转播体育赛事时，运动员才有机会争夺巨额奖金，大赚一笔，除非他们只是业余爱好者，或不曾争取自己的劳动者权利。

（图源：©博巴克·哈埃里）

美国大学体育协会严格限制大学运动员所获得的奖金，哪怕大学和体育协会数百万美元的收入都是运动员的功劳。内布拉斯加大学足球比赛的门票与美国职业橄榄球大联盟比赛的门票价格相当，但学校的球员仅会获得“实物”奖励，包括减免学费和提供基本生活费用。大学之所以可以从一流的橄榄球比赛和男子篮球比赛中盈利，仅仅是因为给其球队效力的都是廉价的体育劳动力。

（二）商业体育中的业余运动员

过去，国际奥委会和诸多体育项目的管理机构要求所有参赛者必须是业余运动员。但绝大多数运动员是进行全日制训练的，所以这一要求越来越不切实际。这一要求持续下去的话，所有来自贫困家庭的人就会被排除在外。因此，国际奥委会和其他体育组织对该规则进行了调整。

现如今，奥运会上只有拳击手和摔跤手仍是业余运动员，这主要是出于安全考虑，因此“业余”的要求得以保留。所有其他参与奥运会的运动员都可以从事职业体育运动，这在20世纪的大部分时间里是被禁止的。

除了像美国高尔夫协会和美国网球协会这样持续为业余运动员赞助官方比赛的体育管理机构外，只有美国业余体育协会（AAU）和美国大学体育协会仍对业余资格提出要求。美国业余体育协会拥有悠久的体育赞助史，但如今，它主要关注的是青少年体育。它之所以延续至今，只是因为它曾于1994年与沃尔特·迪士尼世界度假区签署了为期30年的合作协议。该协议明确规定，美国业余体育协会将在佛罗里达州布埃纳维斯塔湖的“体育大世界”中举办超过 25 种青少年体育项目的大部分国家级锦标赛。这些设施位于迪士尼乐园附近，也就意味着成千上万青少年运动员在参加美国业余体育协会锦标赛时，他们的家人会陪同前往，并把这一行程当作度假，在迪士尼乐园里花上几天时间，消费一大笔钱。沃尔特·迪士尼公司在 1995 年与大都会/美国广播公司合并，并在交易中同时收购了娱乐与体育节目电视网这一行业新贵，于是，美国业余体育协会就添了一个新的合作伙伴。

非营利性的美国业余体育协会与营利性的沃尔特·迪士尼公司（和娱乐与体育节目电视网）之间的这种共生关系，对双方来说都是一个重大的营销胜利。美国业余体育协会将总部迁至布埃纳维斯塔湖，现已在娱乐与体育节目电视网的体育大世界赛场上举行过 40 余次全国锦标赛。这给娱乐与体育节目电视网带来了新的机会，使其能够追踪青少年运动员并为将来可能成功的人打造故事情节，同时为吸引娱乐与体育节目电视网的新观众/订阅用户提供了千载难逢的机会。迪士尼乐园得益于锦标赛带动起来的旅游业，而美国业余体育协会的高层则拥有了新的总部、有吸引力的市场地位和财务安全保障。青少年运动员和青少年运动队被招募进协会后，随着他们年复一年地参加被吹嘘为全国锦标赛的比赛，他们的家庭为此默默花费了数百万美元。当然，这是把业余爱好货币化的一个新方式，相关人士得以在以企业方式运营的非营利组织的掩护下获得巨额收入。

尽管美国大学体育协会的大多数第三级别会员院校和很多第二级别会员院校中真正的业余运动员为数不少，但该组织中也存在着上述模式。该体育协会的所有活动都要求只有业余运动员才能参加。这就意味着运动员不能参加任何有现金或实物奖励的运动，也不能因其运动技能而参加相关工作。但是美国大学体育协会已经多次变更对业余运动员的定义，特别是对创收性运动（橄榄球和男子篮球）中运动员的定义（Schneider，2011；Zimbalist and Sack，2013）。在各种情况下，哪怕有时各种条款自相矛盾，这些变更都被证明具有合理性，但这些变更主要还是为了保留对运动员的控制权，同时避免一流大学体育项目被指控使用职业体育的商业模式，并由此被要求向运动员支付现金薪资、为营利性运动队的收入纳税（Huma and Staurowsky，2011，2012）。实际上，美国大学体育协会在规章制度中用了

40 条规定去界定“业余身份”，因为从以商业形式运营却又自称非营利性运动队和体育项目的角度而言，“业余身份”是很难界定的。

拉莫吉·胡马和埃伦·斯托罗夫斯基（2011）的最新研究发现，如果对 2010 年美国大学体育协会的橄榄球碗赛分区（FBS）的 121 所大学的橄榄球运动员以及男子篮球运动员根据其公平市场价值予以补偿（即相对于他们所赚的钱），他们人均“每个参赛年度创造的价值分别约为 121,048 美元和 265,027 美元（不包括个人商业代言所得）”。根据胡马和斯托罗夫斯基（2012）的计算，这意味着这些运动员每年被剥夺的“公平市场价值”约为 15 亿美元，即 4 年共被剥夺 60 亿美元。而事实是，这些运动员会收到奖学金供日常开销使用，在这样的资助水平下，他们的平均生活费比联邦规定的贫困标准还要低 3000 美元甚至更多”（Huma and Staurowski，2011：4）。而与此同时，他们的主教练每年能赚 350 万美元，这还不包括奖金。

作为业余运动员，大学运动员并没有权力去协商其体育参与的条件。即使在创收性的大学运动中，在受到不公平对待或被剥夺参加运动的权利时，他们也几乎无权投诉，更没有正式的投诉手段。运动员不能获得自己可能赚得的收入，也无法控制其所在大学或美国大学体育协会利用其技能、姓名和肖像的方式。

许多大学运动员都已认识到自己权利的缺失，却很难通过沟通改变这一局面。要想把其所在大学或美国大学体育协会告上法庭，需要付出极高的成本，并且可能会耗费几年时光。组建运动员组织可能会成功帮助运动员争取权利，但他们并没有资源将来自不同学校和体育项目的运动员聚集在一起。于是，许多大学运动员不得不处于依附于人的状态，接受教练员和体育部门的管控。

现在，尽管美国大学体育协会允许其第一级别会员院校颁发多年制的奖学金，并调整奖学金金额，以此覆盖运动员就读某所大学的全额费用，但它仍然要求运动员必须是业余运动员。美国大学体育协会抵制将大学运动员定义为雇员，否则，美国大学运动的整体格局都将被打破。

六、小结：商业体育有哪些特征？

现如今，商业体育在很多社会中备受瞩目。商业体育在工业化和后工业化国家中可以得到最佳的发展，因为这些地方的交通和通信系统相对发达，人民生活水平也比较高，人们有时间和金钱参加和观看体育比赛，而且这些地方的文化强调消费和物质地位。

商业体育中的观赛兴趣是建立在一系列因素之上的，包括对刺激的追求、强调成功的文化观念、青少年体育项目的存在及为人们介绍体育规则和参赛运动员个人信息的媒体报道。

随着体育组织不断开拓全球市场，相关企业也以体育运动为媒介在全球实现资本扩张，推动了商业体育在全球范围内的发展，只要符合跨国公司的利益，这种发展就会一直持续下去。于是，体育项目、体育设施、体育赛事和运动员队服都被贴上了公司徽标，力图传达一种促进消费并且依赖这些赞助公司才能获得刺激感与愉悦感的文化观念。

商业化导致某些体育运动的内部结构和目的、体育运动的参与者取向和控制体育运动的人和组织的目标都发生了改变。人们改变赛事规则，希冀赛事对粉丝更加友好。从事体育运动的人，尤其是运动员，强调的是英雄主义取向而非美学取向，并通过自己的风格和戏剧性的表现来给大众留下深刻印象。总体而言，商业体育活动被包装成了纯粹的观众娱乐体验，受益人群主要是对观看的赛事缺乏技术知识的观众。

商业体育是一个独一无二的行业。小型联赛级别的商业比赛可以为运动队老板和赞助商带来适度的收入。但是，顶级职业体育项目的运动队老板已经组成了卡特尔，以此获取可观的收入。与赛事赞助商和推广人一样，运动队老板涉足商业体育也是为了在赚钱的同时享受乐趣，并为自己或公司及其产品和政策树立良好的公众形象。他们组建的卡特尔让他们能够控制成本、压制竞争、增加收入，尤其是通过向媒体公司出售赛事转播权获得的收入。公共支持和补贴（通常与税收减征及体育场馆和竞技场的建设和运营相关）也可以提高其利润。

讽刺的是，北美职业体育的成功实际上是建立在精心计划的专制控制和垄断性的商业实践的基础上的，却常被当作民主和自由的典范。现实情况是，这些运动队老板已经有效清除了体育中自由市场竞争的成分，并利用公共资金和设施增加个人的财富和权力。

业余商业体育的管理和控制掌握在众多体育组织的手中。尽管这些组织的目的是支持业余运动员的训练和比赛，但其主要目标还是对运动员和通过会员费、比赛、赞助和捐赠产生的收入进行掌控。最有钱、最具影响力的人往往会赢得业余体育运动中的权力斗争，而运动员在这些斗争中却很少有资源来提升自身的利益。企业赞助商现在是业余运动的主要维系力量，其目标极大地影响着业余体育运动的发展进程。

体育的商业化将运动员转化成了艺人。由于运动员是通过自己的身体表现来创造价值，与运动员的权利有关的问题及其收入的公平分配等问题都至关重要。运动员的权利和其创造的价值不断增加，其个人收入也随之增长。媒体报道和媒体公司支付的版权费是上述过程中的关键。

大多数职业体育运动员并不能赚到大钱。除顶级男子体育项目、女子高尔夫和女子网球以外，其他项目的运动员收入都低得惊人。业余运动员的收入受到特定体育运动的管理机构规则的限制。

在美国，大学运动员的回报是体育奖学金，这相当于规定了最高薪资，而一些运动员为其大学创造的收入有数百万美元之多，很多人都认为这并不公平。在其他业余运动中，运动员可能会因其表现或商业代言而直接获得现金收入，也有运动员会从其所属组织那里获得支持，但很少有人能赚取巨额的收入。

商业体育的结构和动态机制因国家而异。全世界大多数商业体育项目并没有带来巨额收入，只有北美、澳大利亚、西欧及拉丁美洲和东亚的部分地区，才有几个备受瞩目并在电视上大量转播的体育项目。全球的运动队老板及推广人获得的利润取决于其与媒体、大型公司和政府的支持性关系。这种关系塑造了包括职业和业余体育在内的所有商业体育活动的特质。

要想给运动员和观众提供愉快且满意的体验，商业化并非唯一的选择。但是大多数人并没有意识到还有其他模式可选，他们仍在表达其对现有体育模式的渴望——哪怕体育在很大程度上取决于有钱有势人的利益。假如体育并未深受有钱有势的人和希望拥有财富和权力的人的经济利益影响，那么，体育未来的发展前景和应有样貌又将如何？只有当观众和体育从业人员对此提出愿景时，现状才有可能改变。

补充阅读

阅读材料 1 女子职业团体运动鲜为人知
阅读材料 2 将盛大的表演变成运动：综合格斗
阅读材料 3 红牛与高能量消耗运动
阅读材料 4 为什么企业和政治领导人喜欢新体育场?
阅读材料 5 特许经营价值与在职业体育运动中盈利
阅读材料 6 两次冰球运动被迫停工的故事

体育管理问题

- 假设你正在参与体育研究课程。参与该课程的学生来自多个国家，他们问你，要想在一个国家成功发展商业体育，都需要什么。请概述你要回答的要点，解释的时候，要保证来自不同社会和文化背景的学生都可以理解。
- 在一些经济不断扩张的国家，有钱有势的人希望在全社会引起大众对体育运动的高度关注。他们请你进行体育中的社会学研究，寻找培养大众兴趣的方式。根据本章内容，你会怎么进行研究？
- 假设你住在一个社会和经济正持续衰退的大城市。该城市所在的州拨款 3 亿美元，为该城市的职业冰球队建了一个新的竞技场。试论这样做是否充分利用了这笔公共资金。市领导认为一个新的竞技场和一支成功的冰球队可以帮助实现城市振兴，并为城市发展提供支持。你是否同意这一观点？请给出你的理由。
- 假设你是社区中一所大型私立中学的体育主管。学校正面临的预算危机会对你的体育项目造成影响。当地的软饮料分销商告诉你，如果可以让该公司的徽标出现在记分牌等十几个体育设施上，并将软饮料饮用机放置在更衣室中，他的公司可以每年资助你 5 万美元。他还希望你和教练员可以为公司在本地打个广告。校长和家长委员会表示你可以自行决定。现在，你必须向他们解释你的决定。请概述你将向他们提出的要点。

体育人文译丛

丛书主编　曹卫东
执行主编　田　慧

05

Sports in Society

Issues and Controversies
Twelfth Edition

社会中的体育

问题与思辨（第 12 版）（下）

[美]杰伊·科克利　著
田　慧　李　娟　王　敏　主译

北京体育大学出版社

策划编辑：王英峰
责任编辑：孙　静
责任校对：邓琳娜
版式设计：久书鑫

北京市版权局著作权合同登记号：01-2022-5790
Sports in Society: Issues and Controversies（Twelfth Edition），ISBN: 9780073523545；Jay Coakley.

图书在版编目（CIP）数据

社会中的体育 : 问题与思辨 : 第 12 版 / （美）杰伊·科克利著 ; 田慧, 李娟, 王敏主译. -- 北京 : 北京体育大学出版社, 2022.12
（体育人文译丛 / 曹卫东, 田慧主编）
书名原文: Sports in Society:Issues and Controversies(Twelfth Edition)
ISBN 978-7-5644-3755-8

Ⅰ. ①社… Ⅱ. ①杰… ②田… ③李… ④王… Ⅲ. ①体育运动社会学 Ⅳ. ①G80-051

中国版本图书馆 CIP 数据核字(2022)第 218373 号

[美]杰伊·科克利　著

社会中的体育：问题与思辨（第 12 版）　田　慧　李　娟　王　敏　主译
SHEHUI ZHONG DE TIYU:WENTI YU SIBIAN (DI SHI-ER BAN)

出版发行：北京体育大学出版社
地　　址：北京市海淀区农大南路 1 号院 2 号楼 2 层办公 B-212
邮　　编：100084
网　　址：http://cbs.bsu.edu.cn
发 行 部：010-62989320
邮 购 部：北京体育大学出版社读者服务部 010-62989432
印　　刷：北京雅图新世纪印刷科技有限公司
开　　本：710mm×1000mm　1/16
成品尺寸：170mm×240mm
印　　张：48.75
字　　数：753 千字
版　　次：2022 年 12 月第 1 版
印　　次：2022 年 12 月第 1 次印刷
定　　价：368.00 元

目　录

下

第十一章　体育与媒体：能否脱离彼此而生存？

……除了赢得棒球比赛之外，我们也涉足其他行业……我们是一家媒体和娱乐公司，而非单纯的运动队。

——拉里·贝尔，旧金山巨人队总裁兼首席执行官（in Costa，2015）

在我们所处的时代，体育播报与广告的商业性和政策日益混乱……广播体育的无处不在成了这代人面临的“定时炸弹”。

——布雷特·哈钦斯（in McHugh et al.，2015）

美国职业橄榄球大联盟和网络媒体都不希望我们把橄榄球当作比赛来体验，而是希望将其作为一种超真实的比赛产物，就像战争片就是战争的超真实版本一样。

——戴维·茨威格，作家兼音乐家（2012）

体育是社会价值观的隐性定义者，这一点在年轻人中体现得尤为明显。而自诩为“全球领导者”的娱乐与体育节目电视网，也在不计其数的广播电台、电视频道和网站上全天候播报体育节目。

——罗伯特·利普西特，体育记者（2015）

本章纲要

媒体的特征

体育与媒体：双向关系

媒体报道中的体育形象与叙事

受众对于媒体体育报道的消费体验与影响

体育新闻

小结：体育与媒体能否脱离彼此而生存？

学习目标

- 明确媒体的主要形式，它们向人们展现的内容及商业力量对媒体内容的影响。
- 探讨包括互联网在内的新媒体是否以及如何改变体育观众的体验。
- 明确媒体所呈现的体育形象和叙事会受哪些因素影响。
- 探讨体育和媒体是如何相互扶持以获取商业成功的。
- 明确体育赛事的电视转播和媒体版权费的主要发展趋势。
- 明确哪些经济和文化观念因素会对体育与媒体之间的关系造成影响。
- 解释为什么酒精、烟草、碳酸饮料、甜食（糖果）和快餐公司会通过媒体来赞助体育运动。
- 明确体育报道是围绕哪些文化观念来进行的。

- 描述男性和女性、黑人和白人在媒体形象和叙事上的主要差别。
- 探讨有关观众体验和媒体对体育相关行为（例如积极参与、比赛上座率和博彩）影响的研究结果。
- 明确会对体育新闻记者和运动员间关系造成影响的因素。

媒体已渗透到我们生活的方方面面。尽管媒体融入每一个个体生活的方式都不尽相同，但是我们在媒体中读到、听到和看到的内容对于我们经验的积累愈发重要。它们构成并影响了我们的许多想法、对话、决定和行动。

我们通过媒体形象和叙事来进行自我评估、为他人和事件赋予意义、形成想法、设想未来。但这并不意味着我们是媒体的奴隶，也不是说我们只能等着被人为制造并呈现出来的媒体内容欺骗。媒体不会告诉我们该想什么，但是它极大地影响着我们的想法，从而影响到我们日常对话中讨论的话题。我们的经历显然会受到媒体内容的影响，如果没有媒体，我们的生活将截然不同。

互联网和社交媒体为我们的媒体体验增添了新的层次，让我们跨过消费层面，在创造形象和叙事的过程中，加入我们自己的思想和行为。不过，除非我们有策略、有根据地利用媒体来建立关系，并改变我们周遭的世界，否则这一过程不会自动发生，也不会让我们更强大。

体育和媒体相互联系。体育为各种形式的媒体提供素材，许多体育项目还要依靠媒体来进行宣传和创收。围绕这些相互联系，本章主要关注以下 5 个问题：

（1）媒体的特征是什么？

（2）体育和媒体是如何相互联系的？

（3）在美国，体育媒体报道会强调哪些形象和信息？

（4）媒体是如何介入我们的体育参与和消费的？

（5）新媒体对体育新闻和体育报道有何影响？

一、媒体的特征

媒体正在经历天翻地覆的变化，媒体格局也在进行着巨大改变。个人计算机、互联网、无线技术和移动通信设备，让人们从一个接受赞助和节目预设的大众媒体时代，转向一个多面、按需、互动式和个性化媒体内容和体验的时代。实际上，人们每天在数字媒体上消耗的时间已经远超从前看传统电视节目的时间（Hu，2013）。这一转变对个体和社会生活都造成了一定影响。

不可否认，探讨新趋势、解释可能的前景都很重要，但对传统媒体及其与体育的关系的了解也不可忽视。

过去，媒体通常包括印刷媒体和电子媒体两种。印刷媒体包括报纸、杂志、图书、目录册，甚至还包括卡牌（即印有文字和图像的小卡片）。电子媒体则包括广播、电视和电影。但是电子游戏、互联网、智能手机、平板电脑和网络出版物的出现，几乎消除了不同媒体形式之间的界限。

如今，媒体为人们提供信息、诠释、娱乐及互动和贡献内容的机会。用于商业目的的媒体更注重娱乐性，其提供信息、诠释、互动和贡献内容的机会的功能并不显著。在此过程中，媒体体育消费者成了被出售给广告商的商品，为的是促进以消费为基础的生活方式。

媒体还可以让人们接触到当下日常生活之外的信息、经历、人群、图像和想法。然而，大多数媒体内容都是经过编辑后“再现”给人们的，参与这一过程的包括制作人、编辑人员、节目主管、程序员、摄影师、作家、记者、评论员、赞助商、博主和网站供应商。他们为人们筛选信息、提供诠释、娱乐内容，甚至互动的机会，以实现至少一个以下目标：① 赚取利润；② 对文化价值观和社会组织造成影响；③ 提供公共服务；④ 提高个人地位和声誉；⑤表达自己的观点。

在商业形式上，体育与传统媒体始终密切相关。早在电视出现之前，报纸已经承担了报道与体育相关的信息、诠释和提供娱乐的任务，电台也一样。电视出现后，人们可以看到各种视频影像，于是，报纸、电台，以及体育撰稿人和播音员都要被迫改变策略，以维持阅读量和收听率。如今，传统媒体也面临着类似的挑战，它们需要与数字节目和个人制作的内容相抗衡，而这二者不论是需求量还是交互程度，都远非传统媒体所能及。

（一）体育媒体的权力与控制

在一些国家中，大众传播媒介为私人所有，其主要目标就是盈利，同时，其宣传内容还要有助于推广有权有势者的思想观念。这是其最具影响力的两方面。几年前，媒体专家迈克尔·里尔曾解释说，在建构媒体体育现实方面，没有什么比得过“商业电视及其制度化价值体系所强调的盈利、赞助、扩大市场、商品化和竞争”（1998：17）。

当然，随着互联网和无线技术的发展，在线访问内容和访问范围不断扩展，如今，已有多种多样的方式可以帮助构建媒体体育现实。公司和强权利益集团试图控制在线访问的入口和内容，因此，上述过程可能会充满争议。由此产生的斗争则是当代社会的关键特征之一。

在大众传媒主要由政府控制的国家，媒体公司的主要目标是影响文化价值观和社会组织，并提供公共服务（Lund，2007）。但是随着媒体公司逐渐私有化和放松管制，且越来越多的人可以在线访问信息、进行娱乐并拥有互动和贡献内容的机会，政府的控制正逐步变弱。

社会中的权力关系会对参与媒体内容编辑的人的 5 个目标的优先级产生一定影响。为大众媒体节目甄选内容的人，可以选择或制作出想要呈现给大众的图像和文字，他们起到了一定的过滤作用。在筛选和呈现过程中，这些人强调的形象和叙事所代表的文化观念，除了要吸引大量受众外，一般都是支持其自身利益的。在美国，随着政府管制不断放松，私有制不断发展，媒体已然过度商业化，其内容也更加关注消费、个人主义、竞争等社会现象。而强调公民价值观、节约保护、反商业化和平权行动的内容则很少出现在商业媒体中。实际上，如果传递反商业化信息的组织想在电视上购买广告时间，媒体公司和电视网络会拒绝出售。

上述模式也有例外，但是当人们利用大众媒体挑战主流文化观念时，往往会遇到一些困难。因此，对节目的整改就会遇阻，人们审核媒体内容时也会愈发注重当权者的利益。

2013 年，娱乐与体育节目电视网（ESPN）就《前线》栏目解除了与美国公共电视网（PBS）的合作伙伴关系，该节目主要关注美国职业橄榄球大联盟对脑震荡的处理（Miller and Belson，2013；Sandomir，2013a）。就在这部分为上下两档的节目“拒绝之联盟：美国职业橄榄球大联盟脑震荡危机”制作完成之际，美国职业橄榄球大联盟专员才刚与 ESPN 总裁会面并共进午餐。不久之后，尽管 ESPN 的两名主要记者依然在从事该节目的相关工作，ESPN 却宣布与节目撇清关系。这两个组织都拒绝承认美国职业橄榄球大联盟和 ESPN 签订的 152 亿美元的媒体权利合同就是 ESPN 解除与 PBS 节目合作的原因。ESPN 记者收到了一条毫不含糊的消息：烦请自查，否则一旦您的新闻报道对娱乐节目的收入造成影响，其他人会来查您（Zirin，2013e）。

这并不是说，媒体控制者会罔顾事实，“迫使”媒体受众去读、去听、去看与现实不符或与他们的利益无关的事物。但这确实意味着，除了个人在网络上创建的内容之外，普通人只能通过消费和节目收视率来对媒体造成些许影响。因此，公众接收到的是经过编辑的信息、诠释、娱乐和互动体验，而这些内容的主要目的是增加利润，同时维持允许商业媒体蓬勃发展的商业和政治氛围。在此过程中，媒体控制者关注的是在政府机构设定的法律范围内，吸引读者、听众和观众的因素，以及能够吸引个人和公司来购买广告时间的偏好参数。在做出节目决策时，他们把受众当作可以出售给广告客户的消费者群体。

（图源：©弗雷德里克·A. 艾尔）

“快！把相机拿来——观众会喜欢看这种事故的！”商业媒体对体育赛事的播报是经过精心筛选和编辑的。其评论和图像的选取都突出了戏剧化的动作，哪怕这只占赛事中很小的一部分。

在体育方面，媒体控制者不仅可以决定选取哪些体育项目和赛事来进行报道，还能决定报道所呈现的图像和文字。他们在做这些工作时，便会在构建媒体受众群体用以定义和融入体育生活的总体框架中起到至关重要的作用（Albergotti，2011；Boyle，2014；Bruce，2013；Dart，2012；Rowe，2009，2013；Wenner，2013；Zweig，2012）。

十年前，要想和粉丝建立联系，报纸是唯一的途径。而现在，我们可以直接且实时与粉丝保持联系。

——帕特里克·史密斯，丹佛野马队媒体关系总监（in Klemko，2011）

（二）媒体呈现的体育

大多数人都不会批判性地看待媒体内容（Bruce，2013）。例如，在电视上看体育比赛时，人们一般都不会注意，自己看到和听到的图像和评论都是经过考量后呈现的夺人眼球的叙事，增强赛事的戏剧性并强调美国社会的主流文化观念，特别是强调赞助商和媒体公司的利益。赛前分析、摄影机覆盖范围、摄影机角度、特写镜头、慢动作镜头、对特定运动员的关注、比赛回合转播、解说员的分析、运动员的名言、赛后总结，以及所有相关的网站内容，都要以娱乐媒体观众、取悦赞助商为目的。在某些情况下，体育联盟及其管理机构会自己雇用撰稿人和评论员来书写和评论媒体内容。或者，一旦某些记者写出的东西让他们不满意，他们就干脆不给这些记者进行新闻播报的资格（Jennings，2010）。

在美国，关于体育的媒体评论和图片强调了行动、竞争、侵略、努力、个人英雄主义和成就、百折不挠、团队精神和竞争成果。电视报道的体育比赛，衔接天衣无缝，因此我们经常将电视上的比赛定义为“真实”赛事——比在体育馆亲眼所见还要真实。资深杂志编辑克里·坦普尔解释说：

人们看到的可不仅仅是比赛。这是肥皂剧，有完整的故事线，还有一波三折的情节。故事里还有好坏角色、英雄和弱者。这些加在一起，构成了扣人心弦的剧情……人们一旦开始相信这一切，就会完全陷入其中（1992：29）。

坦普尔的观点在当今尤为重要。随着人们对利润关注度的增加，肥皂剧这一叙事方式也就愈发重要，以此培养和维持观众对商业媒体体育报道的兴趣。现在，体育节目是“永不完结的连续剧，一场比赛的结果会对下一场（或下周）要播出的比赛产生一定影响”（Wittebols，2004：4）。人们大肆宣传体育竞赛，这些宣传贯穿整个赛季，并将各个赛季串联起来；人们可以判断出谁是“好人”、谁是“坏人”，也可以看到“救赎”或“复出”，冲突和混乱便由此变得突出；故事情节旨在再现中上层媒体消费者的文化观念，这些人正是企业赞助商投放的广告想要刺激的人。美国全国广播公司（NBC）在2008年和2012年奥运会期间经常提及运动员的母亲，这就是一个很典型的例子。这样的叙事十分符合宝洁公司的“感谢妈妈”广告活动。在成为奥林匹克运动会的1亿美元赞助商，并在比赛期间向NBC支付了数百万美元的广告时间费用后，该公司拍摄制作了这一广告。当然，NBC工作人员对母亲会有自己的心意，但这番心意能成为奥运报道的核心，也不乏其他原因。

尽管有关体育运动的媒体报道是经过精心编辑，且是完全以娱乐媒体观众、取悦赞助商的形式呈现出来的，但大多数人仍然会认为，自己在电视上观看的体育赛事就是它“本来的样子”。但人们一般不会觉得自己亲自看到、听到和读到的是出于某些特定原因、由制作赛事和掌控广播的人根据其社会环境和自身利益而甄选出的一系列形象和叙事。电视报道只是提供了与赛事相关的多种形象和叙事中的一组，还有很多相关形象和叙事是观众看不到的（Galily，2014）。如果人们去现场看比赛，就能看到很多与电视上甄选和呈现出来的形象和叙事完全不同的东西，而人们自己对比赛的描述和阐释，与媒体评论员精心呈现出来的内容也并不相同。

《纽约时报》作者罗伯特·利普西特（1996）将电视体育节目描述为“体育娱乐”，相当于一部自称真实、实则虚构的电视节目。电视体育节目建构了观众的体验。这一过程进行得非常顺利，以至于大多数电视观众认为他们所看到的体育节目就是“真实且自然”的。当然，这就是导演、编辑和镜头前播报员的目标——他们对形象和叙事进行甄选，以他们想要讲述的故事为框架，并确保在这一过程中可以取悦赞助商。

为了进一步说明这一点，大家可以思考：如果所有电视体育节目都由环保组织、妇女组织和工会赞助，情况会怎样呢？体育节目是否会有所不同？形象和叙事也会像现在一样，蕴含某种偏见吗？我们会发现，这样一来，体育节目一定会有所不同，而且我们也能很快发现，形象和叙事也会受到环保主义者、女权主义者或劳工领袖的利益和政治议程的影响。

现在我们再考虑以下事实：资本主义公司对商业媒体中所有体育节目的赞助几乎达到了 100%，其目标是培养忠于资本主义的消费狂，并为自己和股东创造利润。传媒研究者劳伦斯•温纳（2013）说："经济对媒体的影响也改变了体育，改变了我们与体育的联系，并影响了通过体育传播的故事，包括人们的日常交流，也包括用于商业目的的体育。"对于"适应"商业媒体的人来说，他们作为观众的经历受到了很大影响，这些变化都是由对节目和媒体形象有决定权的人带来的。

（三）新媒体与体育

包括所有数字媒体和社交媒体在内的新媒体，从根本上改变了与全球体育相关的内容的生产和消费关系。它们让个人也可以创建和选择信息、进行诠释和娱乐。此外，在线互动让人们在构建自己对赛事、运动员和体育整体组织的解释时，可以绕过"旧"媒体的内容掌控者（即记者、编辑人员和评论员）（McHugh et al.，2015）。

在体育方面，近年来，移动设备的普及和连接性的增强改变了人们访问和回应媒体体育内容的方式。此外，现在许多人有能力制作和发布体育相关内容和评论。人们可以与运动员互动，向运动员和教练员提问，在推特（Twitter）上关注他们，查询比分和统计数据，还能玩在线游戏——通过这些游戏人们可以模拟体育运动，还可以实时连线全球的体育赛事。媒体体验和媒介现实几乎以戏剧性的方式发生了转变（Antunovic and Hardin，2013a，2013b；Clavio，2010；Gantz and Lewis，2014；Hutchins and Rowe，2009；Liu and Berkowitz，2013；MacKay and Dallaire，2013；McCarthy，2012；Norman，2012，2014）。

（图源：©贝姬·比尔）

世界极限运动会（X Games）由 ESPN 创建，而 ESPN 则归美国广播公司（ABC）所有，ABC 又是沃尔特·迪士尼公司旗下的企业。世界极限运动会的权力背景过于雄厚，因此，运动员很难按照自己的意愿来维持自己的体育文化。

1. 新媒体消费

尽管人们经常把网络上的体育内容当作他们在传统媒体中所获取的内容的补充，但也有越来越多的人用新媒体来替代传统媒体（McHugh et al., 2015）。这种获取方式的转变，令全球直播体育实况的媒体工作者感到担忧，因为一直以来，他们都凭借着对这类内容的控制权以及向广告商兜售大量观众来赚钱。

同时，美国职业棒球大联盟，美国职业橄榄球大联盟，英格兰足球超级联赛等体育组织对其体育活动的媒体代表管理愈发严格，它们可以直接控制信息、诠释和娱乐活动，并按照自己的方式进行自我宣传。例如，MLB.com 每年的订阅费为 130 美元，订阅者可在多种设备上实时访问所有常规赛季的比赛内容。该网站还提供比赛预览、精彩摘要、比赛数据和总体评论，还有与棒球有关的许多其他视频、音频和文字资料。美国职业棒球大联盟和其他职业体育运动的组织能够对所提供媒体内容以及其品牌的呈现方式加以控制。

总体而言，有了新媒体，人们就可以随时随性获取体育相关内容。然而，当媒体体育内容由数量有限的强大资源构建而成时，这两者并没有什么本质上的不同（Dart，2014）。新媒体真正的变革潜力在于人们使用它们来制作内容、替代传统媒体资源的方式。

2. 新媒体制作

一些公司试图尽最大可能控制体育比赛的网络呈现方式，与此同时，油管（YouTube）等网站为人们提供了上传其个人了解的相关体育信息和进行诠释的机会，同时，人们还可以在网上以他们的视角对体育赛事和表现加以呈现。例如，近 30 年来，从事另类运动和极限体育项目的年轻人找到了发布其活动图像的新方法。以前，照片和录像带只能以邮寄的方式在个体间一一传递，但现在，他们在网络上发布图像，全球都可以看得到。虽然这些形象代表的是所谓的“表演型运动”，但对于许多年轻人来说，它们却是媒体体验的核心，他们觉得棒球或橄榄球这样高度结构化和竞争性的运动约束力过强，且缺乏创造力。

在某些情况下，年轻人会使用新媒体来发布不合规则的运动，例如，深夜在没有水的私人游泳池里滑旱冰或跑酷（即年轻男性和少数年轻女性在建筑之间快速敏捷地移动身体）。在城市中有墙壁、建筑物和其他障碍物等原本会阻碍运动的区域，跑酷往往特别流行（https://en.wikipedia.org/wiki/Parkour；http://en.wikipedia.org/wiki/Parkour；www.americanparkour.com/）。目前，有关这类活动在新媒体中的呈现还亟待研究。通过媒体宣传，跑酷已然成为一种全球现象，因为（大多数）年轻人发现，他们可以将周围的环境当作“运动空间”，在其中练习技能、表达自我，甚至还能靠发布视频获得其他跑酷者的关注，并以此获得广泛认可。

如今，媒体环境的特征和范围的变化速度可谓前所未有，许多研究者都在探索上述这些可能性。此类研究中的大多数都涉及人们使用新媒体的方式，关注它们如何填补主流媒体已涵盖的体育相关的信息和阐释性内容。[1]然而，也有一些研究关注的是人们如何利用新媒体来报道被主流媒体忽略的体育运动（Antunovic and Hardin，2012，2013，2015；MacKay and Dallaire，2012，2014）。

这些研究突出并描述了这些令人兴奋的可能性，但同时也明确了会对这些可能性造成破坏的因素。强大的公司控制新媒体并使用它来增加自身利润，由此获得巨额的利润，其中包括大型的垄断式公司，与报纸、杂志、广播、电视和电影相关的主流媒体公司，也包括通过与主流媒体公司建立财务关系而得以生存或繁荣的体育组织。该行业的领导者利用他们的资源进入新媒体市场，对新媒体的使用方式依然保留甚至扩展了他们的控制权，同时也掌握着受众群体及内容监管的控制范围。因此，他们继续游说联邦立法者讨论版权法、知识产权的定义、公有领域的范围、责任法及很多其他问题，以此防止任何人威胁其经济利益。此外，他们会战略性地利用新媒体扩展控制范围。梦幻体育和模拟体育运动的电子游戏都是这些公司引导人们成为“盟友”以维持其自身权力的例子。

关于新媒体，还有一个非常重要的社会学问题：新媒体是通过让人们自由共享信息和思想来使社会生活更加民主化，还是作为公司实施控制的工具，以扩大资本、增加消费、再现驱动市场经济的文化观念，并维持人们需要它们的错觉，由此给人们带来快乐和兴奋感？随着媒体控制权之争逐渐展开，这个问题的答案也将浮出水面。目前，竞争并不公平，因为可能受益于新媒体的潜在民主化影响的人甚至并不知道这场斗争的存在，而媒体企业的领导者正在尽一切努力维持自己的利益。

---

① 关于这一问题，所依据的主要资料包括：Boyle，2014；Browning and Sanderson，2012；Burroughs and Burroughs，2011；Connolly and Dolan，2012；Dart，2014；Ferriter，2009；Frederick et al.，2012；Galily，2014；Gantz and Lewis，2014；Hutchins，2014；Hutchins and Rowe，2009；Kassing and Sanderson，2013；Kruse，2011；Lebel and Danylchuk，2012；Leonard，2009；Liang，2013；Liu and Berkowitz，2013；Madianou and Miller，2013；McCarthy，2012；Merrill et al.，2012；Millington and Darnell，2012；Norman，2012a，2012b；Oates and Furness，2015；Ross，2011；Sanderson，2011；Sanderson and Kassing，2011；Schultz and Sheffer，2010；Sheffer and Schultz，2010；Smith and Brenner. 2012；Wenner，2014；Whannel，2014；Zimmerman，2012.

3. 梦幻体育

通过媒体来消费体育是一种被动的行为。人们可能会与朋友聊天、回复评论、甚至对球员、教练员和裁判员大喊大叫，但这仅仅是对 ESPN、NBC 或其他媒体公司所发表内容的反应。对于密切关注体育项目，对于对球员、比赛策略及教练员和高层管理人员的决策有深入了解的人来说，失去控制可能会非常沮丧。而对于习惯了掌握权力的人来说，这甚至可能将他们与体育疏远开来。这些人该怎样利用其对体育的了解，在接受媒体体育播报时感到自己仍然拥有控制权？目前，“梦幻体育”就是该问题的答案。

第一支梦幻联盟是 1979 年由棒球粉丝创建的，当时并不需要接入网络，不过当今的大多数梦幻体育项目都是在由 ESPN 和美国职业橄榄球大联盟这样的媒体和体育组织授权许可和监管的网络平台上进行。例如，在梦幻橄榄球比赛中，只要通过与其他“球队老板”轮流为梦幻球队选拔当前的美国职业橄榄球大联盟球员来创建球队名单，所有参与者都可以成为“球队老板”。在“老板”的球队花名册上，球员的每周表现统计信息都会被转换成分数，因此，每支梦幻球队的玩家都要与其他“球队老板”进行竞争。一般情况下，所有参与者为某项在线服务付费，该在线服务便可以整理玩家的统计信息，计算得分并跟踪团队记录。

美国和加拿大共有超过 4000 万人参与梦幻体育运动。梦幻联盟的玩家（超过 85%）是受过高等教育的白人男性，年龄在 18～50 岁，收入高于平均水平。他们每年的总花费要超过 50 亿美元，以此获取有关球员的数据并参加有组织的梦幻联盟。在整个赛季中，“球队老板每周一般要花费 6～10 个小时来观看媒体体育节目，还要另花 3 个小时来管理自己的球队（FSTA，2013；Ruihley and Billings，2013）。他们每年还要花费近 500 美元进入联赛、选拔和交易球员、向网站托管商付款、收集有关球员的信息，为赢得本赛季冠军的球队老板购买奖品并与其他团队的个人玩挑战赛。

梦幻橄榄球、梦幻棒球、梦幻纳斯卡赛车、梦幻篮球、梦幻冰球和其他梦幻体育活动，改变了体育媒体消费者与媒体内容之间的关系（Schirato，2012）。“拥有”球员、“管理”一支球队并在正式联赛中与其他对手竞争，这些都可以让消费者对他们喜欢观看的运动和花钱观看的媒体内容形成一定的控制感。媒体的互动性可以让人们与其他忠实粉丝保持联系，强调了他们的粉丝身份，并提供了一个论坛，让人们不仅可以拥有自己的地位，还可以挑战其他人的地位。

对梦幻联盟的玩家来说，现实中的比赛结果往往无关紧要，他们关注的是自己所选球员的表现，而这些球员来自许多不同的球队。他们常常订阅价格不菲的有线和卫星电视的“体育节目套餐”来关注自己所选的球员。同时，他们还会观察其他球员，注意其伤病情况，因为在赛季中，他们可以在自己的梦幻体育阵容中淘汰、交易球员并吸纳新球员。

梦幻体育重新塑造了球迷和球员之间的关系。例如，梦幻联盟的玩家可以为和他们一样的白人男性玩家注入力量，对与他们不同的球员进行控制，也可以与和他们拥有相同利益和背景的“球队老板”联系在一起。

梦幻联盟的玩家会因其对团队和球员的“所有权”而感到被赋予了权力，但是美国职业橄榄球大联盟、美国职业棒球大联盟和其他体育联盟及主流媒体公司现在都在利用梦幻体育来创造新的收入，同时为那些可能因为被动地观看一周又一周、一个赛季又一个赛季的比赛而感到无聊的人“重新赋予观众体验”。

2002 年，媒体高管、球队老板和球员发现，梦幻体育除了每年可以创造 15 亿美元的收入外，还促进了媒体体育消费和提升了球迷忠诚度，于是，他们决定控制梦幻体育业务，并将其与自己的正常业务相合并。在此后的 10 年中，他们做到了这一点，并开始推出自己的梦幻联盟，鼓励消费者购买昂贵的有线和卫星电视套餐（每月 60～100 美元，具体取决于服务供应商），只要买了套餐，观众就可以看到该联盟打过的所有比赛。

美国职业橄榄球大联盟现在可以在其网络频道上为梦幻联盟的玩家提供信息，同时还创建了美国职业橄榄球大联盟的红区（Red Zone）频道，仅在比赛日当天，该频道会对每一支球队进行转播，时刻等待球员进入对手 20 码线范围内。订阅费用为每月 5～10 美元，保证梦幻联盟的玩家可以在每周日下午看到每支球队得分的每一次达阵。甚至连美国职业橄榄球大联盟的常规解说员都改变了以往的评论方式，让人们关注“红区”，并提醒观众即将变化的比分，以便他们了解其梦幻球队的“命运”。

对 ESPN/ABC、FOX 体育媒体集团（FOX 体育台和 FOX 体育 1 台，于 2013 年 8 月投入运营）、NBC、哥伦比亚广播电视网（CBS）等媒体公司来说，商业计划中必须要确认对媒体体育内容的控制权，确认什么人可以在什么情况下观看这些内容。当今的体育运动是全球性的，体育联盟和媒体公司会根据全球权力和控制力来对其进行考量。在电视上购买广告时间及在报纸和网站上购买广告空间的赞助商，并不会对与媒体公司或体育组织进行交易感兴趣，除非这些交易可以保证媒体体育节目支持其产品，且鼓励消费的生活方式。在美国，所有体育节目都是在商业电视台播出的。这也就意味着，梦幻联盟的玩家所享受的“被赋予权力”的感觉其实是一种幻觉。体育联盟和媒体公司不断再现这种幻觉，最终利用粉丝的幻想来积累自己的力量并获得利润。

4. 模拟体育运动的电子游戏

在 40 岁以上的橄榄球迷眼中，约翰・马登曾是美国职业橄榄球大联盟的教练员，也做过很久的解说员，而对于 40 岁以下的人来说，这是电子游戏品牌的名字。马登橄榄球（Madden NFL）这款游戏是市场上最受欢迎的电子游戏之一。人们请马登评价这款风靡一时的电子游戏时，他说：“设计师制作的这款电子游戏看起来和电视上的比赛没什么两样，反而是电视节目制作人现在使用的特殊镜头和滤镜让电视上转播的美国职业橄榄球大联盟比赛看起来更像电子游戏。

游戏开发商与运动员建立合作，以保证电子游戏中的情景和运动员动作都可以栩栩如生。球队联盟和球员之所以会与游戏开发商合作，是因为这样他们就可以收取他人使用球员肖像及球队联盟的名称和徽标而产生的版权费，而球员也希望其形象在电子游戏中得到正确的刻画，因为甚至连球员赛场上戏剧性表现中所体现出的独特举止也会被写入其电子游戏角色。

职业运动队教练员现在担心的是，电子游戏会分散球员对现场比赛的注意力。一些美国职业橄榄球大联盟球员和 NBA 球员就更喜欢打电子游戏里的比赛而非现场看比赛。纳斯卡赛车、一级方程式赛车和印地赛车的电子游戏都非常逼真，导致部分赛车手靠游戏来熟悉赛道，为实际比赛中需要的及时反应做好准备。

游戏开发商创造逼真的娱乐游戏，需要冒很大的财务风险，这一现实不断促使设计师对图像、动作和游戏进行改进，督促开发商与潜在的赞助商讨论游戏故事情节和动作中可以植入的产品和广告。玩这类电子游戏的年轻人越来越多，一些公司也开始将其视为一种工具，利用它在游戏玩家脑海中发展前哨基地、促进其消费意愿并为公司创造收入。

游戏开发商面临的一个主要问题是，如何获得体育联盟的名称及其运动员姓名和肖像的使用权，将其用于游戏。例如，《马登橄榄球 13》是由 EA 体育公司在获得美国职业橄榄球大联盟及其运动员协会的许可后得到开发的。但这也意味着游戏中的所有内容都必须经过美国职业橄榄球大联盟的批准。然而，游戏开发商 Midway Games 开发了一款名为《暴力橄榄球：大联盟》的电子游戏，以职业橄榄球为原型，却并没有向美国职业橄榄球大联盟购买版权。因此，它不能使用美国职业橄榄球大联盟的名称及其球员的姓名和肖像，但美国职业橄榄球大联盟核实不了的图像或动作是可以使用的。为了让该游戏更具视觉冲击力，Midway Games 将血腥暴力伤害的场景、几乎完全裸露的啦啦队队员、违规行为、高光表现时的骚乱性庆祝及场外争端的图像植入游戏，并以此促进销量。不幸的是 Midway Games 在其 2008 版游戏发布之前就停业了。

与此同时，现在通过电子游戏入门体育运动的儿童虽还不多，但人数确实在增长。例如，在任天堂 Wii 平台上玩游戏的孩子就要一边玩耍，一边学习规则和游戏策略。他们通过在游戏中操纵图像，就能了解到体育运动中的相关动作，他们对某些运动最初的情感体验是在电脑显示器前或电视机前产生的，而非在运动场上直接感受到的。

这就带来了很多研究问题。一名 6 岁儿童一旦玩过了交互式的电子体育游戏，就会习惯于自己对运动员、比赛策略和比赛条件的全面掌控，这时，他们还会愿意听从教练员吗？这些孩子会在正式和非正式比赛中运用自己所获取的比赛知识吗？这些知识将对他们的比赛造成怎样的影响呢？孩子们会不会只待在家里用电子设备掌控自己的游戏比赛，而不会担心上课时间或来自教练员及父母的压力？

成年游戏玩家数量远超儿童。许多男性大学生都是游戏老手，而他们在某些群体中的地位也反映了他们在玩电子游戏方面的实力。和现场体育赛事一样，打游戏也可以带来一些常规的社交机会。玩家会自行设定打电子游戏的时间，想玩的时候随时都可以玩。

目前，对模拟体育运动的电子游戏的研究表明：

（1）玩家一般会在打游戏上花费大量时间（Niman，2013）。

（2）在玩体育相关主题的电子游戏时，玩家往往会创建自己的叙事或故事，以迎合自身对体育相关的兴趣和观点（Crawford and Gosling，2009）。

（3）社会关系是通过电子游戏培养起来的（Hutchins et al.，2009）。

（4）电子游戏涉及广泛的体验和理解，因为游戏是根据玩家的喜好进行的（Crawford，2015；Witkowski，2012）。

（5）体育相关主题的电子游戏给人们带来的体验和在电视上看体育节目的体验是不同的（Crawford，2015）。

未来的研究将尝试回答以下问题：电子游戏会影响人们参加体育运动的方式或相关期望吗？如果孩子最初是通过电子游戏来了解体育的，这会影响他们对现场比赛的期望及赋予它们的意义吗？新媒体愈发融入人们的日常生活，它们会对体育参与和消费体验造成影响吗？对未来的预测必有一定风险，但电子游戏体验很可能会以某种方式进入现场体育。

二、体育与媒体：双向关系

媒体和体育商业化是体育社会学中的相关话题。媒体强化并加速了体育商业化的进程，也扩大了体育商业化的后果。因此，人们对媒体与体育商业化之间的相互依赖给予了极大关注（Galily and Tamir，2014）。这两方面相互影响、彼此依赖。

（一）体育对媒体的依赖

早在媒体参与赛事报道之前，人们就已经开始从事体育运动了。如果体育运动仅为参与者而存在，人们便无须为比赛进行宣传、播报运动员动作、发布结果并对赛场上所发生的情况进行解释。运动员对这些再清楚不过了，也只有他们才关心这些。体育运动成为商业娱乐，就会对媒体产生依赖。

商业体育需要媒体对其进行一系列的报道和宣传。体育推广者和运动队老板了解报道的价值所在，因此，体育赛事对记者、评论员和摄影师完全开放。例如，2012 年伦敦奥运会和残奥会组织委员会为 21,000 名记者、媒体技术人员、制片人和摄影机操作员授权，允许他们在奥运会和残奥会期间采访近 15,000 名运动员；另有 6000～8000 人可以报道赛事中与体育无关的内容。美国全国广播公司当时派出了 2700 人进行采访。英国广播公司（BBC）安排了 756 名工作人员，而来自美国联合通讯社（AP）的 200 名记者和摄影师都在比赛期间参与了全职工作。2012 年伦敦奥运会和残奥会成了史上新闻报道覆盖最广的赛事。被授权的媒体工作者一般会享有记者席舒适的座位，可以进入运动场和更衣室，也可以拿到相关统计数据和运动员信息。作为回报，体育推广者和运动队老板则希望得到媒体的支持，而媒体也会兑现这一期待。

尽管商业体育需要依靠媒体，但它们对电视转播公司的依赖最为特殊，因为电视转播公司会付费来获得转播比赛的权利。表 11.1 和图 11.1 表明，媒体版权费为体育运动提供了可预测的、重要且不断增长的收入来源。一旦签订版权合同，哪怕天气恶劣、关键运动员受伤，或出现其他干扰门票销售和现场收入流的因素，收入都是可以保证的。要是没有这些媒体版权合同，商业体育项目很难产生多少利润。

电视转播收入的增长潜力也比门票收入大。体育场中的座位数量限制了门票销量，而门票定价则受到需求的约束。但是卫星技术可以将信号传输到全球大多数地区，因此，电视观众人数实际上可能多达数十亿。例如，国际奥委会和其他大型体育赛事的组织机构都希望将全世界人口算作观众，一起出售给赞助商。

上述因素造成了媒体版权费的增加。除此之外，媒体版权费增加的原因还包括：

（1）电视转播管制的放松。

（2）某些观赏性体育比赛的观看需求不断增长。

（3）全球卫星和有线电视的连接性增强。

（4）赞助商愿意为观看实时体育赛事的观众支付高额费用，因为他们不能像看录制节目的观众一样跳过商业广告直接看节目。

（5）不断发展的 ESPN 和其他有线频道可以从有线和卫星公司及赞助商那里筹集资金，因此它们有两种收入来源。

表 11.1 美国主要商业体育赛事不断增长的年度媒体版权费

单位：百万美元*

联盟/比赛	1986	1991	1996	2001	2008	2015
NFL	400	900	1100	2200	3750	4950
MLB†	183	365	420	417	670	1550
NBA	30	219	275	660	765	925
NHL‡	22	38	77	120	70	200
NASCAR	3	无	无	412	560	683
NCAA 男子篮球锦标赛	31	143	216	216	560§	771
NCAA 项目（橄榄球除外）锦标赛	无	无	无	无	18.5	35.7**
WNBA	0	0	0	¶	¶	12

注：* 表示这些金额未根据通货膨胀率进行调整。数据有多个来源，谈判产生新合同时，金额都会有所变化。

† 表示棒球赛事的媒体版权费不包括由各个球队协商的当地电视和广播版权费、由联盟协商的国家广播版权费，或联盟从个人在 MLB.com 上对比赛的订阅费中获取的互联网收入。

‡ 表示仅包括 2001 年和 2006 年美国的版权；当时加拿大和欧洲国家也购买了一定的版权。

§ 表示包括在电视、广播和互联网上播报男子篮球锦标赛和其他项目锦标赛（橄榄球除外）的版权。

¶ 表示相关信息从未被公开；从 2015 年起，每年新签订合同的版权费为 1200 万美元。

** 表示包括女子篮球锦标赛和每年美国大学体育协会第一级别会员院校的 24 个项目（橄榄球除外）的锦标赛。

1986 年，美国职业橄榄球大联盟获得了 4 亿美元的媒体版权费，而这笔款项到 2013 年就已高达 49.5 亿美元（表 11.1）。同样，在 1984 年洛杉矶奥运会上媒体版权费达 2.25 亿美元，是 1976 年蒙特利尔奥运会媒体版权费的 9 倍，但仅为 2020 年东京奥运会媒体版权费（14.2 亿美元）的约七分之一（图 11.1）。

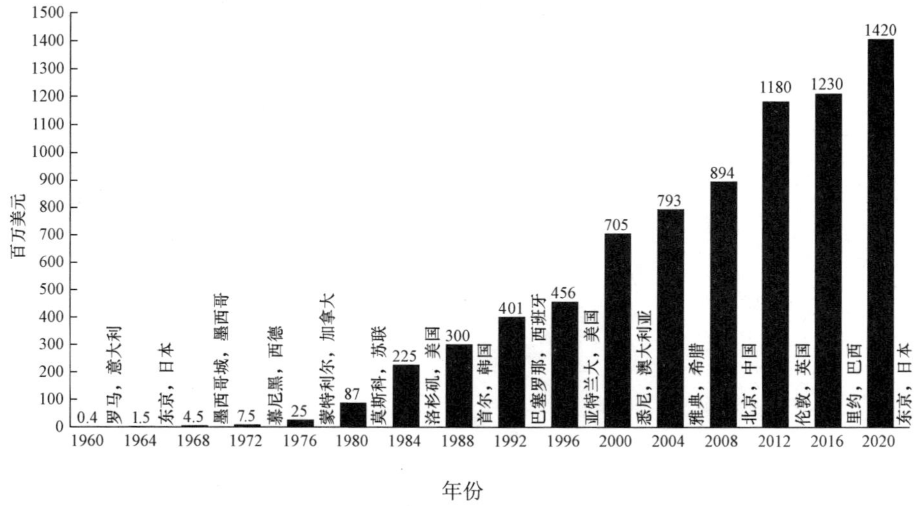

（a）美国转播夏季奥运会的版权费*

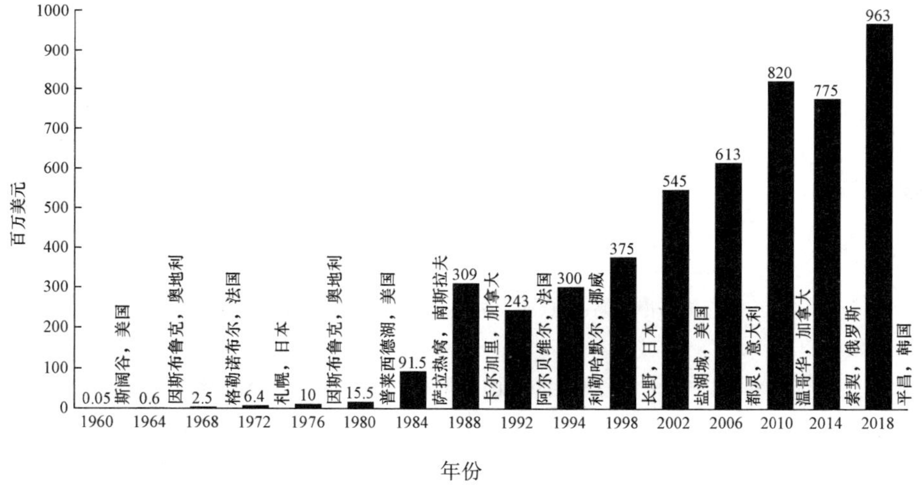

（b）美国转播冬季奥运会的版权费*

图 11.1　美国媒体公司为转播奥运会而支付的不断上涨的媒体版权费

注：*表示当地的奥运会组委会也会向全球其他媒体公司收取版权费。欧洲及亚洲国家的媒体公司支付的费用越来越高。从 2010 年温哥华冬奥会到 2020 年东京奥运会，NBC 已经向国际奥委会支付了 63.9 亿美元。

媒体版权费的增加让商业体育对体育推广者和运动队老板来说更有利可图，并增加了体育对于国家和全球广告投放的吸引力。运动员获得的关注越多，就可以要求更高的薪水，其中也有少数人成为全国或全球明星，然后利用自己的身份在全球范围内代言产品。例如，大卫・贝克汉姆、莱昂内尔・梅西、玛丽亚・莎拉波娃、乌桑・博尔特、朗达・鲁西和泰格・伍兹等运动员的全球知名度和代言价值主要依赖于卫星电视。

表 11.1 中的媒体版权费不包括某些流媒体版权。例如，2013 年末，美国职业橄榄球大联盟签署了一项为期 4 年、价值 10 亿美元的协议，允许威瑞森（Verizon）版的手机实时进行比赛直播。然而，这笔交易并没有包含在平板电脑上的转播费用——这对美国职业橄榄球大联盟来说是一笔更大的收益，而且它们还必须对平板电脑和智能手机的区别进行定义。

网络的全球覆盖为想要"诱导全世界"去消费的大公司创造了新的可能性。但是新媒体公司将与传统媒体公司争夺体育视频的版权，这也会引发一些挑战。这就是 2008 年美国全国广播公司开发 NBCOlympics.com 网站的原因。通过该网站，消费者可以看到 2008 年北京奥运会、2010 年温哥华冬奥会、2012 年伦敦奥运会和 2014 年索契冬奥会的比赛和精彩回顾。消费者通过移动设备和 VOD 视频点播资源包都可以观看赛事报道，如果消费者对运动员个人及其比赛经历感兴趣，还可以看其他的专题节目。随着这种播放方式的广泛使用，媒体版权费也将继续增加。

商业体育会受制于媒体吗？大多数商业体育都依靠电视和网络报道获得收入并得以宣传。为了迎合媒体公司的利益，相关机构需要对体育赛事或活动的日程和规则进行大幅修改，以保证体育运动更加"电视化"。其中一些变化包括：

（1）许多体育赛事的日程安排和开始时间都已根据电视节目的需求进行了更改。

（2）某些体育比赛缩短了半场休息时间，为的是让电视观众不换频道，一直看比赛。

（3）为尽可能增加广告投放时间，比赛中的暂停时间都是预先安排好的。

（4）调整运动队、联赛和锦标赛，目的是利用地方媒体市场的优势，让全美国乃至全世界的粉丝支持这些运动队、联赛和锦标赛。

为了让体育赛事能够更加取悦媒体观众，人们还做出过其他努力，但这些往往会被忽视。例如，过去半个世纪以来，赛事播报员和评论员的播报词或解说词几乎翻了一番（Biderman，2010a，2010b）。美国职业橄榄球大联盟球队前媒体关系总监指出："观看体育比赛很无聊，而谈论和推测体育赛事却往往引人入胜"（Pearlman，2011）。他意识到，一般而言，200 分钟的美国职业橄榄球大联盟比赛平均包含 11 分钟的动作画面和 3 分钟的视频重播。剩下的 186 分钟则需要依靠娱乐来维持观众的兴趣。除了约 60 分钟的广告时间外，评论员要通过观察、分析、讲故事，用任何能炒作比赛对球员、球队、球队老板、教练员、城市、联盟和粉丝的意义和重要性的内容填满剩下的所有时间。美国职业棒球大联盟的比赛也是如此，150 分钟的比赛里通常包含 14 分钟的动作画面，广告耗时 45 分钟，其余时间全靠（钻研过观众兴趣的）评论员来填满。所有体育媒体都一样，最优秀的评论员一定是可以讲好故事的人，可以让观众一直看到比赛结束乃至赛后评论。

在美国，ESPN 与商业体育之间有一种独特的联系。ESPN 不仅负责播报约半数的现场体育节目，而且还使用几十个 ESPN 品牌的电视、网络和移动平台，让人们可以 24 小时访问体育比赛和相关信息。一旦某个运动员、教练员、运动队或赛事在 ESPN 的体育中心节目中被提及，他/它的公众形象就有可能得以提升。《商业周刊》杂志记者卡尔·格林菲尔德指出，美国所有有线频道收入的 25%都归 ESPN，而后者则利用其权力来塑造"联盟、运动队和运动员的形象包装、推广、营销和公众消费方式。"他补充道："实际上，ESPN 不是在播报体育运动，而是对其进行控制"（Greenfield，2012）。《纽约时报》记者詹姆斯·安德鲁斯和汤姆·谢尔斯在有关 ESPN 的书中将这一结论置于历史背景下，并指出，从前电视和媒体播报依赖于体育，但如今这种关系已经逆转，体育反而取决于电视和媒体播报，因为只有后者才能保证粉丝全天候跟踪体育界的"娱乐信息"。

（二）媒体对体育的依赖

整体而言，电影、广播和电子游戏产业不依赖于体育。体育运动中的紧迫感和不确定性扣人心弦，但在上述媒介中，这些特质并不能像在视觉传媒中那样得以体现。总体而言，为取得商业成功，对体育运动依赖最强的媒介是报纸和电视。

1. 报纸

20 世纪初的报纸都设有体育专版，其中包含一些近年来活动的通告、关于竞赛或大学比赛的一两个短篇故事，还可能包含一些当地比赛的比分信息。如今，专门的体育报纸有周报也有日报，总体上，几乎所有日报都设有体育版块，约占报纸内容的 25%。

北美的主流报纸对体育的报道超过了包括商业或政治在内的其他一切话题。体育版块是报纸上最为广泛阅读的一部分，贡献了大城市报纸总发行量的至少三分之一，也是大城市报纸很大一部分广告收入的来源。体育版块所吸引的广告商希望将广告投放给对汽车用品、汽车、租车、商务旅客机票、酒精饮料、电动工具、建筑用品、体育用品、头发生长产品、激素疗法感兴趣的中年男性。这些产品和服务的广告只会出现在（男子）体育版块里，为报纸带来所需的收入。

（图源：©杰伊·科克利）

数字媒体是一种侵入性很强的技术。只要有智能手机，人人都可以创建媒体内容。因此，人们的隐私很难得到保护，对著名运动员来说尤为如此。他们会被媒体从多个视角来进行报道，而他们所经历的详细审视，对 21 世纪以前的运动员来说是非常罕见的。

互联网现已成为美国乃至世界范围内顶级体育赛事的主要信息来源，因此，许多本地小市场的报纸都选择建立网站，发布爆炸性新闻。它们的印刷版可能也会包含上述内容，但相比之下还是更侧重于本地体育活动，包括高中校队、小型学院队及青少年体育运动。

2. 电视

“实时播报就是电视上的直播……这些内容的的确确吸引人们的眼球，也能赚来真真切切的广告费。”NBC 环球集团的前首席执行官杰夫·扎克（in Gelles and Edgecliffe-Johnson，2011：9）的这一观察向我们解释了为什么美国的媒体公司会集体签署付款协议，向体育组织支付 720 亿美元，以获取未来 10 年对其各种比赛的媒体转播权。

高昂的体育支出是近年来的一个趋势。例如，美国职业橄榄球大联盟曾于 1962 年与哥伦比亚广播公司（CBS）签订了一份价值 465 万美元的电视转播合同，每支球队 33 万美元。2015 年美国职业橄榄球大联盟收到 49.5 亿美元，这对每支球队来说，就是 1.55 亿美元的额外收入。其他体育运动并没有这样利润丰厚，但它们的媒体版权费也已大幅度增加。如果没有媒体版权收入，体育运动就很难维持职业或精英水平。

电视观众变得分散，新媒体又吸引走了许多年轻观众的兴趣，此时，拥有统一观众群体的某些男子体育运动的组织者和奥运会的组织者有了共同的紧迫感。这些观众群体可以长时间观看比赛，而且看的也不是预先录制或删去广告的比赛。对媒体公司而言，一个额外好处是体育赛事还吸引着 18～35 岁的男性，这是赞助商无法通过其他电视节目接触到的非常炙手可热的客户群体。

如今，体育相关收入在媒体公司收入中所占比例越来越高。迪士尼这个巨型公司的营业收入半数来自 ESPN。ESPN 依靠大约 1 亿名有线电视和卫星电视订阅用户赚取了 60 多亿美元，同时还将广告时段出售给节目赞助商。其他频道也会专门做体育节目，但 2012 年，ESPN 共制作了 35,000 小时的节目，占所有美国电视直播体育赛事的一半（Sandomir et al.，2013）。

为了打破 ESPN 对体育节目的垄断，FOX 体育媒体集团于 2013 年推出了 FOX 体育 1 台，作为一个新的 24 小时体育节目频道。但是对它来说，和 ESPN 争夺收益和观众忠诚度将是一个巨大的挑战。（由 Comcast 持有的）NBC 环球集团成功获得 2020 年东京奥运会的转播权。其旗下的美国全国广播公司财经频道（CNBC）、微软全国广播公司（MSNBC）、精彩电视台

（Bravo）和美国电视网（USA Network）为 2012 年奥运会进行了长达 5500 个小时的报道，不过 2012 年残奥会还是被忽略了。

美国的主要电视网络（ABC、CBS、FOX 体育和 NBC）体育节目的安排有一个特点，即赛事播放一般在周末，人们可以悠闲地看比赛，这一点非常有吸引力。体育赛事节目是最受欢迎的周末节目，对于其他时间不怎么看电视的男性观众而言尤为如此。例如，近年来，美国职业橄榄球大联盟比赛作为收视率最高的赛事之一，让赞助商得以接触年轻和中年男性。几乎所有体育节目都非常适合推销啤酒、人寿保险、汽车、电脑、投资服务、信用卡、航空旅行相关产品。赞助商发现，一些男士可以为其成百上千位雇员以及家庭成员选购啤酒、汽车、电脑、投资和人寿保险，而体育运动恰好对这一群体极具吸引力。高尔夫和网球属于特殊情况。这两项运动吸引不了多少观众，而且收视率极低，但是某些广告商对观看这两种赛事的群体非常感兴趣。这类观众属于高收入群体，其中包括许多专业人士和企业高管。这解释了为什么高尔夫和网球的电视转播赞助公司销售的都是高价跑车、商业和个人计算机、进口啤酒、投资机会及私人度假区的旅行。这也是为什么在收视率较低的情况下，媒体仍继续转播这类节目。广告商会斥巨资来接触高收入的消费者和企业高管，因为这些人有权决定购买数千台“公司用车”和电脑，同时也可以为员工养老金计划投资数百万美元。拥有如此有价值的观众，高尔夫和网球运动的电视转播权不需要高收视率就能以高价出售。

女子赛事也会吸引电视报道，但在数量上，完全不能和男子赛事相比。女子赛事没有得到更全面的报道，部分原因是广告商可以通过其他途径吸引女性客户，所以女子赛事的女性观众并未被其确定为目标受众。此外，在大多数女子赛事中，男性观众占所有观众人数的一半以上，但赞助商已经可以在男子赛事中接触到这一群体。

一些有线和卫星电视公司会对可以吸引明确消费群体的体育赛事进行报道，以吸引广告商。例如，世界极限运动会（X Games）吸引的是 12～30 岁的年轻男性观众，而他们又吸引来销售软饮、啤酒、电信产品和运动器材（头盔、鞋、滑板及其他数十种运动专项产品）的企业赞助商。

如表 11.1 和图 11.1 所示，过去 20 多年中，有线和卫星电视公司为某些体育赛事的电视转播权支付的费用越来越高，其中 2015 年将近 50 亿美元被用于支付美国职业橄榄球大联盟的年度比赛，12.3 亿美元用于 2016 年里约奥运会和残奥会。这是因为美国职业橄榄球大联盟比赛，尤其是季后赛和超级碗，是美国电视每年收视率前十的节目。夏季的收视率一般较低，奥运会则可以连续 16 天获得高收视率。

有线和卫星电视公司偶尔会在体育节目上赔钱，但为了潜在的利润和其他收益，往往值得一搏。此外，定期的体育节目也提供了一个平台，使有线和卫星公司在一周内的剩余时间里可以推广其他节目并提高收视率。同时，对只关注体育运动的人来说，体育节目也强化了电视这一传播方式在他们心中的形象和合法性。

电视上的体育节目越来越多，即便观看电视体育节目的人数仍相对稳定，但由于观众逐渐被分流，许多体育节目的收视率有所下降，这一现象在黄金时段尤为明显。这意味着，大型赛事的媒体版权费依然不菲，而其他赛事，包括保龄球、直排轮滑和国际滑雪比赛等“特殊”赛事的费用将受到一定限制。当特定观众对特殊赛事的兴趣特别强烈时，按次付费的体育节目可以将版权费提高。对于拳击冠军赛、职业摔跤和综合格斗，这种情况时有发生。按次付费可以带来大量收入，但是赛事必须要经过精心筛选，因为大多数人不会为了电视上的单个比赛去预付费用。同时，付费电视已经以订阅费的形式成为人们生活的一部分，通过有线和卫星连接来转播体育频道和节目套餐。

（三）体育与媒体：基于经济学和文化观念的关系

全球经济因素强化了商业体育与媒体之间的联系。大型跨国公司需要寻求一些方法来实现品牌的全球认可、文化合法性和产品熟悉度。它们还希望提倡以消费、竞争和个人成就为基础的生活方式的文化观念。

媒体体育为大型跨国公司提供了实现这些需求的方法。某些体育赛事可以吸引全球关注；卫星技术能在世界范围内传输电视信号；运动形象能够与被数十亿人所识别的符号和令人愉悦的体验产生关联；体育运动和运动员通常可以以一种政治安全的方式来展现自我，通过将自己和本土身份相联系，来推销与当地文化或流行的全球文化相关的产品、价值观和生活方式。因此，大型跨国公司每年会花费数十亿美元来赞助媒体体育报道。

反过来，这又使全球媒体公司在全球体育运动中享有极高的权力。

此外，大型媒体公司的许多男性高管都是忠实的体育迷，他们喜欢以赞助商的身份与体育产生联系。男权文化深深根植于绝大多数公司中，这些公司通过提供赞助，在体育赛事中获得 VIP 待遇，并以此重申了男权企业文化在公司的合法性。这些男性高管还要花公司的钱，用体育赛事来使客户、高管和朋友们获得愉悦感。在美国，男权文化观念与政府支持的体育娱乐税收减免构成了媒体对体育依赖性的关键因素。

体育与媒体的长期结合在公司大量资金的支持下得以强化。这些公司的高管利用体育活动来增加利润，并推广符合其个人和企业利益的文化观念。文化观念是体育与媒体结合的关键因素。这样的合作关系并非只为了利益，更多是为了将全球的狂热消费者们聚在一起。

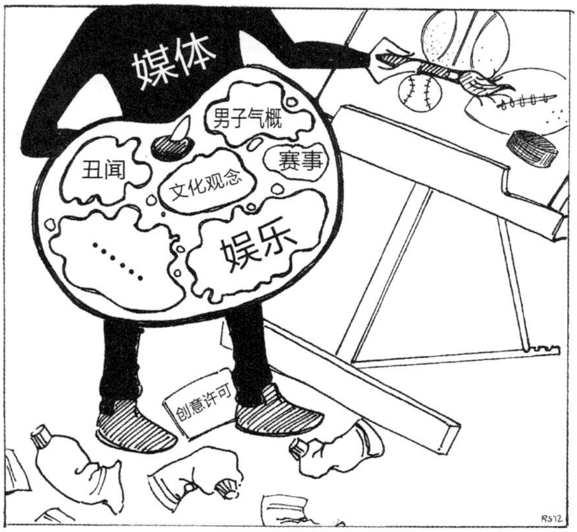

（图源：©经雷切尔·斯皮尔伯格许可）

少数大型媒体公司掌握着全球大多数体育赛事的媒体转播权。这种垄断对观众能看到或看不到哪些体育内容有着重大影响。

三、媒体报道中的体育形象与叙事

体育的“媒介化”是指体育是由选定的形象和叙事构成的。很多体育社会学的相关研究已经解构了这些形象和叙事，并分析了它们所基于的思想或主题。参与这些研究的研究者们认为，媒体体育是一种象征性的构造，和好莱坞动作片、肥皂剧和迪士尼动画片没什么两样。

我们说橄榄球比赛的电视转播是一种象征性构造，意思是它呈现了一些人对橄榄球、价值观、社会生活及收视观众特征的想法。尽管每个人对媒体形象和叙事的理解不尽相同，但是在塑造、修改和扩展关于体育、社会生活和社会关系的观念时，很多人都将媒体体育当作一个参考（Bruce，2013；Crawford and Gosling，2009；Wenner，2013）。

如今，媒体体育已成为人们日常的一部分，因此我们必须考虑以下两点：

（1）媒体体育内容的制作和呈现的体育形象。

（2）媒体体育报道的文化观念主题。

（一）媒体体育内容的制作和呈现的体育形象

当媒体以盈利为目的，并为私人所有时，选取要报道的体育赛事就要看其娱乐性和创收潜力。媒体对赛事进行报道时，选用的媒体形象和叙事要能够满足观众和赞助商的兴趣。如果某项体育活动不能盈利，一般会直接被媒体忽略，或者仅有几处亮点能够得到报道。

媒体体育报道往往包含壮观场面的形象和叙事，例如英勇负伤或取得成就。形象和叙事还制造并强调了竞争，并对赛事的重要性加以解释。此外，它们还可以创造并维护运动员和运动队的知名度。对此，文化研究者加里·克劳福德解释说：

> 大众传媒对名人的描述往往缺乏人物深度，人物一般都是一维的……许多描述体育明星的语言……都借鉴了情节剧的叙事。英雄历经沉浮，反派被击败，女性角色充分发挥支持男性核心戏剧化角色的作用（2004：133）。

在这样的叙事中，如果恶棍宣称自己可以成为英雄战士，甚至可以得到救赎，相关评论将他们描述为“忠实的蓝领球员”（“愿意为队友两肋插刀”），说他们“关键时刻总能够挺身而出”，哪怕他们曾经违反过规则。

主流媒体还重点关注精英体育比赛。例如，20 世纪，除大学橄榄球和男子篮球外，美国报纸和电视增加了对职业体育运动的报道，同时缩减了业余体育运动的内容。随之而来的是人们对胜利和英勇行为重要性的日益重视，以及对吸引企业赞助商和广大观众的迫切愿望。我们很有必要了解这一过程，了解媒体报道中的特定形象和叙事传达有关体育及社会关系和总体社会生活的流行观念的方式。

（二）媒体体育报道的文化观念主题

媒体中的体育形象和叙事，都是精心挑选出来的。传统媒体相当于一个窗口，通过它，我们看到的是别人选择放在我们视线范围内的东西，听到的也是别人选择要说的内容。因此，要想避免受骗，只能做一个批判的媒体消费者，或与他人一起在自媒体上发布体育相关内容。

要想做一个批判的媒体消费者，就要学着认出那些指引人们为我们构建媒体内容的文化观念。就体育而言，影响我们所见所闻的最核心思想与成功、消费、性别、民族与国籍相关。

1. 媒体叙事中的成功主题

在美国，媒体体育报道强调通过个人努力、自我控制、竞争、团队合作、攻击、遵守规则和有效的比赛计划来取得成功。个人高光表现也同样重要，包括全垒打、长传达阵和单手扣篮。而同理心、相互支持、资源共享、自主权、内在满足感、个人成长、妥协、渐进式变化或达成平等，也同样是体育运动中的元素，却很少被人拿来与成功挂钩。

媒体的报道夸大了对抗性竞争和运动员得失的重要性。例如，ESPN 对世界极限运动会的报道全程围绕着奖牌的争夺，而实际上，许多运动员和观众并不十分在意比赛成绩或奖牌（Honea，2004）。世界极限运动会和类似赛事中运动员想要赢得比赛以获得外部奖励，他们也确实希望展示自己的能力，但他们往往更强调自我表现和创造力，而不是官方评委确定的最终成绩。此外，比赛中建立的友谊比媒体大肆宣传的对手和比赛结果更为重要。但是媒体叙事强调竞争和对获胜的渴望，因为这些强调了人们广为接受的文化价值观念，还可以吸引那些可能不了解极限运动的运动员所拥有的文化和技能的赞助商和消费者。

美国媒体经常强调的成功文化观念在其他国家的体育报道中并没有那么明显。美国的媒体叙事关注获胜者、比赛纪录和最终比分，甚至连奥运会的银牌和铜牌也常常被其视为安慰奖，而争夺第三名的比赛也很少被媒体转播或报道。“我们是第一”这种关于成功的观念在美国十分普遍，而其他国家的媒体并不会关注于此。在其他国家，最终比分持平也是可以接受的，人们并不会认为这样的结果索然无趣。

美国的体育记者和播报员侧重于点球绝杀、压制他人、高光表现及震撼瞬间。很多运动员认为自己来参赛为的是学习、娱乐，但媒体却很少报道这些方面。因此，媒体没有像它们扬言的那样“实事求是”，而是一再重申与赞助商和广告商的利益紧密相关的关于竞争和成功的话语。这种文化观念上的偏见并没有影响大多数人对运动的享受，但它的确忽略了一点，即享受运动可以有很多种方式——即使为促进公司利益而组织的体育运动也是如此。

2. 媒体体育中的消费主题

在大多数媒体体育报道中，对消费的侧重显而易见（Gee et al.，2014；Scherer，2007；Scherer and Jackson，2008）。在美国，电视体育节目中大约20%的时间为广告时间。与此同时，广告充斥着报纸和杂志，各大网站也用多种策略来将广告混入网页内容之中。现在，“电视广告时间”已然成为橄榄球、篮球和冰球比赛的标配，播报员还要提醒观众“这场比赛是由（公司名称）冠名播出的。”

广告在超级碗的转播中举足轻重，甚至还要接受媒体观众的评分。体育媒体鼓励观众通过购买成千上万的品牌商品来彰显他们与运动队和运动员的联系。

3. 媒体体育中的性别主题

男权主导着媒体体育报道（Bruce，2013；Cooky et al.，2013；Cooky et al.，2015；GodoyPressland，2014；O'Brien，2015；Keats and KeatsOsbom，2013；Weber and Carini，2013）。男子体育赛事大约占据了媒体体育报道的95%，相关形象和叙事都倾向于刻画传统的性别观点和理念。但是，近年来媒体对脑震荡、与运动相关的永久性身体损伤和认知障碍、主流男子运动项目中运动员承认自己为同性恋者及运动员支持同性恋婚姻的报道，使其对体育中的男子气概有了多重叙事（Anderson and Kian，2012）。从前，人们将男人称为战士，说他们为赢得战斗而牺牲自己的身体，现在，人们更多讨论的是更安全的运动、运动员的健康和对差异性的接受。当然，这样做的原因之一是要树立更积极的媒体体育形象，并保障媒体公司丰厚的收入。我们需要通过研究来追踪媒体叙事，以确认这一明显变化是否不仅停留在表面，是否发生在所有体育项目中，以及是否会随着时间的推移而持续下去。

女子体育赛事从来都不是媒体关注的重点，且研究表明，过去的20多年里，这种情况从未改变。实际上，南加利福尼亚大学女权主义研究中心的谢里尔·库基、迈克·梅斯纳等人进行的纵向研究表明，自1989年首次收集数据以来，关于女子体育赛事的新闻和要点都有所减少（Cooky et al.，2013）。梅斯纳等人对洛杉矶3个主要的体育晚间新闻节目和ESPN体育中心的报道进行追踪的数据显示，洛杉矶体育晚间新闻中播报女子体育赛事的时间占比为1.6%，而ESPN体育中心的时间占比仅为1.3%。

梅斯纳等人1990年发布第一份《性别与电视播出的体育运动》报告时，5%的体育新闻是专门关注女子体育赛事的，但他们预测，随着越来越多的女孩和成年女性参加体育运动，这一比例会有所增加（Duncan et al.，2005）。在之后的20年中，女子体育参与人数的确显著增加，但是女子体育比赛的播报时间实际上却减少了。唯一向好的变化是，近年来的体育赛事报道质量有所改善，报道比从前更严肃了，且有关性别歧视的内容或对女运动员的蔑视和性别化评论也少了很多。关于体育新闻节目的最新数据表明，全时段的主播均为男性，而99.5%的主播和辅助播音员也是男性。在所有节目中，只有一位女性曾经担任过播音工作。2004年，ESPN体育中心尚有12%的新闻主播和辅助播音员是女性，而到了2009年，这一比例已经下降至11%。

这些现象表明，女子体育的媒体报道发生有进步意义的变化并非不可避免，但也不是永恒的。近年来，一篇针对社会学家托尼·布鲁斯（2013）发表的有关女子体育媒体报道的研究的评论就为此结论提供了支持。布鲁斯指出，主流媒体传达的对女性的看法往往是这样的："比赛可以继续打，但不要指望我们会关注您的活动。"布鲁斯还解释说，媒体工作者不会"主动或自觉地将女子体育边缘化"，但是他们用以建构体育形象和叙事的标准话语都是以男性和男子体育为中心的。因此，媒体在制作新闻时，女子体育甚至不会被注意到。这就意味着，只有将这些话语打乱并加以修改，才能将女子体育带入各级体育新闻工作者的视野之中，改变才有可能发生。

现在，电视转播女子体育赛事时，评论员构建的叙事对女运动员的身体技能更加敏感了。在社会学家和传播学研究者的研究的辅助下，播报员和评论员使用的词汇和叙事方法渐渐不太会涉及以下内容了（Bruce，2013）：

性别标注——将男子比赛称为比赛，将女性参加的比赛称为女子比赛。

强制性异性恋——认为拥有男朋友、丈夫或孩子的女运动员才是“正常的”，而忽略了某些女运动员是女同性恋者的事实，也没有注意性取向与运动能力无关这一问题。

适当的女性气质——突出身材、力量、速度、情感控制和脆弱性这些个人特征，以将女性和男性区别开来。

幼稚化——将女运动员当作女孩，不用姓氏，直呼其名，而用姓氏来称呼男运动员（而不是把他们当作男孩），以此认为女性从属于男性。

非体育事务——让人们关注女运动员的个性、外貌、个人或家庭生活，以至于其运动员身份似乎次于这些重要的“女性事务”。

彰显性特征——在女运动员中，把关注点放在身体魅力而非与运动相关的特征上，且特别关注在视频或照片里摆姿势来“凸显女人味”的女运动员。

矛盾性——叙事中承认并赞扬女性的体育技能，也不乏一些评论蔑视或诋毁其作为严肃运动员的身份和能力。

布鲁斯指出，与过去相比，现在的媒体体育报道不大可能再涉及这些问题了。但这并不意味着这些话语已经完全消失，也不是说报道不再贬低女子运动或她们不应受到媒体的关注。例如，2012 年奥运会期间的报道引导人们更多地关注加比·道格拉丝的发型和矮小的身材，而不是她的体力和毅力，而男子比赛的相关报道就不会提及他们的发型或矮小身材。类似的媒体报道案例有上百个，涉及上述 7 项内容中的一个或多个，而这里只列出了其中一个例子。

这种媒体报道的模式在世界范围内广泛存在。一项重要的跨国研究选取了来自 22 个国家或地区 80 个报刊中 17,777 篇有关体育的文章进行调查，结果发现，其中 85%的文章讲的是男性和男子体育，而有关女运动员或女子体育的文章只占 9%（Horky and Nieland，2011；Toft，2011）。进一步的分析表明，仅有 8%的文章由女性撰写，并且该百分比在该研究发表前的 10 年内从未改变。

在媒体宣传和报道中，男子体育赛事仿佛具有特殊的历史意义，而人们并不会以同样的语言描述女子体育赛事（Kian et al.，2008）。男子比赛一般不会特别提及性别，而女性参加的比赛几乎总是被强调为女子比赛。例如，在相关报道中始终存在“世界杯”和“女子世界杯”这样的说法。该术语反映了媒体报道中人们的男性认同和以男性为中心的角度。

媒体报道中的传统性别模式的改变进展缓慢，部分原因是性别文化观念深深根植于全世界体育媒体组织的文化和结构。媒体报道是完全围绕男子体育来组织安排的，就像体育记者的日常工作和任务一样。女子赛事要想得到报道，往往需要改变媒体体育工作的制度化模式。此外，媒体体育领域的绝大多数工作人员都是男性，而该领域中工作人员的首要任务就是处理男子体育的相关事宜。

如今的女性记者和播音员都清楚地知道，要想在媒体体育行业中获得职位晋升，她们就得用男性的方式来报道男子赛事。如果她们坚持只报道女子赛事，或只被要求报道女子赛事，那么她们在媒体组织中就无法提升自身职位（Bruce，2013）。如果她们拒绝通过男性所认为“正确”的、或以男性所创造的方式报道男子赛事，而是坚持自己的方式，其晋升也可能会受阻。在印刷媒体中，常有女性报道男子体育活动，但在数字媒体中，很少有女性能够对男子体育活动进行定期评论，偶尔有女性“边线记者”站在男运动员面前，看起来非常娇小，就好像进了“兄弟会聚会”，周围再没有第二个女性（White，2005）。

也有例外情况。2008 年，一位名叫多丽丝 • 伯克的女性是 NBA 季后赛的专业解说员。网上评论几乎全部来自男性，他们普遍对伯克表示支持，并称赞她的能力。但是也有一些男性不满。有人说：“我只是不想听一个女人宣判我的比赛。”还有人写道：“看后半场比赛时我直接把声音关掉了，每次她的声音出现，都能毁掉这场比赛。”这些负面评论杀伤力极大，伯克因此被免职，从那以后，再也没有女性为男子比赛进行过专业评论。

（图源：©博巴克·哈埃里）

橄榄球是美国最热门的体育运动，而大学橄榄球比赛的媒体受众对于想接触受过高等教育和收入高于平均水平的年轻人的赞助商很有吸引力。媒体报道再现了传统的性别文化观念。

4. 全球背景下的民族与国籍

与民族和国籍有关的话题在全世界的媒体体育报道中都有所体现（Malcolm et al.，2010；Rowe，2009，2013）。尽管一些体育记者和播音员会谨慎避免在对运动员和运动队进行报道时体现出民族和国籍偏见，但有证据表明，细微的偏见还是常常会出现，并对体育报道造成影响（Coogan，2015；Kelly，2011；Price et al.，2013；Van Sterkenburg et al.，2010）。例如，一些媒体对亚洲运动员的描述是有条不紊、神秘、勤奋、自律和聪明。他们的成就会更多被归因于认知能力而非身体能力。而拉丁裔运动员则被描述为耀眼、异国情调、感性、热情和喜怒无常。

最有可能避免这种思维定式的体育记者，一般都是努力学习民族和国别史，以及对运动队和运动员所生活的世界有所了解的人。所有优秀的新闻工作者在报道各种事件和人物时，都会这样做。例如，28%的美国职业棒球大联盟球员是拉丁美洲人，还有更多的球员来自某些亚洲国家，这时，我们就会期待进行棒球报道的工作人员提前做好功课，了解这些国家的文化和棒球历史及相关运动员的成长经历。

专业且负责任的媒体公司也应该雇用对不同文化有一定了解的双语体育记者和播音员，这样，在遇到场内外生活不被大多数球迷所了解的球员时，他们就可以与这些球员进行有意义的交谈。随着各项体育运动日益全球化，这些故事也会愈发重要。媒体要是忽视这些内容，无异于忽视当今的体育现实。

减少媒体体育报道中对种族、民族和国家的微妙偏见，最有效的方法就是雇用来自不同种族、民族和国家的记者、编辑、摄影师、作家、制作人、导演、评论员和统计学家。然而，在这方面，媒体大多都是只说不做。尽管有些媒体已经取得了一定进步，但是在几乎所有的体育新闻编辑室和媒体执行办公室里，少数族裔工作人员的人数明显不足，而超过 85%的专职记者和编辑都是白人（Lapchick，2013）。

这种倾向其实是很不好的，因为媒体工作人员自己的种族多样性也会让他们讲述的故事丰富起来，还能提供多种视角来让人们理解体育、运动员和教练员。当然，肤色和性别都不能阻碍人们去了解体育运动或参与运动的人，但是这些了解是基于经验和各种视角的结合，人们利用这些视角来理解当今种族和民族多样的社会世界所构成的体育运动。

四、受众对于媒体体育报道的消费体验与影响

媒体体育报道为人们提供聊天话题、社交机会、归属感和身份认同、表达情感的机会，也为一个人在消磨时光的时候增添了一些令人激动的事情。但是，很少有研究会调查受众的体验，并对人们如何赋予媒体体育报道意义并将其融入生活的方式进行调查。同样，我们都知道媒体体育报道中的形象与叙事会影响人们的感受、思想和行为，但是很少有研究在个人或集体层面来关注媒体体育消费的后果。

（一）受众体验

对受众体验的研究表明，人们会以多种方式解读媒体体育报道的内容，将媒体体育消费纳入生活的方式也多种多样（Bruce，2013；Gantz，2013；

Wenner，2013）。男性比女性更坚持通过媒体观看体育节目，且在大多数社会中（包括美国和加拿大），坚定的消费者只构成总人口的一小部分（Adams，2006）。但是，这些研究并没有告诉我们太多关于人们将媒体体育消费纳入其生活的方式。

其中有一个例外。这项创造性研究针对的是 20 名白人男性和几名女性，他们在美国宾夕法尼亚州西部的城镇长大，后来都搬到得克萨斯州的沃思堡市（Kraszewski，2008）。每个人都通过某种方式认识了其他人，于是他们开始定期在体育酒馆见面，一起观看匹兹堡钢人队的比赛。每次见面，他们在交流的过程中都重新燃起对宾夕法尼亚州西部“故乡”的情感并建立起由家乡地理位置带来的身份认同。这种感觉愈来愈强烈。在此过程中，他们形成了一个宾夕法尼亚州西部的地方形象，与钢铁行业的“蓝领”、白种欧美钢铁工人的形象相匹配。他们穿着钢人球衣，喝着铝瓶装匹兹堡铁城啤酒，被酒吧里达拉斯牛仔队球迷当作钢人队球迷。他们会避免谈论社会阶层、种族和工作，而专注于“他们来自何方”（他们谈论街道、城镇及宾夕法尼亚州西部的地貌特征）。他们把在电视上看钢人队比赛当作与其他人互动的社交场合，强化了自己的家乡和地区认同感，哪怕此刻，他们和自己成长的地方的距离超过 1200 英里（1 英里=1.609344 公里）。

媒体研究者沃尔特·甘茨（2013）研究美国异性婚姻时，发现一些夫妻经常一起看电视转播的体育节目，而这往往是他们关系中的积极元素。男性观看体育节目的比例高于女性，且成为铁杆体育迷的可能性更大，但是当女性也成为体育铁杆迷时，她们在电视上观看和回应体育运动的方式和男性并无二致。甘茨发现，有些夫妻在观看体育比赛时确实会发生矛盾，但大多数人都可以成功解决问题。随着时间的推移，夫妻间通常可以适应彼此的观看习惯，如果做不到，一般是他们的夫妻关系出了问题，与体育比赛本身无关。

怀特赛德和哈丁（2011）在另一项关于观赛习惯的研究中发现，尽管如今参加体育运动的女性人数比以往有所增多，但她们并没有时常作为观众观看女子体育赛事。数据表明，闲暇的时候，女性往往会做一些于其家庭成员而不是自己有益的事情。她们之所以会观看男子体育赛事，是因为她们想陪着男性一起看。在这种情况下，观看女子体育赛事很少成为她们生活的重点。

未来的研究会进一步向我们揭示媒体体育报道是如何成为人们日常生活的一部分的，也会告诉我们媒体体育报道是何时成为发生社会关系的重要场所的。例如，我们知道社交媒体会放大体育观众的声音，让他们有机会提出与体育有关的问题（Millington and Darnell，2014；Norman，2012，2014），但我们并不知道，这对他们在家庭、工作、学校和自身体育参与中与他人的关系及他们的日常生活意味着什么。未来的研究还应该将互联网和电子游戏纳入考虑，这一点非常重要。

（图源：©杰伊·科克利）

人们在室外观看重大体育赛事，例如观看在法国巴黎举办的橄榄球世界杯（2007），引发了与媒体体育消费相关的新的社会动态。观看人群主要是法国人，但也包括来自至少10个其他国家的球迷。广场是对外开放的，人群拥挤，也没有预留座位，不过观众还算井然有序。尚没有社会学研究关注过这一现象。

（二）观看媒体体育报道的影响

关于观看媒体体育报道的影响的研究所关注的问题多种多样。在此，笔者重点探讨以下3个方面：主动参与体育运动、现场观看体育赛事及体育博彩。

1. 主动参与体育运动

观看媒体体育报道会让人们更积极地参与体育运动，还是只让他们整天窝在沙发上看电视？考虑到当今许多社会中的健康问题都与缺乏运动有关，这个问题非常重要。

有些孩子在电视上观看体育比赛时，会寻找或创造机会模仿他们所看到的画面。儿童想象力丰富，更是优秀模仿者，因此，受观看赛事的启发，当他们看到并认同运动员时，他们就有可能参与非正式的运动，或想办法加入青少年体育项目，以追求他们的梦想。但是观看赛事引起的体育参与往往很快就会停止，因为孩子们会发现，自己需要花上很多年进行乏味、重复的练习，才有可能在比赛中取得胜利并站上领奖台。

针对奥运会对举办国人们影响的调查研究一致表明，在电视上观看体育比赛后，人们更倾向于继续在电视上看比赛，而非主动参与体育运动（Conn，2012；Donnelly，2008；Green，2012；Kortekaas，2012；Thornton，2013）。似乎只有在父母或体育教师从策略上将媒体转播与日常体育运动参与联系起来，看比赛和参与体育运动之间才能存在积极联系。笔者要探索这种可能性还需要进行更多研究。2012 年底，FOX 电视台上一则奥运会电视转播广告告诉观众，该电视台的体育节目足够多，“一整个月都不用离开沙发了”。

大多数成年人都不会直接参与自己在媒体上看到的体育项目，但情况也并非全部如此。研究表明，平时不参加体育运动的人只把媒体体育报道当作一种娱乐，而那些体育运动的狂热参与者则把媒体体育报道当作自身参与灵感的来源。在这方面，目前尚没有更多研究，我们只能说，通过媒体观看体育节目，可能对观众的体育参与造成一定影响，但在不同的情境下和不同的人群中效果有所不同。

2. 现场观看体育赛事

现场观看比赛与许多因素有关，包括媒体体育消费。一方面，许多人说，他们宁愿在电视上看体育比赛，也不愿去现场。另一方面，媒体可以宣传体育运动、提升人们的兴趣，并提供信息来帮助人们与运动员和运动队建立联系，以此成为潜在的赛事门票购买者。

尽管通过媒体观看体育节目一直以来都与现场观赛相辅相成，但随着新媒体的广泛使用和大型高清电视的出现，这种情况可能会有所改变。过去，媒体公司努力在电视上再现现场比赛的体验，而现在，体育场馆管理者却试图为现场观众制造在家观赛的体验。现场观众希望在现场可以使用WiFi，大型高清回放屏幕，他们还希望零食摊旁和洗手间里设有电子屏幕，保证他们不会错过自己花钱买来的一分一秒的观赛机会。这些体育场馆的升级成本很高，但如果不升级，大家可能会选择在家看比赛，因为在家看比赛可以满足他们的一切需求。

此外，通常会买票在现场观赛的人也会选择在家里看电视比赛，这往往是因为他们害怕比赛现场人太多、球迷之间会发生暴力冲突行为，恶劣天气也是原因之一。

3. 体育博彩

美国的媒体体育报道显然与博彩有关联，但没有证据表明博彩是由媒体体育报道造成的。

正式的体育博彩从几个世纪前一直延续至今，如当下的赛马博彩和赛狗博彩。在特拉华州，体育博彩可以在一定的限制条件下进行；在内华达州，人们可以合法地为比赛几乎所有可能的结果下注，包括比分、谁先进球、上下半场的比分、谁让分获胜等。

据估计，美国的体育博彩金额每年高达3800亿美元，其中，内华达州在2014年合法下注的金额超过20亿美元。体育博彩最受美国年轻人的欢迎，这些人一般都是至少受过大学教育、工资高于平均水平的男性。男大学生的博彩率高于其他人群，主要因为他们自认为比其他人更了解体育。

2012年，美国大学体育协会开展了一项研究（Paskus and Derevensky，2013），对其全部三个级别会员院校的23,000多名学生进行了调查，结果表明近60%的男大学生参与体育博彩的目的是赢钱，而26%的男性大学运动员通过体育比赛赌钱，这违反了美国大学体育协会的规定。大约有二十分之一的运动员表示，曾有外界的博彩者联系自己，希望获得内部消息，以辅助他们在大学比赛中下注。

体育博彩所导致的负债可能会引发毁灭性的后果，但在美国人们一般认为，体育博彩并不是重要的道德或法律问题。如今，许多美国人都有购买国家彩票的习惯，他们对限制或禁止体育博彩的新管制并不赞成，但也不会受到在线博彩机会的诱惑。然而，博彩确实会对体育比赛构成威胁，因为它涉及与比赛结果相关的利益，可能会导致人们游说一个或多个运动员操控比分来让他们在博彩中获得一定优势，这样就能在热门球队或球员最终得分抵消不了“让分点数”时赢得赌注。即使是有关内定比赛结果、故意让分的谣言也会严重威胁到比赛结果的公正性，摧毁体育赛事的观赛人群基础。从这个意义上讲，观看媒体体育报道对博彩的影响还没有博彩对媒体体育报道的影响大。

五、体育新闻

有人说体育新闻提供的都是关于人和事件的娱乐性信息，与日常生活中的重要问题无关，因此不足为道。不过，体育确实很重要——不是因为它产生了有形的产品或对人们的生存做出了必不可少的贡献，而是因为它展现了关于社会运转方式及生活中什么才算重要问题的观念。

体育不仅仅是社会环境的反映，也是社会环境的组成部分，体育形成、复制并改变着社会环境。在这一构建过程中，体育记者的作用非常关键，因为他们对体育的呈现方式会影响人们用来定义和赋予自己、人生经历及社会环境的组织方式意义的思想和信念。

（一）体育记者并不全然相同

娱乐是几乎所有从事商业媒体工作的人的关注点。体育记者通常会提供特定的信息和深入的分析，而视觉电子媒体的播报员和评论员通常会着重于提供形象和叙事，从而让观众产生一种期望感和紧迫感。这种情况也偶有例外。电台的体育谈话节目会将分析和“电话热线”互动融入节目。此外，一些体育电视节目也会包含深入的分析，但这在大部分电视节目中非常少见。

如今，运动员、经纪人、团队宣传总监、博主都可以在网上发布内容，传统体育新闻业也因此有所改变。独立的调查性新闻报道几乎已经消失，人们转而关注娱乐性新闻，而后者侧重于名人和“追星”，而不是与体育相关的社会和政治问题。如今，浮华的资讯娱乐节目取代了硬新闻，媒体工作者发表的是个人观点，而不是基于事实的故事，对强者行为进行问责的故事却被审查、扼杀或从未被发表。

《体育画报》和 ESPN 都有专业能力过硬的调查记者，但这些媒体公司在娱乐方面的追求限制了记者的独立报道，也促使他们进行自我审查（Miller and Belson，2013；Sandomir et al.，2013；Zirin，2013e）。独立记者为诸如 Deadspin 和 SB Nation 之类的博客网站撰写故事，但他们是按照合同拿钱干活的，很少有资源支持他们进行持续的调查工作。

调查性新闻无法为媒体公司带来良好的投资回报。ESPN 由世界上最大的媒体集团沃尔特·迪士尼公司所有，与进行批判性分析（如详细调查脑震荡问题、避税骗局、媒体对体育的影响、制度化腐败及其他重要事件）相比，提供娱乐服务赚到的钱要多得多。媒体公司现在比以往任何时候赚的钱都要多，同时也在缩短与其调查记者的合同期限。世界第二大媒体集团时代华纳旗下的 CNN/《体育画报》也是如此。

随着媒体对全世界体育运动控制的不断增强，那些参与体育运动或花钱看体育节目的人很少能看到媒体对体育运动的意义、目的和组织方式的讲述了——他们看到的只有其控制者和获利者呈现体育运动的方式。

（二）在职体育记者：与运动员的关系

随着体育赛事视频播放量的增加，体育记者不得不写出比赛动作和分数背后的故事。如此一来，他们就要寻找与运动员个人生活紧密相关的信息，于是运动员与体育记者间的关系也紧张起来。如今的运动员知道，哪怕谈话是在更衣室这种私密地方进行的，他们也不会相信体育记者能够对此进行保密。此外，“不良新闻”对运动员和运动队来说影响巨大，所以体育组织中的每个人在与体育记者交谈时都会有所保留。于是，在周复一周、季复一季的比赛中，体育故事内容往往相似，引自运动员的话也没有太大意义。

体育记者和运动员之间的薪资和背景差异也加剧了他们的紧张关系。没有大学学历的高薪黑人和拉丁裔运动员与中产阶级、受过大学教育的白人体育记者几乎没有共同之处。因此，一些体育记者会披露有关运动员的个人信息来丰富其报道，而运动员也将体育记者定义为“局外人”，因为他们可能会在不完全了解运动员本人以及运动员身份对其意义的情况下，对他们的生活造成一定影响。

运动队老板和大学体育部门相关人员意识到了运动员和体育记者之间的

紧张关系，所以会为运动员提供有关如何处理采访的培训，以防他们说一些听起来可能不好或被误解的事情。

这种紧张关系也促使人们开始关注体育新闻界的道德问题。许多（但不是全部）记者意识到，他们不应仅仅出于娱乐目的而损害运动员的声誉，也不应无意或无故伤害运动员。《迈阿密先驱报》的拉丁裔记者丹·勒巴塔德解释说，报道运动员时，他会尽量做到"不带偏见"，因为没有人是完美的。如果因为运动员的行为让你感到不满，你就去揭露他们的缺点，这一行为本身就非常自以为是，也会涉及侵犯隐私的道德问题（2005：14）。但是体育记者经常要面对道德准则不明确的灰色地带，而且发表具有吸引力的故事往往意味着他们需要突破道德底线。因此，运动员与体育记者之间的紧张关系还将持续下去。

六、小结：体育与媒体能否脱离彼此而生存？

在当今世界的许多地区，媒体和媒体体验在人们的生活中越来越普及，这就是我们研究体育与媒体间关系的原因。

媒体体育和社会文化中的其他内容一样，都是社会建构的一部分。它们是由人们创建、组织和控制的，而这些人的动机和思想均取决于他们的社会环境、经验和文化观念。媒体通过精心选取体育形象和叙事，向我们呈现体育运动，而这些形象和叙事往往又会重申主流文化观念，同时促进拥有媒体公司的富裕和有权有势人士的利益。

新媒体已经改变了人们接收体育新闻、观看媒体体育内容、与其他对体育感兴趣的人的互动和与运动员和运动队建立联系的方式，甚至连他们表达对场内比赛、场外管理的一切感受的方式也有所变化。因此，新媒体扩展了我们在体育社会学领域的研究范围。

人们现在可以全天候通过电视、智能手机、平板电脑和其他任何联网设备来访问体育相关内容，这意味着人们可以随时随地以"粉丝"身份出现。他们还可以在推特、Instagram，脸书、汤博乐等社交媒体上关注运动员。这些社交媒体略过了主流媒体的过滤作用，并向他们直接提供运动员分享的信息。

梦幻体育和模拟体育运动的电子游戏是新媒体的重要组成部分。目前，它们是对现有媒体的补充，但与传统媒体不同的是，它们可以提供与体育运动相关的独特体验。

体育和媒体在社会世界中扮演着越来越重要的角色，二者的相互依赖性也越来越强。尽管它们可以独立存在，但情况一定和现在有所不同。有了媒体报道和媒体公司支付的版权费，商业体育得到了发展和繁荣。如果没有媒体的宣传和资金投入，商业体育会由本地进行商业运作，其规模将比今天小得多，高水平竞技运动也不会受到如此重视。

媒体可以不依赖于体育而存在，但是如果报纸和电视没有体育相关内容和节目来吸引年轻的男性受众，同时失去希望接触到这些观众的赞助商，情况也会与现在有所不同。如果没有体育版块，报纸发行量将缩减，周末和节假日的电视节目会改变，电视广播公司的利润也会降低。

如今，在大多数社会中，体育与媒体之间都存在着共生关系，因为某些体育项目可以吸引赞助商，将媒体受众转化为其产品和服务的消费者。这种动态关系还受到运动员、经纪人、教练员、管理人员、运动队老板、赞助商、广告商，媒体代表和不同群体观众之间相互作用的影响。权力关系是这种互动过程中的关键，我们在研究体育与媒体的关系时，非常有必要对其进行了解。

研究表明，美国媒体的体育报道要通过形象和叙事，对与成功、消费、性别等有关的主流文化观念予以重申。于是，当前的权力和特权模式往往被描绘成正常且自然的状态，被人们视为理所当然。

未来的研究将通过将文化理论、互动主义理论和结构理论与批判性方法相结合的方式，使研究者进一步了解人们如何理解媒体体育消费的呈现形式。媒体体育消费的模式正在迅速变化，研究者有必要对其以促进批判性媒体素养的方式进行研究，而不是不加批判地宣传媒体技术或大多数体育报道中的促销文化。

有关受众对于媒体体育报道的消费体验与影响的研究还非常少。人们会用自己的方式理解媒体体育报道的形象和叙事，并且对于这种理解的阐释过程会受到其所在的社会、文化和历史条件的影响。人们还会以多种方式将媒体体育给自己带来的体验融入自身生活，但是研究者对这一融入过程的方式和后果知之甚少。例如，研究者需要通过研究才能确定媒体体育消费对人们主动参与体育运动、现场观看比赛和博彩产生影响的条件。

要想了解体育和媒体，就要对当今体育新闻的基本特征足够熟悉。在向广大观众展示体育报道的整个过程中，体育记者的作用至关重要，他们会对体育领域和社会世界的相关思想和信念产生一定影响。新媒体的互动性一方面让体育记者更容易接触到受众，反过来也让受众参与到创建媒体内容的过程之中。另外，为了写出对媒体体育消费者具有吸引力的故事，体育记者要不断寻找可以曝光有关运动员私生活和个人信息的故事。于是，体育记者和运动员之间的关系紧张起来，媒体所呈现的体育运动及体育运动的参与者也受到了影响。

体育和媒体的需求是相互的，当二者均以盈利为主要目的时，这一点尤为明显。运动员、运动队老板、赛事推广者、媒体代表、赞助商、广告商、经纪人和观众之间的沟通，也导致体育和媒体之间的关系发生变化。对这种关系动态的研究，有助于扩大我们对社会中的体育的理解。

补充阅读

阅读材料 1 新媒体：全天候获取体育内容

阅读材料 2 利用媒体：将美国职业橄榄球大联盟用作营销工具

阅读材料 3 活在推特，死在推特：学习使用新媒体

阅读材料 4 虚拟体育：足不出户，安全比赛

阅读材料 5 媒体版权交易：哪种运动最适合?

阅读材料 6 女人越强壮，男人就越爱看橄榄球：20 世纪 90 年代的预测

阅读材料 7 不在电视上观看体育比赛的人反而出钱让别人在电视上看比赛

体育管理问题

- 你所在大学的运动员在使用社交媒体时遇到了一些问题。他们聘请你来为体育部门制定社交媒体政策。请明确该政策的 3 个主要组成部分，并描述你如何向运动员一一解释选择这 3 个部分作为

主要社交媒体政策的原因。

- 假设你是《体育画报》的新编辑。在你参加的第一次编辑会议上，主要议题是2月的泳装刊。从经济上讲，放弃泳装这一刊非常不明智，可是如果继续发行，就必须做出其他修改以呈现女性在体育运动中的平等形象。作为新编辑，你需要提出一些修改建议。你会如何回应？
- 假设你被邀请担任总统健康和运动委员会的顾问。目前委员会在讨论的两个问题是：① 通过电视看体育节目是否让美国人越来越懒？② 职业体育的电视报道是否正在破坏人们对当地高中、大学和业余体育运动的兴趣？委员会希望听到你的意见，你会说些什么？

第十二章　体育与政治：政府以及全球政治发展进程是如何影响体育的？

（图源：©拉拉·克里克）

体育具有改变世界的力量。体育活动能够振奋人心，也拥有其他活动无法达到的团结民众的作用。它让我们能够以易于理解的语言和别人交流。当一切陷入绝境时，体育可以创造希望。在打破种族壁垒方面，体育比政府更有力。

——纳尔逊·曼德拉，南非前总统（2000）

……体育语言全世界通用；体育可以跨越国界、语言、种族、宗教和文化观念；它可以通过促进对话和包容让人们团结起来。这是非常宝贵的资源！

——教皇方济各（2013）

相比关心人权的人，关心体育的人更多。

——塞缪尔·亨廷顿，政治学家（1997）

本章纲要

体育与政府之间的联系
体育与全球政治发展进程
体育中的政治
小结：政府与全球政治发展进程是如何影响体育的？

学习目标

- 了解政治与政府之间、权力与权威之间的差异
- 了解政府涉足体育的主要原因
- 举例说明政府对体育的干预如何保护运动员和非运动员的权利和安全
- 举例说明政府对体育的干预如何让一部分人比其他人受益更多
- 明确与国际体育有关的传统理想，并根据其现实情况进行讨论
- 探讨为什么奥运会是一项具有社会价值的赛事，以及如何使奥运会更具社会可持续性
- 阐释文化观念与民族国家和跨国公司所赞助的体育运动之间的关系
- 探讨与体育全球化相关的政治问题
- 列举体育中的政治的内容，并解释为何体育始终蕴含政治成分

长期以来，有组织的竞技体育就与政治、政府和全球政治进程相关联。政治活动是指通过组织社会力量和制定决策以对人们的社会生活构成影响的过程。政治活动发生在社会生活的各个层面，小到友谊和家庭关系，大到国家、国家间乃至全球事务（Volpi，2006）。在体育社会学领域，我们研究的是社区、地方和国家体育组织、协会，以及国际奥委会和国际足联等大型非政府组织的政治进程。

政府是有权在特定领土或人群中制定和执行规则的官方组织。政府会做出影响人们生活的决策。因此，从定义上讲，政府就是政治组织。从当地公园和休闲部门到民族国家，各个层面的运作都有政府的参与，所以不论是在公园还是在举办国际比赛的私人体育场，体育都会受到政府的影响（Volpi, 2006）。在体育社会学中，我们通常用“政府”这一概念，因为这一概念包括国家政府的正式机构及公民社会的各个组成部分，它们所传递的价值观和文化观念又扩大了负责制定和执行法律并管理社会的政治机构的影响力和控制力。

政治往往涉及政府的行动和互动，但是当今体育规则的制定已经超越了政治上的国家边界，并与全球进程紧密相连。例如，足球运动就是一项全球性运动。英国的工人、学生和教师将足球运动传到了南美洲，而英国士兵和传教士则将它带到了非洲、西印度群岛等地方。足球运动通过世界移民、资本主义扩张及殖民化进程在世界范围内发展，这些无一不涉及政治。

政府通常会参与政治进程，但在当今世界，人员、产品、知识、思想、技术和资本在国家间不断快速流动，因此这些政治进程会超越各国的边界，涉及跨国公司和非政府组织，包括绿色和平组织、国际红十字会和红新月会，以及国际奥委会、国际足联等体育组织。

本章将重点讨论体育与政治之间的关系，并试图解释体育与政府、国家和全球政治进程产生联系的方式。本章将主要关注以下 4 个问题：

（1）为什么政府通常会赞助体育运动，并对其加以管控？

（2）体育是如何与涉及民族国家、跨国公司和非政府组织的全球政治相联系的？

（3）奥运会和其他大型体育赛事在全球政治及其进程中的作用是什么？

（4）体育和体育组织是如何参与政治进程的？

阅读本章时，请记住，权力和权威是我们研究政治和政治进程时所使用的关键概念。权力是指即使受到他人反对，也可以对人们造成影响并实现目标的能力（Weber，1922a）。权威则是伴随公认的合法地位，或者政府、某个组织或一套既定关系中的部门而来的一种权力的形式。例如，如果耐克或麦当劳这样的大型公司可以影响人们对体育的看法和参与方式，并通过体育运动来实现其目标，那就可以说该公司拥有权力。国际奥委会、国际足联、美国大学体育协会和当地公园和休闲部门等组织都有权管理特定的体育活动——只要与这些体育活动有关的人都认可该组织为合法的管理机构。这凸显了一个事实，即权威是指做出影响体育和体育参与决策的权力。

一、体育与政府之间的联系

随着体育运动的普及，政府在其中的参与度也越来越高。许多运动都必须具备赞助方、组织者和相关设施，而很少有个体独自拥有这些资源。体育设施可能会非常昂贵，只有地区和国家政府才有权力和资源来对其进行建设和维护。当需要第三方规范和控制体育运动和体育组织，以促进社区或社会公共利益时，政府也会参与进来。

政府参与体育运动的性质和程度因社会而异，通常包含以下一个或多个目的（Houlihan，2000）：

（1）维护公共秩序。

（2）确保公平，保护人权。

（3）促进公民健康。

（4）提升群体、社区或国家的声望和实力。

（5）加强公民之间的认同感、归属感和团结感。

（6）重塑与主导政治文化观念相一致的价值观。

（7）加强对政治领导人和政府的支持。

（8）促进经济和社会发展。

（一）维护公共秩序

政府负责维护公共场所的秩序，包括公园和街道等。以下两个小节来自《洛杉矶市政法规》，展现了该市为保障公民安全和维护公共秩序所做的努力：

第 56.15 节　骑行等——人行道

任何人在人行道、单车道或木板路上骑行或使用自行车、独轮车、滑板、推车、轮椅、旱冰鞋或任何其他由人力驱动的出行工具时，都不得故意侵犯或无视人身及财产安全。（洛杉矶市政法规，2013a）

第 56.16 节　打球或其他运动——街边及人行道

任何人在进行体育运动的时候，都不得将球类、石头、弹丸、箭或其他任何投掷物投掷、射击或丢弃在任何街边及人行道上或公园内，或使其

越过、穿过上述场所，但在专为上述目的而开设的公园内除外。（洛杉矶市政法规，2013b）

几乎所有城镇都有类似这种冗长语言的法规，规定了进行体育运动的地点、时间和条件。

理想情况下，这些规定可以提高安全性，并减少公共场所不同使用者之间的冲突。例如，许多国家、地方政府禁止裸拳拳击、从公共桥梁上蹦极或在公共街道上打篮球。在商业体育方面，政府还可以规范球队老板、赞助商、运动发起人和运动员的权利和责任。

地方政府可以通过要求人们在使用公共设施和运动场前先获得许可证来规范体育活动的参与。同样，地方政府也可以不对外开放街道或公园，以保证体育赛事在受控且安全的条件下进行。纽约、伦敦和世界其他城市的年度马拉松比赛也需要政府和政府机构（例如城市和州警察局）的参与。

维护公共秩序还涉及对体育赛事进行治安管理，以免大量人群或不守规矩的个人构成安全威胁。例如，奥运会举办期间，主办城市和国家会派出数千名军事和执法官员来维护公共秩序。

（图源：© 杰伊·科克利）

地方政府一般会对体育运动可能发生的场所和时间进行管制。费城的“爱情公园”便是如此。不过，街头轮滑者还是会在周末、节假日和深夜来公园使用场地，这违反了有关规定。

政府也会出资支持军事训练和警察训练中会涉及的运动。美国军事教育相关部门会赞助军校的体育运动；世界警察和消防员运动会每两年就会举行一次，因为人们相信，士兵、执法人员和消防员参与体育运动有助于维护公共秩序。

此外，一些政府也会为那些被定义为可能威胁公共秩序的人组织体育比赛和活动。如果公职人员认为体育运动可以让年轻人（尤其是被普遍认为“风险青年”的人）远离街头，从而降低犯罪和蓄意破坏公共财产的概率，减少孤独感和异化感，他们便有可能为其进行体育运动提供资金和设施。但是若不与其他减少抢劫、贫困、流离失所、失业、社区分裂及政治无能等常导致社区或社会出现“风险青年”和其他种种社会问题的措施相结合，这些计划往往难以奏效（Coakley，2002，2011）。

道格·哈特曼和布鲁克斯·德普罗（2006）的一项研究表明，当这些计划与其他公共活动相结合而实施时，才最有可能降低犯罪率，这些公共活动能够让特定群体的人们意识到政府和执法部门没有敷衍他们，并且在维护公共秩序方面值得信赖。然而，惠洛克和哈特曼（2007）发现，20 世纪 90 年代，美国国会议员就反犯罪计划基金进行辩论时，提到这些计划增加了他们对“风险青年”（尤其是黑人男性）犯罪的恐惧，并将资助重点转向有关警务和监禁的社会控制计划。

对社会控制的强调引发了一个关键问题，即关于“维护公共秩序”的政治解释。例如，政府可以把它当作一套说辞，来限制被政治官员所定义的“不良人员”参与体育活动（Silk and Andrews，2010）。此外，如今城市举办大型运动会时，政府会用“维护公共秩序”这一目的来“合理地”强制穷人搬家，以及安装昂贵的、实际上侵犯了公共场所的隐私的视频监控系统（Sugden，2012）。

总体而言，一旦政府以维护公共秩序为由干预体育运动，就有可能以多种方式对其造成影响——一些形式的体育参与会被限制，而另一些则会得到支持。

（二）确保公平，保护人权

政府可以通过制定法律、政策，或在法院判决中保护公民参加公共体育运动的权利来干预体育运动。美国的《教育法修正案》第九条就是一个典型的例子。其他国家也有类似法律，目的均是促进体育领域的性别平等（Mitchell and Ennis，2007；Sabo and Snyder，2013）。

现在，许多国家政府正在考虑或已经颁布相关法律，为残疾人提供参与体育运动的机会。例如，美国最高法院在2001年做出一项裁决，确保对泰格·伍兹的前室友，也是他在斯坦福大学的高尔夫队友凯西·马丁给予公平对待。马丁起诉美国职业高尔夫协会，要求在比赛中使用高尔夫球车，因为长期的腿部疾病让他并不能像常人一样行走。

2008年，美国联邦法院裁决“美国密歇根州的瘫痪退伍军人”一案胜诉，并要求密歇根大学将球迷的无障碍座位从2007年的88个增加到2010年的329个（共107,501个座位），同时提供无障碍卫生间（Lapointe，2008；Pear，2008）。

2013年，美国民权办公室澄清了学校的现行法律义务，即“为残障学生提供机会与同龄人一起参加课后体育运动和俱乐部”。它还指出，“学校不得排斥智力、身体或其他任何形式残疾的学生参加运动队选拔或加入运动队——只要他们具备相关条件”（Duncan，2013）。

为保障公平和人权，美国政府也采取了其他行动，例如，美国国会于1978年通过了《业余体育法》，并成立了美国奥林匹克委员会（USOC，简称为“美国奥委会”），也就是现在负责协调美国业余运动的官方非政府组织。美国政府这样做的一个主要原因是要保护运动员免受大量的、互相之间不协调的体育管理机构的剥削。这些机构只顾自身利益，且在20世纪长期控制着业余体育运动。1998年，《业余体育法》得到了修订，要求美国奥委会支持并资助残奥会运动员，因为残疾人参加精英业余运动的资格不被体制所承认。但是人们对此各持己见，于是有些残疾运动员提起诉讼，希望获得他们自己和许多其他人所认为公平的支持和资金。

关于体育运动中公平和人权的争端并不总是通过立法或司法行为来解决，但是随着与体育运动和体育参与相关的利益不断增加，政府官员更有可能颁布法律或法规，同时承认与体育有关的法律案例需通过司法裁决来解决。2005年和2012年，美国国会就在职业棒球大联盟使用类固醇所举行的听证会就是这样的例子，尽管这些听证会并未取得任何实质性进展。

（三）促进公民健康

为了促进公民的身体健康，政府常常会对体育运动进行干涉。在拥有国家资助的全民医疗保健计划的国家，政府经常出资支持体育运动项目，以改善民众的健康状况，从而减少医疗保健支出。没有全民医疗保健计划的国家出于促进健康目的也可能赞助或推进开展体育运动，不过这些国家对这类预防方法关切度较低，且资助的动机不大。例如，美国的公立学校削减了体育课时，而社区则从休闲体育项目中撤资，因为这些体育项目的维护成本过于昂贵。

尽管人们普遍认为体育锻炼可以改善健康状况并减少医疗支出，但是由于以下研究结论（Bhanoo，2012；Bloodworth et al.，2012；Gregory，2012；Leek et al.，2011；Waddington，2000a，2007），人们越来越意识到，体育锻炼和健康之间的关系还需进一步论证：

（1）许多增加健康护理成本的疾病都是由环境因素和生活条件造成的，无法通过运动或健身计划来改变。

（2）超耐力和身体对抗性运动会对许多参与者的身体造成损害，对整体的健康状况并不一定有益。

（3）某些竞技体育运动往往会导致伤病，并增加医疗保健费用。例如，据估计，美国每年会发生 30 万例由运动引发的脑震荡，其中超过 6.2 万例发生在参与身体对抗性运动的高中运动员身上（Graham et al.，2013）。2000 年以来，其他伤病，包括骨折、韧带撕裂和肌腱损伤，在高中和大学运动员中的出现概率已显著增加，且相关的治疗和康复费用都十分昂贵（Fawcett，2012；Healy，2013；Leet，2012）。

（4）竞技运动员对健康护理的需求往往会更高，因为他们要寻求专门的医疗服务来治疗各种有碍他们达到预期表现的伤病。

鉴于以上因素，现在的一些政府在出于健康目的资助体育运动时会非常谨慎，也会有选择性，政府更有可能资助能够彰显有氧运动益处的非竞技体育活动，而不是受伤率高的体育运动。

（四）提升群体、社区或国家的声望和实力

政府对体育运动的干预往往是为了获得认可和声望（Hubbert，2013；Kang et al.，2013；Park et al.，2012；Silk，2011；Tan and Houlihan，2012；

Yu and Baimer，2010），对于举办诸如足球世界杯、奥运会和残奥会这类重大体育赛事的城市和国家来说尤为如此（Booth，2011；Dorsey，2013a，2013b；Schausteck de Almeida et al.，2013；Smale，2011）。

政府对于认可和声望的追求还体现在其对国家队各个体育项目（往往是奥运会项目）的补贴上。政府官员利用国际体育运动来确立本国在国际上的威信，他们通常认为，赢得奖牌可以提升国家在世界舞台上的形象。这就是许多政府会为获得奖牌的运动员提供现金奖励的原因。在 2012 年的伦敦奥运会上，许多国家政府都以现金形式对金牌得主予以奖励（V. Black，2012；Caruso-Cabrera，2012；C. Smith，2012），哈萨克斯坦的奖励金额为 25 万美元，意大利是 18.2 万美元，法国是 6.5 万美元，南非是 5.5 万美元，墨西哥是 3.7 万美元。加拿大是奖金金额最低的国家之一，仅为 2 万美元。俄罗斯的金、银、铜牌获得者可以分别从联邦政府拿到 13.5 万、8.2 万和 5.4 万美元的奖金。但据报道，这些奖牌得主可以从其所在的地方政府获得高达百万美元的奖励。

当年的东道国英国并未给予奖牌获得者任何现金奖励，但他们的照片会被印在皇家邮政的邮票上，当人们购买邮票时，运动员也会获得特许权使用费，而这一费用有时高达五位数。

美国政府并未给予奖牌得主任何现金奖励，但美国奥委会分别给予金、银、铜牌得主 2.5 万、1.5 万和 1 万美元的奖励。而且美国的 529 名运动员每个人都收到了 5 个大礼包，里面装满了各大公司提供的各种物品，其中包括价值 600 美元的戒指（可以定制尺寸）、价值几千美元的欧米茄手表及来自奥克利、耐克、拉夫劳伦等公司为奥运会运动员定做的衣服，数量大概有 100 多件（Olmsted，2012）。残奥会运动员也同样收到了戒指和其他物品。

地方政府也同样会为了获得认可和声望而干预体育运动。城市为体育俱乐部和运动队提供资金，用以宣传其所在地是生活、工作、开展业务或度假的好地方。在北美，许多人认为，如果他们的城市没有一个或多个主要的专业运动队的特许经营权，就无法称得上世界级的城市（Delaney and Eckstein，2008；deMause，2011；deMause and Cagan，2008；Silk and Andrews，2008）。

即使是小城镇，也要使用路标向驶入该镇的每个人宣布当地高中运动队的胜利："您即将进入（某项运动）的州冠军之乡"。美国各州政府对大学的体育项目进行补贴，都是出于类似的原因。运动员或运动队一旦在比赛中获胜，不论是其所代表的学校，还是其所在的整个州，都会因此获得声望；人们也相信，这样的声望可以吸引其他州或其他国家的学生来上学，他们所支付的高昂学费对当地教育事业也起到了一定的支持作用。

在美国，政府在出资支持体育运动和建造设施来提升城市或国家的形象时，通常会陷入一个循环，即往往要增加资金才能与预算更高或设施更新的城市和国家竞争（Coakley，2011c；Hall，2006；Topic and Coakley，2010）。于是，必须分配给体育运动的资金和其他资源不断增加，而对公民产生更直接、更具体积极影响的资源的分配则有所减少。政府官员往往会发现，与所创造的公共利益相比，使用这种策略来提高城市或国家的声望成本过高，尤其当大多数直接的有形利益流向少数富人时（Coakley and Souza，2013）。

（五）加强公民之间的认同感、归属感和团结感

当人们强烈认同某项运动时，政府官员通常会使用公共资金来支持运动员和运动队，让他们成为该城市或国家的代表。人们普遍认为，由一项运动或某一运动队创造的情感上的团结会建立或强调一种身份认同，将人们与城市或国家进一步联系起来（Sorek，2007）。例如，巴西男子足球队参加世界杯比赛时，巴西人民会产生情感上的团结和对国家的依恋感。这种依恋感对不同的人而言意味不同，但是它可以强化人们对国家的忠诚感，同时还能强调国家的历史、传统、地理位置及其在全球经济或政治秩序中的地位。

研究表明，国家认同这一社会建构，比许多人想象的更加动态化。[①]它

① 20 世纪 90 年代中期以来，国家认同这一社会建构在体育社会学中得到较多关注。过去十多年中，相关研究十分广泛。如读者对此话题感兴趣，可以从以下参考文献着手：Bairner and Hwang，2011；Bartoluci and Perasovic，2008；Brownell，2008；Chiang and Chen，2015；Coakley and Souza，2013；Darby，2011；Denham，2010；Dóczi，2012；Elling et al.，2014；Gibbons，2014；Griggs & Gibbons，2014；Juncà，2008；Kang，Kim & Wang，2015；Leng et a1.，2014；Licen and Billings，2013；J. Maguire，2005；Mehus and Kolstad，2011；Schausteck de Almeida et al.，2013；Sorek，2011；Thomas and Anthony，2015；Topic and Coakley，2010；Van Hilvoorde et al.，2010；von Schede et al.，2014。

的强度、含义和表达方式在国家之间甚至在国家内部的差异都很大。此外，这种认同感也会随着国家在某段时期的经历而变化，例如，在和平时期或战争时期，面对积极或消极的经济状况，或者当移民格局改变一个国家的人口状况时，这种认同感都会发生变化。

我们可以参考一下几年前在克罗地亚扎达尔举行的男子团体手球奥运资格赛。20 世纪 90 年代初期以来，亚得里亚海沿岸一个人口约为 7.1 万的城市扎达尔屡次遭到南斯拉夫和塞尔维亚军队的袭击，当时克罗地亚为脱离南斯拉夫获得独立而战。克罗地亚获得了独立，但是扎达尔市的人们直到前几年才感觉到战后余波。因此，当他们举办手球比赛时，门票立即售罄，来自该市和周边地区的人们利用球队及比赛来表达其个人由战争、经济困难、近年来的和平及对未来繁荣的希望所形成的深刻的民族感。

该案例中国家认同的表达可以被看作其迅速恢复与克罗地亚其他地区团结的标志，但其强度以及重申与邻国塞尔维亚和波斯尼亚和黑塞哥维那的强烈分离感的方式引起了一些人的担心（Bartoluci and Perasović，2009）。他们担心这些与体育有关的民族团结、自豪感和认同感的表达一旦成为沙文主义和军国主义形式的民族主义，就会非常危险（Mehus and Kolstad，2011；Porat，2012；Sorek，2011；Vaczi，2013）。

当政府以促进身份认同和团结为目的干预体育运动时，往往会让一部分人比其他人更加受益。尽管情感上的团结很难持续很长时间，但它常常能够满足有权力、有影响力的人的利益，因为他们手里有足够的资源，可以将情感上的团结与构成其民族观念和忠诚于现状的重要形象、传统和记忆联系起来。例如，当男子项目得到赞助而女子项目被忽略时，男性之间的国家认同感和团结感可能会很强，但女性可能会感到疏远（Adams，2006）。当体育运动的参与者只涉及一个民族或特定社会阶层时，围绕体育运动构筑的“想象的群体”和“创造出的传统”的划分也是类似的（Joseph，2014；Mehus and Kolstad，2011；Porat，2012；Shor and Yonay，2011；Vaczi，2013，2015；Wise，2015）。

国家和地方的身份都是政治性的，因为根据国家或社区是什么的许多不同观念，它们是可以被构建的。当然，这些想法在不同群体之间可以有很大差异。此外，运动所创造的身份和情感上的团结都不会改变社会、政治和经济现实。

比赛一结束，人们便分道扬镳。原来的社会区分重新变得重要起来，在比赛之前处于弱势地位的人在之后仍然处于弱势地位（Coakley and Souza，2013；Majumdar and Mehta，2010）。但这可以引发一个有趣的问题：每个人都是体育赛事所强调的“我们”中的一部分，那么有特权的人是否会更加觉得自己的特权是合理的？而在城市或国家体制中处于弱势的人，是否会觉得把自己的弱势作为政治问题提出来不再那么合理？体育创造的身份认同和团结感明显对许多人有益，它可以激发可能性、带来希望，但也可能把能够让社会更加公平、公正的社会变革的需求掩盖起来。

全球移民劳动力的最新增长，让人们对体育与国家认同之间的关系越来越感兴趣。全球化让国界概念愈发模糊，对很多人来说，他们受到国界的影响越来越小。政府官员利用体育运动和国家队重新激发了民族性的观念，与此同时，他们又利用体育运动和跨国运动队激发了对新的政治经济实体的认同（Tamir，2014；Topič and Coakley，2010）。例如，随着跨国工作者带着不同身份来到各个国家，欧洲国家通过资助本国的体育运动来提升人们的国家认同感。同时，欧盟派出代表，利用高尔夫莱德杯赛组成欧洲队与美国对阵，以此促进欧洲认同感的形成。大多数欧洲国家的卫星和有线电视广播公司在其体育节目中培育了这两种身份认同，但具体采用哪一种，还要取决于它们提高收视率的效果。

这些发展变化使国家认同愈发复杂化，而我们想要研究和了解其与体育的联系则更加困难。政府仍然通过体育运动来促进认同感和团结，但是这种策略的长期效果很难评估。许多政府官员相信，体育运动所带来的不仅仅是“我们感”这种暂时性良好感受，不过，这些官员几乎都是男性，而他们所支持的一般都是长久以来由男性主导的体育运动。

研究表明，在成熟的国家中，成功的国家队对民族自豪感和国家认同的影响微乎其微（Elling et al.，2012；Van Hilvoorde et al.，2010），而最有可能受到激励的人群是该国的运动员、男性和非移民人口。对自己国家的历史和当今世界经济、政治、教育和文化生活各个领域有所了解的人可能会认可体育的重要性，但也只是作为国家认同的一个方面。此外，能够接触全球媒体的人也可能会喜爱来自其他国家的运动员和运动队，而很少关注与本国相关的运动情况和成就，除非是奥运会或世界锦标赛中的某些项目（Topič and Coakley，2010）。

另一个身份问题是，一个国家在体育运动上的成就，是否会让其他国家的人更加了解这个国家，以及它的吸引力、成就和潜力。目前，关于这一方面尚没有详细研究。一般而言，除非某国在多个体育赛事中获得广泛的媒体报道，否则，获得奖牌或偶尔拿到冠军都不太可能增进人们对该国的了解，人们往往只是了解诸如该国的历史和遗产中的一些表面知识。不过，我们仍需要对此问题进行进一步的研究。

足球场已成为融合的重要工具，也是衡量欧洲融合政策成功与否的标准。因此，它是欧洲地方、区域和国家政策制定者不可忽视的晴雨表。

——詹姆斯 • 多尔西，记者（2013b）

（六）重塑与主导政治文化观念相一致的价值观

在许多国家，政府涉足体育运动，也是为了向其公民推广特定的政治观念和思想。在需要强调只有纪律、忠诚、决心和努力才能创造成功时，政府尤其需要这样做。体育为培育某种特定文化观念提供了一个有效平台，其中包含人们认为理所当然的社会生活的组织形式，以及其目前和应当的运作方式。

我们很难确定人们受特定文化观念所代表的体育运动的影响程度，但是我们确实知道，在美国这样的资本主义国家，体育运动为人们提供了符合主导政治和文化观念的话语和实例。

在第二次世界大战后的冷战时期，各国，尤其是美国、苏联（苏维埃社会主义共和国联盟）和东德（德意志民主共和国），通过奥运会和其他国际体育比赛宣传其政治、经济体系和文化观念的优越性。

冷战结束后，强大的跨国公司通过体育运动来推广自由市场的文化观念，但是政府仍继续利用体育运动来推广符合其利益的价值观。实际上，20 世纪 50 年代后期以来，美国军方就在体育赛事中用“护旗队”来展示美国国旗，并出资支持喷气式战斗机进行示范“飞行”，让美国人在脑海中将美国的军事地位与某些体育活动（尤其是美国职业橄榄球大联盟赛事）联系起来。

（七）加强对政治领导人和政府的支持

政府权威最终还要取决于合法性。如果人们不认可政治领导人和政府的合法性，社会秩序便难以维持下去。政府官员为了维护其形象，可以利用运动员、运动队和特定运动项目来提高自身在公民心目中的接受度。正如意大利政治理论家安东尼奥·格拉姆西（Antonio Gramsci）的预测，他们（即政治领导人）认为，如果他们支持人们珍视和享受的东西，就可以保持自己作为领导人的合法性。这就是众多政治领导人标榜自己为体育之友、甚至是忠实粉丝的原因。他们出席备受关注的体育赛事，并与赢得大型比赛的知名运动员和运动队建立关联。美国总统一直有一个传统，即与成功的运动员和运动队建立关联，并邀请冠军到白宫拍照。

在美国，一些退役的男运动员和教练员成为政治候选人后，还会利用他们在体育界的知名度来赢得民众的支持。实际上，已经当选为州议会和美国国会和参议院议员的退役运动员和教练员，靠的就是他们在体育运动中的地位和体育形象——他们“坚忍”“努力工作”，又“忠诚”，是“重压之下依然可以保持果断”的“致力于成为赢家”的候选人。

（八）促进经济和社会发展

20 世纪 80 年代以来，美国政府一直通过支持或干预体育运动来促进某种形式的城市经济发展（Boykoff，2014a；Curi et al.，2011；deMause，2011；Hall，2006，2012；Lenskyj，2008；Schausteck de Almeida et al.，2013；Schimmel，2013；Silk and Andrews，2008）。国家和市政府斥巨资来申办奥运会、世界杯、世界或国家锦标赛、超级碗赛、大学碗赛、全明星赛、备受瞩目的赛车、高尔夫比赛和田径运动会。在许多情况下，这些公共资金支出与私人企业家项目有关，这些项目旨在增加私人和公司资本并使不断衰落的地区“贵族化”。利用运动队、新体育场或大型运动会，以商业为目的的公职人员可以合理地动用公共资金与开发商合作，通过引入大型企业等，让衰落或不断恶化的城市社区“贵族化”，同时驱逐低收入和无家可归的人。

利用体育运动是为此类开发项目创造公众支持的有效方法。然而，作为公共投资，很多项目都具有一定的风险和争议。大多数项目都无法达到开发商对当地经济发展的乐观预期，且最终的受益者相对很少（Coakley and

Souza，2013；Cornelissen，2009，2010；Darnell，2010a；Hall，2012；Kuper，2010；Majumdar and Mehta，2010）。

政府干预体育运动也可能是基于社区或社会中体育运动可能带来的社会影响。许多公职人员都相信伟大的体育神话，认为体育几乎可以以任何形式将人们聚集在一起，建立社会纽带，而这种纽带又可以进入生活的其他领域，增加城市或社会的活力。然而，研究结果往往与这种想法背道而驰，因体育运动而形成的关系很少会延续到其他领域之中，且个人和群体之间的某些关系的特征也可能造成干扰社会发展的冲突。

关于这一话题，近年来的两项研究又提出了其他相关问题。在加拿大进行探索性（或试点）研究的研究者发现，在非营利性运动组织中担任志愿者超过一年的人，人际关系网络都得到了扩展，且可以获得一些体育界有价值的资源。但是，与此同时，他们在其他领域的参与则不多，非体育社交网络的范围也在缩小（Harvey et al.，2007）。在加拿大进行的另一项研究发现，年轻时参加运动的人成年后参与社区活动的可能性更大（Perks，2007）。

综合而言，这些研究表明，体育运动在某些条件下可能与社会发展有关，然而，这种关联所带来的社会影响在人们的生活中可能无法立即显现。这并不能证实公职人员的想法，即体育运动可以促进社会发展——尽管它可以提供有关信息，告诉政府应如何、何时有效促进社会发展，以及预期的社会影响。

除上述 8 个方面外，在美国，政府对体育的干预还包括：

（1）制定禁止举办与一些动物相关的体育活动的法律，包括斗牛、斗狗、斗鸡等，并保护赛马、赛狗、猎狐和牛仔竞技中相关动物的福祉。

（2）制定禁止、限制或规范体育博彩的法律，保护竞技体育成果的可信度，并禁止运动员在比赛中“放水”或作弊。

（3）调整税法，使体育赛事的门票和豪华包厢可以部分免税。

（4）对税法进行解释，从法律上将高度商业化的大学体育定义为非营利性的教育计划。

（5）对反垄断法和劳动法进行阐释，保障专业运动队拥有者的利益，并允许主要体育组织作为非营利组织，尽管它们为管理者支付数百万美元的薪酬。

（6）制定公共资助政策，确定公共体育设施的所在地及哪些体育项目将受益。

尽管许多人认为政治在体育运动中没有一席之地，但政府在资助和管理体育运动中的确起着关键作用。一般来说，只有在政府干预不能为人们带来想要的结果时，人们才会对它产生怀疑；否则，很少有人会注意到政府的干预。

支持政府干预体育运动的人称其为“公共利益”而服务。政府平等地促进全体公民的利益，这是一种理想的状态，但是个人和团体之间的差异导致这并不可能实现。因此，体育公共投资往往让一部分人比其他人受益更多，而受益最大的则是能够直接影响决策者的个人或团体。这并不意味着政府的政策只反映富裕和有权有势的人的利益，而是说政策制定常常是有争议的，会在城市或社会的不同阶层的人群之间造成权力斗争。

全世界的政府都在为竞技体育和群众体育之间的资金分配做出决策。竞技体育的组织性很强，受到其背后的团体的强力支持，并以代表城市乃至国家取得巨大成就作为寻求支持的基础。而为大众服务的休闲体育活动组织性不强，也不太有可能拥有强大的支持者，更无法准确说明其目标和计划的政治意义。这并不是说政府决策者会忽略群众的体育参与，但群众体育在资金和扶持方面的优先级往往比较低（Conn，2012；Green，2006；Green and Houlihan，2004；Schausteck de Almeida et al.，2012）。

认为政府与体育无关的人最有可能被公职人员忽略，而认为政府干预体育运动的人则最有可能从中受益。体育与整个社会的权力关系息息相关，因此，体育与政府不可分割。

二、体育与全球政治发展进程

大多数人都对体育运动对全球关系的影响寄予厚望。长期以来，人们一直希望体育运动能够通过促进文化理解和世界和平而发挥外交作用。然而，现实中，体育运动很少能够满足人们的期待。民族国家和跨国公司经常通过体育运动来促进其利益和传播其文化观念，此外，随着运动员、运动队、赛事、设备和资本投资的跨国性质日益增强，如今的体育运动也愈发全球化。这些与全球性进程相关的问题往往与政治相关，因此，在研究社会中的体育时，有必要对其进行一定了解。

（一）国际体育：理想与现实

皮埃尔·德·顾拜旦在1896年创立现代奥林匹克运动会时曾强调，要实现国家之间的和平与友谊。一个多世纪以来，许多拥护顾拜旦理念的人认为也许可以期待通过体育运动做到以下几点：

（1）在不同国家的群众与领导人之间建立开放的沟通渠道。

（2）强调来自不同文化和民族的人们的共同利益。

（3）证明人们是有可能建立友好国际关系的。

（4）增进文化理解，消除对某些国家的刻板印象。

（5）建立文化、经济和政治合作化关系的全球模式。

（6）建立能够在新兴市场国家培养有效领导者的机制，并缩小贫富国家之间的资源差距。

一些事件表明，体育可以在公共外交领域中发挥作用，包括通过文化交流和各国官员之间的交流在公共场合彰显和睦。但是，体育并没有给严肃外交领域带来任何影响，包括关于重大国家利益的政治问题的讨论和决定。换句话说，国际体育为政治领导人提供了见面和交谈的机会，但它没有影响其讨论或政策决定的内容。

同样，体育运动可以把有可能互相学习、相互了解的运动员聚集在一起，但是运动员很少做出或影响政治决策，且运动员之间的关系不具备严肃的政治意义。

历史表明，大多数国家都利用体育运动和体育赛事（尤其是奥运会）来追求自己的利益，而不仅仅是寻求国际理解、友谊与和平（Jennings，2006）。在许多事件中，民族主义的主题已经超出了对爱国主义的恰当表达，而且显然，大多数国家常利用体育赛事来促进自己的军事、经济、政治和文化议程。在第二次世界大战之后的冷战时期，这一点尤为明显。在这些年里，奥运会已成为美国及其盟国与苏联及其盟国之间“超级大国政治”

的延伸。

国际体育与政治之间的内在联系在20世纪80年代初期非常清晰。1984年洛杉矶奥组委主席彼得·尤伯罗斯表示："我们现在必须面对这样一个现实，即奥林匹克运动不仅是一项体育赛事，更是一项政治赛事"（美国新闻与世界报道，1983）。尤伯罗斯并非在预言，而只是在总结自己对1984年奥运会前发生的事件的观察。他发现，相比于追求全球友谊与和平，各国对自身利益更感兴趣。长期以来，通过体育运动来呈现国家优越性一直是大国所关注的重点，许多寻求扩大政治和经济实力的国家已经利用体育运动获得国际认可和权威。

对于一些国家来说，奥运会、世界杯和世界锦标赛已经成为一个舞台，让它们证明本国运动员和球队可以与其他国家的运动员和球队对抗，有时甚至可以打败他们。例如，当来自西印度群岛或印度的板球队与来自英国的板球队比赛时，前者的运动员和球迷将比赛视为一个机会，可以向全世界展示他们现在已经与曾经把自己国家变成殖民地、控制自己人民的国家势均力敌。他们的球队一旦获胜，就是一种政治上的肯定，值得一场盛大的庆祝。

国家和城市领导人都知道，举办奥运会是获得国际认可、向全球观众展示国家力量和资源及获得投资的特殊机会。这就是为什么候选城市和国家的申办委员会经常使用各种措施来促使国际奥委会成员在选择主办城市时投票给它们。在2002年冬季奥运会申办中，盐湖城的官员为成功获得主办奥运会的所需票数，向国际奥委会成员及其家人提供了金钱、工作、奢华的礼物、假期等（Jennings，1996a，1996b；Jennings and Sambrook，2000）。

> 世界上再没有哪项体育赛事比男子足球世界杯更能牵扯到政治了。每场比赛都会获得全球半数人口的关注——曾经的被殖民者和殖民者对战——政治就像雨后彩虹一样，紧随体育比赛而来。
>
> ——戴夫·齐林，独立体育记者（2010b）

体育与政治之间的联系通过针对奥运会和其他国际体育赛事的抗议和抵制可以清晰地显现出来。例如，1980年，美国及其62个政治盟友联合抵制在莫斯科举办的奥运会，作为回应，苏联及其至少 14 个盟国共同抵制了 1984 年洛杉矶奥运会，以抗议奥运会的商业化进程。

尽管遭到了抵制，这几届奥运会都已照常举办，每个主办国都向世界展示了自己的力量和资源，并吹捧自己在比赛中获得了较多的奖牌数。抵制或举办奥运会对美国或苏联的政治政策都没有产生任何重大影响，不过这些确实加剧了人们对冷战的感受和恐惧。

全球媒体对体育盛事的报道为体育与政治之间的关联增加了新的维度。电视媒体公司（尤其是美国电视台）利用政治争议来宣传比赛并提高收视率。此外，节目要突出美国国旗，也要夸大运动员克服不利因素而取得成功、实现美国梦的故事（Greider，2006）。

媒体声称，除非将美国的全球力量和文化价值植入媒体报道，否则美国人不会观看奥运会。当然，这样做的并非只有美国的媒体，但美国的影响力远远超过了其他国家的民族主义报道的影响力。

现在，国际体育媒体报道中的民族主义主题不时会出现，只是有时被促进资本主义的扩张、宣传跨国公司的产品和服务的形象和叙事所掩盖。这些问题将在下文的“体育反思”专栏——奥运会与残奥会：它们特殊吗？中得到进一步讨论。

体育反思

奥运会与残奥会：它们特殊吗？

根据《奥林匹克宪章》，奥林匹克运动会是基于以下文字描述的独特的哲学：

> 奥林匹克主义是将身体和精神方面的各种品质均衡地结合起来并使之得到提高的一种人生哲学。它将体育运动与文化和教育融为一体，奥林匹克主义所要开创的生活方式是以奋斗中所体验到的乐趣、优秀榜样的教育价值，以及对一般伦理的基本原则的遵守为基础的。

这意味着，奥运会应该为世界各地的人们提供机会，让他们在相互尊重的情况下，通过和平的方式相互了解、彼此联系。人们和世界本身的未来都要取决于全球合作，因此，这一目标值得称颂。

如果奥运会和残奥会可以促成这样的结果，那么它们确实算得上特殊。但是民族主义和商业主义对奥运会报道的影响很大，导致人们对于全球理解与和平目标只给予了表面上的关注（Lenskyj，2008）。

破坏奥林匹克主义哲学的一个因素是当前出售奥运会和残奥会媒体转播权的方式（Andrews，2007）。电视媒体公司购买媒体版权，以便它们再现奥运会和残奥会的精选视频和图像，并将其与自己的叙事报道相结合，以吸引本国观众。因此，它们的报道并没有让全世界聚集在一起，而只是一个涵盖许多高度国家化、商业化信息的奥运会版本。当然，媒体体育消费者对这样的报道有自己的理解，但他们只是从自己国家的角度出发来理解和谈论奥运会的形象和叙事（Buffington，2012；Licen and Billings，2013）。

如果媒体体育消费者想通过奥运会将围绕文化差异和相互理解而构建的全球社区形象化，他们确实可以这样做，但是当前的媒体报道在这方面很难提供什么帮助。大多数报道的重点都是关于人类成就、某些文化价值观和企业赞助者之间的联系。在此过程中，许多人开始相信商业公司确实有能力促进体育的国际化。当他们在美国收看电视转播时，大约有25%的内容是公司的商业广告，其中，不少公司声称“(公司名称）将奥运会带到您的面前”。

人们可能不接受字面意义上的媒体形象和叙事，但企业赞助商现在会花上数十亿美元做赌注，他们相信人们会因为公司的商品和标志上挂着奥运会和残奥会的标识，便减少对有关公司产品和政策的批评，同时更多地购买公司产品，从而把以消费为中心的生活方式常态化。

如今，奥运会中盛行的且公开的商业主义已经激起一部分人质疑奥运会本身的意义（Stockdale，2012）。布鲁斯·基德（1996）曾是一名奥运会参赛者，也是多伦多大学的体育与健康教育工作者。他认为，想让奥运会变得特殊，就必须借助体育让人们意识到全球不公平现象，并在全世界范围内促进社会责任担当。

基德说，本着奥林匹克精神，选拔运动员参加比赛的时候应根据其作为全球公民的行为及他们的运动成就。国际奥委会应该设置一个课程，让运动员了解其他竞争者及其文化。奥运会提供了正式的、通过电视转播的跨文化交流机会；在接受媒体采访时，运动员应准备好讨论自己关于世界和平与社会责任的想法。

国际奥委会还应赞助一些相关项目，使运动员能够以奥运会和残奥会的经验为基础，为世界各地的其他人提供服务。媒体版权费飞速增长，如果从中拿出一部分为此类项目提供资金，国际奥委会委员才有机会以真实案例谈论他们所承担的社会责任。媒体上发布的“深入灵魂的”故事可以突出运动员的社会责任行为。媒体消费者越来越意识到，他们并没有与外界孤立，他们会发现当前关于个人失败和胜利的报道，也能像肥皂剧一样有趣。

此外，国际奥委会在组织比赛和出售转播权时，可以更加谨慎地对民族主义和商业主义加以控制。要想做到这一点并没有最佳方法，不过这里列出了6项建议，可以用于强调奥林匹克精神：

1. 每届奥运会都将比赛举办地能展现本土文化的项目作为“表演项目”纳入其中。国际奥委会应明确，所有购买转播权并获得新闻许可证的媒体公司必须将其报道内容的5%用于这些本土体育活动。媒体报道会影响人们想象力、创造力和参加体育运动的方式，这样做可以推广有关体育活动的形象，同时在世界范围内促进人们创造性地参与体育运动。目前，许多奥林匹克运动的项目仅仅是前殖民帝国留下的，它们在征服世界各地人民的同时，也向他们输出了自己的运动项目。但是世界上有成千上万种本土体育活动，如果人们可以了解并看到它们，这些活动也可以激发人们创新体育运动形式。

2. 每届奥运会都使用多个国家的场地。2004年雅典奥运会的举办费用为146亿美元；2008年北京奥运会的投资额超过400亿美元；2012年奥运会，伦敦花了大约150亿美元。如此巨额的开销，让主办奥运会成了富裕国家的特权，同时也限制了较不富裕国家获得举办奥运会并宣传其文化的机会。如果将奥运会赛事分为 3 个“赛事组合”，那么会有更多的国家有能力主办其中一个赛事，在不需要负债的情况下享受主办比赛带来的裨益，并避免当地公民在比赛后数十年仍要承担压力，也可以防止场馆设施不能得到充分利用的现象。

3. 强调媒体体育报道的全球责任。媒体版权合同中应有规定，在对比赛进行报道时，媒体应承担其全球社会责任。运动员委员会与奥林匹克学院的研究者合作，一道寻找承担了较大社会责任的个人、组织和公司，并协助媒体报道这些事迹。此外，应为与运动员和体育组织合作的非营利性人权组织在媒体报道中开辟专属时间，以发布其促进社会正义和可持续发展的公共服务公告。这样可确保媒体体育消费者收到的信息不是经由公司和市场力量编造或审查的。

4. 融合奥运会和残奥会。奥林匹克运动支持性别平等，反对体育运动中的种族隔离，同理，奥运会也不应与残奥会分隔开来。这将涉及二者共同的开、闭幕式，向运动员颁发相同的奥运奖牌，并将两者都称为“奥运会”。这样便可以向世界传达一个强有力的信息：将残疾人充分融入生活的各个领域是完全可以实现的目标。

5. 提倡公平的奖牌榜统计方法。对各国（地区）进行奖牌排名违反了奥林匹克精神和原则，使富裕、资源丰富的大国（地区）更有可能训练运动员，以使其运动员获得奖牌。为了让奖牌统计方法更加公平，奥林匹克学院的成员应在奥运会举办期间每天发布“官方奖牌榜”，将参赛国（地区）的规模列入统计范围。

表 12.1 提供了一个示例，展示了将参赛国（地区）的规模列入统计范围内的情况下各国/地区排名的变化。表格左栏是根据 1896—2013 年的奥运会中所有国家/地区获得的奖牌总数对各国（地区）进行的排名。表格右栏是按照获得奖牌的人次在总人口中的占比对各国（地区）进行的排名，每枚奖牌所对应的总人口越少，该国（地区）培养获奖运动员的效率就越高。

在这一排名系统中，芬兰的获奖率最高，因为根据其人口规模，每 17,904 人中就有 1 名获得奖牌的运动员。英国排名第 21，每 79,720 人中有 1 人获得奖牌。美国排名第 37，每 130,521 人中会出现 1 名获得奖牌的运动员。我们可以认为，这些数据意味着在培养能够获得奥运奖牌的运动员方面，芬兰的体育参与和精英运动员训练体系的效率是美国的 7 倍有余，而这还没有算美国比芬兰高的人均国内生产总值（GDP）。①

表 12.1 按奖牌总数（左）和每枚奖牌对应人口数（右）统计的奥运奖牌榜（1896—2013 年）

排名	国家/地区	奖牌	排名	国家/地区	奖牌	每枚奖牌所占人口
1	美国	2401	1	芬兰	302	17,904
2	苏联	1010	2	瑞典	483	19,649
3	英国	781	3	匈牙利	475	20,972
4	法国	670	4	丹麦	179	31,176
5	德国	573	5	巴哈马	11	32,150
6	意大利	550	6	挪威	149	33,595
7	瑞典	483	7	保加利亚	214	34,413
8	匈牙利	475	8	东德	409	39,391
9	中国	473	9	爱沙尼亚	33	39,939
10	澳大利亚	467	10	牙买加	67	40,385
11	东德	409	11	瑞士	184	42,772
12	俄罗斯	407	12	新西兰	99	44,773
13	日本	398	13	澳大利亚	467	48,994
14	芬兰	302	14	古巴	208	54,044
15	罗马尼亚	301	15	荷兰	266	62,901

① 有关各国人均 GDP 的信息，请参见 http://www. indexmundi. com/g/r. aspx?v=67。人均 GDP 是基于购买力平价（PPP）的量度。购买力平价 GDP 是指转换为美元的国内生产总值，在一个特定的国家中，其购买力与美元在美国的购买力相同。比较一国与另一国人民的生活水平时，这是一个很好的统计数据。在我们的示例中，美国的 PPP 为 52, 800 美元，芬兰的 PPP 为 35, 900 美元（以 2014 年的美元价值表示）。

续表

排名	国家/地区	奖牌	排名	国家/地区	奖牌	每枚奖牌所占人口
16	加拿大	278	16	罗马尼亚	301	63,265
17	波兰	271	17	百慕大	1	64,237
18	荷兰	266	18	捷克斯洛伐克	143	72,153
19	韩国	243	19	特立尼达和多巴哥	18	73,206
20	保加利亚	214	20	比利时	142	77,121
21	古巴	208	21	英国	781	79,720
22	西德	204	22	冰岛	4	79,893
23	瑞士	184	23	法国	670	97,537
24	丹麦	179	24	希腊	110	98,069
25	挪威	149	25	奥地利	86	98,288

资料来源：摘自 http://www.medalspercapita.com/#medals:all-time 和 http://www.medalspercapita.com/medals-per-capita:all-time

6. 用“健康—团结—和平”取代奥林匹克格言“更快、更高、更强①”，这将更符合奥林匹克主义的哲学。

当然，人们会说这些建议太过理想主义，但是奥林匹克运动本身就是建立在理想主义基础上的，旨在激发人们思考我们的世界可能成为什么样，应该成为什么样。此外，奥林匹克运动强调，只有通过努力和参与才能取得进步。如果今天的奥运会和残奥会只不过是跨国公司的营销道具，是拥有获得奖牌的运动员的富国展现其权力的舞台，那么，对于珍视奥林匹克理想的人来说，此刻正是将其付诸实践大好时机（Garcia，2012）。

① 2021 年，国际奥委会将奥林匹克格言修改为“更快、更高、更强——更团结”。

（图源：©芭芭拉·肖斯特克·德·阿尔梅达）

麦当劳和可口可乐公司获得了2012年伦敦奥运会的食品和饮料专营权。麦当劳和可口可乐公司所利用的营销逻辑以人们广为认可的体育的重大迷思为基础，在近几十年中花费了数十亿美元，才将其品牌标志与奥运五环挂在了一起。公司希望人们可以把对体育本质的纯洁美好的信念与其产品联系到一起，不过，把这些产品推广到市场上时却很难称其纯洁美好。

如果人们想要保留象征其传统文化的本国运动，就必须抵制“附属”地位，但是这在国际体育运动中很难做到，因为国际体育规则和其他结构特征反映和优先考虑的是富裕国家的特权（Topič and Coakley，2010）。例如，当一些来自美国的运动被引入另一个国家时，随之而来的就是强调个人成就、竞赛、获胜、等级权威结构、身体力量和支配，以及将身体塑造成高效运转机器的技术等观念。就算它们可能不会被所有参与或观看这些运动的人所接受，但是它们重申了美国的价值观，同时模糊了大多数传统文化中集体生存所必需的合作的价值观。正如几年前《新闻周刊》的编辑指出：“体育运动可能是美国向世界输出的最成功的产品……我们最容易识别的符号已从星条旗变成了可乐和耐克的弯钩”（Starr，1999：44）。

理想情况下，体育运动可以促进文化交流，让来自不同国家的人们共享信息并促进相互理解。但是，当国家所拥有的权力和资源不平等时，真正“对半分”式的共享和相互理解非常罕见。此时，体育运动往往沦为富裕国家对全球人口日常生活的文化输出。当地人有拒绝、修改或重新定义这些体育运动的自由，但是当通过体育运动开辟“文化贸易路线”时，体育运动“输入国”往往会愈发开放地进口和消费来自体育运动“输出国”的商品、服务和观念（Jackson and Andrews，2004）。为避免这种结果的发生，实力较弱的国家必须增加其政治权力和经济资源。如果不平衡问题不能得到纠正，那么抵抗富裕国家的政治和经济主导也会更加困难。

（二）跨国公司时代的政治现实

20 世纪 70 年代以来，全球政治发生了巨大变化。大型公司现已成为当今世界上最大的经济体之一，它们与民族国家共享国际政治舞台。这种变化的发生，源自民族国家放松管制政策、取消贸易限制、降低关税，并使资本、劳动力和商品在全球范围内更加自由地流动的做法。尽管民族国家在全球关系中仍处于中心地位，但与体育有关的国家利益和企业利益之间的差异几乎已经消失了。耐克创始人菲尔・奈特在谈及男子足球世界杯上球迷忠诚度的转变时，曾暗示过这一点：

> 我们看到了人们自然而然地……将世界分为“他们的运动员”和“我们的运动员”。我们只会以自己的运动员为荣。美国队在足球世界杯上对战巴西队时，我支持的是巴西队，因为巴西队由耐克赞助，而美国队是由阿迪达斯赞助（Lipsyte，1996：9）。

对奈特而言，运动队和运动员所代表的更多的是公司而不仅仅是其国家，在国际比赛中，公司的标志也更重要。当耐克出资赞助巴西国家队并利用其球员推销耐克产品时，奈特将消费和品牌忠诚度视作超越爱国主义和公共服务的全球价值观。对他来说，体育运动是体育迷们的头等大事，可以作为耐克和其他寻求全球资本主义扩张的企业赞助商所传递信息的接收者和传播者。与其他跨国公司的高管一样，他认为，人们利用体育来倡导某种消费方式及其背后的价值观时，就会为全球福祉的增加做出贡献。

（图源：©松下進）

美国职业橄榄球大联盟没能成功将橄榄球运动输出到其他国家，主要是因为橄榄球运动需要昂贵的设备和设施，且这项运动与美国历史和文化所特有的含义和观念息息相关。这张广告海报展示了1992年在日本东京举办的美国职业橄榄球大联盟季前赛中，日本人是如何呈现美国职业橄榄球大联盟的。海报描绘了带有仿生关节、防护装备和斗篷的“超级动物”。

目前，企业赞助商会对体育赛事产生重大影响，它们至少可以将体育形象和叙事引导至作为消费者而非居民的观众（Brown，2012）。不能通过这种方式来宣传的体育运动（例如不是以吸引具有高购买力的观众为目的而组织的体育运动，或者不强调竞技成果和打破成绩纪录的体育运动）并不会得到资助。当现场观众和潜在的媒体观众不是值得重视的消费者时，或者当体育运动不能代表竞争和胜利的文化观念时，企业就不会对其予以赞助，商业媒体也就没有理由报道它们。

跨国公司在全球的实力既不受限制，又不会受到挑战。个人和当地居民会用他们自己的文化观点来理解全球体育运动带来的形象和叙事，并赋予它们与其生活相适应的含义（Foer，2004；J. Maguire，1999，

2005）。但是研究表明，通过结合文化理论和批判性方法，全球媒体体育报道和与之相伴的商业广告往往通过精心编辑的图像，将本地传统、体育运动和消费品无缝衔接在一起，从而让世界与当地巧妙融合（John and Jackson，2011；Scherer and Jackson，2010）。从事这项工作的研究者认为，这些融合的图像代表了与消费产品相关的本地符号和生活方式，从而形成“去传统化”的效应，但这些消费产品本身与这些文化并没有什么关系。

在类似的颠覆性层面上，可口可乐公司声称赞助奥运会是因为它希望整个世界“随乐而动”“体验奥林匹克运动”并感受“在生活中与可口可乐紧密相连”。麦当劳公司的策略也是一样，1996—2016 年，它设立了奥运会官方餐厅。当被问及可口可乐和麦当劳作为赞助商所传递的信息时，伦敦奥组委发言人解释说：“如果没有像麦当劳这样的合作伙伴，赛事根本就办不起来”（Cheng，2012）。可口可乐公司的一位代表补充说：“如果没有像可口可乐这样的赞助商的支持，在 200 多个国家/地区奥委会中，就会有 170 个无法派遣运动员参加比赛”（Campbell and Boffey，2012）。麦当劳的发言人回避了有关营养和健康的问题，并表示：“最终，个体要自己做出决定，选择正确的食物、饮料和参与的活动”（O’Reilly，2012）。

这些公司的目标是让人们相信，没有公司的参与，奥运会的乐趣和刺激将不复存在。然而，事实并非这样。哪怕国际奥委会支出账户里的资金会减少，哪怕奥运会可能不会那么耀眼和壮观，奥运会也可以不依赖于快餐和软饮赞助商而存在。当然，商业图像和文字不能左右人们的决定，但是它们肯定会对人们的想法造成一定影响，而它们本身也会成为全球文化中整体话语的一部分。

这种关于新的全球政治现实的描述，并不意味着体育已成为跨国公司策划的全球性阴谋的受害者。我们只能说，跨国公司和民族国家一道加入了全球政治环境，而在这一环境中，体育在世界范围内得到了定义、组织、促进、发挥和呈现，同时也被赋予了意义（Brown，2012；John and Jackson，2010；Scherer and Jackson，2010）。

（图源：©弗雷德里克·A. 艾尔）

“NBC 环球集团在我们的奥运报道中已经消除了民族主义，并以全球消费资本主义取代了民族主义。现在，我们的评论将强调个体主义、竞争和征服。敬请享受比赛，以及比赛为您带来的广告！”今天的全球政治涉及民族国家与跨国公司的互动。于是，全球大型体育赛事的媒体报道所呈现的图像和文字在跨国公司与代表民族国家的国旗、国歌和运动员中建立联系。爱国情怀和消费者的欲望无缝地交织在一起。

（三）全球化时代的政治现实

金钱、运动技能和体育媒体都已经全球化。即使我们假设国家政治界限对爱国者来说很重要，因为爱国者会在奥运会期间跟踪各国/地区的奖牌数，或在其他活动中为他们的国家队加油助威，但对于众多体育运动来说，这些界限已经不再清晰。如今，体育已经成为超越政治界限并使该界限愈发模糊的全球商业。

这并不是说民族国家不重要（Rowe，2013）。大多数国家政府资助运动队和训练中心，并把运动员作为国家代表。此外，主要的体育联盟通常都是以国家为基础的，参加奥林匹克运动会、世界杯和世界锦标赛的也都是国家级别的运动员，这些都强调了国家的重要性。但是随着体育运动越来越商业化，超级富豪投资者会在多个国家购买运动队，他们会招募运动员、教练员和技术人员，并在全球范围内寻求机会、签订合同。观众会关注外国体育项目、运动队和运动员。当游客和务工人员在其他国家旅游或定居，且没有切断与其出生国家体育运动的联系时，体育运动甚至随着他们在全球范围内流动。这些模式并非近年来才出现，但它们比以往任何时候都更加普及，发展也更快。最终这些模式导致的政治问题也会波及体育界内外。

全球化是金融资本、产品、知识、世界观和文化习俗跨越政治边界并对人们生活造成影响的过程。全球化通常涉及资源和文化要素的交换，但是这种交换很少能够平等进行，因为一些国家在向其他社会输出其资本和生活方式的时候，拥有更大的权力。随着交通和通信基础设施的普及，全球化的步伐不断加快，也越来越普遍。全球化并不是什么新鲜事物，19 世纪以来，世界各大洲和各国家之间的联系就开始增加，几乎涵盖了全世界所有地区。但是今天，互联网和数字通信加快了全球化的步伐，这已经影响到了体育运动。

1. 运动队所有权和赛事赞助权

运动队所有权已经全球化。全世界的亿万富翁都认为，拥有专业运动队的所有权，是一项可以让他们在世界范围内得到认可的投资。现在，英国的几支足球队就归卡塔尔的石油大亨所有。一些通过收购以前的国有公司而获得数十亿美元暴利的俄罗斯人，目前也拥有了全球顶级联赛中的专业团队。现在，亚洲和北美的企业家和全球资本家将世界各地的运动队视为具有宣传红利的潜在投资机会。

21 世纪以前，不论在哪个国家，人们都无法想象一支大型专业运动队是归某位非该国公民所有的。当时，运动队代表所在城市或界限分明的地区，本地的运动队老板甚至还会犹豫是否要雇用“外来人口”。但是全球媒体的报道使各支球队（尤其是英超联赛的球队）的比赛每周在 150 多个国家/地区被进行电视转播，这赋予了球队成为全球品牌所需的知名度。同时，全球财富的集中创造了国际级的亿万富翁投资者，他们将运动队视为一项投资，如果在全球范围内进行营销，一定能产生很大利润。

结果，英超联赛这一全世界最受瞩目的体育联赛已成为吸引投资的主力。2003—2013 年，超过半数的运动队都不是由英国投资者购买的，而其中 5 支球队的投资者都是美国人。因此，当拥有曼彻斯特联足球俱乐部的格莱泽家族支付 5000 万美元的转会费来收购西班牙皇家马德里足球俱乐部的球员时，坦帕湾的美国职业橄榄球大联盟球迷非常担忧。这是因为格莱泽家族同样是坦帕湾海盗队的所有者，而球迷们希望格莱泽家族能将这

5000 万美元用于购买一位能将他们带入超级杯的四分卫。这两支球队的资产负债表相互独立，但是每支球队的支持者都想知道另一支球队的投资决策是否会影响自身球队的决策。

美国的职业运动队也同样吸引了国际投资者。布鲁克林篮网队由俄罗斯亿万富翁米哈伊尔・普罗霍罗夫拥有，迈阿密热火队由在以色列出生的美国商人米基・阿里森所有，他曾与人共同创立了嘉年华公司。在被任天堂收购后，美国职业棒球大联盟的西雅图水手队归美国任天堂公司所有。美国职业橄榄球大联盟的杰克逊维尔美洲虎队由在巴基斯坦出生的美国商人舍希德・汗拥有，舍希德・汗还拥有英格兰足球冠军联赛的富勒姆足球俱乐部。

美国职业足球大联盟已经吸引了美国以外的投资者，其中还包括纽约红牛足球俱乐部（以及纳斯卡的红牛车队，欧洲的足球队和一级方程式车队）的所有者——奥地利人迪特里希・马特希茨。美国芝华士足球俱乐部是位于洛杉矶的美国职业足球大联盟球队，由若热・维尔加拉所有，而维尔加拉也是墨西哥足球甲级联赛中备受瞩目的瓜达拉哈拉芝华士足球俱乐部的所有人。

全球化对运动队老板的影响，在全世界的足球、篮球、板球和橄榄球运动中都很明显。在赛车、网球、高尔夫、牛仔竞技、拳击、混合武术、各种极限运动和职业摔跤的赛事赞助中，全球化的痕迹也非常明显。每年参与这些体育运动的运动员都会前往数十个不同的国家，所以对于希望赞助体育运动的全球性公司来说，这样的运动项目非常合适，因为这些运动在所有国家的特定人群中都具有国际吸引力。现在，美国职业高尔夫协会、美国女子职业高尔夫协会、职业网球联合会和国际女子网球协会每年在许多不同国家发布官方批准的赛事，以吸引全球的观众、赞助商和未来的选手。实际上，美国女子职业高尔夫协会吸引了来自亚洲国家的众多高尔夫球手，它已建立了一所流动语言学校来提供英语教学，并帮助说英语的人学习其他语言，以便他们与其他高尔夫球手进行交流。

2. 运动员

运动员也已全球化。足球和棒球学校的经理和球探将运动员视为全球性的商品，对运动员进行培训后，在全球范围内将其出售给出价最高的团队。专业运动队和美国大学队都会在全球范围内寻找人才，以期在某些地区能够招募有天赋和“可受训”（即“可控”）的运动员。

现在，许多运动项目中的精英运动员也从全球角度看待他们的就业市场，且只要能获得理想的合同，他们愿意甚至渴望去世界上任何地方（Elliott，2013）。

大多数团队运动都有“最佳效力地点”——男子曲棍球是瑞典、加拿大或俄罗斯，男子棒球是美国或日本，男子篮球是美国或德国，女子篮球是德国、美国或澳大利亚，男子足球是英国、德国或西班牙，女子足球是法国、西班牙或美国，男子团体手球是法国或克罗地亚，女子团体手球是丹麦，板球是英国、印度或西印度群岛，无挡板篮球是英国、澳大利亚或新西兰，一级方程式赛车是阿根廷、巴西或英国。

截至 2013 年年底，仅在篮球运动上，过去 5 年中就有 6700 多名来自美国的运动员在其他国家打过职业男子或女子比赛（请参阅 http://www.usbasket.com/Americans-Overseas.asp），其中，约有 850 人曾经或正在为德国效力，这与同一时期为 NBA 球队效力的美国男性数量大致相同。此外，大约有 230 名美国男性和少数女性在其他国家的职业篮球联赛或国家篮球联赛中担任教练员。随着职业联赛愈发繁荣，这些数字也不断增长，在中国、俄罗斯、日本及东欧和拉丁美洲国家也成立了新的联盟。例如，NBA 前球员斯蒂芬·马布里已经成为中国最受欢迎的运动员之一，他曾效力于三支不同的中国职业球队，并在 2015 年（即他效力北京首钢篮球俱乐部的第四年），带领球队第三次获得中国男子篮球职业联赛冠军。

运动员向美国职业联赛和主要大学运动的迁移非常明显。在美国以外国家出生的运动员在美国国家冰球联盟中占 80%，在美国职业足球大联盟中占 40%，在美国职业棒球大联盟和 NBA 中各占 28%和 20%。这使“翻译”成为某些体育项目中的新职业类型。不太会说英语的运动员，也给联赛和教练员带来了新的挑战。英超联赛中的运动员来自 100 个国家/地区，其中 62%的球员都不是在英国出生，而其中两支球队的球员中有 90%以上来自英国以外的国家/地区。

2008 年北京奥运会的数据显示，参加太平洋十二校联盟的大学中，运动员来自 48 个不同国家，全部相聚于北京参加比赛。此外，在有相关数据的 22 所大学中，481 名大学运动员参加了 2008 年奥运会，其中 258 人（约占 54%）为美国以外的国家效力（Bachman，2012）。如果奥运竞技水平的运动员想一边接受顶尖教练员的指导并利用先进设施进行训练，一边上学并维持业余运动员身份，他们可以在美国申请奖学金。他们知道，每一个拥有完整运动课程的第一级别会员院校都拥有优质器材、装备、教练员和支持人员，这些甚至超过了大多数其他国家的培训中心。

全球移民还导致更多人拥有双重或多重国籍。对于运动员而言，这给予了他们调换国家的可能性。运动员想要知道自己应该代表哪个国家，或者在哪个国家才最有可能被选入国家队并参加奥运会。得知美国国家队的 2008 年奥运会参赛名额已满，职业篮球运动员贝基·哈蒙便以俄罗斯公民的身份在 2008 年和 2012 年奥运会上为俄罗斯国家篮球队效力。即使她在效力于俄罗斯专业运动队时常住在俄罗斯，也免不了受人指责。但是，数百名运动员都在使用这种策略，他们的混合血统给了他们选择代表哪个国家的机会（Clarey，2012）。对于美国队来说，幸运的是，由于父母在加拿大出生而拥有美国和加拿大双重国籍的米西·富兰克林最终选择了美国。在美国奥运代表队中，至少有 40 名其他成员出生于他国，但由于他们具有双重国籍，最终还是代表美国参赛。

运动员可以选择代表某一个国家而非另一个，某些国家也可以通过许诺运动员一定奖励，让他们进入拥有该国公民身份的快车道，以此来从其他国家“挖走”运动员（Shachar，2012）。如果一国希望某位运动员入籍且运动员同意其条款，后者就可以在不到一天的时间内获得该国的公民身份。这种政府参与体育运动的形式相对普遍，几乎所有国家都有“后门”，如果运动员签署合同，他们就可以获得工作签证。

某一领域的科学家和专业技术人员可能很难拿到美国工作签证，但美国政府为引进职业运动员，会改变签证规则而使其无须回答问题便签发 O-1 或 P-1 特殊签证，这使他们毫无疑问地成为客工，并允许他们可以根据需要多次更换效力的运动队。其他职业的工作人员却不会得到这样的待遇（Cullen，2013）。

这项对美国移民规则的特殊背离，让美国国家冰球联盟、NBA 和其他体育联盟可以跳脱正常的公民身份和就业限制范围。国会议员，甚至是反对移民的人，也允许这种情况的发生，因为他们认可体育运动的特殊性。

当运动员从一个国家移民到另一个国家时，无论他们出于何种原因，都会引起以下担忧：① 运动员移民造成的个人调整；② 运动员作为劳动者的权利；③ 运动员迁入迁出对有关国家人才移民的影响；④ 运动员和球迷的国民身份（Bradbury，2011；Carter，2011；Elliott and Maguire，2008；Evans and Stead，2012；Maguire and Falcous，2010；Roderick，2012）。

移民运动员的个人感受和经历各不相同，从重大文化冲击和长期孤独感，到轻微的乡愁和生活方式调整等。一些运动员会被球队或俱乐部剥削，而另一些运动员则可以赚很多钱，在休赛期回家时被当作英雄来欢迎。一些运动员会遭受人们对外国人或种族民族的偏见，而另一些则受到社会认可并与当地人建立亲密的友谊。一些人坚持自己的国家认同并与母国的其他运动员保持交往，而其他人则转化为一种与任何国家或文化背景无关的全球性身份。一些球队和俱乐部要求外国运动员自行调整和适应，有些则为必须学习新语言或熟悉新文化规范的运动员提供支持。

劳动者的权利因国家而异。运动员可能会发现，在工作条件和管理人员对他们的待遇上，他们所享有的保护与其预期或有出入，这在很大程度上取决于他们的合同。除此之外，州立法规也会产生一定影响（Engh and Agergaard，2015）。

被招募运动员的母国的资源通常弱于招募国。随着时间的流逝，一个国家的人才可能会枯竭，导致某项体育运动的基础遭到破坏，于是当地人被迫关注这项运动，因为该运动在挖走他们全部精英运动员的国家盛行（Elliott and Weedon，2011）。这种形式的“体育人才流失”对非洲和拉丁美洲的一些国家造成了重大影响，因为这些国家的运动员均前往欧洲和北美签订合同。

关于运动员移民对运动员身份及母国的国家认同感的影响，我们尚知之甚少。移民运动员会成为招募国的公民吗？迁移到别的国家会增强还是降低他们的国家认同感？运动员被挖走的国家是否对失去顶尖运动员感到不满，还是将这种招募视为对其培养体育人才的肯定？我们还需要进一步研究来回答这些问题。

篮球运动在全世界蓬勃发展。上个赛季，几乎有五分之一的球员不是美国人，而当美国队在2008年奥运会上与中国队比赛时，有10亿人观看了比赛。哪怕只是向其中1%的观众销售运动队服装，都是一笔可观的收入。

——乔治·威尔，《华盛顿邮报》专栏作家（2011b）

3. 球迷

球迷也已全球化。英国的曼彻斯特联足球俱乐部和西班牙的巴塞罗那足球俱乐部在全世界几乎每个国家都有球迷。现在，许多人可以通过流媒体或电视观看大大小小各种比赛，他们也常常选择支持本国以外的球队和运动员。例如，斯洛文尼亚的年轻足球迷可能很少关注本国的俱乐部球队，因为斯洛文尼亚所有的顶级足球运动员都参加了欧洲其他国家的专业队比赛，许多拉丁美洲和非洲球迷也是如此。但是就算来自本国的球员不再效力于某支外国球队，球迷们也可能会毕生支持外国的一支或多支球队。

（四）厘清政治现实

要解释清楚体育与全球政治发展进程之间的关系，其实并不容易。今天的体育运动仅仅是资本主义扩张和文化帝国主义新形式的工具吗？它们是富裕国家使贫穷国家对其产生依赖的工具，还是新兴国家实现文化和经济独立的方法？随着全球化进程不断推进，传统体育运动和民间运动会被富裕国家所青睐的有组织的竞技体育运动所取代吗？

要找到这些问题的答案，就需要在本地和全球范围内进行研究。已有研究表明，富裕国家所青睐的体育运动并不仅是被简单地强加给全世界。即使在参与来自富裕国家的体育运动时，人们也会为其赋予当地文化的含义。全球趋势很重要，但是这些趋势的本土表达和响应也很重要（Chen，2012；Cho，2009；Cho et al.，2012；Dóczi，2012；Gilmour and Rowe，2012；Jijon，2013；John and Jackson，2011；J. Joseph，2012a，2012b；Kobayashi，2012；Lee and Maguire，2009；Merkel，2012；Newman and Beissel，2009；Poli，2010；Scherer and Jackson，2010；Shor and Galily，2012；Silk and Manley，2012；Tan and Houlihan，2012）。权力的行使是一个过程，它总是有赖于社会关系和社会组织当前的形式。因此，世界范围内的体育研究必须关注强国对其他国家的体育活动进行控制的过程，以及这些国家的人们以自己的方式将体育运动和体育经验融入生活的过程。

三、体育中的政治

政治一词通常与公共领域中正式的政府实体相关联。但是政治涵盖了各级别组织（包括公共部门和私人部门）中管理人民和执行政策的所有过程。因此，政治是体育运动不可或缺的一部分，地方、国家和国际体育组织通常被称为“管理机构”。

大多数体育组织会提供体育参与的机会、制定和执行政策、控制和规范比赛，并认可运动员的成就。这听起来简单、直接，但实际上很难不涉及反对、辩论和妥协（Green and Hartmann，2012）。体育组织的成员在很多事情上都可以达成共识，对涉及以下 7 项内容的问题进行决策时，常常会发生冲突：

（1）什么才算是一项体育运动？体育运动没有统一的定义，因此，每个国家、社区以及某一国际赛事，例如奥运会的相关组织，都必须对其进行特定情况下有意义的定义。这导致“体育运动”的官方和非官方定义差异很大。

（2）体育运动的规则是什么？所有体育项目的规则都非常随意，也并非一成不变。体育管理机构常会根据自己的兴趣或参加体育运动的情况来改变这些规则。

（3）谁来制定和执行体育运动的规则？各项运动的官方规则都由该运动的管理机构来确定。但是一旦代表各方利益的各种组织都宣称自己是运动的主要管理机构，就会发生混乱。

（4）谁来组织和控制体育赛事？前不久，体育赛事还是由体育运动理事机构的成员来组织和控制的，但是现在，赛事可能是由第三方组织和部分控制的，包括赞助商、媒体公司或专门从事赛事组织的管理团队。

（5）体育赛事在哪里举办？对于去哪里参加体育比赛，运动员往往会选择一个对自己来说较为方便的地方。当赛事以商业为目的时，其举办地往往被选在可以产生最大收益的地方。在诸如奥运会和残奥会这样的国际赛事中，许多城市都在竞标成为主办方，而国际奥委会等主办该赛事的组织会选择投标最具吸引力的城市。

（6）谁有资格参加某项体育运动？资格决策要考虑理事机构成员或赛事管理人员所定义的“相关”因素。依据资格决策者的关注点和理念，年龄、技能水平、学业成绩、性别、种族/民族、国籍、公民身份、居住地和其他因素都可以是限制参赛资格的因素。

（7）给运动员和相关人士的奖金该如何分配？当比赛涉及奖励时，“谁能得到什么”这一问题对于每个参与人员都至关重要。奖励可能包括对地位的肯定，例如“最具价值球员奖”。对创收性运动而言，奖励也可以是金钱。奖金的分配往往会让球员与组织和管理团队或赛事的人员之间发生摩擦。

这些问题本质上是政治性的，因为最终结果一定是在存在利益差异的情况下产生的，而这些利益差异必须通过谈判加以解决（Green and Hartmann，2012）。大多数人都能理解这一点，但是当谈判的结果不是他们所赞成的结果时，他们就开始抱怨体育运动中的政治干预。

在体育运动中消除政治因素是不可能的。但是，我们可以调整政治进程，以便听到和考虑受决策影响的各方的声音。许多体育组织因缺乏透明度和问责制而臭名昭著，它们的决策常常因此引起争议，因为人们不知道这些决策是怎样做出的，也不知道其背后的原因。利益差异不可消除，但当人们参与决策过程并向决策者追究责任时，人们会更倾向于接受政治决策。

四、小结：政府与全球政治发展进程是如何影响体育的？

体育与政治密不可分。政府对体育运动的介入，通常与赞助、组织和设施的需求有关。体育运动在人们的生活中很重要，且可能成为社会冲突的场所，这一现状常常导致政府的介入，具体形式因社会而异，但其目的通常是：① 维护公共秩序；② 确保公平，保护人权；③ 促进公民健康；④ 提升群体、社区或国家的声望和实力；⑤ 加强公民之间的认同感、归属感和团结感；⑥ 重塑与主导政治文化观念相一致的价值观；⑦ 加强对政治领导人和政府的支持；⑧ 促进经济和社会发展。

政府官员和机构制定的规则、政策和资金优先级别反映了社会群体之间的政治分歧和斗争。这并不意味着政府介入时，受益的总是同一群体，但是政府的介入很少会给每个人带来平等的利益。例如，优先获得资助的可以是有利于大众参与的项目，而不是精英体育运动，但这还有待辩论和谈判。政治进程是有组织的体育运动的必然组成部分。

历史表明，政府对体育的干预通常偏向拥有最多资源和组织，且目标是支持公职人员利益的团体。不了解体育与政治之间的关联，或缺乏有效影响政治决策资源的群体，往往最难受到青睐。认为体育与政治无关的人，常会被制定政策和分配资金的官员忽略。

体育与全球政治发展进程之间的联系非常复杂。理想情况下，体育运动会在支持和平与友谊的背景下将各国团结在一起。尽管这种情况确实有可能发生，但大多数国家还是会通过体育运动来满足自己的利益。民族主义在国际事务中仍然非常普遍。例如，与奥运会合作、推广或关注奥运会的人们经常将注意力放在国家奖牌榜上，并以此作为其所宣称的国家地位的依据。

若想让奥运会这样的大型赛事真正成为拥有积极潜力的特殊赛事，就应该努力使这种潜力最大化。我们可以对民族主义和商业主义加以限制，强调国家之间相互依存的作用，并通过许多方式使之得以实现。

强大的跨国公司已和民族国家一道成为全球政治发展进程的主要参与者。而这一进程的结果是，体育愈发被用作达到经济和政治目的的手段。民族主义和促进国家利益仍然是全球体育的一部分，但是冷战结束以来，消费主义和促进资本主义扩张显得愈发重要。

在全球关系的背景下，运动员、运动队与公司徽标及民族国家的标志越来越紧密相连。全球体育赛事具有了政治和经济意义。它们为展现与民族国家和企业赞助者利益相关的大量形象和叙事提供了平台。在美国，与体育有关的主流话语显然符合企业赞助商的利益，它们促进了一种文化观念，注入了个人主义、竞争、成就和消费的资本主义价值观。

在其他方面，全球政治发展进程也与体育息息相关，包括精英运动员的迁移模式和体育组织的招募模式。运动员跨越国界参与体育运动，或体育联盟和运动队将来自多个国家的运动员纳入自己的国家，都会引发政治问题。体育的全球化也影响着运动队的所有权、全球运动员的迁移及全世界体育迷的忠诚模式。

在全球和地方各层面进行研究时，我们最好能够理解这些与全球政治发展进程有关的问题和其他相关事宜。这些研究的数据可以帮助我们确定体育运动何时会涉及促进人们相互理解的互惠文化交流，何时会被卷入强国和大型公司对弱国的社会生活和政治事件产生微妙影响的过程。

政治也是体育结构和组织的一部分。体育中的政治之所以存在，是因为体育组织的相关人员必须回答以下问题：什么才算是一项体育运动？体育运动的规则是什么？谁来制定和执行体育运动的规则？谁来组织和控制体育赛事？体育赛事在哪里举办？谁有资格参加某项体育运动？给运动员和相关人士的奖金该如何分配？这些政治问题解释了人们常将体育运动决策组织称为理事机构的原因。总体而言，体育运动与政治和政治发展进程密不可分。

补充阅读

阅读材料 1 有组织的体育运动中的政治

阅读材料 2 抗议与联合抵制：政治与奥林匹克运动

阅读材料 3 没有什么比世界杯更重要

阅读材料 4 全球政治与运动器材和服装生产

阅读材料 5 卡塔尔和斯洛文尼亚：将体育运动作为发展战略的两种方法

体育管理问题

- 假设你在美国一个拥有 100 万人口的中西部城市新设的体育和社区发展办公室工作。新任主任开始制订五年计划，她要求你列出联邦、州、县政府介入城市体育活动的所有方式，特别是在资金方面。请列出你准备核实的所有内容。
- 假设你已被国际奥委会任命为特派员，负责考虑夏季奥运会中可以优先进行的改革。在第一次会议上，委员会的每位成员必须提出 3 项改革建议并阐释理由。你会提出什么建议？你会如何证明其合理性？

- 假设你在美国职业足球大联盟的人事办公室工作。你被要求就与非美国公民有关的联盟政策提出建议。你必须解决两个主要问题：① 各球队或整个联盟是否应限制非美国公民的球员人数？② 联盟及其球队应如何为来自其他国家的运动员提供支持？请在体育全球化的大背景下解释你的答案。

第十三章　高中与大学体育：竞技体育是否对教育有益？

体育的问题在于，一旦你把它和文化教育结合起来，它就开始占据主导地位。所以你必须时刻保持警惕，要管控二者的结合，确保给孩子们传递正确的信息，让他们了解在未来几十年里什么才是对他们有利的。

——阿曼达·里普利，作家兼研究员（Martin，2013）

高中橄榄球运动从未有过如此高的知名度……随着球员的体形越来越高大，发育得越来越完善，身体越来越强壮，他们的健康和安全也愈加受关注……这一切都引发了一个重要问题：高中橄榄球运动的文化加速发展，保护参与橄榄球运动的男孩的措施是否已经跟不上其发展速度？

——雷切尔·德雷津，美国公共电视网纪录片制作人（2011）

在美国，大学体育中的不平等现象已经达到了如此荒诞的程度，人们再也不能板着脸为它辩护了。

——马修·富特曼，《华尔街日报》记者（2015）

……美国的大学依然在传递一种负面的潜在信息：只有会玩球的黑人才值得接受教育。刻板印象是普通黑人缺乏思考能力，而美国的大学仍然是维持这一刻板印象的最大推动者之一。

——内特·杰克逊，《波士顿环球报》记者（2015）

本章纲要

关于校际体育的争论

中学校际体育及高中生的体验

大学校际体育及大学生的体验

学校从体育代表队中受益了吗？

高中和大学体育面临不确定性

小结：竞技体育是否对教育有益？

学习目标

- 明确支持和反对校际体育的论点
- 探讨有关高中运动员体育经历的研究结果
- 了解学校运动队如何影响美国高中的学生文化和整体社会组织方式
- 阐释校际体育在高中和参加体育运动的学生的生活中发挥价值的条件
- 明确大型体育项目和小型不知名体育项目在校际体育中的区别
- 阐释有关大学运动员的体育运动经历，以及参与体育运动与成绩和毕业率之间关系的研究成果
- 探讨校际体育的重大改革，并说明改革的目的和成效

- 评估大众对高中和大学体育代表队的看法
- 明确高中和大学体育项目共同面临的主要问题，并阐释它们如何影响未来的体育运动

有组织的体育运动的诞生与英国和北美的学校密切相关。然而，美国是全世界唯一一个国内高中和大学被认为理应赞助校际体育运动的国家。在大多数国家，为学龄青年举办的有组织的体育运动均由社区体育俱乐部赞助，而这些俱乐部由其成员出资，或由公共和私人机构共同资助。

除美国以外，其他国家的高中和大学可能会有运动队，但是它们往往会与国家体育系统相关联，而不仅仅依附于个别的学校或学校系统（Brown，2015；Erturan et al.，2012；Héti，2011；Dziubiński，2011；Pot et al.，2014）。而且，它们的意义和宗旨不同于美国学校运动队所代表的意义和宗旨，也并非学校文化和社会组织形式的必要组成部分。

校际体育是公认的美国高中和大学的重要组成部分。但是，当它们决定着学校的文化和公众形象时，许多人便开始关注校际体育在教育中的作用。

本章内容围绕以下4个有关校际体育的问题展开：

1. 人们支持或反对校际体育的论点是什么？
2. 校际体育和学生的体育经历有何联系？
3. 校际体育对学校的组织和教育目标的实现有什么影响？
4. 高中和大学体育项目的主要问题是什么？如何解决这些问题？

一、关于校际体育的争论

大多数美国人都不曾质疑学校赞助的体育运动存在的合理性。然而，随着预算削减，对于某些体育运动人们提出了比较关切的问题，他们对这些体育运动、年轻人的发展和教育目标的实现之间的关系提出了疑问。对这些问题的回答不尽相同，但基本上都带有强烈的感情色彩。

支持校际体育的人声称，校际体育不负学校的教育使命，促进了年轻人的发展。批判者则认为，校际体育背离了教育使命，分散了学生学习的注意力，学生不再重视自己作为公民应承担的责任。表13.1总结了争论双

方的主要论点。

人们在参与争辩时往往会放大校际体育的益处或弊端。支持者颂扬光鲜亮丽的成功事迹，反对者则强调令人震惊的过度训练和滥用药物案例。研究表明，最准确的描述介于两种极端立场之间。尽管如此，支持者和反对者都呼吁人们关注体育与教育之间的关系。本章将着重介绍笔者对二者关系的了解。

表 13.1　校际体育支持者和反对者的论点

支持者的论点	反对者的论点
1. 它带动学生参与学校活动，提升学生对学术活动的兴趣。	1. 它分散学生参与学术活动的注意力，扭曲校园文化的价值观。
2. 它培养学生在当今社会实现职业成功的必备品质，如自尊心、责任感、以成就为中心和团队合作精神等。	2. 它延续了社会中的依赖性、一致性，强调以力量和成绩为导向，而这种导向已不适用于当今社会。
3. 它锻炼学生的身体素质，激发他们对体育活动的兴趣。	3. 它将大多数学生变成被动的旁观者，给运动员造成太多的严重伤害。
4. 它提升精神和凝聚力，并提高学校这一组织的生存发展能力。	4. 它使人形成一种与教育目标无关的、肤浅的、短视的认识。
5. 它推动家长、校友和社区对学校项目的支持。	5. 它占用了教育项目的资源、设施、人力和社区支持。
6. 它使学生有机会在受社会重视的活动中发展和展示自己的技能，并凭借自己的能力获得认可。	6. 它在给运动员带来压力的同时支持运动员相较于其他学生享有不公平特权的等级制度。

二、中学校际体育及高中生的体验

校际体育对高中生的教育和个人发展有影响吗？这个问题很难有确定答案。许多活动和社会关系都能提供教育和发展机会。虽然校际体育在大多数学校和许多学生的生活中十分重要，但它只是年轻人生活中众多潜在的重要经历之一。

针对上述问题的定量研究很少以社会理论为指导，通常包括对运动员和其他学生特点的比较。而定性研究往往以批判性方法为基础，以文化理论、互动主义理论和结构理论为指导，侧重研究校际体育、高中文化和组织方式，以及学生日常生活三者之间的关系。

（一）高中运动员[①]

来自美国的研究一致表明，相比于那些不参加学校赞助的体育运动的学生，高中运动员这一群体通常平均学分绩点更高，对学校的态度更积极，上课缺勤率更低，上大学的意愿更强，上大学的年限更长，职业更加成功，身体更加健康。[②]这些差异通常并不显著，研究者很难将体育参与的影响与社会阶层、家庭背景、朋友支持、身份问题等与教育态度和成就相关的因素的影响区分看待。

在许多美国的学校，成为校队成员是一种很有价值的身份象征。对一些学生而言，这似乎与积极的教育经历、降低辍学率和增强对学校的认同感密切相关。然而，相关研究并没有充分说明为什么体育参与会影响学生，以及为什么体育参与对不同的人会产生不同的影响。

1. 为什么校队运动员与众不同？

校队运动员和其他学生之间存在差异，最合理的解释就是，学校赞助的体育运动会吸引成绩好、有自信、在学校受欢迎的学生。

大多数研究者只收集了某个时间点的数据，他们并不了解校队运动员在参与体育运动之前的特征，并且只是简单对比了参加运动队的学生和不参加运动队的学生的特点。他们的研究无法证明参与学校体育运动能够使学生发生其他因素无法带来的改变，因此具有局限性。

对于14～18岁的青少年而言，他们无论是参加学校体育运动还是做其他事情，都能以多种方式实现成长和发展。谨记这一点十分重要，因为参加运动队的学生比其他学生更有可能拥有优越的背景，且他们的认知能力、

① 本书未使用“学生运动员”这一术语，因为和乐队成员、辩论队成员一样，校队所有成员都是学生。美国大学体育协会提倡使用这一术语作为一种政治策略，意在减少人们对顶级大学体育项目与大学学术使命无关这一情况的不满，也能避免人们将运动员定义为雇员。

② 相关研究有数百项，其中研究方法最合理的如下：Brown，2015；Carlson et al.，(2005)；Child Trends (2013)；Eitle (2005)；Fox et al.，2010；Fullinwider (2006)；Guest and Schneider (2003)；Hartmann (2008)；Hill (2007)；Hoffman (2006)；Hunt (2005)；Kniffin et al.，2015；Leeds et al. (2007)；Lipscomb，2006；Marsh and Kleitman (2002，2003)；Miller et al.，(2005)；Morris，2013；Pearson et al.，2009；Pot et al.，2014；Sabo et al.，2013；Schultz，2015；Shakib et al.，2011；Shifrer et al.，2013，2015；Troutman and Dufur (2007)。

自尊心，以及包括考试成绩在内的过往学术成绩都在平均水平以上（Child Trends，2013；Hartmann et al.，2012；Morris，2013；Shakib et al.，2011；Shifrer et al.，2013）。因此，在参与高中体育运动之前，参加选拔、加入和留在校队的学生就已经不同于其他学生。

这种预先选择过程非常普遍。参加学校赞助的官方活动的学生往往不同于其他学生（Helmrich，2010）。在学生进行自主选择、具有资格门槛要求、老师和教练员进行正式选拔的活动中，二者的差异表现得最为明显。而且，自主选择、资格门槛、老师和教练员进行选拔的结合在他们参与青少年体育运动的时期就已经开始了。经过一段时间，成绩不佳且纪律记录较差的学生会主动放弃体育运动，也有可能因学业不合格而不能参加体育运动，或者教练员认为他们总是惹麻烦，在选拔过程中将其淘汰。

研究还表明，高中三年参加校队的学生与那些被校队除名或退出校队的学生有所区别。与留在校队的学生相比，那些被校队除名或者退出校队的学生更有可能经济背景欠佳、认知能力较低、自尊心较弱、平均学分绩点较低（Child Trends，2013；Pearson et al.，2009；Pot et al.，2014；Shifrer et al.，2013；White and Gager，2007）。此外，研究者会收集数据，将他们的成绩与符合校队要求的运动员的成绩进行比较，那些成绩不合格的运动员将被宣布淘汰，失去"运动员"身份，他们的课程分数也较低。

另一个很少得到研究的因素是家长、教师和教练员对校队运动员生活的管控。当"赛季"到来时，运动员的日常活动，尤其是学术活动，会尤为受到教练员及家长的严密监控（Riede，2006）。赛季开始时，作业检查、自习、成绩检验和上课是运动员生活中的标准程序。尽管运动员的日常安排可能会因此变得更加规律，但这对其学习和学术发展的影响尚未可知。

总而言之，学校体育中的预先选择、筛选和赛季管控的过程都是造成运动员和其他学生之间差距的原因。为了控制上述过程，确定参与体育运动是否以及何时会产生独特的、积极的教育或发展影响，研究者必须在四年的过程中定期从整个学生样本中收集数据，以便监测和跟踪由于体育参与而非其他因素引起的变化。

我们让学生知道，如果他们参与体育运动，我们就会管控他们的学习及生活。对于那些真正热爱体育运动的孩子，他们人生的大部分时间都花在了参与运动上，只要能参与，他们几乎什么都愿意做。

——杰伊·赛尔斯，高中校长（Riede，2006）

2. 结合背景研究运动员

过去半个世纪发表的研究报告对参与学校体育运动的影响得出的结论自相矛盾、令人困惑。这是因为大多数研究者认为，在任何背景下，对所有体育项目的所有运动员而言，参加校队都具有相同的意义，因此必然会产生相同的结果。但事实并非如此，参加校队的意义差别很大，取决于以下 3 个因素：

（1）运动员和体育运动在不同情境中的地位。

（2）年轻人在参与体育运动中形成的身份。

（3）年轻人将体育运动和运动员身份融入生活的方式。

（图源：©杰伊·科克利）

自主选择、资格门槛，再加上老师和教练员进行的选拔，共同确保了运动员在加入校队之前往往就具备不同于其他学生的特点。运动员可能会在体育运动中学到积极或消极的东西，但是我们很难将这些东西与青春期发生的其他形式的学习或获得的其他方面的发展区分开。

例如，与在全州冠军队中担任全州橄榄球或篮球运动员相比，加入后备队或在击剑队中表现平平通常会对年轻人的地位和身份产生不同的影响——即使这名年轻人所在的私立学校的击剑队培养了许多大学比赛冠军和奥运会冠军。同样，全州高中网球运动员中排名第一的年轻女球员，与作为垒球后备队队员或替补队员的年轻女球员相比，也具有不同的地位和身份含义。

通过对四年来从两个高中生大样本中收集的数据进行分析研究，芝加哥大学的研究者发现，低收入地区学校的运动员比中等偏上收入和富裕地区学校的运动员更容易被视为好学生（Guest and Schneider，2003）。此外，在低收入地区的学校，运动员身份与成绩呈正相关，但在富裕地区的学校，运动员身份与成绩呈负相关，因为在富裕地区过度重视体育运动可能会被人们认为耽误了学生考大学和找工作。因此，成为一名校际运动员在学术方面的意义取决于在美国社会不同社会阶层背景下参与体育运动和拥有运动员身份的不同含义（Morris，2015；Shakib et al.，2011；Shifrer et al.，2013，2015）。

研究还表明，参与校际体育运动的含义因性别而异，且 20 世纪 60 年代末以来已经发生一些改变（Fox et al.，2010；Hoffman，2006；Miller et al.，2005；Miller and Hoffman，2009；Pearson et al.，2009；Shifrer et al.，2013，2015；Troutman and Dufur，2007）。例如，校队中年轻女性的性行为发生率比不参加体育活动的女性同龄人更低，而校队中年轻男性的性行为发生率比学校其他年轻男性更高（Miller et al.，1998，1999）。这一差异之所以长期存在，是因为加入校队会提高年轻人的社会地位，让他们拥有更多的权力来根据自己的意愿调整性行为（Kreager and Staff，2009）。

20 世纪 90 年代，似乎有许多年轻女性利用这种权力来抵制她们认为不合适或者具有剥削性的性关系，而年轻男性却利用这种权力来获取年轻女性的“性恩惠”（Risman and Schwartz，2002）。但是，随着学校运动队被赋予的意义逐渐演变，学生对性行为的观念转变，这种情况在未来可能会发生转变。

研究还表明，在美国的一些高中，把自己定义为“运动员”的学生会与那些爱社交的同龄人产生更多联系，从而比其他学生更容易做出危险行为，比如酗酒狂欢（Miller and Hoffman，2009；Miller et al.，2005；Veliz et al.，2015）。这一问题还需要进一步研究，但似乎加入某些体育运动的校队能给学生提供更多的选择，让他们接近各种小团体或社会团体，对自己喜欢做的事情设置不同的优先级。运动员做出的选择可能会影响他人对他们的定义，以及他们在学校的整体社会组织中所处的位置。在某些情况下，他们会与其他重视学业的学生成为一个群体，而有时他们也会热衷于与其他喜欢聚会的运动员一起参加社交活动，即使这会影响他们的学业成绩。

鉴别参与高中体育运动对成年期生活的影响要比鉴别其对青春期后期的影响困难得多。人们赋予体育参与的意义会随着时间而改变，也会因性别、种族、民族、社会阶级等相关社会和文化因素而不同。例如，尽管我们听说过许多大型公司的首席执行官在高中时都参加过体育活动，但我们依然对体育参与在他们成为首席执行官的漫长且复杂的过程中所起的作用一无所知。顶级首席执行官大多是白人男性，他们的职业经历与他们的家庭背景和社会关系密切相关，与在美国存在的性别、民族和阶级关系密不可分。不过这并不意味着他们没有努力工作，也不意味着体育参与和他们的发展无关。但是在不了解与成为首席执行官明显相关的许多其他因素的情况下，我们很难理解加入校队的重要性。

总之，体育社会学的相关研究表明，参与学校体育活动的影响取决于开展体育活动的背景、体育项目和运动队的组织方式及运动员的社会特征（Crissey and Honea，2006；Fox et al.，2010；Hartmann，2008；Hartmann and Massoglia，2007；Hartmann et al.，2012；Pearson et al.，2009）。因此，中上阶层家庭的年轻白人女性在一所分数至上的小型私立精英预科学校打长曲棍球，而工薪阶层的少数族裔年轻男性则在一所大型公立学校打橄榄球，这两种体育参与的影响常常会有所不同，因为后者更有机会得到一些积极的关注，比其他学生更便于接触到成人导师。

17 岁只有一次。我还有一辈子的时间来担心疼痛之类的事情，但我打橄榄球的时间只有这么多，所以还是充分利用现有的时间，以后再担心后果吧。

——前线系列纪录片《高中橄榄球赛》中的高中橄榄球运动员（2011）

（二）高中的学生文化

体育运动通常是高中赞助的最重要的活动之一，加入校队可以使学生在同龄人中享有声望，在学校获得正式的奖励，并得到老师、学校管理人员和当地社区的认可。运动员，尤其是参与备受瞩目的体育项目的男孩，经常会获得认可，从而提高自己在学生中的受欢迎程度。动员会、校友返校活动和其他体育活动是学校的主要社交活动。学生们通常都喜欢参加这些活动，因为它们提供了课外社交的机会。家长们也喜欢这些活动，因为它们与学校相关，且参与者由学校管理部门监管。因此，即使家长们禁止孩子去其他场所，也会允许孩子参加学校组织的比赛。

学校体育运动的受欢迎程度已经开始引发社会学家的思考，他们试图了解这些体育运动对学生的价值观、态度、行为和经历的影响。

1. 高中体育运动与受欢迎程度

多年来，人们一直仅基于高中生认为的决定受欢迎程度的因素来研究学生文化。研究通常发现，男学生希望自己在高中时被视为“体育明星”，而女学生则希望被视为“聪明的学生”或“最受欢迎的学生”。虽然这些偏好在过去两代人中已经有所改变，但是对于男学生来说，受欢迎程度和运动员身份之间的联系仍然相对牢固（Shakib et al.，2011）。与此同时，对女学生而言，受欢迎程度和运动员身份之间的联系变得更加紧密，尽管外貌和社交技能等其他特征也很重要。

如今的大多数高中生都关心学业成绩和上大学的问题。此外，他们的父母也经常强调这些优先事项的重要性。但是学生们还关注另外 4 个方面：① 社会接受度；② 个人自主权；③ 性别认同；④ 作为成年人得到重视。他们希望结交可以信赖的朋友，掌控自己的生活，认可自己的性别身份，并且受到社会重视。

由于北美的男性和女性被人对待和评价的方式有所不同，年轻人也会使用不同的策略来寻求接纳、自主权、性别认同和认可。体育运动为年轻男性提供了展示传统上与男子气概相关的身体和情感韧性的机会，并且，年轻男性认为，成功获取男性身份认同便能够拥有成年人所拥有的自主权。

年轻女性并没有经常利用体育运动来获得性别认同，以便寻求接纳、自主权、性别认同和认可，但她们通过参与运动来表达和实现个人权力，从而实现上述目标。其中的假设是，当下正在上高中的年轻女性不像她们的男性同龄人那样，将体育运动视为生活中自我认同的焦点，而是主要将它们视为包括学术、社交和其他个人成就在内的更大成就项目的一部分。如果确实如此，高中运动员获得的知名度和地位在高中的学生文化和其他方面将对年轻男性和年轻女性有着不同的影响（Shakib et al.，2011）。

（图源：©丹妮尔·希克斯）

体育参与往往使年轻女性有机会凭借同龄人和普通大众所尊重的技能建立个人和社会身份。然而，尽管参加体育运动往往令人愉快，但对于图中这支足球队的成员来说，体育参与通常不会给她们带来像男孩那样高的地位和受欢迎程度。

2. 高中体育运动与文化观念

体育项目不仅仅影响着高中的地位结构。曾获普利策奖的作家比辛格在《胜利之光》一书中描绘了得克萨斯州敖德萨市的一支高中橄榄球队。他说，橄榄球“是这个小镇的核心……这与娱乐无关，而与人们的自我感受息息相关”（1990：237）。

比辛格发现，橄榄球在敖德萨甚至整个美国都十分重要，因为它颂扬了对男性的坚忍和牺牲的崇拜，以及对女性的支持和取悦的崇拜。球队的失利会归咎于教练员不够强硬、球员缺乏纪律性和攻击性。女性站在球场边，忠实地支持和取悦那些为学校和小镇而战的男人。

参加橄榄球比赛更加坚定了学生和市民对男女之间“天性迥异”的看法。年轻男性如果不用力撞击对手，不用肢体威吓对手，不负伤上阵，就会被认为没有男子气概，而球员愿意为球队牺牲自己的身体健康，则被视为良好品格和男子气概的表现。与此同时，那些不支持自己球队的女性则被视为性别上的异类。

比辛格的书并没有涉及高中生活的许多方面，但是人类学家道格·福利所开展的一项研究（1990a，1999a）更加全面地描述和分析了体育运动在一些高中和城镇中的地位。福利研究了得克萨斯州一个小镇的整体情况，其中着重关注人们如何将当地高中橄榄球队及其比赛融入学校和社区的整体生活。他还研究了许多学生的社会和学术活动，包括那些忽略或不愿意参加体育运动的学生。

福利的研究揭示了高中学生文化的“多样性、变化性和内在的矛盾性”（1990a：100）。橄榄球及其他体育运动为学生提供了重要的社交场合，缓解了考试和老师的过度控制带来的焦虑，但体育运动仅仅是学生生活的一部分。运动员利用其基于体育运动的地位作为与其他学生和某些成年人进行“身份对比”的基础，但对大多数学生而言，身份的基础是性别、社会阶层和民族，而不是体育参与。

福利指出，体育运动具有社会意义，因为学生可以用它来识别价值观和解读其日常经历。例如，在美国，大多数体育运动的词汇表都赞扬个人主义、竞争和与性别、民族、社会阶级相关的“自然”差异。学生在学习和使用这些词汇时便延续了学校和城镇的文化和社会组织形式。在这一过程中，尽管许多人会质疑和修改那些与性别、民族和社会阶级相关的传统文化观念，并且重新定义它们在人们生活中的重要性，但它们依然持续影响着城市文化的社会关系。

福利的研究以及其他关于社会化作为社区进程的研究观点如下：高中体育运动带来的最重要的社会影响不是对成绩和受欢迎程度的影响，而是对学校和社区的整体文化及年轻人对社会生活和社会关系的观念的影响。美国公共电视网前线系列纪录片《高中橄榄球赛》中重点介绍了这方面的例子（Dretzin，2011）。

曾经被视为身心健康的堡垒的高中体育运动如今成为一个高水平的竞争激烈的领域，其中，青少年运动员是最有价值的资产。

——本杰明·霍克曼，瑞安·凯西，《丹佛邮报》记者（2011）

（三）高中体育运动作为学习经历

20 世纪初期，教育工作者将体育教育和体育运动纳入了美国学校课程，因为他们认为学习应该涵盖身心范围（Hyland，2008）。他们认为，组织体育运动可以传授重要的经验。但是，人们普遍相信体育的重大迷思，相信体育塑造良好品格，因此人们认为，无论体育运动如何组织，都会自动以积极的方式改变年轻人，所以没有必要开展研究来确定参与者学到了什么，或者教练员如何教授除了战术和技巧以外的东西。关于“体育运动成就了今天的我”的个人褒奖助长了这样一种迷思，即体育运动就像自动洗车机，参加体育运动的人会被清洗、晾干，并以崭新的面貌被送走。

因此，在赛季末没有“学习评估”，教练员也没有承担教师的责任，而且令人惊讶的是，关于每年 700 多万高中生参加的各种体育运动的教学动态，并没有系统收集的证据记录。证据缺乏的不利之处在于，我们无法证明年轻人在体育参与中学到了什么，或者他们何时以及为何学习某些东西，无论是正面的还是负面的。我们也无法评估各种指导策略对于传授年轻人在体育参与中学习的内容是否有帮助。我们希望年轻人学习什么？如果我们对此有所了解，就可以在学校董事会做出资助决定时向他们提供证据。许多人简单地认为并反复声称，体育运动传授纪律、团队合作和努力的价值。但他们给出的证据都是自己或他人的经验之谈。我们需要开展系统的研究，确定校队在哪些条件下为学生提供有价值的教育经验。

三、大学校际体育及大学生的体验

参加体育代表队是否影响大学运动员的教育和发展经历？[①]除非我们了解大学体育项目的多样性，否则无法回答这个问题。如果我们认为所有

① 本章主要关注美国的四年制大学。虽然专科院校和两年制社区大学占所有实施校际体育项目的高等院校的 25%，拥有约 10%的校际运动员，但针对它们的研究少之又少。

的体育项目都像我们在媒体上看到或读到的那样，就势必会对运动员、教练员和校际体育抱有误解。

（一）校际体育不尽相同

每年，校际体育的花费不等，既有一些小型院校花费不到50万美元，也有得克萨斯大学等院校花费超过1.6亿美元。大型院校通常赞助10～18支男子体育代表队和差不多数量的女子体育代表队，而小型院校只赞助几支体育代表队和一些俱乐部。在小型院校，教练员需要负责指导两支甚至两支以上的队伍，还要同时教授课程。在大型院校，可能会有12名甚至更多教练员共同负责橄榄球运动这一个项目，其他的大多数体育项目也由多名教练员共同负责。这些教练员很少教授课程，而且他们中的大多数人与大学的文化教育课程没有正式的联系。

拥有校际体育项目的学校通常隶属于以下两个全国性协会之一：美国大学体育协会（NCAA）或美国大学校际体育协会（NAIA）。前者是美国规模最大、最有影响力的协会，拥有1200个院校成员，约46万名运动员，每年的预算超过5亿美元。根据项目规模、比赛水平和体育项目规则，院校成员分为五大类。第一级别会员院校包括351所拥有“顶级”体育项目的学校（2015—2016年），其中还包含三个分区[①]：

（1）橄榄球碗赛分区（FBS）：由120所拥有大型橄榄球队的大学组成；每所大学均为橄榄球运动员提供85项全额奖学金。

（2）橄榄球锦标赛分区（FCS）：由127所设有橄榄球项目的大学组成，仅分配63项奖学金，最多可授予（或分配给）85名学生。

（3）非橄榄球分区（NFS）：由100所大学组成，这些大学没有橄榄球队，但有大型的篮球项目（和）或其他大型体育项目。

美国大学体育协会的第二级别会员院校和第三级别会员院校分别包含300所和444所大学。这些学校的体育项目规模较小，比赛水平也不是非常高，不过竞争往往十分激烈。第二级别会员院校可能会颁发有限的体育奖学金，但很少给运动员全额奖学金。第三级别会员院校不颁发体育奖学金。

有些院校选择加入美国大学校际体育协会，而不是美国大学体育协会。

---

① 由于联盟和大学都在着力为自己的体育项目创造最大的收入，因此相关数据仍在持续更新。

美国大学校际体育协会拥有约 250 个院校成员，约 6 万名运动员，其预算不到美国大学体育协会预算的 1%。而且美国大学校际体育协会的院校拥有多达 12 个项目的男子运动队和 11 个项目的女子运动队。体育奖学金并不常见，很少能覆盖 25%以上的大学费用。大多数院校成员都是小型私立学校，它们的体育项目预算很少。面对美国大学体育协会的权力和影响力，美国大学校际体育协会尽力维持着成员数量。

基督教大学也有体育项目，其中的 115 所院校都隶属于美国基督教大学体育协会（NCCAA），不过许多院校都拥有美国基督教大学体育协会和美国大学校际体育协会或美国大学体育协会的双重会员身份。美国专科院校体育协会（NJCAA）包括 436 所专科学校和社区大学，其 5 万名运动员中有部分获得奖学金，绝大多数奖学金都只能支付部分学费。

尽管大多数校际运动队都非顶级运动队，人们还是会根据他们在媒体上看到的信息来对所有的大学体育运动做出总结。但这种做法并不正确，因为大多数学校的大多数体育运动都与主流媒体报道的体育运动有所出入。表 13.2 和表 13.3 分别列出了 2014 年按体育组织和类别划分的（各级别）会员院校占拥有体育项目的所有大学院校的百分比及其运动员的比例。例如，表 13.2 显示，第一级别会员院校占所有开展校际体育的高等教育机构的 16.5%；表 13.3 显示，只有 29.0% 的校际运动员隶属于第一级别会员院校的运动队。美国大学体育协会中第三级别会员院校的运动员占比最高，占 30.0%。

表 13.2　2014 年按体育组织和类别划分的（各级别）会员院校占拥有体育项目的所有大学院校的比例

组织	类别	院校比例/%
NCAA	第一级别会员院校	16.5
NCAA	第二级别会员院校	13.8
NCAA	第三级别会员院校	20.9
NAIA		12.4
NJCAA		24.5
其他§		11.9

资料来源：改编自 2014 年的协会数据。

注：§表示包括所有拥有体育项目但不属于上述任何组织的院校。

表 13.3　2014 年按体育组织和类别划分的大学运动员的比例

组织	类别	运动员比例/%
NCAA	第一级别会员院校	29.0
NCAA	第二级别会员院校	18.0
NCAA	第三级别会员院校	30.0
NAIA		8.0
NJCAA		9.0
其他§		6.0

资料来源：改编自 2014 年的协会数据。

注：§表示包括所有拥有体育项目但不属于上述任何组织的院校。

尽管研究所有这些类别都很重要，但大多数研究都侧重于某一类大学。因此，本章以体育社会学和其他学科的文献资料为基础，提供了一个关于校际体育的有限研究视角。在讨论问题时，我们有必要记住这一点，因为不同类别院校之间的问题存在很大的差异。

（二）顶级体育项目的运动员

顶级校际体育项目的运动员，其运动员身份与学生身份并不总是那么相容。一项针对 2.1 万名美国大学体育协会运动员的调查显示，他们中的大多数人每周花在运动上的时间接近 40 小时；橄榄球运动员每周花在运动上的时间接近 45 小时（Petr et al.，2011），大多数运动员说他们花在运动上的时间比花在学业上的时间多。

社会学家帕特里夏·阿德勒和彼得·阿德勒（阿德勒夫妇）的研究（1991，1999）帮助我们将这些数据置于相应的背景中理解。经过对一支大型的大学篮球队的运动员和教练员长达五年的观察和访谈，与他们一起出行和相处，阿德勒夫妇得出结论：在这样一支球队里打球与认真参加学术课程几乎不能同时兼顾。球队里的年轻人对第一年的课程学习充满了乐观和理想主义，因为他们希望自己的学术经历有助于未来的职业成功。然而，一两个学期过后，打篮球的严苛要求、因运动员身份而遭受的社会孤立及团队文化的强大影响逐渐使他们脱离了文化教育。

他们发现，要想满足教练员的期望，就必须选择相对简单的课程和专业。训练的疲劳、比赛的压力，以及每周 40 多个小时的篮球训练，让他们无法将精力集中在学业上。此外，没有人过问他们的学习生活，人们的注意力总是集中在篮球上，很少有人期望这些年轻人将自己作为学生看待或者把功课放在首位。

即使年轻人获得积极的反馈，这些反馈也是体育运动方面的成绩，而不是学业方面的成就。他们在学业上遇到许多困难，常常导致他们以疏离的态度看待学术生活，也就是说，他们不对课程投入感情，他们选课和安排课程时间表是在满足自己体育运动需求的前提下进行的。他们知道自己必须做什么才能有资格继续打球，教练员会确保他们的课程安排不影响他们的参与资格。逐渐地，大多数球员都脱离了学校的文化教育。

此外，球队文化也支持球员远离文化教育。这些年轻人总是待在一起，聚在宿舍里、一起吃饭、一起训练、一起去参加比赛、一起在健身房锻炼、一起在没有比赛的夜晚放松休闲。在这些时候，除非是为了吐槽，他们很少谈论学业知识相关的话题。他们鼓励逃课，调侃糟糕的考试和不及格的论文。他们互相支持彼此的运动员身份，而不是学生身份。

学术疏离并不是发生在所有球队成员身上。那些设法平衡体育参与和文化教育的人进入大学时对学业要求怀有实际的想法，他们的父母和同龄人都熟悉大学的学业要求，他们在高中打下了坚实的知识基础，具有与教师和同学建立关系的能力。这些关系十分重要，因为它们强调学业成就，并为学术身份提供支持。

阿德勒夫妇还发现，顶级校际体育项目的组织结构不利于运动员保持体育参与与文化教育之间的平衡。例如，作为校园的知名人物，年轻的校队成员拥有很多社交机会，很难专注于功课。去参加客场比赛和锦标赛使他们长时间远离课堂，他们会因此错过讲座、学习小组讨论和考试。此外，与其他运动员的紧密联系使他们脱离了大学的文化教育。

与其他学生不同，年轻的校队成员为大学、体育项目和教练员带来了收入和知名度。对学校而言，只要他们没有违法乱纪或者不服从教练员的管控，忽视文化教育就不是问题。只有当他们不再具有参与资格，文化教育才会成为问题。

（三）运动员经历的多样性

许多大型校际运动队的特点是问题频出、运动员毕业率低、在教育方面浮于表面。然而，学校更有可能会组织非创收性体育项目的校队，这样运动员就可以将体育参与与学术生活及社会发展结合起来。当运动员怀着对学校和大学教育价值的积极态度走入大学，然后获得学术参与和形成学术身份方面的支持时，二者的结合最有可能发生。

在极力支持学业成就的团队中，运动员会努力训练，同时重视体育成就，但他们中的大多数人会认真对待学业，试图在学术努力和体育参与之间保持平衡。在这方面最富有成效的运动员拥有以下特质：① 其过往经历一致重申教育的重要性；② 拥有支持其学术身份的社交网络；③ 毕业之后成功就业的可能性；④ 除体育运动之外还拥有可以增强自信和提升技能的社会关系和经历。

在积极支持学业成功的体育项目中，教练员会在不影响课程的情况下安排训练和比赛。运动员可能会因备考、参加考试、写论文或做报告而错过比赛和集训。队员之间会讨论学术问题，并在学习方面互相帮助。换言

（图源：©波巴克・哈埃里）

在针对学业、体育参与和社交活动分配时间和精力时，顶级大学体育项目的运动员面临着艰难的选择。当他们参加的比赛的成败关乎他们所在的学校是否可以获得数百万美元赞助时，当他们的教练员希望他们每天为球队付出110%的努力时，学习备考就变得十分困难。此外，观看比赛的有体育场内的几万名现场观众，还有电视机前的数百万观众，这都会分散18～22岁学生对学业参与的注意力。

之，有些体育项目的运动队并没有忽视高等教育的学业任务（Simon，2008），这通常见于美国大学体育协会第二级别会员院校和一些美国大学校际体育协会的会员院校，但也存在于一些不知名且不盈利的第一级别会员院校和第二级别会员院校的体育项目及女子体育项目中。然而，由于体育文化越来越强调不断提升竞技水平，始终重视比赛胜利，而且教练员为了保住工作必须要带出获胜的队伍，所以即使在不知名的体育运动中，参与者也很难平衡体育参与与学业的关系（Hyland，2008；Morgan，2012）。

（四）成绩与毕业率：顶级大学体育项目的运动员

不同于不知名的校际体育项目的运动员，创收性的顶级体育项目的运动员往往与校园里的其他学生有着不同的背景。他们更有可能是非裔美国人，拥有较差的社会经济背景，并且是家族中的第一代大学生，所以人们很难将他们的学习成绩与其他学生的学习成绩进行比较。另外，由于不同的大学及同一所大学的不同院系的平均学分绩点具有不同的含义，对比的难度进一步增加。而且各个大学不同的课程也具有不一样的学术标准和要求，毕业率并不是衡量学术成果的良好指标。

部分研究报告表明，大学运动员的学业成绩比其他学生优异，而另一些研究的发现则恰恰相反。有研究显示，运动员上研究生的比例高于非运动员，而另一些研究则显示，运动员所修的大部分课程的要求低于平均学业水平要求。

在比较运动员的成绩与其他学生的成绩时，我们必须考虑与运动员的学术生涯有关的以下两个因素：

（1）某些体育项目的运动员在特定班级和专业中所占比例过高，这种现象被称为“抱团”。发生这种情况存在多种原因：运动员缺乏学业自信，希望寻求同班或同专业队员的帮助；黑人运动员发现某个院系的教职员工意识到种族问题，对他们一视同仁，所以他们都想进这个院系；教练员将运动员分配到学业任务轻的班级，或者无论运动员课业质量如何，教师也愿意给他们高分的班级。

（2）橄榄球运动员和男子篮球运动员进入大学时的成绩通常低于高中平均学分绩点（GPA）的平均水平，他们的美国大学入学考试（ACT）和学业能力倾向测验（SAT）的分数也低于其大学中包括大多数运动员在内的其他学生。他们的学业目标可能与其他学生不同，从而影响了他们的学业选择和成绩。

关于学业进步和毕业率的数据也令人困惑，因为它们是通过多种方式计算得来的。美国大学体育协会现在针对各个级别会员院校发布标准化的“六年毕业率”，从而使对大学运动员和普通学生的毕业率进行基本比较成为可能。2011—2012 年，第一级别会员院校的“六年毕业率”提供了关于获得全额或部分体育奖学金的运动员的以下信息（NCAA，2012）：

（1）2005 年进入第一级别会员院校的运动员中有 65%在六年内毕业，而普通学生中有 63%在六年内毕业。因此，尽管与普通学生群体相比，运动员中男性和非裔美国人的比例高，亚裔美国人的比例低，但是运动员这一群体的毕业率与其他大学生大体相似。

（2）创收性体育项目的运动员毕业率最低，尤其是男子篮球项目（47%）和橄榄球项目（59%），这两个项目运动员的毕业率低于所有运动员的毕业率（65%）和普通学生（63%）的毕业率。

（3）非裔美国男运动员的毕业率（49%）明显高于普通学生中非裔美国男性学生的毕业率（39%）。非裔女运动员的毕业率（64%）高于普通学生中非裔美国女性学生的毕业率（48%）。自 1986 年为第一级别会员院校获得奖学金的运动员建立最低学业标准以来，非裔美国男运动员的毕业率有所上升。

这种模式意味着什么？我们在评估参与顶级体育运动的运动员的学术规范时，应该将运动员与谁进行对比呢？是全心学习的普通全日制学生，是拥有同等额度奖学金的学生，是以相似的成绩和考试分数进入大学的学生，还是有着相似的社会经济背景的学生？

在北卡罗来纳大学，大学体育研究所（CSRI）的理查德·索瑟尔和他的同事开发了一种测量毕业率差异的方法，将运动员与其他全日制学生进行对比。他们发现，2010—2016 年运动员的毕业率一直低于其他学生，其中橄榄球、男子篮球和女子篮球项目运动员的毕业率差异显著（http://csri-sc.org/research/）。

总体而言，没有一项对比结果是理想的。此外，尽管毕业是一个重要的教育目标，但它不应成为衡量学业成功的唯一标准。大学学位固然重要，但如果学生没有学到足够的知识，它就没有太大意义。我们很难通过调查来衡量运动员的学习情况，但是可以要求体育部门承担学业责任。

（五）实现学业目标的挑战

随着入选要求日益严苛，运动员的毕业率也有所提高。美国大学体育协会最新的运动员入选规则于 2016 年 8 月开始实施。新规要求，大学一年级的运动员必须在 16 门高中核心课程中取得至少 2.3 的 GPA，其中有 10 门课程是在高三之前完成的，高三毕业时 SAT 成绩需达 900 分，ACT 成绩需达 75 分。如果 SAT 或 ACT 分数低，那么 GPA 就要更高。例如，SAT 成绩为 740 分或 ACT 成绩为 61 分，就需要高中核心课程的 GPA 达到 2.7，才有资格参加竞赛和申请第一级别会员院校的奖学金（NCAA，2015）。

美国大学体育协会入选规则的改变旨在实现 3 个目的：① 向高中学校和高中运动员传达以下信息：参加大学体育运动需要做出努力并获得一定的学业成就；② 为尚未足够重视运动员学业的大学制定新的指导方针；③ 鼓励大学为运动员提供他们在学业上取得成功所需要的支持。

提高入选标准在一定程度上取得了成效，但许多校际体育项目仍未满足合理的学术目标要求。改革顶级大学体育项目十分困难，因为它们牵扯到许多与教育无关的利益。参加这些体育项目的一些年轻人上大学只是为了获得必要的指导和经历，以便在奥林匹克运动中保持竞争力，或一有机会就参与职业体育项目。教练员，尤其是第一级别会员院校的教练员，会把体育运动看作商业活动，他们的聘用和解聘都是根据输赢记录和他们为体育项目创造的收入来决定的。

包括大学校长在内的学校管理人员通常会将知名的体育项目作为公共关系工具和筹款工具，而不是教育项目。许多公司会赞助运动队，在体育电视节目中购买广告时段，只要运动队能引发人们积极关注其公司的产品，他们并不关心运动员的教育。同样，只要主队吸引球迷，每一场主场比赛都能带动观众在周边消费，能赚到钱的当地企业就并不关心运动员的毕业率。

由于问题持续存在，美国大学体育协会在 2005 年为院校颁布了新的学业方面的规则，将更多的学业方面的改革责任转移到了第一级别会员院校的体育部门。这些规则现已适用于 6200 支球队，规定了必须满足的最低学业进步率（APR）和最低毕业成功率（GSR）。

我们已经到了这样一种境地：顶级校际体育运动正在损害我们院校的根本，使校长和院校偏离其主要目的。

——威廉・柯万，马里兰大学校长（Pappano，2012）

APR 在每学期开始时计算，每有一名队员学业合格或每有一名队员在该学期返校，就奖励该队 1 分。可利用公式调整不同规模的球队分数的计算方式，但每支球队的得分最高不超过 1000 分。如果一支球队的得分不超过 925 分（即毕业率约为 60%），那么根据该队的分数和最低达标分数 925 分之间的差距，它将在下一年失去相应的奖学金名额。APR 以前四个学年的滚动数据为计算基础，因此，一年的情况欠佳并不会对球队造成不公平的影响。

GSR 也是通过前四个学年的滚动数据来计算的。因此，2015 年的 GSR 是基于 2006—2009 年进入大学并在首次注册课程后六年内毕业的运动员的比例计算。即使成绩优异的运动员转学或加入职业体育项目，GSR 也不会降低。

如果美国大学体育协会继续执行上述规则，教练员和体育部门将面临两个选择：① 更加重视学业问题；② 想办法绕开规则。由此，学业支持成了大型体育项目的重要组成部分。教练员和体育部门忽视入选资格问题，就得承担高经济风险。

（图源：©经威廉・怀特黑德许可）

“教练员，我喜欢你的新队员，他是‘高等’教育的优秀榜样！”在大型校际体育运动中，教练员和大学校长频频曲解高等教育的意义。

1. 学业支持项目

如今，拥有顶级体育项目的学校的体育部门也设立了学业支持项目。尽管这些项目的工作人员的任务是帮助运动员在学业上取得成功，但事实上，他们隶属于学校体育部门，项目架构设置在学校体育部门，这就引起了人们对其真实目的的质疑。每当有报道称项目工作人员有偿为运动员写论文和完成其他任务时，人们就会发出质疑的声音（Benedict and Keteyian，2013；Dohrmann and Evans，2013；Smith and Willingham，2015）。

尽管这些项目早在 20 世纪 80 年代初期就已经出现，但关于它们的研究并不多见。20 世纪 90 年代中期的一项研究表明，支持运动员学业的项目有一定的作用，但并没有提高毕业率（Sellers and Keiper，1998）。2007 年，明尼苏达大学对学业支持项目进行了首次公开评估并发表结果（Kane et al.，2008），促使人们就如何改进对运动员的学业支持，以及如何通过定期项目评估来衡量进步研发了一个模型，并提出了相关建议。这一模型受到了关注高校体育部门学术规范的其他人士的广泛欢迎，但目前尚未有人跟踪该模型的使用情况和有效性。

《体育画报》的记者曾对 1999—2011 年俄克拉荷马州立大学橄榄球项目中涉嫌存在的不当行为进行了为期 8 个月的调查，最终发现了令人信服的证据，证明橄榄球运动员“常常会让体育管理机构的导师或该校其他员工代为完成课程作业”（Dohrmann and Evans，2013c）。退役球员还表示，他们在考试之前会拿到答案，教练员还会让他们选报一些不用怎么努力就能轻松混个及格的课程。

学业支持项目通常在体育管理机构的监督下实施。如果橄榄球教练员和男子篮球教练员（年收入在 100 万～900 万美元的教练员）带领的球队赢得联盟冠军，而且队员有着良好的 GPA，教练员就会获得几十万美元的奖金，这就给支持项目的工作人员造成了压力，他们必须尽一切努力帮助运动员始终满足入选要求，并且取得好成绩。我们对其具体做法知之甚少，学校体育部门也不太可能准许我们就此开展研究。

2. 未来的改革

40 多年来，美国大学体育协会一直在努力提高大学运动员的学业成绩和毕业率。但与此同时，研究表明，校际体育文化和普通大学文化愈加分化（Bowen and Levine，2003；Bowen et al.，2005；Lawrence et al.，2007；Smith and Willingham，2015）。

分化主要由当前塑造大学体育文化的历史、商业和政治因素造成（Nixon，2014）。这些因素的影响巨大，因此，一批大学教授组建了德雷克小组（TDG，www.thedrakegroup.org/），旨在改革大学校际体育，维护高等教育的学术规范。小组游说美国国会，要求国会调查为营利而组织的大学运动队（以非营利性身份组织）。国会成立调查委员会后，美国大学体育协会迅速采取行动，宣传大学体育领域的学业成功案例，委员会便撤回了调查。此后，该小组依然保持活跃状态，并认为除非校际体育运动受到独立机构的监督，否则大学的教育使命将不断受到损害。

巨大的商业力量不断影响着大型的大学体育项目，因此，我们这些研究过大学体育项目的人中有许多都对改革的真正作用持怀疑态度（Coakley，2008b；Morgan，2012；Oriard，2012；Thelin，2008；Zimbalist，2013）。但是，依然有人相信，如果美国大学体育协会始终认真执行学术标准，并且采用会对大学和体育部门造成严重财务和声誉影响的处罚，那么有意义的改变将会随之产生（Chelladurai，2008；Simon，2008）。

四、学校从体育代表队中受益了吗？

高中和大学体育项目影响的不仅仅是运动员。接下来我们将探讨体育项目对高中和大学等组织的影响，尤其是对学校精神和学校预算的影响。

（一）学校精神

任何参加过精心编排的学生动员会，或观看过精彩的高中、大学校队比赛或见面会的学生啦啦队表演的人都知道，运动员们会在体育运动中展现令人印象深刻的体能和精神。但这并非所有运动队都能做到，也不是所有的学校都是这样。不知名的体育比赛的参赛队伍通常很少有学生观众。长期以来屡败屡战的运动队很少会引起众多学生的积极反应。许多学生不关心校队，甚至对某些运动队和运动员受到的关注感到不满，但是体育运动又经常成为将学生及其他与学校相关的人聚集到一起的契机，方便他们表达对运动队和学校的热情。这些都是媒体报道的素材，也是一些人回忆高中时光时的谈资。

学校运动队的拥护者们认为，在体育赛事上展现学校精神可以加强学生对学校的认同感，增强学生的凝聚力。为了证明这一点，得克萨斯州的一位高中校长说："不会有一万人去看数学老师求解 X"（McCallum，2003：42）。批评者说，体育创造的精神是短暂而肤浅的，不利于教育目标的实现。

如果人们有机会集体表达自己的感受，那么他们作为集体或组织的一员，会获得更多的愉悦感。然而，相当多的时间、精力和金钱等资源都被投入到与体育相关的成果中。每逢这些场合，学生们会花费时间和精力制作标牌，策划与比赛相关的社交活动，为运动员加油打气。啦啦队会为比赛进行排练。运动员每周花在训练、比赛和出行上的时间为 10～20 个小时，他们在心理上为比赛做准备，并将运动员身份看作他们在学校的核心身份。教师们则与学生一起看比赛，管理学生观众，充当记分员和计时员，以及履行其他与比赛相关的职责。管理人员花费时间和精力来保证比赛、运动员和学生能代表学校的积极形象。

（图源：©杰米·施瓦伯罗/美国大学体育协会照片）

这是学校精神的体现吗？如果是，那它是什么精神？这些学生是比其他学生学习更努力，毕业率更高，还是会为学校捐更多钱？这算是对学校的认同吗？具体是什么意思？如果我们不能回答这些问题，又如何知道学校体育是否应该因为它塑造了学校精神而得到支持呢？

家长们缴纳参与费，协助教练员永无止境地为球队筹资、在幕后支持参加或者观看比赛的学生。教练员和学校体育项目工作人员是有报酬的，他们是一个地区和国家组织架构的一部分，拥有办公室和专门的经费账户。还有人受雇在赛前和赛后打扫体育馆、露天看台和室外场地。其他人则受雇来整理和规划场地，修理损坏的设备和设施，设立看台和记分台。裁判员是外聘的，接受过培训。整个学校的体育设施保障每周能安全、顺利地举办 3～4 场比赛。此外，当地记者和其他新闻工作者会到现场报道比赛，这也是唯一一场具有新闻价值的学校活动。

现在请想象一下，如果所有这些时间、精力和物质资源都被用于开设课程或精心规划课程项目，维护教室和实验室，培训和支付教师工资，奖励学生的学业成就，并将学校作为一个有价值的学习场所呈现给整个社区（Ripley，2013a，2013b），那么学习会被定义为学生和整个学校组织更加核心的任务吗？在数学、阅读和关于世界事务的知识和考试分数方面，许多后工业化国家的排名都远远超过美国，这就是原因所在。

与之相对，在美国，包括教育工作者在内的人们都不假思索地认为体育运动对学校的组织至关重要，以至于没有人思考和讨论这个问题。也没有人想过，如果体育是以社区为基础的，而不是学校赞助的活动，那么美国的教育可能会是什么样。另外，在美国，人们普遍接受"体育的重大迷思"，这妨碍了人们思考如何更有效地发展学校精神，不再以不鼓励学业发展、反而日益与之相冲突的运动队和体育赛事为中心（Ripley，2013a，2013b）。

对某些学生来说，知名的顶级校际体育项目的精神十分鼓舞人心，但是只有极少数学生群体现场观看高度知名的体育赛事，要么是因为学生不感兴趣，要么是体育部门限制学生购票，这样他们就能以更高的价格把票卖给其他人。

顶级体育项目的比赛往往是激励许多大学展示学校精神的主要社交场合，但研究表明，这种精神与大学的教育使命或在校园内促成普遍的社会融合几乎没有关系（Clopton，2008，2009，2011；Clopton and Finch，2010；Pappano，2012）。它确实为一部分学生定期创造"机会"，让他们能参加聚会、不去图书馆、花更少的时间学习，在他们的球队取得成功并经常赢得比赛时变本加厉，而这些学生通常是白人男性，不是女性或少数族裔学生（Clotfelder，2011；Higgins et al.，2007；Lindo et al.，2012）。

此外，我们知道，体育运动可以促使学校在当地社区表现出令人印象深刻的相关精神。实际上，青少年经常被看作周围社区的“麻烦”，而他们参加的比赛却成了美国许多城镇和小城市娱乐的主要来源。这种情况会为学校及其教育项目带来支持吗？或者，它会导致人们更多地关注运动队的表现，而不是当地学生的学业表现吗？

上述问题有待进一步得到研究。人们认为对运动队的支持会转化为对学校的支持，但我们不知道这种转变如何以及会在什么情况下发生。例如，人们经常观看、谈论高中和大学的运动队比赛并为之加油喝彩，同时，他们投票否决为地方学校提供资金而发行债券，投票支持削减州立大学数十亿美元经费的州议员。那些欢呼的体育迷会如何以及在什么情况下会支持为他们所追随的运动队所在的高中和大学募集资金？尽管许多人不假思索地认为体育运动所形成的精神永远有利于教育，但我们对此其实知之甚少。

（二）学校预算

由于资金来源不同，公立高中和大学存在不同的预算问题，不过私立高中和大学也面临类似的问题。顶级校际体育运动的经济利益吸引着大约250所大学建立了自己的预算类别。例如，当一名19岁的大二学生在美国大学体育协会锦标赛中投进一个关键的罚球时，他所在的大学可能会获得150万美元的奖金。但高中体育运动的情况又不一样。因此，高中和大学的预算问题应被分开讨论。

1. 高中

大多数校际体育项目的资金来源是学区的财产税拨款。在大多数情况下，体育项目的支出费用不到学校运营预算的1%。如果某些项目需要更多预算，剩余资金就依靠门票收入和后援俱乐部。

面对预算短缺，许多高中采用了各种筹款策略：① 向参加校队学生的家庭收取体育项目参与费；② 培养后援俱乐部；③ 寻求企业赞助。但是每种方式都会带来问题。

体育项目参与费使来自富裕家庭的学生享有特权，使来自低收入家庭的学生失去信心，并在学生群体中造成社会经济分化。但是，收取参与费的现象十分普遍，对于一些需要大笔预算来支付出行费用和设施费用的体育项目，参与费从低至 25 美元到高达 1000 美元不等。一些家庭会为孩子参加学校体育活动支付数千美元，而有些家长则开出一张 500 美元的支票，表明不希望自己的孩子单是坐在观众席上，这就给教练员带来了严重的困扰。

依靠后援俱乐部的支持也会造成问题，因为大多数社区的后援俱乐部都希望赞助男子橄榄球队或篮球队，而不是全部体育项目，并且许多家长后援俱乐部只关注自己孩子参加的体育项目（Fry，2006）。这种做法加剧了现有的性别不平等现象，引发了《教育法修正案》第九条相关的诉讼。此外，一些后援者认为，他们有权向教练员和运动员提出建议，干预球队决策并影响聘请教练员的过程。社区后援者可能会关注输赢记录，以便在与朋友和商业伙伴互动时吹嘘自己的影响力。对他们来说，学业可能不那么重要，会让位于组建一支能够赢得州冠军并提升他们个人地位的球队。

企业赞助将校际体育的未来与企业的广告预算和收入来源联系起来。这意味着，如果广告预算被削减，或赞助的回报不足以让公司所有者、股东和高管满意，学校可能会一无所获。当企业赞助商的利益与高中的教育目标不符时，就会出现其他问题。例如，在体育馆的墙上、记分板上和球队大巴上张贴广告和标识，对糖果、软饮料和快餐做宣传违背了高中课程内容的健康和营养原则。这使学生对课程学习的意义持怀疑态度。而且，某些公司希望尽可能早地在学生群体中“塑造”品牌形象，因此它们赞助学校体育运动，试图把学生变成将来忠实的消费者。

随着家长和运动员越来越期望能够在学校体育项目中得到在私人俱乐部项目中获得的那种个性化关注，高中预算问题变得越来越有争议（Hochman and Casey，2011a）。越来越多的学生退出俱乐部项目，一心希望获得大学奖学金，因此他们期望获得教练员及培训师的帮助，并且有足够的训练器材，从而得以实现这一目标，即使这种想法并不现实。

尽管预算危机迫使一些学校放弃所有体育项目，但前述问题并没有得到解决。其结果是，高收入地区的公立学校和私立学校之间的不平衡日益加剧，来自富裕家庭的学生为复杂的体育项目和设施提供资金，而低收入地区的学校则难以用过时的、破旧的设施和设备来维持为数不多的几支运动队。

2. 大学

大学体育与学校预算之间的关系错综复杂（Lifschitz et al.，2014）。小型院校的校际体育运动通常是低预算的活动，经费来自学费和普通基金及院长办公室。美国大学体育协会橄榄球碗赛分区有 120 所大学，其预算从 1800 万～1.6 亿美元不等。然而，体育部门使用的计算方法各不相同，很难横向比较。例如，一些体育部门可能出于税收目的"隐瞒"利润，以便维持其非营利性身份，而另一些体育部门可能会"隐瞒"亏损，以避免人们批评运动队运营成本太高，剥夺了学业项目的资金。

在约 1900 个校际体育项目中，收入始终高于支出的不到 20 个。表 13.4 显示了拥有规模最大和"最成功"的体育项目的大学在 2012 年产生的债务金额。在 120 所拥有顶级橄榄球和篮球项目的橄榄球碗赛分区大学中，每所大学年平均损失为 12,272,000 美元。在 127 所橄榄球锦标赛分区大学中，每所大学年平均损失为 10,219,000 美元，而在 100 所非橄榄球分区的大学中，每所大学年平均损失为 9,809,000 美元（Berkowitz and Upton，2013；Berkowitz et al.，2013）。

表 13.4　2012 年大学收入和支出中值（对美国大学体育协会第一级别会员院校按部门进行细分）

单位：美元

	总收入中值*	收入中值	总支出中值	净收益（或亏损）中值**
橄榄球碗赛分区（120 所大学）	55,976,000	40,581,000	56,265,000	–12,272,000
橄榄球锦标赛分区（127 所大学）	13,761,000	3,750,000	14,115,000	–10,219,000
非橄榄球分区（100 所大学）	12,756,000	2,206,000	12,983,000	–9,809,000

资料来源：美国大学体育协会 2004—2012 年第一级别会员院校校际体育运动收益和支持报告（http://www.nccapublications.com/p-4306-revenues-and-expenses-2004-2012-ncca-division-i-intercollegiate-athletics- programs-report.aspx）。

注：*表示这笔款项包含除盈利之外的学费、大学的常规预算资金和基金会的捐款。

**表示这一超支数额必须通过学费、常规预算和捐款等"外部"资金来支付；2011—2015 年，这笔补贴款项总计超过 103 亿美元，其中一半以上来自学费（Wolverton et al.，2015）。

2007年以来的总体趋势是，体育部门的收入增长主要来源于电视转播权收入，但支出也以相似的速度增加。大多数体育部门入不敷出，然后用学费和常规预算资金来弥补差额。在此期间，学生的学杂费以创纪录的速度飙升，教师的工资几乎维持不变，工作量也有所增加。

令大多数人震惊的两个事实是：① 在2011—2012学年，227所橄榄球碗赛分区和橄榄球锦标赛分区大学获得了23亿美元的学费、州政府拨款和大学普通基金补贴，相当于相关体育部门全年支出的三分之一；② 在2010—2011学年，橄榄球碗赛分区大学在所有球队中为每位运动员投入了9.2万美元，但在每位学生身上只投入了1.36万美元，比例约为7:1（Berkowitz and Upton，2013；Desrochers，2013）。东南联盟的大学向自己的橄榄球队大量注资，为每名运动员花费16.4万美元，而为每名学生仅花费1.34万美元，比例超过12:1。橄榄球锦标赛分区大学为每名运动员花费3.67万美元，每名学生1.18万美元，比例超过3:1。此外，2010年以来，由于大学体育部门持续挥金如土，大学对运动员的支出与对学生的支出差距日益扩大。

另一个令人不安的情况是，自称在2011—2012学年收入超过支出的23个体育项目，总共获得包括学费和大学提供的约5240万美元的补贴。例如，佛罗里达州立大学在2011—2012年创造了9230万美元的收入，花费了9030万美元，但却获得了780万美元的补贴，因此它们在报告中称所谓的“收入”为1亿美元多一点，而所谓的“利润”为980万美元。

“创造的”收入或实际收入包括门票销售、媒体版权出售、捐赠和一些商品销售的收入。“补贴”包括学费、大学普通基金和州政府拨款。但是补贴不包括其他形式的政府扶持，例如为购买豪华套房、橄榄球和男子篮球比赛高价票的富裕球迷减税，并从他们的成本中扣除高达100%的“经营费用”或“慈善捐款”，从而削减了40%的税款，这些钱本可以被用于资助公共项目。此外，富有的个人和机构所持有的免税债券被用于建造新的大学体育馆，为富有的球迷及其朋友提供豪华套房。

大多数高校的预算资料表明，体育项目之所以存在，是因为它们的资金来源于学费、大学普通基金和州政府拨款。富有的个人或公司会时不时为一项体育项目投入大笔资金，因此体育项目看起来十分有利可图。在俄勒冈大学，耐克首席执行官、俄勒冈大学的毕业生菲尔·奈特就曾向学校体育部捐赠约 3 亿美元，于是许多人认为俄勒冈大学应该改名为耐克大学。俄克拉荷马州立大学的体育项目获得了亿万富翁 T. 布恩 • 皮肯斯提供的 2.65 亿美元的资助，帮助该校橄榄球队从常年的输家一跃成为多年赢家。不幸的是，皮肯斯并不清楚，这种转变据说是由一些不当行为促成的。

美国大学体育协会的数据表明，拥有橄榄球队的第二级别会员院校，其体育支出中值从 2004 年的 290 万美元增加到了 2011 年的 510 万美元，少数学校的支出超过了 1500 万美元，但没有一所学校的盈利超过 970 万美元；盈利中值只有 61.8 万美元（Fulks，2012a）。

（图源：©艾丽莎 • 舒卡/美国大学体育协会照片）

在大多数美国大学体育协会会员院校中，女子体育项目的财政赤字小于男子体育项目。这意味着，在大多数学校，男子体育项目的净成本高于女子体育项目。马里兰大学东岸分校的这支 2008 年和 2011 年冠军保龄球队的预算只占大多数男子体育项目预算的一小部分。

对于没有橄榄球队的学校，2011 年的支出为 360 万美元，收入中值为 29.7 万美元。第二级别会员院校男子项目的亏损中值为 190 万美元，女子项目的亏损中值略低于120万美元。橄榄球项目是所有项目中亏损最大的，亏损中值约100万美元，而女子篮球项目的亏损中值为31.3万美元。由于第二级别会员院校的大部分收入来自学生的学费，而且这些学校的女生多于男生，因此，男子体育项目，尤其是橄榄球项目，得到的来自女子体育项目的补贴过多。在没有橄榄球队的学校中，男子项目和女子项目的净成本几乎相同。

第三级别会员院校中也存在类似的情况。对于有橄榄球队的学校，2011年体育项目的费用中值为285.8万美元，比2004年增加了近85%。2011年，没有橄榄球队的学校的费用中值为138.3万美元，相较于2004年的66万美元增长了约110%。该级别会员院校体育项目的盈利微乎其微，大多数比赛都可以免费入场，而且没有电视媒体付费采访球队。这意味着每位运动员的开支相对较高——2011年，在有橄榄球队的该级别会员院校中，每位运动员的平均开支约为5600美元，没有橄榄球队的该级别会员院校中，每位运动员的平均开支约为5100美元。橄榄球运动仍然是最昂贵的体育运动；包括橄榄球运动在内的男子体育项目的费用中值为98.5万美元，而不包括橄榄球运动在内的男子体育项目的费用中值只有38万美元。对于女子体育项目而言，包括橄榄球运动在内的项目与不包括橄榄球运动在内的项目的费用中值分别为64.9万美元和42.3万美元。在不包括橄榄球运动在内的体育项目中，女子项目每年的花费比男子项目高出4万多美元。

尽管与许多第一级别会员院校的体育项目相比，第二级别会员院校和第三级别会员院校体育项目的成本不值一提，但核心教育价值观与在招生和校园预算资源分配方面偏袒校际体育的决策之间的关系日益紧张（Bowen and Levine，2003；Bowen et al.，2005）。20世纪80年代以来，这种紧张关系一直在加剧，部分教师如今认为，当这么多校园资源专用于招募运动员，资助那些训练和出行费用不断增长的球队，以及为不具备系统性教育意义的体育活动建造设施时，学业质量就会受到影响。他们还会问，如果向教练员提供资金来招募具有高度专业的运动技能的学生，而社会学系的系主任或校报的指导教授却没有类似的招聘预算，这是否是明智之举。他们认为，体育运动不需要招募也可以存在，因为许多学生是出于除体育奖学金和媒体报道之外的其他原因而想要加入校队。

当前的研究表明，体育项目和体育经历有着广泛的影响，具体取决于人们赋予它们的意义，以及它们在特定社会和文化背景下融入人们生活的方式。至此，尽管美国学校赞助竞技运动队已有一个多世纪的历史，但我们才刚刚开始研究它们发生的背景、人们赋予它们的意义及其对教育的影响。

五、高中和大学体育面临不确定性

尽管校际体育运动很受欢迎，但如今它却充满了不确定性。在高中和大学的体育项目中存在着一些相似的问题，它们造成了这种不确定性，而另一些问题则为高中或大学所特有。在本部分，我们首先关注相似的问题，随后探讨不同层次学校所特有的问题。

（一）高中和大学的体育项目所共同面临的问题

高中和大学的体育项目面临的第一个问题是成本控制和同一竞争水平的学校项目之间预算日益不均衡的问题。

高中和大学的体育项目面临的第二个问题则是家长和运动员态度的转变和期望的提升，如今在寻找体育项目时，他们都将体育相关的目标置于优先级首位。

高中和大学的体育项目面临的第三个问题是如何最大限度地减少脑震荡等头部创伤及其他严重的损伤，这些损伤会大大减少学生对某些运动的参与，并给学校体育部门带来重大的结构和文化变革。

高中和大学的体育项目面临的第四个问题是如何设立和维持体育项目，提升所有学生的学习体验，同时又不影响教师和学生的学业重点。

高中和大学的体育项目面临的第五个问题是性别不平等现象依然存在，同时残疾学生的参与机会较少。

综合而言，这五个问题将高中和大学体育项目带到了一个十字路口。项目的运营人员需要对一些不能再被搁置和忽视的问题做出关键决策。处理这些问题需要采取系统性的策略。无论运动队的竞技水平如何，学校还需要采取面向个别学校和个别体育项目的针对性策略。然而，这些问题不仅关系到体育，它们对美国学校的教育质量也有影响。体育已经成为美国学校的核心组成部分，处理体育问题的策略所造成的影响远远超越了比赛场地和学生个人生活的范畴。

1. 成本控制和预算不平衡

高中和大学体育项目的成本一直在飞速增长，其速度已经远超通货膨胀率的增长速度，以及中学和高等院校其他专业的成本增长速度。随着控制成本和消除运营赤字的压力越来越大，如今大多数体育项目都面临着严峻的预算问题。教育领域的资金普遍都很紧张，而体育项目的管理人员并不认为增加高中或大学的资金可以弥补项目开支。

由于文化教育项目和体育部门的项目均面临资金削减问题，因此二者都借助专项费用和筹款活动来维持现状。其他学校面临着严峻的形势，而富裕地区的学校或吸引相对富裕家庭的孩子的学校通常能够维持甚至增加支出。部分学校的项目被削减得所剩无几，而另一些学校的所有体育项目都被取消了。但是，在所有项目中，体育项目经费的不平衡现象日益严重，即使同一水平的学校也是如此。

各个高中的预算和项目不平衡主要与社区、城镇甚至美国各地的居民财富分配有关。在大学阶段，它则与竞技体育运动的媒体转播权收入和门票收入的分配有关。因此，只有极少数项目享有充足的资源，能够使用最先进的体育设施、吸引技术纯熟的运动员及资历显赫的教练员和员工。而与此同时，其他项目正在努力保持收支平衡，而且“走捷径”有时会给运动员造成安全问题。

在高中阶段，私立学校的出现加剧了不平衡问题，它们有充足的资源派出优秀的运动队参与各种体育项目比赛（Hochman and Casey，2011b）。不同于公立学校，私立学校招收学生不受地域的限制，因此它们可以挑选最优秀的运动员，为他们提供助学金，甚至全额奖学金。如果私立学校还具备吸引人的文化教育项目，富裕家庭的学生会放弃他们所在地区的公立学校，进入一所拥有充足资金的体育项目和一批精英运动员的私立学校。

随着这一现象席卷美国各地，拥有顶尖橄榄球队、男女篮球队的学校会角逐全国排名，在其他州参加比赛，与其他高预算球队展开竞争。有人建议，这些球队应该成立一个地区性甚至全国性的体育协会，这样它们每年就可以互相对阵，出售比赛的转播权。

实际上，一般来说，（美国的）大学体育运动在很大程度上是特权阶层的领地，与穷人无关。在体育娱乐电视节目的帷幕之下，大部分大学运动员都是富人和白人。

——汤姆·法利，娱乐与体育节目电视网《比赛开始》（2008）

体育项目的不平衡性正逐渐变得类似于一种社会等级制度，不平衡现象年复一年地再现。导致这一趋势愈演愈烈的是，最优秀的高中运动员越来越多地从青少年体育俱乐部项目中脱颖而出，而这些项目的参与费用非常之高，美国大部分地区一半以上的年轻人都没有能力加入。这意味着，社会中富裕家庭的孩子才有机会培养技能、在高预算的高中就读，且在大学获得大部分体育奖学金。对他们来说，这些奖学金的地位价值大于经济价值，因为他们本来就有足够的钱支付大学费用。由此，高中体育项目的不平衡加剧了大学体育项目的不平衡。

大学阶段的体育项目不平衡在美国大学体育协会第一级别会员院校中显而易见，第二、第三级别会员院校中也存在同样的现象。尽管三个级别会员院校之间的预算差距非常之大，但是第一级别会员院校预算的绝对金额差异也极为惊人。例如，2013—2014 学年，得克萨斯大学在体育项目上花费了 1.61 亿美元，比相同级别大学中橄榄球碗赛分区和橄榄球锦标赛分区中 20 个预算最低的项目的总支出还高。预算庞大的学校并不总能赢得比赛，但是它们能持续获得收入，这就扩大了大学体育项目的预算差距。因此，截至 2012—2013 学年，历史上美国大学体育协会一级联赛 92%的冠军由不到 70 所学校揽获，它们约占第一级别会员院校的 20%，而且近年来这一趋势愈加明显。

大学阶段体育项目的不平衡现象已经变得非常严重，以至于第一级别会员院校的代表无法再就规则制定、规则变更和规则执行程序达成共识（Nixon，2014）。这是因为，在 34 个体育协会中顶尖的 5 个体育协会中，大约 66 个学校的体育部门与其他学校的体育部门处于完全不同的层次。大致而言，前者运营职业项目，而后者则运营业余项目。运营职业项目的体育部门希望规则能适用于自身的情况，即使从与媒体公司的交易中获得了数百万美元，它们仍然希望自己的“工人”（即运动员）在严格的最低工资标准下辛苦卖力。

无论境况如何，减少美国高中和大学体育项目不平衡现象的努力总是遭遇巨大的阻力。实施成本控制政策也遭遇了巨大阻碍。大学球队预算和教练员工资会有上限吗？出售电视转播权的收入能否在更多的学校中重新得到分配呢？实施这些举措的机会非常渺茫，这意味着体育项目的不平衡将继续影响大学和高中体育项目的格局。

2. 态度的转变与期望的提升

随着体育参与涉及越来越多的利害关系，家长和运动员的期望值和目标也相应有所提升。今天的年轻人是在一种重视自我完善、成长和成就的文化中长大的，而体育领域比其他社会领域都更加重视这些方面。在高中阶段，越来越多的运动员寻求机会提升自身技能、提升知名度，最大限度增加自己获得大学体育奖学金的机会。他们还认为，全年都参加一项体育运动对于实现这一目标至关重要，并且他们会寻找符合自己期望的学校和教练员。

当地的公立学校达不到家长和运动员的期望时，如果有选择，他们就会寻找其他学校。如果不允许转学，他们可能会选择一所私立学校，甚至搬到另一个有能满足他们期望的公立学校项目的地区。无论何种情况，他们都希望得到针对个人的关注和指导。在足球、排球、曲棍球和其他一些项目的运动员中越来越受欢迎的另一个选择是留在一个全年都有比赛的高知名度的俱乐部运动队中，定期参加州级、地区级和国家级锦标赛。但是这些俱乐部往往十分昂贵，根据出行和比赛费用的不同，参与者每年通常要花费 1 万美元甚至更多。

Biocats 是一家针对年轻运动员的跨州考察服务公司，公司总裁在许多高中都观察到了以下变化：

> ……家长和孩子们在俱乐部运动中除了感觉到“一切都是围着我转”以外，从来没有过别的体验。等孩子们上了高中，我们需要纠正孩子和家长的这个想法。“这里不是俱乐部，（在高中）不是一切都围着你转。一切都是为了球队、学校和社区，你为它们服务。在俱乐部，它们为你服务。”（Hochman and Casey，2011b）。

很难说这些不断转变的态度和上升的期望值在大学阶段有何作用。当然，有更多妄自尊大的运动员专注于他们的个人目标。这就致使更多的运动员通过转校来获取他们期望的关注，而且可能会导致更多的运动员共同努力迫使学校提供更好的医疗和保险，因学校为增加收入而使用他们的姓名和肖像向学校索取补偿，并要求学校建立规章制度，来限定他们每天和每周必须进行运动的时长。如果不断转变的态度和上升的期望值会造成这样的结果，那么它将对大学体育组织产生巨大的影响。

3. 脑震荡等头部创伤及其他严重的损伤

在学校体育运动中，尤其是在橄榄球运动中，脑震荡等头部损伤是高中和大学体育的热点问题，同时也是教练员、学校体育主管和学校管理者感到焦虑的责任问题。橄榄球项目是高中和大学最受欢迎、最受推崇的运动，然而事实上，在有组织的学校体育活动中，一半的脑震荡都发生在橄榄球运动中，这进一步加剧了上述焦虑感。

高中的管理人员知道，校际运动队的大多数运动员未达到法定的知情同意年龄，学校在对他们进行监督的同时负有特殊的保护责任。如果研究持续表明，体育运动造成的脑震荡等头部创伤可能导致永久性脑损伤、死亡或无法满足学业期望，学校就必须放弃橄榄球或其他运动，或者想办法在运动员训练和比赛时大幅降低脑创伤的可能性。现在一些球队限制了进行全面身体接触训练和对抗赛的训练时间，但增加了球队在一个赛季内的比赛次数，包括季后赛（Brady and Barnett，2015）。如今，许多教练员都在传授避免头部碰撞的抢断动作，但在真正的比赛中，一切发生之快往往会让人顾不上使用这些新动作。运动员需要新的脑震荡诊断和治疗方案，但这些只能降低头部受伤的可能性。

进一步的研究表明，头部创伤可能会导致暂时性或永久性脑损伤，从而影响学习成绩、大学入学、未来的就业前景及整体健康状况，人们将会就此提起诉讼。诉讼的被告包括教练员、学校体育主管和校长、地区和州体育部门主管以及教育委员会。无论判定结果如何，仅仅是个人和学校责任方面的隐患就会增加保险成本，并会将校方人员置于不确定的法律处境。这意味着敷衍应对运动员的头部创伤将不再是一个明智的选择。不对此采取坚定的行动，就会置学校、学区、州立高中体育协会及体育从业人员的职业生涯和家庭资产于危险之中。

脑震荡和其他严重的损伤在大学阶段的影响略有不同。大学运动员已经达到了法定的知情同意年龄，但这意味着美国大学体育协会、大学、学校体育部门和球队负责人有责任充分告知运动员他们同意承担的运动风险。到目前为止，各方都严重失职。尽管美国大学体育协会的既定宗旨是保护“大学运动员”，但它尚未制定相关政策。尽管大学的相关部门都配有脑震荡等头部创伤方面的专家，并且声称参与大学体育项目是重要的教育经历，但大学并没有提供深入的教育课程，让运动员了解他们在某些情况下所面临的风险。

2011 年，有人因脑震荡对美国大学体育协会和其他相组织及个人提起诉讼，其他声称具有脑损伤症状的退役运动员也加入了他的诉讼阵营。因此，该诉讼作为集体诉讼，代表数千名退役大学运动员维权（AP，2013；Hruby，2013a，2013b）。

双方于 2014 年 7 月达成和解，美国大学体育协会同意设立 7000 万美元的基金用于支付检查费用，以评估退役运动员是否患有可能与脑震荡相关的神经系统疾病。美国大学体育协会还同意额外提供 500 万美元用于脑震荡研究，并就运动员在患脑震荡后何时可以重返赛场制定方案。但任何运动员都得不到治疗神经系统疾病方面的赔偿。

虽然在 2004—2009 年，有 3 万多起报道称大学运动员被诊断患有脑震荡，但他们并没有机会提起能够代表他们所有人的集体诉讼。这使美国大学体育协会得以逃避就重大损伤做出赔偿，例如美国职业橄榄球大联盟之前向退役球员支付的赔偿金。退役大学运动员现在可能会以个人名义起诉，但是这样做的费用非常高，而且胜诉的可能性也微乎其微。

和美国职业橄榄球大联盟一样，美国大学体育协会拒不承认未能告知球员头部受伤情况的过失或不当行为。因此，它不会向任何退役球员支付任何损害赔偿金，而且其提供的保险几乎覆盖了所有和解协议上的内容。其中几名参与诉讼的退役运动员不接受和解，因为和解协议没有涵盖治疗方面的内容，但他们无法重新提起诉讼。

虽然此案的和解并未给美国大学体育协会造成经济损失，涉案高中也未就和解进行过赔偿，但有关脑损伤的新兴研究依然表明，脑震荡等头部创伤是高中和大学体育的“十字路口问题”。如果科学家们不研究出一种方法以帮助运动员降低脑创伤出现的可能性，那些学校赞助的体育项目的运营人员将被迫在进入“十字路口”时转向一个更加安全的方向。直行并不是明智之举。

4. 设立和维持体育项目

作为一种身体活动和锻炼形式，体育运动具有重要的教育意义。然而，这具体取决于体育运动的组织方式、开展体育运动的背景，以及赋予它们的意义。不幸的是，谈到高中和大学体育运动，我们忽略了一些限制性因素，体育的重大迷思使人们以为所有的运动本质上都是“有教育意义的”，而且参与体育运动会创造积极的、有价值的学习经历。这就使包括教练员在内的教育工作者无法批判性地讨论他们希望学校赞助的体育项目如何运营，他们如何利用教与学的理论（教学法）来体现这些内容，以及他们如何确定项目是否有所成效。

体育项目与学业项目之所以越来越脱节，主要是因为许多人简单地认为体育是教育，参加体育运动是学习过程。基于这些已有研究证明为误的设想，美国的教育工作者已经将非常专业的高水平竞技体育定为学校的主要特征，而没有系统地收集证据或提出健全的教育理论来证明这一决定的合理性或指导其实施。

如果我们能考虑到体育在美国文化中的力量，这些关于体育参与的设想就尤其麻烦。一旦体育运动融入学校的文化和结构，它们就有可能主导学校的公共形象，吸引学生、教职员工和管理人员的注意力，展现自己的目标和重要性——其目标包括创造获胜纪录、赢得摆放在校门口的冠军奖杯、建立公共关系、吸引娱乐和媒体报道。总而言之，体育运动对学校既具有象征意义，又具有代表意义。

一旦如此，体育运动可能会与学校的学术使命发生冲突，并使后者黯然失色（Nixon，2014）。然后人们就会说我们不能没有体育运动，体育参与是我们许多学生每天来上学的原因，或者说我们离不开体育运动的原因是它是凝聚我们的学校的唯一因素，是通向大学的“前廊”。人们也就接纳了这些说法，而不去问为什么我们的课程设置如此糟糕，而学生为了参加体育运动不得不容忍这些糟糕的课程设置，不去问还有什么其他的方式可以凝聚我们的社区，或者不想办法来使诺贝尔奖获得者和前沿知识成为进入大学的“前廊”。

由于没有提出这些批判性的问题，学校最终还是会花更多的钱来支持运动员，而不是去支持普通学生（Marklein，2013）。人们对美国学校的这些开支模式提出质疑就会招致广泛的批评，这些批评者情绪激动，他们提出的批评带有辩护性和人身攻击性（Martin，2013）。批评主要是围绕“体育对我意味着什么”和“体育对我的孩子意味着什么”而进行的。但是相关答复实际上正好印证了这些问题的现实意义，因为它们清楚地表明了体育在学校中的重要性，以及人们如何将其视为理所当然，且没有对其教育意义提出任何质疑。

这样的开支模式对于来自高质量教育系统国家的学生来说十分奇怪，他们在学校的学术环境中学习团队合作，学习如何建设性地应对失败、如何努力完成项目、如何在学习遇到障碍时保持坚忍，以及如何将学习视为学校存在和自己上学的原因（Ripley，2013a，2013b）。这并不是说这些国家的年轻人不参加体育运动。他们也运动，而且运动对他们中的许多人都很重要。但是，对他们而言，体育运动是基于社区的，也并不主导他们学校的社会、文化和实体面貌。

建议学校取消体育项目有些不切实际，不过预算的削减会迫使一些学校这样做。但是，建议教育工作者提出批判性问题，重视那些阐释体育运动如何以及何时改变学校的文化和组织的研究，这并非不切实际。然后他们才能决定保留、改变还是放弃体育项目。可以首先问问他们会怎么看待国家的高等教育系统，在这个国家里，所有顶尖大学中收入最高的人不是橄榄球教练员就是男子篮球教练员，在校园里最受尊敬的人是橄榄球运动员或男子篮球运动员，大学用于培养运动员的人均费用是用于培养不属于运动队的学生的六倍。

5. 性别不平等

一个多世纪以来，美国学生所参与的体育运动几乎一成不变，这样的体育项目忽视了教育理论，未能认识到存在于这样崇尚个性和创新的文化中的不断变化且多样化的体育兴趣。例如，一个多世纪以来，美国高中始终重视为数不多的几项力量成绩型运动项目，这就使一些更喜欢休闲参与型体育运动的男孩女孩望而却步。在实现性别平等方面取得的进展归功于增加了足球和长曲棍球等项目，归功于运动项目的广泛开展，而进一步实现性别平等则需要做出更多的改变。

对于那些不如其他同学体格高大、强壮、速度快的学生而言，他们要求替代或改革传统力量成绩型运动项目。虽然橄榄球和篮球项目得到了众多关注和资源，但仍有一些学生参加飞盘运动、短柄墙球、夺旗橄榄球、直排轮滑、定向越野、走软绳、山地自行车、自行车越野、轮滑曲棍球、滑板以及其他当地学生有足够兴趣组建队伍的运动。在相关人士的指导下，学生们自己至少可以部分管理和指导其团队，并与其他学校的团队一起组织展览、聚会和比赛。一项运动真的必须要有一个官方的国家冠军才具有教育意义吗？

高中女子运动仍然缺乏男子运动所享有的支持。这一问题由来已久，如表 13.5 所示，2014—2015 学年参加高中体育运动的男孩比女孩多出 120 多万。此外，2000 年以来，实现性别平等的进程停滞不前，甚至出现了倒退。

表 13.5　1971—2015 年参加高中体育运动的男女学生数量

单位：百万

学年	女生	男生	差值
1971—1972	0.29	3.66	3.37
1975—1976	1.65	4.11	2.46
1980—1981	1.85	3.50	1.65
1985—1986	1.81	3.34	1.53
1990—1991	1.89	3.41	1.52
1995—1996	2.47	3.63	1.16
2000—2001	2.78	3.92	1.14
2005—2006	2.95	4.20	1.25
2010—2011	3.17	4.49	1.32
2014—2015	3.29	4.52	1.23

资料来源：美国全国高中联合会；http://www.nfhs.org/ParticipationStatistics/ Participation Statistics

大学阶段的性别不平等根植于类似的社会和文化动态，但是这种不平等现象更加严重并体现在许多领域，比如运营预算、招聘资金和教练员的薪资。2014 年美国大学体育协会会员院校全部项目的此类差异如图 13.1 所示。即使女性占学生总数的 54%，但是她们只占运动员总数的 44%。此外，她们获得的奖学金占奖学金总额的 46%，在享有的资源方面，女性的招聘资金占招聘资金总额的 33%，女子项目运营预算占体育部门运营预算总额的 35%，女性主教练薪资占主教练薪资总额的 31%（尽管女子运动队多于男子运动队）。

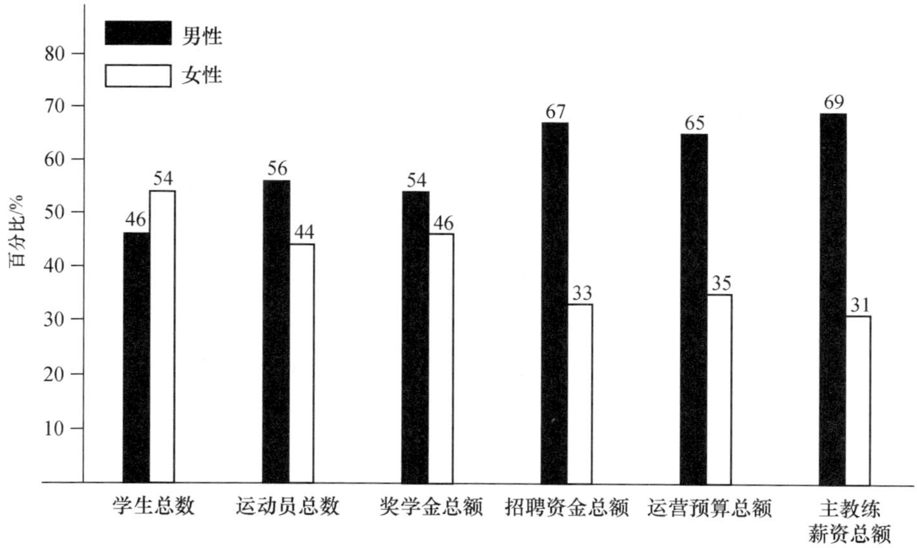

图 13.1　2014 年美国大学体育协会会员院校在一些领域中的男女平等情况

资料来源：体育数据分析工具；http://ope.ed.gov/athletics/GetAggregatedData.aspx

许多人指出，男子队比女子队创造了更多的收入，以此来为性别不平等辩护。还有人说，男性获得的部分收入来自学费和国家基金，另外，男子创造收入的潜力导致人们对男子体育的重视程度高于女子体育，这进一步加剧了广泛存在的性别不平等现象。这意味着，高等院校面临的问题是，社会中更广泛的性别不平等是否影响体育项目的资助重点。在这一点上，性别不平等似乎有所影响。

高中和大学中与性别相关的体育参与不平等现象，主要是由橄榄球队的规模及橄榄球队的运营成本增加所致。在五大顶尖的校际体育联盟中，好几所大学的橄榄球队和男子篮球队创造的收入足以为女子运动的整体预算提供足够的资金，但是随着橄榄球和男子篮球项目开支的增加，需要增加补贴才能维持女子运动队和其他多数男子运动队的运营。

在性别平等方面，校际橄榄球项目的支持者面临着显而易见的矛盾状况。一方面，他们说橄榄球运动是一种教育活动，不必为不断增长的收入缴税或将球员视为雇员。另一方面，在讨论性别平等问题时，他们声称，大学橄榄球运动是一项受客观市场力量影响、无法控制的业务，因此不应将其视为教育活动。这就是《教育法修正案》第九条仍有争议的原因——它揭露了大型体育项目的矛盾之处，使橄榄球项目的支持者成了摇摆不定的人。

目前，由于球队规模大，运营费用高，组织和运营高中和大学橄榄球项目的方式是造成体育参与和资助方面持续存在性别不平等现象的主要原因。

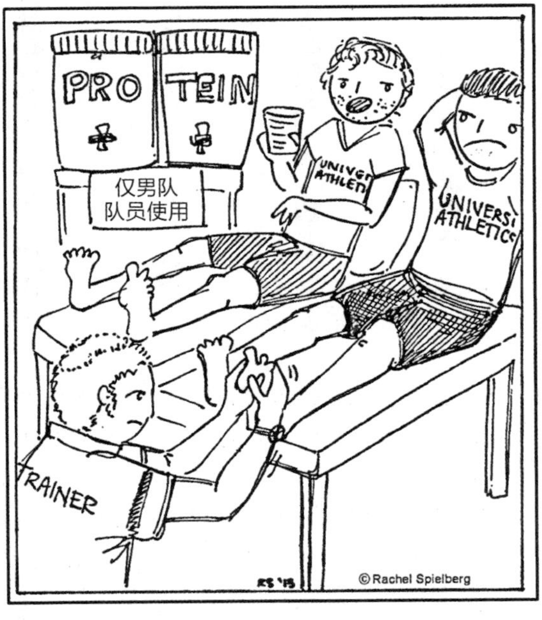

（图源：©经瑞秋·斯皮尔伯格许可）

要不是我们的橄榄球队，女队在学校就没有经费了。很多人都不知道，除了少数例外，各大高校的橄榄球队每年都在赔钱，而且要靠学费和其他外部资金来扶持。这使误导性信息年复一年地延续下去。

性别不平等现象持续存在的另一个主要原因是体育项目仍然根植于以男性价值观和经历为基础的文化。除非更多的女性被聘为男女队教练员和体育主管，否则这种情况不会改变。但在不久的将来发生这种改变的可能性微乎其微，原因至少有三。其一，如今大多数体育项目相关工作人员都不知道《教育法修正案》第九条中所描述的性别平等的全部意义，也就更不知道如何执行该项法案了（Staurowsky and Weight，2011）。其二，如果橄榄球项目是学校和联盟体育项目的核心，女性就不太可能担任高层领导职务，因为人们普遍认为女性无法有效地与橄榄球教练员和球队队员共事（Schull et al.，2013）。其三，如果担任教练员或底层管理者的女性提出有关性别不平等的问题，她们往往就会被看作麻烦制造者，在体育部门或教练工作机会方面被边缘化（Pagan and Cyphers，2012）。

改变体育项目的组织和文化是一项艰巨的任务，当负责人认为没有理由改变或认为改变是对其地位和权力的威胁时，改变几乎就不可能实现。然而，在被定义为“具有教育意义”且因此受到资助的体育项目中，因为有些人认为女性不懂该项目，无法与有能力的高薪教练员有效共事，所以支付给女性的薪酬低于男性，或者认为女性不适合担任领导，这是不合理的。埃伦·斯托罗夫斯基是一名前体育主管，也是体育管理领域一名受人敬重的研究者。他指出，高中和大学体育部门的每个人都应该经常有机会接受有关《教育法修正案》第九条及如何在项目中执行该项法案的培训（Staurowsky and Weight，2011）。这将是在实现性别平等方面向前迈出的重要一步。

6. 为残疾学生提供机会

有高中开设残疾人体育运动吗？事实是，几乎没有。篮球、保龄球、地板曲棍球、足球、垒球和田径等“适应性体育运动”已经获全美州立高中协会联合会的许可，但是仅有 0.7%的高中，即美国近 1.8 万所高中里，只有不到 130 所高中有队伍参加了这些项目，且它们仅分布于 50 个州的其中 7 个州。有超过 771 万学生加入“标准”高中运动队，只有不到 9000 名学生加入了适应性运动队，其中近一半参加了 3 项运动——保龄球、垒球和足球运动（NFHS，2013）。

部分残疾学生加入的是标准运动队，但除了他们之外，在每 950 名高中运动员中，只有一名参加适应性体育运动。在大多数高中体育项目和几乎所有的大学体育项目中，残疾学生都不是关注的焦点。因此，学生们失去了与残疾学生一起参与比赛、观看他们比赛并与他们分享体育经历的机会。对所有学生来说，他们错失了一次接受教育机会。

残疾学生参加竞技体育通常需要结合创造性设计的项目。有些项目可以将残疾学生纳入标准比赛，但如果不可以，则应成立一个或多个适应性体育运动的校队。如果个别学校缺少运动员，则应由该地区的多个学校联合组成队伍。如果在现实中可行的话，另一种方法是让没有残疾的学生以“残疾人”的身份参加比赛来满足队伍所需要的人数。

当残疾学生没有参加学校代表队，而是参加由残疾人组织赞助的社区代表队时，学校应像对校队运动员一样，对他们的参与进行宣传、支持和正式奖励。

有很多方法可以帮助残疾学生参与体育运动。不同的学校会有不同的策略，但是如果人们在组织体育活动时具有创造性和包容性，就可以制定出适当的策略。然而这种情况很少发生，除非在学校和地区层面有人积极而坚定地支持那些因为有缺陷而无法参加现有校队的学生。如今有了美国教育部制定的指导方针，支持者们就可以提高他们在学校的合法性和政治影响力。

高校在为残疾学生提供体育参与机会方面几乎无所作为（Wolverton，2013）。目前只有 12 个体育项目得到了批准，而这些项目的资金来自学生后勤部，并非学校体育部门。它们分别属于阿拉巴马大学、亚利桑那大学、伊利诺伊大学、密苏里州立大学、俄克拉荷马州立大学、中央俄克拉荷马大学、俄勒冈大学、宾州埃丁伯勒大学、宾夕法尼亚州立大学、罗格斯大学（新项目）、得克萨斯大学阿灵顿分校和威斯康星大学白水分校，涉及的运动包括男女轮椅篮球、公路赛车、网球、高尔夫、划船和轮椅橄榄球等（Gerber，2015）。

尽管一些残奥会运动员参加了这些项目的训练，但由于学校之间距离较远，产生的差旅费较高，因此很难安排与其他大学代表队进行比赛。

其中一些学校完全以内部训练和校内竞争的形式开展体育参与。尽管美国教育部提出了一些建议和指导方针，但在高等教育中，除了在过去的谈话中提及残疾人运动之外，几乎没有人做过其他努力。伊利诺伊大学厄巴纳-香槟分校的残疾人资源与教育服务部门主管布拉德·亨德里克指出，管理人员和体育主管总是能张口就给出无法开设项目的原因，而不是创造性地思考如何去开发体育项目（Walker，2013）。

残奥会的存在并没有对体育项目的开设产生影响，不过对于高校来说，赞助残奥会项目和体育部门赞助奥运会项目一样有意义。而现在，残疾学生虽然也支付学费，本应和其他学生享有同样的体育参与机会，却必须找机会参加校外的体育活动。

我们很难预测校方会以多快的速度响应美国教育部的指导方针，开始重视残疾学生的体育参与。要取得显著进展可能需要几十年的时间，而要使残疾学生的体育参与机会成为高中和大学教育中必不可少的一部分，至少需要一代人的努力。

（二）高中体育项目的问题：以体育发展为中心

部分高中管理人员、体育主管和教练员认为，教育质量在某种程度上与体育项目的发展有关，体育项目发展的重点是取得胜利，在本州或全国的学校中名列前茅。他们的目标是创建一个类似于大型的校际项目的体育项目。这就导致人们对于创建一个成为学校和社区关注焦点的高知名度项目过度在意。

关注体育发展的人往往嘴上说要保持正确的体育观，但却不承认学校重视体育往往会使许多对体育没有兴趣的学生边缘化。此外，管理人员热衷于开设和维护高知名度体育项目时，往往会做出忽视学校所有学生教育需求的决策。

如今，与体育发展密切相关的非正式要求规定：运动员全年只能专攻一项体育运动，即使这可能会限制他们的整体发展。这一做法使那些想参加体育运动但不希望体育运动成为他们生活中心的学生望而却步。与此同时，有一些学生变得非常热衷于体育运动，他们认为学业在他们的学校生活中是次要的。

坚持现有体育发展模式往往是由个人后援者和后援组织推动的，个人后援者和后援组织为学校的一个或多个运动队筹集资金并提供其他支持。然而，个人后援者和后援组织不受学校或学区监管，主要存在于相对富裕地区，相对于那些资源匮乏、运动队勉强维持的贫困地区的体育项目，富裕地区学校的一支运动队或整个体育项目团队往往会得到个人后援者或后援组织所给予的资助。许多提供资源（有时是自掏腰包）的后援者往往认为，他们有权介入评估和聘用教练员的过程，他们通常关注的是教练员的输赢记录，而不是教学能力。

（三）大学体育项目中的问题

对于大学体育项目来说，特别是规模较大的大学的体育项目，现在是一个充满挑战的时期。大学如今面临的问题比 20 世纪任何时候都要多。本部分将探讨丑闻和犯规行为及运动员的权利和赔偿。

1. 丑闻和犯规行为

大学体育运动中屡见不鲜、数量惊人的丑闻不断占据新闻头条，引起了广泛关注。最广为人知和最骇人听闻的案件涉及宾夕法尼亚州立大学前橄榄球助理教练杰里·桑达斯基，他利用自己在宾夕法尼亚州立大学橄榄球项目中的关系，诱使男孩与自己发生性关系，并对他们实施性虐待。一名助理教练在发现桑达斯基在宾夕法尼亚州立大学的橄榄球队浴室对一名男孩实施性侵后，将此事报告给了橄榄球主教练乔·帕特纳，而不是州儿童保护局。在很长时间之后，帕特纳才向宾夕法尼亚州立大学的官员汇报此事，但后者没有采取任何行动。直到一名受害者站出来，官方才开始正式调查。最终，桑达斯基被判犯有 45 项虐待儿童和性虐待儿童罪。

对此案的独立调查得出如下结论：大学管理部门未能按照国家规定采取行动并及时报告这起事件，是由于“对橄榄球项目的崇敬文化在校园及社区的各个层面根深蒂固”（Freeh Sporkin and Sullivan，LLP，2012：17）。正因如此，这名连环性侵犯者借助橄榄球项目之便逍遥法外长达 13 年有余。宾夕法尼亚州立大学的校长、体育主管和校园安全主管都因掩盖桑达斯基的罪行而被解雇。对他们而言，保护橄榄球项目似乎比遵守州立法律和保护学生免受桑达斯基的性侵更重要。

宾夕法尼亚州立大学的丑闻以及其他丑闻让许多人都认识到，大学已经失去了对其体育项目的制度管控。例如，俄亥俄州立大学前校长戈登·吉在被问及是否会因教练员未上报橄榄球队成员多次违反美国大学体育协会规则而解雇该教练员时，他说：“不会，你在开玩笑吗？让我说得清楚一点，我只希望这位教练员不会把我开掉”（Wickersham，2011）。吉是美国收入最高的大学校长，但当时他的收入比这名橄榄球教练员少了近200万美元。他以开玩笑的口吻发表了自己的看法，但许多人都认为，这表明大型大学体育项目的影响力已经超过了赞助这些项目的大学。伴随着这种影响力而来的傲慢和特权意识为丑闻和犯规行为打开了方便之门，对此我们也就不难理解了。

2. 运动员的权利和赔偿

由于大型大学体育项目，特别是橄榄球和男子篮球项目的收入和利益纠葛不断增加，人们对运动员的权利和他们得到的补偿提出了质疑。此外，参加这些项目的运动员如今意识到，“这种体制完全建立在他们作为这台机器的齿轮而接受自己的无能为力的基础之上，（如果）他们选择行使自己的权力，机器不仅会发生故障，还会停止运作”（Zirin，2015a）。

意识到这一点后，美国西北大学橄榄球队的四分卫凯恩·科尔特组织起他的队友，向美国国家劳工关系委员会（NLRB）申请成立工会。他们的目标有4个：① 防止球队教练员停止向受伤球员发放奖学金；② 敦促学校更加重视球员的安全问题，尤其是脑震荡等头部创伤问题；③ 即使在球员丧失资格后，医疗保险也应覆盖因橄榄球运动造成伤害的全面治疗；④ 限制教练员每周安排的训练时长，因为运动员每周通常训练50个小时甚至更多。值得注意的是，他们并没有为参加比赛索取报酬。

这一举动引起了迅速而又强烈的反响。他们的教练员、大学校长和全国各地的人都说，这些球员会毁掉大学体育。最终，美国国家劳工关系委员会表示，尽管球员身份符合员工的定义，有权参与工会投票，但这种举动会影响到所有大学体育运动，委员会成员认为自己无权做出如此重大的决定。

西北大学的球员们失败了，但他们的事件引发了人们对大学运动员权利和待遇的质疑，尤其是那些通过劳动创造数十亿美元收入的大学运动员。这迫使美国大学体育协会做出回应，其中就包括允许最富有和最有影响力的联盟拥有更多的自主权来制定自己的规则。一系列变化随之产生。现在大学可以颁发多种学年奖学金、提高奖学金数额，以便运动员能够支付上大学的全部费用。此外，饮食限制被取消，这样运动员就能在不违反美国大学体育协会规则的情况下摄取更多的食物，满足自己在赛季所需的热量。

太平洋十二校联盟进一步保证为获得全额奖学金的运动员提供四年奖学金，也可以为不具备资格但仍想完成毕业要求的运动员提供援助。医疗保险延期至运动员离校四年后。如今，太平洋十二校联盟中的运动员可以从一所学校转到另一所，且不必等待一年，而是可以立即获得奖学金。联盟治理机构中还有运动员代表。显然，这些变化在使运动员受益的同时改变了招聘动态、教练员与运动员之间的关系，运动员也获得了整体医疗保障及在自己的体育项目中的潜在权力。

2009 年，加利福尼亚大学洛杉矶分校前篮球明星埃德・奥巴农和亚利桑那州立大学、内布拉斯加大学前四分卫萨姆・凯勒发起了对美国大学体育协会和大学体育项目运作更具潜在破坏性的挑战。奥巴农发现，艺电体育（EA Sport）出品的视频游戏使用了他的肖像，于是，他连同凯勒还有其他也被使用肖像的球员提请了集体诉讼，控告艺电体育、为美国大学体育协会协商授权费的校际体育特许授权公司，以及通过售卖球员肖像权而获取费用的美国大学体育协会。

这些退役运动员赢了官司，并获得了 4000 万美元的赔偿。2003 年以来出现在视频游戏中的所有运动员都可以获得赔偿。但是奥巴农继续对美国大学体育协会提起诉讼，称其禁止运动员通过出售自己的姓名、形象和肖像来赚钱的行为违反了反垄断法。实际上，他希望运动员可以共享出售媒体版权、印有其名字的球衣和服装所创造的收入，以及其他利用他们的姓名和形象进行商业活动所产生的收入。

在 2014 年的裁决中，法官判决奥巴农获胜，称美国大学体育协会违反了反垄断法，大学应向运动员承诺每年不超过 5000 美元的退役薪资，在运动员大学体育生涯结束后进行发放。美国大学体育协会对此裁决提出上诉，法官小组驳回了下级法院关于赔偿的裁决，但也裁定美国大学体育协会禁止对运动员进行赔偿的规定违反了反垄断法。法官小组质疑了美国大学体育协会称大学体育的廉洁性要求所有运动员都是没有报酬的业余运动员的说法，并要求对美国大学体育协会对 1984 年以来用于拒绝支付运动员报酬的“业余主义辩护”进行全面分析。

如果奥巴农的诉讼没有得到庭外和解，他很可能会一直上诉到美国最高法院。更重要的是，这一案件为其他指控美国大学体育协会违反了反垄断法的诉讼打开了大门，它们指控美国大学体育协会限制了体育奖学金的数额，并拒绝向运动员支付现金。事实上，大学橄榄球和男子篮球运动员的代理律师杰弗里·凯斯勒在“詹金斯起诉美国大学体育协会”一案中辩称，在创收性体育运动中应建立一个自由的市场机制来招募运动员并向其支付报酬。20 世纪 90 年代初，凯斯勒代理美国职业橄榄球大联盟球员成功获得自由选择权，现在他又代表大学球员争取类似的权力。如果法庭裁决运动员获胜，大学将被迫向入学新生提供奖学金和报酬，而学生们将会选择条件最优厚的大学。

美国大学体育协会预测输掉这个案子（或类似的案子）将会带来灾难，但球员的代理律师们指出，美国大学体育协会将利用自由市场理论来证明橄榄球和男子篮球教练员数百万美元的聘用合同的合理性。他们说，如果这个理论适用于教练员，它也应该适用于运动员，如果教练员的薪水没有破坏大学体育系统，球员的薪水也就不会破坏大学体育系统，自由市场会设定自身的极限。不过这也会影响到整个大学体育系统。

六、小结：竞技体育是否对教育有益？

美国是全世界唯一一个高中和大学都视赞助和资助校际体育项目为理所当然的国家。有人支持这一做法，也有人反对，但双方提出的大多数论点都不具备良好的研究基础。

由于体育项目和参与条件的多样化，我们很难对高中和大学体育项目一概而论。然而，通过研究体育运动来确定它们是否以及何时为运动员、学校的整体组织及一般学生带来积极的教育成果，这一点十分重要。至少，如果体育项目没有为运动员提供任何教育收益，则不能为学校对其赞助提供合理依据。

研究表明，加入高中校队的学生的总体学业成绩要好于那些没有加入校队的学生。但这种差异在很大程度上可以在学生被选入校队和淘汰出校队的过程中得到解释：具有能够取得良好学业成就的特征的年轻人更受校队青睐。因此，平均而言，运动员具有与其他学生不同的特征也就不足为奇了。

要确定学校体育参与的相关内容，最有效的方式就是结合背景对运动员和团队进行历时研究。研究者能够从中发现影响体育经历的因素、年轻人赋予这些经历的意义，以及年轻人如何将其融入自己的身份和日常生活。

体育经历千差万别，有不同的含义，往往受到性别、社会阶层、健全与残疾，以及家庭、学校和当地社区的社会和文化背景的影响。大多数研究表明，运动员的学业成绩高于平均水平，问题比其他学生少。

研究还表明，一些学校、教练员、家长和运动员在追求体育竞技成功的过程中忽视了教育目标。体育活动可能非常诱人，高中运动队的学生通常需要指导来保持体育参与与学业课程的平衡。除非学校明确地组织运动队取得积极的文化教育成果，否则，取得这些成果的机会就会减少。如果人们想当然地认为参加体育活动可以自动塑造良好品格、提高学习能力，就会破坏任何学校活动，尤其是那些像学校体育活动一样昂贵和受欢迎的活动，都必须具备的规划和评估。

在顶级校际体育项目中，体育参与干扰运动员学业参与的可能性最大。高知名度运动队的成员身份使许多年轻人很难集中精力和优先考虑学业任务。对那些认为自己的命运是由体育成就而不是学业成就决定的年轻人而言，尤其如此。尽管如此，数据表明，参与运动队的学生毕业率高于普通学生。

高中和大学的体育运动通常会唤起一些学生和教职员工的强烈情感。但是人们并不了解这种精神的特点，以及它是否及何时有助于实现教育目标，或破坏这些目标的实现。尽管学校可以开展许多不同的活动来团结学生，将他们与社区和社会联系起来，但在美国，学校常常用体育运动来实现这一目的。体育运动是一种受欢迎的活动，但对于在何种情况下，体育运动最有可能或最不可能产生特定的教育和发展成果，我们仍需要进行研究。

大多数高中体育项目并没有严重削减学业项目的资金。如果体育项目为学生提供机会来了解自己的身体素质、培养身体技能和人际交往能力，并以一种能让他们获得他人认可和奖励的方式来展示自身的技能，那么体育项目的经费就用得其所了。然而，当预算紧张时，许多体育项目要依靠参与费、后援者和/或企业赞助商才能生存。发生这种情况时，低收入地区的学校将面临严重的竞争劣势。随着时间的推移，这些资助学校体育活动的战略会造成并加剧学校和学区的社会阶层分裂。

在校际体育中，经费问题十分复杂，常常令人困惑。但是，很明显很少有项目是自给自足的，而且几乎所有的项目都依赖学生学费、捐赠和普通校园基金的补贴。随着校际体育项目越来越重视实现商业目标，实现教育目标的可能性通常会下降。体育部门和运动队与其他校园文化愈加分离，以至于教职员工和学生认为没有理由支持校际体育，将普通基金和学生学费分配给校际体育就成了一个越来越有争议的问题。

高中和大学的体育项目现在面临许多“十字路口问题”，其中包括成本控制和学校之间的预算差距，运动员和家长的期望不断提高，应对脑震荡等头部创伤及其他严重的损伤，创造和维持具有明确教育意义的项目，消除性别不平等，为残疾学生创造机会。每一个问题都给体育主管和教练员带来了严峻的挑战。

高中体育项目独有的问题包括阐明体育发展的意义，使之与学校的教育使命保持一致，并确保后援者和其他社区支持者理解这一阐释。大学体育项目所面临的独特问题包括减少丑闻和犯规行为、处理以埃德·奥巴农为代表提起的集体肖像诉讼案件、提高奖学金的额度以覆盖上大学的全部费用。相关人员在这些“十字路口问题”上所做的决定将对高中和大学体育的未来发展方向产生重大影响。

补充阅读

阅读材料 1　研究者并不热衷于研究校际体育
阅读材料 2　美国大学体育协会学术改革简史
阅读材料 3　学校与社区的关系
阅读材料 4　大学体育研究参考书目
阅读材料 5　高中女生的体育参与
阅读材料 6　高中体育的从众性或领导力
阅读材料 7　校际体育运动员应该获得报酬吗？

体育管理问题

- 假设你是美国中西部小城一家报社的记者。由于长期的预算危机，当地学校董事会打算取消体育代表队。董事会计划开会与社区人士讨论这一问题。为了准备这次会议，请回顾一下你希望听到的议论双方的论点。这些论点具体是什么？你认为谁是这两方观点最有力的支持者？
- 假设你是某市一学区的学校董事会成员。校董事会刚刚获得的数据表明，你所在地区的15所中学的校队运动员的成绩好于非运动员学生。一群学生家长正借助该数据申请将更多资金投入该地区的校际运动。你将针对这些数据提出哪些问题？为什么要提出这些问题？
- 顶级体育项目的大学运动员的学习经历不同于一般体育项目的大学运动员的学习经历。如果你正和一群对大学体育感兴趣的高三学生交谈，你会如何解释这些差异？
- 你所在学校的校际体育项目财务状况不佳。由于亏损严重，学校要求学生每学期多交100美元的学费来维持校际体育项目，否则所有的校际体育项目都会被取消，取而代之的是低成本的俱乐部体育项目。你有什么意见？请使用本章的内容作为你决策的论据。

第十四章　未来的体育：我们希望体育将如何发展？

体育属于我们，体育来自人民。它的产生与金钱或自我意识无关。现在的体育赛事组织者往往都是富有的体育娱乐界大亨，但体育最初并非由他们所创造。

——肯·里德，粉丝联盟体育政策总监（2011）

我们如今面临的是想象力危机。爱因斯坦说过，用原先造成了问题的思维方式去思考，是无法解决问题的……应该尝试一些新的概念，打破当前将世界大部分地区变成一个庞大市场的结构和体系。

——彼得·巴菲特，慈善家（2013）

在接下来的十年里……（在）最高级别的运动中，仅仅是“身体健全”的运动员可能无法再有效地参与竞争……专业运动队会允许能力超常之人参加比赛吗？我们是否可称之为一种作弊行为？

——丹尼尔·威尔逊，作家兼机器人工程师（2012）

……公共体育社会学必须解释并干预体育运动中存在的障碍……它应超越重要的社会学研究范畴，试图寻找策略来解决体育在当地、国家和国际层面上存在的社会问题。

——彼得·唐纳利等，多伦多大学体育政策中心（2011）

本章纲要

学习目标

- 讨论如何利用力量成绩型体育运动以及休闲参与型体育运动来设想体育未来的可能性
- 阐释力量成绩型体育运动以及休闲参与型体育运动为何均会在未来获得发展
- 识别并举例说明在不久的将来影响体育发展的几种整体社会趋势
- 区分变革体育的保守性、改良性以及激进性目标
- 识别实现体育变革的几种视角各自的利与弊
- 探讨如何在体育变革过程中使用文化理论、互动主义理论以及结构理论
- 了解运动员为何不愿成为体育和社会的变革主体

人们经常用科幻小说中那些引发极大希望或恐惧的场景来形容未来，这种方式会激发人们的兴趣，但是诸如此类的场景几乎没有多少帮助，因为未来很少会像某些预测人员希望人们相信的那样迅速或戏剧性地发展。

未来伴随着社会变革而出现，而社会变革由人们的行为驱动，他们创造了符合其对生活应有模样的愿景的现实。有些人拥有更多的权力和资源，能够将自己的愿景变为现实，但他们很少希望发生颠覆性的变革，因为他们的特权地位就取决于社会稳定和有节制的变革。这通常会阻碍那些有利于提高现有生活方式的效率和获益率的进步性变革。

尽管权力关系不容忽视，但是人们对于体育应有的未来以及未来的可能性持不同的见解。因此，本章的目的就是要回答以下几个问题：

（1）我们可以使用哪些体育模式来设想未来体育的可能性？

（2）在思考未来的体育时，必须考虑哪些当前的发展趋势？

（3）哪些因素会塑造当前的趋势，它们将如何影响未来的体育？

（4）我们如何才能成为未来的体育的有效推动者？

一、展望未来的体育的发展形式

体育是社会构建。这意味着在任何特定地点和时间接受最多资助、受到最多宣传的体育运动，很可能与社会世界掌权者的价值观、利益和经历一致。然而，体育运动的形式并未被所有人接受，人们经常在抵制或质疑它们的过程中对其进行修改，或制定替代方案。

在大多数社会中，占主导地位的体育运动一直围绕着力量成绩模式被组织。但是人们在寻求基于非大众主流价值观和兴趣的体验时，可能会排斥全部或部分力量成绩型体育运动，其中有许多人创造了围绕着休闲参与模式的一个或多个侧面来组织的体育运动。

上述两种模式并未涵盖未来体育设想中的所有可能性，而且许多体育运动综合了两者的特征。但是我们在此可以以它们为出发点，来思考我们希望未来的体育是什么样的。

（一）力量成绩型体育运动

在未来，力量成绩型体育运动将继续得到高度重视和宣传。它们以大部分后工业化国家中主流文化观念的关键特征为基础，具体表现为：注重体能、力量、速度、竞争和竞技结果。

尽管力量成绩型体育运动有多种形式，但它们无不建立在这样的理念之上：卓越是通过专注、拼搏、甘冒风险的勇气而取得的，竞技成绩证明了卓越。它们涉及创造纪录、突破人类极限、将身体当作机器，以及在此过程中借助科技的力量等。许多从事力量成绩型体育运动的运动员认为，为了满足体育运动的需要，必须对身体进行训练和监督。

力量成绩型体育运动具有排他性，只有具备取得竞技成功的能力的参与者才能被选中。缺乏获胜能力的人将被淘汰，或被降级到次一级的项目。组织和团队具有等级严明的权力结构，运动员服从于教练员并表明自己甘愿为追求成功而做出牺牲，教练员则服从于团队所有者和管理者。

力量成绩型体育运动的赞助商强调取胜的价值。在赞助商销售其产品和推广其品牌时，获得获胜运动员和团队的认可十分重要。赞助商认为，将品牌与获胜的运动员和团队建立联系，可以提升自己的形象，在目标受众的心目中获得与众不同的地位。只要目前仍有赞助商希望建立这种联系，在可预见的将来，力量成绩型体育运动将在大多数社会中保持主流地位。

（图源：©凯文·莱克莱尔，照片由 UltiPhotos 提供）

俱乐部和大学的体育运动通常既有力量成绩型体育运动的特点，又有休闲参与型体育运动的特点。极限飞盘就是综合这两种运动类型的典型例子。

（二）休闲参与型体育运动

尽管力量成绩型体育运动非常引人注目，但很多人意识到，其他组织和参与运动的方式或许更契合他们的价值观和兴趣。于是，人们创造了许多围绕休闲参与模式组织的运动形式，强调自由、真实、自我表现、享受运动、身心健康、对他人的支持以及对环境的尊重。它们重点关注个人参与，认为在寻求具有挑战性的经历的过程中身体应得到滋养和享受，而不是为了获得竞技成功一味训练、将成功看得比身体更重要。

休闲参与型体育运动往往具有包容性，参与者之间的技能差异通常借助“让步赛”的方式来弥补，这样每个人都能在有组织的体育运动中挑战自己。基于这一模式的体育组织和团队拥有民主的决策结构，其特征表现为合作、权力共享以及教练员和运动员之间互相让步的关系。

休闲参与型体育运动的赞助商通常是公共非营利组织，以及力图打入某一特定消费者群体的公司。此外，某些大型公司可能也会提供赞助，将其作为强调社会责任、致力于健康促进以及实现其他社会福利性目标的整体计划的一部分。

二、当今社会中的体育的发展趋势

要创造我们理想中的未来体育，成为积极有效推进该目标的主体，首先要了解当前的发展趋势及其影响因素。社会世界错综复杂，这为辨别趋势带来了困难，因此我们既要考虑支持力量成绩型体育运动发展的因素，又要考虑支持休闲参与型体育运动发展的因素。区分这两种类型的运动有助于我们在影响体育文化和体育组织方式的过程中明确目标，能够更有效地使用社会理论。

（一）支持力量成绩型体育运动发展的因素

在富裕的后工业化国家中，掌握资源的人在力量成绩型体育运动中拥有丰厚的既得利益。例如，当竞技目标是使用体能、力量和速度战胜他人时，体育运动就重申了性别差异和一种赋予男性特权的性别文化观念。只要男性掌控着企业资源，他们就会注重赞助力量成绩型体育运动。在当下，这有助于解释橄榄球运动——力量成绩型体育运动的经典代表——为何会成为美国最受欢迎的观赏性运动，并且在电视转播费和其他收益方面拥有持续的吸金能力。美国职业橄榄球大联盟和其他力量成绩型体育运动的运动员被媒体描绘为英雄式人物，塑造为勇士，在他们身上体现着赞助商企业重视的生产力、效率和面对艰难险阻仍一往无前、奋力实现目标的特质。观众被媒体鼓励对这些运动员形成认同感，并通过购买特许商品和其他产品来表达这种认同。

由于力量成绩型体育运动常常涉及突破人类的极限和规范的界限，因此，为它们添加一些引起消费者共鸣的故事情节，会让推广和销售变得相对容易。这就是为什么媒体会关注个体运动员和他们的人生故事，常常将运动员打造为跨界的明星。资深球迷可能会满足于有关比赛实况和竞技策略的报道，但对体育运动了解不多的新球迷会更喜欢了解球员的生活故事。

体育娱乐报道在商业化的力量成绩型体育运动中比较普遍，因为它提供并渲染了故事情节，即使对于许多观众来说赛况十分无聊，他们也仍能保持兴趣。它还能在赛事之间和休赛的空档期让观众持续保持对某一运动的兴趣，最终在下一场赛事或新赛季开始时达到兴趣的顶峰。这样既提高了收视率，又提供了创造和发展引人入胜的故事的机会，从而促进持续性的媒体体育消费。

（二）支持休闲参与型体育运动发展的因素

体育一直是人们生活中的社交场所，人们把为他们带来乐趣或重申其价值观和身份的事物融入其中。如今，休闲参与型体育运动大受欢迎，以至于人们将其界定为力量成绩型体育运动以外的更具文化主导地位的一种极具吸引力的选择。促使人们当下寻求休闲参与型体育运动的因素有：① 人们对健康和体能的关注；② 老年人的体育参与偏好；③ 女性为体育运动带来的价值观；④ 寻求替代性运动。

1. 人们对健康和体能的关注

由于医疗保健政策和项目强调的是预防，而不是昂贵的治疗方案，人们普遍对健康和体能问题变得更加敏感。在北美，医疗保健机构和保险公司鼓励人们进行养生保健，以便降低成本并实现利润最大化。所以人们被鼓励从事有益健康的活动，许多休闲参与型体育运动可以满足这一需求，而力量成绩型体育运动常常会因受伤率高而损害身体健康。

（图源：©杰伊·科克利）

对健康和体能的关注常常促使人们参与休闲参与型体育运动，例如轮滑。在斯洛文尼亚的皮兰，男女老少都穿着轮滑鞋在城镇街道上穿梭。

当人们意识到休闲参与型体育运动可以作为比较健康的锻炼方式，从而使他们与他人和周围环境建立联系并获得愉悦感时，他们可能会优先考虑参与此类运动，但这取决于人们愿意为自己和家人以及所属学校和社区的未来规划。

2. 老年人的体育参与偏好

随着许多社会的人口年龄中位数的提高，老年人在世界人口中所占的比例越来越大，人们将更有兴趣参加那些不涉及恐吓、身体碰撞、控制对手以及严重受伤风险的体育运动。

随着年龄的增长，人们不太可能为了在体育运动中树立声誉而牺牲自己的身体健康。老年人更有可能将体育视为一种社交活动，让其更具包容性而不是排斥性。他们还意识到只有将自己的身体当作花园一样来养护，而不是当作高性能的机器一样不断驱使时，才能更长久地享受生命。

美国的婴儿潮一代现在正处于六七十岁的年龄阶段。他们从小就参与和观看竞技体育运动，虽然现在年事已高，但也不太可能放弃体育运动，不过大多数人会避免参与受伤率较高的力量成绩型体育运动。相反，他们将重新诠释运动员身份的含义，参与修改版的竞技体育运动，这些运动强调的是运动的乐趣、人与人之间的联系以及有节制的挑战（Dionigi et al.，

2013；Klostermann and Nagel，2012；Tulle，2007）。此外，休闲参与型体育运动也将成为老年人挑战“衰老意味着愈加依赖他人和能力丧失”这一观念的平台。“老年人”和大师级体育项目将会随着人们的需求而增加。因此，健康、强壮、有成就的老年人的形象将吸引更多关注，成为其他想要参与体育运动获得乐趣之人的榜样。

3. 女性为体育运动带来的价值观

随着女性获得越来越多的权利和资源，许多女性会改变或拒绝传统的力量成绩型体育运动。例如，当女性参加英式橄榄球、足球和曲棍球之类的运动时，她们通常会直白地表现出对包容性的强调和对队友及对手的支持，这在男性参加同样的项目时并不多见。不同于部分男性在力量成绩型体育运动中表现出的“挑衅性”取向，女性更多地表现出合作性取向，后者突出了参与者之间的联系。

女性在为休闲参与型体育运动招募企业赞助商时通常会遇到困难，不过这种情况已经开始发生好转，因为企业高管看到此类运动可以促进身体健康，创造出可以出售其产品和服务的全新消费领域。

4. 寻求替代性运动

排斥力量成绩型体育运动的某些元素的人，常常创造替代性运动（Thorpe and Wheaton，2013）。针对滑板、单板滑雪、冲浪、小轮车、轮滑等体育项目的运动员的研究表明，部分运动员抵制将该项目变为商业化的竞技项目（Honea，2004，2007，Gilchrist and Wheaton，2011；Storey，2013；Thorpe and Wheaton，2011a，2011b；Wheaton，2013），甚至在由官方组织的正式比赛中，轮滑选手还故意去破坏比赛中呈现的力量成绩型体育运动的特质。未注册参赛的轮滑选手闯入赛场；注册参赛的轮滑选手将他们的比赛号码布倒别在衬衫上，共同抵制颁奖典礼，专注于表达自我并支持“对手”。在一些赛事中，某些叛逆的运动员因其行为而被取消比赛资格，从而引发了大规模的游行示威。当然，这些内容都没有出现在电视转播中，因为精心剪辑的电视节目是为了吸引年轻观众，不过这些事件的确表明人们对依据力量成绩模式组织的赛事极为抵触（Honea，2014）。

自从世界极限运动会将滑板运动纳入其中，成为一项传统的竞技运动，滑板运动的传奇人物托尼·霍克宣布“现在是时候让参与滑板运动的人自己决定比赛形式了”，因为其他人摧毁了滑板运动中的许多富于表达性和趣味性的要素（in Higgins，2005）。2002 年，霍克组织了他的“冒险者嘉年华”巡回演出，为的是延续运动精神和体育的生活情趣，同时其产生的收入可以用来支持精英运动员和媒体报道，最终将这项运动发扬光大。同样，特杰·哈康森和其他单板滑雪运动员于 2002 年创建了“车票之旅”（www.ttrworldtour.com）——一系列由运动员管控的赛事，旨在通过“一项与单板滑雪运动的核心特征有关的运动，强调乐趣和友善、享受自然、旅行与独特的体验、自由与创造力……”来保持单板滑雪运动的精神。这些替代性体育运动在商业上依然获得了成功，尽管它们现在已经与企业达成了赞助协议，但它们并未围绕力量成绩模式进行重新组织（Thorpe and Wheaton，2011a）。

有身体或智力残疾的人也开发了一些替代性运动，或调整占主导地位的运动以适应他们的兴趣和需求。尽管其中一些运动强调了力量成绩型体育运动的某些要素，但大多数都注重乐趣与参与。它们的普遍特征是关心和支持队友和对手，以及包容各种身体能力。

（图源：©里奇·克鲁兹/照片由残障运动员基金会提供，http://www.challengedathletes.org）

参与体育运动的残障运动员的人数显著增加。从上图中这些年幼的轮椅竞速运动员中我们可以看到，创造性设计的设备为能力水平各不相同的人提供了参与体育运动的新形式。

世界同性恋运动会与欧洲同性恋运动会提供了替代性运动形式的范

例，它们强调参与、支持、包容和身体活动的乐趣。第九届国际同性恋运动会于 2014 年开幕，由美国俄亥俄州的克利夫兰和阿克伦联合承办，参赛的运动员超过 10,000 名。欧洲同性恋运动会每年吸引近 3000 名运动员，与其他地区运动会的运动员人数相当。这些运动会将男同性恋者、女同性恋者、双性恋者和变性者聚集在一起参加运动，强调休闲参与型体育运动的包容性及其他特质。同性恋者还会在社区组织活动，以便参与者不受恐同情绪的影响，这种恐同心理会破坏他们参与其他运动的乐趣（Ravel and Rail，2007；Travers and Deri，2011）。

（图源：©杰伊·科克利）

飞盘高尔夫运动始于 20 世纪 60 年代，最初将灯柱和消防栓当作“洞口”。后来，其“替代性”程度降低，但仍不断吸引着那些寻找无教练员、无时间表、无裁判员、无其他限制自由与创造力因素的运动的人们。

随着越来越多的人意识到体育是社会建构，可以满足人们的兴致，结合了休闲参与模式元素的体育运动的范围就开始不断扩大。在美国，人们组建了当地的成人垒球联盟和自由跑团，跟别人一起在沙滩上冲浪、玩自行车马球、街头冲浪，创造了各式各样的活动，这些足以说明这一点。

尽管寻找企业赞助商通常具有挑战性，但由于人们拥有足够的创造力来寻找维持这些运动的资源，各种休闲参与型体育运动往往才得以存活。

此外，只有在一项运动需要聘请管理人员、组织全国和国际锦标赛，并且涉及昂贵的设备和差旅费时，才需要企业或媒体赞助商。如果一项运动只是为了乐趣和参与而存在，那么它所需要的主要资源就是愿意参与其中的人和可以开展运动的空间。

三、影响当前趋势的因素

当人们在创造未来时，了解影响当前趋势的因素非常必要。如此一来，他们就能预测各种可能性，预防或克服障碍，并在参与社会活动时做出更明智的决策。

影响体育运动趋势的因素很多，但在此我们仅讨论以下 5 个：① 组织性与理性化；② 商业主义与消费；③ 电信和电子媒体；④ 技术；⑤ 社区和社会人口的结构变化。

（一）组织性与理性化

当今的体育运动注重规划和生产力。乐趣与实现目标有关，与身体表达和愉悦感关系不大。如今，过程次于结果，旅程次于目的地。

后工业化国家的人们生活在工业化的影响中，他们强调基于理性原则的组织性。有条理地做出安排和制订计划以实现目标至关重要，自发性、表现力、创造力和愉悦感等体育运动的要素都被置于次要地位，甚至可能被赛事策划者、教练员和观众看作无谓之事。单板滑雪传奇人物特杰·哈康森注意到了人们对组织性与理性化的强调带来的深远影响。虽然许多人都认为他是世界上最优秀的单板滑雪运动员，但他仍然宣布他不会参加奥运会。他对单板滑雪经历的解释为体育运动提供了有趣的见解：

> 那是一段有趣的时光……我一直在学习新的花样，想方设法滑得更好。当我玩单板滑雪时，感觉就像做冥想。我心无杂念，专心想着当下正在做的动作。不念过去，不想未来……但是今天有太多人陷入了比赛的套路，他们一年到头都在 U 型池训练，这对他们来说太糟糕了。他们反复操练着同一套动作，降低失误的可能性，每个动作都变得非常精确，就像芭蕾舞演员。单板滑雪不再是一项发自本心的运动，不再像小时候到处跑着玩那样无拘无束。（Greenfeld，1999）。

哈康森认为，当参与者按照自己设定的规则去参与体育运动时，就能同时享受乐趣和努力带来的成就感。如果裁判员使用无视参与者主观体验的标准对其进行评判，乐趣和成就感则无法共存。

这些都是我们在思考未来的体育时要谨记于心的要点。今天，许多人认为体育运动应该主要是为了理性地评估运动技能和表现而组织。哈康森则表示，掌握一种技能去扩展各种新体验的可能性是一回事，而花数年的时间来打磨完善一项专业技能以符合技术完善的单一定义则是另一回事。在我们自己参与体育运动时，如果能明确区分这两件事，那么我们在思考未来的体育时就可以变得更富有创造力。

（图源：©贝莎·波杰卡）

按照自己的期望不断打磨、提高技能和为了满足别人对技术完善的想法而反复练习同一套动作是截然不同的事。上图中的巴西战舞舞者就认识到了二者的区别，并且利用自己的运动来创造新的知识和经历。

（二）商业主义与消费

如今，许多人深陷商业文化之中，在他们心中，自己更多被视为消费者，而不是公民。这改变了人们评估自我、他人和自己经历的基础。当商业文化观念渗透到体育中时，参与的重要性就让位于比赛和比赛结果；比赛、运动员和体育参与成为商品，即出于最终目的而买卖的东西。体育参与总是要涉及设备、课程、装备、营养补剂、健身房和俱乐部会员资格以及其他物质产品的消费。体育身份取决于人在何处运动、使用什么设备以及穿什么牌子的运动服，而无关乎通过参与获得的情感上的喜悦感和满足感。

许多人都因这一情况而对体育运动失去了兴趣，但是除非他们另有选择，否则他们可能难以想象体育运动能够完全摆脱商业主义和消费主义而存在。这就是为什么必须要有公共体育场所，让人们不需要付费、许可证或会员资格就可以开展体育运动。创造力会在这样的空间中蓬勃发展。从这个意义上来讲，各级政府的公共政策可以创造或者颠覆非商业性体育未来的可能性。

（三）电信和电子媒体

电视、计算机、互联网、智能电话和其他手持设备为人们设想体育未来的可能性提供了视觉图像和叙事，电子游戏同样如此。有些人甚至通过电子图像来了解有关体育参与的各种选择，形成评估体育经历的标准。因此，全世界的媒体制作人都有着相当大的力量来创造体育的未来。媒体呈现的赛事、运动员和个人故事影响着关于体育的大众话语，而人们正是基于这些话语形成自身对未来的体育可能如何和应该如何的观念。

（图源：©弗雷德里克·A. 艾尔）

“哦，妈妈！待在家里我就可以加入我的虚拟世界杯球队踢球，我才不出去玩。”未来的体育难以预测。比起当今主流的体育形式，儿童会更喜欢通过玩电子游戏进行虚拟运动吗？虚拟运动能否充当走入现实体育运动的“跳板”，教会孩子现实体育运动的规则和挑战？

要理解上述过程，请想象一下，如果橄榄球运动是你在电视上看到过的唯一的体育运动，那么你对体育运动是什么以及可能是什么的认知将严重受限。当媒体公司只选择那些能带来利润的体育运动作为报道对象时，其实类似的认知受限情况就已经出现了。因此，出现在媒体镜头中的体育运动主导着大众的舆论，并影响着我们对未来的愿景。意识到这一点之后，我们就可以寻求并非仅由商业媒体呈现的体育运动的图像和叙事。由此，我们丰富了自身的经历，还能更有创造力地思考现在和将来。我们看到、谈论的体育运动的类型越丰富，我们就越能创造出符合我们的兴趣和处境的未来。

（四）技术

技术是对科学知识或其他有体系的知识的应用，以解决问题、丰富经验或改变现实条件。人们借助技术提高体育运动的安全性，更有效地检测和治疗身体损伤，评估身体的潜能，并丰富体育运动中各种可能的经历。技术还可用于提高训练效率、控制运动员的身体、提高身体移动的速度、降低参与体育运动的风险、增强体格和力量，以及调整身体状态以满足特定运动的需求。我们越来越依赖技术来更准确地识别违规现象、精确测量和比较成绩、分析数据和制定比赛策略，以及提高设备的耐用性和完善功能（Balmer et al.，2012；Futterman et al.，2012；Kwak，2012；Wilson，2012）。

新技术给我们带来的主要挑战是如何对其进行评估和规范，以及就是否及何时使用它们做出明智的决定。体育运动的管理机构试图规范教练员、官员、训练员和运动员所使用的技术，但是各种新技术的迅速发展使这一目标难以实现。评估特定技术带来的影响并不容易，只有当我们明确地知道我们希望体育在未来是什么样子的，才能做出一致且明智的决定。

以基因强化技术为例，该技术可用于提升人体机能，治愈身体损伤，消除某些身体缺陷。在未来，如果我们想让体育运动围绕力量成绩模式来组织的话，那么我们评估、规范和决定使用特定技术的方式，将与围绕休闲参与模式来组织体育运动的方式不同。因此，我们对希望实现的未来体育的意义、目的和组织方式要有清晰认知，这一点十分重要。

（五）社区和社会人口的结构变化

体育是社会建构，在一些内涵最丰富的体育环境中，人们拥有多种多样的文化背景和体育经历。即使人们从事相同的运动，其策略和风格也经常因文化背景而异。例如，加拿大人基于棍网球创造了一种世俗化和理性化的类似运动，与北美原住民创造和从事的传统神圣运动有所不同（King，2007b）。在美国，人们借鉴了英国人参与的橄榄球运动，对其进行了调整以适应自己的偏好，结果就产生了美式橄榄球这世界上相对独一无二的运动。2004 年，纽约大都会队聘请了一位拉美裔总经理，招募了数位著名的拉美裔球员，并且形成了一种快速、果断利落且富有活力的比赛方式。如今，这种风格已在美国职业棒球大联盟中被广泛接纳，从场内实战策略到向美国拉丁裔人群和拉丁美洲的人们推广赛事，其影响力无所不在。

尽管人口多样性带来了挑战，但它也提供了创造新形式和不同版本的体育运动的可能性。随着地理迁移、劳务移民、战争和政治动荡等因素推动或吸引着人们跨越国界，不同的体育运动、比赛风格和实战策略都可能会相互借鉴、彼此融合。如果人们能利用这些机会，而不是一味将某种文化的体育运动特权化，或是将其他文化的体育运动边缘化，则有可能设想并创造出适合各种兴趣爱好和不同能力水平的运动形式。

四、成为变革的主体

理解体育与社会世界之间的联系是变革体育的先决条件，这是因为社会变革涉及确定目标、选择发起变革的切入点以及运用理论来制定实现目标的策略。

（一）确定目标

对不同的人而言，变革的意义各有不同，因为他们对未来持有的目标千差万别。对于大多数运动员而言，首要的目标是发展——提升当前的水平；其他体育从业者的首要目标是改进——消除问题和促进体育的正义与公平；对于少数人而言，首要目标是社会转型——创造健康、包容、人道和普遍可及的新体育形式。

> 揭露现状与未来可能性之间的差距……提醒着我们世界可能会有所不同。
>
> ——迈克尔·布洛维，国际社会学协会会长

发展是基于以下理念的保守性目标：体育运动本质上是积极的活动，应在当前形式的基础上得到加强和扩展。要实现这一目标，从事有组织的体育运动的人就需要运用管理和营销手段来扩大体育组织的规模、提高体育组织的效率，同时保留体育的文化和结构。该理念背后的逻辑是：效率的提高定会创造推动发展的资源。出于文化观念和个人原因，大多数从事有组织的体育运动的人都致力于实现发展目标，因为他们认为，当前体育运动的发展将会改善社会，增加培养技能和取得成功的机会。

（图源：©杰伊·科克利）

职业运动队有时会为儿童社区体育项目和服务提供资金，并鼓励运动员参与其中。NBA 的印第安纳步行者队赞助了位于印第安纳州波利斯中部的步行者中学和高中，让学生以小班形式获得更多的关注。这一行为的确有所帮助，但它侧重于改变少数人，而不是改变使成千上万儿童处于危险之中的社会条件。

改进是基于以下理念的改良性目标：体育参与会产生积极的结果，必须恢复和维护体育的伦理基础，必须增加体育参与机会。要实现这一目标，就需要做出改变以促进公平竞争、提升公民责任意识、增加每个人参与体育运动的适当机会；必须严格管控作弊、偏离行为和使用兴奋剂的行为，在政策制定和体育项目参与方面消除歧视，并且必须使学校和社区体育参与更加便利。尽管人们对改革中具体行动的优先次序可能有所分歧，但改进是一个被广泛接受的目标。如后文“体育反思”专栏所述，改良主义者的目标是指导人们建立“奇迹球场”。

转型是基于以下理念的激进性目标：主流体育形式存在系统性缺陷，必须得到重新组织或替换，并被赋予新的意义和目的。要实现这一目标，人们就必须对主流体育运动进行严格的评估，并且具备创造全新体育形式的能力，在全新的体育形式中，以前被剥夺权利的人们与他人共同制定政策、控制体育资源和设施，并且增加满足其需求和得到关注的机会。如今，体育界人士很少会拥护转型，而如果有任何人支持彻底转型，身居要职的人通常会迅速利用自己的资源来阻碍或破坏其努力。

大多数本书的读者可能都将发展目标置于首位，而将改进视为一个重要却次要于发展的目标。在许多体育组织中，改良主义者通常会被贴上“反运动”的标签并被边缘化。致力于转型的激进主义者在体育组织中尤其不受欢迎，不过大多数激进主义者对此不以为然，因为他们的工作内容主要集中在贫困、无家可归、医疗保健、教育、公共交通、就业和保证最低生活水平方面。

少数激进主义者将体育作为挑战有关男子气概和女性气质的主流定义的场所，他们会披露妨碍有意义的社会参与的贫困和不平等现象，打破对健全/残疾的刻板印象，并对当今大多数有组织的体育运动中常见的不合理现象进行批判。在此过程中，他们激发了人们关于未来体育运动的创造性构想，同时鼓励他人批判性地评估体育运动，积极参与将政治意识和社区活动与体育运动相结合的改良项目（Zirin，2005；2008a）。

体育反思

奇迹球场：改革青少年的运动空间

1997 年，佐治亚州科尼尔斯的一名青年棒球教练员注意到，棒球队中一名 5 岁的小球员每次来参加训练和比赛时都要带上他 7 岁的哥哥。这个 7 岁的孩子很喜欢棒球，但是当时并没有可供残疾儿童参与的球队，因此这位教练员邀请了他一起参加运动。

这位教练员的行为引发了一系列事件。在接下来的赛季中，当地的成年人为残疾儿童组织了科尼尔斯“奇迹联赛”。这是首个为残疾儿童举办的棒球联赛，比赛规则也针对球员得到了调整。例如，每支球队中的每名球员都有机会击球，所有跑垒员都很安全，每位球员都有得分的机会，身体无残疾的年轻人和志愿者会帮他们捡球，在需要时为他们提供其他帮助。

在第一年，联赛的4支参赛球队共有35名球员。佐治亚州前州代表兼当地扶轮社社长奥尔福德在观看他们的比赛时备受鼓舞。他注意到，传统球场上的杂草、泥土和突起的土块为盲人或使用轮椅、拐杖的球员增添了障碍，于是奥尔福德与当地的扶轮社合作，共同筹资，设计和建造了一个橡胶草坪运动场，并配备了无障碍洗手间、特许摊位和野餐区。他们另外设计了3块草坪，当奇迹联赛规模扩大时可以将它们改造成合成材料的球场。

该球场位于亚特兰大以东约40千米处，于2000年开放，不仅引起了美国媒体的关注，还激发了亚特兰大地区75,000多名残疾儿童的家长的兴趣。2008年，美国、波多黎各和加拿大共有约200个奇迹联赛体育组织。

当人们听到奇迹联赛、访问联赛网站和观看联赛时，他们的理想主义常常促使他们跳出传统公园和运动场的思维定式。部分社区在平整的棒球场附近建造了一些无障碍的游乐场。如今，游乐场设计师更有可能会设计出吸引具有不同身体障碍的儿童的环境。这类设计让身体存在障碍的孩子也能安全参与项目，无论能力如何，都可以玩得开心。

当人们看到无障碍球场上正在进行的奇迹联赛，又看到紧挨着球场的无障碍游乐场时，他们通常会感叹“这太有意义了”，然后会接着问道，“为什么我的社区没有呢？”这种反应以及更多类似奇迹联赛的体育项目的涌现，令600多万身体有缺陷的美国儿童备受鼓舞，因为他们基本上很难或根本不可能参与那些对参与者有着较高运动能力要求的传统体育项目。

成年人的奇迹联赛近年来也取得了进展，令成千上万或肢体截肢，或视力和听力受损，或行走不便的人感到振奋。为残疾人提供体育参与的机会既是一项政治挑战，也是一项管理挑战，需要修改地方政策优先级，或者由州政府或联邦政府提供激励措施。

你认为为残疾人建造无障碍设施和创建体育联赛满足其所需，最有效的策略是什么？

（二）选择发起变革的切入点

发起体育变革或通过体育运动进行变革，至少有 4 个切入点。我们可以从体育组织内部着手，加入“反对派”团体来抵制或破坏某些体育运动形式，开发新的或替代性的体育运动，或者从体育领域以外着手。意识到我们自己有哪些有利视角十分重要，因为在创造我们希望的未来的体育时，每个视角都伴随着机遇和局限性。

1. 从体育组织内部着手

“内部人士”的切入点具有一定的局限性，因为晋升和工作安全通常取决于对组织的价值观和文化的认同，这意味着即使人们可能会赞成某些改进型或转型目标，但当他们在组织内逐步晋升到权力职位时，发起变革的动力可能会降低。一旦人们担任了掌权职务，他们往往会变得更加保守，更注重发展和效率，而不是对体育实施转型。这并非不可避免，但它的确已经成为一种惯例。

但与此同时，“内部人士”的视角可以提供有关体育组织结构和文化的信息，便于人们直接干预影响体育运动的意义、目的和组织形式的过程。如果一个人在体育组织中担任要职，那么其推动以及影响变革的机会就会增加。

2. 加入“反对派”团体

历史表明，影响未来的通常是那些反对现状、能够推动改变社会生活组织形式的政策和项目的团体。例如，近年来，美国的反对派团体有效地组织了游说活动，以反对使用公共资金来建造主要服务于特权人士的造价高昂的体育场馆（Boykoff，2014b；Coakley and Souza，2013；Delaney and Eckstein，2003，2007）。反对派团体在抵制举办大型赛事（如奥运会）方面成效不佳，但是随着研究者持续追踪记录举办大型赛事产生的债务和带来的其他问题，反对派团体在将来会发挥更积极的作用。

反对特定政策和项目的地方团体通常收效不错，其作用包括促进性别平等、建造新的滑板公园或飞盘高尔夫球场，或者为休闲参与型体育运动预留公共场所等。随着这些团体不断改善体育环境，他们创造了更加多样化的运动，可以更有效地满足人们的需求。

3. 开发新的或替代性的体育运动

当人们排斥占主导地位的力量成绩型体育运动，并根据对体育本质的理解开发新的体育运动形式时，体育运动的未来也会随之改变。这并非易事，因为不处于主流体育项目和体育组织的企业家可利用的资源少之又少。但是，从局外人的角度着手可能会行之有效，因为它会影响其他人考虑现有运动的替代方案。对体育史有深刻了解的加拿大前奥运会选手布鲁斯 •基德表示，创造“商业体育文化的替代方案是……一场艰苦的斗争”，但他也指出，创造这些替代方案的努力“具有悠久、丰富且令人骄傲的历史”（1997：270）。

当人们开发出新的或替代性的体育运动后，商业利益通常会试图将其转化为力量成绩型体育运动的商品化形式。抵制这一转变十分困难，而且很难奏效，但是我们的确需要开发新的或替代性的体育运动的过程，用以激发在体育的意义、目的和组织形式中的创造性改变。

4. 从体育领域以外着手

以局外人的视角创造未来的体育需要富有远见，并且要对社会变革有着深入的了解。例如，女权主义者在 20 世纪 60 年代发起妇女运动时，就为维权人士、教育者和进步政治家提供了起草《教育法修正案》第九条的机会（作为《民权恢复法案》修正案的一部分）。当该法案于 1972 年被写入法律时，它改变了组织、赞助和参加体育活动的法律环境。由此，体育的未来得到了显著的改变。

同样，如今相关人士可能会有效地改变“残障”在美国文化中的定义，并在此过程中鼓励其他人起草法律草案，制订为残障人士提供平等体育参与机会的计划。从这个意义上讲，任何致力于消除社会不公，以及创造机会让新声音在社会世界中得到表达并受到重视的人，也为未来创造更多人道的无障碍体育运动奠定了基础。

（三）运用理论来制定实现目标的策略

正如之前所提到的，社会学家会基于文化理论、互动主义理论和结构理论来研究和解释社会世界。在思考未来、制定策略来改变或变革体育以及实现特定目标时，与社会世界各个维度中任一维度相关的理论都十分有用。理论提供了系统的解释性框架，无论个人想要实现何种目标，理论都有可能提高准确预测的概率，甚至提高准确预测以变革为导向的策略之后果的概率。从这个意义上而言，好的理论就如同路线图，可以帮助人们沿着正确的道路顺利走入理想的未来。

1. 文化理论

希望成为变革主体的人们可以使用文化理论来理解社会世界的产生、重现和转化过程。这些理论表明，要改变体育运动，就必须改变人们用来理解并赋予其意义的符号、价值观、规范、词汇。例如，在体育领域建立性别平等的过程涉及的问题之一是改变媒体记者报道女子体育运动时的措辞。过去，人们通常只以不带姓氏的名字称呼女运动员，给人的印象是她们的运动不如男子体育运动那样严肃。当体育社会学的研究者发现这一惯例后，播报员改变了谈论女运动员的方式。这个变化相对较小，但它改变了叙事方式，使人们更加严肃地看待女子体育运动。

总体而言，文化理论重点关注社会上的文化观念、其呈现方式和权力动态等问题。它们阐释了人们如何利用权力来维护代表自身利益的文化实践和社会结构，并且明确了人们如何抵制或反对这些实践和结构。变革主体为变革体育而制定有效的策略时，意识到这一点十分重要。

采用文化理论开展研究有助于我们设想具有包容性和赋权性的体育运动。基于文化理论的目标通常是改良性的，甚至偶尔比较激进。因此，文化理论可能被许多人视为威胁，他们只希望按照目前人们对体育的界定和组织方式来发展体育运动。

2. 互动主义理论

人们在使用互动主义理论时，主要关注的是社会学习和发展过程，以及人们赖以认识世界并赋予世界意义的各种关系。互动主义理论认为，要变革体育，就需要改变社会化过程、自我概念和身份，以及赋予特定榜样和其他重要他人的优先权。例如，人们通常会抵制改良和激进的变革，因为他们的身份根植于当前的体育文化和组织并受其保护。知道这一点很有用，因为它可以帮助我们预知在面对变革体育的举措时，人们往往会采取自我防御的态度，他们通常会由于身份受到威胁亲自出面抵制。因此，策略的提出必须要巧妙，要建立在明确的研究证据的基础上，变革主体实施策略时要将目前从事体育运动的人纳入盟友行列。以这种方式变革体育运动，需要变革主体具有耐心、坚持不懈，并且能够敏锐地意识到他人是如何认识体育、认识自己在体育中的身份以及通过体育认识自己的。

互动主义理论可以用来支持保守的、改良的或激进的目标，但它通常强调在变革过程中需要将多种声音和观点纳入考虑。该理论的假设基础是，当社会有效地反映各种不同的声音时，这些社会的组织形式将更有可能支持人们的兴趣和关注点。然而，那些采用批判性方法的人通常将互动主义理论与文化理论相结合，侧重于权力和叙事陈述，因而往往会偏向于改进和转型（Denzin，2007）。

3. 结构理论

运用结构理论时，人们通常将重点放在社会组织、掌权者、权威、物质资源和经济机会上。结构理论认为，变革体育需要改变社会关系存在的环境。功能主义是结构理论的一种形式，它建立在如下基础之上：所有的社会世界都是围绕着共同的价值观组织建立的，最终将变得更加高效、更具社会融合性。这一理论方法比较吸引现实中的既得利益者，因为它支持发展和小规模的变革。因此，它与保守的以及稍具改良主义的目标一致。

建立在卡尔·马克思思想基础上的冲突理论是结构理论的另一种形式。它确立了在社会中造成社会阶级分化的经济因素，以及决定着所有社会阶级人们的生活机会和生活方式。冲突理论与改良的或激进的目标，如重新分配权力和经济资源，最为契合，如此一来，阶级关系才会更加平等，社会政策才能更加照顾到社会上最需要帮助的人。当我们以冲突理论为基础制定变革体育的策略时，这些策略能够识别出扭曲了体育含义、目的和组织方式的各种意识形态，并力图消除体育组织的盈利动机，以便体育能够根据运动员而不是出资人的需求进行重新组织。

社会理论可用于实现保守、改良或激进的目标。但是对体育社会学感兴趣的人比其他人，尤其是在体育组织中工作的人，更有可能采用侧重于改进和转型的批判性方法（Donnelly et al.，2011，2015）。他们重点关注如何使体育运动更加民主、可及和人性化，以便体育运动能够满足所有人的需求，而不是简单地在现有的体育形式上扩大规模，或者更高效地实现当前体育掌权者的目标。

五、体育变革面临的挑战

力图实现保守性目标而开展变革可能会遇到困难，但是拥有权力和资源的人通常会为实现这些目标提供支持，例如促进发展和提高效率。为实现改良性的目标而进行的变革会更加困难，而且常常引发争议。对现状享有既得利益的人或担心现状的变化会带来不确定性的人，通常会抵制变革。

当现有的社会组织形式或规则和传统习俗为参与体育运动的人们提供特权系统时，他们将变革视为对自身正常的利益和特权的威胁（Travers，2013a）。这一点在公立学校十分常见：要实现性别平等，人们必须改变或放弃过去曾用来预测、解释和指导男性和女性的情感、思想和行为的文化观念。当变革需要人们对种族文化观念或关于族裔、国籍、社会阶层、年龄和能力的思想观念进行改变时，也会发生类似的抵制行为。如果因现状而享有特权的人士认为比赛本来就很公平，哪怕仅仅是“让比赛稍加公平”的变革都会牵扯甚多，充满争议。

当变革需要改变体育运动的结构、规则、角色、人际关系和奖励制度时，支持变革的人面临的挑战就会更大，甚至仅仅是谈论变革，都会引发人们的抵触和反抗，因为他们的态度深深根植于其身份和生活方式。相信体育的重大迷思的人对此表现得最为明显。他们认为体育本质上是纯洁美好的，其组织形式合理、恰当，因此，即使是微小的变革也会遭到顽强抵制（Travers，2013b）。

举例而言，当你去参加青少年棒球联合会的教练员会议，告诉他们有研究表明，为了保护 10～12 岁的青少年正在发育的手臂（他们每年正式投掷棒球的次数多达数千次），必须要减小棒球的尺寸才能更好地适应他们的手掌大小时，或者当你尝试告诉冰球教练员，不应再允许 13 岁以下的球员用身体拦截，且 10 岁以下的孩子应该在较小的冰球场上打球，不应使用成人的全尺寸冰球场时，你就能充分感受到他们的抵触情绪。要获得反对体育变革的最明确的证据，你可以试试告诉青少年和高中的橄榄球教练员，在对脑震荡等头部创伤对青少年大脑发育的影响有进一步的了解之前，针对 14 岁以下的所有儿童，撞击式橄榄球将被腰旗橄榄球所取代。

变革体育运动无比艰难，那些希望获得不同体育经历的人会发现直接创造新的运动形式反而更加容易。2005 年，佛蒙特州明德学院的学生受到哈利·波特系列书籍的启发，创造了一种“魁地奇”运动，如今每年都有来自几十个国家的代表队参加这种运动的国际锦标赛（Cohen and Peachey，2015）。哈佛商学院有两名学生创造了“最强泥人”障碍赛活动，要求所有参与者必须承诺“团队精神和友谊高于比赛用时”，以及“帮助同伴完成比赛”（http://toughmudder.com/about/；Murphy，2013；Weedon，2015）。今天，全球有数百场“最强泥人”的赛事。

（一）运动员作为变革的主体

有人认为，运动员应该并且可能成为变革的有效主体，因为他们的社会知名度较高，广受欢迎。运动员拥有现成的平台，可以借此宣布改革的目标，并且宣扬实现目标的策略。但是事情并不那么简单。

运动员的知名度和受欢迎程度主要取决于媒体报道和其整体的公众形象。联赛、运动队和赞助公司利用运动员的形象来宣传赛事和产品，但这并不意味着运动员可以轻易地将其名人身份转化为与体育或社会中严肃的社会、政治或经济问题相关的权力。

体育名人的社会背景限制了运动员可以有效推进变革的程度。如果运动员的言行不符合他们的形象管理者的利益，他们可能会失去维系其声誉的媒体报道和相关支持。运动队老板和企业赞助商通常会避免与在社会问题上公开发声的运动员建立联系，因为他们都不希望疏远粉丝和消费者。

阿多纳尔·福伊尔是一名社会和政治活动家，1997—2009 年为 NBA 效力。他指出，尽管许多运动员在某些问题上有坚定的立场，但很少有运动员会公开表达出来。他说他们“很谨慎，因为他们不想与众不同，不想以这种方式引起争议”（in Zirin，2004）。

关注社会问题的运动员选择保守的策略（通常专注于帮助个别的孩子），这并不出人意料。建造游乐场、看望住院的儿童、提高孩子们的文化素养，以及在高中传播禁毒信息，这些都不会引起争议，因为他们重申了社会主流价值观并巩固了现状。

（图源：©杰伊·约翰逊）

汤米·史密斯和约翰·卡洛斯站在1968年墨西哥城奥运会的领奖台上，脱下鞋子，举起拳头抗议贫困和种族歧视，这一举动导致他们被逐出美国队，随后受到长达20多年的广泛批评和贬低。在将近40年后的2005年，他们获得了圣何塞州立大学的名誉博士学位，校园中树立了一个7米高的雕像，纪念他们为实现种族正义和消除贫困的变革性目标而做出的努力。

运动员偶尔会抵制体育的既有体制或提倡渐进式变革，但是除非他们是受到公众普遍支持的运动员群体的其中一员，否则他们通常会承受负面影响。有证据表明，运动员可以在老牌组织中工作来降低推进改良的和激进的目标带来的风险。这些组织为他们提供庇护、支持和资源，将他们与推进变革的更大范围的群体联系起来。

阿多纳尔·福伊尔在为金州勇士队效力时成立了自己的基金会——“民主会”（www.democracymatters.org），他意识到这种机构的合法性和拥有支持的重要性。借助基金会的平台，他就选定的议题发表了讲话，但他还利用该基金会招募大学生来参与政治活动，以减少政府腐败和增加民主参与。

2009—2016 年，少数运动员公开表示支持同性恋者的权利和婚姻、“黑人的命也是命”运动（Zirin，2013h，2013i，2015a，2015b，2015c，2015d）。在某些情况下，这些运动员受到了掌权者的攻击，后者向运动员所属的运动队和联赛施压，要求其对这些运动员实施制裁。但是，当普通民众站在运动员这一边时，他们就逃脱了制裁，甚至成功地对其所支持的议题产生了影响。这并不意味着如今运动员可以就重要问题自由地发表意见，或者公开指出对社会正义和平权改革的需求，但现在他们知道组织和个体会支持他们，也许就能够倡导重大的变革，且不会威胁自己的职业生涯（Lipsyte，2011）。不过，他们的代理人和律师仍将督促他们专注于保守性的目标（Henderson，2009；G. Smith，2012）

无论媒体形象如何，大学运动员公开发声要冒很大的风险，因为他们不受运动员协会的保护，在美国大学体育协会和大学中也没有正式的权力。奖学金和团队成员身份完全掌握在教练员手中，如果他们拥护某一不受欢迎的立场，他们将来进行职业比赛甚至离开体育界去找工作都可能会面临重重困难。尽管近年来有一群运动员就具有争议性的问题公开发表了意见或表达了立场，但大多数大学运动员——即使是参与美国大学体育协会第二级别、第三级别会员院校体育项目的大学运动员——也几乎没有时间参与以变革为导向的行动（Cunningham and Regan，2011）。

（二）关于变革的最后一言

无论人们采用何种切入点，或使用何种理论来制定变革体育的策略，成为有效的变革主体，应始终具备以下素质：

（1）能够构想体育与社会生活可能且应该是什么样。

（2）愿意努力实施将构想转变为现实所需的策略。

（3）在政治方面有能力集结各项能够使策略有效形成变革的资源。

将上述特质融合在一起，需要个人和集体的努力。如果我们不付出努力，那么体育的意义、目的和组织形式将始终建立在当前掌控和组织体育运动的人的利益之上。

六、小结：我们希望体育将如何发展？

体育是社会建构。这意味着，我们在形成体育的今天以及创造体育的未来方面发挥着作用。我们可以通过设想心目中的未来的体育，并努力使之变为现实来发挥积极的作用，或者也可以消极应对，什么都不做，被动地让他人按照他们的意愿去塑造未来的体育。

本章的重点在于，体育的意义、目的和组织形式在未来将变得越来越多样化，力量成绩型体育运动将继续占据主导地位，因为它们能够不断吸引有钱有势的赞助商。随着人口结构和文化观念的变化，休闲参与型体育运动将会持续发展，但它们所吸引的赞助比不上力量成绩型体育运动。

在各个级别的体育参与中，体育始终是人们围绕着谁应该参加体育运动以及体育运动应如何组织而展开斗争的场所。当前的趋势表明，休闲参与型体育运动的发展源于以下因素：① 人们对健康和体能的关注；② 老年人的体育参与偏好；③ 女性为体育运动带来的价值观；④ 寻求替代性运动。

当前的趋势受到诸多因素的影响，包括组织性和理性化、商业主义与消费、电信和电子媒体、技术以及社区和社会人口的结构变化。

改革体育是一个过程，涉及确定目标、根据个人在社会体育中的位置判断可以做什么，以及使用理论来制定有效的策略。目标分为发展、改进和转型三种。多数人，尤其是那些因现状而受益之人，都将重点放在保守性的发展目标上，因为他们希望基于当前的体育比赛方式和组织形式来扩大体育运动的规模、巩固其地位。部分人侧重于改良性目标，因为他们希望更多的人享受体育运动所带来的益处。少数人则关注转型这一激进目标，因为他们希望重塑体育的意义、目的和组织形式。

希望成为变革主体的人，要想有效推进变革，就需要清晰地了解自己在体育和社会的关系中所处的位置。4 个主要的切入点包括：① 从体育组织内部着手；② 加入“反对派”团体；③ 开发新的或替代性的体育运动；④ 从体育领域外着手。

不论目标如何，促成变革的努力都可以利用基于文化理论、互动主义理论和结构理论的策略。文化理论强调，体育的未来与人们在组织体育运动、丰富体育经历以及赋予体育运动和体育经历意义时所使用的符号、价值观、规范、词汇相关；互动主义理论强调，变革的发生与社会化过程、身份，以及同龄人和重要他人的影响密切相关；结构理论则强调，要变革体育，需要改变体育赖以存在的整体环境。

社会理论可以支持保守、改良或激进的目标。体育社会学的研究者往往是改良主义者，有时是激进主义者，基本从不是保守主义者，他们通常致力于使体育运动更加民主、便利、包容和人道。

不论一个人拥有何种目标、何种战略位置或基于何种理论形成变革策略，要成为变革的有效主体，就需要对体育运动的前景有清晰的认知，愿意为将愿景变为现实而努力，并且在政治上有能力制定和维持能够产生结果的策略。因此，除非我们努力使体育成为我们心目中的样貌，否则它仍将主要反映那些希望我们按照他们的要求、为了他们的目的去参与体育运动的人的利益。

因此，我们面对着一个有趣的选择：我们可以仅仅做一名消费者，接受体育运动的现状，也可以选择做一名公民，积极提升体育运动的人道主义和可持续性。本书的目的在于帮助人们成为有批判性思想的、充分知情的、活跃的公民。

补充阅读

阅读材料 1 体育粉丝作为变革的主体

阅读材料 2 体育中的技术与变革

阅读材料 3 推进变革：慈善与社会正义

阅读材料 4 利用体育发起变革：能起作用吗？

体育管理问题

- 假设你刚到一座人口为 30 万的城市担任社区体育运动和休闲活动的主管。你所在部门的座右铭是“全民运动，终身参与”。参加人数最多的体育项目是围绕休闲参与模式组织的。面对预算削减，你希望说服市里一家大型公司赞助这些项目。请列出并解释你将向公司高管陈述的要点。
- 假设一个大城市的市政府邀请你所在的体育管理和发展咨询公司为建造奇迹球场和组织奇迹联赛制定方案。政府将使用该方案说服选民支持一项债券的发行，以作为上述项目的资金来源。你作为公司代表人员，请概述并解释方案中的要点。

- 假设你是5位职业运动员的代理人，他们从事不同的运动，但都在同一城市。他们组成团队找到你，想要积极地参与塑造本市的体育参与文化，希望你能指导他们设定目标，为改善社区的体育运动和体育参与制定有效的策略。基于本章的内容，请确认他们在树立特定目标以及制定实现这些目标的策略时应考虑的问题。此外，对于他们作为变革主体的身份，你会给他们提供哪些建议？

参考文献

AAHPERD. 2013. Maximizing the benefits of youth sport. *Journal of Physical Education, Recreation and Dance* 84(7): 8–13.

Abad–Santos, Alexander. 2013. Everything you need to know about Steubenville High's football 'rape crew'. *The Atlantic Wire* (January 3): http://www.theatlanticwire.com/national/2013/01/steubenville-high-football-rape-crew/60554/(retrieved 5–22–13).

Abdel–Shehid, Gamal, and Nathan Kalman-Lamb. 2011. *Out of left field: Social inequality and sport*. Black Point, Nova Scotia: Fernwood Publishing.

Abrams, Douglas E. 2013. Confronting the youth sports concussion crisis: A central role for responsible local enforcement of playing rules. *Mississippi Sports Law Review* 2(1): 75–114.

Abrams, Lindsey. 2012. Sex doesn't always sell: Why female Olympians fail in advertisements. *The Atlantic* (August 3): http://www.theatlantic.com/health/archive/2012/08/sex-doesnt-always-sell-why-female-olympians-fail-in-advertisements/260658/.

Ackerman, Kathryn E., and Madhusmita Misra. 2011. Bone health and the Female Athlete Triad in adolescent athletes. *The Physician and Sportsmedicine* 39: 131–141.

Acosta, R. Vivian. 1999. Hispanic women in sport. *Journal of Physical Education, Recreation and Dance* 70(4): 44–46.

Acosta, Vivien, and Linda Jean Carpenter. 2012. *Women in Intercollegiate Sport: A Longitudinal, National Study Thirty–Five Year Update*. See www.AcostaCarpenter.org.

Adams, Adi, and Eric Anderson. 2011. Exploring the relationship between homosexuality and sport among the teammates of a small, Midwestern Catholic college soccer team. *Sport, Education and Society* 17(3): 347–363.

Adams, Adi. 2011. "Josh wears pink cleats:" 'Doing gender' on a U.S. college men's soccer team. *Journal of Homosexuality* 58(5): 579–596.

Adams, Mary Louise. 2006. The game of whose lives? Gender, race and entitlement in Canada's 'national' game. In David Whitson and Richard Gruneau, eds., *Artificial ice: Hockey, culture, and commerce* (pp. 71–84). Peterborough, Ontario: Broadview Press.

Adams, Natalie, Auson Schmitke, and Amy Franklin. 2005. Tomboys, dykes, and girly girls: Interrogating the subjectivities of adolescent female athletes. *Women's Studies Quarterly* 33(1/2): 17–34.

Addams, Jane. 1909. *The spirit of youth and the city streets*. New York: Macmillan.

Adelman, Miriam & Lennita Ruggi. 2015. The sociology of the body. *Current Sociology* (Online first, September 7): DOI: 0011392115596561.

Adler, Patricia A., and Peter Adler. 1991. *Backboards and blackboards: College athletes and role engulfment*. New York: Columbia University Press.

Adler, Patricia A., and Peter Adler. 1999. College athletes in high-profile media sports: The consequences of glory. In Jay Coakley & Peter Donnelly, eds., *Inside sports* (pp. 162–170). London: Routledge.

Adler, Patricia A., and Peter Adler. 2003. The promise and pitfalls of going into the field. *Contexts* 2(2): 41–47.

Age Concern. 2006. *Ageism: A benchmark of public attitudes in Britain*. London: Age Concern.

Agyemang, Kwame JA. 2012. Black male athlete activism and the link to Michael Jordan: A transformational leadership and social cognitive theory analysis. *International Review for the Sociology of Sport* 47(4): 433–445.

Agyemang, Kwame, John N. Singer, and Joshua DeLorme. 2010. An exploratory study of black male college athletes' perceptions on race and athlete activism. *International Review for the Sociology of Sport* 45: 419–435.

Ahlberg, Matthew, Cliford J. Mallet, and Richard Tinning. 2008. Developing autonomy supportive coaching behaviors: An action research approach to coach development. *International Journal of Coaching Science* 2(2): 3–22.

Albergotti, Reed. 2011. The footage the NFL won't show you. *Wall Street Journal* (November 4): http://online.wsj.com/article/SB10001424052970203716204577015903150731054.html.

Algazeera. 2006. Glory for Al Ghasara. *Algazeera.net* (December 11): http://english.aljazeera.net/NR/exeres/A3E2CB0F-A9CA-4327-A07B-4675C98E13C7.htm.

Allain, Kristi A. 2008. "Real fast and tough" : The construction of Canadian hockey masculinity. *Sociology of Sport Journal* 25(4): 462–481.

Allan, Elizabeth J., and Mary Madden. 2008. Hazing in view: College students at risk. University of Maine, College of Education and Human Development.

Allen, James T., Dan D. Drane, Kevin K. Byon, and Richard S. Mohnb. 2010. Sport as a vehicle for socialization and maintenance of cultural identity: International students attending American universities. *Sport Management Review* 13(4): 421–434.

Alpert, Geoff, Jeff Rojek, Andy Hansen, Randy L. Shannon, and Scott H. Decker. 2011. *Examining the prevalence and impact of gangs in college athletic programs using multiple sources*. Bureau of Justice Assistance, the Office of Justice Programs, the U.S. Department of Justice (2008-F3611-SC-DD).

Alpert, Rebecca T. 2011. *Out of left field: Jews and black baseball*. Oxford, UK: Oxford University Press.

Altice, Chelsea. 2012. Lingerie football touches down in Abbotsford. *ctvbc.ca* (Feb. 9): http://www.ctvbc.ctv.ca/servlet/an/local/CTVNews/20120209/bc_lingerie_league_abbotsford_120209.

Amick, Sam. 2014. For NBA teams, religion can be unifying or divisive. *USA Today* (May 4): http://www.usatoday.com/story/sports/nba/2014/05/03/nba-clippers-warriors-doc-rivers-mark-jackson-monty-williams-religion/8658755/.

Anderson, Eric. 2014. *21st Century jocks: Teamsport athletes and modern heterosexuality*.

Anderson, Eric, and Mark McCormack. 2015. Cuddling and spooning: Heteromasculinity and homosocial tactility among student-athletes. *Men and Masculinities* 18(2): 214–230.

Anderson, Eric, and Rachael Bullingham. 2015. Openly lesbian team sport athletes in an era of decreasing homohysteria. *International Review for the Sociology of Sport* 50(6): 647–660.

Anderson, Eric. 2015. *21st century jocks: Sporting men and contemporary heterosexuality*. Palgrave Macmillan.

Anderson, Eric. 2015. Assessing the sociology of sport: On changing masculinities and homophobia. *International Review for the Sociology of Sport* 50(4–5): 363–367.

Anderson, Denise. 2009. Adolescent girls' involvement in disability sport: Implications for identity development. *Journal of Sport and Social Issues* 33(4): 427–449.

Anderson, Eric. 2005b. Orthodox, and inclusive masculinity: Competing masculinities among heterosexual men in a feminized terrain. *Sociological Perspectives* 48: 337–355.

Anderson, Eric. 2008a. "Being masculine is not about who you sleep with..." : Heterosexual athletes contesting masculinity and the one-time rule of homosexuality. *Sex Roles* 58: 104–115.

Anderson, Eric. 2009a. The maintenance of masculinity among the stakeholders of sport. *Sport Management Review* 12(1): 3–14.

Anderson, Eric. 2009b. *Inclusive masculinity: The changing nature of masculinities*. New York: Routledge.

Anderson, Eric. 2011a. Inclusive masculinities of university soccer players in the American Midwest. *Gender and Education* 23(6): 729–744.

Anderson, Eric. 2011b. Masculinities and sexualities in sports and physical cultures: Three decades of evolving research. *Journal of Homosexuality* 58(5): 565–578.

Anderson, Eric. 2011c. The rise and fall of western homohysteria. *Journal of Feminist Scholarship* 1(1): 80–94.

Anderson, Eric. 2011d. Updating the outcome: Gay athletes, straight teams, and coming out at the end of the decade. *Gender & Society* 25(2): 250–268.

Anderson, Eric. 2013. i9 and the transformation of youth sports. *Journal of Sport and Social Issues* 37(1): 97–111.

Anderson, Eric, and Edward M. Kian. 2012. Examining media contestation of masculinity and head trauma in the National Football League. *Men and Masculinities* 15(2): 152–173.

Anderson, Eric, and Rhidian McGuire. 2010. Inclusive masculinity and the gendered politics of men's rugby. *Journal of Gender Studies* 19: 249–261.

Anderson, Eric, and Rachael Bullingham. 2013. Openly lesbian team sport athletes in an era of decreasing homohysteria. *International Review for the Sociology of Sport*; online, June 10, 20131012690213490520.

Andrews, David L., ed. 1996a. Deconstructing Michael Jordan: Reconstructing postindustrial America. *Sociology of Sport Journal* 13(4): special issue.

Andrews, David L. 1996b. The fact(s) of Michael Jordan's blackness: Excavating a floating racial signifier. *Sociology of Sport Journal* 13(2): 125–158.

Andrews, David L., ed. 2001. *Michael Jordan, Inc.: Corporate sport, media culture, and late modern America*. Albany, NY: State University of New York Press.

Andrews, David L. 2007. Sport as spectacle. In George Ritzer, ed., *Encyclopedia of sociology* (pp. 4702–4704). London/New York: Blackwell.

Andrews, David L., and Steven J. Jackson. 2001. *Sport stars: The cultural politics of sporting celebrity*. London/New York: Routledge.

Andrews, David L., and Michael L. Silk, eds. 2011. Physical cultural studies. *Sociology of Sport Journal* 28(1): special issue.

Antunovic, Dunja & Marie Hardin. 2012. Activism in women's sport blogs: Fandom and feminist potential. International Journal of Sport Communication 5(3): 305–322.

Antunovic, Dunja, and Marie Hardin. 2013. Women bloggers: Identity and the conceptualization of sports. *New Media & Society* 15(8): 1374–1392.

Antunovic, Dunja & Marie Hardin. 2015. Women and the blogosphere: Exploring feminist approaches to sport. *International Review for the Sociology of Sport* 50(6): 661–677.

AP. 2013. Facing class action threat, NCAA responds on concussions. *USA Today* (July 20): http://www.usatoday.com/story/sports/college/2013/07/20/ncaa-concussion-suit-and-response/2572071/.

Apelmo, Elisabet. 2012. Falling in love with a wheelchair: Enabling/disabling technologies. *Sport in Society* 15(3): 399–408.

Apostolis, Nicolas, and Audrey R. Giles. 2011. Portrayals of women golfers in the 2008 issues of *Golf Digest*. *Sociology of Sport Journal* 28(2): 226–238.

Appleby, Joyce. 2011. The wealth divide. *Los Angeles Times* (November 7): http://www.latimes.com/news/opinion/commentary/la-oe-appleby-wealth-versus-income-20111107%2C0%2C5865891.

Araki Kaori, Iky Kodani, Nidhi Gupta, and Diane L. Gill. 2013. Experiences in sport, physical activity, and physical education among Christian, Buddhist, and Hindu Asian adolescent girls. *Journal of Preventive Medicine and Public Health* 46(1): 43–49.

Archer, Louise, Sumi Hollingworth, and Anna Halsall. 2007. 'University' s not for me–I'm a Nike person': Urban, working-class young people's negotiations of 'style,' identity and educational engagement. *Sociology* 41(2): 219–237.

Armstrong, Gary. 1998. *Football hooligans: Knowing the score*. Oxford: Berg.

Armstrong, Gary. 2007. Football hooliganism. In George Ritzer, ed., *Encyclopedia of sociology* (pp. 1767–1769). London/New York: Blackwell.

Armstrong, Gary, and Alberto Testa. 2010. *Football, fascism and fandom: The Ultras of Italian football*. A and C Black Publishers Ltd.

Aschwanden, Christie. 2012. The top athletes looking for an edge and the scientists trying to stop them. *Smithsonian* (July–August): http://www.smithsonianmag.com/science-nature/The-Top-Athletes-Looking-for-an-Edge-and-the-Scientists-Trying-to-Stop-Them-160284335.html.

Aspen Institute. 2015. *Project play report*. Washington, DC: Aspen Institute.

Assael, Shaun. 2008. Who is Martin Führer and why does he make the tennis world so nervous? *ESPN The Magazine* 11.04 (February 25): 82–88.

Associated Press. 2012. Sidebar quote. *Denver Post* (January 29): 2C.

Atencio, Matthew, and Becky Beal. 2011. Beautiful losers: The symbolic exhibition and legitimization of outsider masculinity. *Sport in Society* 14(1): 1–16.

Atencio, Matthew, and Jan Wright. 2008. "We be killin' them": Hierarchies of black masculinity in urban basketball spaces. *Sociology of Sport Journal* 25(2): 263–280.

Atencio, Matthew, Emily Chivers Yochim, and Becky Beal. 2013. "It ain't just black kids and white kids": The representation and reproduction of authentic "skurban" masculinities. *Sociology of Sport Journal* 30(2):153–172.

Atkinson, Michael. 2009. Parkour, anarcho-environmentalism, and poiesis. *Journal of Sport and Social Issues* 33(2): 169–194.

Atkinson, Michael, and Kevin Young. 2008. *Deviance and social control in sport*. Champaign, IL: Human Kinetics.

Atkinson, Michael, and Kevin Young. 2012. Shadowed by the corpse of war: Sport spectacles and the spirit of terrorism. *International Review for the Sociology of Sport* 47(3):

286–306.

Aubel, Olivier, and Brice Lefèvre. 2013. The comparability of quantitative surveys on sport participation in France (1967–2010). *International Review for the Sociology of Sport* 1012690213492964, first published on July 17, 2013 as doi: 10.1177/10126902134 92964.

Axon, Rachel. 2013a. Does NCAA face more concussion liability than NFL? *USA Today* (July 25): http://www.usatoday.com/story/sports/ncaaf/2013/07/25/ncaa-concussion-lawsuit-adrian-arrington/2588189/.

Axon, Rachel. 2013b. Fifth concussion lawsuit filed against NCAA. *USA Today* (November 15): http://www.usatoday.com/story/sports/college/2013/11/15/ncaa-concussion-lawsuit-class-action-christopher-powell/3594003/.

Azimirad, Javad, and Mohammad Jalilvand. 2012. Relationship between spiritual transcendence and competitive anxiety in male athletes. *European Journal of Experimental Biology* 2(4): 1095–1097.

Baade, Robert A., Robert W. Baumann, and Victor A. Matheson. 2008. Assessing the economic impact of college football games on local economies. *Journal of Sports Economics* 9(6): 628–643.

Bachman, Rachel. 2012. Schools that train the enemy. *Wall Street Journal* (June 5): http://online.wsj.com/article/SB10001424052702303830204577448620436755502.html.

Bacon, Victoria L., and Pamela J. Russe ll. 2004. Addiction and the college athlete: The Multiple Addictive Behaviors Questionnaire (MABQ) with college athletes. *The Sport Journal* 7(2): unpaginated.

Badenhausen, Kurt. 2015. Michael Jordan Leads The Highest-Paid Retired Athletes 2015. *Forbes.com* (March 11): http://www.forbes.com/sites/kurtbadenhausen/2015/03/11/michael-jordan-leads-the-highest-paid-retired-athletes-2015/#21d7e538155e.

Baird, Julia. 2004. Privacy, a forgotten virtue. *Newsweek* (December 14): 29.

Balmer, Nigel, Pascoe Pleasence, and Alan Nevill. 2012. Evolution and revolution: Gauging the impact of technological and technical innovation on Olympic performance. *Journal of Sports Sciences* 30(11): 1075–1083.

Balyi, Istvan, Richard Way, and Colin Higgs. 2013. Long-term athlete development.

Champaign, IL USA: Human Kinetics.

Bandow, Doug. 2003. *Surprise: Stadiums don't pay after all!* Cato Institute Report (October 19). Washington, DC: Cato Institute.

Bank, Hannah. 2012. *Straight: The surprisingly short history of heterosexuality*. Beacon Press.

Banton, Michael. 2012. The colour line and the colour scale in the twentieth century. *Ethnic and Racial Studies* 35(7): 1109–1131.

Barnett, Lisa M., Eric Van Beurden, Philip J. Morgan, Lyndon O. Brooks, and John R. Beard. 2008. Does childhood motor skill proficiency predict adolescent fitness? *Medicine and Science in Sports and Exercise* 40(12): 2137–2144.

Barr, John. 2009. Athletes and evangelists cross paths. *ESPN Outside the Lines* (April 17): http://sports.espn.go.com/espn/otl/news/story?id=4076585.

Bartholomaeus, Clare. 2012. 'I'm not allowed wrestling stuff: Hegemonic masculinity and primary school boys. *Journal of Sociology* 48(3): 227–247.

Bartoluci, Sunčica, and Benjamin Perasović. 2009. National identity and sport: The case of Croatia. In Mojca Doupona Topič & Simon Liċen, eds., *Sport, culture & society: An account of views and perspectives on social issues in a continent (and beyond)* (pp. 187–191). Ljubljana, Slovenia: University of Ljubljana.

Baruth, Meghan, Sara Wilcox, Ruth P. Saunders, Steven P. Hooker, James R. Hussey, and Steven N. Blair. 2013. Perceived environmental church support and physical activity black church members. *Health Education and Behavior* 40(6): 712–720.

Bass, Amy 2002. *Not the triumph but the struggle: The 1968 Olympics and the making of the black athlete*. Minneapolis, MN: University of Minnesota Press.

Battista, Judy. 2012. N.F.L. Super Bowl ad will stress safety. *New York Times* (January 31): http://www.nytimes.com/2012/01/31/sports/football/nfl-to-address-head-injuries-in-commercial.html

Bauer, Olivier. 2011. *Hockey as a religion: The Montreal Canadiens*. Champaign, IL: Common Ground Publishing-Sport and Society.

Bauer, Thomas, and Tony Froissart. 2011. Jacques Morneve: Narrative glorification of Catholic sport. *The International Journal of the History of Sport* 28(14): 2047–2060.

BBC. 2012a. London 2012: Olympics women's boxing skirts issue to be decided. *BBC.co.uk* (January 24): http://news.bbc.co.uk/sport2/hi/boxing/16608826.stm.

BBC. 2012b. Olympics judo: Saudi Arabia judoka could pull out in hijab row. *BBC.co.uk* (July 30): http://www.bbc.co.uk/sport/0/olympics/19046923.

BBC. 2013. Nigeria 'lesbian football ban' reports examined by Fifa. *BBC.co.uk* (March7): http://www.bbc.co.uk/sport/0/football/21702308.

Beal, Becky. 1995. Disqualifying the official: An exploration of social resistance through the subculture of skateboarding. *Sociology of Sport Journal* 12 (3): 252–267.

Beal, Becky. 1997. The Promise Keeper' s use of sport in defining "Christ-like" masculinity. *Journal of Sport and Social Issues* 21(3): 274–284.

Beal, Becky, and Lisa Weidman. 2003. Authenticity in the skateboarding world. In Roberts E. Rinehart & Synthia Sydnor, eds., *To the extreme: Alternative sports, inside and out* (pp. 337–352). Albany: State University of New York Press.

Beals, Katherine A., and Amanda K. Hill. 2006.The prevalence of disordered eating, menstrual dysfunction, and low bone mineral density among US collegiate athletes. *International Journal of Sport Nutrition and Exercise Metabolism* 16(1): 1–23.

Beamish, Rob, and Ian Ritchie. 2006. *Fastest, highest, strongest: A critique of high-performance sport*. New York and London: Routledge.

Beamish, Rob. 2011. *Steroids: A new look at performance-enhancing drugs*. Santa Barbara, CA: Praeger.

Beamon. Krystal, and Patricia A. Bell. 2006. Academics versus athletics: An examination of the effects on background and socialization on African American male student athletes. *The Social Science Journal* 43(3): 393–403.

Bearak, Barry. 2011. U.F.C. Dips a toe into the mainstream. *New York Times* (November 11): http://www.nytimes.com/imagepages/2011/11/12/sports/12ufc1.html.

Beaton, Anthony A., Daniel C. Funk, Lynn Ridinger, and Jeremy Jordan. 2011. Sport involvement: A conceptual and empirical analysis. *Sport Management Review* 14: 126–140.

Beauchamp-Pryor, Karen. 2011. Impairment, cure and identity: 'Where do I fit in?' *Disability & Society* 26(1): 5–17.

Beaver, Travis D. 2012. "By the skaters, for the skaters" The DIY ethos of the roller derby revival. *Journal of Sport and Social Issues* 36(1): 25–49.

Beck. Howard, and John Branch. 2013. With the words 'I'm gay,' an N.B.A. center breaks a barrier. *New York Times* (April 29): http://www.nytimes.com/2013/04/30/sports/basketball/nba-center-jason-collins-comes-out-as-gay.html.

Becker, Howard. 1998. *Tricks of the trade: How to think about your research while you're doing it*. Chicago: University of Chicago Press.

Beckman, E. et al. 2009. Towards evidence-based classification in Paralympic athletics: Evaluating the validity of activity limitation tests for use in classification of Paralympic running events. *British Journal of Sports Medicine* 43(13):1067–1072.

Bell, Jarrett. 2013b. Diversity study: Black head coaches rarely get second chances. *USA Today* (May 1): http://www.usatoday.com/story/sports/nfl/2013/05/01/coaching-diversity-rooney-rule-central-florida-keith-harrison/2127051/.

Bell, Nathan T., Scott R. Johnson, and Jeffrey C. Petersen. 2011. Strength of religious faith of athletes and non–athletes at two NCAA Division III institutions. *The Sport Journal* 14: (January 7): http://thesportjournal.org/article/strength-of-religious-faith-of-athletes-and-nonathletes-at-two-ncaa-division-iii-institutions/.

Belson, Ken. 2014. Brain trauma to affect one in three players, N.F.L. agrees. *New York Times* (September 13): http://www.nytimes.com/2014/09/13/sports/football/actuarial-reports-in-nfl-concussion-deal-are-released.html.

Belson, Ken, and Joe Drape. 2015. N.F.L.'s forays to London muddle its stance on sports betting. *New York Times* (October 29): http://www.nytimes.com/2015/10/29/sports/football/nfls-forays-into-london-muddle-its-stance-on-sports-betting.html.

Belson, Ken, and Mary Pilon. 2012. Concern raised over painkiller's use in sports. *New York Times* (April 13): http://www.nytimes.com/2012/04/14/sports/wide-use-of-painkiller-toradol-before-games-raises-concerns.html?_r=0.

Belson, Matthew. 2002. Assistive technology and sports. In Artemis A.W. Joukowsky, III & Larry Rothstein, eds., *Raising the bar* (pp. 124–129). New York: Umbrage.

Benedict, Jeff, and Armen Keteyian. 2011. Straight outta Compton. *Sports Illustrated* 115(22, December 5): 88.

Benedict, Jeff, and Armen Keteyian. 2013. *The system: The glory and scandal of big-time college football*. New York: Doubleday.

Benn, Tansin, Gertrud Pfister, and Haifaa Jawad, eds. 2010. *Muslim women and sport*. Abingdon/NY: Routledge.

Bennett, Dylan. 2013. Harm reduction and NFL drug policy. *Journal of Sport and Social Issues* 37(2): 160–175.

Benton, Nigel 2010. Fair game? Is the grorevensky within online betting a threat to Australian sport? *Australasian Leisure Management* 78 Jan/Feb: 56, 58.

Berger, Ida E., Norman O'Reilly, Milena M. Parent, Benoit Séguin, and Tony Hernandez. 2008. Determinants of sport participation among Canadian adolescents. *Sport Management Review* 11(3):277–307.

Berger, Jody. 2002. Pain game. *Rocky Mountain News* (February 23): 6S.

Berkowitz, Steve. 2013. NCAA had record $71 million surplus in fiscal 2012. *USA Today* (May 2): http://www.usatoday.com/story/sports/college/2013/05/02/ncaa-financial-statement-surplus/2128431/.

Berkowitz, Steve, and Jodi Upton. 2013. NCAA member revenue, spending increase. *USA Today* (July 1): http://www.usatoday.com/story/sports/college/2013/05/01/ncaa-spending-revenue-texas-ohio-state-athletic-departments/2128147/.

Berkowitz, Steve, Jodi Upton, and Erik Brady. 2013. Most NCAA Division I athletic departments take subsidies. *USA Today* (May 10): http://www.usatoday.com/story/sports/college/2013/05/07/ncaa-finances-subsidies/2142443/.

Bernache-Assollant, Iouri, Patrick Bouchet, Sarah Auvergne, and Marie-Françoise Lacassagne. 2011. Identity crossbreeding in soccer fan groups: A social approach. The case of Marseille (France). *Journal of Sport and Social Issues* 35(1): 72–100.

Bernhard, Laura M. 2014. "Nowhere for me to go:" Black Female Student-Athlete Experiences on a Predominantly White Campus. *Journal for the Study of Sports and Athletes in Education* 8(2): 67–76.

Bernstein, Samuel B., and Michael T. Friedman. 2013. Sticking out in the field: No, ma'am, I do not work for the governor. *Sociology of Sport Journal* 30(3): 274–295.

Berra, Lindsey. 2005. This is how they roll. *ESPN The Magazine* (December 5): 104–111.

Berri, David J., and Rob Simmons. 2009. Race and the evaluation of signal callers in the National Football League. *Journal of Sports Economics* 10(1): 23–43.

Bhanoo, Sindya N. 2012. For young athletes, good reasons to break the fast-food habit. *New York Times* (September 14): http://well.blogs.nytimes.com/2012/09/14/for-young-athletes-good-reasons-to-break-the-fast-food-habit/.

Bickenbach, Jerome. 2011. The world report on disability. *Disability & Society* 26(5): 655–658.

Biderman, David. 2010a. Announcers weren't always so chatty. *Wall Street Journal* (May 28): D4.

Biderman, David. 2010b. The anatomy of a baseball broadcast. *Wall Street Journal* (October 6): D8.

Bilger, Burkhard. 2004. The height gap. *New Yorker* (April 5): 38–45.

Billings, Andrew C., Natalie A. Brown, Kenon A. Brown, Guoqing, Mark A. Leeman, Simon Ličen, David R. Novak, and David Rowe. 2013. From pride to smugness and the nationalism between: Olympic media consumption effects on nationalism across the globe. *Mass Communication and Society* 16(6): 910–932.

Birchwood Diane, Ken Roberts, and Gary Pollock. 2008. Explaining differences in sport participation rates among young adults: Evidence from the South Caucasus. *European Physical Education Review* 14(3): 283–298.

Biscomb, Kay, and Gerald Griggs. 2012. 'A splendid effort!': Print media reporting of England's women's performance in the 2009 Cricket World Cup. *International Review for the Sociology of Sport* 47(1): 99–111.

Bissinger, H.G. 1990. Friday night lights. Reading, MA: Addison-Wesley.

Black, Mathew. 2012. Winner's curse? The economics of hosting the Olympic Games. *CBC News* (July 30): http://www.cbc.ca/news/canada/story/2012/07/18/f-olympic-host-city-economy.html.

Black, Victoria. 20 12. The payoff from winning an Olympic medal. *BusinessWeek.com* (August 8): http://www.businessweek.com/articles/2012-08-08/the-payoff-from-winning-an-olympic-medal.

Blades, Nicole. 2005. Lucia Rijker. *ESPN The Magazine* (June 6): 96–97.

Blair, Roger D., and Jessica S. Haynes. 2009. Comment on "A stadium by any other name: The value of naming rights." *Journal of Sports Economics* 10(2): 204–206.

Blitz, Roger. 2010. Sport organisers play high-stakes game. *Financial Times* (September 28): 7. Online: http://www.ft.com/cms/s/0/d8c14b38-cb26-11df-95c0-00144feab49a.html (see file and hard copy of article).

Bloodworth, Andrew, Mike McNamee, and Richard Bailey. 2012. Sport, physical activity and well-being: An objectivist account. *Sport, Education and Society* 17(4): 497–514.

Bloom, Benjamin S. 1985. *Developing talent in young people*. New York: Ballantine Books.

Blumenthal, Ralph. 2004. Texas tough, in lipstick, fishnet and skates. *New York Times*, section 1 (August 1): 14.

Blumstein, Alfred & Jeff Benedict. 1999. Criminal violence of NFL players compared to the general population. *Chance* 12(3): 12–15.

Bobswern. 2013. Saez & Piketty income inequality update: Top 1% have received 121% of income gains since 2009. *Daily Kos* (February 13): http://www.dailykos.com/story/2013/02/13/1186890/-Saez-Piketty-Income-Inequality-Update-Top-1-Have-Received-121-of-Income-Gains-Since-2009.

Bogdanich, Walt, James Glanz, and Agustin Armendariz. 2015. Cash drops and keystrokes: The dark reality of sports betting and daily fantasy games. *New York Times* (October 15): http://www.nytimes.com/interactive/2015/10/15/us/sports-betting-daily-fantasy-games-fanduel-draftkings.html.

Bolaño, Tomás 2013, *Theology of Sport: Object, Sources and Method.* http://www.bubok.com/books/205597/Theology-of-sport-Object-Sources-and-Method.

Booth, Douglas. 2011. Olympic city bidding: An exegesis of power. *International Review for the Sociology of Sport* 46(4): 367–386.

Bopp, Melissa, and Elizabeth A. Fallon. 2011. Individual and institutional influences on faith-based health and wellness programming. *Health Education Research* 26(6): 1107–1119.

Bopp, Melissa, and Elizabeth A. Fallon. 2013. Health and wellness programming on faith-based organizations: A description of a nationwide sample. *Health Promotion Practice* 14(1): 122–131.

Bopp, Melissa, and Benjamin L. Webb. 2013. Factors associated with health promotion on megachurches: Implications for prevention. *Public Health Nursing;* Online-First: doi: 10.1111/phn.12045.

Bopp, Melissa, Diana Lattimore, Sara Wilcox, Marilyn Laken, Lottie McClorin, Rosetta Swinton, Octavia Gethers, and Deborah Bryant. 2007. Understanding physical activity participation in members of an African American church: A qualitative study. *Health Education Research* 22(6): 815–826.

Bopp, Melissa, Meghan Baruth, Jane A. Peterson, and Benjamin L. Webb. 2013. Leading their flocks to health? Clergy health and the role of clergy in faith-based health promotion interventions. *Family Community Health* 36(3): 182–192.

Bopp, Melissa, J.A. Peterson, and Benjamin L. Webb. 2013. A comprehensive review of faith-based physical activity interventions. *American Journal of Lifestyle Medicine* 6(6): 460–478.

Bopp, Melissa, Benjamin L. Webb, M. Baruth, and J.A. Peterson. 2013. The role of pastor support in a faith-based health promotion intervention. *Family Community Health* 36(3): 204–214.

Borden, Sam. 2012. For bettors, Masters is a major event, too. *New York Times* (April 4): http://www.nytimes.com/2012/04/05/sports/golf/masters-is-a-major-event-for-bettors-too.html.

Borden, Sam. 2013. A U.S. soccer star's declaration of independence. *New York Times* (April 10): http://www.nytimes.com/2013/04/11/sports/soccer/megan-rapinoe-does-it-her-way-in-us-and-in-france.html.

Borgers, Julie, Erik Thibaut, Hanne Vandermeerschen, Bart Vanreusel, Steven Vos, and Jeroen Scheerder. 2013. Sports participation styles revisited: A time-trend study in Belgium from the 1970s to the 2000s. *International Review for the Sociology of Sport* 1012690212470823, first published on January 29, 2013 as doi: 10.1177/1012690212470823.

Bose, Christine E. 2012. Intersectionality and global gender inequality. *Gender & Society* 26(1): 67–72.

Bourdieu, Pierre. 1986a. *Distinction: A social critique of the judgment of taste.* London:

Routledge.

Bourdieu, Pierre. 1986b. The forms of capital. In J. G. Richards, ed., *Handbook of theory and research for the sociology of education* (pp. 242–258). New York: Greenwood Press.

Bourdieu, Pierre. 1998. The essence of neoliberalism (trans. by Jeremy J. Shapiro). *Le Monde diplomatique* (December): http://mondediplo.com/1998/12/08bourdieu.

Bowen, William G., and Sarah Levine. 2003. *Reclaiming the game: College sports and educational values.* Princeton, NJ: Princeton University Press.

Bowen, William G., Martin A. Kurzweil, Eugene M. Tobin, and Suzanne C. Pichler. 2005. *Equity and excellence in American higher education.* Charlottesville, VA: University Press of Virginia.

Boykoff, Jules. 2014a. *Celebration capitalism and the Olympic Games.* London: Routledge.

Boykoff, Jules. 2014b. *Activism and the Olympics.* New Brunswick NJ: Rutgers University Press.

Boylan, Jennifer Finney. 2008. The XY games. *New York Times* (August 3): http://www.nytimes.com/2008/08/03/opinion/03boylan.html.

Boyle. Raymond, and Richard Haynes. 2009. *Power play: Sport, the media and popular culture.* Edinburgh, Scotland: Edinburgh University Press Ltd.

Boyle, Raymond. 2013. Reflections on communication and sport: On journalism and digital. *Communication & Sport* 1(1/2): 88–99.

Boyle, Raymond. 2014. Television sport in the age of screens and content. *Television & New Media* 15(8): 746–751.

Boyle, Robert H. 1970. Oral Roberts: Small but OH MY. *Sports Illustrated* (November 30): 64–66.

Brackenridge, Celia, and Kari Fasting. 2009. The grooming process in sport: Case studies of sexual harassment and abuse. In H. Humana, ed., *KINE 1000 socio-cultural perspectives in kinesiology.* Toronto: McGraw-Hill Ryerson Limited.

Brackenridge, Celia H., Daz Bishopp, and Sybille Moussalli. 2008. The characteristics of sexual abuse in sport: A multidimensional scaling analysis of events described in media reports. *International Journal of Sport and Exercise Psychology* 6(4): 385–406.

Brackenridge, Celia, Kari Fasting, S. Kirby, Trisha Leahy, Sylvie Parent, and Trond Svela

Sand. 2010a. *The place of sport in the UN Study on Violence against Children.* Florence, Italy: UNICEF Innocenti Research Centre, IRC Stock No. 595U, Innocenti Discussion Papers, IDP 2010–01.

Brackenridge, Celia, Kari Fasting, S. Kirby, and Trisha Leahy. 2010b. *Protecting Children from Violence in Sport: A review with a focus on industrialized countries.* Florence: United Nations Innocenti Research Centre Review.

Brackenridge, Celia, and Daniel J. A. Rhind, eds. 2010. *Elite child athlete welfare: International perspectives.* London: Brunel University Press. ISBN: 978-1-902316-83-3 (open access, http://www.brunel.ac.uk/about/acad/sse/sseres/sseresearchcentres/youthsport/birnaw) (retrieved 6–26–13).

Bradbury, Steven. 2011. From racial exclusions to new inclusions: Black and minority ethnic participation in football clubs in the East Midlands or England. *International Review for the Sociology of Sport* 46(1): 23–44.

Bradley, Graham L. 2010. Skate parks as context for adolescent development. *Journal of Adolescent Research* 25(2): 288–323.

Bradley, Jeff. 2011. Force out. *ESPN The Magazine* (February 7): 98–103.

Brady, Erik, and Josh Barnett. 2015. Stretching the season: Up to 16-game seasons spark debate on player safety. *USA Today* (December 18): 1C.

Brake, Deborah L. 2010. *Getting in the game: Title IX and the women's sports revolution.* NY: New York University Press.

Branch, John. 2010. Playing with fire, barbed wire and beer. *New York Times* (April 28): http://www.nytimes.com/2010/04/29/sports/29mudder.html.

Branch, John. 2011. Site provides a rare forum for gay athletes. *New York Times* (April 7): http://www.nytimes.com/2011/04/08/sports/08outsports.html.

Branch, John. 2011b. Derek Boogaard: Blood on the ice. *New York Times* (December 4): http://www.nytimes.com/2011/12/05/sports/hockey/derek-boogaard-blood-on-the-ice.html.

Branch, John. 2014. *Boy on ice: The life and death of Derek Boogaard.* Norton.

Brand, Noah, and Ozy Frantz. 2012. What about the men? Why our gender system sucks for men, too. *AlterNet.org* (July 11): http://www.alternet.org/reproductivejustice/156194/What_About_the_Men%3F_Why_Our_Gender_System_Sucks_ for_ Men%2C_Too/.

Braun, Robert, and Rens Vliegenthart. 2008. The contentious fans: The impact of repression, media coverage, grievances and aggressive play on supporters violence. *International Sociology* 23(6): 796–818.

Braun, Robert, and Rens Vliegenthart. 2010. Two cheers for Spaaij and Anderson: A rejoinder. *International Sociology* 25(4): 581–588.

Braye, Stuart, Kevin Dixon, and Tom Gibbons. 2012. 'A mockery of equality': An exploratory investigation into disabled activists' views of the Paralympic Games. *Disability & Society*. Published online 12/21/2012.

Braye, Stuart, Kevin Dixon, and Tom Gibbons. 2013. 'A mockery of equality': An exploratory investigation into disabled activists' views of the Paralympic Games. *Disability & Society* 28(7): 984–996.

Breckinridge, R. Saylor, and Pat Rubio Goldsmith. 2009. Spectacle, distance, and threat: Attendance and integration of Major League Baseball, 1930–1961. *Sociology of Sport Journal* 26(2): 296–319.

Brennan, Christine. 2012. A healthy concern about some NFL players. *USA Today* (January 5): 3C. Online: http://usatoday30.usatoday.com/sports/columnist/brennan/story/2012-01-04/brennan/52380468/1.

Bretón, Marcos. 2000. Field of broken dreams: Latinos and baseball. *ColorLines* 3(1): 13–17.

Bretón, Marcos, and José Luis Villegas. 1999. *Away games: The life and times of a Latin baseball player.* Albuquerque: University of New Mexico Press.

Bridges, Tristan S. 2009. Gender capital and male bodybuilders. *Body and Society* 15(1): 83–107.

Brissonneau, Christophe. 2010. Doping in France (1960–2000): American and Eastern bloc influences. *Journal of Physical Education and Sport* 27(2): 33–38.

Brissonneau, Christophe. 2013. Was Lance Armstrong a cheater or an overconformist? Presentation at the University of Colorado, Colorado Springs (April 10).

Brissonneau, Christophe, and F. Depiesse. 2006. Doping and doping control in French sport. In Giselher Spitzer, ed., *Doping and doping control in Europe.* Aachen, Germany: Meyer and Meyer.

Brissonneau, Christophe, and Fabien Ohl. 2010. The genesis and effect of French anti-doping policies in cycling. *International Journal of Sport Policy* 2: 173–187.

Brittain, Ian. 2004a. The role of schools in constructing self-perceptions of sport and physical education in relation to people with disabilities. *Sport, Education and Society* 9(1): 75–94.

Brittain, Ian. 2004b. Perceptions of disability and their impact upon involvement in sport for people with disabilities at all levels. *Journal of Sport and Social Issues* 28(4): 429–452.

Brittain, Ian. 2012a. *From Stoke Mandeville to Stratford: A history of the Summer Paralympic Games.* Champaign, IL: Common Ground Publishing (Sport and Society).

Brittain, Ian. 2012b. The Paralympic Games as a force for peaceful coexistence. *Sport in Society* 15(6): 855–868.

Brooks, David. 2012. The Jeremy Lin problem. *New York Times* (February 16): http://www.nytimes.com/2012/02/17/opinion/brooks-the-jeremy-lin-problem.html.

Brooks, David. 2012. The opportunity gap. *New York Times* (July 9): A21. Online: http://www.nytimes.com/2012/07/10/opinion/brooks-the-opportunity-gap.html.

Brown, Gary. 2010. Hitting greens with regulation. *Champion* (Summer): 61–62.

Brown, Gary. 2013. An older league of their own. (NCAA) *Champion* 6(3): 65–66.

Brown, Katrina J., and Catherine Connolly. 2010. The role of law in promoting women in elite athletics: An examination of four nations. *International Review for the Sociology of Sport* 45(1): 3–21.

Brown, Kenneth H., and Lisa K. Jepsen. 2009. The impact of team revenues on MLB salaries. *Journal of Sports Economics* 10(2): 192–203.

Brown, Matthew, Mark Nagel, Chad McEvoy, and Daniel Rascher. 2004. Revenue and wealth maximization in the National Football League: The impact of stadia. *Sport Marketing Quarterly* 13(4): 227–236.

Brown, Seth. 2012. De Coubertin's Olympism and the laugh of Michel Foucault: Crisis discourse and the Olympic Games. *Quest* 64(3): 150–163.

Brown, Seth. 2015. Learning to be a 'goody-goody': Ethics and performativity in high school elite athlete programmes. *International Review for the Sociology of Sport* published 23 February 2015, 10.1177/1012690215571145.

Browning, Blair, and Jimmy Sanderson. 2012. The positives and negatives of twitter:

Exploring how student-athletes use Twitter and respond to critical tweets. *International Journal of Sport Communication* 5(4): 503–522.

Bruce, Steve. 2011. Defining religion: A practical response. *International Review of Sociology* 21(1): 107–120.

Bruce, Toni. 2013. Reflections on communication and sport: On women and femininities. *Communication & Sport* 1(1/2): 125–137.

Bruni, Frank. 2012. Pro football's violent toll. *New York Times* (December 3): http://www.nytimes.com/2012/12/04/opinion/bruni-pro-footballs-vioient-toll.html (retrieved 5–25–13).

Bryant, Howard. 2013. More than words. *ESPN The Magazine* (June 24): 14.

Bryant, Howard. 2013. Smoke screen. *ESPN The Magazine* (December 23): 14.

Buffel, Tine, Chris Phillipson, and Thomas Scharf. 2012. Ageing in urban environments: Developing 'age-friendly' cities. *Critical Social Policy* 32(4): 597–617.

Buffett, Peter. 2013. The charitable-industrial complex. *New York Times* (July 26): http://www.nytimes.com/2013/07/27/opinion/the-charitable-industrial-complex.html.

Buffington, Daniel Taylor. 2012. Us and them: U.S. ambivalence toward the World Cup and American nationalism. *Journal of Sport and Social Issues* published 14 February 2012, 10.1177/0193723511433861.

Burawoy, Michael. 2004. Public sociologies: Contradictions, dilemmas and possibilities. *Social Forces* 82(4): 1603–1618.

Burawoy, Michael. 2005. For public sociology. *American Sociological Review* 70(1): 4–28.

Burkett, Brendan, Mike McNamee, and Wolfgang Potthast. 2011. Shifting boundaries in sports technology and disability: Equal rights or unfair advantage in the case of Oscar Pistorius? Disability & Society 26 (5–special issue: Disability: Shifting frontiers and boundaries): 643–654.

Burns, Elizabeth Booksh. 2013. When the Saints went marching in: Social identity in the world champion New Orleans Saints football team and its impact on their host city. *Journal of Sport and Social Issues* published 5 September 2013, 10.1177/019372351 3499920.

Burnsed. Brian. 2014. Rates of excessive drinking among student-athletes falling. Champion 7(4): 21.

Burton, Laura J. 2015. Underrepresentation of women in sport leadership: A review of research. *Sport Management Review* 18(2): 155–165.

Burroughs, Benjamin, and W. Jeffrey Burroughs. 2012. The Masal Bugduv hoax: Football blogging and journalistic authority. *New Media and Society* 14(3): 476–491.

Busch, Angela. 2007. Cross country women keep running health risks. *Women's eNews* (January 25): http://www.womensenews.org/article.cfm/dyn/aid/3044/context/archive (retrieved 3–1–2008).

Burstyn, Varda. 1999. *The rites of men: Manhood, politics, and the culture of sport.* Toronto, Ontario: University of Toronto Press.

Burton, Nsenga. 2012. " N–ger Cake'' flap: Hottentot Venus 2.0. *The Root* (April 17): http://www.theroot.com/buzz/liljeroths-nger-cake-hottentot-venus-20.

Butler, Judith. 2004. *Undoing gender.* New York: Routledge.

Buts, Caroline, Cind Du Bois, Bruno Heyndels, and Marc Jegers. 2013. Socioeconomic determinants of success at the Summer Paralympics. *Journal of Sports Economics* 14(2): 133–147.

Butterworth, Michael L. 2011. Saved at home: Christian branding and faith nights in the 'church of baseball.' *Quarterly Journal of Speech* 97 (August): 309–333.

Butterworth, Michael L. 2013. The passion of the Tebow: Sports media and the heroic language in the tragic frame. *Critical Studies in Media and Communication* 30(1): 17–33.

Butterworth, Michael, and Karsten Senkbeil. 2015. Cross-cultural comparisons of religion as "character": Football and soccer in the United States and Germany. *International Review for the Sociology of Sport* published 28 May 2015, 10.1177/1012690215588214.

Buzinski, Jim. 2013. UFC's Rashad Evans comes out for gay marriage. *OutSports.com* (March 8): http://www.outsports.com/2013/3/8/4080284/rashad-evans-ufc-gay-marriage-supreme-court.

Cacciola, Scott. 2012. The long, arduous road to Indy. *Wall Street Journal* (May 25): D10.

Campaniello, Nadia. 2013. Mega events in sports and crime: Evidence from the 1990 football world cup. *Journal of Sports Economics* 14: 148–170.

Campbell, Bill, Colin Wilborn, Paul La Bounty. 2010. Supplements for strength-power athletes. *Strength and Conditioning Journal* 32(1): 93–100.

Campbell, Denis, and Daniel Boffey. 2012. Doctors turn on No. 10 over failure to curb obesity surge. *The Observer* (April 14): http://www.theguardian.com/society/2012/apr/14/obesity-crisis-doctors-fastfood-deals-ban.

Campbell, Paul, and John Williams. 2013. Can 'the ghetto' really take over the county? 'Race', generation & social change in local football in the UK. *International Review for the Sociology of Sport* published 4 December 2013, 10.1177/1012690213514740.

Capouya, John. 1986. Jerry Falwell's team. *Sport* 77(9): 72–81.

Card, David, and Gordon Dahl. 2009. *Family violence and football: The effect of unexpected emotional cues on violent behavior*, by National Bureau of Economic Research Working Papers, no. 15497. Online: http://www.nber.org/(retrieved 5–27–13).

Carlson, C. 2013. The reality of fantasy sports: A metaphysical and ethical analysis. *Journal of the Philosophy of Sport*, published online first: doi: 10.1080/00948705.2013.785422.

Carlson, Deven, Leslie Scott, Michael Planty, and Jennifer Thompson. 2005. *Statistics in brief: What is the status of high school athletes 8 years after their senior year?* Washington, DC: U.S. Department of Education, Institute of Education Sciences, National Center for Educational Statistics (NCES 2005-303; http://nces.ed.gov/pubs 2005/2005303.pdf).

Carpenter, Linda Jean, and R. Vivian Acosta. 2008. Women in intercollegiate sport, 1977–2008. Online: http://webpages.charter.net/womeninsport/.

Carter, Neil, and John Williams. 2012. 'A genuinely emotional week': Learning disability, sport and television-notes on the Special Olympics GB National Summer Games 2009. *Media Culture & Society* 34(2): 211–227.

Carter, Thomas F. 2012. Re-placing sport migrants: Moving beyond the institutional structures informing international sport migration. *International Review for the Sociology of Sport* 47(1): 66–82.

Caruso-Cabrera, Michelle. 2012. US Olympic medal winners get bonuses and tax bill. *CNBC.com* (August 6): http://www.cnbc.com/id/48463442.

Cashmore, Ellis. 2008. Tiger Woods and the new racial order. *Current Sociology* 56(4): 621–634.

Cashmore, Ellis. 2012. *Beyond black: Celebrity and race in Obama's America.* Bloomsbury

Books. Online: http://www.bloomsburyacademic.com/view/Beyond-Black/book-ba-9781780931500.xml.

Cassar, Robert. 2013. Gramsci and games. *Games and Culture* 8(5): 330–353. Cavalier, Elizabeth S. 2011. Men at sport: Gay men's experiences in the sport workplace. *Journal of Homosexuality* 58(5): 626–646.

Cavallo, Dominick. 1981. *Muscles and morals: Organized playgrounds and urban reform, 1880–1920*. Philadelphia: University of Pennsylvania Press.

Cavanagh, Sheila, and Heather Sykes. 2006. Transsexual bodies at the Olympics: The International Olympic Committee's policy on transsexual athletes at the 2004 Summer Games. *Body and Society* 12(3): 75–102.

CDC. 2011. *The benefits of physical activity*. Atlanta, GA: Centers for Disease Control and Prevention. Online: http://www.cdc.gov/physicalactivity/everyone/health/index.html.

Cena, John. 2009. 7 things you should know about being a WWE superstar. *ESPN The Magazine* 12.08 (April 20): 26.

Chabin, Michelle. 2013. Maccabiah Games 2013: Athletes gather in Israel for 'Jewish Olympics'. *Huffington Post* (July 17): http://www.huffingtonpost.com/2013/07/17/maccabiah-games-2013_n_3606427.html.

Chafetz, Janet, and Joseph Kotarba. 1999. Little League mothers and the reproduction of gender. In Jay Coakley & Peter Donnelly, eds., *Inside sports* (pp. 46–54). London: Routledge.

Chappell, Robert. 2007. *Sport in developing countries*. Ewell, UK: International Sports Publications.

Chelladurai, Packianathan. 2008. Athletics IS education: A response to Kan, Leo, and Holleran's case study of University of Minnesota student-athletes. *Journal of Intercollegiate Sport* 1(1):130–138.

Cheng, Maria. 2012. UK doctors criticize McDonalds' Olympic sponsorship, say ads could worsen obesity epidemic. *Huffington Post* (May 1): http://www.huffingtonpost.ca/2012/05/01/uk-doctors-criticize-mcdo_n_1467323.html.

Cherrington, James. 2012. 'It's just superstition I suppose... I've always done something on game day': The construction of everyday life on a university basketball team.

International Review for the Sociology of Sport published 16 October 2012, 10.1177/1012690212461632.

Cherrington, James. 2014 'It's just superstition I suppose... I've always done something on game day': The construction of everyday life on a university basketball team. *International Review for the Sociology of Sport* 49(5):509–525.

Cheslock, John. 2008. *Who's playing college sports? Money, race and gender.* Online: http://www.womenssportsfoundation.org/.

Child Trends. 2013. Participation in school athletics: Indicators on children and youth. *Child Trends Data Bank* (February): http://www.childtrendsdatabank.org.

Chimot, Caroline, and Catherine Louveau. 2010. Becoming a man while playing a female sport: The construction of masculine identity in boys doing rhythmic gymnastics. *International Review for the Sociology of Sport* 45(4): 436–456.

Cho, Younghan. 2009. The glocalization of U.S. sports in South Korea. *Sociology of Sport Journal* 26(2): 320–334.

Cho, Younghan, Charles Leary, and Stephen J. Jackson. 2012. Glocalization and sports in Asia. *Sociology of Sport Journal* 29(4): 421–432.

Christakis, Erika, and Nicholas Christakis. 2010. Want to get your kids into college? Let them play. *CNN* (December 29): http://www.cnn.com/2010/OPINION/12/29/christakis.play.children.learning/index.html (retrieved 6–20–13).

Christensen, Mette Krogh. 2009. "An eye for talent": Talent identification and the "practical sense" of top-level soccer coaches. *Sociology of Sport Journal* 26(3): 365–382.

Chudacoff, Howard. 2007. *Children at play: An American history*. New York: New York University Press.

Clarey, Christopher. 2012. For many athletes, one nation won't do. *New York Times* (July 31): http://www.nytimes.com/2012/08/01/sports/olympics/for-many-athletes-one-nation-wont-do.html.

Clarey, Christopher. 2015. Every second counts in bid to keep sports fans. *New York Times* (February 28): http://www.nytimes.com/2015/03/01/sports/every-second-counts-in-bid-to-keep-sports-fans.html.

Clark, Kevin. 2013. How the Miami Dolphins fell apart. *Wall Street Journal* (November 14):

D4.

Clarke, Kevin A., and David M. Primo. 2012. Overcoming 'physics envy.' *New York Times* (March 30): http://www.nytimes.com/2012/04/01/opinion/sunday/the-social-sciences-physics-envy.html.

Clavio, Galen E. 2010. Introduction to this special issue of IJSC on New Media and Social Networking. *International Journal of Sport Communication* 3(4): 393–394.

Clayton. Ben. 2013. Initiate: Constructing the 'reality' of male team sport initiation rituals. *International Review for the Sociology of Sport* 48(2): 204–219.

Clayton. Ben, and Barbara Humberstone. 2006. Men's talk: A (pro)feminist analysis of male university football players' discourse. *International Review for the Sociology of Sport* 41(3–4): 295–316.

Cleland, Jamie. 2013. Discussing homosexuality on association football fan message boards: A changing cultural context. *International Review for the Sociology of Sport* published 18 February 2013, 10.1177/1012690213475437.

Clifford, Stephanie, and Matt Apuzzo. 2015. After indicting 14 soccer officials, U.S. vows to end graft in FIFA. *New York Times* (May 27): http://www.nytimes.com/2015/05/28/sports/soccer/fifa-officials-arrested-on-corruption-charges-blatter-isnt-among-them.html

Clopton, Aaron W. 2008. College sports on campus: Uncovering the link between team identification and sense of community. *International Journal of Sport Management* 9(4): 1–20.

Clopton, Aaron W. 2009. One for the team: The impact of community upon students as fans and academic and social integration. *Journal of Issues in Intercollegiate Athletics* (special issue): 24–61.

Clopton, Aaron. 2011. Social capital and college sport: In search of the bridging potential of intercollegiate athletics. *Journal of Intercollegiate Sport* 4(2):174–189.

Clopton, Aaron W., and Bryan L. Finch. 2010. College sport and social capital: Are students 'bowling alone'? *Journal of Sport Behavior* 33(4): 333–366.

Clotfelder, Charles T. 2011. *Big-time sports in American universities.* New York: Cambridge University Press.

Coakley, Jay. 1983a. Leaving competitive sport: Retirement or rebirth? *Quest* 35(1): 1–11.

Coakley, Jay. 1983b. Play, games and sports: Developmental implications for young people. In Janet C. Harris & Roberta J. Park, eds., *Play, games and sports in cultural contexts* (pp. 431–450). Champaign, IL: Human Kinetics.

Coakley, Jay. 1992. Burnout among adolescent athletes: A personal failure or social problem? *Sociology of Sport Journal* 9(3): 271–285.

Coakley, Jay. 2002. Using sports to control deviance and violence among youths: Let's be critical and cautious. In M. Gatz, M.A. Messner, & S.J. Ball-Rokeach, eds., *Paradoxes of youth and sport* (pp. 13–30). Albany: State University of New York Press.

Coakley, Jay. 2006. The good father: Parental expectations and youth sports. *Leisure Studies* 25(2): 153–163.

Coakley, Jay. 2008b. Studying intercollegiate sport: High stakes, low rewards. *Journal of Intercollegiate Sport* 1(1): 14–28.

Coakley, Jay. 2010. The "logic" of specialization: Using children for adult purposes. *Journal of Physical Education, Recreation and Dance* 81(8): 16–18, 25.

Coakley, Jay. 2011a. Sport specialization and its effects. In Sandra Spickard Prettyman & Brian Lampman, eds., *Learning culture through sports* (2nd edition, pp. 7–17). Lanham, MD: Rowman & Littlefield.

Coakley, Jay. 2011b. Youth sports: What counts as "positive development?" *Journal of Sport and Social Issues* 35(3): 306–324.

Coakley, Jay, and Doralice Lange Soouza. Sport mega-events: Can legacies and development be equitable and sustainable? *Motriz, Rio Claro* 19(3): 58–589. Online: http://www.pgedf.ufpr.br/downloads/Artigos%20PS%20Mest%202014/Doralice/COAKLEY;%20%20%20%20%20%20SOUZA.%20Sport%20Megaevents.pdf.

Coakley, Jay, and Anita White. 1999. Making decisions: How young people become involved and stay involved in sports. In Jay Coakley & Peter Donnelly, eds., *Inside sports* (pp. 77–85). London: Routledge.

Coalter, Fred. 2007. *A wider social role for sport: Who's keeping the score?* London, UK: Routledge.

Coalter, Fred. 2013. 'There is loads of relationships here': Developing a programme theory for sport-for-change programmes. *International Review for the Sociology of Sport* 48(5):

594–612.

Coalter, Fred (with John Taylor). 2010. *Sport-for-development impact study: A research initiative funded by Comic Relief and UK Sport and managed by International Development through Sport.* Stirling, UK: University of Stirling.

Coates, Corinne E., and David J. Berri. 2011. Skin tone and wages: Evidence from NBA free agents, John Robst, Jennifer VanGilder. *Journal of Sports Economics* 12(2): 143–156.

Coelho, Morgado de Oliveira G., E. de Abreu Soares, and B.G. Ribeiro. 2010. Are female athletes at increased risk for disordered eating and its complications? *Appetite* 55: 379–387.

Coggon, Johm, Natasha Hammond, and Søren Holm. 2008. Transsexuals in sport: Fairness and freedom, regulation and law. *Sport, Ethics and Philosophy* 2(1): 4–17.

Cohen, Adam, and Jon Welty Peachey. 2015. Quidditch: Impacting and benefiting participants in a non-fictional manner. *Journal of Sport and Social Issues* 39(6): 521–544.

Cohen, Ben. 2013. A rich fantasy life: Sports fans dream of making a living off games. *Wall Street Journal* (June 28): Al, A7.

Cohen, Greta L. 1994. Media portrayal of the female athlete. In Greta L. Cohen, ed., *Women in sport: Issues and controversies* (pp. 171–184). Newbury Park, CA: Sage.

Cohen, Randy. 2015. Association of equipment worn and concussion injury rates in National Collegiate Athletic Association football practices: 2004–2005 to 2008–2009 Academic Years. *American Journal of Sport Medicine* 43(5): 1134–1141.

Cole, Cheryl L. 2000a. Body studies in the sociology of sport. In Jay Coakley & Eric Dunning, eds., *Handbook of sport studies* (pp. 439–460). London: Sage.

Cole, Cheryl. L. 2000b. The year that girls ruled. *Journal of Sport and Social Issues* 24(1): 3–7.

Cole, Cheryl. L. 2006. Nicole Franklin's double dutch. *Journal of Sport and Social Issues* 30(2): 119–121.

Cole, Teju. 2012. The white savior industrial complex. *The Atlantic* (March 21): http://www.theatlantic.com/intemational/archive/2012/03/the-white-savior-industrial-complex/254843/(retrieved 9–15–13).

Coleman, B. Jay, J. Michael DuMond, and Allen K. Lynch. 2008. An examination of NBA MVP voting behavior: Does race matter? *Journal of Sports Economics* 9(6): 606–627.

Coles, Tony. 2009. Negotiating the field of masculinity: The production and reproduction of multiple dominant masculinities. *Men and Masculinities* 12(1): 30–44.

Collinet, Cécile, and Matthieu Delalandre. 2015. Physical and sports activities, and healthy and active ageing: Establishing a frame of reference for public action. *International Review for the Sociology of Sport* published 15 October 2015, 10.1177/10126902 15609071.

Combeau-Mari, E. 2011. The Catholic mission, sport and renewal of elites: St Michel de Tananarive Jesuit College (1906–1975). *The International Journal of the History of Sport* 28(12): 1647–1672.

Comeaux, Eddie, and Marcia V. Fuentes. 2015. Cross-racial interaction of Division I athletes: The campus climate for diversity. In Eddie Comeaux, ed., *Introduction to intercollegiate athletics* (pp. 179–192). Baltimore MD: Johns Hopkins University Press.

Conatser, Phillip, Keith Naugle, Mark Tillman, and Christine Stopka. 2009. Athletic trainers' beliefs toward working with Special Olympic athletes. *Journal of Athletic Training* 44(3): 279–285.

Conn, David. 2012. Loudon 2012 euphoria has died, but will the Olympic legacy live on? *The Guardian* (August 14): http://www.guardian.co.uk/uk/2012/aug/14/London-2012-olympic-legacy.

Conn, Jordan Ritter. 2015. The lingerie football trap. *Grantland.com* (July 23): http://grantland.com/features/legends-football-league-womens-lingerie-football-league-mitchell-mortaza/

Conneeley, Rob, and Roscoe Kermode 1996. Tribal law surfriders code of ethics. Downloaded October 25, 2008 at www.surfrider.org.au/initiatives/education_rb/06_01_surf_etiquette_2php.

Connell, Raewyn. 2008. Masculinity construction and sports in boys' education: A framework for thinking about the issue. *Sport, Education and Society* 13(2): 131–145.

Connell, Raewyn. 2011. Sociology for the whole world. *International Sociology* 26(3): 288–291.

Connolly, John. 2015. Civilising processes and doping in professional cycling. *Current Sociology* 63(7): 1037–1057.

Connolly, John, and Paddy Dolan. 2012. Sport, media and the Gaelic Athletic Association: The quest for the 'youth' of Ireland. *Media Culture Society* 34(4): 407–423.

Conway, Steven Craig. 2009. Starting at "Start": An exploration of the nondiegetic 1 in soccer video games. *Sociology of Sport Journal* 26(1): 67–88.

Conroy, Pat. 1986. *The prince of tides.* Boston: Houghton Mifflin.

Coogan, Daniel. 2015. *Understanding racial portrayals in the sports media.* Champaign IL: Common Ground Publishing.

Cooke, Graham. 2008. Parent coaches: A tough balancing act. *Sports Coach* 30(2): 18–19.

Cooky, Cheryl. 2004. Raising the bar?: Urban girls' negotiations of structural barriers in recreational sports. Paper presented at the annual meeting of the American Sociological Association, San Francisco, CA, Aug. 14.

Cooky, Cheryl. 2006. Strong enough to be a man, but made a woman: Discourses on sport and femininity in *Sports Illustrated for Women*. In Linda K. Fuller, ed., *Sport, rhetoric, and gender* (pp. 97–106). New York: Palgrave Macmillan.

Cooky, Cheryl. 2009. "Girls just aren't interested": The social construction of interest in girls' sport. *Sociological Perspectives* 52(2): 259–284.

Cooky, Cheryl, and Mary G. McDonald. 2005. 'If you let me play': Young girls' inside-other narratives of sport. *Sociology of Sport Journal* 22(2): 158–177.

Cooky, Cheryl, Michael Messner, and Michela Musto 2015. "It's dude time!": A quarter century of excluding women's sports in televised news and highlight shows. *Communication and Sport* 3(3): 261–287.

Cooky, Cheryl, Michael A. Messner, and Robin H. Hextrum. 2013. Women play sport, but not on TV: A longitudinal study of televised news media. *Communication & Sport* 1(3): 203–230.

Cooky, Cheryl, Ranissa Dycus, and Shari L. Dworkin. 2013. "What makes a woman a woman?" Versus "Our first lady of sport": A comparative analysis of the United States and the South African media coverage of Caster Semenya. *Journal of Sport and Social Issues* 37(1): 31–56.

Cooley, Will. 2010. "Vanilla Thrillas": Modern boxing and white-ethnic masculinity. *Journal of Sport and Social Issues* 34(4): 418–437.

Coontz, Stephanie. 2012. The myth of male decline. *New York Times* (September 29): http://www.nytimes.com/2012/09/30/opinion/sunday/the-myth-of-male-decline.html.

Coontz, Stephanie. 2013. Why gender equality stalled. *New York Times* (February 16): http://www.nytimes.com/2013/02/17/opinion/sunday/why-gender-equality-stalled.html.

Cornelissen, Scarlett. 2009. A delicate balance: Major sport events and development. In Roger Levermore & Aaron Beacom, eds., *Sport and international development* (pp. 76–97). New York: Palgrave MacMillan.

Cornelissen, Scarlett. 2010. Football's tsars: Proprietorship, corporatism and politics in the 2010 FIFA World Cup. *Soccer & Society* 11(1–2): 131–143.

Corsello, Andrew. 1999. Hallowed be thy game. *Gentlemen's Quarterly* (September): 432–440.

Costa, Brian. 2015. The CEO who gets to hand out World Series rings. *Wall Street Journal* (February 23): R4.

Cote, J. 2008. Coaching children: Five elements of expertise for coaches. *Coaching Edge* 14 (Winter): 32–33.

Côté, Jean. 2011. *More than a game: The power of soccer for youth development.* Montreal: BMO Financial Group and Queen's University, Kingston, Ontario.

Côté, Jean, and Jessica L. Fraser-Thomas. 2007. Youth involvement in sport. In P.R.E. Crocker, ed., *Introduction to sport psychology: A Canadian perspective* (pp. 266–294). Toronto: Pearson Prentice Hall.

Cotton, Anthony. 2013. Driving new revenue with athletics. *Denver Post* (July 28): 10B.

Couser, G. Thomas. 2000. The empire of the "normal": A forum on disability and self-representation—introduction. *American Quarterly* 52(2): 305–310.

Couser, G. Thomas. 2009. *Signifying bodies: Disability in contemporary life writing.* Ann Arbor: University of Michigan Press.

Cover, Rob. 2013. Suspended ethics and the team: Theorising team sportsplayers' group sexual assault in the context of identity. *Sexualities* 16: 300–318.

Cox, Barbara, and Richard Pringle. 2011. Gaining a foothold in football: A genealogical analysis of the emergence of the female footballer in New Zealand. *International Review for the Sociology of Sport* (11 April, 2011).

Coyne, Christopher J., Justin P. Isaacs, and Jeremy T. Schwartz. 2010. Comment on Hanssen and Meehan, "Who integrated major league baseball faster winning teams or losing teams?" *Journal of Sports Economics* 11: 227–231.

Coyte Cooper. 2013. Team segmentation at the Big Ten Wrestling Championships. *The impact of sports on Team Performance Management* 15(3/4): 117–127.

Cranley, Travis. 2009. Court sports: What exactly is the court of arbitration for sport and how much power does it really have? More than you might think. *Inside Sport* 208 (Apr): 38–42, 45.

Crawford, Garry. 2004. *Consuming sport: Fans, sport, and culture.* London/New York: Routledge.

Crawford, Garry. 2015. Is it in the game? Reconsidering play spaces, game definitions, theming, and sports video games. *Games and Culture* 10(6): 571–592.

Crawford, Garry, and Victoria K. Gosling. 2009. More than a game: Sports-themed video games and player narratives. *Sociology of Sport Journal* 26(1): 50–66.

Creaney, Leon. 2009. Growth factors, athletes and an anti-doping muddle. *Sports Injury Bulletin* 79: 1–3.

Crissey, Joy. 1999. *Corporate cooptation of sport: The case of snowboarding.* Master's thesis, Sociology Department, Colorado State University, Ft. Collins, CO.

Crissey, Sarah R., and Joy Crissey Honea. 2006. The relationship between athletic participation and perceptions of body size and weight control in adolescent girls: The role of sports. *Sociology of Sport Journal* 23(3): 248–272.

Critical Bogle. 2007. The social construction of disability: Struggles for definitions of the victims of language. In *Essays, Poems and Blogs of a Disabled Everyman* (September 11): http://criticalbogle.blogspot.com/2007/09/social-construction-of-disability.html.

Crocket, Hamish. 2012. 'This is men's ultimate': (Re)creating multiple masculinities in elite open Ultimate Frisbee. *International Review for the Sociology of Sport* 48(3): 318–333.

Crosset, Todd. 1999. Male athletes' violence against women: A critical assessment of the athletic affiliation, violence against women debate. *Quest* 52(3): 244–257.

Crouse, Karen. 2007. Torres is getting older, but swimming faster. *The New York Times* (November 18). Online: HYPERLINK "http://www.nytimes.com/2007/11/18/sports/othersports/18torres.html" www.nytimes.com/2007/11/18/sports/othersports/18torres.html.

Crow, Graham, and Catherine Pope. 2008. The importance of class. *Sociology* 42(6): 1045–1048.

CS4L 2013. Long-Term Athlete Development (LTAD) Stages. *Canadian Sport for Life* (CS4L): http://canadiansportforlife.ca/learn-about-canadian-sport-life/ltad-stages.

Cullen, Fergus. 2013. Those "guest worker" of the NBA and NHL. *Wall Street Journal* (June 19): A13.

Cuperman, Ronen, Rebecca L. Robinson, and William Ickes. 2014. On the malleability of self-image in individuals with a weak sense of self. *Self and Identity* 13(1): 1–23.

Curi, Martin, Jorge Knijnik, and Gilmar Mascarenhas. 2011. The Pan American Games in Rio de Janeiro 2007: Consequences of a sport mega-event on a BRIC country. *International Review for the Sociology of Sport* 46(2): 140–156.

Curry, Christina, and Light, Richard. 2009. Children's reasons for joining sport clubs and staying in them: A case study of a Sydney soccer club. *ACHPER Healthy Lifestyles Journal* 56(1): 23–27.

Curry, Timothy J., Kent P. Schwirian, and Rachael Woldoff. 2004. *High stakes: Big time sports and downtown redevelopment.* Columbus: Ohio State University Press.

Curtis, Henry S. 1913. *The reorganized school playground.* Washington, DC: U.S. Bureau of Education, No. 40.

Curtis, Vanessa A., and David B. Allen. 2011. Boosting the late-blooming boy: Use of growth-promoting agents in the athlete with constitutional delay of growth and puberty. *Sports Health: A Multidisciplinary Approach* 3: 32–40.

Dahmen, Nicole S., and Raluca Cozma, eds. 2009. *Media takes: On aging.* Sacramento, CA: International Longevity Center/Aging Services of California.

Dal Lago, Alessandro, and Rocco De Biasi. 1994. Italian football fans: Culture and organization. In Richard Giulianotti, Norman Bonney & Mike Hepworth, eds., *Football, violence and social identity* (pp. 21–86). London & New York: Routledge.

Damon, Arwa. 2009. Iraqi women wrestle with social barriers. *CNN.com*: http://ibnlive.

in.com/videos/98766/iraqi-women-wrestle-with-social-barriers.html.

Daniels, Dayna B. 2009. *Polygendered and ponytailed: The dilemma of femininity and the female athlete.* Toronto, ON: Women's Press.

Daniels, Elizabeth A. 2009. Sex objects, athletes, and sexy athletes: How media representations of women athletes can impact adolescent girls and college women. *Journal of Adolescent Research* 24(4): 399–422.

Dannheisser, Ralph. 2008. Baseball, once just an American game, extends reach worldwide. Online: http://iipdigital.usembassy.gov/st/english/article/2008/03/20080331164120zjsredna0.6307947.html#axzz48Mq14bVJ.

Darby, Paul. 2011. The Gaelic Athletic Association, transnational identities and Irish-America. *Sociology of Sport Journal* 27(4): 351–370.

Darcy, Simon, and Leanne Dowse. 2012. In search of a level playing field–the constraints and benefits of sport participation for people with intellectual disability. *Disability & Society* doi: 10.1080/09687599.2012.714258.

Darnell, Simon C. 2010a. Sport, race, and bio-politics: Encounters with difference in "Sport for Development and Peace" internships. *Journal of Sport and Social Issues* 34(4): 396–417.

Darnell, Simon C. 2010b. Power, politics and sport for development and peace: Investigating the utility of sport for international development. *Sociology of Sport Journal* 27(1): 54–75.

Darnell, Simon C. 2012. *Sport for development and peace: A critical sociology.* New York: Bloomsbury Academic.

Dart, Jon. 2014. New media, professional sport and political economy. *Journal of Sport and Social Issues* 38(6): 528–547.

Dart, Jon J. 2012. New media, professional sport and political economy. *Journal of Sport and Social Issues* published 6 December 2012, 10.1177/0193723512467356.

Dashper, Katherine. 2013. Getting better: An autoethnographic tale of recovery from sporting injury. *Sociology of Sport Journal* 30(3): 323–329.

Davenport, Elizabeth M., et al. 2014. Abnormal white matter integrity related to head impact exposure in a season of high school varsity football. *Journal of Neurotrauma*

31:327–338.

Davids, Keith, and Joseph Baker. 2007. Genes, environment and sport performance: Why the nature-nurture dualism is no longer relevant. *Sports Medicine* 37(11): 961–980.

Davidson, Patricia M., Michelle DeGiacomo, and Sarah J. McGrath. 2011. The feminization of aging: How will this impact on health outcomes and services? *Health Care for Women International* 32(12): 1031–1045.

Davies, Steven. 2011. Why I am coming out now. *UK Daily Telegraph* (28 February): http://www.telegraph.co.uk/news/newsvideo/8350711/Steven-Davies-why-I-am-coming-out-now.html.

Davis, Georgiann. 2011. DSD is a perfectly fine term: Reasserting medical authority through a shift in intersex terminology. In P.J. McGann & D. J. Hutson, eds., *Sociology of diagnosis* (pp. 155–182). Bingley, UK: Emerald.

De Souza, Adriano, and Judy Oslin. 2008. A player-centered approach to coaching. *Journal of Physical Education, Recreation and Dance* 79(6): 24–30.

de Visser, Richard O. 2009. "I'm not a very manly man": Qualitative insights into young men's masculine subjectivity. *Men and Masculinities* 11(3): 367–371.

deMause, Neil. 2011. Why do mayors love sports stadiums? *The Nation* (August 15–22): http://www.thenation.com/article/why-do-mayors-love-sports-stadiums/?nc=1.

deMause, Neil, and Joanna Cagan. 2008. *Field of schemes: How the great stadium swindle turns public money into private profit* (revised/expanded edition). Lincoln: University of Nebraska Press.

Delaney, Kevin J., and Rick Eckstein. 2003. The devil is in the details: Neutralizing critical studies of publicly subsidized stadiums. *Critical Sociology* 29(2):189–210.

Delaney, Kevin J., and Rick Eckstein. 2007. *Public dollars, private stadiums: The battle over building sports stadiums.* Piscataway, NJ: Rutgers University Press.

Delaney, Kevin, and Rick Eckstein. 2008. Local media coverage of sports stadium initiatives. *Journal of Sport and Social Issues* 32(1): 72–93.

Denham, Bryan. 2010. Correlates of pride in the performance success of United States athletes competing on an international stage. *International Review for the Sociology of Sport* 45(4): 457–473.

Denham, Bryan. 2011. Alcohol and marijuana use among American high school seniors: Empirical associations with competitive sports participation. *Sociology of Sport Journal* 28(3): 362–279.

Denzin, Norman K. 2007. *Symbolic interactionism and cultural studies: The politics of interpretation.* Oxford, UK: Wiley-Blackwell.

Department of Health. 2004. *At least five a week: Evidence on the impact of physical activity and its relationship to health.* A report from the Chief Medical Officer. Online: http://webarchive.nationalarchives.gov.uk/+/www.dh.gov.uk/en/publicationsandstatistics/publications/publicationspolicyandguidance/dh_4080994.

Desrochers. Donna M. 2013. *Academic spending versus athletic spending: Who wins?* Washington, DC: Delta Cost Project, American Institutes for Research.

Deutscher, Christian. 2010. The payoff to leadership in teams. *Journal of Sports Economics* 11(3): 358–360.

Dey, Ian. 1993. *Qualitative data analysis: A user-friendly guide for social scientists.* London: Routledge.

Diaz–Orueta, Unai, David Facal, Henk Herman Nap, and Myrto-Maria Ranga. 2012. What is the key for older people to show interest in playing digital learning games? Initial qualitative findings from the LEAGE Project on a multicultural European sample. *Games for Health Journal* 1(2): 124–128.

Dionigi, Rylee. 2006. Competitive sport and aging: The need for qualitative sociological research. *Journal of Aging and Physical Activity* 14: 365–379.

Dionigi, Rylee. 2010. Masters sport as a strategy for managing the ageing process. In J. Baker, S. Horton, & P. Weir, eds., *The Masters athlete: Understanding the role of sport and exercise in optimizing aging* (pp. 137–156). London: Routledge.

Dionigi, Rylee. 2011. Older athletes: Resisting and reinforcing discourses of sport and aging. In Sandra Spikard Prettyman & Brian Lampman, eds., *Learning culture through sports* (2nd edition). Lanham, MD: Rowman & Littlefield Publishers, Inc.

Dionigi, Rylee, and Gabrielle O'Flynn. 2007. Performance discourses and old age: What does it mean to be an older athlete? *Sociology of Sport Journal* 24(4): 359–377.

Dionigi, Rylee A., Sean Horton, and Joseph Baker. 2011. Seniors in sport: The experiences and practices of older world masters games competitors. *The International Journal of Sport and Society* 1(1): 55–68.

Dionigi, Rylee A., Sean Horton, and Joseph Baker. 2013. Negotiations of the ageing process: Older adults' stories of sports participation. *Sport, Education and Society* 18(3): 370–387.

Dixon, Kevin. 2012. Learning the game: Football fandom culture and the origins of practice. *International Review for the Sociology of Sport* 48(3): 334–348.

Dixon, Kevin. 2013. The football fan and the pub: An enduring relationship. *International Review for the Sociology of Sport* published 18 November 2013, 10.1177/1012690213501500.

Dixon, Marlene A., and Jennifer E. Bruening. 2005. Perspectives on work-family conflict: A review and integrative approach. *Sport Management Review* 8: 227–254.

Dixon, Marlene A., and Jennifer E. Bruening. 2007. Work–family conflict in coaching I: A top-down perspective. *Journal of Sport Management* 21: 377–406.

Dixon, Marlene A., and Michael Sagas. 2007. The relationship between organizational support, work–family conflict, and the job–life satisfaction of university coaches. *Research Quarterly for Exercise and Sport* 78: 236–247.

Dixon, Marlene A., Stacy M. Warner, and Jennifer E. Bruening. 2008. More than just letting them play: Parental influence on women's lifetime sport involvement. *Sociology of Sport Journal* 25(4): 538–559.

Dóczi, Tamás. 2012. Gold fever(?): Sport and national identity–The Hungarian case. *International Review for the Sociology of Sport* 47(2): 165–182.

Dohrmann, George, and Jeff Benedict. 2011. Rap sheets, recruits, and repercussions. *Sports Illustrated* 114 (March 7): 32–39.

Dohrmann, George, and Thayer Evans. 2013a. How you go from very bad to very good very fast. *Sports Illustrated* 119 (11, September 16): 30–41.

Dohrmann, George, and Thayer Evans. 2013c. Special report on Oklahoma State football: Part 2–The academics. *Sports Illustrated* (September 11): http://sportsillustrated.cnn.com/college-football/news/20130911/oklahoma-state-part-2-academics/.

Dohrmann, George, and Thayer Evans. 2013d. Special report on Oklahoma State football:

Part 3–The drugs. *Sports Illustrated* (September 12): http://sportsillustrated.cnn.com/college-football/news/20130912/oklahoma-state-part-3-drugs/.

Dohrmann, George, and Thayer Evans. 2013e. Special report on Oklahoma State football: Part 4–The sex. *Sports Illustrated* (September 13): http://sportsillustrated.cnn.com/college-football/news/20130913/oklahoma-state-part-4-the-sex/.

Dohrmann, George, and Thayer Evans. 2013f. Special report on Oklahoma State football: Part 5–The fallout. *Sports Illustrated* 119 (12, September 23):60–71.

Donnelly, Michele K. 2013. Drinking with the derby girls: Exploring the hidden ethnography in research of women's flat track roller derby. *International Review for the Sociology of Sport* published 16 December 2013, 10.1177/1012690213515664.

Donnelly, Michele K., Mark Norman, and Peter Donnelly. 2015. *The Sochi 2014 Olympics: A Gender Equality Audit.* Centre for Sport Policy Studies Research Report. Toronto: Centre for Sport Policy Studies, Faculty of Kinesiology and Physical Education, University of Toronto.

Donnelly, Peter (with Simon Darnell, Sandy Wells, and Jay Coakley). 2007. *The use of sport to foster child and youth development and education.* In Sport for Development and Peace, International Working Group (SDP/IWG): Literature reviews on sport for development and peace (pp. 7–47). Toronto, Ontario, Canada: University of Toronto, Faculty of Physical Education and Health.

Donnelly, Peter. 2008. *Opportunity knocks!: Increasing sport participation in Canada as a result of success at the Vancouver Olympics.* Toronto: Centre for Sport Policy Studies, University of Toronto.

Donnelly, Peter. 2015. Assessing the sociology of sport: On public sociology of sport and research that makes a difference. *International Review for the Sociology of Sport* 50(4/5): 419–423.

Donnelly, Peter, and Jay Coakley. 2003. *The role of recreation in promoting social inclusion.* Monograph in the Working Paper Series on Social Inclusion published by the Laidlaw Foundation, Toronto, Ontario.

Donnelly, Peter, and Kevin Young. 1999. Rock climbers and rugby players: Identity construction and confirmation. In Jay Coakley & Peter Donnelly, eds., *Inside sports* (pp.

67–76). London: Routledge.

Donnelly, Peter, and Leanne Petherick. 2004. Workers' playtime?: Child labour at the extremes of the sporting spectrum. *Sport in Society* 7(3): 301–321.

Donnelly, Peter, and Jean Harvey. 2007. Social class and gender: Intersections in sport and physical activity. In Kevin Young & Philip While, eds., *Sport and gender in Canada* (2nd edition, pp. 95–119). Don Mills. Ontario: Oxford University Press.

Donnelly, Peter, Michael Atkinson. Sarah Boyle, and Courtney Szto. 2011. Sport for development and peace: A public sociology perspective. *Third World Quarterly* 32(3): 589–601.

Donnelly, Peter, and Michele K. Donnelly. 2013a. *Sex testing, naked inspections and the Olympic Games: A correction to The London 2012 Olympics: A gender equality audit.* Centre for Sport Policy Studies, Faculty of Kinesiology and Physical Education, University of Toronto.

Donnelly, Peter, and Michele K. Donnelly. 2013b. *The London 2012 Olympics: A gender equality audit.* Centre for Sport Policy Studies Research Report. Toronto: Centre for Sport Policy Studies, Faculty of Kinesiology and Physical Education, University of Toronto.

Dorsey, James M. 2012. Ultra violence: How Egypt's soccer mobs are threatening the revolution. *Foreign Policy* (February 2): http://www.foreignpolicy.com/articles/2012/02/01/ultra_ violence (retrieved 5–29–13); http://mideastsoccer.blogspot.com/2013/06/soccer-threaten-to-spark-protests-as.html.

Dorsey, James M. 2013a. Fan culture—a social and political indicator. *The Turbulent World of Middle East Soccer* (February 4): http://mideastsoccer.blogspot.com/2013/02/fan-culture-social-and-political.html (retrieved 5–30–13).

Dorsey, James M. 2013b. Football: A sporting barometer of European integration policies. *International Centre for Sport Security Journal* 1(2): http://icss-journal.newsdeskmedia.com/football-a-sporting-barometer-of-European-integration-policies.

Dorsey, James M. 2013b. Soccer fans defy emergency rule, force work stoppage in Port Said. *The Turbulent World of Middle East Soccer* (February 18): http://mideastsoccer.blogspot.com/2013/02/soccer-fans-defy-emergency-rule-force.html (retrieved 5–30–13).

Dorsey, James M. 2013c. Soccer emerges as focal point of dissent in Saudi Arabia. *The Turbulent World of Middle East Soccer* (May 12): http://mideastsoccer.blogspot.com/2013/05/soccer-emerges-as-focal-point-of.html (retrieved 5–30–13).

Dorsey, James M. 2013d. Algeria: Middle East's next revolt if soccer is a barometer. *The Turbulent World of Middle East Soccer* (May 19): http://mideastsoccer.blogspot.com/2013/05/algeria-middle-easts-next-revolt-if.html (retrieved 5–30–13).

Dorsey, James M. 2013e. Soccer threatens to spark protests as Iran goes to the polls. *The Turbulent World of Middle East Soccer* (June 10): http://mideastsoccer.blogspot.com/2013/06/soccer-threaten-to-spark-protests-as.html.

Dorsey, James M. 2013f. *Wahhabism vs. Wahhabism: Qatar Challenges Saudi Arabia.* The RSIS Working Paper series. No. 262. Singapore: S. Rajaratnam School of International Studies.

Dorsey, James M. 2013g. Qatar 2022–A mixed blessing. *The Turbulent World of Middle East Soccer* (August 30): http://mideastsoccer.blogspot.com/2013/08/qatar-2022-mixed-blessing.html.

Dortants, Marianne, and Annelies Knoppers. 2013. Regulation of diversity through discipline: Practices of inclusion and exclusion in boxing. *International Review for the Sociology of Sport* 48(5): 535–549.

Dowling, Sandra, Roy McConkey, David Hassan, and Sabine Menke. 2010. *'Unified gives us a chance': An evaluation of Special Olympics Youth Unified Sports® Programme in Europe/Eurasia.* Washington, DC: Special Olympics International (and the University of Ulster in Northern Ireland).

Draper, Electa. 2011. For Ed McVaney, Valor Christian High School is labor of love. *Denver Post* (December 5): http://www.denverpost.com/preps/ci_19471245.

Dreger, Alice. 2009. Where's the rulebook for sex verification? *New York Times* (August 21): http://www.nytimes.com/2009/08/22/sports/22runner.html.

Dreger, Alice. 2012. Media advisory on sex verification in sports. *alicedreger.com* http://www.alicedreger.com/media_advisory_01.html

Dretzin, Rachel. 2011. *Football high: Bigger and faster, but safer? Frontline* (PBS documentary). Online: http://www.pbs.org/wgbh/pages/frontline/football-high/.

Drew, Dr. 2012. Concussion hazards in youth football (video). *HLN* (January 17): http://www.youtube.com/watch?v=XnIRso_04Ks.

Drummond, Murray. 2010. The natural: An autoethnography of a masculinized body in sport. *Men and Masculinities* 12(3): 374–389.

DuBois, William Edward Burghardt. 1935. *Black reconstruction in America.* New York: Harcourt, Brace.

Dubrow, Joshua Kjerulf, and Jimi Adams. 2012. Hoop inequalities: Race, class and family structure background and the odds of playing in the National Basketball Association. *International Review for the Sociology of Sport* 47(1): 43–59.

Dumais, Susan A. 2008. Cohort and gender differences in extracurricular participation: The relationship between activities, math achievement, and college expectations. *Sociological Spectrum* 29(1): 72–100.

Duncan, Arne. 2013. We must provide equal opportunity in sports to students with disabilities. *U.S. Department of Education* (January 25): http://www.ed.gov/blog/2013/01/we-must-provide-equal-opportunity-in-sports-to-students-with-disabilities/.

Duncan, Greg J., and Richard J. Murnane, eds. 2011. The American dream, then and now. In Greg J. Duncan & Richard J. Murnane, eds., *Whither opportunity? Rising inequality, schools, and children's life chances* (pp. 3–26). New York: The Rusell Sage Foundation.

Duncan, Margaret C., Michael A. Messner, and Nicole Willms. 2005. *Gender in televised sports: News and highlights shows*, 1989–2004. Los Angeles, CA: Amateur Athletic Foundation of Los Angeles. Online: http://www.aafla.org/11pub/over_frmst.htm.

Dunning, Eric. 1999. *Sport matters: Sociological studies of sport, violence and civilization.* London: Routledge.

Dunning, Eric, Patrick Murphy, Ivan Waddington, and Antonios E. Astrinakis, eds. 2002. *Fighting fans: Football hooliganism as a world phenomenon.* Dublin: University College Dublin Press.

Dunning, Eric, Patrick Murphy, and John Williams. 1988. *The foots of football hooliganism: An historical and sociological study.* London: Routledge and Kegan Paul.

Dworkin, Shari L., and Faye Linda Wachs. 2009. *Body panic: Gender, health, and the selling of fitness.* Albany: New York University Press.

Dyer, Bryce T.J., Siamak Noroozi, Sabi Redwood, and Philip Sewell. 2010. The design of lower-limb sports prostheses: Fair inclusion in disability sport. *Disability & Society* 25(5): 593–602.

Dyke, Noel. 2012. *Fields of play: An ethnography of children's sports.* North York, Ontario: University of Toronto Press.

Dzikus, Lars, S. Waller, and R. Hardin. 2010. Collegiate sport chaplaincy: Exploration of an emerging profession. *Journal of Contemporary Athletics* 5(1): 21–42.

Dziubiński, Zbigniew. 2011. Social aspects of physical education and sport in schools. *Physical Culture and Sport. Studies and Research* 52: 49–60.

Eberle, Lucas. 2012. Interview with Orlando Cruz 'I couldn't accept being gay because I was too afraid.' *Spiegel.de* (November 9): http://www.spiegel.de/international/world/interview-with-first-openly-gay-boxer-orlando-cruz-a-866052.html.

Eder, Steve, Richard Sandomir, and James Andrew Miller. 2013. At Louisville, athletic boom is rooted in ESPN partnership. *New York Times* (August 25): http://www.nytimes.com/2013/08/26/sports/at-louisville-an-athletic-boom-made-for-and-by-tv.html.

EEOC. 2013. Nearly 100,000 job bias charges in fiscal year 2012. *Equal Employment Opportunity Commission* (January 28): http://www.eeoc.gov/eeoc/newsroom/release/1-28-13.cfm.

Eichberg, Henning. 2011. The normal body—anthropology of bodily otherness. *Physical Culture and Sport Studies and Research* 51: 5–14.

Eickelkamp, Ute. 2008. (Re)presenting experience: A comparison of Australian Aboriginal children's sand play in two settings. *International Journal of Applied Psychoanalytic Studies* 5(1): 23–50.

Elias, Norbert. 1986. An essay on sport and violence. In Nobert Elias & Eric Dunning, eds., *Quest* for excitement (pp. 150–174). Oxford, UK: Blackwell.

Elias, Norbert, and Eric Dunning. 1986. *Quest for excitement.* New York: Basil Blackwell.

el–Khoury, Laura J. 2012. 'Being while black': Resistance and the management of the self. *Social Identities* 18(1): 85–100.

Elkind, David. 2007. *The hurried child.* Cambridge, MA: Da Capo Lifelong Books.

Elkind, David. 2008. *The power of play: Learning what comes naturally.* Cambridge, MA: Da

Capo Lifelong Books.

Ellin, Abby. 2008. The high price of raising an Olympian. *MSN.com* (August 4): http://articles.moneycentral.msn.com/Investing/StockInvestingTrading/TheHighPriceOfRaisingAnOlympian.aspx (retrieved August 20, 2008).

Ellin, Abby. 2009. Exercise tailored to a hijab. *New York Times* (September 10): http://www.nytimes.com/2009/09/10/health/nutrition/10fitness.html.

Elling, Agnes, and Jacco van Sterkenburg. 2008. Respect: Ethnic bonding and distinction in team sports careers. *European Journal for Sport and Society* 5(2): 153–167.

Elling, Agnes, and Jan Janssens. 2009. Sexuality as a structural principle in sport participation negotiating sports spaces. *International Review for the Sociology of Sport* 44(1): 71–86.

Elling, Agnes, Ivo Van Hilvoorde, and Remko Van Den Dool. 2012. Creating or awakening national pride through sporting success: A longitudinal study on macro effects in the Netherlands. *International Review for the Sociology of Sport* August 22, 2012, doi: 10.1177/1012690212455961.

Elling, Agnes, Ivo Van Hilvoorde, and Remko Van Den Dool. 2014. Creating or awakening national pride through sporting success: A longitudinal study on macro effects in the Netherlands. *International Review for the Sociology of Sport* 49(2): 129–151.

Elliott, Richard. 2013. New Europe, new chances? The migration of professional footballers to Poland's Ekstraklasa. *International Review for the Sociology of Sport* 48(6): 736–750.

Elliott, Richard, and Gavin Weedon. 2011. Foreign players in the English Premier Academy League: 'Feet-drain' or 'feet-exchange'? *International Review for the Sociology of Sport* 46(1): 61–75.

Elliott, Richard, and Joseph A. Maguire. 2008. "Thinking outside of the box": Exploring a conceptual synthesis for research in the area of athletic labor migration. *Sociology of Sport Journal* 25(4): 482–497.

Empfield, Dan. 2007. Scott Tinley: His body sidelined, his brain in the game. *Slowtwitch.com* (December 28): http://www.slowtwitch.com/Interview/Scott_Tinley_ his_body_sidelined_his_brain_in_the_game_166.html.

Engh, Mari Haugaa, and Sine Agergaard. 2013. Producing mobility through locality and visibility: Developing a transnational perspective on sports labour migration. *International*

Review for the Sociology of Sport 1012690213509994, first published on November 18, 2013 as doi: 10.1177/101269021350999.

Engh, Mari Haugaa, and Sine Agergaard. 2015. Producing mobility through locality and visibility: Developing a transnational perspective on sports labour migration. *International Review for the Sociology of Sport* 50(8): 974–992.

Epstein, David. 2009. Well, is she or isn't she? *Sports Illustrated* 111(9, September 7): 24–25. Online: http://www.si.com/vault/2009/09/07/105854299/well-is-she-or-isnt-she.

Epstein, David. 2010. Sports genes. *Sports Illustrated* 112(21, May 17): 53–65.

Epstein, David. 2011. Sports medicine's new frontiers. *Sports Illustrated* 115(5, August 8): 47–66.

Epstein, David. 2013. *The sports gene: Inside the science of extraordinary athletic performance.* New York: Penguin Group.

Erčulj, Frane, and Mojca Doupona Topič. 2008. Media coverage of women's basketball in Slovenia. In Mojca Doupona Topič & Simon Ličen, eds., *Sport, culture & society: An account of views and perspectives on social issues in a continent (and beyond)* (pp. 104–108). Ljubljana, Slovenia: University of Ljubljana.

Erhart, Itir. 2011. Ladies of Besiktas: A dismantling of male hegemony at Inönü Stadium. *International Review for the Sociology of Sport* 47(1): 83–98.

Ericsson, K. Anders. 2012. Training history, deliberate practice and elite sports performance: An analysis in response to Tucker and Collins review—what makes champions? *British Journal of Sports Medicine* 47: 533–555.

Ericsson, K. Anders, Michael J. Prietula, and Edward T. Cokely. 2007. The making of an expert. *Harvard Business Review* (July–August): 1–7. Online: http://www.uvm.edu/~pdodds/files/papers/others/2007/ericsson2007a.pdf.

Erturan, E. Esra, Natasha Brison, and Tiffany Allen. 2012. Comparative analysis of university sports in the U.S. and Turkey. *Sport Management International Journal* 8(1): 5–24.

ESPN. 2011. Recruiting confidential. *ESPN The Magazine* (February 7): 64–83.

ESPN. 2012. NFL: Saints defense had 'bounty' fund. *ESPN.go.com* (March 4): http://espn.go.com/nfl/story/_/id/7638603/new-orleans-saints-defense-had-bounty-program-nfl-says (retrieved 5–25–13).

Estep, Tyler. 2015. Carroll schools investigating 'mass baptism' at football practice. *Atlanta Journal- Constitution* (September 2): http://www.ajc.com/news/news/local/carroll-schools-investigating-mass-baptism-at-foot/nnW2B/.

Etchison, William C., Elizabeth A. Bloodgood, Cholly P. Minton, Nancy J. Thompson, Mary Ann Collins, Stephen C. Hunter, and Hongying Dai. 2011. Body mass index and percentage of body fat as indicators for obesity in an adolescent athletic population. *Sports Health: A Multidisciplinary Approach* 3(3): 249–252.

Evans, Adam B., and David E. Stead. 2012. 'It's a long way to the Super League': The experiences of Australasian professional rugby league migrants in the United Kingdom. *International Review for the Sociology of Sport* published 4 December 2012, 10.1177/1012690212464700.

Evans, Ashley B., Kristine E. Copping, Stephanie J. Rowley, and Beth Kurtz-Costes. 2011. Academic self-concept in black adolescents: Do race and gender stereotypes matter? *Self and Identity* 10(2): 263–277.

Evans, Mark. 2011. A generation after Nike 'Let me play' ads, female athletes are totally cool. *Sequoyah County Times* (June 18): http://www.sequoyahcountytimes.com/view/full_story/14362433/article-A-generation-after-Nike-%E2%80%98Let-me-play%E2%80%99-ads-female-athletes-are-totally-cool.

Ewald, Keith, and Robert M. Jiobu. 1985. Explaining positive deviance: Becker's model and the case of runners and bodybuilders. *Sociology of Sport Journal* 2(2): 144–156.

Fagan, Kate, and Luke Cyphers. 2012. Thanks but no thanks. *ESPN The Magazine* (June 11): 90–91.

Fainaru-Wada, Mark, and Steve Fainaru. 2013. *The NFL, concussions and the battle for truth.* New York: Crown Archetype.

Fair, Brian. 2011. Constructing masculinity through penetration discourse: The intersection of misogyny and homophobia in high school wrestling. *Men and Masculinities* 14(4): 491–504.

Falcous, Mark, and Christopher McLeod. 2012. Anyone for tennis? Sport, class and status in New Zealand. *New Zealand Sociology* 27(1): 13–30.

Falcous, Mark, and Joshua I. Newman. 2013. Sporting mythscapes, neoliberal histories, and post-colonial amnesia in Aotearoa/New Zealand. *International Review for the Sociology of Sport* published 18 November 2013, 10.1177/1012690213508942.

Faris, Robert, and Diane Felmlee. 2011. The corner and the crew: The influence of geography and social networks on gang violence. *American Sociological Review* 76(1): 48–73.

Fasting, Kari, and Celia Brackenridge. 2009. Coaches, sexual harassment and education. *Sport, Education and Society* 14(1): 21–35. Online: http://bura.brunel.ac.uk/handle/2438/3207.

Fasting, Kari, Celia Brackenridge, and G. Kjølberg. 2011. Using court reports to enhance knowledge of sexual abuse in sport. *Brunel University Research Archive*: http://bura.brunel.ac.uk/handle/2438/5001.

Fasting, Kari, Celia Brackenridge, and Nada Knorre. 2010. Performance level and sexual harassment prevalence among female athletes in the Czech Republic. *Women in Sport and Physical Activity Journal* 19(1): 26–32. Online: http://bura.brunel.ac.uk/handle/2438/3248 (retrieved 6–26–13).

Fasting, Kari, Celia Brackenridge, Katherine Miller, and Don Sabo. 2008. Participation in college sports and protection from sexual victimization. *International Journal of Sport and Exercise Psychology* 16(4): 427–441.

Fasting, Kari, Celia Brackenridge, and Jorunn Sundgot-Borgen. 2004. Prevalence of sexual harassment among Norwegian female elite athletes in relation to sport type. *International Review for the Sociology of Sport* 39(4): 373–386.

Fausto-Sterling, Anne. 2000a. The five sexes, revisited. *Sciences* 40(4): 18–23.

Fausto-Sterling, Anne. 2000b. *Sexing the body: Gender politics and the construction of sexuality*. New York: Basic Books.

Fawcett, Joby. 2012. Injuries becoming biggest concern in football. *Scranton Times-Tribune* (August 26): http://thetimes-tribune.com/sports/football-2012-injuries-becoming-biggest-concern-in-football-1.1362411.

FCA. 2012. U.S. athletes in the 2012 London Olympics. *Fellowship of Christian Athletes.*

Feddersen, Arne, and Wolfgang Maennig. 2009. Arenas versus multifunctional stadiums: Which do spectators prefer? *Journal of Sports Economics* 10(2): 180–191.

Federico, Bruno, Lavinia Falese, Diego Marandola, and Giovanni Capelli. 2013. *Socioeconomic*

31(4):451–458.

Feezell, R. 2013. Sport, religious belief, and religious diversity. *Journal of the Philosophy of Sport* 40(1): 135–162.

Fellowship of Christian Athletes. 2008. *Serving: True champions know that success takes surrender.* Ventura, CA, USA: Regal, From Gospel Light.

Fenstermaker, Sarah, and Candace West, eds. 2002. *Doing gender, doing difference: Inequality, power, and institutional change.* New York: Routledge.

Ferkins, Lesley, David Shilbury, and Gael McDonald. 2009. Board involvement in strategy: Advancing the governance of sport organizations. *Journal of Sport Management* 23(3): 245–277.

Ferriter, Meghan M. 2009. "Arguably the greatest": Sport fans and communities at work on Wikipedia. *Sociology of Sport Journal* 26(1): 127–154.

Fertman, Carl I. 2008. *Student-athlete success: Meeting the challenges of college life.* Sudbury, MA: Jones and Bartlett Publishers.

Fields, Sara. K. 2012. Are we asking the right questions? A response to the academic reforms research by Todd Petr and Tom Paskus. *Journal of Intercollegiate Sport* 5(1): 60–64.

Findlay, Leanne C., Rochelle E. Garner, and Dafna E. Kohen. 2009. Children's organized physical activity patterns from childhood into adolescence. *Journal of Physical Activity & Health* 6(6): 708–715.

Finger, Dave. 2004. Before they were next. *ESPN The Magazine* 7.12 (June 7): 83–86.

Fleming, David. 2013. No prayer. *ESPN The Magazine* (June 10): 70–75.

Fletcher, Thomas. 2011. 'Who do "they" cheer for?': Cricket, diaspora, hybridity and divided loyalties amongst British Asians. *International Review for the Sociology of Sport* published online before print July 29, 2011, doi: 10.1177/1012690211416556.

Fletcher, Thomas. 2012. 'Who do "they" cheer for?': Cricket, diaspora, hybridity and divided loyalties amongst British Asians. *International Review for the Sociology of Sport* 47(5): 612–631.

Flint, John, and John Kelly, eds. 2013. *Bigotry, football and Scotland.* Edinburgh, Scotland: Edinburgh University Press.

Flintoff, Anne. 2008. Targeting Mr. Average: Participation, gender equity and school sport partnerships. *Sport, Education and Society* 13(4): 393–411.

Florio, Mike. 2012. NFL's "magic potion" has risks, players like Urlacher don't care. NBCSports.com (January 24): http://profootballtalk.nbcsporls.com/2012/0 l/24/nfls-magic-potion-has-risks-players-like-urlacher-don't-care/.

Foer, Franklin. 2004. *How soccer explains the world: An unlikely theory of globalization*. New York: HarperCollins.

Foer, Franklin, and Chris Hughes. 2013. Barack Obama is not pleased: The president on his enemies, the media, and the future of football. *New Republic* (January 27): http://www.newrepublic.com/article/112190/obama-interview-2013-sit-down-president# (retrieved 5–25–13).

Fogel, Curtis. 2011. Sporting masculinity on the gridiron: Construction, characteristics, and consequences. *Canadian Social Science* 7(2): 1–14.

Foley, Douglas E. 1 990a. *Learning capitalist culture*. Philadelphia: University of Pennsylvania Press.

Foley, Douglas E. 1990b. The great American football ritual: Reproducing race, class, and gender inequality. *Sociology of Sport Journal* 7(2): 111–135.

Foley, Douglas E. 1999a. High school football: Deep in the heart of south Tejas. In Jay Coakley & Peter Donnelly, eds., *Inside sports* (pp. 133–138). London: Routledge.

Foley, Douglas E. 1999b. Jay White Hawk: Mesquaki athlete, AIM hellraiser, and anthropological informant. In Jay Coakley & Peter Donnelly, eds., *Inside sports* (pp. 156–161). London: Routledge.

Foote, Chandra J., and Bill Collins. 2011. You know, Eunice, the world will never be the same after this. *International Journal of Special Education* 26(3): 285–295.

Forde, Shawn D. 2013. Fear and loathing in Lesotho: An autoethnographic analysis of sport for development and peace. *International Review for the Sociology of Sport*. Published online before print September 10, 2013, doi: 10.1177/1012690213501916.

Forney, Craig A. 2007. *The holy trinity of American sports: Civil religion in football, baseball, and basketball*. Macon, GA: Mercer University Press.

Foster, William M., and Marvin Washington. 2013. Organizational structure and home team performance. *The impact of sports on Team Performance Management* 15(3/4): 158–171.

Foucault, Michel. 1961/1967. *Madness and civilization.* London: Travistock.

Fox, Claudia K., Daheia Barr-Anderson, Dianne Neumark-Sztainer, and Melanie Wall. 2010. Physical activity and sports team participation: Association with academic outcomes in middle school and high school students. *Journal of School Health* 80: 31–37.

Foxworth, Domonique. 2005. Ties that bind team begin with prayer. *Denver Post* (October 19): 2D.

Francombe, Jessica Margaret. 2013. Methods that move: A physical performative pedagogy of subjectivity. *Sociology of Sport Journal* 30(3): 256–273.

Fraser-Thomas, Jessica, Jean Coté, and Janice Deakin. 2008. Examining adolescent sport dropout and prolonged engagement from a developmental perspective. *Journal of Applied Sport Psychology* 2(3): 318–333.

Frederick, Evan L., Choong Hoon Lim, Clavio, Galen, Walsh, Patrick. 2012. Why we follow: An examination of parasocial interaction and fan motivations for following athlete archetypes on Twitter. *International Journal of Sport Communication* 5(4): 481–503.

Freeh Sporkin and Sullivan. 2012. *Report of the Special Investigative Counsel Regarding the Actions of the Pennsylvania State University Related to the Child Sexual Abuse Committed by Gerald A. Sandusky.* July 12.

Freeman, Mike. 1998. A cycle of violence, on the field and off. *New York Times*, section 8 (September 6): 1.

Friedman, Michael T., and David L. Andrews. 2011. The built sport spectacle and the opacity of democracy. *International Review for the Sociology of Sport* 46(2): 181–204.

Friedman, Michael T., David L. Andrews, and Michael L. Silk. 2004. Sport and the façade of redevelopment in the postindustrial city. *Sociology of Sport Journal* 21(2): 119–139.

Frontline. 2011. Football high (video). *PBS.org* (April 12): http://video.pbs. org/video/1880045332/.

Frontline. 2013. League of denial: The NFL's concussion crisis (video). *PBS.org* (October 8): http://video.pbs.org/video/2365093675/.

Frosch, Dan. 2012. Unified teams take Special Olympics approach to school sports. *New York Times* (February 12): http://www.nytimes.com/2012/02/13/sports/unified-sports-teams-open-doors-for-special-education-students.html.

Fry, Hap. 2006. Boosters take different roads to same goal. *The Coloradoan* (January 27): Al, A2.

FSTA. 2013. Industry demographics. Fantasy Sports Trade Association: http://fsta.org/research/industry-demographics/.

Fulks, Daniel L. 2012a. *NCAA revenues and expenses of division II intercollegiate athletics programs report fiscal years 2004 through 2011.* Indianapolis, IN: The National Collegiate Athletic Association.

Fulks, Daniel L. 2012b. *NCAA revenues and expenses of division III intercollegiate athletics programs report fiscal years 2004 through 2011.* Indianapolis, Indiana: The National Collegiate Athletic Association.

Fullinwider, Robert K. 2006. *Sports, youth and character: A critical survey.* Circle Working Paper 44, The Center for Information and Research on Civic Learning and Engagement. College Park, MD: University of Maryland.

Futterman, Matthew. 2013. NFL to charge New York prices. *Wall Street Journal* (September 17): http://online.wsj.com/news/articles/SB10001424127887324665604579079424146436620.

Futterman, Matthew, Jonathan Clegg, and Geoffrey A. Fowler. 2012. An Olympics built for records. *Wall Street Journal* (August 10): D1–2.

Gabay, Danielle. 2013. Black female student-athletes in Canadian higher education. Ph.D. Dissertation, Department of Theory and Policy Studies in Education, Ontario Institute for Studies in Education of the University of Toronto, Toronto, Ontario, Canada.

Gabriel, Trip. 2010. To stop cheats, colleges learn their trickery. *New York Times* (July 5): http://www.nytimes.com/2010/07/06/education/06cheat.html (retrieved 6–26–13).

Gaffney, Gary R., and Robin Parisotto. 2007. Gene doping: A review of performance-enhancing genetics. *Pediatric Clinics of North America* 54(4): 807–822.

Gaither, Sarah E., and Samuel R. Sommers. 2012. Honk if you like minorities: Vuvuzela attitudes predict outgroup liking. *International Review for the Sociology of Sport* 48(1): 54–65.

Galanter, Seth M. 2013. "Dear Colleague" letter. Washington, DC: United States Department of Education, Office for Civil Rights.

Galily, Yair. 2014. When the medium becomes “well done”: Sport, television, and technology in the twenty-first century. *Television & New Media* 15(8): 717–724.

Galily, Yair and Ilan Tamir. 2014. A match made in heaven?! Sport, television, and new media in the beginning of the third millennia. *Television & New Media* 15(8): 699–702.

Gantz, Walter. 2013. Reflections on communication and sport: On fanship and social relationships. *Communication & Sport* 1(1/2): 176–187.

Gantz, Walter, and Nicky Lewis. 2014. Sports on traditional and newer digital media: Is there really a fight for fans? *Television & New Media* 15(8): 760–768.

Garcia, Beatrice. 2012. *The Olympic Games and cultural policy.* London: Routledge.

Gates, Henry Louis, Jr. 2007. *Finding Oprah's roots: Finding your own.* New York: Crown.

Gates, Henry Louis, Jr. 2011. What it means to be ‘Black in Latin America’. *NPR, Fresh Air from WHYY* (July 27): http://www.npr.org/2011/07/27/138601410/what-it-means-to-be-black-in-latin-americaandsc=nlandcc=es-20110731.

Gatti, Claudio. 2013. Looking upstream in doping cases. *New York Times* (January 15): http://www.nytimes.com/2013/01/16/sports/cycling/critics-take-a-look-upstream-in-doping-scandals.html?_r=0.

Gaunt, Kyra D. 2006. *The games black girls play.* New York: New York University Press.

Gavora, Jessica. 2002. *Tilting the playing field: Schools, sports, sex and Title IX.* San Francisco: Encounter Books.

Gay, Jason. 2011. Nobody suffers like Jens Voigt. *Wall Street Journal* (July 19): http://online.wsj.com/news/articles/SB10001424052702303661904576454451021920040.

Gay, Jason. 2013. The meaning of football tough. *Wall Street Journal* (November 11): B8.

Gee, Sarah, Steven J. Jackson, and Mike Sam. 2014. Carnivalesque culture and alcohol promotion and consumption at an annual international sports event in New Zealand. *International Review for the Sociology of Sport* published 20 February 2014, 10.1177/1012690214522461.

Gelles, David, and Andrew Edgecliffe-Johnson. 2011. Television: Inflated assets. *Financial Times* (March 24): http://www.ft.com/cms/s/0/d2a693b2-5653-11e0-82aa-00144feab49a.html#axzz1HdO791VX.

George, Christopher A., James P. Leonard, and Mark R. Hutchinson. 2011. The female athlete triad: A current concepts review. *South African Journal of Sports Medicine* 23: 50–56.

George, Rachel. 2013. Snowmobile athletes defined risks. *USA Today* (January 30): 8C. Online: http://www.usatoday.com/story/sports/olympics/2013/01/29/snowmobile-athletes-x-games-caleb-moore-levi-lavallee/1875447/(retrieved 6–21–2013).

Gerber, Charlotte, 2015. Colleges that offer adaptive sports programs for their students. *About Health* (December 11): http://disability.about.com/od/CareerDecisionsAndCollege/tp/College–Adaptive–Sports–Programs.htm.

Ghanem, Sharifa. 2012. Iran says no to women watching Euro 2012. *Bikyamasr.com* (June 12): http://bikyamasr.com/69684/iran-says-no-to-women-watching-euro-2012/.

Giardina, Michael D., and Norman K. Denzin. 2013. Confronting neoliberalism: Toward a militant pedagogy of empowered citizenship. *Cultural Studies <=> Critical Methodologies* published 17 September 2013, 10.1177/1532708613503767.

Giardina, Michael D., and Jason Laurendeau. 2013. Truth untold? Evidence, knowledge, and research practice(s). *Sociology of Sport Journal* 30(3): 237–255.

Gibbons, Tom. 2014. *English national identity and football fan culture: Who are ya?* Surrey, Ashgate.

Gibbs, Chad. 2012. *Love thy rival: What sports' greatest rivalries teach us about loving our enemies.* Clearwater, FL, USA: Blue Moon Books.

Gieseler, Carly. 2014. Derby drag: Parodying sexualities in the sport of roller derby. *Sexualities* 17(5–6): 758–776.

Gilchrist, Paul, and Belinda Wheaton. 2011. Lifestyle sport, public policy and youth engagement: Examining the emergence of parkour. *International Journal of Sport Policy and Politics* 3(1): 109–131.

Gilldenpsenning, Sven. 2001. *Sport: Kritik und eigensinn: Der sport der gesellescahft.* Sankt Augustin: Academia.

Gilmour, Callum, and David Rowe. 2012. Sport in Malaysia: National imperatives and Western seductions. *Sociology of Sport Journal* 29(4): 485–505.

Ginsburg, Kenneth R. 2007. The importance of play in promoting healthy child development and maintaining strong parent-child bonds. *Pediatrics* 119(1): http://www.aap.org/

pressroom/playFINAL.pdf.

Giulianotti, Richard. 2009. Risk and sport: An analysis of sociological theories and research agendas. *Sociology of Sport Journal* 26(4): 540–556.

Giulianotti, Richard, and Francisco Klauser. 2010. Security governance and sport mega-events: Toward an interdisciplinary research agenda. *Journal of Sport and Social Issues* 34(1): 49–61.

Giulianotti, Richard, and Francisco Klauser. 2012. Sport mega-events and 'terrorism': A critical analysis. *International Review for the Sociology of Sport* 47(3): 307–323.

Glanville, Doug. 2008. In baseball, fear bats at the top of the order. *The New York Times* (January 16): www.nytimes.com/2008/01/16/opinion/16glanville.html.

Glanz, James, Agustin Armendariz, and Walt Bogdanich. 2015a. Finding 'who' and 'where' within the sports cyber-betting universe. *New York Times* (October 15): http://www.nytimes.com/2015/10/16/us/finding-who-and-where-within-the-sports-cyber-betting-universe.html.

Glanz, James, Agustin Armendariz, and Walt Bogdanich. 2015b. The offshore game of online sports betting. *New York Times* (October 25): http://www.nytimes.com/2015/10/26/us/pinnacle-sports-online-sports-betting.html.

Glenn, Evelyn Nakano, ed. 2009. *Shades of difference: Why skin color matters.* Stanford, CA: Stanford University Press.

Glenn, Nicole M., Camilla J. Knight, Nicholas L. Holt, and John C. Spence. 2013. Meanings of play among children. *Childhood* 20(2): 185–199.

Glennie, Elizabeth J., and Elizabeth Stearns. 2012. Opportunities to play the game: The effect of individual and school attributes on participation in sports. *Sociological Spectrum: Mid-South Sociological Association* 32(6): 532–557.

Glickman, Charlie. 2011. A perfect illustration of the act like a man box. *Adult Sexuality Education* (November 17): http://www.charlieglickman.com/2011/11/a-perfect-illustration-of-the-act-like-a-man-box/.

Gluck, Jeff. 2015. Real sport or circus sideshow? *USA Today* (November 2): 7C.

Godoy-Pressland, Amy. 2014. 'Nothing to report': S semi-longitudinal investigation of the print media coverage of sportswomen in British Sunday newspapers. *Media Culture &*

Society 36(5): 595–609.

Goff, Brian L., and Robert D. Tollison. 2009. Racial integration of coaching: Evidence from the NFL. *Journal of Sports Economics* 10(2): 127–140.

Goff, Brian L., and Robert D. Tollison. 2010. Who integrated major league baseball faster: Winning teams or losing teams? A comment. *Journal of Sports Economics* 11(3): 236–238.

Goffman, Erving. 1961. *Asylums: Essays on the social situation of mental patients and other inmates*. New York: Anchor Books.

Goldsmith, Belinda. 2012. Battle of the sexes swings from ring to pool. *Reuters.com* (July 5): http://www.reuters.com/article/oly-sports-equality-idUSL6E8HSIQH20120705.

Goodley, Dan, and Katherine Runswick-Cole. 2010. Emancipating play: dis/abled children, development and deconstruction. *Disability & Society* 25(4): 499–512.

Goodman, Cary. 1979. *Choosing sides: Playground and street life on the lower east side*. New York: Schocken Books.

Gordon, Ian. 2007. Caught looking. *ESPN The Magazine* 10.11 (June 4): 100–104.

Gore, Will. 2011. "I pray for my opponents before fights." *The Catholic Herald* (September 16): 7.

Graham, Stephen. 2012. Olympics 2012 security. *City: Analysis of Urban Trends, Culture, Theory, Policy, Action* 16(4): 446–451.

Grainey, Timothy F., and Brittany Timko. 2012. *Beyond bend it like Beckham: The global phenomenon of women's soccer*. University of Nebraska Press.

Gramsci, Antonio. 1971. *Selections from the prison notebook* (Q. Hoare & G.N. Smith, trans). New York: International Publishers (original work published in 1947).

Gramsci, Antonio. 1988. D. Forgacs, ed. *Selected writings: 1918–1935*. New York: Shocken.

Gray, Caroline. 2009. Narratives of disability and the movement from deficiency to difference. *Cultural Sociology* 3(2): 317–332.

Green, Ken. 2012. London 2012 and sports participation: The myths of legacy. *Significance* 9(3): 2–48.

Green, Kyle, and Doug Hartmann. 2012. Politics and sports: Strange, secret bedfellows. *The Society Pages* (February 3): http://thesocietypages.org/papers/politics-and-sport/.

Green, Mick. 2006. From "sport for all" to not about "sport" at all?: Interrogating sport policy interventions in the United Kingdom. *European Sport Management Quarterly* 6(3): 217–238.

Green, Mick, and Barrie Houlihan. 2004. Advocacy coalitions and elite sport policy change in Canada and the United Kingdom. *International Review for the Sociology of Sport* 39(4): 387–403.

Greenfeld, Karl Taro. 1999. Adjustment in mid-flight. *Outside* (February): http://outside.away.com/magazine/0299/9902terje_2.html.

Greenfield, Karl Taro. 2012. ESPN: Everywhere sports profit network. *BusinessWeek.com* (August 30): http://www.businessweek.com/articles/2012-08-30/espn-everywhere-sports-profit-network.

Greenlees, Ian, Alex Leyland, Richard Thelwell, and William Filby. 2008. Soccer penalty takers' uniform colour and pre-penalty kick gaze affect the impressions formed of them by opposing goalkeepers. *Journal of Sports Sciences* 26(6): 569–576.

Gregory, Michele Rene. 2009. Inside the locker room: Homosociability in the advertising industry. *Gender, Work and Organization* 16(3): 323–347.

Gregory, Michele Rene. 2010. Slam dunk: Strategic sport metaphors and the construction of masculine embodiment at work. In Marcia Texler Segal, ed., *Advances in gender research,* Vol. 14, *Interactions and intersections of gendered bodies at work, at home, and at play* (pp. 297–318). Emerald Group Publishing Ltd.

Gregory, Sean. 2012. No more tears. *Time* 179(6): 61. Online: http://www.time.com/time/magazine/article/0,9171,2105962,00.html#ixzz1lGgknq1.

Gregory, Sean. 2013a. Final four for the 4-foot set. *Time* 182(4 July 22): 44–48.

Gregory, Sean. 2013b. Should this kid be making $225,047 a year for playing college football? *Time* 182(12, September 16): 36–42.

Gregory, Sean. 2015. U.S. ranks worst in sports homophobia study. *Time* (May 9): http://time.com/3852611/sports-homophobia-study/.

Greider, William. 2006. Olympic swagger. *The Nation* (February 28): http://www.thenation.com/doc/20060313/greider2.

Griffin, Pat. 1998. *Strong women, deep closets: Lesbians and homophobia in sport.* Champaign,

IL: Human Kinetics.

Griffin, Pat, and Helen J. Carroll. 2012. *On the team: Equal opportunity for transgender student athletes.* National Center for Lesbian Rights and the Women's Sports Foundation. Online: http://www.transyouthequality.org/documents/TransgenderStudent AthleteReport.pdf.

Griffin, Pat, and Hudson Taylor. 2012. *Champions of respect: Inclusion of LGBTQ student-athletes and staff in NCAA programs.* Indianapolis, IN: National Collegiate Athletic Association. Online: http://www.ncaapublications.com/p-4305-champions-of-respect-inclusion-of-lgbtq-student-athletes-and-staff-in-ncaa-programs.aspx.

Griggs, Gerald, and Tom Gibbons. 2014. 'Harry walks, Fabio runs': A case study on the current relationship between English national identity, soccer and the English press. *International Review for the Sociology of Sport* 49(5): 536–549.

Groothuis, Peter A., and James Richard Hill. 2013. Pay discrimination, exit discrimination or both? Another look at an old issue using NBA data. *Journal of Sports Economics* 14: 171–185.

Group of Experts. 2014. *Gender equality in sport: Proposal for strategic actions 2014–2020.* Brussels: Education and Culture of the European Commission.

Grow, Helene Mollie, Brian E. Saelens, Jacqueline Kerr, Nefertiti H. Durant, Gregory J. Norman, and James F. Sallis. 2008. Where are youth active? Roles of proximity, active transport, and built environment. *Medicine and Science in Sports and Exercise* 40(12): 2071–2079.

Grundy, Pamela, and Susan Shackelford. 2005. *Shattering the glass: The remarkable history of women's basketball.* New York: The New Press.

Grünenberg, Kristina, Line Hillersdal, Hanne Kjærgaard Walker, and Hanne Bess Boelsbjerg. 2013. Doing wholeness, producing subjects: Kinesiological sensemaking and energetic kinship. *Body and Society* 19(4): 92–119.

Guest, Andrew, and Barbara Schneider. 2003. Adolescents' extracurricular participation in context: The mediating effects of schools, communities, and identity. *Sociology of Education* 76(2): 89–109.

Guiliano, Jennifer. 2011. Chasing objectivity? Critical reflections on history, identity, and the public performance of Indian mascots. *Cultural Studies < = > Critical Methodologies* 11: 535–543.

Guimarães, Antonio Sérgio Alfredo. 2012. The Brazilian system of racial classification. *Ethnic and Racial Studies* 35(7): 1157–1162.

Güldenpfenning, Sven. 2001. *Sport: Kritik und eigensinn: Der sport der gesellescahft.* Sankt Augustin: Academia.

Gulick, Luther Halsey. 1906. Athletics do not test womanliness. *American Physical Education Review* 11(3): 158–159.

Gulick, Luther Halsey. 1920. *A philosophy of play.* Washington, DC: McGrath.

Gustafsson, Henrik, Peter Hassmén, and Leslie Podlog. 2010. Exploring the relationship between hope and burnout in competitive sport. *Journal of Sports Sciences* 28(14): 1495–1504.

Hall, C. Michael. 2006. Urban entrepreneurship, corporate interests and sports mega-events: The thin policies of competitiveness within the hard outcomes of neoliberalism. *The Sociological Review* 54 (Supplement 2): 59–70.

Hall, C. Michael. 2012. Sustainable mega-events: Beyond the myth of balanced approaches to mega-event sustainability. Revision of a paper presented at the Global Events Congress IV, Leeds, July 14, 2010; accessed at http://canterbury-nz.academia.edu/CMichaelHall/Papers (retrieved 9-13-2012).

Halldorsson, Vidar, Thorolfur Thorlindsson, and Inga Dora Sigfusdottir. 2013. Adolescent sport participation and alcohol use: The importance of sport organization and the wider social context. *International Review for the Sociology of Sport* published 30 October 2013, 10.1177/1012690213507718.

Hallinan, Chris, and Steven J. Jackson, eds. 2008. *Social and cultural diversity in a sporting world.* Bingley, UK: Emerald.

Hamish, Crocket. 2013. 'This is men's ultimate': (Re) creating multiple masculinities in elite open Ultimate Frisbee. *International Review for the Sociology of Sport* 48(3): 318–333.

Hammersley, Martyn. 2007. Ethnography. In George Ritzer, ed., *Encyclopedia of sociology* (pp. 1479–1483). London/New York: Blackwell.

Hamrick, Jeff, and John Rasp. 2013. The connection between race and called strikes and balls.

Journal of Sports Economics published 28 October 2013, 10.1177/1527002513509817.

Hannah, Katharine. 2011. Reconstructing fame: Sport, race, and evolving reputations. *Sociology of Sport Journal* 28(2): 254–256.

Hanssen, F. Andrew, and James W. Meehan, Jr. 2009. Who integrated Major League Baseball faster: Winning teams or losing teams? *Journal of Sports Economics* 10(2): 141–154.

Haraway, Donna. 1991. A cyborg manifesto: Science, technology, and socialist-feminism in the late twentieth century. Online: faculty.georgetown.edu/irvinem/theory/Haraway-CyborgManifesto-1.pdf articles/donna-haraway-a-cyborg-manifesto/.

Hardin, Marie, and Erin Elizabeth Whiteside. 2009. The power of "small stories:" Narratives and notions of gender equality in conversations about sport. *Sociology of Sport Journal* 26(2): 255–276.

Hardin, Marie, Erin Whiteside, and Erin Ash. 2012. Ambivalence on the front lines? Attitudes toward Title IX and women's sports among Division I sports information directors. *International Review for the Sociology of Sport* published 13 July 2012.

Hardy, Louise L., Michael Booth, Timothy Dobbins, and Anthony D. Okely. 2008. Physical activity among adolescents in New South Wales (Australia): 1997 and 2004. *Medicine & Science in Sports & Exercise* 40(5): 835–841.

Hardy, Stephen, John Loy, and Douglas Booth. 2009. The material culture sport: Toward a typology. *Journal of Sport History* 36(1): 129–152.

Hargreaves, Jennifer. 2000. *Heroines of sport: The politics of difference and identity.* London: Routledge.

Hargreaves, Jennifer, and Patricia Anne Vertinsky, eds. 2006. *Physical culture, power and the body.* Abingdon/New York: Routledge.

Harper, Catherine. 2007. *Intersex.* New York: Berg.

Harper, Shaun. 2013. Black male student-athletes and the 2014 Bowl Championship Series. University of Pennsylvania, Graduate school of Education, Center for the Study of Race and Equity in Education (December 9): http://www.gse.upenn.edu/news/black-male-student-athletes-and-2014-bowl-championship-series.

Harris, Andrew. 2013. Students' concussion suits against NCAA, unlike NFL suits, defy grouping. *Insurance Journal* (December 6): http://www.insurancejournal.com/news/

national/2013/12/06/313236.htm.

Harris, Harry. 2011. PFA chief wants Rooney Rule (September 6): http://soccernet.espn.go.com/news/story/_/id/953246/pfa-chief-executive-gordon-taylor-wants-rooney-rule.

Harrison, C. Keith (with Sharon Yee). 2007. *The big game in sport management and higher education: The hiring practices of Division IA and IAA head football coaches.* Indianapolis: Black Coaches and Administrators.

Harrison, C. Keith, Jeff Stone, Jenessa Shapiro, Sharon Yee, Jean A. Boyd, and Vashti Rullan. 2009. The role of gender identities and stereotype salience with the academic performance of male and female college athletes. *Journal of Sport and Social Issues* 33(1): 78–96.

Hart, M. Marie. 1981. On being female in sport. In M.M. Hart & S. Birrell, eds., *Sport in the socio-cultural process* (pp. 291–301). Dubuque, IA: Brown.

Hartill, Mike. 2009. The sexual abuse of boys in organized male sports. *Men and Masculinities* 12(2): 225–249.

Hartmann, Douglas. 2003. The sanctity of Sunday afternoon football: Why men love sports. *Contexts* 2(4): 13–21.

Hartmann, Douglas. 2008. *High school sports participation and educational attainment: Recognizing, assessing, and utilizing the relationship.* Report to the LA84 Foundation. Los Angeles: Amateur Athletic Foundation. Online: http://www.la84foundation.org/3ce/HighSchoolSportsParticipation.pdf.

Hartmann, Douglas. 2012. Beyond the sporting boundary: The racial significance of sport through midnight basketball. *Ethnic and Racial Studies* 35(6): 1007–1022.

Hartmann, Douglas, Joseph N. Cooper, Joey Gawrysiak, and Billy Hawkins. 2013. Racial perceptions of baseball at historically black colleges and universities. *Journal of Sport and Social Issues* 37(2): 196–221.

Hartmann, Douglas, and Brooks Depro. 2006. Rethinking sports-based community crime prevention: A preliminary analysis of the relationship between midnight basketball and urban crime rates. *Journal of Sport and Social Issues* 30(2): 180–196.

Hartmann, Douglas, and Michael Massoglia. 2007. Re-assessing high school sports participation and deviance in early adulthood: Evidence of enduring, bifurcated effects.

The Sociological Quarterly 48(3): 485–505.

Hartmann, Douglas, John Sullivan, and Toben Nelson. 2012. The attitudes and opinions of high school sports participants: An exploratory empirical examination. *Sport, Education and Society* 17(1): 113–132.

Harvey, Jean, John Horne, and Parissa Safai. 2009. Alterglobalization, global social movements, and the possibility of political transformation through sport. *Sociology of Sport Journal* 26(3): 383–403.

Harvey, Jean, Maurice Levesque, and Peter Donnelly. 2007. Sport volunteerism and social capital. *Sociology of Sport Journal* 24(2): 206–223.

Harwood, Chris, and Camilla Knight. 2009. Understanding parental stressors: An investigation of British tennis-parents. *Journal of Sports Sciences* 27(4): 339–351.

Hassan, David. 2012. Sport and terrorism: Two of modern life's most prevalent themes. *International Review for the Sociology of Sport* 47(3): 263–267.

Hattery, Anglea. 2012. Title IX at 40: More work needs to be done. *USA Today* (June 21): 7A.

Haudenhuyse, Reinhard Paul, Marc Theeboom, and Fred Coalter. 2012. The potential of sports-based social interventions for vulnerable youth: Implications for sport coaches and youth workers. *Journal of Youth Studies* 15(4): 437–454.

Hawkins, Billy. 2010. *The new plantation: Black athletes, college sports and predominately white NCAA institutions.* Palgrave Macmillan.

Hayes, Chris. 2012. Wall Street, Penn State and institutional corruption. *MSNBC.com* (June 16): http://www.msnbc.com/up-with-chris-hayes/watch/wall-street-penn-state-and-institutional-corruption-44107331875.

Hayhurst, Dirk. 2014. An inside look into the harsh conditions of minor league baseball. (May 14): http://bleacherreport.com/articles/2062307-an-inside-look-into-the-harsh-conditions-of-minor-league-baseball.

Healy, Michelle. 2013. Young athletes sidelined in ER. *USA Today* (August 6): 3A.

Hearn, Jeff, Marie Nordberg, Kjerstin Andersson, Dag Balkmar, Lucas Gottzén, Roger Klinth, Keith Pringle, and Linn Sandberg. 2012. Hegemonic masculinity and beyond: 40 years of research in Sweden. *Men and Masculinities* 15(1): 31–55.

Heckert, Alex, and Druann Heckert. 2002. A new typology of deviance: Integrating normative and reactivist definitions of deviance. *Deviant Behavior* 23: 449–479.

Heckert, Druann Maria, and Daniel Alex Heckert. 2007. Positive deviance. In George Ritzer, ed., *Encyclopedia of sociology* (pp. 3542–3544). London/New York: Blackwell.

Hédi, Csaba. 2011. Global, national, and local factors in the management of university sport: The Hungarian case. *Physical Culture and Sport. Studies and Research* 53: 39–47.

Hehir, Thomas. 2002. Eliminating ableism in education. *The Harvard Educational Review* 72(1): 1–32.

Helmrich, Barbara H. 2010. Window of opportunity? Adolescence, music, and algebra. *Journal of Adolescent Research* 25(4) 557–577.

Henderson, Simon. 2009. Crossing the line: Sport and the limits of civil rights protests. *The International Journal of the History of Sport* 26(1): 101–121.

Hendley, Alexandra, and Denise D. Bielby. 2012. Freedom between the lines: Clothing behavior and identity work among young female soccer players. *Sport, Education and Society* 17(4): 515–533.

Henricks, Thomas S. 2006. *Play reconsidered: Sociological perspectives on human expression.* Urbana: University of Illinois Press.

Hennessy E., S. Hughes, J. Goldberg, R. Hyatt, and C. Economos. 2010. Parent-child interactions and objectively measured child physical activity: A cross sectional study. *International Journal of Behavioural Nutrition and Physical Activity* 7(1): 71–85.

Henning, April Dawn. 2009. Book Review: *Equal Play: Title IX and Social Change* edited by Nancy Hogshead-Makar & Andrew Zimbalist. Philadelphia: Temple University Press, 2007. *Gender & Society* 23(3): 422–424.

Henry, Ian, and Leigh Robinson. 2010. *Gender equality and leadership in Olympic bodies.* Lausanne, Switzerland: International Olympic Committee.

Hepler, Teri, and Deborah Feltz. 2008. Coaching efficacy: A review examining implications for women in sport. *International Journal of Coaching Science* 2(1): 25–41.

Hesse, David, and David Lavallee. 2010. Career transitions in professional football coaches. *Insight* 12(2): 41–43.

Hickey, Christopher. 2008. Physical education, sport and hyper-masculinity in schools. *Sport,*

Education and Society 13(2): 147–161.

Hickey, Christopher, and Peter Kelly. 2008. Preparing to not be a footballer: Higher education and professional sport. *Sport, Education and Society* 13(4): 477–494.

Hickey, Christopher, Sue Cormack, Peter Kelly, Jo Lindsey, and Lyn Harrison. 2009. Sporting clubs, alcohol and young people: Enduring tensions and emerging possibilities. *ACHPER Healthy Lifestyles Journal* 56(1): 17–21.

Higgins, Eleanor L, Marshall H. Rashkind, Roberta J. Goldberg, and Kenneth L. Herman. 2002. Stages of acceptance of a learning disability: The impact of labeling. *Learning Disabilities Quarterly* 25(1): 3–18.

Higgins, George E., Richard Tewksbury, and Elizabeth Ehrhardt Mustaine. 2007. Sports fan binge drinking: An examination using low self-control and peer association. *Sociological Spectrum* 27(4): 389–404.

Higgins, Matt. 2005. A sport so popular, they added a second boom. *New York Times* (July 25): http://www.nytimes.com/2005/07/25/sports/othersports/a-sport-so-popular-they-added-a-second-boom.html?_r=0.

Higgins, Matt. 2007. It's a kids' world on the halfpipe. *New York Times* (July 15): http://www.nytimes.com/2007/07/15/sports/othersports/15skate.html.

Hill, Andrew P., and Paul R. Appleton. 2011. The predictive ability of the frequency of perfectionistic cognitions, self-oriented perfectionism, and socially prescribed perfectionism in relation to symptoms of burnout in youth rugby players. *Journal of Sports Sciences* 29(7): 695–703.

Hill, Andrew P., Paul R. Appleton, and Howard K. Hall. 2009. Relations between multidimensional perfectionism and burnout in junior-elite male athletes. *Psychology of Sport and Exercise* 10(4): 457–465.

Hill, Michael. 2007. Achievement and athletics: Issues and concerns for state boards of education. *State Education Standard* 8(1): 22–31.

Hirose, Akihiko, and Kay Kei-ho Pih. 2010. Men who strike and men who submit: Hegemonic and marginalized masculinities in mixed martial arts. *Men and Masculinities* 13(2): 190–209.

Hite, Carolyn Elizabeth. 2012. *Superheldchen: The creation, perfection and exportation of the*

GDR model of elite youth sport development. Senior Thesis Submitted in Partial Fulfillment of the German Major, Pomona College; April 12th, 2012.

Hoberman, John M. 1992. *Mortal engines: The science of performance and the dehumanization of sport.* New York: Free Press.

Hoberman, John M. 1994. The sportive-dynamic body as a symbol of productivity. In T. Siebers, ed., *Heterotopia: Postmodern utopia and the body politic* (pp. 199–228). Ann Arbor: University of Michigan Press.

Hoberman, John M. 2005. *Testosterone dreams: Rejuvenation, aphrodisia, doping.* Berkeley: University of California Press.

Hobson, Janell. 2005. The "batty" politic: Toward an aesthetic of the black female body. *AfricanAmerica.org* (March 15): http://www.africanamerica.org/topic/serena-and-hottentot-venus.

Hobson, Will, and Steven Rich. 2015. Playing in the red. *Washington Post* (November 23): http://www.washingtonpost.com/sf/sports/wp/2015/11/23/running-up-the-bills/.

Hochman, Benjamin, and Ryan Casey. 2011a. Private schools defining Colorado prep sports' shift in power. *Denver Post* (December 4): 1A, 22–23A. Online: http://www.denverpost.com/preps/ci_19465830.

Hochman, Benjamin, and Ryan Casey. 2011b. Youth leagues the new target of high school football programs. *Denver Post* (December 4): http://www.denverpost.com/preps/ci_19465159.

Hochman, Benjamin, and Ryan Casey. 2011c. Valor Christian rockets to success and gains its share of detractors. *Denver Post* (December 5): http://www.denverpost.com/preps/ci_19471426.

Hochman, Benjamin, and Ryan Casey. 2011d. High school powers that offer solutions to public, private problem. *Denver Post* (December 6): http://www.denverpost.com/preps/ci_19478018.

Hochman, Benjamin. 2013. Inside the locker room. *Denver Post* (November 27): 1A, 17A.

Hochschild, Thomas R., Jr. 2013. Cul-de-sac kids. *Childhood* 20(2): 229–243.

Hoffer, Richard. 2013. Book it, dude. *Sports Illustrated* 118(14, April 1): 39–42.

Hoffman, Jay R, William Kraemer, Shalender Bhasin, Thomas Storer, Nicholas A. Ratamess,

G. Gregory Haff, Darryn Willoughby, and alan Rogol. 2009. Position stand on androgen and human growth hormone use. *Journal of Strength and Conditioning Research* 23(Suppl 5): S1–S59.

Hoffman, John P. 2006. Extracurricular activities, athletic participation, and adolescent alcohol use: Gender-differentiated and school-contextual effects. *Journal of Health and Social Behavior* 47(3): 275–290.

Holden, Will C. 2013. NFL brass want women; NFL players want them to 'shut up' and 'clean toilets.' KDVR.com (November 21): http://kdvr.com/2013/11/21/holden-nfl-brass-wants-women-nfl-players-want-them-to-shut-up-clean-toilets/

Holmes, Rachel. 2007. *African queen: The real life of the Hottentot Venus.* New York: Random House.

Holt, Nicholas L., ed. 2008. *Positive youth development through sport.* New York, NY: Routledge.

Holt, Nickolas L., ed. 2016. *Positive youth development through sport* (2nd edition). New York: Routledge.

Holt, Nicholas L., Bethan C. Kingsley, Lisa N. Tink, and Jay Scherer. 2011. Benefits and challenges associated with sport participation by children and parents from low-income families. *Psychology of Sport and Exercise* 12: 490–499.

Honea, Joy. 2004. *Youth cultures and consumerism: Sport subcultures and possibilities for resistance.* Ph.D. dissertation, Sociology Department, Colorado State University; Fort Collins, CO.

Honea, Joy Crissey. 2007. Sport, alternative. In George Ritzer ed., *The Blackwell encyclopedia of sociology* (pp. 4653–4656). Malden, MA: Blackwell Publishing.

Honea, Joy. 2014. Beyond the alternative vs. mainstream dichotomy: Olympic BMX and the future of action sports. *Journal of Popular Culture* 46(6): 1253–1275.

Hoogenboom, B.J., J. Morris, C. Morris, and K. Schaefer. 2009. Nutritional knowledge and eating behaviours of female, collegiate swimmers. *North American Sports Physical Therapy* 4: 139–148.

Hopsicker, Peter M. 2009. Miracles in sport: Finding the 'ears to hear' and the 'eyes to see'. *Sport, Ethics and Philosophy* 3(1): 75–93.

Horky, Thomas, and Jörg-Uwe Nieland. 2011. *International sports press survey.* Cologne: German Sport University.

Horne, John D. 2007. The four 'knowns' of sports mega-events. *Leisure Studies* 26(1): 81–96.

Houlihan, Barrie. 2000. Politics and sport. In Jay Coakley and Eric Dunning, eds., *Handbook of sport studies* (pp. 213–227). London: Sage.

Houlihan, Barrie, and Mick Green, eds. 2007. *Comparative elite sport development: Systems, structures and public policy.* Amsterdam/Boston: Elsevier/Butterworth-Heinemann.

Hourcade, Jack J. 1989. Special Olympics: A review and critical analysis. *Therapeutic Recreation Journal* 23: 58–65.

Howard, Johnette. 2013. What to make of recent women's sports milestones. *ESPN.go.com* (February 27): http://espn.go.com/espnw/news-commentary/article/8994771/espnw-make-recent-milestones-women-sports.

Howe, P. David. 2004. *Sport, professionalism and pain: Ethnographies of injury and risk.* London/New York: Routledge.

Hoye, Russell, Matthew Nicholson, and Kevin Brown. 2012. Involvement in sport and social connectedness. *International Review for the Sociology of Sport* first published on November 27, 2012 as doi: 10.1177/1012690212466076.

Hruby, Patrick. 2012a. We should have known better. *Sports on Earth* (October 12): http://www.sportsonearth.com/article/39977734/.

Hruby, Patrick. 2012b. Looking for an edge. *Sports on Earth* (December 3): http://www.patrickhruby.net/2012/12/looking-for-edge.html.

Hruby, Patrick. 2012c. Maintaining appearances. *Sports on Earth* (December 13): http://www.sportsonearth.com/article/40628020/(retrieved 5-29-13).

Hruby, Patrick. 2012d. Game over. *Sports on Earth* (August 29): http://www.sportsonearth.com/article/37580666/(retrieved 5-29-13).

Hruby, Patrick. 2013a. Why wouldn't NBA players use PEDs? *Sports on Earth* (February 15): http://www.sportsonearth.com/article/41666640.

Hruby, Patrick. 2013b. Head games. *Sports on Earth* (January 16): http://www.sportsonearth.com/article/40980196/(retrieved 5-29-13).

Hruby, Patrick. 2013c. The NFL: Forever backward. *Sports on Earth* (February 8):

http://www.patrickhruby.net/2013/02/subhead-here-drop-cap-here-suppose-you.html.

Hruby, Patrick. 2013d. The myth of safe football. *Sports on Earth* (March 28): http://www.patrickhruby.net/2013/04/the-myth-of-safe-football.html.

Hruby, Patrick. 2013e. Heads Up: What Roger Goodell's youth football safety letter leaves out. Online: http://www.patrickhruby.net/2013/04/heads-up-their.html.

Hruby, Patrick. 2013g. Sports and terror: Q & A with Bill Braniff. Online: http://www.start.umd.edu/news/start-in-the-news/rotation-sports-and-terror-q-bill-braniff.

Hruby, Patrick. 2013h. Haven't got a clue. Online: http://www.patrickhruby.net/2013/07/havent-got-clue.html.

Hruby, Patrick. 2013i. Herbal remedy. Online: http://www.patrickhruby.net/2013/04/herbal-remedy.html.

Hu, Elise. 2013. Digital seen surpassing TV in capturing our time. *National Public Radio* (August 4): http://www.npr.org/blogs/alltechconsidered/2013/08/04/208353200/digital-seen-surpassing-tv-in-capturing-our-time.

Huang, Chin-Ju, and Ian Brittain. 2006. Negotiating identities through disability sport. *Sociology of Sport Journal* 23(4): 352–375.

Huening, Drew. 2009. Olympic gender testing: A historic review of gender testing and its influence on current IOC policy. *drewhuening.com*: http://drewhuening.com/PDFs/drew_huening_olympic.pdf.

Hughes, Bill, and Kevin Paterson. 1997. The social model of disability and the disappearing body: Towards a sociology of impairment. *Disability & Society* 12(3): 325–340.

Hughes, David. 2013. 'Organised crime and drugs in sport': Did they teach us about that in medical school? *British Journal of Sport Medicine* 47(11): 661–662.

Hughes, Robin L. 2015. For colored girls who have considered Black feminist thought when feminist discourse and Title IX weren't enough. In Eddie Comeaux, ed., *Introduction to intercollegiate athletics* (pp. 2017–218). Baltimore MD: Johns Hopkins University Press.

Hughes, Robin, and James Satterfield, Jr., eds. 2012. Understanding the experiences of LGBT sport participants. *Journal for the Study of Sports and Athletes in Education* 6(1): special issue.

Hughey, Matthew W. 2012. Black guys and white guise: The discursive construction of white masculinity. *Journal of Contemporary Ethnography* 41(1): 95–124.

Hulley, Agela, Alan Currie, Frank Njenga, and Andrew Hill. 2007. Eating disorders in female distance runners: Effects of nationality and running environment. *Psychology of Sport and Exercise* 8(4): 521–533.

Huma, Ramogi, and Ellen J. Staurowsky. 2011. *The price of poverty in big-time college sports.* National College Players Association and Drexel University. Online: http://assets.usw.org/ncpa/The-Price-of-Poverty-in-Big-Time-College-Sport.pdf.

Huma, Ramogi, and Ellen J. Staurowsky. 2012. *The $6 billion heist: Robbing college athletes under the guise of amateurism.* A report collaboratively produced by the National College Players Association and Drexel University Sport Management. Online: http://www.ncpanow.org.

Hunt, H. David. 2005. The effect of extracurricular activities in the educational process: Influence on academic outcomes? *Sociological Spectrum* 25(4): 417–445.

Hunt, Thomas M. 2011. *Drug games: The International Olympic Committee and the politics of doping, 1960–2008.* Austin: University of Texas Press.

Huntington, Samuel P. 1997. *The clash of civilizations and the remaking of world order.* New York: Touchstone.

Hutchins, Brett. 2013. Sport on the move: The unfolding impact of mobile communications on the media sport content economy. *Journal of Sport and Social Issues* published 13 September 2012, 10.1177/0193723512458933.

Hutchins, Brett, and David Rowe. 2009. From broadcast scarcity to digital plenitude: The changing dynamics of the media sport content economy. *Television and New Media* 10(4): 354–370.

Hutchins, Brett, David Rowe, and Andy Ruddock. 2009. "It's fantasy football made real": Networked media sport, the internet, and the hybrid reality of MyFootballClub. *Sociology of Sport Journal* 26(1): 89–106.

Hwang, Junwook, Minki Hong, Seung-Yeol Yee, and Sang-Min Lee. 2012. Impact of sports' characteristics on the labor market. *International Review for the Sociology of Sport* 47(1): 60–76.

Hwang, Seunghyun, Deborah L. Feltz, Laura A. Kietzmann, and Matthew A. Diemer. 2013.

Sport involvement and educational outcomes of high school students: A longitudinal study. *Youth and Society* published 6 December 2013, 10.1177/0044118X13513479.

Hyland, Drew A. 2008. Paidia and paideia: The educational power of athletics. *Journal of Intercollegiate Sport* 1(1): 66–71.

Hyman, Mark. 2009. *Until it hurts: America's obsession with youth sports and how it harms our kids*. Boston: Beacon Press.

Hyman, Mark. 2012. Why kids under 14 should not play tackle football. *Time* (November 6): http://ideas.time.com/2012/11/06/why-kids-under-14-should-not-play-tackle-football/.

IAAF. 2007. A first for Bahrain. *IAAF Magazine* (Issue 1, June 1): http://www.iaaf.org/news/news/a-first-for-bahrain.

IAAF. 2011. IAAF regulations governing eligibility of females with hyperandrogenism to compete in women's competitions (In force as from 1st May 2011). Online: http://www.iaaf.org/about-iaaf/documents/medical

Ingham, Alan, and Alison Dewar. 1999. Through the eyes of youth: "Deep play" in peewee ice hockey. In Jay Coakley & Peter Donnelly, eds., *Inside Sports* (pp. 7–16).

Intrator, Sam M., and Donald Siegel. 2008. Project coach: Youth development and academic achievement through sport. *Journal of Physical Education, Recreation and Dance* 79(7): 17–23.

IOC. 2012. *IOC Regulations on female hyperandrogenism: Games of the XXX Olympiad in London, 2012*. IOC Medical and Scientific Department, Lausanne, Switzerland.

IPC. 2007a. *Layman's guide to Paralympic classification*. Bonn, Germany: International Paralympic Committee. Online: http://www.paralympic.org/sites/default/files/document/120716152047682_ClassificationGuide_2.pdf.

IPC. 2007b. *IPC classification code and international standards*. Bonn, Germany: International Paralympic Committee. Online: http://www.paralympic.org/sites/default/files/document/120201084329386_2008_2_ Classification_Code6.pdf.

IPC. 2008. *IPC position statement on IAAF's commissioned research on Oscar Pistorius*. International Paralympic Committee. Online: http://www.paralympic.org/release/Main_Sections_Menu/News/Press_Releases/2008_01_14_a.html.

Jack, Andrew. 2012. Lifestyle conditions increase the pains for medical systems. *The*

Financial Times (August 1): 4.

Jackson, Nate. 2011. No pain, no gain? Not so fast. *New York Times* (December 13): http://www.nytimes.com/2011/12/14/opinion/painkillers-for-nfl-players-not-so-fast.html.

Jackson, Steven J., and David L. Andrews, eds. 2004. *Sport, culture and advertising: Identities, commodities and the politics of representation.* London/New York: Routledge.

Jackson, Susan A., and Mihaly Csikszentmihalyi. 1999. *Flow in sports.* Champaign, IL: Human Kinetics.

Jacobson, David. 2010. Insights from softball star Jennie Finch on playing multiple sports. *Positive Coaching Alliance Connector* (August 17): 1.

Jamieson, Katherine. 2003. Occupying a middle space: Toward a Mestiza sport studies. *Sociology of Sport Journal* 1(1): 1–16.

Jarvie, Grant, Dong-Jhy Hwang, and Mel Brennan, eds. 2008. *Sport, revolution and the Beijing Olympics.* Oxford/NY: Berg.

Jarvis, Nigel. 2013. The inclusive masculinities of heterosexual men within UK gay sport clubs. *International Review for the Sociology of Sport* published 11 April 2013, 10.1177/1012690213482481.

Jarvis, Nigel. 2015. The inclusive masculinities of heterosexual men within UK gay sport clubs. *International Review for the Sociology of Sport* 50(3): 283–300.

Jenkins, Chris. 2005. Steroid policy hits Latin Americans. *USA Today* (May 6): 7C.

Jenkins, Sally. 2013. Women's basketball needs to work to earn an audience. *Washington Post* (May 31): http://www.washingtonpost.com/sports/othersports/womens-basketball-needs-to-work-to-earn-an-audience/2013/05/31/b4bc8f46-ca0f-11e2-8da7-d274bc611a47_story.html.

Jenkins, Tricia. 2013. The militarization of American professional sports: How the sports–war intertext influences athletic ritual and sports media. *Journal of Sport and Social Issues* 37(3): 245–260.

Jennings, Andrew. 1996a. *The new lords of the rings.* London: Pocket Books.

Jennings, Andrew. 1996b. Power, corruption, and lies. *Esquire* (May): 99–104.

Jennings, Andrew. 2006. *Foul! The secret world of FIFA—bribes, vote rigging, and ticket scandals.* New York, NY: HarperSport.

Jennings, Andrew. 2011. Investigating corruption in corporate sport: The IOC and FIFA. *International Review for the Sociology of Sport* 46: 387–398.

Jennings, Andrew. 2012. Blatter bribes Warner with TV bonanza. *Transparency in Sport News* (January 29): http://www.transparencyinsport.org/When_Blatter_gave_Warner_secret_TV_rights/when_blatter_gave_warner_secret_tv_rights.html.

Jennings, Andrew. 2013a. DavosMan takes control at FIFA. *Transparency in Sport News* (April 8): http://transparencyinsportblog.wordpress.com/2013/04/08/davosman-takes-control-at-fifa/.

Jennings, Andrew. 2013b. Have the FBI got FIFA's bribe emails and offshore bank accounts? *Transparency in Sport News* (July 25): http://transparencyinsportblog.wordpress.com/page/2/.

Jennings, Andrew, and Clare Sambrook. 2000. *The great Olympic swindle: When the world wanted its games back.* New York: Simon and Schuster.

Jijon, Isabel. 2013. The glocalization of time and space: Soccer and meaning in Chota Valley, Ecuador. *International Sociology* 28(4): 373–390.

Jobey, Liz. 2012. Everything to play for. *Financial Times* (July 13): Life and Arts, 1–2. Online: http://www.ft.com/cms/s/2/2cf282dc-cbb4-11e1-911e-00144feabdc0.html#axzz215J4cFTL.

John, Alastair, and Steve Jackson. 2011. Call me loyal: Globalization, corporate nationalism and the America's Cup. *International Review for the Sociology of Sport* 46(4): 399–417.

Johns, David. 2004. Weight management as sport injury: Deconstructing disciplinary power in the sport ethic. In Kevin Young, ed., *Sporting bodies, damaged selves: Sociological studies of sports-related injury* (pp. 117–133). Amsterdam: Elsevier.

Johns, David P., and Jennifer S. Johns. 2000. Surveillance, subjectivism and technologies of power. *International Review for the Sociology of Sport* 35(2): 219–234.

Johnson, Allan G. 2006. *Privilege, power, and difference* (2nd edition). New York: McGraw-Hill.

Johnson, Allan. 2013. Fatal distraction: Manhood, guns, and violence. *Male Voice* (January 13): http://voicemalemagazine.org/fatal-distraction-manhood-guns-and-violence/#more-1143%27.

Johnson, Mark. 2012. University of Texas professor explores cultural phenomenon of doping. *VeloNews. competitor.com* (November 16): http://velonews.competitor.com/2012/11/analysis/university-of-texas-professor-explores-cultural-phenomenon-of-doping_265230.

Jona, N., and F.T. Okou. 2012. Sports and religion. *Asian Journal of Management Science and Education* 2(1): 46–54.

Jonas, Scott. 2005. Should women play sports? Online: http://www.jesus-is-savior.com/Womens%20Page/christian_women_and_sports.htm (retrieved 7-8-2005).

Jones, Clive Martin, and Gershon Tenenbaum. 2009. Adjustment disorder: A new way of conceptualizing the overtraining syndrome. *International Review of Sport and Exercise Psychology* 2(2): 181–197.

Jordan, Bryant. 2013. NFL research yields possible TBI breakthrough. *Military.com* (February 27): http://www.military.com/daily-news/2013/02/27/nfl-research-yields-possible-tbi-breakthrough.html (retrieved 5-25-13).

Jordan-Young, Rebecca, and Katrina Karkazis. 2012. You say you're a woman? That should be enough. *New York Times* (June 17): http://www.nytimes.com/2012/06/18/sports/olympics/olympic-sex-verification-you-say-youre-a-woman-that-should-be-enough.html.

Joukowsky, Artemis A.W., III, and Larry Rothstein. 2002. *Raising the bar.* New York: Umbrage Editions.

Jowett, Sophia, Melina Timson-Katchis, and Rachel Adams. 2008. Too close for comfort? Dependence in the dual role parent/coach-child/athlete relationship. *International Journal of Coaching Science* 1(1): 59–78.

Juncà, Alberto. 2008. Sport and national identity discourses in the Catalan/Spanish press. In Mojca Doupona Topič & Simon Ličen, eds., *Sport, culture & society: An account of views and perspectives on social issues in a continent (and beyond)* (pp. 99–103). Ljubljana, Slovenia: University of Ljubljana.

Kahma, Nina. 2012. Sport and social class: The case of Finland. *International Review for the Sociology of Sport* 47(1): 113–130.

Kane, Emily W. 2000. Racial and ethnic variations in gender-related attitudes. *Annual Review of Sociology* 26: 419–439.

Kane, Emily W. 2006. "No way my boys are going to be like that!": Parents' responses to children's gender nonconformity. *Gender & Society* 20(2): 149–176.

Kane, Mary Jo. 2011. Sex sells sex, not women's sports. *The Nation* (August 15–22; Special issue, *Sports: Views from left field*): http://www.thenation.com/article/sex-sells-sex-not-womens-sports/.

Kane, Mary Jo, and Nicole M. LaVoi. 2007. *The 2007 Tucker Center Research Report, Developing physically active girls: An evidence-based multidisciplinary approach.* University of Minnesota, Minneapolis, MN.

Kane, Mary Jo, Perry Leo, and Lynn K. Holleran. 2008. Issues related to academic support and performance of Division I student-athlete: A case study at the University of Minnesota. *Journal of Intercollegiate Sport 1*(1): 98–129.

Kanemasu, Yoko, and Gyozo Molnar. 2013. Pride of the people: Fijian rugby labour migration and collective identity. *International Review for the Sociology of Sport* 48(6): 720–735.

Karkazis, Katrina. 2008. *Fixing sex: Intersex, medical authority, and lived experience.* Duke University Press.

Karkazis, Katrina, Rebecca Jordan-Young, Georgiann Davis, and Silvia Camporesi. 2012. Out of bounds? A critique of the new policies on hyperandrogenism in elite female athletes. *The American Journal of Bioethics* 12(7): 3–16.

Karp, Hannah. 2009. The NFL doesn't want your bets. *Wall Street Journal* (June 16): D16.

Karp, Hannah. 2011. In English soccer, the bettors rule. *Wall Street Journal* (March 8): D6.

Kassing, Jeffrey W., and Jimmy Sanderson. 2013. Playing in the new media game or riding the virtual bench: Confirming and disconfirming membership in the community of sport. *Journal of Sport and Social Issues* published 13 September 2012, 10.1177/0193723512 458931.

Kassouf, Jeff. 2013. A quick look at NWSL salaries. *The Equalizer* (April 11): http://equali zersoccer.com/2013/04/11/nwsl-salaries-national-womens-soccer-league/.

Kaufman, Peter, and Eli A. Wolff. 2010. Playing and protesting: Sport as a vehicle for social change. *Journal of Sport and Social Issues* 34(2): 154–175.

Kaye, Andrew H., and Paul McCrory. 2012. Does football cause brain damage? *Medical Journal of Australia* 196(9): 547–549. Online: https://www.mja.com.au/journal/2012/196

/9/does-football-cause-brain-damage (retrieved 5-25-13).

Kearney, Mary Celeste. 2011. Tough girls in a rough game. *Feminist Media Studies* 11(3): 283–301.

Keating, Peter. 2011. Next level. *ESPN The Magazine* (July 25): 20; http://espn.go.com/espn/story/_/id/6777581/importance-athlete-background-making-nba.

Keats, Patrice A., and William R. Keats-Osborn. Overexposed: Capturing a secret side of sports photography. *International Review for the Sociology of Sport* 48: 643–657.

Kechiche, Abdellatif. 2005. *Back Venus* (*Vénus noire*). Paris: MK2 Productions (film released, 2010). Online: http://www.youtube.com/watch?feature=player_embedded&v=_PD5aAd7HPc#at=33.

Keller, Josh. 2007. As football players get bigger, more of them risk a dangerous sleep disorder. *Chronicle of Higher Education* 53(27, March 9): 43.

Kelley, Bruce, and Carl Carchia. 2013. "Hey, data data—swing!" The hidden demographics of youth sports. *ESPN The Magazine* (July 11): http://espn.go.com/espn/story/_/id/9469252/hidden-demographics-youth-sports-espn-magazine.

Kelly, Jason. 2014. The money games. *Notre Dame Magazine* 43(2): 25–29.20.

Kelly, John. 2011. 'Sectarianism' and Scottish football: Critical reflections on dominant discourse and press commentary. *International Review for the Sociology of Sport* 46: 418–435.

Kelly, Laura. 2011. 'Social inclusion' through sports-based interventions? *Critical Social Policy* 31(1): 126–150.

Kennedy, Eileen, and Pirkko Markula, eds. 2010. *Women and exercise: The body, health and consumerism.* London: Routledge.

Kenny, Jeannine. 2012. *Plaintiffs' Master Administrative Long-Form Complaint* In Re: National Football Players' Concussion Injury Litigation (United States District Court, No. 2:12-md-02323-AB MDL No. 2323, June 7): http://www.washingtonpost.com/wp-srv/sports/NFL-master-complaint.html (retrieved 5-25-13).

Keown, Tim. 2004. World of hurt. *ESPN The Magazine* (August 2): 57–77.

Kerr, Gretchen A., and Ashley Stirling. 2008. Child protection in sport: Implications of an athlete-centered philosophy. *Quest* 60(2): 307–323.

Kerr, Zachary Y.; Johna K. Register-Mihalik, Emily Kroshus, Christine M. Baugh & Stephen W. Marshall. 2016. Motivations associated with nondisclosure of self-reported concussions in former collegiate athletes. *American Journal of Sport Medicine* 44(1): 220–225.

Kerr, Zachary Y. Ross Hayden, Thomas P. Dompier, and Randy Cohen. 2015. Association of equipment worn and concussion injury rates in National Collegiate Athletic Association football practices: 2004-2005 to 2008-2009 Academic Years. *American Journal of Sport Medicine* 43(5): 1134–1141.

Kian, Edward M., Eric Anderson, John Vincent, and Ray Murray. 2013. Sport journalists' views on gay men in sport, society and within sport media. *International Review for the Sociology of Sport* published 2 October 2013, 10.1177/1012690213504101.

Kian, Edward M., John Vincent, and Michael Mondello. 2008. Masculine hegemonic hoops: An analysis of media coverage of March madness. *Sociology of Sport Journal* 25(2): 223–242.

Kidd, Bruce. 1996. Taking the rhetoric seriously: Proposals for Olympic education. *Quest* 48(1): 82–92.

Kidd, Bruce. 1997. *The struggle for Canadian sport.* Toronto: University of Toronto Press.

Kidder, Jeffrey L. 2013. Parkour, masculinity, and the city. *Sociology of Sport Journal* 30(1): 1–23.

Kids Sports. 2008. Canadian Social Trends, No. 85 (Summer): 54–61.

Kilgannon, Corey. 2011. Rugby it's not, but watch the teeth. *New York Times* (April 22): http://www.nytimes.com/2011/04/24/nyregion/mens-field-hockey-isnt-rugby-but-watch-the-teeth.html.

Kim, Kyoung-yim. 2013. Translation with abusive fidelity: Methodological issues in translating media texts about Korean LPGA players. *Sociology of Sport Journal* 30(3): 340–358.

King-White, Ryan. 2013. I am not a scientist: Being honest with oneself and the researched in critical interventionist ethnography. *Sociology of Sport Journal* 30(3): 296–322.

Klarevas, Louis. 2011. Do the wrong thing: Why Penn State failed as an institution. *Huffington Post* (November 14): http://www.huffingtonpost.com/louis-klarevas/penn-state-scandal_b_1087603.html (retrieved 6-26-13).

Klein, Alan. 1991. *Sugarball: The American game, the Dominican dream.* New Haven, CT: Yale University Press.

Klein, Alan. 2006. *Growing the game: The globalization of major league baseball.* New Haven, CT: Yale University Press.

Klein, Alan. 2008a. Anti-semitism and anti-somatism: Seeking the elusive sporting Jew. In Alan Klein, ed., *American sports: An anthropological approach* (pp. 1120–1137). New York/London: Routledge (also published in *Sociology of Sport Journal* 17(3): 213–228).

Klein, Alan. 2008b. Progressive ethnocentrism: Ideology and understanding in Dominican baseball. *Journal of Sport and Social Issues* 32(2): 121–138.

Klein, Alan. 2012. Chain reaction: Neoliberal exceptions to global commodity chains in Dominican baseball. *International Review for the Sociology of Sport* 47(1): 27–42.

Klemko, Robert. 2011. Elway able to spiral things his way on Twitter. *Denver Post* (January 20): 3C.

Klostermann, Claudia, and Siegfried Nagel. 2012. Changes in German sport participation: Historical trends in individual sports. *International Review for the Sociology of Sport* 1012690212464699, first published on November 19, 2012 as doi: 10.1177/10126902 12464699.

Knapp, Bobbi A. 2013. Garters on the gridiron: A critical reading of the lingerie football league. *International Review for the Sociology of Sport* published 18 February 2013, 10.1177/1012690212475244.

Knapp, Bobbi A. 2014. Smash mouth football: Identity development and maintenance on a women's tackle football team. *Journal of Sport and Social Issues* 38(1): 51–74. Published 26 December 2012, 10.1177/0193723512468759.

Kniffin, Kevin M., Brian Wansink, and Mitsuru Shimizu. 2015. Sports at work: Anticipated and persistent correlates of participation in high school athletics. *Journal of Leadership & Organizational Studies* 22(2): 217–230.

Knijnik, Jorge. 2013. Visions of gender justice: Untested feasibility on the football fields of Brazil. *Journal of Sport and Social Issues* 37(1): 8–30.

Knudson, Mark. 2005. The Mark: The whole IX yards. *Mile High Sports Magazine* (May):

21–23.

Kobayashi, Koji. 2012. Globalization, corporate nationalism and Japanese cultural intermediaries: Representation of bukatsu through Nike advertising at the global–local nexus. *International Review for the Sociology of Sport* 47(6): 724–742.

Kochhar, Rakesh, Richard Fry, and Paul Taylor. 2011. *Wealth gaps rise to record highs between Whites, Blacks, Hispanics.* Washington, DC: Pew Research Center.

Koehlinger, A. 2012. *Rosaries and rope burns: Boxing and manhood in American Catholicism, 1890–1970.* Princeton, NJ, USA: Princeton University Press.

Komlos, John, and Benjamin E. Lauderdale. 2007. Underperformance in affluence: The remarkable relative decline in U.S. heights in the second half of the 20th century. *Social Science Quarterly* 88(2): 283–305.

Kortekaas, Vanessa. 2012. Sports participation: Uphill task turning inspiration into perspiration. *The Financial Times* (August 19): http://www.ft.com/intl/cms/s/0/5486b32c-d7df-11e1-9980-00144feabdc0.html.

Kosiewicz, Jerzy. 2008. Sociology of sport in Europe: Historical and research perspective—a report with a focus on the Polish contribution. In Mojca Doupona Topič and Simon Ličen, eds., *Sport, culture & society: An account of views and perspectives on social issues in a continent (and beyond)* (pp. 39–43). Ljubljana, Slovenia: University of Ljubljana.

Kossakowski, Radosław. 2015. Where are the hooligans? Dimensions of football fandom in Poland. *International Review for the Sociology of Sport* published 27 October 2015, 10.1177/1012690215612458.

Koukouris, Konstantinos. 1994. Constructed case studies: Athletes' perspectives of disengaging from organized competitive sport. *Sociology of Sport Journal* 11(2): 114–139.

Koukouris, Konstantinos. 2005. Premature athletic disengagement of elite Greek gymnasts. *European Journal for Sport and Society* 2(1): 35–56.

Kraaykamp, Gerbert, Marloes Oldenkamp, and Koen Breedveld. 2012. Starting a sport in the Netherlands: A life-course analysis of the effects of individual, parental and partner characteristics. *International Review for the Sociology of Sport* 489(2): 153–170.

Krane, Vicki., Pricilla Y.L. Choi, Shannon M. Baird, Christine M. Aimar, and Kerrie J. Kauer. 2004. Living the paradox: Female athletes negotiate femininity and muscularity. *Sex Roles* 50(5/6): 315–329.

Krattenmaker, Tom. 2010. *Onward Christian athletes: Turning ballparks into pulpits and players into preachers.* Rowman and Littlefield.

Krattenmaker, Tom. 2012. Can faith help an Olympian? *USA Today* (August 6): 7A.

Krattenmaker, Tom. 2013. NFL violence a moral thorn for Christians. *USA Today* (October): http://www.usatoday.com/story/opinion/2013/10/09/nfl-concussions-football-christians-column/2955997/.

Krautmann, Anthony C., and James Ciecka. 2009. The postseason value of an elite player to a contending team. *Journal of Sports Economics* 10(2): 168–179.

Kreager, Derek A. 2007. Unnecessary roughness? School sports, peer networks, and male adolescent violence. *American Sociological Review* 72(5): 705–724.

Kreager, Derek A., and Jeremy Staff. 2009. The sexual double standard and adolescent peer acceptance. *Social Psychology Quarterly* 72(2): 143–164.

Krieger, Jörg. 2013. Fastest, highest, youngest? Analysing the athlete's experience of the Singapore Youth Olympic Games. *International Review for the Sociology of Sport* 48(6): 706–719.

Kristal, Nicole. 2005. "Tutoring" rich kids cost me my dreams. *Newsweek* (April 11): 19.

Kristiansen, Elsa, Dag Vidar Hanstad, and Glyn Roberts. 2011. Coping with the media at the Vancouver Winter Olympics: "We all make a living out of this." *Journal of Applied Sport Psychology* 23(4): 443–458.

Kruschwitz, Robert B. 2008. *Sports.* Baylor University, TX, USA: The Centre for Christian Ethics. Available online: http://www.baylor.edu/content/services/document.php/75224.pdf.

Kruse, David, and Brooke Lemmen. 2009. Spine injuries in the sport of gymnastics. *Current Sports Medicine Reports* 8(1): 20–28.

Kruse, Holly. 2011. Multimedia use in a sport setting: Communication technologies at off-track betting facilities. *Sociology of Sport Journal* 27(4): 413–427.

Kuchler, Hannah. 2013. Sports groups lack women in boardrooms. *Financial Times* (March

4): http://www.ft.com/cms/s/2/2cea863e-8290-11e2-8404-00144feabdc0.html#axzz2MfymjOsS.

Kuper, Simon. 2010. South Africa's football lesson. *Financial Times* (October 30): http://www.ft.com/cms/s/2/64d78af2-e16f-11df-90b7-00144feabdc0.html.

Kuper, Simon. 2012. Gold rush. *The Financial Times* (July 7): Life & Arts, p. 14.

Kurková, Petra, Hana Válková, and Nanci Scheetz. 2011. Factors impacting participation of European elite deaf athletes in sport. *Journal of Sports Sciences* 29(6): 607–618.

Kwak, Sarah. 2012. Innovation games. *Sports Illustrated* (July 30): http://www.si.com/vault/2012/07/30/106216162/innovation-games.

Laberge, Suzanne, and Mathieu Albert. 1999. Conceptions of masculinity and of gender transgressions in sport among adolescent boys: Hegemony, contestation, and social class dynamic. *Men and Masculinities* 1(3): 243–267.

Lagaert, Susan & Henk Roose. 2014. Exploring the adequacy and validity of 'sport': Reflections on a contested and open concept. *International Review for the Sociology of Sport* published 8 April 2014, 10.1177/1012690214529295.

Laine, Kate. 2012. Gender equality and the 2012 Olympic Games. International Working Group on Women and Sport (IWG). Online: http://www.iwg-gti.org/catalyst/july-2012/gender-equality-and-the-2012-oly/.

Lake, Robert J. 2012. 'They treat me like I'm scum': Social exclusion and established-outsider relations in a British tennis club. *International Review for the Sociology of Sport* 47(1): 112–128.

Lamb, Penny & Esther Priyadharshini. 2015. The conundrum of C/cheerleading. *Sport, Education and Society* 20(7): 889–907.

Landale, Sarah, and Martin Roderick. 2013. Recovery from addiction and the potential role of sport: Using a life-course theory to study change. *International Review for the Sociology of Sport* published 22 October 2013, 10.1177/1012690213507273.

Lang, Melanie. 2010. Surveillance and conformity in competitive youth swimming. *Sport, Education and Society* 15(1): 19–37.

Langton, Chris. 2015. Top 15 deadliest sports riots of all time. *TheSportster.com* (June 2): http://www.thesportster.com/entertainment/top-15-deadliest-sports-riots-of-all-time/

Lapointe, Joe. 2008. Michigan stadium will expand seating for disabled fans. *New York Times* (March 11): http://www.nytimes.com/2008/03/11/sports/ncaafootball/11michigan.html.

Laqueur, Thomas. 1990. *Making sex.* Cambridge, MA: Harvard University Press.

Lardner, James, and David A. Smith, eds. 2005. *Inequality matters: The growing economic divide in America and its poisonous consequences.* New York: The New Press.

Laskas, Jeanne Marie. 2015. *Concussion.* New York: Random House.

Laslett, Peter. 1987. The emergence of the Third Age. *Ageing and Society* 7(2): 133–160.

Laslett, Peter. 1996. *A fresh map of life: The emergence of the Third Age* (2nd edition). New York: Palgrave Macmillan.

Latimer, Joanna. 2013. Rewriting bodies, portraiting persons? The new genetics, the clinic and the figure of the human. *Body and Society* 19(1): 3–31.

Laurendeau, Jason. 2008. "Gendered risk regimes": A theoretical consideration of edgework and gender. *Sociology of Sport Journal* 25(3): 293–309.

Laurendeau, Jason, and Nancy Sharara. 2008. "Women could be every bit as good as guys." Reproductive and resistant agency in two "action" sports. *Journal of Sport and Social Issues* 32(1): 24–47.

Laurson, Kelly R., and Joey C. Eisenmann. 2007. Prevalence of overweight among high school football linemen. *Journal of the American Medical Association* 297(4, January 24/31): http://jama.ama-assn.org/cgi/content/full/297/4/363.

Lavign, Paula. 2012. Concussion news worries parents. *ESPN.com* (August 26): http://espn.go.com/espn/otl/story/_/id/8297366/espn-survey-finds-news-coverage-concussions-leads-majority-parents-less-likely-allow-sons-play-youth-football-leagues (retrieved 5-25-13).

Lavoie, Marc. 2000. Economics and sport. In J. Coakley and E. Dunning, eds., *Handbook of sports studies* (pp. 157–170). London: Sage.

Lawrence, Heather J., and Christopher R. Moberg. Luxury suites and team selling in professional sport. *Team Performance Management* 15(3/4): 185–201.

Lawrence, Marta. 2011. Transgender policy approved. *NCAA.org* (September): http://fs.ncaa.org/Docs/NCAANewsArchive/2011/september/transgender+policy+approveddf30.html.

Layden. Tim. 2010a. American flyers. *Sports Illustrated* 112(9, March 1): 30–35.

Layden, Tim. 2010b. Crash course. *Sports Illustrated* 113(6, August 23): 42–46.

Le Batard, Dan. 2005. Open look: Is it cheating if you don't understand the rules? *Es posible. ESPN The Magazine* 8.10 (May 23): 14.

Le Batard, Dan. 2013. Jason Taylor's pain shows NFL's world of hurt. *Miami Herald* (January 13): http://www.miamiherald.com/sports/article1946293.html.

Le Clair, Jill M., ed. 2012. *Disability in the global sport arena: A sporting chance.* London: Routledge.

Leahy, Michael. 2008. The pain game. *Washington Post* (February 3): W08. Online: http://www.washingtonpost.com/wp-dyn/content/article/2008/01/29/AR2008012904015.html.

Leahy, Trisha. 2011. Safeguarding child athletes from abuse in elite sport systems: The role of the sport psychologist. In David Gilbourne & Mark Andersen, eds., *Critical essays in applied sport psychology* (Essay 15). Champaign, IL: Human Kinetics.

Leal, Wanda, Marc Gertz, Alex R. Piquero. 2015. The National Felon League?: A comparison of NFL arrests to general population arrests. *Journal of Criminal Justice* 43(5): 397–403.

Leavy, Jane. 2012. The woman who would save football. *Grantland.com* (August 17): http://grantland.com/features/neuropathologist-dr-ann-mckee-accused-killing-football-be-sport-only-hope/.

Lebel, Katie, and Karen Danylchuk. 2012. How tweet it is: A gendered analysis of professional tennis players' self-presentation on twitter. *International Journal of Sport Communication* 5(4): 461–481.

Lederman, Doug. 2010. Reversing Bush on Title IX (Update). *InsideHigherEd.com* (April 20): http://www.insidehighered.com/news/2010/04/20/titleix.

Lee, C. 1915. A brief history of the playground movement in America. *The Playground* 9(1): 2–11, 39–45.

Lee, Hedwig. 2013. The role of parenting in linking family socioeconomic disadvantage to physical activity in adolescence and young adulthood. *Youth & Society* published 1 January 2013, 10.1177/0044118X12470431.

Lee, Jessica, Doune Macdonald, and Jan Wright. 2009. Young men's physical activity choices: The impact of capital, masculinities, and location. *Journal of Sport and Social Issues* 33(1): 59–77.

Lee, Jung Woo, and Joseph Maguire. 2009. Global festivals through a national prism: The global— national nexus in South Korean media coverage of the 2004 Athens Olympic Games. *International Review for the Sociology of Sport* 44(1): 5–24.

Lee-St. John, Jenine. 2006. The meaning of white. *Time* 168(11, September): 21. Online: http://content.time.com/time/magazine/article/0,9171,1531296,00.html.

Leeds, Eva Marikova, Michael A. Leeds, and Irina Pistolet. 2009. Response to Blair and Haynes. *Journal of Sports Economics* 10(2): 207–208.

Leeds, Michael A., Cristen Miller, and Judith Stull. 2007. Interscholastic athletics and investment in human capital. *Social Science Quarterly* 88(3): 729–744.

Leek, Leek, Desiree; Jordan A. Carlson, Kelli L. Cain, Sara Henrichon, Dori Rosenberg, Kevin Patrick, and James F. Sallis. 2011. Physical activity during youth sports practices. *Archives of Pediatric and Adolescent Medicine* 165(4): 294–299.

Legg, David, Claudia Ernes, David Stewart, and Robert Steadway. 2004. Historical overview of the Paralympics, Special Olympics and Deaflympics. Online: http://www.thefreelibrary.com/Historical+overview+of+the+Paralympics,+Special+Olympics,+and...-a0114366604.

Legg, David, and Keith Gilbert. 2011. *Paralympic legacies*. Champaign, IL: Common Ground Publishing (Sport and Society).

Leng, Ho Keat, Tzu-Yin Kuo, Grain Baysa-Pee, and Josephine Tay. 2014. Make me proud! Singapore 2010 Youth Olympic Games and its effect on national pride of young Singaporeans. *International Review for the Sociology of Sport* 49(6): 745–760.

Lenskyj, Helen Jefferson. 2008. *Olympic industry resistance: Challenging Olympic power and propaganda*. Albany, NY: State University of New York Press.

Leonard, David J. 2010. Jumping the gun: Sporting cultures and the criminalization of Black masculinity. *Journal of Sport and Social Issues* 34(2): 252–262.

Leonard, David J. 2013. A super failure: Domestic violence and football's big game. *TheFeministWire.com* (February 3): http://thefeministwire.com/2012/02/3460/.

Leonard, David J., and C. Richard King. 2011. Lack of black opps: Kobe Bryant and the difficult path of redemption. *Journal of Sport and Social Issues* 35(2): 209–223.

Levy, Ariel. 2009. Either/Or: Sports, sex, and the case of Caster Semenya. *The New Yorker*

(November 30): http://www.newyorker.com/reporting/2009/11/30/091130fa_fact_levy.

Lewandowski, Joseph. 2007. Boxing: The sweet science of constraints. *Journal of the Philosophy of Sport* 34(1): 26–38.

Lewandowski, Joseph. 2008. On social poverty: Human development and the distribution of social capital. *Journal of Poverty* 12(1): 27–48.

Lewis, Frank W. 2010. In Cleveland, sports fans cheer until it hurts. *New York Times* (May 14): http://www.nytimes.com/2010/05/15/sports/basketball/15cleveland.html.

Lewis, Jerry. 2007. *Sports fan violence in North America.* New York: Rowman & Littlefield.

Ličen, Simon, and Andrew C. Billings. 2013. Affirming nationality in transnational circumstances: Slovenian coverage of continental franchise sports competitions. *International Review for the Sociology of Sport* 48(6): 751–767.

Liechty, Toni, Careen Yarnal, and Deborah Kerstetter. 2012. 'I want to do everything!': Leisure innovation among retirement-age women. *Leisure Studies* 31(4): 389–408.

Lifschitz, Arik, Michael Sauder, and Mitchell L. Stevens. 2014. Football as a status system in U.S. higher education. *Sociology of Education* 87(3) 204–219.

Light, Richard. 2008a. Learning masculinities in a Japanese high school rugby club. *Sport, Education and Society* 13(2): 163–179.

Light, Richard. 2008b. *Sport in the lives of young Australians.* Sydney: University of Sydney Press.

Light, Richard L. 2010. Children's social and personal development through sport: A case study of an Australian swimming club. *Journal of Sport and Social Issues* 34(4): 379–395.

Light, Richard, Stephen Harvey, and Daniel Memmert. 2013. Why children join and stay in sports clubs: Case studies in Australian, French and German swimming clubs. *Sport, Education and Society* 18(4): 550–566.

Lindo, Jason M., Isaac D. Swensen, and Glen R. Waddell. 2012. Are big-time sports a threat to student achievement? *American Economic Journal: Applied Economics, American Economic Association* 4(4): 254–274.

Lipscomb, Stephen. 2006. Secondary school extracurricular involvement and academic achievement: A fixed effects approach. *Economics of Education Review* 26(4): 463–472.

Lipsyte, Robert. 1996. One fell swoosh: Can a logo conquer all? *New York Times,* section B (February 7): 9.

Lipsyte, Robert. 2011. Why can't athletes have opinions? *USA Today* (May 17): 9A.

Lipsyte, Robert. 2015. Goodbye to Grantland, ESPN's home for actual sports journalism. *The Nation* (November 2): http://www.thenation.com/article/goodbye-grantland-espns-home-for-actual-sports-journalism/.

Liston, Katie, Dean Reacher, Andy Smith, and Ivan Waddington. 2006. Managing pain and injury in non-elite rugby union and rugby league: A case study of players at a British university. *Sport in Society* 9(3): 388–402.

Little, Daniel. 2012. Why a sociology major? *Huffington Post* (July 3): http://www.huffingtonpost.com/daniel-little/college-sociology-major_b_1641546.html.

Liu, Zhengjia, and Dan Berkowitz. 2013. "Love sport, even when it breaks your heart again": Ritualizing consumerism in sports on Weibo. *International Journal of Sport Communication* 6(3): 258–273.

Ljungqvist Arne, and Joe Leigh Simpson. 1992. Medical examination for health of all athletes replacing the need for gender verification in international sports. *JAMA* 267(6): 850–852.

Lomax, Michael E., ed. 2008. *Sports and the racial divide: African American and Latino experience in an era of change.* Jackson: University Press of Mississippi.

Long, Breanne, and Marni Goldenberg. 2010. A means-end analysis of Special Olympics volunteers. *Leisure/Loisir* 34(2): 145–167; postprint copy at http://digitalcommons.calpoly.edu/rpta_fac/9/.

Longman, Jeré. 1996. Slow down, speed up. *New York Times* (May 1): B11.

Longman, Jeré. 2007a. An amputee sprinter: Is he disabled or too-abled? *New York Times* (May 15): http://www.nytimes.com/2007/05/15/sports/othersports/15runner.html.

Longman, Jeré. 2007b. Putting on weight for football glory. *New York Times* (November 30): http://www.nytimes.com/2007/11/30/sports/30obesity.html.

Longman, Jeré. 2011a. N.F.L. linemen tip the scales. *New York Times* (January 28): http://www.nytimes.com/2011/01/29/sports/football/29weight.html.

Longman, Jeré. 2011c. Lionel Messi: Boy genius. *New York Times* (May 21): http://www.nytimes.com/2011/05/22/sports/soccer/lionel-messi-boy-genius.html.

Longman, Jeré. 2012a. Football team keeps mill town's heart beating. *New York Times* (November 21): http://www.nytimes.com/2012/11/22/sports/in-clairton-pa-a-high-school-football-team-keeps-a-towns-heart-beating.html.

L Longman, Jeré. 2013a. A push to invigorate women's basketball. *New York Times* (June 17): http://www.nytimes.com/2013/06/18/sports/ncaabasketball/official-offers-ways-to-invigorate-womens-basketball.html.

López, Bernat. 2011. Creating fear: The social construction of human growth hormone as a dangerous doping drug. *International Review for the Sociology of Sport* 48(2): 220–237.

Lorber, Judith. 2007. Sports: The playing grounds of gender. Keynote address, Annual Conference of the International Sociology of Sport Association, Copenhagen, Denmark (August 4).

Los Angeles Municipal Code. 2013a. Chapter IV, General welfare; Article 6, Public hazards; SEC. 56.15. Bicycle riding-sidewalks. Online: http://www.amlegal.com/nxt/gateway.dll/California/lamc/municipalcode?f=templates$fn=default.htm$3.0$vid=amlegal:losangeles_ca_mc.

Los Angeles Municipal Code. 2013b. Chapter IV, General welfare; Article 6, Public hazards; SEC. 56.16. Streets—Sidewalks—Playing ball or games of sport. Online: http://www.amlegal.com/nxt/gateway.dll/California/lamc/municipalcode?f=templates$fn=default.htm$3.0$vid=amlegal:losangeles_ca_mc.

Loucks, A.B. 2007. Refutation of the myth of the female athlete triad. *British Journal Sports Medicine* 41: 55–57.

Love, Adam, and Kimberly Kelly. 2011. Equity or essentialism? U.S. courts and the legitimation of girls' teams in high school sport. *Gender & Society* 25(2): 227–249.

Love, Adam, and Matthew W. Hughey. 2015. Out of bounds? Racial discourse on college basketball message boards. *Ethnic and Racial Studies* 38(6): 877-893.

Lowe, Bob. 2013. Prosthetic arm is no obstacle for Berry athlete. *NCAA Champion* 6(3): 28.

Lowrey, Annie. 2013. Wealth gap among races widened since recession. *New York Times* (April 28): http://www.nytimes.com/2013/04/29/business/racial-wealth-gap-widened-during-recession.html.

Loy, John W., Fiona McLachlan, and Douglas Booth. 2009. Connotations of female movement and meaning: The development of women's participation in the Olympic Games. *Olympika* 18: 1–24.

Løyland, Knut, and Vidar Ringstad. 2009. On the price and income sensitivity of the demand for sports: Has Linder's disease become more serious? *Journal of Sports Economics* 10(6): 601–618.

Lund, Anker Brink. 2007. The political economy of mass mediated sports. Keynote address at the ISHPES and ISSA Joint World Congress, Copenhagen (August 3).

Lüschen, Günther. 1967. The interdependence of sport and culture. *International Review of Sport Sociology* 2: 127–141.

MacKay, Steph, and Christine Dallaire. 2009. Campus newspaper coverage of varsity sports: Getting closer to equitable and sports-related representations of female athletes? *International Review for the Sociology of Sport* 44(1): 25–40.

MacKay, Steph, and Christine Dallaire. 2012. Skirtboarder net-a-narratives: Young women creating their own skateboarding (re)presentations. *International Review for the Sociology of Sport* 48(2): 171–195.

Mackin, Robert Sean, and Carol S. Walther. 2011. Race, sport and social mobility: Horatio Alger in short pants? *International Review for the Sociology of Sport* 47(6): 670–689.

MacLeod, Calum. 2007. Stars keep medals but not all the gold. *USA Today* (June 14): 6A.

Macur, Juliet. 2013. In Florida state case, a tangle of questions. *New York Times* (December 13): http://www.nytimes.com/2013/12/14/sports/ncaafootball/no-one-wins-in-florida-state-case.html.

Macur, Juliet, and Nate Schweber. 2012. Rape case unfolds on web and splits city. *New York Times* (December 16): http://www.nytimes.com/2012/12/17/sports/high-school-football-rape-case-unfolds-online-and-divides-steubenville-ohio.html (retrieved 5-25-13).

Macy, Sue. 2011. *Wheels of change: How women rode the bicycle to freedom.* Washington, DC: National Geographic Society.

Madalozzo, Regina, and Rodrigo Berber Villar. 2009. Brazilian football: What brings fans to the game? *Journal of Sports Economics* 10(6): 639–650.

Madden, Janice Fanning, and Matthew Ruther. 2011. Has the NFL's Rooney rule efforts "leveled the field" for African American head coach candidates? *Journal of Sports*

Economics 12(2): 127–142.

Madianou, Mirca, and Daniel Miller. 2013. Polymedia: Towards a new theory of digital media in interpersonal communication. *International Journal of Cultural Studies* 16(2): 169–187.

Magee, Jonathan, ed. 2007. *Women, football and Europe: Histories, equity and experiences.* Oxford/NY: Meyer & Meyer Sport.

Magrath, Rory, Eric Anderson, and Steven Roberts. 2013. On the door-step of equality: Attitudes toward gay athletes among academy-level footballers. *International Review for the Sociology of Sport.*

Maguire, Brendan. 2005. American professional wrestling: Evolution, content, and popular appeal. *Sociological Spectrum* 25(2): 155–176.

Maguire, Jennifer Smith. 2006. Exercising control: Empowerment and the fitness discourse. In Linda K. Fuller, ed., *Sport, rhetoric, and gender* (pp. 119–130). New York: Palgrave Macmillan.

Maguire, Jennifer Smith. 2008. *Fit for consumption: Sociology and the business of fitness.* London/New York: Routledge.

Maguire, Joseph. 1999. *Global sport: Identities, societies, civilizations.* Cambridge, England: Polity Press.

Maguire, Joseph, ed. 2005. *Power and global sport: Zones of prestige, emulation and resistance.* London/New York: Routledge.

Maguire, Joseph A., Katie Butler, Sarah Barnard, and Peter Golding. 2008. Olympism and consumption: An analysis of advertising in the British media coverage of the 2004 Athens Olympic Games. *Sociology of Sport Journal* 25(2): 167–186.

Maguire, Joseph A., and Mark Falcous, eds. 2010. *Sport and migration.* London/NY: Routledge.

Mahiri, Jabari, and Derek Van Rheenen. 2010. *Out of bounds: When scholarship athletes become academic scholars.* New York: Peter Lang.

Majumdar, Boria, and Nalin Mehta. 2010. *Sellotape legacy: Delhi & the Commonwealth Games.* New Delhi: Harper Collins.

Makdissi, Michael, Paul McCrory, Antony Ugoni, David Darby, and Peter Brukner. 2009. A prospective study of postconcussive outcomes after return to play in Australian football. *The American Journal of Sports Medicine* 37(5): 877–883.

Malcolm, Dominic. 2009. Medical uncertainty and clinician–athlete relations: The management of concussion injuries in Rugby Union. *Sociology of Sport Journal* 26(2): 191–210.

Malone, Keith D., Jim F. Couch, and J. Douglas Barrett. 2008. Differences in the success of NFL coaches by race: A different perspective. *Journal of Sports Economics* 9(6): 663–670.

Mandela, Nelson. 2000. Speech by Nelson Mandela at the Inaugural Laureus Lifetime Achievement Award, Monaco 2000. *Nelson Mandela Centre of Memory*: http://www.sweetspeeches.com/s/2474-nelson-mandela-speech-by-nelson-mandela-at-the-inaugural-laureus-lifetime-achievement-award-monaco-2000.

Mansfield, Louise. 2009. Fitness cultures and environmental (in)justice? *International Review for the Sociology of Sport* 44(4): 345–362.

Maraniss, David. 2008. *Rome 1960: The Olympics that changed the world.* NY: Simon & Schuster.

Marcellinia, Anne, Sylvain Fereza, Damien Issanchoua, Eric De Léséleuca, and Mike McNameeb. 2012. Challenging human and sporting boundaries: The case of Oscar Pistorius. *Performance Enhancement & Health* 1(1): 3–9.

Marchi, Nicola, Jeffrey J. Bazarian, Vikram Puvenna, Mattia Janigro, Chaitali Ghosh, Jianhui Zhong, Tong Zhu, Eric Blackman, Desiree Stewart, Jasmina Ellis, Robert Butler, and Damir Janigro. 2013. Consequences of repeated blood-brain barrier disruption in football players. *PLOS One.* Online: http://journals.plos.org/plosone/article?id=10.1371/journal.pone.0056805#abstract0.

Marklein, Mary Beth. 2013. Division I schools spend more on athletes than education. *USA Today* (January 16): 3A. Online: http://www.usatoday.com/story/sports/ncaaf/2013/01/15/division-i-colleges-spend-more-on-athletes-than-education/1837721/.

Markula, Pirkko, ed. 2009. *Olympic women and the media: International perspectives.* NY: Palgrave Macmillan.

Marlett, Jeffrey. 2012. Don't give me no lip: The cultural and religious roots of Leo Durocher's competitiveness. *A Journal of Baseball History and Culture* 20(2): 43–54.

Marriott, Michel. 2005. Cyberbodies: Robo-legs. *New York Times* (June 20): F1.

Marsh, Herbert W., and Sabina Kleitman. 2002. Extracurricular school activities: The good, the bad, and the nonlinear. *Harvard Educational Review* 72(4): 464–511.

Marsh, Herbert W., and Sabina Kleitman. 2003. School athletic participation: Mostly gain with little pain. *Journal of Sport and Exercise Psychology* 25(2): 205–228.

Marshall, Barbara L., and Momin Rahman. 2015. Celebrity, ageing and the construction of 'third age' identities. *International Journal of Cultural Studies* 18(6): 577–593.

Martin, Michel. 2013. Should parents nix after-school sports? *National Public Radio, Tell Me More* (September 24): http://www.npr.org/2013/09/24/225747074/should-parents-nix-after-school-sports.

Martín, Montserrat. 2012. The (im)possible sexual difference: Representations from a rugby union setting. *International Review for the Sociology of Sport* 47(2): 183–199.

Martin, Renee. 2009. Is Serena Williams the new Sarah Baartman? *Global Comment* (July 8): http://globalcomment.com/is-serena-williams-the-new-sarah-baartman/.

Marty, Martin E., and R. Scott Appleby, eds. 1995. *Fundamentalisms comprehended* (vol. 5 of *The fundamentalism project*). Chicago: University of Chicago Press.

Maseko, Zola. 1998. *The life and times of Sarah Baartman: "The Hottentot Venus."* Brooklyn, NY: Icarus Films.

Mason, Bryan C., and Mark Lavallee. 2012. Emerging supplements in sports. *Sports Health: A Multidisciplinary Approach* 4(2): 142–146.

Mason, Garu. 2011. The sad, painful truth about the Vancouver rioters' true identities. *Globe and Mail* (June 18): http://www.theglobeandmail.com/news/british-columbia/the-sad-painful-truth-about-the-vancouver-rioters-true-identities/article625374/.

Matz, Eddie. 2011. Stick route. *ESPN The Magazine* (November 17): http://espn.go.com/nfl/story/_/id/7243606/nfl-players-tony-romo-ronde-barber-rely-new-painkiller-toradol.

McCann, Sean. 2008. At the Olympics, everything is a performance issue. *International Journal of Sport and Exercise Psychology* 6(3): 267–276.

McCarthy, Brigid. 2013. Consuming sports media, producing sports media: An analysis of two fan sports blogospheres. *International Review for the Sociology of Sport* 48(4): 421–434.

McCarthy, Cameron, Michael Giardina, Susan Harewood, and Jin-Kyung Park. 2005. Contesting culture. In Cameron McCarthy, Warren Crichlow, Greg Dimitriadis & Nadine Dolby, eds., *Race, identity and representation in education* (pp. 153–178). New York: Routledge.

McCarthy, Claudine. 2012. Law firm report finds institutional failures that led to Penn State scandal. *College Athletics and the Law* (September 14): http://www.collegeathleticslaw.com/article-detail-print/law-firm-report-finds-institutional-failures-that-led-to-penn-state-scandal.aspx.

McClusky, Mark. 2012. One one-hundredth of a second faster: Building better Olympic athletes. *Wired.com* (July 25): http://www.wired.com/playbook/2012/06/ff_superhumans/all/.

McCormack, Jane B., and Laurence Chalip. 1988. Sport as socialization: A critique of methodological premises. *Social Science Journal* 25(1): 83–92.

McCormack, Mark. 2012. *The declining significance of homophobia: How teenage boys are redefining masculinity and heterosexuality.* New York: Oxford University Press.

McCree, Roy Dereck. 2011. The death of a female boxer: Media, sport, nationalism, and gender. *Journal of Sport and Social Issues* 35(4): 327–249.

McDonald, Brent Douglas. 2009. Learning masculinity through Japanese university rowing. *Sociology of Sport Journal* 26(3): 425–442.

McDonald, Brent, and Kate Sylvester. 2013. Learning to get drunk: The importance of drinking in Japanese university sports clubs. *International Review for the Sociology of Sport* published 22 October 2013, 10.1177/1012690213506584.

McDonald, Ian. 1999. "Physiological patriots"?: The politics of physical culture and Hindu nationalism in India. *International Review for the Sociology of Sport* 34(4): 343–358.

McDonald, Mary. 2015. Imagining neoliberal feminisms? Thinking critically about the U.S. diplomacy campaign, 'Empowering women and girls through sports.' *Sport in Society: Cultures, Commerce, Media, Politics* 18(8): 909–922.

McDonald, Mary G., and David L. Andrews. 2001. Michael Jordan: Corporate sport and postmodern celebrityhood. In David L. Andrews & Steven J. Jackson, eds., *Sport stars: The cultural politics of sporting celebrity* (pp. 20–35). London/New York: Routledge.

McGrath, Shelly, and Ruth Chananie-Hill. 2009. "Big freaky-looking women": Normalizing gender transgression through bodybuilding. *Sociology of Sport Journal* 26(2): 235–254.

McHale, James P., Penelope G. Vindon, Loren Bush, Derek Richer, David Shaw, and Brienne Smith. 2005. Patterns of personal and social adjustment among sport-involved and noninvolved urban middle-school children. *Sociology of Sport Journal* 22(2): 119–136.

McHugh, Josh; Po Bronson and Ethan Watters, eds. *The Future of Sports.* Delaware North. Online, http://futureof.org/sports/

McIntyre, Doug. 2012. Foreign exchange. *ESPN The Magazine* (May 28): 90–91.

McKay, Jim, and Martin Roderick. 2010. 'Lay down Sally': Media narratives of failure in Australian sport. *Journal of Australian Studies* 34(3): 295–315.

McKnight, Kerbi, Kerry Bernes, Thelma Gunn, David Chorney, David Orr, and Angela Bardick. 2009. Life after sport: Athletic career transition and transferable skills. *Journal of Excellence* 13: 63–77.

McMichael, Christopher. 2012. Hosting the world. *City: Analysis of Urban Trends, Culture, Theory, Policy, Action* 16(5): 519–534.

McNeil, Daniel. 2009. Lennox Lewis and Black Atlantic politics: The hard sell. *Journal of Sport and Social Issues* 33(1): 25–38. Online: http://jss.sagepub.com/cgi/content/abstract/33/1/25.

Mead, Chris. 1985. *Champion Joe Louis: Black hero in white America.* New York: Scribner.

Meadows, James A. 2006. 'X' marks the spot to party. *Rocky Mountain News* (January 27): 6A.

Mehus, Ingar. 2005. Distinction through sport consumption: Spectators of soccer, basketball and ski-jumping. *International Review for the Sociology of Sport* 40(3): 321–333.

Mehus, Ingar, and Arnulf Kolstad. 2011. Football team identification in Norway: Spectators of local and national football matches. *Social Identities* 17(6): 833–845.

Melnick, Merrill, Kathleen E. Miller, Donald F. Sabo, Grace M. Barnes, and Michael P. Farrell. 2010. Athletic participation and seatbelt omission among U.S. high school students: A national study. *Health Education & Behavior* 37(1): 23–36.

Mennesson, Christine. 2012. Gender regimes and habitus: An avenue for analyzing gender building in sports contexts. *Sociology of Sport Journal* 29(1): 4–21.

Merkel, Udo. 2012. Sport and physical culture in North Korea: Resisting, recognizing and relishing globalization. *Sociology of Sport Journal* 29(4): 506–525.

Merrill, Kenneth, Aidan Bryant, Emily Dolan, and Siying Chang. 2012. The male gaze and online sports punditry: Reactions to the Ines Sainz controversy on the sports blogosphere. *Journal of Sport and Social Issues* published 10 September 2012, 10.1177/019372351 2455920.

Messner, Michael A. 1992. *Power at play*. Boston: Beacon Press.

Messner, Michael A. 1996. Studying up on sex. *Sociology of Sport Journal* 13(3): 221–237.

Messner, Michael A. 2000. Barbie girls versus sea monsters: Children constructing gender. *Gender & Society* 14(6): 765–784.

Messner, Michael A. 2002. *Taking the field: Women, men, and sports*. Minneapolis: University of Minnesota Press.

Messner, Michael A. 2007. *Out of play: Critical essays on gender and sport*. Albany, NY: State University of New York Press.

Messner, Michael A. 2009. *It's all for the kids: Gender, families, and youth sports*. Berkeley, CA: University of California Press.

Messner, Michael A. 2011. Gender ideologies, youth sports, and the production of soft essentialism. *Sociology of Sport Journal* 28(2): 151–170.

Messner, Michael A., Michele Dunbar, and Darnell Hunt. 2000. The televised sports manhood formula. *Journal of Sport and Social Issues* 24(4): 380–394.

Messner, Michael A., Margaret Carlisle Duncan, and Cheryl Cooky. 2003. Silence, sports bras, and wrestling porn: Women in televised sports news and highlights shows. *Journal of Sport and Social Issues* 27(1): 38–51.

Messner, Michael A., Darnell Hunt, and Michele Dunbar. 1999. *Boys to men: Sports media messages about masculinity*. Oakland, CA: Children Now.

Messner, Michael A., and Mark A. Stevens. 2002. Scoring without consent: Confronting male athletes' violence against women. In M. Gatz, M.A. Messner & S.J. Ball-Rokeach, eds., *Paradoxes of youth and sport* (pp. 225–240). Albany: State University of New York Press.

Meyer, Caroline, Lorin Taranis, Huw Goodwin, and Emma Haycraft. (2011). Compulsive exercise and eating disorders. *European Eating Disorder Review* 19: 174–189.

Michaelis, Vicki. 2011. Cougars come uncaged. *USA Today* (August 17): 1–2C.

Miguel, Edward, Sebastian Saiegh, and Shanker Satyanath. 2008. *National cultures and soccer violence.* Cambridge, MA: National Bureau of Economic Research.

Milcinski, Maja. 2008. Self-cultivation and the art of positive alienation. In Mojca Doupona Topič & Simon Ličen, eds., *Sport, culture & society: An account of views and perspectives on social issues in a continent (and beyond)* (pp. 167–172). Ljubljana, Slovenia: University of Ljubljana.

Millington, Brad, and Brian Wilson. 2010. Media consumption and the contexts of physical culture: Methodological reflections on third generation study of media audiences. *Sociology of Sport Journal* 27(1): 30–53.

Millington, Brad. 2012. Use it or lose it: Ageing and the politics of brain training. *Leisure Studies* 31(4): 429–446.

Millington, Rob, and Simon C. Darnell. 2012. Constructing and contesting the Olympics online: The Internet, Rio 2016 and the politics of Brazilian development. *International Review for the Sociology of Sport* published 9 September 2012, 10.1177/1012690212 455374.

Millington, Rob, and Simon C. Darnell. 2014. Constructing and contesting the Olympics online: The internet, Rio 2016 and the politics of Brazilian development. *International Review for the Sociology of Sport* 49(2): 190–210.

Millman, Chad. 2010a. The insider. *ESPN The Magazine* 12.19 (September 21): 13–14.

Millman, Chad. 2010b. The insider. *ESPN The Magazine* 13.09 (May 3): 13–14.

Mills, C. Wright. 1951. *White collar: The American middle classes.* New York: Oxford University Press.

Mincyte, Diana, Monica J. Casper, and C.L. Cole. 2009. Sports, environmentalism, land use, and urban development. *Journal of Sport and Social Issues* 33(2): 103–110.

Mincyte, Diana, Monica J. Casper, and C.L. Cole, eds. 2009. Bodies of nature: Politics of wilderness, recreation, and technology. *Journal of Sport and Social Issues* 33(3): special issue.

Mirsafian, Hamidreza, and Azadeh Mohamadinejad. 2011. Overview of university sport in Iran. *Physical Culture and Sport. Studies and Research* 52: 61–68.

Mishel, Lawrence, and Natalie Sabadish. 2013. *CEO pay in 2012 was extraordinarily high relative to typical workers and other high earners.* Washington, DC: Economic Policy Institute, Issue Brief #367 (June 26). Online: http://www.epi.org/files/2013/ceo-pay-2012-extraordinarily-high.pdf.

Mitchell, Heather, Constantino Stavros, and Mark F. Stewart. 2011. Does the Australian Football League draft undervalue indigenous Australian footballers? *Journal of Sports Economics* 12(1): 36–54.

Mitchell, Nicole, and Lisa A. Ennis. 2007. *Encyclopedia of Title IX and sports.* Westport, CT: Greenwood Press.

Moehringer, J.R. 2012. Football is dead. Long live football. *ESPN The Magazine* (September 3): 46–60.

Moltz, David. 2010. Key Title IX ruling. *Inside Higher Ed* (July 22): http://www.insidehighered.com/news/2010/07/22/quinnipiac.

Mooney, Chris. 2003. Teen herbicide. *Mother Jones* (May–June): 18–22.

Morgan, William J. 2012. The academic reform of intercollegiate athletics: The good, the problematic, and the truly worrisome. *Journal of Intercollegiate Sports* 5(1): 90–97.

Morris, David S. 2013. Actively closing the gap? Social class, organized activities, and academic achievement in high school. *Youth & Society* published 17 September 2012, 10.1177/0044118X12461159.

Moss, Frank. 2011. *The Sorcerers and their apprentices: How the digital magicians of the MIT Media Lab are creating the innovative technologies that will change our lives.* New York: Crown Business.

Moyo, Phatisani. 2009. She's a lady, man. *Mail and Guardian* (August 21): http://mg.co.za/article/2009-08-21-shes-a-lady-man.

Mrozek, Donald J. 1983. *Sport and American mentality, 1880–1920.* Knoxville: University of Tennessee Press.

Muller, Frederick O., and Robert C. Cantu. 2010. *Football fatalities and catastrophic injuries: 1931–2008.* Carolina Academic Press.

Murnen, Sarah K., and Marla H. Kohlman. 2007. Athletic participation, fraternity membership, and sexual aggression among college men: A meta-analytic review. *Sex*

Roles 57(1/2): 145–157.

Murphy, Jean. 2012. Getting 'whipped' into shape. *Wall Street Journal* (January 3): D2. Online: http://online.wsj.com/article/SB1000142405297020347910457712457356753819 2.html.

Murphy, Wendy. 2013. CNN Steubenville coverage did more good than harm. *WeNews* (March 22): http://womensenews.org/story/rape/130321/cnn-steubenville-coverage-did-more-good-harm#.UUzznzfuwek (retrieved 5-25-13).

Muscat, Anne C., and Bonita C. Long. 2008. Critical comments about body shape and weight: Disordered eating of female athletes and sport participants. *Journal of Applied Sport Psychology* 20(1): 1–24.

Musto, Michela. 2013. Athletes in the pool, girls and boys on deck: The contextual construction of gender in coed youth swimming. *Gender & Society* published 13 December 2013, 10.1177/0891243213515945.

Mwaniki, Munene F. 2012. Reading the career of a Kenyan runner: The case of Tegla Loroupe. *International Review for the Sociology of Sport* 47(4): 446–460.

Nadolny, Tricia L. 2010. CPS challenged on scarcity of girls sports teams. *Chicago Tribune* (November 10): http://articles.chicagotribune.com/2010-11-10/news/ct-met-girls-sports-lawsuit-20101110_1_female-athletes-cps-neena-chaudhry.

Narcotta, Eileen M., Jeffrey C. Petersen, and Scott R. Johnson. 2013. Mentor functions in NCAA women's soccer coaching dyads. *The impact of sports on Team Performance Management* 15(3/4): 100–116.

Narimani, M., A.Z. Babolan, and S. Ariapooran. 2011. The role of spiritual transcendence on predictive of competitive anxiety and self-confidence in athletes. *World Applied Sciences Journal* 15(1): 136–141.

Nario-Redmond, Michelle R., Jeffrey G. Noel, and Emily Fern. 2013. Redefining disability, re-imagining the self: Disability identification predicts self-esteem and strategic responses to stigma. *Self and Identity* 12(5): 468–488.

Nash, Bruce, and Allan Zullo. 1989. *The baseball hall of shame(2)*. New York: Pocket Books.

NASPE. 2009. Choosing the right sport and physical activity program for your child. (Position Statement). Reston, VA: National Association for Sport and Physical

Education.

NASPE. 2010. *Guidelines for participation in youth sport programs: Specialization versus multiple-sport participation* (Position Statement). Reston, VA: National Association for Sport and Physical Education.

NASPE. 2013. *Maximizing the benefits of youth sport* (Position Statement). Reston, VA: National Association for Sport and Physical Education.

Nattiv, A., A.B. Loucks, M.M. Manore, C.F. Sanborn, J. Sundgot-Borgen, and M.P. Warren. 2007. American College of Sports Medicine Position Stand: The female athlete triad. *Medical Science Sport Exercise* 39: 1867–1882.

NCAA. 2015. *2.3 or take a knee: 2016 NCAA Division I initial eligibility academic requirements*. NCAA Eligibility Center. http://www.ncaa.org/static/2point3/.

NCAA Research. 2012b. Estimated probability of competing in athletics beyond the high school interscholastic level. *NCAA.org* (September 17).

Neighmond, Patti. 2015. Playing youth sports takes a lot more green than it used to. *National Public Radio* (September 07): http://www.npr.org/sections/health-shots/2015/09/07/437000903/playing-youth-sports-takes-a-lot-more-green-than-it-used-to.

Nesbit, Todd M., and Kerry A. King-Adzima. 2011. Major league baseball attendance and the role of fantasy baseball. *Journal of Sports Economics* 13(5): 494–514.

Newcomb, Tim. 2012a. The hustle meter. *Sports Illustrated* 117(5, August 6): 23.

Newcomb, Tim. 2012b. Fast-tracking. *Sports Illustrated* (November 4): 20.

Newman, Joshua I. 2007b. Old times there are not forgotten: Sport, identity, and the Confederate flag in the Dixie South. *Sociology of Sport Journal* 24(3): 261–282.

Newman, Joshua. 2010. *Embodying Dixie: Studies of body pedagogics of Southern whites.* Champaign, IL: Common Ground Publishing.

Newman, Joshua. 2013. Arousing a [post] Enlightenment active body praxis. *Sociology of Sport Journal* 30(3): 380–407.

Newman, Joshua, and Adam S. Beissel. 2009. The limits to "NASCAR Nation": Sport and the "Recovery Movement" in disjunctural times. *Sociology of Sport Journal* 26(4): 517–539.

Newsday. 2013. Joe Paterno, Jerry Sandusky and the Penn State sex abuse scandal.

Newsday.com (90-articles): (retrieved 6-26-13).

Newsweek. 1971. Are sports good for the soul? *Newsweek* (January 11): 51–52.

NFHS. 2013. *2012–13 High school athletics participation survey.* Indianapolis, IN: The National Federation of State High School Associations. Online: http://www.nfhs.org/content.aspx.

NFL Brief. 2012. Urlacher admits use of painkillers. *Denver Post* (January 24): 6C.

Ng, Shu Wen, and Barry M. Popkin. 2012. Time use and physical activity: A shift away from movement across the globe. *Obesity Reviews* 13(8): 659–680.

Nicholson, Matthew, and Russell Hoye, eds. 2008. *Sport and social capital.* Oxford: Butterworth-Heinemann.

Nicholson, Matthew, Russell Hoye, and David Gallant. 2011. The provision of social support for elite indigenous athletes in Australian football. *Journal of Sport Management* 25(2): 131–142.

Nielsen, A.C. 2012. *State of the media: The social media report.* New York: The Nielsen Company.

Nike, Inc. 2012. *Designed to move: Framework for action.* Nike, Inc., Responsibility. Online: http://www.designedtomove.org/en_US/?locale=en_US.

Niman, Neil B. 2013. The allure of games: Toward an updated theory of the leisure class. *Games and Culture* 8(1): 26–42.

Nixon, Howard. 2014. *The athletic trap: How college sports corrupted the academy*. Johns Hopkins University Press.

Norman, Leanne. 2012. Gendered homophobia in sport and coaching: Understanding the everyday experiences of lesbian coaches. *International Review for the Sociology of Sport* 47: 705–723.

Norman, Leanne. 2013. Gendered homophobia in sport and coaching: Understanding the everyday experiences of lesbian coaches. *International Review for the Sociology of Sport* 16(1): 1326–1345.

Norman, Mark. 2012a. Saturday night's alright for tweeting: Cultural citizenship, collective discussion, and the new media consumption/production of Hockey Day in Canada. *Sociology of Sport Journal* 29(3): 306–324.

Norman, Mark. 2012b. Online community or electronic tribe? Exploring the social characteristics and spatial production of an internet hockey fan culture. *Journal of Sport and Social Issues* December 4, 2012, 0193723512467191.

Normana, Moss E., and Fiona Moolab. 2011. 'Bladerunner or boundary runner'?: Oscar Pistorius, cyborg transgressions and strategies of containment. *Sport in Society: Cultures, Commerce, Media, Politics* 14(9): 1265–1279.

NPR et al. 2015. *Sports and health in America.* A national poll sponsored by NPR, Robert Wood Johnson Foundation, and Harvard T.H. Chan School of Public Health. Online, http://www.rwjf.org/en/library/research/2015/06/sports-and-health-in-america.html

O'Brien, Anne. 2015. Producing television and reproducing gender. *Television New Media March* 16(3): 259-274.

O'Brien, Barbara. 2014. 34 other states view cheerleading as a sport. The Buffalo News (April 30): B,B 10.

O'Bryant, Camile. 2012. Academic performance programs: New directions and (dis) connections in academic reform. *Journal of Intercollegiate Sport* 5(1): 83–89.

Obama, Barack. 2012. Entitled to a fair shot: The president reflects on the impact of Title IX. *Newsweek* 160(1 & 2, July 2 & 9): 10–11.

Ohl, Fabien, Bertrand Fincoeur, Vanessa Lentillon-Kaestner, Jacques Defrance, and Christophe Brissonneau. 2015. The socialization of young cyclists and the culture of doping. *International Review for the Sociology of Sport* 50(7): 865–882.

Okada, Chiaki, and Kevin Young. 2012. Sport and social development: Promise and caution from an incipient Cambodian football league. *International Review for the Sociology of Sport* 47(1): 5–26.

Olds, Tim, Jim Dollman, and Carol Maher. 2009. Adolescent sport in Australia: Who, when, where and what? *ACHPER Healthy Lifestyles Journal* 56(1): 11–15.

Oliver, Mike. 1983. *Social work with disabled people.* Basingstoke: Macmillan.

Oliver, Mike. 1990. The *politics of disablement.* Basingstoke: Macmillan.

Oliver, Mike. 2013. The social model of disability: Thirty years on. *Disability & Society* 28(7): 1024–1026.

Oliver, Mike, and Colin Barnes. 2012. The *new politics of disablement.* Basingstoke:

Palgrave.

Olmsted, Larry, 2012. Olympic swag bags & freebies: Why every U.S. athlete came home a winner. *Forbes.com* (August 13): http://www.forbes.com/sites/larryolmsted/2012/08/13/olympic-swag-bags-freebies-why-every-u-s-athlete-came-home-a-winner/#1386dc34299c.

Omalu, Bennet. 2008. *Play hard die young: Football dementia, depression and death.* Lodi, CA: Neo Forenxis Books.

Oppenheimer, Mark. 2013. In the fields of the lord. *Sports Illustrated* 118(4, February 4): 38–43.

O'Reilly, Heather. 2012. The soccer chronicles: Better training through technology. *New York Times* (July 9): http://london2012.blogs.nytimes.com/2012/07/09/heather-oreilly-post/.

O'Reilly, Lara. 2012. McDonald's, Coke defend Olympic choice. *Marketing Week* (July 10): http://www.marketingweek.com/2012/07/10/mcdonalds-coke-defend-olympic-choice/.

Orenstein, Peggy. 2008. The way we live now: Girls will be girls. *New York Times Magazine* (February 10): http://www.nytimes.com/2008/02/10/magazine/10wwln-lede-t.html.

Oriard, Michael. 2007. *Brand NFL: Making and selling America's favorite sport.* Chapel Hill, NC: University of North Carolina Press.

Oriard, Michael. 2012. NCAA academic reform: History, context and challenges. *Journal of Intercollegiate Sport* 5(1): 4–18.

Pace, Enzo. 2007. Fundamentalism. In George Ritzer, ed., *Encyclopedia of sociology* (pp. 1813–1816). London/New York: Blackwell.

Packard, Josh. 2009. Running off-tackle through the last bastion: Women, resistance, and professional football. *Sociological Spectrum* 29(3): 321–345.

Palmer, Catherine. 2014. Introduction to special issue on sport and alcohol: On the contemporary agenda of research on alcohol within the sociology of sport. *International Review for the Sociology of Sport* 49(3–4): 259–262.

Pappa, Evdokia, and Eileen Kennedy. 2013. 'It was my thought...he made it a reality': Normalization and responsibility in athletes' accounts of performance-enhancing drug use. *International Review for the Sociology of Sport* 48(3): 277–294.

Pappano, Laura. 2012. How big-time sports ate college life. *New York Times* (January 20): http://www.nytimes.com/2012/01/22/education/edlife/how-big-time-sports-ate-college-lif

e.html.

Pappano, Laura, and Eileen McDonagh. 2008a. *Playing with the boys: Why separate is not equal in sports*. New York: Oxford University Press.

Pappas, Nick, Patrick McKenry, and Beth Catlett. 2004. "Athlete aggression on the rink and off the ice." *Men and Masculinities* 6: 291–312.

Paradis, Elise. 2012. Boxers, briefs or bras? Bodies, gender and change in the boxing gym. *Body and Society* 18(2): 82–109.

Paradiso, Eugenio. 2009. The social, political, and economic causes of violence in Argentine soccer. *The Canadian Student Journal of Anthropology* 21(July): 65–79.

Park, Jae-Woo, Seung-Yup Lim, and Paul Bretherton. 2012. Exploring the truth: A critical approach to the success of Korean elite sport. *Journal of Sport and Social Issues* 36(3): 245–267.

Parker, Mitchum B., and Mathew D. Curtner-Smith. 2012. Sport education: A panacea for hegemonic masculinity in physical education or more of the same? *Sport, Education and Society* 17(4): 479–496.

Parry, Jim, N.J. Watson, and M.N. Nesti, eds. 2011. *Theology, ethics and transcendence in sports* (Foreword by Robert Higgs). New York: Routledge.

Paskus, Tom. 2010. NCAA takes a new look at gambling trends. *Champion* (Summer): 23.

Paskus, Thomas, and Jeffrey Derevensky. 2013. NCAA Student-Athlete Gambling Behaviors and Attitudes (2004–2012). Indianapolis, IN: National Collegiate Athletic Association. Online: http://fs.ncaa.org/Docs/public/pdf/ncaa_wagering_prelim_may2013.pdf (retrieved 6-26-13).

Pate, Russell. 2014. An inside view of the U.S. National Physical Activity Plan. *Journal of Physical Activity and Health* 11: 461–462.

Pate, Russell, and J.R. O'Neill. 2009. After-school interventions to increase physical activity among youth. *British Journal of Sports Medicine* 43(1): 14–18.

Patiño, Jorge Humberto Ruiz. 2011. Female football: A view from the public and private. *Revista da ALESDE* 1(1): http://ojs.c3sl.ufpr.br/ojs2/index.php/alesde/issue/view/1133/showToc.

Patrick, Dick. 2009. Naama Shafir, Toledo share a religious experience. *USA Today* (February

18): http://usatoday30.usatoday.com/sports/college/womensbasketball/2009-02-18-womens-ncaa-notes_N.htm.

Paule, Amanda. 2012. Recruiting high caliber athletes during difficult financial times: Coaches' perceptions of the recruitment process and the role of socioeconomic status. Unpublished paper, Bowling Green State University, School of Human Movement, Sport and Leisure Studies.

Pauline, Gina and Jeffrey S. Pauline. Volunteer motivation and demographic influences at a professional tennis event. *Team Performance Management* 15(3/4): 172–184.

Pavlidis, Adele, and Simone Fullagar. 2013. Becoming roller derby girls: Exploring the gendered play of affect in mediated sport cultures. *International Review for the Sociology of Sport* 48(6): 673–688.

Pavlidis, Adele, and Simone Fullagar. 2015. The pain and pleasure of roller derby: Thinking through affect and subjectification. *International Journal of Cultural Studies* September 18(5): 483–499.

Pear, Robert. 2008. Plan seeks more access for disabled. *New York Times* (June 16): http://www.nytimes.com/2008/06/16/washington/16disabled.html.

Pearlman, Jeff. 2011. Talking sports beats watching it. *Wall Street Journal* (February 15): D8.

Pearson, Catherine. 2012. Brain injury study: A single season of hits may harm college athletes' ability to learn. *Huffington Post* (May 16): http://www.huffingtonpost.com/2012/05/16/brain-injury-concussion-college-athletes_n_1522145.html (retrieved 5-25-13).

Pearson, Eric. 2010. Benching the Title IX changes. *National Public Radio* (June 1): http://www.npr.org/templates/story/story.php?storyId=127306783.

Pearson, Jennifer, Sarah R. Crissey, and Catherine Riegle-Crumb. 2009. Gendered fields: Sports and advanced course taking in high school. *Sex Roles* 61(7–8): 519–535.

Pelissero, Tom. 2013. Stakes are high in bullying case. *USA Today* (November 15): 1C, 11C.

Pennington, Bill. 2004. Reading, writing and corporate sponsorships. *New York Times* (October 18): A1.

Pennington, Bill. 2012a. Cheating scandal dulls pride in athletics at Harvard. *New York Times* (September 18): http://www.nytimes.com/2012/09/19/sports/ncaabasketball/harvard-cheating-scandal-revives-debate-over-athletics.html (retrieved 6-26-13).

Pennington, Bill. 2012b. In Virginia's hills, a football crusade. *New York Times* (November 10): http://www.nytimes.com/2012/11/11/sports/ncaafootball/in-virginias-hills-a-football-crusade.html.

Pennington, Bill. 2013. Hidden threats to young athletes. *New York Times* (May 11): http://www.nytimes.com/2013/05/12/sports/safety-advocates-focus-on-hidden-threats-to-young-athletes.html.

Pennington, Bill. 2013. Treating concussions in young athletes. *New York Times* (May 5): http://www.nytimes.com/2013/05/06/sports/concussion-fears-lead-to-growth-in-specialized-clinics-for-young-athletes.html (retrieved 5-25-13).

Peretti-Watel, Patrick, Valérie Guagliardo, Pierre Verger, Patrick Mignon, Jacques Pruvost, and Yolande Obadia. 2004a. Attitudes toward doping and recreational drug use among French elite student-athletes. *Sociology of Sport Journal* 21(1): 1–17.

Peretti-Watel, Patrick, Valérie Guagliardo, Pierre Verger, Jacques Pruvost, Patrick Mignon, and Yolande Obadia. 2004b. Risky behaviours among young elite-student-athletes: Results from a pilot survey in South-Eastern France. *International Review for the Sociology of Sport* 39(2): 233–244.

Perks, Thomas. 2007. Does sport foster social capital? The contribution of sport to lifestyle of community participation. *Sociology of Sport Journal* 24(4): 378–401.

Pessi, Sonia, and Anna Paula Trussardi Fayh. 2011. Evaluation of the nutritional knowledge of professional track and field and triathlon athletes. *Revista Brasileira de Medicina do Esporte* 17: 242–245.

Peterson, Tomas, 2008. The professionalization of sport in the Scandinavian countries. *Nordic Sport Science Forum* (February 20): http://idrottsforum.org/articles/peterson/peterson080220.html (retrieved 7-20-2008).

Petr, Todd, Tom Paskus, and Michael Miranda. 2011. Examining the student-athletes experience through the NCAA GOALS and SCORE studies. Presentation to the NCAA Convention, San Antonio, January 13 (pdf available online).

Pew Global Attitudes Project. 2013. *The global divide on homosexuality.* Pew Research Center (June 4): http://www.pewglobal.org/2013/06/04/the-global-divide-on-homosexuality/.

Pfanner, Eric. 2012. BBC uses Olympics to give glimpse of TV's future. *New York Times* (August 5): http://www.nytimes.com/2012/08/06/sports/olympics/bbc-uses-olympics-to-give-glimpse-of-tvs-future.html.

Pfister, Gertrud. 2012. It is never too late to win–sporting activities and performances of ageing women. *Sport in Society* 15(3): 369–384.

Pieper, Lindsay Parks. 2012. Gender regulation: Renée Richards revisited. *The International Journal of the History of Sport* 29(5): 675–690. Piggin, Joe. 2009. Telling the truth in public policy: An analysis of New Zealand sport policy discourse. *Sociology of Sport Journal* 26(3): 462–482.

Piggin, Joe, Steven J. Jackson, and Malcolm Lewis. 2009. Knowledge, power and politics: Contesting 'evidence-based' national sport policy. *International Review for the Sociology of Sport* 44(1): 87–101.

Pike, Elizabeth C.J. 2004. Risk, pain, and injury: "A natural thing in rowing"? In Kevin Young, ed., *Sporting bodies, damaged selves: Sociological studies of sports-related injury* (pp. 151–162). Amsterdam: Elsevier.

Pike, Elizabeth C.J. 2005. "Doctors just say 'Rest and take ibuprofen,": A critical examination of the role of "non-orthodox" health care in women's sport. *International Review for the Sociology of Sport* 40(2): 201–220.

Pike, Elizabeth C.J. 2010. Growing old (dis)gracefully? The gender/ageing/exercise nexus. In E. Kennedy & P. Markula, eds., *Women and exercise: The body, health and consumerism* (pp. 180–196). London: Routledge.

Pike, Elizabeth C.J. 2011. The active ageing agenda, old folk devils and a new moral panic. *Sociology of Sport Journal* 28(2): 209–225.

Pike, Elizabeth C.J. 2012. Aquatic antiques: Swimming off this mortal coil? *International Review for the Sociology of Sport* 47(4): 492–510.

Pike, Elizabeth C.J. 2013. The role of fiction in (mis) representing later life leisure activities. *Leisure Studies* 32(1): 69–87.

Pike, Elizabeth C.J., and Johnny Weinstock. 2014. Identity politics in the outdoor adventure environment. Unpublished paper, Department of Sports Studies and Management, University of Chichester.

Pitsch, Werner, and Eike Emrich. 2012. The frequency of doping in elite sport: Results of a replication study. *International Review for the Sociology of Sport* 47(5): 559–580.

Player X (Anonymous). 2009a. Will a player die on the field one day? It's certainly possible. *ESPN The Magazine* 12.21 (October 19): 21. Player X (Anonymous). 2009b. The NFL can be like high school, but hazing has a real purpose. *ESPN The Magazine* 12.20 (October 5): 15.

Plymire, Darcy Cree. 2009. Remediating football for the posthuman future: Embodiment and subjectivity in sport video games. *Sociology of Sport Journal* 26(1): 17–30.

Poli, Raffaele. 2010. Understanding globalization through football: The new international division of labour, migratory channels and transnational trade circuits. *International Review for the Sociology of Sport* 45(4): 491–506.

Polychroniou, D.J. 2013. Violence is deeply rooted in American culture: An interview with Henry A. Giroux. *Truth-Out* (January 17): http://truth-out.org/news/item/13982-violence-is-deeply-rooted-in-american-culture-interview-with-henry-a-giroux (retrieved 5-25-13).

Pomerantz, Shauna, Rebecca Rab, and Andrea Stefanik. 2013. Girls run the world? Caught between sexism and postfeminism in the school. *Gender & Society* 27(2): 185–207.

Poniatowska, Elena. 1975. *Massacre in Mexico* (original title *La noche de Tlatelolco;* translated by Helen R. Lane). New York: Viking Books.

Pontifical Council for the Laity. 2006. *The world of sport today: A field of Christian mission.* Proceedings, November 2005 Vatican Seminar. Vaticam: Libreria Editrice Vaticana.

Pontifical Council for the Laity. 2008. *Sport: An educational and pastoral challenge.* Proceedings, November 2007 Vatican Seminar. Vaticam: Libreria Editrice Vaticana.

Pontifical Council for the Laity. 2011. *Sport, education, faith: Towards a new season for Catholic sports associations.* Proceedings, November 2009 Vatican Seminar. Vaticam: Libreria Editrice Vaticana.

Pope Francis. 2013. *Address of Pope Francis to members of the European Olympic Committee.* Vatican City: Pontifical Council for Culture. Online: http://www.cultura.va/content/cultura/en/dipartimenti/sport/risorse/messaggiodelpapa/europeanolimpiccommittee.html.

Porat, Amir Ben. 2012. Who are we? My club? My people? My state? The dilemma of the Arab soccer fan in Israel. *International Review for the Sociology of Sport* published 27

November 2012, 10.1177/1012690212458506.

Pot, Niek, Neils Schenk, and Ivo van Hilvoore. 2014. School sports and identity formation: Socialisation or selection? *European Journal of Sport Science* 14(5): 484–491.

Potrac, Paul, and Robyn L. Jones. 2009. Micropolitical workings in semi-professional football. *Sociology of Sport Journal* 26(4): 557–577.

Powell-Wiley, Tiffany M., Kamakki Banks-Richard, Elicia Williams-King, Liyue Tong, Colby R. Ayers, James A. de Lemos, Nora Gimpel, Jenny J. Lee, and Mark J. DeHaven. 2013. Churches as targets for cardiovascular disease prevention: Comparison of genes, nutrition, exercise, wellness and spiritual growth (GoodNEWS) and Dallas county populations. *Journal of Public Health* 35(1): 99.

Pringle, Richard. 2009. Defamiliarizing heavy-contact sports: A critical examination of rugby, discipline, and pleasure. *Sociology of Sport Journal* 26(2): 211–234.

Project Play, 2015. *Sport for all, play for life.* Washington, D.C.: The Aspen Institute.

Pruscino, Cathryn, John R. Gregory, Bernard savage, and Troy R. Flanagan. 2008. Effects of sodium bicarbonate, caffeine, and their combination on repeated 200m freestyle performance. *International Journal of Sport Nutrition and Exercise Metabolism* 18(2): 116–130.

Purcell, L. 2009. What are the most appropriate return-to-play guidelines for concussed child athletes? *British Journal of Sports Medicine* 43(S1): i51–i55.

Purdue, David E.J. 2013. An (in)convenient truce? Paralympic stakeholders' reflections on the Olympic–Paralympic relationship. *Journal of Sport and Social Issues* 37(4): 384–402.

Purdue, David E.J., and P. David Howe. 2012. Empower, inspire, achieve: (Dis) empowerment and the Paralympic Games. *Disability & Society* 27(7): 903–916.

Puzo, Mario. 1969. *The godfather.* New York: G.P. Putnam's Sons.

Quarmby, Thomas, and Symeon Dagkas. 2010. Children's engagement in leisure time physical activity: Exploring family structure as a determinant. *Leisure Studies* 29(1): 53–66.

Quart, Alissa. 2008. When girls will be boys. *New York Times* (March 16): http://www.nytimes.com/2008/03/16/magazine/16students-t.html.

Quenqua, Douglas. 2012. The fight club generation. *New York Times* (March 14): http://www.nytimes.com/2012/03/15/fashion/mixed-martial-arts-catches-on-with-the-inte

rnet-generation.html (retrieved 5-23-13).

Rago, Joseph. 2013. The liberating age of bionics. *Wall Street Journal* (July 17): A11.

Rand, Erica. 2012. *Red nails, black skates: Gender, cash, and pleasure on and off the ice.* Duke University Press.

Randall, Joseph. 2012. A changing game: The inclusion of transsexual athletes in the sports industry. *Pace. I.P. Sports & Entertainment Law Forum* 2(1): 198–209. Online: http://digitalcommons.pace.edu/pipself/vol2/iss1/9.

Rascher, Daniel A., Matthew T. Brown, Mark S. Nagel, and Chad D. McEvoy. 2012. Financial risk management: The role of a new stadium in minimizing the variation in franchise revenues. *Journal of Sports Economics* 13(4): 431–450.

Ratten, Vanessa. 2013. The impact of sports on team performance management. *Team Performance Management* 15(3/4): 97–99.

Rauscher, Lauren, Kerrie Kauer, and Bianca D.M. Wilson. 2013. The healthy body paradox: Organizational and interactional influences on preadolescent girls' body image in Los Angeles. *Gender & Society* 27(2): 208–230.

Ravel, Barbara, and Geneviève Rail. 2006. The lightness of being 'gaie': Discursive constructions of gender and sexuality in Quebec women's sport. *International Review for the Sociology of Sport* 41(3/4): 395–412.

Ravel, Barbara, and Geneviève Rail. 2007. On the limits of "gaie" spaces: Discursive constructions of women's sport in Quebec. *Sociology of Sport Journal* 24(4): 402–420.

Rawls, Anne W., Adam Jeffery, and David Mann. 2013. Locating the modern sacred: Moral/social facts and constitutive practices. *Journal of Classical Sociology* published 18 November 2013, 10.1177/1468795X13497137.

Real, Michael. R. 1996. The postmodern Olympics: Technology and the commodification of the Olympic movement. *Quest* 48(1): 9–24.

Real, Michael. R. 1998. MediaSport: Technology and the commodification of postmodern sport. In L. A. Wenner, ed., *MediaSport* (pp. 14–26). London/New York: Routledge.

Reardon, Sean F., and Kendra Bischoff. 2011. *Growth in the residential segregation of families by income: 1970–2009.* New York: Russell Sage Foundation.

Reddy, Sumathi. 2014. Guidelines for young athletes to reduce injuries. *WSJ Wall Street*

Journal (November 24): http://www.wsj.com/articles/guidelines-for-young-athletes-to-reduce-injuries-1416869652.

Reed, Ken. 2012. Youth football participation dropping. *League of Fans* (December 12): http://leagueoffans.org/2012/12/12/youth-football-participation-dropping/ (retrieved 5-25-13).

Reid, S.M. 1996. The selling of the Games. *Denver Post* (July 21): 4BB.

Reilly, Rick. 2009. Life of Reilly. *ESPN The Magazine* 12(25, December 14): 68.

Resmovits, Joy. 2013. Students with disabilities have right to play school sports, Obama administration tells schools. *Huffington Post* (January 24): http://www.huffingtonpost.com/2013/01/24/students-disabilities-school-sports-obama_n_2546057.html.

Rhoden, William C. 2012a. Head injuries pose a serious problem for the N.F.L. *New York Times* (September 5): http://fifthdown.blogs.nytimes.com/2012/09/05/head-injuries-pose-a-serious-problem-for-the-n-f-l/(retrieved 5-25-13).

Rhoden, William C. 2012b. Football's future rests on parents as much as players. *New York Times* (September 2): http://www.nytimes.com/2012/09/03/sports/football/footballs-future-rests-on-parents-as-much-as-players.html (retrieved 5-25-13).

Rhoden, William C. 2012c. Black and white women far from equal under Title IX. *New York Times* (June 10): http://www.nytimes.com/2012/06/11/sports/title-ix-has-not-given-black-female-athletes-equal-opportunity.html.

Rhodes, James. 2011. Fighting for "respectability": Media representations of the white, "working-class" male boxing "hero." *Journal of Sport and Social Issues* 35(4): 350–376.

Rial, Carmen. 2012. Banal religiosity: Brazilian athletes as new missionaries of the neo-pentecostal diaspora. *Vibrant: Virtual Brazilian Anthropology* 9(2): 130–158. Online: http://www.vibrant.org.br/downloads/v9n2_rial.pdf.

Rice, Ron (with David Fleming). 2005. Moment of impact. *ESPN The Magazine* (June 6): 82–83.

Richard, Joanne. 2010. How parents are destroying love of the game in their kids by being over-competitive. *lfpress.com* (January 25): http://www.lfpress.com/life/2010/01/25/12600666.html.

Ridgeway, Cecelia L. 2011. *Framed by gender: How gender inequality persists in the modern world.* New York: Oxford University Press.

Ridpath, David. 2012. *Tainted glory: Marshall University, the NCAA and one man's fight for justice.* Bloomington, IN: iUniverse Inc.

Riede, Paul. 2006. Athletic eligibility: Struggling to raise the bar. *The School Administrator* (June): http://www.aasa.org/SchoolAdministratorArticle.aspx?id=8084.

Riis, Jacob. (1902, later ed. 1913). *The battle with the slum.* New York: Macmillan.

Rinaldi, Ray Mark. 2015. At Aspen Ideas Festival 2015: Dwelling on the decline of America. *Denver Post* (July 3): http://www.denverpost.com/news/ci_28429223/at-aspen-ideas-festival-2015-dwelling-decline-america

Rinehart, Robert E. 2000. Emerging arriving sport: Alternatives to formal sports. In Jay Coakley & Eric Dunning, eds., *Handbook of sports studies* (pp. 504–519). London: Sage.

Rinehart, Robert E., and Synthia Syndor, eds. 2003. *To the extreme: Alternative sports inside and out.* Albany, NY: State University of New York Press.

Ripley, Amanda. 2013a. *The smartest kids in the world, and how they got that way.* New York: Simon & Schuster. Online: http://www.amandaripley.com/books/the-smartest-kids-in-the-world.

Ripley, Amanda. 2013b. The case against high-school sports. *The Atlantic* (September 18): http://www.theatlantic.com/magazine/print/2013/10/the-case-against-high-school-sports/309447/.

Risman, Barbara J. 2004. Gender as a social structure: Theory wrestling with activism. *Gender & Society* 18(4): 429–451.

Risman, Barbara J., and Georgiann Davis. 2013. From sex roles to gender structure. *Current Sociology* 61(5/6): 733–755.

Risman, Barbara, and Pepper Schwartz. 2002. After the sexual revolution: Gender politics in teen dating. *Contexts* 1(1): 16–24.

Ritzer, George. 2005. *Enchanting a disenchanted world: Revolutionizing the means of consumption.* Thousand Oaks, CA: Pine Forge Press.

Rival, Deborah L. 2015. Athletes with disabilities: Where does empowerment end and disempowerment begin? *The International Journal of Sport and Society: Annual Review* 5:1–10.

Rivara, Frederick P., and Robert Graham. 2013. Sports-related concussion in youth: Report from the Institute of Medicine and National Research Council. JAMA. Published online November 01, 2013. doi: 10.1001/jama.2013.282985.

Robbins, Blaine G. 2012. Playing with fire, competing with spirit: Cooperation in the sport of Ultimate. *Sociological Spectrum* 32(3): 270–290.

Roberts, Daniel. 2013a. The fortunate 50. *Sports Illustrated* (*SI.com*): http://www.si.com/vault/2013/05/20/106324251/fortunate-50.

Roberts, Daniel. 2013b. The international 20. Fortune: http://fortune.com/international-20/.

Roberts, Selena. 2007a. College booster bias is delaying minority hiring. *New York Times* (January 28): http://select.nytimes.com/2007/01/28/sports/ncaafootball/28roberts.html.

Robinson, Joshua. 2013. Soccer match-fixing probe goes global. *Wall Street Journal* (February 5): A8.

Robinson, Patrick. 2009. *Jamaican athletics: A model for 2012 and the world.* London: BlackAmber.

Robson, Douglas. 2010. Gender issues in sport, court. *USA Today* (November 30): 1–2C.

Roderick, Martin J. 2012. An unpaid labor of love: Professional footballers, family life, and the problem of job relocation. *Journal of Sport and Social Issues* 36(3): 317–338.

Roderick, Martin. 2013. Domestic moves: An exploration of intra-national labour mobility in the working lives of professional footballers. *International Review for the Sociology of Sport* 48(4): 387–404.

Roenigk, Alyssa. 2006. Action sports insider. *ESPN The Magazine* 9.10 (May 22): 104.

Rookwood, Joel, and Geoff Pearson. 2012. The hoolifan: Positive fan attitudes to football 'hooliganism.' *International Review for the Sociology of Sport* 47(2): 149–164.

Rose, Damon. 2004. Don't call me handicapped. *BBC News* (October 4): http://news.bbc.co.uk/2/hi/uk_news/magazine/3708576.stm.

Rosen, Daniel M. 2008. *Dope: A history of performance enhancement in sports from the nineteenth century to today.* Westport, CT: Praeger.

Ross, Philippe. 2011. Is there an expertise of production? The case of new media producers. *New Media Society* 13(6): 912–928.

Ross, Sally R., and Kimberly J. Shinew. 2008. Perspectives of women college athletes on sport and gender. *Sex Roles: A Journal of Research* 58(1/2): 40–57.

Rovell, Darren. 2012. Teams face workers' comp threat. *ESPN.com* (August 30): http://espn.go.com/espn/otl/story/_/id/8316657/nfl-teams-facing-large-bills-related-workers-compensation-claims-head-injuries (retrieved 5-25-13).

Rowe, David. 2009. Media and sport: The cultural dynamics of global games. *Sociology Compass* 3/4: 543–558.

Rowe, David. 2010. Stages of the global: Media, sport, racialization and the last temptation of Zinedine Zidane. *International Review for the Sociology of Sport* 45(3): 355–371.

Rowe, David. 2013. Reflections on communication and sport: On nation and globalization. *Communication & Sport* 1(1/2): 18–29.

Ruihley, Brody J., and Andrew C. Billings. 2012. Infiltrating the boys' club: Motivations for women's fantasy sport participation. *International Review for the Sociology of Sport* 48(4): 435–452.

Ruihley, Brody J., and Andrew C. Billings. 2013. Infiltrating the boys' club: Motivations for women's fantasy sport participation. *International Review for the Sociology of Sport* 48(4): 435–452.

Rushin, Steve. 2013. SI's Power 50 list: Who sits atop our throne of games? *Sports Illustrated* (March 11): http://www.si.com/more-sports/2013/03/06/sis-50-most-powerful-people-sports.

Russell, Gordon W. 2008. *Aggression in the sports world: A social psychological perspective.* Oxford/NY: Oxford University Press.

Rynne, Steven. 2008. Coaching females: Is it different? *Sports Coach* 30(2): 38–39.

Sabo, Don, Kathleen E. Miller, Merrill J. Melnick, Michael P. Farrell, and Grace M. Barnes. 2005. High school athletic participation and adolescent suicide: A nationwide study. *International Review for the Sociology of Sport* 40(1): 5–23.

Sabo, Don, and Marj Snyder. 2013. *Progress and promise: Title IX at 40 white paper.* Ann Arbor, MI: SHARP Center for Women and Girls.

Sabo, Don, and Phil Veliz. 2008. *Go out and play: Youth sports in America.* East Meadow, NY: Women's Sports Foundation. Online: http://www.womenssportsfoundation.org/.

Sabo, Don, Phil Veliz, and Lisa Rafalson. 2013. *More than a sport: Tennis, education and health.* White Plains, NY: USTA Serves. Online: http://assets.usta.com/assets/822/15/

More_than_a_Sport_Full_Report_2.27.13.pdf (retrieved 6-10-2013).

Sachs, Carolyn J., and Lawrence D. Chu. 2000. The association between professional football games and domestic violence in Los Angeles County. *Journal of Interpersonal Violence* 15: 1192–1201.

Sack, Allen, ed. 2008. *Counterfeit amateurs: An athlete's journey through the sixties to the age of academic capitalism.* University Park, PA: The Pennsylvania State University Press.

Saez, Emmanuel, and Thomas Piketty. 2006. The evolution of top incomes: A historical and international perspective. American Economic Association Papers and Proceedings. *Measuring and Interpreting Trends in Economic Inequality* 96(2): 200–205.

Safai, Parissa. 2003. Healing the body in the "culture of risk": Examining the negotiation of treatment between sport medicine clinicians and injured athletes in Canadian intercollegiate sport. *Sociology of Sport Journal* 20(2): 127–146.

Sailes, Gary, ed. 2010. *Modern sport and the African American experience.* San Diego: Cognella Academic Publishing.

Sailors, Pam R., Sarah Teetzel, and Charlene Weaving. 2012. The complexities of sport, gender, and drug testing. *The American Journal of Bioethics* 12(7): 23–25.

Sakamoto, Arthur, Isao Takei, and Hyeyoung Woo. 2012. The myth of the model minority myth. *Sociological Spectrum* 32(4): 309–321.

Sammond, Nicholas, ed. 2005. *Steel chair to the head: The pleasure and pain of professional wrestling.* Durham, NC: Duke University Press.

Sander, Libby. 2010. Is cheerleading a sport? *The Chronicle of Higher Education* (July 21): http://chronicle.com/blogPost/Is-Cheerleading-a-Sport-/25707/.

Sanderson, Jimmy. 2011. *It's a whole new ball-game: How social media is changing sports.* New York: Hampton Press.

Sanderson, Jimmy, and Jeffrey W. Kassing. 2011. Tweets and blogs: Transformative, adversarial, and integrative developments in sports media. In Andrew Billings, ed., *Sports media: Transformation, integration, consumption.* New York: Routledge.

Sandomir, Richard. 2013a. Time Warner faces suit after taking over Los Angeles sports market. *New York Times* (June 19): http://www.nytimes.com/2013/06/20/business/timewarner-faces-suit-after-taking-over-los-angeles-sports-market.html.

Sandomir, Richard. 2013b. ESPN quits film project on concussions in N.F.L. *New York Times* (August 22): http://www.nytimes.com/2013/08/23/sports/football/espn-exits-film-project-on-concussions.html.

Sandomir, Richard, James Andrew Miller, and Steve Eder. 2013. To protect its empire, ESPN stays on offense. *New York Times* (August 26): A1. Online: http://www.nytimes.com/2013/08/27/sports/ncaafootball/to-defend-its-empire-espn-stays-on-offensive.html.

SAPA (South African Press Association). 2009. SA lashes out at 'racist' world athletics body. *Mail and Guardian* (August 20): http://mg.co.za/article/2009-08-20-sa-lashes-out-at-racist-world-athletics-body.

Sartore, Melanie, and George Cunningham. 2010. The lesbian label as a component of women's stigmatization in sport organizations: An exploration of two health and kinesiology departments. *Journal of Sport Management* 24(5): 481–501.

Scalia, Vincenzo, and Anglia Ruskin. 2009. Just a few rogues? Football ultras, clubs and politics in contemporary Italy. *International Review for the Sociology of Sport* 44(1): 41–53.

Schantz, Otto J., and Keith Gilbert. 2012. *Heroes or zeros?—The media's perceptions of Paralympic sport.* Champaign, IL: Common Ground Publishing (Sport and Society).

Schausteck de Almeida, Barbara, Jay Coakley, Wanderley Marchi Júnior, and Fernando Augusto Starepravo. 2012. Federal government funding and sport: The case of Brazil, 2004–2009. *International Journal of Sport Policy and Politics* 4(3): 411–426.

Schausteck de Almeida, Barbara, Chris Bolsmann, Wanderley Marchi Júnior, and Juliano de Souza. 2013. Rationales, rhetoric and realities: FIFA's World Cup in South Africa 2010 and Brazil 2014. *International Review for the Sociology of Sport* April 26, 2013, 1012690213481970.

Scheinin, Richard. 1994. *Field of screams: The dark underside of America's national pastime.* New York: Norton.

Scherer, Jay. 2007. Globalization, promotional culture and the production/consumption of online games: Engaging Adidas's 'Beat Rugby' Campaign. *New Media & Society* 9(3): 475–496.

Scherer, Jay, and Steven Jackson. 2008. Producing Allblacks.com: Cultural intermediaries and the policing of electronic spaces of sporting consumption. *Sociology of Sport Journal* 25(2): 187–205.

Scherer, Jay, and Judy Davidson. 2010. Promoting the 'arriviste' city: Producing neoliberal urban identity and communities of consumption during the Edmonton Oilers' 2006 playoff campaign. *International Review for the Sociology of Sport* 46(2): 157–180.

Scherer, Jay, and Steve Jackson. 2010. *Globalization, sport and corporate nationalism.* Pieterlen, Switzerland: Peter Lang AG.

Schiesel, Seth. 2007a. Flashy wrestling shows grab the world by the neck and flex. *New York Times* (April 4): http://www.nytimes.com/2007/04/04/arts/television/04mania.html.

Schiesel, Seth. 2007b. With famed players, game takes on Madden's turf. *New York Times* (September 17): http://www.nytimes.com/2007/09/17/technology/17game.html.

Schimmel, Kimberly S. 2012. Protecting the NFL/militarizing the homeland: Citizen soldiers and urban resilience in post-9/11 America. *International Review for the Sociology of Sport* 47(3): 338–357.

Schimmel, Kimberly. 2013. *Major sport events: Challenges and outlook.* Belo Horizonte, Brazil: UNICAMP-Advanced Studies Center, Collection CEAv Sport.

Schirato, Tony. 2012. Fantasy sport and media interactivity. *Sport in Society* 15(1): 78–87.

Schneider, Robert C. 2011. Major college basketball in the United States: Morality, amateurism, and hypocrisies. *Physical Culture and Sport. Studies and Research* 52: 22–32.

Schrock, Douglas P., and Michael Schwalbe. 2009. Men, masculinity, and manhood acts. *Annual Review of Sociology* 35: 277–295.

Schrotenboer, Brent. 2013. Arrests of black NFL players point to profiling. *USA Today* (November 29): 1–2A.

Schull, Vicki, Sally Shaw, and Lisa A. Kihl. 2013. "If a woman came in...she would have been eaten up alive": Analyzing gendered political processes in the search for an athletic director. *Gender & Society* 27(1): 56–81.

Schultz, Brad, and Mary Lou Sheffer. 2010. An exploratory study of how Twitter is affecting sports journalism. *International Journal of Sport Communication* 3(2): 226–239.

Schultz, Katie. 2015. Do high school athletes get better grades during the off-season? *Journal of Sports Economics* published 14 January 2015, 10.1177/1527002514566279.

Schwartz, Daniel. 2011. Vancouver not typical sports riot, sociologist says. *CBC.ca* (June 16): http://www.cbc.ca/news/canada/british-columbia/story/2011/06/16/f-vancouver-riot-effect.html (retrieved 5-30-13).

Schwarz, Alan. 2007a. Concussions put college players in murky world. *New York Times* (November 29): http://www.nytimes.com/2007/11/29/sports/ncaafootball/29concussions.html.

Schwarz, Alan. 2007c. Girls are often neglected victims of concussions. *New York Times* (October 2): http://www.nytimes.com/2007/10/02/sports/othersports/02concussions.html.

Schwarz, Alan. 2007d. In high school football, an injury no one sees. *New York Times* (September 15): http://www.nytimes.com/2007/09/15/sports/football/15concussions.html.

Schyfter, Pablo. 2008. Tackling the 'body inescapable' in sport: Body—artifact kinesthetics, embodied skill and the community of practice in lacrosse masculinity. *Body and Society* 14(3): 81–103.

Scott, Robert A., Rachael Irving, Laura Irwin, Errol Morrison, Vilma Charlton, Krista Austin, Dawn Tladi, Michael Deason, Samuel A. Headley, Fred W. Kolkhorst, Nan Yang, Kathryn North, and Yannis P. Pitsiladis. 2010. ACTN3 and ACE genotypes in elite Jamaican and U.S. sprinters. *Medicine and Science in Sports and Exercise* 42(1): 107–112.

Scott, Sabrina. 2012. Wrong regulations: Shorter hems for women's hoopsters? *Slamonline.com* (April 5): http://sabrinascrossing.blogspot.com/2012/04/shorter-hems- for-womens-hoopsters.html.

Sean Dunne. 2013. The Irish bifocal and American sport: Exploring racial formation in the Irish diaspora. *International Review for the Sociology of Sport* 48(4): 405–420.

Seichepine, Daniel R., Julie M. Stamm, Daniel H. Daneshvar, David O. Riley, Christine M. Baugh, Brandon E. Gavett, Yorghos Tripodis, Brett Martin, Christine Chaisson, Ann C. McKee, Robert C. Cantu, Christopher J. Nowinski, and Robert A. Stern. 2013. Profile of self-reported problems with executive functioning in college and professional football players. *Journal of Neurotrauma* 30(July): 1299–1304.

Sefiha, Ophir. 2010. Now's when we throw him under the bus: Institutional and occupational identities and the coverage of doping in sport. *Sociology of Sport Journal* 27(2): 200–218.

Sefiha, Ophir. 2012. Bike racing, neutralization, and the social construction of performance-enhancing drug use. *Contemporary Drug Problems* 39(Summer): 213–245.

Sehlikoglu-Karakas, Sertaç. 2012. Boundaries of a veiled female body. *Anthropology News* (August 17): http://www.anthropology-news.org/index.php/toc/an-table-of-contents-summer-2012-volume-536/.

Seifert, T., and C. Henderson. 2010. Intrinsic motivation and flow in skateboarding: An ethnographic study. *Journal of Happiness Studies* 11(3): 277–292.

Seifried, Chad. 2008. Examining punishment and discipline: Defending the use of punishment by coaches. *Quest* 60(3): 370–386.

Sekulic, Damir, Marko Ostojic, Miryana Vasilj, Slavica Coric, and Natasa Zenic. 2014. Gender-specific predictors of cigarette smoking in adolescents: An analysis of sport participation, parental factors and religiosity as protective/risk factors. *Journal of Substance Abuse* 19(1/2): 89–94.

Sellers, Robert, and S. Keiper. 1998. Opportunity given or lost? Academic support services for NCAA Division I student-athletes. Paper presented at the annual conference of the North American Society for the Sociology of Sport, Las Vegas (November).

Serazio, Michael. 2013. Just how much is sports fandom like religion? *The Atlantic* (January 29): http://www.theatlantic.com/entertainment/archive/2013/01/just-how-much-is-sports-fandom-like-religion/272631/.

Serrao, Holly F., Matthew P. Martens, Jessica L. Martin, and Tracey L. Rocha 2008. Competitiveness and alcohol use among recreational and elite collegiate athletes. *Journal of Clinical Sport Psychology* 2(3): 205–215.

Seung-Yup, Lim. 2012. *Racial and sexual discrimination occurring to Korean players on the LPGA Tour*. Ph.D. Dissertation, University of Tennessee–Knoxville.

Shachar, Ayelet. 2012. Serious moral quandaries. *New York Times* (July 27): http://www.nytimes.com/roomfordebate/2012/07/26/which-country-did-you-say-you-were-playing-for-in-the-olympics/serious-moral-quandries-in-the-olympic-passport-swap.

Shafer, Michael R. 2012. *A Christian theology of sport and the ethics of doping.* Ph.D. Thesis, University of Durham, UK. Full text available online: http://etheses.dur.ac.uk/6398/1/A_Christian_Theology_of_Sport_and_the_Ethics_of_Doping1.pdf.

Shakespeare, Tom, and Nicholas Watson. 2002. The social model of disability: An outdated ideology? *Research in Social Science and Disability* 2(1): 9–28.

Shani, Roi, and Yechiel Michael Barilan. 2012. Excellence, deviance, and gender: Lessons from the XYY Episode. *The American Journal of Bioethics* 12(7): 27–30.

Shaw, Mark. 2002. Board with sports. Paper written in Introductory Sociology, University of Colorado, Colorado Springs, spring semester.

Sheffer, Mary Lou, and Brad Schultz. 2010. Paradigm shift or passing fad? Twitter and sports journalism. *International Journal of Sport Communication* 3(4): 472–484.

Sheil, Pat. 2000. Shed a tear or two...or else! Online: http://www.abc.net.au/paralympics/features/s201108.htm.

Sheinin, Dave. 2009. Set for life (a 5-part series on the retirement of professional athletes). *Washington Post* (May–September): http://www.washingtonpost.com/wp-srv/special/sports/setforlife/index.html.

Shields, David L.L., and Brenda J.L. Bredemeier. 1995. *Character development and physical activity.* Champaign, IL: Human Kinetics.

Shipway, Richard, Immy Holloway, and Ian Jones. 2013. Organisations, practices, actors, and events: Exploring inside the distance running social world. *International Review for the Sociology of Sport* 48(3): 259–276.

Shor, Eran, and Yair Galily. 2012. Between adoption and resistance: Globalization and glocalization in the development of Israeli basketball. *Sociology of Sport Journal* 29(4): 526–545.

Shor, Eran, and Yuval Yonay. 2011. 'Play and shut up': The silencing of Palestinian athletes in Israeli media. *Ethnic and Racial Studies* 34(2): 229–247.

Shostak, Sara, Jeremy Freese, Bruce G. Link, and Jo C. Phelan. 2009. The politics of the gene: Social status and beliefs about genetics for individual outcomes. *Social Psychology Quarterly* 72(1): 77–93.

Shurley, Jason P., and Janice S. Todd. 2012. Boxing lessons: An historical review of chronic head trauma in boxing and football. *Kinesiology Review* 1(1): 170–184.

Sifferlin, Alexandra. 2013a. Even football players without concussions show signs of brain injury. *Healthland.Time.com* (March 7): http://healthland.time.com/2013/03/07/even-football-players-without-concussions-show-signs-of-brain-injury/.

Sifferlin, Alexandra. 2013b. High school athletes continue to play despite concussion symptoms. *Healthland.Time.com* (May 7): http://healthland.time.com/2013/05/07/high-school-athletes-dont-report-concussion-symptoms/.

Silk, Michael L. 2004. A tale of two cities: The social production of sterile sporting space. *Journal of Sport and Social Issues* 28(4): 349–378.

Silk, Michael L. 2011. *The cultural politics of post-9/11 American sport: Power, pedagogy and the popular*. London: Routledge.

Silk, Michael L., and Andrew Manley. 2012. Globalization, urbanization & sporting spectacle in Pacific Asia: Places, peoples & pastness. *Sociology of Sport Journal* 29(4): 455–484.

Silva, Carla Filomena, and P. David Howe. 2012. The (in)validity of supercrip representation of Paralympian athletes. *Journal of Sport and Social Issues* 36(2): 174–194.

Simpson, Ian. 2013. U.S. launches study into youth sports concussions. *NBC News* (January 7): http://vitals.nbcnews.com/_news/2013/01/07/16399636-us-launches-study-into-youth-sports-concussions (retrieved 5-25-13).

Simpson, Joe Leigh, and Arne Ljungqvist. 1992. Medical examination for health of all athletes replacing the need for gender verification in international sports. *JAMA* 267: 850–852.

Simpson, Joe Leigh, Arne Ljungqvist, Malcolm A. Ferguson-Smith, Albert de la Chapelle, Louis J. Elsas II, A. A. Ehrhardt, Myron Genel, Elizabeth A. Ferris, and Alison Carlson. 2000. Gender verification in the Olympics. *JAMA* 284(12): 1568–1569. Online: http://jama.jamanetwork.com/article.aspx?articleid=193101.

Sinden, Jane Lee. 2013. The sociology of emotion in elite sport: Examining the role of normalization and technologies. *International Review for the Sociology of Sport* 48(5): 613–628.

Sing, Susan Saint. 2013. *Play matters, so play as if it matters*. Phoenix, AZ: Tau Publishing.

Singh, Asha, and Deepa Gupta. 2012. Contexts of childhood and play: Exploring parental perceptions. *Childhood* 19: 235–250.

Singh, Vanessa, and Anita Ghai. 2009. Notions of self: Lived realities of children with disabilities. *Disability & Society* 24(2): 129–145.

Sirard, John R., Martha Y. Kubik, Jayne A. Fulkerson, and Chrisa Arcan. 2008. Objectively measured physical activity in urban alternative high school students. *Medicine and Science in Sports and Exercise* 40(12): 2088–2095.

Sisjord, Mari Kristi, and Elsa Kristiansen. 2009. Elite women wrestlers' muscles: Physical strength and a social burden. *International Review for the Sociology of Sport* 44(2/3): 231–246.

Skille, Eivind Å. 2010. Competitiveness and health: The work of sport clubs as seen by sport clubs representatives—a Norwegian case study. *International Review for the Sociology of Sport* 45(1): 73–85.

Smale, Will. 2011. Brazil confident World Cup will leave a lasting legacy. *BBC News* (December 1): http://www.bbc.co.uk/news/business-15981073.

Smith, Aaron, and Joanna Brenner. 2012. *Twitter use 2012. Pew Internet and American Life Project.* Online: http://www.pewinternet.org/2012/05/31/twitter-use-2012/.

Smith, Andrew, and Nigel Thomas. 2005. The inclusion of elite athletes with disabilities in the 2002 Manchester Commonwealth Games: An exploratory analysis of British newspaper coverage. *Sports, Education and Society* 10(1): 49–67.

Smith, Andy, and Nigel Thomas. 2012. The politics and policy of inclusion and technology in Paralympic sport: Beyond Pistorius. *International Journal of Sport Policy and Politics* 4(3): 397–410.

Smith, Brett. 2013. Sporting spinal cord injuries, social relations, and rehabilitation narratives: An ethnographic creative non-fiction of becoming disabled through sport. *Sociology of Sport Journal* 30(2): 132–152.

Smith, Brett, and Andrew Sparkes. 2002. Men, sport spinal cord injury and the construction of coherence: Narrative practice in action. *Qualitative Research* 2(2): 143–171.

Smith, Charlotte. 2015. 'Tour du Dopage: Confessions of doping professional cyclists in a modern work environment.' *International Review for the Sociology of Sport*, doi: 10.1177/1012690215572855.

Smith, David. 2009. Semenya sex row causes outrage in SA. *Mail and Guardian* (August 23): http://allofusornone.org/pipermail/members_allofusornone.org/2009-September/000355.html.

Smith, Dennis. 2008. Editorial: Beyond greed, fear and anger. *Current Sociology* 56(3): 347–350. Online: http://csi.sagepub.com/cgi/reprint/56/3/347.

Smith, Dorothy E. 2009. Categories are not enough. *Gender & Society* 23(1): 76–80.

Smith, Gary. 2012. Why don't more athletes take a stand? *Sports Illustrated* 117(2, July 9): 50–65.

Smith, Hillary. 2010. Study: Women's sports aren't equal. *Nwi.com* (June 7): http://www.nwitimes.com/sports/columnists/hillary-smith/article_1353cfa2-8dca-5815-9e62-f636896caa9d.html.

Smith, J. Goosby. 2013. NFL head coaches as sensegiving change agents. *Team Performance Management* 15(3/4): 202–214.

Smith, Jason M., and Alan G. Ingham. 2003. On the waterfront: Retrospectives on the relationship between sport and communities. *Sociology of Sport Journal* 20(3): 252–274.

Smith, Jay M., and Mary Willingham. 2015. *Cheated: The UNC Scandal, the Education of Athletes, and the Future of Big-Time College Sports.* Lincoln NE: Potomac Books.

Smith, Lauren. 2007. NCAA proposal would let colleges cash in on player images. *The Chronicle of Higher Education* 54(6, October 5): A1. Online: http://chronicle.com/weekly/v54/i06/06a00102.htm.

Smith, Maureen, and Alison M. Wrynn. 2010. *Women in the 2010 Olympic and Paralympic Games: An analysis of participation, leadership and media opportunities.* East Meadow, NY: Women's Sports Foundation.

Smith, Michael. 1983. *Violence and sport.* Toronto: Butterworths.

Smith, R. Tyson. 2008. Passion work: The joint production of emotional labor in professional wrestling. *Social Psychology Quarterly* 71(2): 157–176.

Smith, Stephanie. 2011. Ex-Falcons lineman had brain disease linked to concussions. *CNN.com* (April 1): http://www.cnn.com/2011/HEALTH/04/01/brain.concussion.dronett/index.html.

Soebbing, Brian P., and Daniel S. Mason. Managing legitimacy and uncertainty in professional team sport: The NBA's draft lottery. *The impact of sports on Team Performance Management* 15(3/4): 141–157.

Soffian, Seth. 2012. Sports exclusive: Undercurrent of homophobia still shapes women's sports. *News-Press.com* (July 10): http://www.marcoislandflorida.com/article/20120710/SPORTS/307100002/Sports-exclusive-Undercurrent-homophobia-still-shapes-women-s-sports.

Sorek, Tamir. 2007. *Arab soccer in a Jewish state: The integrative enclave.* Cambridge: Cambridge University Press.

Sorek, Tamir. 2011. The quest for victory: Collective memory and national identification among the Arab-Palestinian citizens of Israel. *Sociology* 45(3): 464–479.

Spaaij, Ramón. 2006. *Understanding football hooliganism: A comparison of six Western European football clubs.* Amsterdam: Amsterdam University Press.

Spaaij, Ramón. 2007. Football hooliganism as a transnational phenomenon: Past and present analysis: A critique–more specificity and less generality. *International Journal of the History of Sport* 24(4): 411–431.

Spaaij, Ramón, and Alastair Anderson. 2010. Soccer fan violence: A holistic approach. A Reply to Braun & Vliegenthart. *International Sociology* 25(4): 561–579.

SPARC. 2013. What does the science say about athletic development in children? A research brief prepared by the University of Florida Sport Policy & Research Collaborative for the Aspen Institute Sports & Society. Online: http://sparc.hhp.ufl.edu/.

Sparkes, Andrew, and Brett Smith. 2002. Sport, spinal cord injury, embodied masculinities, and the dilemmas of narrative identity. *Men and Masculinities* 4(3): 258–285.

Spencer-Cavaliere, Nancy, and Danielle Peers. 2011. "What's the difference?" Women's wheelchair basketball, reverse integration, and the question(ing) of disability. *Adapted Physical Activity Quarterly* 28(4): 291–309.

Spiegel, Alix. 2008. Old-fashioned play builds serious skills. *PBS, Morning Edition* (February 21): http://www.npr.org/templates/story/story.php?storyId=19212514.

Spirou, Costas, and Larry Bennett. 2003. *It's hardly sporting: Stadiums, neighborhoods, and the new Chicago.* DeKalb: Northern Illinois University Press.

Sport England. 2013. *Active people survey.* London, Sport England.

Starr, Mark. 1999. Voices of the century: Blood, sweat, and cheers. *Newsweek* (October 25): 44–73.

START. 2013. *Background report: Bombings at the Boston Marathon.* National Consortium for the Study of Terrorism and Responses to Terrorism. College Park, MD: University of Maryland.

Staurowsky, Ellen J. 2014. College athletes' rights in the age of the super conference: The case of the All Players United campaign. *Journal of Intercollegiate Sport* 7(1): 11–34.

Staurowsky, Ellen J., and Erianne A. Weight. 2011. Title IX literacy: What coaches don't know and need to find out. *Journal of Intercollegiate Sport* 4(2): 190–209.

Stelter, Brian. 2013. Rising TV fees mean all viewers pay to keep sports fans happy. *New York Times* (January 25): http://www.nytimes.com/2013/01/26/business/media/all-viewers-pay-to-keep-tv-sports-fans-happy.html.

Stempel, Carl. 2005. Adult participation sports as cultural capital: A test of Bourdieu's theory on the field of sports. *International Review for the Sociology of Sport* 40(4): 411–432.

Stempel, Carl. 2006. Gender, social class and the sporting capital-economic capital nexus. *Sociology of Sport Journal* 23(3): 273–292.

Stephenson, Ben, and Sophia Jowett. 2009. Factors that influence the development of English youth soccer coaches. *International Journal of Coaching Science* 3(1): 3–16.

Stevens, Julie, and Carly Adams. 2013. "Together we can make it better": Collective action and governance in a girls' ice hockey association. *International Review for the Sociology of Sport* 48(6): 658–672.

Stevenson, Betsey. 2010. Beyond the classroom: Using Title IX to measure the return to high school sports. *The Review of Economics and Statistics* 92(2): 284–301.

Stiglitz, Joseph. 2012. *The price of inequality.* New York: W. W. Norton & Company.

Stockdale, Liam. 2012. More than just games: The global politics of the Olympic Movement. *Sport in Society: Cultures, Commerce, Media, Politics* 15(6): 839–854.

Stoddart, Brian. 2008. *Sport in Australian culture revisited.* London/NY: Routledge.

Stokvis, Ruud. 2012. Social stratification and sports in Amsterdam in the 20th century. *International Review for the Sociology of Sport* 47(4): 511–525.

Stone, Christian, and L. Jon Wertheim. 2013. Special investigation, Part 5: What it all means.

Sports Illustrated 119(12, September 23): 70–71.

Storey, Keith. 2004. The case against Special Olympics. *Journal of Disability Policy Studies* 15: 35–42.

Storey, Keith. 2008. The more things change, the more they are the same: Continuing concerns with the Special Olympics. *Research and Practice for Persons with Severe Disabilities* 33(3): 134–142.

Storey, Samantha. 2013. Parkour, a pastime born on the streets, moves indoors and uptown. *New York Times* (August 8): http://www.nytimes.com/2013/08/09/sports/parkour-a-pastime-born-on-the-streets-moves-indoors-and-uptown.html.

St-Pierre, Renée, Caroline E. Temcheff, Rina Gupta, Jeffrey Derevensky, and Thoma Paskus. 2013. Predicting gambling problems from gambling outcome expectancies in college student-athletes. *Journal of Gambling Studies.* Online first: http://link.springer.com/journal/10899/onlineFirst/page/2 (retrieved 6-26-13).

Strachan, Maxwell. 2015. Historic transgender athlete opens up about what he hopes his story teaches others. *Huffington Post* (June 19): http://www.huffingtonpost.com/2015/06/19/chris-mosier-transgender_n_7622178.html.

Straume, Solveig, and Kari Steen-Johnsen. 2012. On the terms of the recipient? Norwegian sports development aid to Tanzania in the 1980s. *International Review for the Sociology of Sport* 47(1): 95–112.

Stuart, Hunter. 2014. School football coach ordered to stop praying with students. *Huffington Post* (February 5): http://www.huffingtonpost.com/2014/02/05/school-football-coach-baptism-prayer-ordered-to-stop-students_n_4725890.html.

Sugden, John. 2007. Inside the grafters' game: An ethnographic examination of football's underground economy. *Journal of Sport and Social Issues* 31(3): 242–258.

Sugden, John. 2012. Watched by the Games: Surveillance and security at the Olympics. *International Review for the Sociology of Sport* 47(3): 414–429.

Sugden, John, and Alan Tomlinson. 1998. *FIFA and the contest for world football: Who rules the peoples' game?* Cambridge, UK: Polity Press.

Suggs, Welch. 2001. Left behind. *Chronicle of Higher Education* 48(14): A35–A37.

Suggs, Welch. 2005. *A place on the team: The triumph and tragedy of Title IX.* Princeton, NJ:

Princeton University Press.

Sullivan, Charley. 2012. "Why women can't coach football": Title IX turns 40. *GayGamesBlog* (July 6): http://gaygamesblog.blogspot.fi/2012/07/why-women-cant-coach-football-title-ix.html.

Sullivan, Claire F. 2011. Gender verification and gender policies in elite sport: Eligibility and "fair play." *Journal of Sport and Social Issues* 35(4): 400–419.

Summers, Amber, Amy R. Confair, Laura Flamm, Attia Goheer, Karlene Graham, Mwende Muindi, Joel Gittelsohn. 2013. Designing the healthy bodies, healthy souls church-based diabetes prevention program through a participatory process. *American Journal of Health Education* 44(2): 53–66.

Sundgot-Borgen, J., and M.K. Torsveit. 2010. Aspects of disordered eating continuum in elite high-intensity sports. *Scandinavian Journal of Medicine and Science in Sports* 20(Suppl 2): 112–121.

Surowiecki, James 2013. A call to action. *The New Yorker* (February 11): 36.

Sutherland, Allan. 1981. *Disabled we stand.* Bloomington, IN: Indiana University Press.

Swain, Derek. 1999. Moving on: Leaving pro sports. In Jay Coakley & Peter Donnelly, eds., *Inside sports* (pp. 223–231). London: Routledge.

Swanson, Lisa. 2009. Soccer fields of cultural [re] production: Creating good boys in suburban America. *Sociology of Sport Journal* 26(3): 404–424.

Swartz, Leslie, and Brian Watermeyer. 2008. Cyborg anxiety: Oscar Pistorius and the boundaries of what it means to be human. *Disability & Society* 23(2): 187–190.

Tagg, Brendon. 2012. Transgender netballers: Ethical issues and lived realities. *Sociology of Sport Journal* 29(2): 151–167.

Tamir, Ilan. 2014. The decline of nationalism among football fans. *Television & New Media* 15(8): 741–745.

Tanier, Mike. 2012. Big price tags attached to even the littlest leagues. *New York Times* (April 23): http://www.nytimes.com/2012/04/24/sports/big-price-tags-attached-to-even-the-littlest-leagues.html.

Taniguchi, Hiromi, and Frances L. Shupe. 2014. Gender and family status differences in leisure-time sports/fitness participation. *International Review for the Sociology of Sport*

49(1): 65–84.

Taub, Diane E., and Kimberly R. Greer. 2000. Physical activity as a normalizing experience for school-age children with physical disabilities: Implications for legitimating of social identity and enhancement of social ties. *Journal of Sport and Social Issues* 24(4): 395–414.

Tavernise, Sabrina. 2012. Survey finds rising perception of class tension. *New York Times* (January 11): http://www.nytimes.com/2012/01/12/us/more-conflict-seen-between-rich-and-poor-survey-finds.html.

Taylor, Matthew J., and G.M. Turek. 2010. If only she would play? The impact of sports participation on self-esteem, school adjustment, and substance use among rural and urban African American girls. *Journal of Sport Behavior* 33(3): 315–336.

Taylor, Matthew J., Rachel A. Wamser, and Michelle E. Sanchez. 2010. The impact of sports participation on violence and victimization among rural minority adolescent girls. *Women in Sport and Physical Activity Journal* 19(1): 3–13.

Taylor, Matthew J., Tara L. Shoemaker, Desiree Z. Welch, and Maurice Endsley, Jr. 2010. Sports participation and delinquent peer associations: Implications for individual behavior of minority girls. *International Journal of Sport and Society* 1(3): 146–160.

Taylor, Nate. 2013. For Spurs, every game is a global summit. *New York Times* (June 9): http://www.nytimes.com/2013/06/10/sports/basketball/for-spurs-every-game-is-a-global-summit.html.

Temple, Kerry. 1992. Brought to you by...*Notre Dame Magazine* 21(2): 29.

Thamel, Pete, and Alexander Wolff. 2013. The institution has lost control. *Sports Illustrated* (June 17): 60–69.

Thangaraj, Stanley. 2012. Playing through differences: Black–white racial logic and interrogating South Asian American identity. *Ethnic and Racial Studies* 35(6): 988–1006.

Theberge, Nancy. 1999. Being physical: Sources of pleasure and satisfaction in women's ice hockey. In J. Coakley & P. Donnelly, eds., *Inside Sports* (pp. 146–155). London: Routledge.

Theberge, Nancy. 2000a. Gender and sport. In J. Coakley & E. Dunning, eds., *Handbook of sport studies* (pp. 322–333). London: Sage.

Theberge, Nancy. 2000b. *Higher goals: Women's ice hockey and the politics of gender.* Albany: State University of New York Press.

Theberge, Nancy. 2008. "Just a normal bad part of what I do": Elite athletes' accounts of the relationship between health and sport. *Sociology of Sport Journal* 25(2): 206–222.

The Editors. 2011. The sports issue: Views from left field. *The Nation* (August 15–22): http://www.thenation.com/article/sports-issue-views-left-field/.

Thelin, John R. 2008. Academics and athletics: A part and apart in the American campus. *Journal of Intercollegiate Sport* 1, 1: 72–81.

Thomas, Katie. 2008a. Big game is no place for the average fan. *New York Times* (February 3): http://select.nytimes.com/mem/tnt.html?emc_tnt&tntget_2008/02/03/sports/football/03corporate.html.

Thomas, Katie. 2008b. A lab is set to test the gender of some female athletes. *New York Times* (July 30): http://www.nytimes.com/2008/07/30/sports/olympics/30gender.html.

Thomas, Katie. 2010a. Women's group cites 12 districts in Title IX complaint. *New York Times* (November 10): http://www.nytimes.com/2010/11/11/sports/11titleIX.html.

Thomas, Katie. 2010b. No tackling, but a girls' sport takes some hits. *New York Times* (May 15): http://www.nytimes.com/2010/05/16/sports/16flag.html.

Thomas, Katie. 2011. College teams, relying on deception, undermine gender equity. *New York Times* (April 25): http://www.nytimes.com/2011/04/26/sports/26titleix.html.

Thomas, Ryan J., and Mary Grace Antony. 2015. Competing constructions of British national identity: British newspaper comment on the 2012 Olympics opening ceremony. *Media, Culture & Society* 37(3): 493–503.

Thompson, Kirrilly, and Chanel Nesci. 2013. Over-riding concerns: Developing safe relations in the high-risk interspecies sport of eventing. *International Review for the Sociology of Sport* published 4 December 2013, 10.1177/1012690213513266.

Thompson, Wright. 2013. Generation June: Fury, anarchy, martyrdom—Why the youth of Brazil are (forever) protesting, and how their anger may consume the World Cup. *ESPN The Magazine* (December 23): 42–55.

Thomson, Rosemarie Garland. 2000. Staring back: Self-representations of disabled performance artists. *American Quarterly* 52(2): 334–338.

Thomson, Rosemarie Garland. 2002. Integrating disability, transforming feminist theory. *National Women's Studies Association Journal* 14(3): 1–32.

Thomson, Rosemarie Garland. 2009. *Staring: How we look*. New York: Oxford University Press.

Thornton, Grant. 2013. *Meta-evaluation of the impacts and legacy of the London 2012 Olympic Games and Paralympic Games* (July; Report 5: Post-Games Evaluation). London: Department for Culture, Media and Sport.

Thorpe, Holly. 2009a. Bourdieu, gender reflexivity and physical culture: A case of masculinities in the snowboarding field. *Journal of Sport and Social Issues* 34(2): 176–214.

Thorpe, Holly, and Belinda Wheaton. 2011a. 'Generation X Games,' action sports and the Olympic movement: Understanding the cultural politics of incorporation. *Sociology* 45(5): 830–847.

Thorpe, Holly, and Belinda Wheaton. 2011b. The Olympic movement, action sports and the search for Generation Y. In John Sugden & Alan Tomlinson, eds., *Watching the Olympics: Politics, power and representation* (pp. 182–200). London: Routledge.

Thualagant, Nicole. 2012. The conceptualization of fitness doping and its limitations. *Sport in Society* 15(3): 409–419.

Tigay, Chanan. 2011. Women and sports. *CQ Researcher* 21(March 25): 265–288. Online: http://library.cqpress.com/cqresearcher/ (retrieved 12-17-2013).

Timothy, David Ryan, and Michael Sagas. 2013. Relationships between pay satisfaction, work-family conflict, and coaching turnover intentions. *Team Performance Management* 15(3/4): 128–140.

Tinley, Scott P. 2012. *Seeing stars: Emotional trauma in athlete retirement: Contexts, intersections, and explorations*. Ph.D. dissertation, Claremont Graduate University, Claremont, CA.

Tinley, Scott. 2015a. *Racing the sunset How athletes survive, thrive, or fail in life after sport.* New York: Skyhorse Publishing.

Tinley, Scott. 2015b. *Finding triathlon.* New York: Hatherleigh Press.

Toft, Ditte. 2011. New sports press survey: Newspapers focus narrowly on sports results.

Playthegame.org (October 3): http://www.playthegame.org/news/detailed/new-sports-press-survey-newspapers-focus-narrowly-on-sports-results-5248.html.

Toma, J. Douglas. 2010. Intercollegiate athletics, institutional aspirations, and why legitimacy is more compelling than sustainability. *Journal of Intercollegiate Sport* 3(1): 51–68.

Tome, Gregor. 2008. The nature of sport. In Mojca Doupona Topič & Simon Ličen, eds., *Sport, culture & society: An account of views and perspectives on social issues in a continent (and beyond)* (pp. 9–12). Ljubljana, Slovenia: University of Ljubljana.

Tomlinson, Alan. 2007. Sport and social class. In George Ritzer, ed., *Encyclopedia of sociology* (pp. 4695–4699). London/New York: Blackwell.

Tomlinson, Alan. 2008. *Gender, sport and leisure* (2nd edition). Aachen/Oxford: Meyer and Meyer Sport.

Toohey, Kristine, and Tracy Taylor. 2012. Surveillance and securitization: A forgotten Sydney Olympic legacy. *International Review for the Sociology of Sport* 47(3): 324–337.

Topič, Mojca Doupona, and Jay Coakley. 2010. Complicating the relationship between sport and national identity: The case of post-socialist Slovenia. *Sociology of Sport Journal* 27(4): 371–389.

Topič, Mojca Doupona, Otmar Weiss, Michael Methagl, and Simon Ličen. 2008. The role of sport in society. In Mojca Doupona Topič & Simon Ličen, eds., *Sport, culture & society: An account of views and perspectives on social issues in a continent (and beyond)* (pp. 60–64). Ljubljana, Slovenia: University of Ljubljana.

Torre, Pablo S., and David Epstein. 2012. The transgender athlete. *Sports Illustrated* 118(22, May 28): 66–73. Online: http://www.si.com/vault/2012/05/28/106195901/the-transgender-athlete.

Torres, Kimberly. 2009. 'Culture shock': Black students account for their distinctiveness at an elite college. *Ethnic and Racial Studies* 32(5): 883–905.

Tozer, Malcolm. 2013. 'One of the worst statistics in British sport, and wholly unacceptable': The contribution of privately educated members of Team GB to the Summer Olympic Games, 2000–2012. *The International Journal of the History of Sport* 30(12): 1436–1454.

Tranter, Paul J., and Mark Lowes. 2009. Life in the fast lane: Environmental, economic, and public health outcomes of motorsport spectacles in Australia. *Journal of Sport and Social Issues* 33(2): 150–168.

Traub, Amy, and Catherine Ruetschlin. 2015. The racial wealth gap: Why policy matters. Demos.org (March 10): http://www.demos.org/publication/racial-wealth-gap-why-policy-matters.

Travers, Ann. 2006. Queering sport: Lesbian softball leagues and the transgender challenge. *International Review for the Sociology of Sport* 41(3/4): 431–446.

Travers, Ann. 2008. The sport nexus and gender injustice. *Studies in Social Justice* 2(1): 79–101.

Travers, Ann. 2013. Thinking the unthinkable: Imagining an "Un-American," girl-friendly, women-and trans-inclusive alternative for baseball. *Journal of Sport and Social Issues* 37: 78–96.

Travers, Ann. 2013a. Transformative sporting visions. *Journal of Sport and Social Issues* 37(1): 3–7.

Travers, Ann. 2013b. Thinking the unthinkable: Imagining an "un-American," girl-friendly, women and trans-inclusive alternative for baseball. *Journal of Sport and Social Issues* 37(1): 78–96.

Travers, Ann, and Jillian Deri. 2011. Transgender inclusion and the changing face of lesbian softball leagues. *International Review for the Sociology of Sport* 46(4): 488–507.

Treviño, José Luis Pérez. 2013. Cyborgpersons: Between disability and enhancement. *Physical Culture and Sport. Studies and Research* 57: 12–21.

Troutman, Kelly, P., and Mikaela J. Dufur. 2007. From high school jocks to college grads assessing the long-term effects of high school sport participation on females' educational attainment. *Youth & Society* 38(4): 443–462.

Troutman, Parke. 2004. A growth machine's plan B: Legitimating development when the value-free growth ideology is under fire. *Journal of Urban Affairs* 26(5): 611–622.

Trulson, Michael E. 1986. Martial arts training: A novel "cure" for juvenile delinquency. *Human Relations* 39(12): 1131–1140.

Tucker, Ross, 2009. Truth about players playing injured. *SI.com* (December 2): http://www.si.com/more-sports/2009/12/02/concussions.

Tulle, Emmanuelle. 2007. Running to run: Embodiment, structure and agency amongst veteran elite runners. *Sociology* 41(2): 329–346.

Tulle, Emmanuelle. 2008a. Acting your age? Sports science and the ageing body. *Journal of Aging Studies* 22(4): 340–347.

Tulle, Emmanuelle. 2008b. The ageing body and the ontology of ageing: Athletic competence in later life. *Body and Society* 14(3): 1–19.

Tulle, Emmanuelle. 2008c. *Ageing, The body and social change.* Basingstoke: Palgrave MacMillan.

Tulle, Emmanuelle. 2014. Living by numbers: Media representations of sports stars' careers. *International Review for the Sociology of Sport* published 10 March 2014, 10.1177/1012690214525157.

Turk, Austin T. 2004. Sociology of terrorism. *Annual Review of Sociology* 30: 271–286.

Tynedal, Jeremy, and Gregor Wolbring. 2013. Paralympics and its athletes through the lens of the *New York Times*. *Sports* 1(1): 13–36.

U.S. Department of Labor. 2011. Disability employment statistics. Washington, DC: Office of Disability Employment Policy. Online: http://www.dol.gov/odep/topics/DisabilityEmploymentStatistics.htm.

U.S. News & World Report. 1983. A sport fan's guide to the 1984 Olympics. *U.S. News & World Report* (May 9): 124.

U.S. Department of Health and Human Services. 2008. Physical Activity Guidelines Advisory Committee Report Washington, DC. Online: health.gov/paguidelines/report/pdf/committeereport.pdf.

UK Sport. 2013. Transsexual people and sport. London: Department for Culture, Media and Sport, Sport Division.

Unruh, David R. 1980. The nature of social worlds. *Pacific Sociological Review* 23(3): 271–296.

Vaczi, Mariann. 2013. "The Spanish Fury": A political geography of soccer in Spain. *International Review for the Sociology of Sport* published 25 February 2013, 10.1177/1012690213478940.

Vaczi, Mariann. 2015. "The Spanish Fury": A political geography of soccer in Spain.

International Review for the Sociology of Sport 50(2): 196–210.

Valenti, Jessica. 2013. Feminism, sexuality & social justice—With a sense of humor. *The Nation* (June 3): http://www.thenation.com/blog/174624/fuck-high-road-upside-sinking-their-level.

Vallerand, Robert J., Nikos Ntoumanis, Frederick Philippe, Genevieve Lavigne, Noemie Carbonneau, Arielle Bonneville, Camille Lagace-Labonte, and Gabrielle Maliha. 2008. On passion and sports fans: A look at football. *Journal of Sport Sciences* 26(12): 1279–1293.

Van Amsterdam, Noortje, Annelies Knoppers, Inge Claringbould, and Marian Jongmans. 2012. A picture is worth a thousand words: Constructing (non-) athletic bodies. *Journal of Youth Studies* 15(3): 293–309.

Van de Walle, Guy. 2011. 'Becoming familiar with a world': A relational view of socialization. *International Review of Sociology* 21(2): 315–333.

Van Hilvoorde, Ivo, and Laurens Landeweerd, 2008. Disability or extraordinary talent—Francesco Lentini (Three Legs) versus Oscar Pistorius (No Legs). *Ethics, Dis/ability and Sport* 2(2): 97–111.

Van Hilvoorde, Ivo, Agnes Elling, and Ruud Stokvis. 2010. How to influence national pride? The Olympic medal index as a unifying narrative. *International Review for the Sociology of Sport* 45(1): 87–102.

van Houten, Jasper M.A., Gerbert Kraaykamp, and Koen Breedveld. 2015. When do young adults stop practising a sport? An event history analysis on the impact of four major life events. *International Review for the Sociology of Sport.* Published before print, December; DOI: 10.1177/1012690215619204.

Van Ingen, Kathy. 2011. Spatialities of anger: Emotional geographies in a boxing program for survivors of violence. *Sociology of Sport Journal* 28(2): 171–188.

van Sterkenburg, Jacco, Annelies Knoppers, and Sonja de Leeuw. 2012. Constructing racial/ethnic difference in and through Dutch televised soccer commentary. *Journal of Sport and Social Issues* 36(4): 422–442.

Van Tuyckom, Charlotte, Jeroen Scheerder, and Piet Bracke. 2010. Gender and age inequalities in regular sports participation: A cross-national study of 25 European

countries. *Journal of Sports Sciences* 28(10): 1077–1084.

Van Valkenburg, Kevin. 2012a. Games of chance. *ESPN. com* (August 30): http://espn.go.com/espn/otl/story/_/id/8307997/why-men-dave-coleman-jr-willing-risk-much-play-semi-pro-football (retrieved 2-20-13).

Vannini, April, and Barbara Fornssler. 2011. Girl, Interrupted: Interpreting Semenya's body, gender verification testing, and public discourse. *Cultural Studies—Critical Methodologies* 11(3): 243–257.

Vasquez, Jessica M., and Christopher Wetzel. 2009. Tradition and the invention of racial selves: Symbolic boundaries, collective authenticity, and contemporary struggles for racial equality. *Ethnic and Racial Studies* 32(9): 1557–1575.

Vecsey, George. 2012. Soccer is welcome at home of Sox. *New York Times* (July 25): http://www.nytimes.com/2012/07/26/sports/soccer/at-fenway-a-night-of-soccer-not-sox-totti-not-papi.html.

Veliz, Phil. 2012. *The role of interscholastic sport in public high schools: A zero-sum game or a bridge to success?* A dissertation, Faculty of the Graduate School of the University at Buffalo, State University of New York.

Veliz, Philip, John Schulenberg, Megan Patrick, Deborah Kloska, Sean Esteban McCabe, and Nicole Zarrett. 2015. Competitive sports participation in high school and subsequent substance use in young adulthood: Assessing differences based on level of contact. *International Review for the Sociology of Sport* published 17 May 2015, 10.1177/1012690215586998.

Veliz, Philip, and Sohaila Shakib. 2012. Interscholastic sports participation and school based delinquency: Does participation in sport foster a positive high school environment? *Sociological Spectrum: Mid-South Sociological Association* 32(6): 558–580.

Veri, Maria J., and Rita Liberti. 2013. Tailgate warriors: Exploring constructions of masculinity, food, and football. *Journal of Sport and Social Issues* published 25 January 2013, 10.1177/0193723512472897.

Vermillion, Mark. 2007. Sport participation and adolescent deviance: A logistic analysis. *Social Thought and Research* 28: 227–258.

Viloria, Hida Patricia, and Maria Jose Martinez-Patino. 2012. Reexamining rationales of "fairness": An athlete and insider's perspective on the new policies on hyperandrogenism in elite female athletes. *The American Journal of Bioethics* 12(7): 17–19.

Vivoni, Francisco. 2009. Spots of spatial desire: Skateparks, skateplazas, and urban politics. *Journal of Sport and Social Issues* 33(2): 130–149.

Volpi, Frederic. 2006. Politics. In Bryan S. Turner, ed., *The Cambridge dictionary of sociology* (pp. 445–447). Cambridge, UK: Cambridge University Press.

Volz, Brian. 2009. Minority status and managerial survival in Major League Baseball. *Journal of Sports Economics* 10(5): 522–542.

von Scheve, Christian, Manuela Beyer, Sven Ismer, Marta Kozlowska, and Carmen Morawetz. 2014. Emotional entrainment, national symbols, and identification: A naturalistic study around the men's football World Cup. *Current Sociology* 62(1): 3–23.

Vygotsky, L. 1978. *Thought and language.* London: MIT Press.

Vygotsky, Lev S. 1980. *Mind in society: The development of higher psychological processes.* (Original translation and editing supervised by Michael Cole.) Cambridge, MA: Harvard University Press.

Wacquant, Loïc J.D. 1992. The social logic of boxing in black Chicago: Toward a sociology of pugilism. *Sociology of Sport Journal* 9(3): 221–254.

Wacquant, Loïc J.D. 1995a. The pugilistic point of view: How boxers think and feel about their trade. *Theory and Society* 24: 489–535.

Wacquant, Loïc J.D. 1995b. Why men desire muscles. *Body and Society* 1(1): 163–179.

Wacquant, Loïc J.D. 2004. *Body and soul: Notebooks of an apprentice boxer.* Oxford, UK/New York: Oxford University Press.

WADA. 2009. *World Anti-Doping Code.* Montreal, Quebec, Canada: World Anti-Doping Agency. Online: http://www.wada-ama.org/en/World-Anti-Doping-Program/Sports-and-Anti-Doping-Organizations/The-Code/(retrieved 6-26-13).

WADA. 2009. The guide (Edition 5). World Anti-Doping Agency. Online: http://www.wada-ama.org/en/Anti-Doping-Community/Athletes-/.

Waddington, Ivan. 2000a. Sport and health: A sociological perspective. In Jay Coakley & Eric Dunning, eds., *Handbook of sports studies* (pp. 408–421). London: Sage.

Waddington, Ivan. 2000b. *Sport, health and drugs: A critical sociological perspective.*

London: Routledge.

Waddington, Ivan. 2007. Health and sport. In George Ritzer, ed., *Encyclopedia of sociology* (pp. 2091–2095). London: Blackwell.

Waddington, Ivan, and Andy Smith. 2009. *An introduction to drugs in sport: Addicted to winning?* London and New York: Routledge.

Wahlert, Lance, and Autumn Fiester. 2012. Gender transports: Privileging the "natural" in gender testing debates for intersex and transgender athletes. *The American Journal of Bioethics* 12(7): 19–21.

Walby, Sylvia. 2011. *The future of feminism.* Cambridge, UK: Polity Press.

Waldron, Jennifer J., and Christopher L. Kowalski. 2009. Crossing the line: Rites of passage, team aspects, and ambiguity of hazing. *Research Quarterly for Exercise and Sport* 80(2): 291–302.

Waldron, Jennifer J., Quinten Lynn, and Vikki Krane. 2011. Duct tape, icy hot & paddles: Narratives of initiation onto U.S. male sport teams. *Sport, Education and Society* 16(1): 111–125.

Walker, Marlon A. 2013. Leaders urge colleges to expand sports programs for students with disabilities. *Diverse Issues in Higher Education* (April 16): http://diverseeducation.com/article/52686/.

Walseth, Kristin. 2006. Sport and belonging. *International Review for the Sociology of Sport* 41(3/4): 447–464.

Warde, Alan. 2006. Cultural capital and the place of sport. *Cultural Trends* 15(2/3): 107–122.

Watermeyer, Brian. 2012. Is it possible to create a politically engaged, contextual psychology of disability? *Disability & Society* 27(2): 161–174.

Weber, Jonetta D., and Robert M. Carini. 2013. Where are the female athletes in *Sports Illustrated?* A content analysis of covers (2000–2011). *International Review for the Sociology of Sport* 48(2): 196–203.

Weber, Julia, and Natalie Barker-Ruchti. 2012. Bending, flirting, floating, flying: A critical analysis of female figures in 1970s gymnastics photographs. *Sociology of Sport Journal* 29(1): 22–41.

Weber, Max. 1922a/1968. *Economy and society: An outline of interpretive sociology* (trans.

G. Roth and G. Wittich). New York: Bedminster Press.

Weber, Max. 1922b/1993. *The sociology of religion.* Boston, MA: Beacon Press.

Weber, Romana. 2009. Protection of children in competitive sport: Some critical questions for London 2012. *International Review for the Sociology of Sport* 44(1): 55–69.

Webster, Paul. 2000. France keeps a hold on Black Venus. *The Observer* (April 2): http://www.guardian.co.uk/world/2000/apr/02/paulwebster.theobserver1.

Wedgwood, Nikki. 2004. Kicking like a boy: Schoolgirl Australian rules football and bi-gendered female embodiment. *Sociology of Sport Journal* 21(2): 140–162.

Wedgwood, Nikki. 2013. Hahn versus Guttmann: Revisiting 'Sports and the Political Movement of Disabled Persons.' *Disability & Society* 29(1): 129–142.

Weedon, Gavin. 2012. 'Glocal boys': Exploring experiences of acculturation amongst migrant youth footballers in Premier League academies. *International Review for the Sociology of Sport* 47(2): 200–216.

Weedon, Gavin. 2013. The writing's on the firewall: Assessing the promise of open access journal publishing for a public sociology of sport. *Sociology of Sport Journal* 30(3): 359–379.

Weedon, Gavin. 2015. Camaraderie reincorporated: Tough Mudder and the extended distribution of the social. *Journal of Sport and Social Issues* 39(6): 431–454.

Weir, Patricia, Joe Baker, and Sean Horton. 2010. The emergence of Masters sport: Participatory trends and historical developments. In Joe Baker, Sean Horton & Patricia Weir, eds., *The Masters athlete: Understanding the role of sport and exercise in optimizing aging.* New York/London: Routledge.

Weir, Tom. 2006. Rookie always in a hurry. *USA Today* (June 30): C1–2.

Weisman, Larry. 2004. Propelled to think past NFL. *USA Today* (June 16): 1C.

Weiss, Maureen R., and Diane M. Wiese-Bjornstal. 2009. Promoting positive youth development through physical activity. *Research Digest of the President's Council on Physical Fitness and Sports* 10 (3, September).

Weiss, Windee M. 2008. Coaching your parents: Support vs. pressure. *Technique* 28(10): 18, 20–22.

Wellard, Ian. 2012. *Sport, masculinities and the body.* London: Routledge.

Wells, Steven. 2008. Bend it like Janiah. *Philadelphia Weekly* (January 23–29): http://philadelphiaweekly.com/2007/jul/4/bend_it_like_janiah-38428359/#.VzJYl75dvEY.

Wenner, Lawrence A. 2012. On roads traveled and journeys ahead for IRSS. *International Review for the Sociology of Sport* 47(1): 3–4.

Wenner, Lawrence A. 2013. Reflections on communication and sport: On reading sport and narrative ethics. *Communication & Sport* 1(1/2): 188–199.

Wenner, Lawrence A. 2014. On the limits of the new and the lasting power of the mediasport interpellation. *Television & New Media* 15(8): 732–740.

West, Brad. 2003. Synergies in deviance: Revisiting the positive deviance debate. *Electronic Journal of Sociology* (November): http://www.sociology.org/content/vol7.4/west.html.

Whannel, Garry. 2014. The paradoxical character of live television sport in the twenty-first century. *Television & New Media* 15(8): 769–776.

Wheatley, Sean, Saira Khana, Andrea D. Szekelyb, Declan P. Naughtona, and Andrea Petroczia. 2012. Expanding the Female Athlete Triad concept to address a public health issue. *Performance Enhancement & Health* 1(1): 10–27.

Wheaton, Belinda. 2004. Selling out? The commercialization and globalization of lifestyle sport. In Lincoln Allison, ed., *The global politics of sport: The role of global institutions in sport* (pp. 140–185). London: Routledge.

Wheaton, Belinda. 2004. *Understanding lifestyle sports: Consumption, identity and difference.* London/New York: Routledge.

Wheaton, Belinda. 2013. *The cultural politics of lifestyle sports.* London: Routledge.

Wheeler, Garry David, Robert D. Steadward, David Legg, Yesahayu Hutzler, Elizabeth Campbell, and Anne Johnson. 1999. Personal investment in disability sport careers: An international study. *Adapted Physical Activity Quarterly* 16(3): 219–237.

Wheeler, Sharon. 2012. The significance of family culture for sports participation. *International Review for the Sociology of Sport* 47(2): 235–252.

Wheeler, Sharon, and Ken Green. 2014. Parenting in relation to children's sports participation: Generational changes and potential implications. *Leisure Studies* 33(3): 267–284.

Wheelock, Darren, and Douglas Hartmann. 2007. Midnight basketball and the 1994 crime bill debates: The operation of a racial code. *The Sociological Quarterly* 48(2): 315–342.

White, Amanda M., and Constance T. Gager. 2007. Idle hands and empty pockets? Youth involvement in extracurricular activities, social capital, and economic status. *Youth and Society* 39(1): 75–111.

White. Kerry. 2005. Breaking news, breaking boundaries. Online: http://www.womenssportsfoundation.org/ http://www.womenssportsfoundation.org/Content/Articles/Careers/B/Breaking%20News%20Breaking%20Boundaries.aspx.

White, Paul. 2012. Cortisone: Is it worth the shot? *USA Today* (October 9): 1–2C. Online: http://www.usatoday.com/story/sports/mlb/2012/10/08/mlb-cortisone-shots/1621781/.

White, Philip, and William McTeer. 2012. Socioeconomic status and sport participation at different developmental stages during childhood and youth: Multivariate analyses using Canadian national survey data. *Sociology of Sport Journal* 29(2): 186–209.

White, Philip, and Kevin Young. 1997. Masculinity, sport, and the injury process: A review of Canadian and international evidence. *Avante* 3(2): 1–30.

Whiteside, Erin, and Marie Hardin. 2011. Women (not) watching women: Leisure time, television, and implications for televised coverage of women's sports. *Communication, Culture and Critique* 4(2): 122–143.

Wolverton, Brad. 2014. At meeting of Knight Commission, old ideas are new again. The Chronicle of Higher Education (September 9): http://chronicle.com/article/At-Meeting-of-Knight/148709/

World Health Organization. 2007. *Women and physical activity*. Geneva, Switzerland. Online: http://www.who.int/moveforhealth/advocacy/information_ sheets/woman/en/index.html.

WHO. 2011. *World report on disability*. Geneva, Switzerland: World Health Organization.

WHO. 2013. *World health statistics, 2013*. Geneva, Switzerland: World Health Organization.

Wickersham, Seth, 2011. Is Gordon Gee serious? *ESPN* (August 8): http://espn.go.com/college-football/story/_/id/6843627/college-football-ohio-state-president-gordon-gee-recent-football-scandal-espn-magazine.

Wieberg, Steve. 2010. NCAA study: Athletes continue to disregard rules, gamble on sports. *USA Today* (November 13): http://www.usatoday.com/sports/college/2009-11-13-ncaa-gambling-study_N.htm (retrieved 6-26-13).

Wiedeman, Reeves. 2013. Football's hidden pains. *The New Yorker* (January 13): http://

www.newyorker.com/online/blogs/sportingscene/2013/01/footballs-hidden-pains.html (retrieved 5-25-13).

Wiederer, Dan. 2012. NFL and pain: League zeros in on one pain medication. *Minneapolis Star Tribune* (August 22): http://www.startribune.com/sports/vikings/166712256.html.

Wilcke, Christoph, ed. 2012. *"Steps of the devil:" Denial of women's and girls' rights to sport in Saudi Arabia.* Washington, DC: Human Right Watch.

Wilin´ska, Monika. 2010. Because women will always be women and men are just getting older: Intersecting discourses of ageing and gender. *Current Sociology* 58(6): 879–896.

Wilkins, Amy. 2012. Stigma and status: Interracial intimacy and intersectional identities among Black college men. *Gender & Society* 26(2): 165–189.

Wilkinson, Richard, and Kate Pickett. 2010. *The spirit level: Why greater equality makes societies stronger.* New York: Bloomsbury Press.

Will, George. 2011a. The NBA standoff pits the elite vs. the elite. *Washington Post* (October 14): http://www.washingtonpost.com/opinions/the-nba-standoff-pits-the-elite-vs-the-elite/2011/10/13/gIQA2LkykL_story.html.

Willard, Frances. 1895. *Wheel within a wheel: A woman's quest for freedom.* Bedford, MA: Applewood Books.

Willett, Jennifer Beck, Bernie Goldfine, Todd Seidler, Andy Gillentine, and Scott Marley. 2014. Prayer 101: Deciphering the law. *Journal of Physical Education, Recreation & Dance* 85(9): 15–19.

Williams, Dana. 2007. Where's the honor? Attitudes toward the "Fighting Sioux" nickname and logo. *Sociology of Sport Journal* 24(4): 437–456.

Williams, Lovoria B., Richard W. Sattin, James Dias, Jane T. Garvin, Lucy Marion, Thomas Joshua, Andrea Kriska, M. Kaye Kramer, Justin B. Echouffo-Tcheugui, Arin Freeman, and K. M. Venkat Narayan. 2013. Design of a cluster-randomized controlled trail of diabetes prevention program within African-American churches: The fit body and soul study. *Contemporary Clinical Trials* 34(2): 336–347.

Williams, Patricia J. 2005. Genetically speaking. *The Nation* 280(24): 10.

Willmsen, Christine, and Maureen O'Hagan. 2003. Coaches continue working for schools and private teams after being caught for sexual misconduct. *Seattle Times* (December 14):

http://old.seattletimes.com/news/local/coaches/news/dayone.html.

Wilson, Daniel H. 2012. Bionic brains and beyond. *Wall Street Journal* (June 2): C1–2.

Wilson, Noela C., and Selina Khoob. 2013. Benefits and barriers to sports participation for athletes with disabilities: The case of Malaysia. *Disability & Society* 28(8): 1132–1145.

Wise, Nicholas. 2015. Maintaining Dominican identity in the Dominican Republic: Forging a baseball landscape in Villa Ascension. *International Review for the Sociology of Sport* 50(2):161–178.

Witkowski, Emma. 2012. On the digital playing field: How we "do sport" with networked computer games. *Games and Culture* 7(5): 349–374.

Wittebols, James H. 2004. *The soap opera paradigm: Television programming and corporate priorities*. Lanham, MD: Rowman & Littlefield.

Witz, Billy. 2013. Rogers says he's ready for a role as a pioneer. *New York Times* (May 25): http://www.nytimes.com/2013/05/26/sports/soccer/robbie-rogers-signs-with-galaxy-welcoming-pioneers-role.html.

Wolbring, Gregor. 2008a. The politics of ableism. *Development* 51(2): 252–258.

Wolbring, Gregor. 2008b. Oscar Pistorius and the future nature of Olympic, Paralympic and other sports. *SCRIPT-ed* 5(1): http://ucalgary.academia.edu/GregorWolbring/Papers/80894/Oscar_Pistorius_and_the_Future_Nature_of_Olympic_Paralympic_and_Other_Sports.

Wolbring, Gregor. 2009. Innovation for whom? Innovation for what? The impact of ableism. *2020science.org* (December 14): http://2020science.org/2009/12/14/wolbring/#ixzz1VTq8dZI7.

Wolbring, Gregor. 2012a. Paralympians outperforming Olympians: An increasing challenge for Olympism and the Paralympic and Olympic Movement. *Sport, Ethics and Philosophy* 6(2): 251–266.

Wolbring, Gregor. 2012b. Leg-ism leaves some Paralympic stars out on a limb. *The Conversation.com* (August 29): https://theconversation.com/leg-ism-leaves-some-paralympic-stars-out-on-a-limb-9008.

Wolbring, Gregor. 2012c. Superhip to supercrip: the 'trickle-down' effect of the Paralympics. *TheConversation.com* (August 31): https://theconversation.com/superhip-to-supercrip-the-trickle-down-effect-of-the-paralympics-9009.

Wolbring, Gregor. 2012d. To define oneself as less able: A prerequisite for a Paralympian? *TheConversation.com* (September 1): https://theconversation.com/to-define-oneself-as-less-able-a-prerequisite-for-a-paralympian-9241.

Wolbring, Gregor. 2012e. Where will it end: Enhancement-lympics? *TheConversation.com* (September 8): https://theconversation.com/where-will-it-end-enhancement-lympics-9426.

Wolbring, Gregor, David Legg, and Frank W. Stahnisch. 2010. Meaning of inclusion throughout the history of the Paralympic Games and Movement. *The International Journal of Sport and Society* 1(3): 81–93.

Wolken, Dan. 2013. Golfers' gambling concerns NCAA. *USA Today* (May 7): 1–2C.

Wolverton, Brad. 2013. Education' Dept.'s guidance on disabled athletes could lead to changes in college sports. *The Chronicle of Higher Education* (January 28): http://chronicle.com/blogs/players/education-departments-guidance-on-disabled-athletes-could-lead-to-changes-in-college-sports/32579.

Wolverton, Brad. 2014. At meeting of Knight Commission, old ideas are new again. The Chronicle of Higher Education (September 9): http://chronicle.com/article/At-Meeting-of-Knight/148709/

Wolverton, Brad; Ben Hallman, Shane Shifflett and Sandhya Kambhampati. 2015. The $10-billion sports tab: How college students are funding the athletics arms race. *Huffington Post* (November 15): http://chronicle.com/interactives/ncaa-subsidies-main.

Wright, Darlene, and Kevin Fitzpatrick. 2006. Social capital and adolescent violent behavior correlates of fighting and weapon use among secondary school students. *Social Forces* 4: 1435–1453.

Wright, Erik Olin. 2011. Real utopias for a global sociology. *International Sociological Association* (July 18): http://www.isa-sociology.org/global-dialogue/.

Wright, Jan, and Lisette Burrows. 2006. Re-conceiving ability in physical education: A social analysis. *Sport, Education and Society* 11(3): 275–291.

Yochim, Emily Chivers. 2010. *Skate life: Re-imagining white masculinity.* Ann Arbor, MI: University of Michigan Press.

Yoo, Jin. 2001. Coping profile of Korean competitive athletes. *International Journal of Sport*

Psychology, 32(3): 290–303.

Yost, Mark. 2010. *Varsity green: A behind the scenes look at culture and corruption in college athletics.* Stanford, CA: Stanford University Press.

Yost, Mark. 2011. The price of football that even nonfans pay. *Wall Street Journal* (February 3): D6. Online: http://online.wsj.com/article/SB10001424052748703439504576116680460638092.html.

Youn, Anthony. 2012. What *Lin* means to *Asian Americans. USA Today* (February 24): 13A.

Young, Kevin. 2000. Sport and violence. In J. Coakley & E. Dunning, eds., *Handbook of sport studies* (pp. 382–407). London: Sage.

Young, Kevin. 2007a. Violence among athletes. In George Ritzer, ed., *Encyclopedia of sociology* (pp. 5199–5202). London/New York: Blackwell.

Young, Kevin. 2007b. Violence among fans. In George Ritzer, ed., *Encyclopedia of sociology* (pp. 5202–5206). London/New York: Blackwell.

Young, Kevin. 2012. *Sport, violence and society.* London and New York: Routledge.

Younghan, Cho, Charles Leary, and Stephen J. Jackson. 2012. Glocalization and sports in Asia. *Sociology of Sport Journal* 29(4): 421–432.

Zaremba, Alan Jay. 2009. *The madness of March: Bonding and betting with the boys in Las Vegas.* Lincoln, NE: University of Nebraska Press.

Zeitler, Ezra J. 2008. Geographies of indigenous-based team name and mascot use in American secondary schools. A dissertation presented to the Faculty of The Graduate College at the University of Nebraska In partial fulfillment of requirements for the degree of doctor of philosophy. Lincoln, NE. Online: http://digitalcommons.unl.edu/cgi/viewcontent.cgi?article=1006&context=geographythesis.

Zernicke, Ronald F., Kathryn A. Antle, Scott G. McLean, Riann M. Palmieri-Smith, James A. Ashton Miller & Edward M. Wojtys. 2009. Play at your own risk: Sport and the injury epidemic. *Journal of Intercollegiate Sports* 2(1): 42–63.

Zillgitt, Jeff. 2011. Aspiring power has doubters. *USA Today* (August 18): 1–2C.

Zimbalist, Andrew. 2010. Reflections on salary shares and salary caps. *Journal of Sports Economics* 11(1): 17–28.

Zimbalist, Andrew. 2013. Inequality in intercollegiate athletics: Origins, trends, and policies.

Journal of Intercollegiate Sport 6(1): 5–24.

Zimbalist, Andrew, and Allen Sack, 2013. Thoughts on amateurism, the O'Bannon case and the viability of college sport. *The Drake Group:* https://drakegroupblog.files.wordpress.com/2013/04/drake-statement-obannon1.doc.

Zimmerman, Matthew H. 2012. Interview with Pat Donahue, coordinator of digital media, Los Angeles Kings. *International Journal of Sport Communication* 5(4): 457–461.

Zirin, Dave. 2004. An interview with Adonal Foyle: Rebounder for reforms, master of the lefty lay-up. *CounterPunch* (July 16): http://www.counterpunch.org/2004/07/16/rebounder-for-reforms-master-of-the-lefty-lay-up/.

Zirin, Dave. 2005. *What's my name, fool? Sports and resistance in the United States.* Chicago, IL: Haymarket Books.

Zirin, Dave. 2008a. *A people's history of sports in the United States.* New York/London: The New Press.

Zirin, Dave. 2010a. *Bad sports: How owners are ruining the games we love.* New York: Scribner.

Zirin, Dave. 2010b. The beautiful game, a beautiful cause: Why I root for Argentina. *The Nation* (June 28): http://www.thenation.com/article/why-i-root-argentina/.

Zirin, Dave. 2011b. Understanding Vancouver's 'Hockey riot'. *The Nation* (June 16): http://www.thenation.com/article/understanding-vancouvers-hockey-riot/.

Zirin, Dave. 2011c. When sports met the world. *The New Yorker* (December 22): http://www.newyorker.com/news/news-desk/2011-when-sports-met-the-world.

Zirin, Dave. 2011e. Green Bay Packers sound off against Gov. Scott 'Hosni' Walker. *The Nation* (February 16): http://www.thenation.com/article/green-bay-packers-sound-against-gov-scott-hosni-walker/.

Zirin, Dave. 2012b. Preserving the bounty: Gregg Williams, the Saints, and the audio the NFL wants you to hear. *The Nation* (April 6): http://www.thenation.com/article/preserving-bounty-gregg-williams-saints-and-audio-nfl-wants-you-hear/.

Zirin, Dave. 2012c. Jeremy Lin and ESPN's "accidental" racism. *The Nation* (February 19): http://www.thenation.com/article/jeremy-lin-and-espns-accidental-racism/.

Zirin, Dave. 2013a. The cesspool: Why youth sports tend to suck. *Edge of Sports* (May 9):

http://www.edgeofsports.com/2013-05-09-839/index.html.

Zirin, Dave. 2013b. The ring and the rings: Vladimir Putin's mafia Olympics. *The Nation* (June 16): http://www.thenation.com/article/ring-and-rings-vladimir-putins-mafia-olympics/.

Zirin, Dave. 2013e. *ESPN* journalists speak out on concussion documentary. *The Nation* (August 26): http://www.thenation.com/article/espn-journalists-speak-out-concussion-documentary/?nc=1.

Zirin, Dave. 2013g. Soccer and Egypt's "state of emergency." *The Nation* (January 29): http://www.thenation.com/article/soccer-and-egypts-current-state-emergency/?nc=1.

Zirin, Dave. 2013h. NHL takes 'historic step' for LGBT equality. *The Nation* (April 12): http://www.thenation.com/article/nhl-takes-historic-step-lgbt-equality/.

Zirin, Dave. 2013i. "It's a new world": The Super Bowl becomes a platform for LGBT equality. *The Nation* (January 25): http://www.thenation.com/article/its-new-world-super-bowl-becomes-platform-lgbt-equality/.

Zirin, Dave. 2013j. *Game over: How politics has turned the sports world upside down.* NY: The New Press.

Zirin, Dave. 2014a. The Super Bowl's military fables. *The Nation* (February 3): http://www.thenation.com/article/super-bowls-military-fables/?nc=1.

Zirin, Dave. 2015a. 3 Lessons from University of Missouri President Tim Wolfe's resignation. *The Nation* (November 9): http://www.thenation.com/article/3-lessons-from-university-of-missouri-president-tim-wolfes-resignation/?nc=1.

Zirin, Dave. 2015b. Serena Williams is today's Muhammad Ali. *The Nation* (July 14): http://www.thenation.com/article/serena-williams-is-todays-muhammad-ali/.

Zirin, Da. 2015c. A year since the killing of Michael Brown, a year of sports being shaped by struggle. *The Nation* (August 7): http://www.thenation.com/article/a-year-since-the-killing-of-michael-brown-a-year-of-sports-being-shaped-by-struggle/.

Zirin, Dave. 2015d. Hurricane Katrina and the revival of the political athlete. *The Nation* (August 17): http://www.thenation.com/article/hurricane-katrina-and-the-revival-of-the-political-athlete/

Zweig, David. 2012. What the NFL won't show you. *The Atlantic* (January 31): http://www.theatlantic.com/entertainment/archive/2012/01/what-the-nfl-wont-show-you/252240/.

作者简介

杰伊·科克利是科罗拉多大学斯普林斯分校的社会学名誉教授。他博士毕业于圣母大学的社会学系，之后一直从事游戏、比赛、体育以及其他社会学议题的教学和研究。科克利博士曾荣获多项教学、服务和专业类奖项，是国际著名学者、作家和期刊编辑。2007 年，国际体育研究所将其评选为 100 名最具影响力的体育教育家之一。同年，英国西萨塞克斯郡奇切斯特大学授予其荣誉研究员称号，以表彰他在体育社会学研究领域所发挥的杰出作用。2009 年，美国国家运动与体育教育协会将科克利正式纳入名人堂。2015 年，他被评为国际体育社会学学会荣誉会员。

科克利曾是大学运动员，他长期运用社会学理念、研究和理论对社会现象进行批判性分析，推动社会朝着更民主和更人性化的方向发展。目前他与妻子南希定居在美国科罗拉多州的科林斯堡。

（图源：©杰伊·科克利）
杰伊·科克利和孙女阿莉一起参加科罗拉多州当地的跑步比赛。

致 谢

本书的编写汲取各方观点之所长。感谢多年来为我提出建设性批评意见的学生、同事和朋友。学生们经常让我大开眼界，让我以新的方式去审视和分析作为一种社会现象的体育。

在此，我要特别感谢如下朋友和同事，他们启迪我的思想、为我提供宝贵素材、愿意与我交流观点和信息。伊丽莎白・派克、克里斯・哈利南和科拉・伯内特在与我分别合作出版《社会中的体育：问题与思辨》的英国版、澳大利亚/新西兰版和南非版时，给我带来许多启发。此前加拿大版的合著者之一，彼得・唐纳利，为这一版提供了特别支持，也影响了我对许多重要议题的看法。另外，我还要特别感谢劳雷尔・戴维斯・德拉诺，她对近年来的几版都提出了建设性的批评意见。我还要感谢劳拉・基利克、芭芭拉・肖斯特克・德・阿尔梅达、伊丽莎白・派克、博贝克・哈埃里、贝姬・比尔、凯文・扬、杰伊・约翰逊・迈克尔・博伊德、蒂姆・拉索、巴西亚・博泽卡和我的女儿丹妮拉・希克斯，感谢他们给予我照片使用权。雷切尔・斯皮尔伯格是史密斯学院的毕业生、教练员兼画家，感谢她与我合作，为这一版创作插画。当然，我还要感谢画家弗雷德・艾尔，此版本和之前的几个版本均采用了他的漫画作品。

我还要感谢我的策划编辑阿什文・阿马尔拉兹和埃琳・根德尔斯伯格，以及整个麦格劳・希尔团队在此次修订过程中提供的大力帮助。

此外，感谢南希・科克利见证并协助《社会中的体育》共 12 个版本的重版，当中细节难以尽述。因为她，我始终能接触到与体育有关的流行文化资源，她还经常告诉我什么时候应该更新我的观点，什么时候应该坚持己见。

我还要将诚挚的感谢献给以下审稿人，他们的建议对此版的策划和编写至关重要：

阿曼达・K. 柯蒂斯（伊利湖学院）

苏珊・达根（弗雷明翰州立大学）

布鲁斯・哈勒（道林学院）

肯・缪尔（阿巴拉契亚州立大学）

特蕾西・W. 奥尔里奇（中央密歇根大学）

加里・赛尔斯（印第安纳大学）

斯蒂芬・夏皮罗（欧道明大学）

安杰拉・史密斯・尼克斯（阿肯色大学费耶特维尔分校）

杰茜卡・斯帕克斯・豪厄尔（密西西比州立大学）

阿什利・范德韦恩（梅维尔州立大学）

另外，感谢通过电子邮件告知我对以往版本的评论、对之后版本的建议的各位学生和同事们，你们的所有评论和建议我都非常重视，感谢你们深思熟虑的建议，未来还请继续不吝赐教。

杰伊・科克利

科林斯堡，科罗拉多州